Pensionsverpflichtungen in der Rechnungslegung nach IFRS

Betriebswirtschaftliche Forschung im Rechnungswesen

Herausgegeben von Nils Crasselt, Rolf Uwe Fülbier, Joachim Gassen, Bernhard Pellens und Thorsten Sellhorn

Band 17

Zur Qualitätssicherung und Peer Review der vorliegenden Publikation

Die Qualität der in dieser Reihe erscheinenden Arbeiten wird vor der Publikation durch Herausgeber der Reihe geprüft.

Notes on the quality assurance and peer review of this publication

Prior to publication, the quality of the work published in this series is reviewed by editors of the series.

Friederike Hablizel

Pensionsverpflichtungen in der Rechnungslegung nach IFRS

Theoretische und empirische Analyse alternativer Bilanzierungskonzepte

PL ACADEMIC RESEARCH

Bibliografische Information der Deutschen Nationalbibliothek
Die Deutsche Nationalbibliothek verzeichnet diese Publikation in der Deutschen Nationalbibliografie; detaillierte bibliografische Daten sind im Internet über http://dnb.d-nb.de abrufbar.

Zugl.: Bayreuth, Univ., Diss., 2015

D 703
ISSN 2191-6098
ISBN 978-3-631-66631-9 (Print)
E-ISBN 978-3-653-06551-0 (E-Book)
DOI 10.3726/978-3-653-06551-0

PL Academic Research ist ein Imprint der Peter Lang GmbH.

Peter Lang – Frankfurt am Main · Bern · Bruxelles · New York · Oxford · Warszawa · Wien

Diese Publikation wurde begutachtet.

www.peterlang.com

Geleitwort

Die Bilanzierung von Pensionsverpflichtungen ist in vielen Rechnungslegungssystemen ein seit Jahrzehnten kontrovers diskutierter Problembereich. Angesichts ihrer langfristigen Natur, der ihnen insofern innewohnenden (Prognose-)Unsicherheit, der Vielzahl und Komplexität real existierender Pensionszusagen, der vielfältigen Wechselwirkungen mit Finanzierungs- und Liquiditätsaspekten, der vielen internen und vor allem externen, oft sehr volatilen Einflussgrößen und der zwingend zu beachtenden rechtlichen Rahmenbedingungen steht immer auch die Frage im Vordergrund, welche Informationen in die Bilanz- sowie Gewinn- und Verlustrechnung des Arbeitgebers eingehen bzw., in normativer Ausprägung, eingehen sollen. Da Pensionsverpflichtungen im volkswirtschaftlichen Aggregat wie im betriebswirtschaftlichen Einzelfall ein beachtliches Volumen erreichen können, dürfte die Frage der Bilanzierung dieser Positionen auch von hoher praktischer Relevanz sein. Diese zentrale Bilanzierungsfrage lässt sich dabei in mehrere, wichtige Teilfragen aufgliedern. Diese berühren den Ansatz (u. a., was wann genau als Aktiv- oder Passivposten zu erfassen ist, wie die „Finanzierung" (Deckung) der Verpflichtungen bilanziell abzubilden ist, welche Erfolgswirkungen vorliegen), die Bewertung (u. a., wie und unter welchen Annahmen die Verpflichtungs- und Deckungshöhe berechnet wird, welche Form der Rückverteilung bei der Verpflichtung zugrunde liegt, wie mit Unsicherheiten umgegangen wird) und den Ausweis (u. a., wo genau die Informationen platziert werden, ob im Anhang oder in den Rechenwerken, ob eine Brutto- oder Nettodarstellung gewählt wird).

In der kapitalmarktorientierten IFRS-Rechnungslegung werden diese Fragen auch nach erstmaliger Verabschiedung von IAS 19 in den 1980er Jahren kontinuierlich diskutiert. Ausdruck dieser Diskussion sind ständige Überarbeitungen von IAS 19, deren vorerst letzte 2011 mit einer Reihe grundlegender Änderungen einherging. Obwohl die IFRS-Rechnungslegung aus normativer Sicht eher dankbar erscheint, fokussiert sie doch nur auf eine einzige Zielsetzung (die Zurverfügungstellung entscheidungsrelevanter Informationen für (Kapitalmarkt-)Investitionsentscheidungen), so schwierig erscheint selbst vor diesem Hintergrund eine Deduktion zweckadäquater Bilanzierungsregeln. Insofern wundert es nicht, dass die Bilanzierung von Pensionsverpflichtungen als ewige Baustelle weiterhin auf der Agenda des IASB steht. In einem langfristig ausgerichteten Projekt soll – mal wieder – die grundlegende Überarbeitung sämtlicher Bilanzierungsaspekte in Angriff genommen werden. Vor diesem Hintergrund ist die Arbeit von Frau Friederike Hablizel angesiedelt. Sie richtet ihre Analyse insbesondere auf die Vollständigkeit der bilanziellen Abbildung (Brutto- versus Nettoansatz) und die Erfolgs- und GuV-Wirksamkeit der Bilanzierung, weil diese Kernfragen durch IAS 19 (rev. 2011) nur unbefriedigend gelöst zu sein scheinen und wahrscheinlich den weiteren Fortgang der Diskussionen zur Überarbeitung von IAS 19 bestimmen werden. Hinter ihrer theoretischen sowie empirischen Analyse verbirgt sich der Versuch, über eine akribische Aufarbeitung der institutionellen, insb. rechtlichen, aber auch betriebswirtschaftlichen Rahmenbedingungen eine konzeptionelle Analyse der gegenwärtig geltenden IAS 19-Regeln vorzunehmen und alternative Bilanzierungskonzepte hiermit abzugleichen. Um im Sinne von Stephen Zeff (insb. Accounting Horizons 1978, S. 56 ff.) *economic consequences*, d. h. Auswirkungen auf das Entscheidungsverhalten betroffener Akteure bei diesen Alternativen abschätzen zu können, simuliert sie anschließend die alternativen bilanzielle Wirkungen ceteris paribus auf der Grundlage größtenteils handerhobener Datenreihen deutscher, kapitalmarktorientierter Unternehmen aus den Leitindizes der Deutschen Börse.

Insgesamt lässt sich festhalten, dass Frau Hablizel mit ihrer Dissertation eine engagierte Arbeit zu einem „*evergreen*" der Bilanzierungsliteratur vorgelegt hat. Ihre Arbeit ist von einer beachtlichen Breite und Tiefe, wie sie letztlich nur im Rahmen einer Monographie möglich scheint. Sie umfasst nicht nur eine umfangreiche Normendeskription der rechtlichen Rahmenbedingungen sowie der einschlägigen IFRS-Standards, sondern auch eine umfangreiche Deskription und Analyse der derzeit diskutierten Reformvorschläge auf einem soliden Literaturfundament. Im Ergebnis arbeitet Frau Hablizel in einem ersten Schritt die Reformnotwendigkeit der geltenden IFRS-Regel heraus. Sie kommt hierbei zu dem Schluss, dass insbesondere das gegenwärtige *netting* dem Rahmenkonzept und dem vorherrschenden *asset-liability approach* nicht genüge, dass bei Eliminierung des *scope outs* in IAS 27/SIC 12 bzw. IFRS 10 die meisten Pensionspläne und *plan assets* zu konsolidieren wären und dass die Erfolgsrealisation abseits der GuV kaum haltbar erscheine. Neben diesen eher deskriptiven sowie konzeptionellen Teilen präsentiert Frau Hablizel noch eine mehrstufige Bilanzsimulation, um die Auswirkungen zentraler Reformelemente auf wichtige GuV- und Bilanzkennzahlen und letztlich auf die damit einhergehenden Entscheidungsänderungen der Adressaten abschätzen zu können. Dabei generiert sie eine Fülle interessanter Einzelergebnisse, die die gegenwärtige Reformdebatte bereichern können. Damit ist die Arbeit im besten Sinne *policy relevant* und allen interessierten Lesern in Wissenschaft und Praxis zur tiefergehenden Lektüre empfohlen.

Bayreuth, im Oktober 2015 StB Prof. Dr. Rolf Uwe Fülbier

Vorwort

Die vorliegende Arbeit wurde als Dissertation an der Rechts- und Wirtschaftswissenschaftlichen Fakultät der Universität Bayreuth angenommen. Als die Idee zu diesem Dissertationsprojekt entstand, war die Pensionsbilanzierung zwar ein vielfältig beachtetes Forschungsfeld, jedoch war eine künftige Reformierung dabei von untergeordneter Bedeutung. Da sich bereits eine umfassende Überarbeitung der Bilanzierungsnormen ankündigte, war dies Anlass genug, dieses Bilanzierungsfeld näher zu untersuchen. Die Erstellung dieser Arbeit verdanke ich der Unterstützung einer Vielzahl von Menschen, denen ich im Nachfolgenden herzlich danken möchte.

Ein besonderer Dank gilt meinem Doktorvater, Herrn StB Prof. Dr. Rolf Uwe Fülbier, für die wissenschaftliche Betreuung der Arbeit sowie für die Übernahme des Erstgutachtens. Sein Vertrauen hat mir die Möglichkeit eröffnet, mich weiter der Rechnungslegungsforschung zu widmen und hat mich animiert Forschungsideen auch außerhalb der „Mainstreamforschung" zu verfolgen. Seiner Begeisterung und Motivation ist es zu verdanken, dass ich mich für eine Tätigkeit an seinem Lehrstuhl entschieden habe. Er hat durch zahlreiche Anregungen, konstruktives Feedback sowie positiven Zuspruch die Umsetzung dieses Projekts ermöglicht. Des Weiteren gilt mein Dank Herrn Prof. Dr. Jochen Sigloch für die Übernahme des Zweitgutachtens. Seine weitreichende Erfahrung im Bereich der Pensionsbilanzierung und seine Haltung gegenüber mancher Bilanzierungsnorm haben mich ermutigt, dieses Thema zu verfolgen. Herrn Prof. Dr. Thorsten Knauer danke ich für die Übernahme des Prüfungsausschussvorsitzes.

Großer Dank gilt meinen ehemaligen Kollegen am Lehrstuhl für Internationale Rechnungslegung der Universität Bayreuth, namentlich Jane Bausch, Malte Klein, Patrick Kuschel und Theresa Weiß. Die Zusammenarbeit hat meine Promotionszeit in vielem bereichert, nicht zuletzt durch fachliche Diskussionen und gegenseitige Motivation. Insbesondere die intensive Anfangszeit des Lehrstuhlaufbaus bleibt mir in Erinnerung. Ein besonderer Dank gilt meinem ehemaligen Kollegen Patrick Kuschel, der meine Arbeit mit vielfältigen Anmerkungen und durch kritischen Fragen bereichert hat und der keine Zeit und Mühe beim Korrekturlesen gescheut hat.

Ein herzlicher Dank gebührt Prof. Dr. Claus Meyer für seine Unterstützung und die Gewährung eines Stipendiums zur Promotionsförderung der Claus und Brigitte Meyer-Stiftung. Ebenso wurde ich durch ein Promotionsstipendium des Freistaats Bayern gefördert. Ein weiterer Dank gilt dem Sonderforschungsbereich 649, Ökonomisches Risiko, der Humboldt-Universität zu Berlin für die Aufnahme als Gastforscher. Ohne diese Möglichkeit wäre die ohnehin aufwändige Datenerhebung vermutlich noch um ein Vielfaches langwieriger geworden.

Eine wichtige Hilfe gegen Ende des Promotionsprojekts war Prof. Dr. Joachim Gaukel. Seine Bereitschaft sämtliche statistische Fragestellungen mit mir zu diskutieren und kritisch zu hinterfragen sowie seine Fachkenntnisse haben den empirischen Teil meiner Arbeit bereichert. Danken möchte ich neben Prof. Dr. Rolf Uwe

Fülbier ebenfalls Prof. Dr. Nils Crasselt, Prof. Dr. Joachim Gassen, Prof. Dr. Bernhard Pellens sowie Prof. Dr. Thorsten Sellhorn für die Aufnahme meiner Arbeit in ihrer Schriftenreihe.

Besonders danken möchte ich meinen Freunden und meiner Familie; das Anfertigen einer solchen Arbeit bedarf nicht zuletzt eines großen Verständnisses. Herzlichen Dank hierfür! Dieser Dank gebührt insbesondere meinen Eltern. Sie haben mich auf meinem gesamten bisherigen Lebensweg stets auf außergewöhnliche Weise unterstützt und mich immer ermutigt, meine Pläne und Vorhaben in die Tat umzusetzen. So haben sie mich nicht nur darin bestärkt, mein Promotionsvorhaben trotz mancher Unwägbarkeiten anzugehen, sondern haben mich auch während meiner Promotionszeit stets motiviert. Ihr Rückhalt war unerlässlich für das Gelingen meines Promotionsvorhabens. Schließlich noch der Dank, der nicht in Worte zu fassen ist: Ich danke meinem Ehemann Dr. Markus Hablizel für alles und überhaupt.

München, im April 2015 Friederike Hablizel

Inhaltsübersicht

Inhaltsverzeichnis

Abbildungsverzeichnis

Tabellenverzeichnis

Abkürzungsverzeichnis

a. F.	alte Fassung
AltEinkG	Gesetz zur Neuordnung der einkommensteuerlichen Behandlung von Altersvorsorgeaufwendungen und Altersbezügen (Alterseinkünftegesetz)
amd.	amended
AN	Arbeitnehmer
AnlV	Verordnung über die Anlage des gebundenen Vermögens von Versicherungsunternehmen (Anlageverordnung)
ASB	Accounting Standards Board (britischer Standardsetzer)
AV	Anlagevermögen
AVmG	Gesetz zur Reform der gesetzlichen Rentenversicherung und zur Förderung eines kapitalgedeckten Altersvorsorgevermögens (Altersvermögensgesetz)
BaFin	Bundesanstalt für Finanzdienstleistungsaufsicht
BAG	Bundesarbeitsgericht
BC	Basis for Conclusions
BetrAVG	Gesetz zur Verbesserung der betrieblichen Altersversorgung (Betriebsrentengesetz)
BilMoG	Gesetz zur Modernisierung des Bilanzrechts (Bilanzrechtsmodernisierungsgesetz)
CESR	Committee of European Securities Regulators
CNC	Conseil National de la Comptabilité (französischer Standardsetzer, seit 2009: Autorité des normes comptables (ANC))
CTA	Contractual Trust Arrangement
DAV	Deutsche Aktuarvereinigung e.V.
DAX	Deutscher Aktienindex
DBA	Defined Benefit Asset
DBL	Defined Benefit Liability
DBO	Defined Benefit Obligation
DBP	Defined Benefit Plan
DCP	Defined Contribution Plan
DeckRV	Verordnung über Rechtsgrundlagen für die Deckungsrückstellungen (Deckungsrückstellungsverordnung)
DP	Discussion Paper
DRSC	Deutsches Rechnungslegungs Standards Committee e. V.
DZA	Dienstzeitaufwand
e. V.	eingetragener Verein
EBIT	Earnings before Interest and Taxes
ED	Exposure Draft
EFRAG	European Financial Reporting Advisory Group

EK	Eigenkapital
EPS	Earnings per Share
ESMA	European Securities and Markets Authority
EStG	Einkommensteuergesetz
EU	Europäische Union
F	Framework des IASB
FK	Fremdkapital
FS	Finanzierungsstatus
FTSE	Financial Times Stock Exchange
GE	Geldeinheiten
GK	Gesamtkapital
GuV	Gewinn- und Verlustrechnung
HGB	Handelsgesetzbuch
IAS	International Accounting Standard(s)
IASB	International Accounting Standards Board
IASC	International Accounting Standards Committee
ICAEW	Institute of Chartered Accountants in England and Wales
IDW	Institut der Wirtschaftsprüfer in Deutschland e. V.
IDW PS	IDW Prüfungsstandard
IFRIC	International Financial Reporting Interpretations Committee
IFRS	International Financial Reporting Standard(s)
IOSCO	International Organization of Securities Commissions
IVS	Institut der Versicherungsmathematischen Sachverständigen für Altersversorgung e. V.
KAGG	Gesetz über Kapitalanlagegesellschaften
KapAustV	Verordnung über die Kapitalausstattung von Versicherungsunternehmen (Kapitalausstattungs-Verordnung)
KGV	Kurs-Gewinn-Verhältnis
Lfd. DZA	Laufender Dienstzeitaufwand
LVU	Lebensversicherungsunternehmen
m. w. N.	mit weiteren Nachweisen
MDAX	Mid-Cap Deutscher Aktienindex
OCI	Other Comprehensive Income
OIC	Organismo Italiano di Contabilità (italienischer Standardsetzer)
PAAinE	Pro-active Accounting Activities in Europe
PBO	Projected Benefit Obligation
PFKapAV	Verordnung über die Anlage des gebundenen Vermögens von Pensionsfonds (Pensionsfonds-Kapitalanlageverordnung)
PRkst	bilanzierte Pensionsverpflichtung
PSVaG	Pensions-Sicherungs-Verein Versicherungsverein auf Gegenseitigkeit
PV	Planvermögen
PVW	bilanzierte Planvermögenswerte
rev.	revised

RRG	Gesetz zur Reform der gesetzlichen Rentenversicherung (Rentenreformgesetz)
SD	Standardabweichung (standard deviation)
SDAX	Small-Cap Deutscher Aktienindex
SEC	Securities and Exchange Commission
SFAS	Statement of Financial Accounting Standards
TU	Tochterunternehmen
UR	Umsatzrendite
VAG	Gesetz über die Beaufsichtigung der Versicherungsunternehmen (Versicherungsaufsichtsgesetz)
VC	Variationskoeffizient (coefficient of variation)
VDI	Verein Deutscher Ingenieure e. V.
VVaG	Versicherungsverein auf Gegenseitigkeit
VW	Vermögenswert(e)
WC	Identifikationsnummer für Datentypen (Items) der Datenbank Datastream (Worldscope)

1 Einleitung

1.1 Problemstellung und Zielsetzung

„Pension costs are one of the most complex and obscure areas of accounting."[1]

Mit diesem Zitat charakterisiert Sir David Tweedie, ehemaliger Vorsitzender des International Accounting Standards Board (IASB), die Bilanzierung von Pensionszusagen in der Internationalen Rechnungslegung. Die Regelungen zur bilanziellen Abbildung von Pensionszusagen in den International Financial Reporting Standards (IFRS), welche in dem International Accounting Standard (IAS) 19 *Employee Benefits* kodifiziert sind, werden insbesondere auf Grund der wenig transparenten und unvollständigen bilanziellen Abbildung der von Unternehmen gewährten Pensionszusagen kritisiert. So gelten die nach IAS 19 veröffentlichten Pensionsinformationen selbst für geübte Bilanzleser als hoch komplex,[2] vor allem da die vollständigen Informationen über bestehende Pensionsverpflichtungen nicht – wie zu erwarten wäre – aus der Bilanz, sondern lediglich aus einer Vielzahl von unübersichtlichen Anhangangaben entnommen werden können.[3] Dies wird beispielsweise am Abschluss der Daimler AG deutlich. Im Jahr 2012 beträgt der Barwert der Pensionsverpflichtungen (Defined Benefit Obligation, DBO) der Daimler AG, bewertet nach den einschlägigen versicherungsmathematischen Regelungen des IAS 19, 23.933 Mio. EUR; von diesen werden insgesamt 7.900 Mio. EUR vollständig nicht bilanziell erfasst. In der Bilanz als Verpflichtung ausgewiesen werden lediglich 1.911 Mio. EUR.[4] Gleichwohl ist anzumerken, dass diese unvollständige bilanzielle Abbildung durch die Überarbeitung des IAS 19 im Jahr 2011 inzwischen zumindest in Teilen behoben wurde.

Die Frage, welche Informationen in die primären Rechenwerke des Jahres- oder Konzernjahresabschlusses – die Bilanz sowie die Gewinn- und Verlustrechnung – eingehen, ist eine zentrale Frage der Rechnungslegung. Nach wie vor beschäftigt diese Fragestellung auch die Standardsetzer. Dies zeigt beispielsweise das Projekt zur Überarbeitung des Conceptual Frameworks der IFRS-Rechnungslegung. Das IASB veröffentlichte im Jahr 2013 ein Diskussionspapier (Discussion Paper, DP), um unter anderem die Frage der Definition von Vermögenswerten und Schulden erneut zu erörtern. Daneben wird auch die Abgrenzung verschiedener Ergebnisgrößen

---

1 Vgl. IASB (2004), S. 2.

2 Vgl. z. B. auch Glaum (2009), S. 276 sowie ähnlich Napier (2009), S. 231.

3 Beechy (2009), S. 93 fordert daher etwa „Pension measurement and presentation should be transparent – visible and understandable. Pension measurements also should be reported on the face of the financial statements and not be buried in complex, multi-page, fine-print notes".

4 Vgl. Daimler AG (2012), S. 233.

thematisiert.[5] In diesem Zusammenhang kommt zugleich dem Ausweis von Vermögenswerten und Schulden eine bedeutende Rolle für die Darstellung der finanziellen Lage eines Unternehmens zu.[6] Gleiches gilt für verschiedene Ergebnisgrößen und der Frage, ob diese in der Gewinn- und Verlustrechnung oder direkt im Eigenkapital zu erfassen sind.[7]

Besonders schwierig ist die Beantwortung dieser Fragestellungen bei Bilanzierungssachverhalten, die mit einer hohen Unsicherheit behaftet sind und denen eine komplexe Ausgestaltung zu Grunde liegt. Hierzu zählt die Rechnungslegung für Pensionsverpflichtungen.[8] Auf Grund der Langfristigkeit derartiger Verpflichtungen, der vielfältigen sowie zumeist volatilen Einflussfaktoren, die deren Höhe determinieren, sowie der häufig komplizierten Ausgestaltung von Pensionsplänen ist die Abbildung der Verpflichtungen besonders anspruchsvoll und Gegenstand intensiver Diskussionen.[9] Dazu tragen der sich verändernde Charakter von Pensionszusagen im sozialen Kontext ebenso wie die differierende Ausgestaltung vor dem Hintergrund unterschiedlicher rechtlicher Rahmenbedingungen je nach regulatorischem Umfeld bei.[10] Auch die sachgerechte bilanzielle Behandlung von gegebenenfalls bestehenden Vermögenswerten, die von Unternehmen ausschließlich zum Zweck der Deckung von Pensionsverpflichtungen gehalten werden, ist hierbei nicht unumstritten.[11]

Die Beantwortung der Frage nach der adäquaten Bilanzierung von Pensionsplänen wird dabei, ausgehend vom jeweiligen Zweck der Rechnungslegung, in unterschiedlichen Rechnungslegungssystemen anders beantwortet. Im Zuge der Internationalisierung der Rechnungslegung, und insbesondere mit Einführung der verpflichtenden Anwendung der IFRS für Konzernabschlüsse kapitalmarktorientierter, europäischer Unternehmen im Jahr 2005,[12] änderte sich die bilanzielle Abbildung von Pensionsplänen auch für deutsche Unternehmen, die erstmals internationale

---

5 Vgl. DP/2013/1, 2.6 ff.

6 Vgl. DP/2013/1, 7.14 ff.

7 Vgl. DP/2013/1, 2.37 ff.

8 Vgl. exemplarisch Blake et al. (2008), S. 13.

9 Vgl. exemplarisch Napier (2009); DP Pensions (PAAinE); Kessler (2010); Blake et al. (2008); Beechy (2009); Schildbach (1999).

10 Vgl. Napier (2009), S. 231 i. V. m. Glaum (2009), S. 273 f.

11 Vgl. Pellens/Fülbier/Sellhorn (2004), S. 145; Blake et al. (2008), S. 18; Napier (2009), S. 247; Beechy (2009); Dewhirst (1971), S. 369 i. V. m. S. 373; Bagehot (1972), S. 82; Burger/Schellberg (1995), S. 2437 sowie Bader (2003), S. 23. Beechy (2009), S. 93 formuliert „Pension accounting is difficult because of two factors: the large number of long-range estimates that must be made, and the differences between funding and accounting".

12 Vgl. EU-Verordnung Nr. 1606/2002, Art. 4. Für Unternehmen, die bereits zuvor auf Grund einer Kapitalmarktnotierung außerhalb Europas international anerkannte Rechnungslegungsvorschriften anwendeten, gilt eine Übergangsfrist bis 2007, vgl. EU-Verordnung Nr. 1606/2002, Art. 4.

Bilanzierungsnormen anwenden, signifikant.[13] Eine besondere Rolle spielt hierbei die durch internationale Rechnungslegungsnormen geforderte Saldierung von Pensionsverpflichtungen und separierten Vermögenswerten, die der Deckung dieser Verpflichtungen dienen.[14] Durch die Saldierung dieser Größen wird in der Bilanz lediglich der Teil der Verpflichtungen ausgewiesen, der nicht durch Planvermögenswerte gedeckt ist oder, im Fall eines Planüberschusses, der Teil der Vermögenswerte, dem keine Verpflichtungen gegenüberstehen. Daneben wird auch die Erfassung einzelner Aufwands- und Ertragsbestandteile – versicherungsmathematische Gewinne und Verluste – direkt im Eigenkapital durch den einschlägigen Standard IAS 19 ermöglicht. Alternativ erlaubten die im Zeitpunkt der verpflichtenden Einführung der IFRS geltenden Normen auch eine verzögerte Erfassung versicherungsmathematischer Gewinne und Verluste. Damit zeugen die Bilanzierungsregelungen für Pensionsverpflichtungen in der Internationalen Rechnungslegung letztlich weniger von einer konzeptionell fundierten Norm als vielmehr von vielfältigen Anpassungen und Kompromissen, welche die Standardsetzer im Laufe der Zeit eingegangen sind, um Rechnungslegungsnormen, die von Erstellern wie Nutzern gleichermaßen akzeptiert werden können, zu entwickeln.[15]

Änderungen der Bilanzierungsweise für Pensionsverpflichtungen sind für Unternehmen umso bedeutender, je höher der Anteil von Pensionsverpflichtungen an der Bilanzsumme ist. In Deutschland kommt Pensionszusagen nicht zuletzt als Mittel zur Innenfinanzierung seit der zweiten Hälfte des 20. Jahrhunderts eine hohe Bedeutung zu.[16] Dies ist ein Grund, weshalb Unternehmen hohe Pensionszusagen gewähren und die Auslagerung von Vermögenswerten zur Deckung dieser Verpflichtungen bei Unternehmen in Deutschland traditionell weniger verbreitet ist. Durch die Einführung der Saldierung im Rahmen der Anwendung der US-GAAP oder später der IFRS wird dieses unterschiedliche Finanzierungsverhalten hinsichtlich der gewährten Pensionszusagen bei deutschen Unternehmen offenbar. Ein prominentes Beispiel für mögliche Auswirkungen dieser Unterschiede stellt die Herabstufung des Ratingurteils der ThyssenKrupp AG durch die Ratingagentur Standard & Poor's im Jahr 2003 dar. Grund für diese Anpassung des Ratingurteils

---

13 Vgl. Stadler/Lobe (2010), S. 9; Jasper/Delvai (2003), S. 389; Feld (2003), S. 574. Die Verabschiedung des Bilanzrechtsmodernisierungsgesetzes im Jahr 2009 reduzierte die Unterschiede zwischen den Regelungen des HGB und der IFRS; gleichwohl bestehen nach wie vor Unterschiede zwischen den einschlägigen Bilanzierungsnormen. Für eine Gegenüberstellung der Bilanzierungsnormen für Pensionsverpflichtungen nach HGB und IFRS vgl. z. B. Kessler (2010).

14 Vgl. exemplarisch Stadler/Lobe (2010), S. 10.

15 Vgl. Napier (2009), S. 231. Bereits Chambers (1979), S. 73 kritisiert „The last two decades have witnessed a growing uneasiness about the possibility of developing firm and well-founded accounting principles. Rules and principles which once were asserted confidently are now hedged about with a plethora of provisos, qualifications, and exceptions".

16 Vgl. Rupprecht (2006), S. 201; Teller/Stäglich (2004), S. 302; Clark (2003), S. 105.

war keine realwirtschaftliche Veränderung, sondern vielmehr eine veränderte Behandlung intern finanzierter Pensionsverpflichtungen im Ratingprozess.[17] In der Folge änderten viele deutsche Unternehmen die Ausgestaltung ihrer Pensionspläne und machten verstärkt Gebrauch von externen Finanzierungsmöglichkeiten, welche die Generierung von sogenannten Planvermögenswerten, die zur Saldierung mit Pensionsverpflichtungen qualifizieren, ermöglichen.[18] Nach wie vor werden Pensionsverpflichtungen, die nicht durch separierte Vermögenswerte, die ausschließlich der Erfüllung dieser Verpflichtungen dienen, gedeckt sind, als „ungedeckte Pensionsverpflichtungen", die als „Bilanzrisiken" auf Unternehmen „lasten", bezeichnet.[19] Gleichwohl liegen der verstärkten Auslagerung von Vermögenswerten zur Deckung von Pensionsverpflichtungen im Anschluss an die Einführung der IFRS nicht ausschließlich betriebswirtschaftliche Argumente zu Grunde. So werden die Auslagerungsbestrebungen der Unternehmen mitunter wie folgt kommentiert: „DAX-Konzerne tricksen – Unternehmen hübschen ihre Bücher auf, indem sie ihre Pensionslasten auslagern."[20]

Durch diese Entwicklung in der jüngsten Vergangenheit wird zweierlei deutlich: Zum einen wird die adäquate Abbildung von Pensionszusagen, die Unternehmen ihren Arbeitnehmern gewähren, in Frage gestellt. Zum anderen kann die Einführung einer neuen Bilanzierungsweise für Pensionspläne – im illustrierten Fall der Übergang der HGB-Rechnungslegung auf die Normen des IASB – zu weitreichenden Auswirkungen auf die bilanzielle Abbildung führen; diese Auswirkungen können auf Grund von hierdurch möglicherweise induzierten Änderungen in der Sachverhaltsgestaltung weiter beeinflusst werden. Die Abbildung von Pensionsverpflichtungen stellt somit insbesondere auf Grund deren wertmäßig hoher Bedeutung für zahlreiche Unternehmen ein zentrales Bilanzierungsfeld dar.

Auch das IASB hat die Defizite in der Bilanzierung von Pensionsverpflichtungen und -vermögenswerten erkannt und bereits im Jahr 2006 ein Projekt zur Weiterentwicklung der IFRS-Pensionsbilanzierung initiiert. Dabei entschied das IASB, dieses Projekt in zwei Teile zu untergliedern: Zuerst sollte ein Projekt zur Behebung kurzfristig lösbarer Probleme mit dem Ziel eines Interim-Standards verfolgt werden; dieses ist mit der Veröffentlichung einer überarbeiteten Version des IAS 19 im Jahr 2011 – IAS 19 (rev. 2011) – inzwischen bereits beendet. Ein anschließendes längerfristig ausgerichtetes Projekt dient dann der grundlegenden Überarbeitung der Bilanzierung von Leistungen an Arbeitnehmer und wird eine fundamentale Überprüfung sämtlicher Bilanzierungsaspekte in Zusammenhang mit der Pensionsbilanzierung beinhalten.[21]

---

17 Vgl. ThyssenKrupp AG (2003), S. 133; Gerke/Mager (2005), S. 205.

18 Vgl. Stadler/Lobe (2010), S. 37; Neuhaus (2009b), S. 227.

19 Vgl. Handelsblatt vom 22.03.2012, „Milliardenverpflichtungen lasten auf DAX-Konzernen"; Wirtschaftswoche vom 03.08.2013, „DAX-Konzerne: Bilanzrisiken in Milliardenhöhe".

20 Handelsblatt vom 20.09.2009, „DAX-Konzerne tricksen".

21 Vgl. IASB (2006a), S. 7.

Die Entwicklung neuer IFRS durch das IASB zeichnet sich nicht nur durch eine hohe Dynamik, sondern auch durch Diskussionen und Analysen im Vorfeld der Verabschiedung oder Überarbeitung neuer Rechnungslegungsvorschriften aus. In der Vorstufe eines potentiellen Projekts zur Erstellung eines neuen Rechnungslegungsstandards werden einzelne Bilanzierungssachverhalte in Form eines Forschungsprojekts (research project) vom IASB betrachtet. Das Ziel solcher Projekte, die auf der research agenda des IASB stehen, ist es, bestehende Probleme in der Bilanzierung zu analysieren und die Art wie auch das Ausmaß wahrgenommener Defizite in der Rechnungslegung zu betrachten. Dabei werden neben konkreten Mängeln in der Bilanzierung auch umfassende Fragen der Rechnungslegung, wie die Entwicklung der Bilanzierung, zur Debatte gestellt.[22] Als solches Projekt steht die zweite Phase des Projekts zur grundlegenden Überarbeitung der Bilanzierung von Leistungen an Arbeitnehmer auf der research agenda des IASB. Gemäß der Intention, die das IASB mit solchen Forschungsprojekten verfolgt, sollen neben Mitarbeitern der IFRS Foundation auch weitere Fachexperten, wie nationale Standardsetzer oder Akademiker, die zur Diskussion stehenden Rechnungslegungsnormen untersuchen.[23] Dieser Aufforderung kommt die vorliegende Arbeit nach.

Zur Untersuchung von Problemen und Defiziten der Vorgaben zur Abbildung einzelner Bilanzierungssachverhalte sind konzeptionelle Fragen zu analysieren und darauf aufbauend Möglichkeiten zur Neugestaltung der Bilanzierungsnormen zu entwickeln. Im Bereich der Pensionsbilanzierung kommt primär folgenden Regelungen Bedeutung zu: Die nach IFRS bei der Abbildung von Pensionszusagen geforderte Saldierung von Verpflichtungen und Vermögenswerten zur Deckung der Verpflichtungen ist vor dem Hintergrund der Grundsätze der IFRS zu überprüfen. Dies wird als „one of the most important and intriguing question[s] in pension accounting – whether a gross or a net presentation of pension assets and liabilities would produce more decision-useful information"[24] bezeichnet. Auch die Begründung für die Erfassung einzelner Aufwendungen und Erträge aus Pensionsplänen direkt im Eigenkapital ohne diese jemals in der Gewinn- und Verlustrechnung auszuweisen, ist fraglich. Dies gilt ebenfalls für die inzwischen nicht mehr gewährte Möglichkeit zur verzögerten Erfassung versicherungsmathematischer Gewinne und Verluste anhand der Korridormethode. Dementsprechend gilt es die Frage zu untersuchen, ob diese Regelungen mit dem Ziel der kapitalmarktorientierten Rechnungslegung gemäß dem Framework der IFRS-Rechnungslegung vereinbar sind. Darüber hinaus ist fraglich, wie die Bilanzierungsnormen zur Abbildung von Pensionsverpflichtungen ausgestaltet sein müssten, um den Prinzipien des Frameworks zu genügen. Das Framework definiert das primäre Ziel dieser kapitalmarktorientierten Rechnungslegung in der Bereitstellung entscheidungsnützlicher Informationen, die insbesondere für Investoren im Hinblick auf die zu treffenden Investitionsentscheidungen nützlich sein

22 Vgl. Due Process Handbook, 4.6 f.
23 Vgl. Due Process Handbook, 4.9.
24 Glaum (2009), S. 288.

sollen.[25] Diesem Ziel, das im Framework weiter operationalisiert wird, müssen die Vorgaben der einzelnen Rechnungslegungsstandards dienen. Entsprechend bildet das Framework unter anderem die Grundlage für das IASB im Rahmen des Standardsetzungsprozesses.[26]

Darauf aufbauend stellt sich die Frage, welche Auswirkungen die Umsetzung einer auf konzeptioneller Basis als adäquat erachteten Rechnungslegungsänderung nach sich ziehen würde. Zunächst sind dabei die Auswirkungen auf die Bilanz und Gewinn- und Verlustrechnung sowie insbesondere die Veränderung zentraler Kennzahlen von Interesse. Diese ermöglichen nicht zuletzt die Abschätzung weiterer Auswirkungen einer Bilanzierungsänderung für Unternehmen. Bisher existierende Forschungsarbeiten stützen zum Teil die Annahme, dass Pensionsinformationen aus Abschlüssen von Investoren am Kapitalmarkt wahrgenommen werden. Die Studien von Fasshauer/Glaum (2008), Landsman (1986) sowie Barth (1991) und Jin/Merton/Bodie (2006) liefern Hinweise darauf, dass mitunter auch im Anhang angegebene Pensionsinformationen Berücksichtigung finden. Andererseits legen viele Arbeiten – wie die Studien von Kiosse/Lubberink/Peasnell (2007), Hann/Heflin/Subramanyam (2007) und Coronado/Sharpe (2003) sowie Coronado et al. (2008) – nahe, dass diese Angaben von Investoren nicht adäquat berücksichtigt werden und stützen damit die These der zu komplexen Pensionsinformationen in Abschlüssen.[27] Auch Analysten scheinen im Anhang angegebene Pensionsinformationen nach den Erkenntnissen von Doskeland/Kinserdal (2010), Picconi (2006) und Franzoni/Martin (2006) nicht zu berücksichtigen. Somit existieren zwar Hinweise darauf, dass Abschlussadressaten Informationen zu Pensionsplänen der Unternehmen größtenteils verarbeiten, fraglich erscheint indes, inwiefern diese „korrekt" reflektiert werden. Besonders die unterschiedlichen Erkenntnisse über die Berücksichtigung von Anhangangaben wirft die Frage auf, ob Investoren bei einer vollständigen Abbildung von Pensionsplänen in der Bilanz und der Gewinn- und Verlustrechnung zu denselben Ergebnissen gelangt wären. Bislang liegen keine Erkenntnisse auf Basis empirischer Daten über die Auswirkung einer solchen umfassenden Änderung der Pensionsbilanzierung über mehrere Perioden für Unternehmen, die in den bedeutendsten Indizes an der Frankfurter Wertpapierbörse notiert sind, vor. Entsprechend ist unklar, in welchem Ausmaß zentrale Bilanz- und GuV-Kennzahlen durch eine Überarbeitung der Pensionsbilanzierung verändert würden, mithin, ob eine derartige Bilanzierungsänderung zu wesentlichen Effekten führt. Da Kennzahlveränderungen ökonomische Auswirkungen – wie etwa Veränderungen von Analystenempfehlungen, Ratingurteilen oder Bonuszahlungen – induzieren,

---

25 Vgl. Framework, OB2–3.

26 Vgl. Framework, Purpose and Status.

27 Der überwiegende Teil der erwähnten Arbeiten fokussiert auf Abschlüsse nach US-GAAP; allerdings sind die Bilanzierungsnormen im vorliegenden Kontext mit den Vorgaben nach IFRS vergleichbar.

stellt das Ausmaß der Kennzahlveränderungen durch eine Bilanzierungsänderung einen zentralen Indikator für verschiedene ökonomische Konsequenzen dar.[28] Kennzahlveränderungen können Verhaltensänderungen auslösen, da unternehmensexterne Abschlussadressaten ihre Entscheidungen auf dieser Informationsgrundlage determinieren und ferner Bilanzierende bestrebt sind, mögliche negative Auswirkungen abzumildern. Entsprechend kommt der Quantifizierung möglicher Kennzahlveränderungen besondere Bedeutung zu.

Vor diesem Hintergrund besteht die Zielsetzung der vorliegenden Arbeit in einer theoretischen und empirischen Analyse der Bilanzierungsnormen zur Abbildung leistungsorientierter Pensionszusagen in der Rechnungslegung nach IFRS. Hierzu wird die Ausgestaltung des einschlägigen Rechnungslegungsstandards IAS 19 vor dem Hintergrund der Zielsetzung der IFRS-Rechnungslegung analysiert; dabei werden bestehende Schwächen sowie alternative Bilanzierungsweisen aufgezeigt. In einer auf diesen Ergebnissen aufbauenden Simulationsstudie werden die Auswirkungen der entwickelten alternativen Bilanzierungsweisen auf zentrale Bilanz- sowie GuV-Kennzahlen für Unternehmen des DAX, MDAX und SDAX untersucht und damit der zentralen Forschungsfrage der vorliegenden Arbeit nachgegangen: Welche Konsequenzen ergeben sich durch eine Reform der Pensionsbilanzierung für Konzernabschlüsse börsennotierter deutscher Unternehmen? Die vorliegende Arbeit leistet somit einen Beitrag zur ex-ante Forschung in der Rechnungslegung.[29]

1.2 Gang der Untersuchung

Zur Durchführung der Untersuchung wird die vorliegende Arbeit wie folgt gegliedert: Das zweite Kapitel dient der Darlegung wesentlicher Grundlagen der Gewährung von Pensionszusagen durch Unternehmen und zeigt entsprechende Möglichkeiten zur Ausgestaltung betrieblicher Pensionspläne auf. Im Fokus stehen deutsche Unternehmen. Aus diesem Grund werden zu Beginn des zweiten Kapitels zunächst wesentliche institutionelle Grundlagen der Ausgestaltung betrieblicher Pensionszusagen in Deutschland dargelegt. Die rechtlichen Rahmenbedingungen zur Gewährung von betrieblichen Pensionszusagen sind im Betriebsrentengesetz (BetrAVG) kodifiziert. Zur Vorbereitung der darauf folgenden konzeptionellen Analyse werden die Inhalte des Betriebsrentengesetzes, soweit diese für die Untersuchung relevant sind, dargestellt. Dies gilt insbesondere für die Regelungen zur Inanspruchnahme beziehungsweise Haftung des zusagenden Unternehmens für Pensionsverpflichtungen sowie die Möglichkeiten zur Durchführung von Pensionszusagen. Da eine zentrale Untersuchungsfrage die Abbildung von

28 Im Sinne von Zeff (1978) umfasst der Begriff der ökonomischen Auswirkungen sämtliche Auswirkungen von Rechnungslegungsinformationen auf das Entscheidungsverhalten von Rechnungslegungsadressaten.

29 Vgl. zur ex-ante-Forschung in der Rechnungslegung insbesondere Schipper (1994), S. 62.

Vermögenswerten, welche ausschließlich dem Zweck der Deckung von Versorgungsverpflichtungen dienen und hierzu auf rechtlich separate Vehikel ausgelagert werden, betrachtet, widmet sich der anschließende Abschnitt des zweiten Kapitels der externen Finanzierung. Hierzu werden zunächst Gründe für die Auslagerung von Vermögenswerten aufgezeigt, bevor danach eine vor dem Hintergrund der Anwendung internationaler Rechnungslegungsvorschriften bedeutende Möglichkeit der externen Finanzierung – die Auslagerung auf sogenannte Contractual Trust Arrangements – dargestellt wird.

Das dritte Kapitel legt ausführlich die aktuellen Rechnungslegungsnormen zur Abbildung von Pensionsverpflichtungen nach IFRS dar. Hierzu werden zunächst die Ziele der kapitalmarktorientierten Rechnungslegung nach IFRS erörtert sowie zentrale Aspekte in einem weiteren Abschnitt zu bilanztheoretischen Grundlagen erarbeitet. Diese Ausführungen dienen zugleich als Grundlage der späteren konzeptionellen Analyse der Rechnungslegungsnormen. Anschließend werden im darauf folgenden Abschnitt die historische Entwicklung der Bilanzierung von Pensionszusagen nach IFRS skizziert und das grundlegende Modell zur Abbildung von Pensionszusagen vorgestellt. Dabei kommt speziell der Abgrenzung von beitrags- und leistungsorientierten Plänen eine hohe Bedeutung zu. Während bei beitragsorientierten Plänen für Leistungen nach Beendigung des Arbeitsverhältnisses ein Unternehmen bestimmte Beiträge an einen externen Fonds bezahlt und eine Zahlung weiterer Beiträge ausgeschlossen ist, werden alle übrigen Zusagen unter dem Begriff der leistungsorientierten Pläne erfasst.[30] Die vorliegende Arbeit fokussiert auf leistungsorientierte Pläne. Entsprechend behandelt der dritte Abschnitt dieses Kapitels ausschließlich die Bilanzierung leistungsorientierter Pläne nach IAS 19.

Kapitel vier widmet sich alternativen Bilanzierungskonzepten für die Pensionsbilanzierung nach IFRS. Zunächst werden der aktuelle Entwicklungsstand der einschlägigen Bilanzierungsnormen in der IFRS-Rechnungslegung aufgezeigt und die Zielsetzung einer möglichen Neugestaltung aufgeführt. Anschließend werden zentrale Aspekte der Pensionsbilanzierung eingehend erörtert und dabei sowohl Defizite der aktuellen Bilanzierungsnormen untersucht sowie alternative Regelungen erarbeitet. Hierzu zählt zunächst die Analyse des Brutto- und Nettoansatzes, also der Frage, ob Vermögenswerte und Verpflichtungen in Zusammenhang mit leistungsorientierten Pensionszusagen saldiert oder unsaldiert abgebildet werden. Weiterhin wird die Angemessenheit des Einbezugs externer Versorgungsträger in den Konsolidierungskreis des zusagenden Unternehmens analysiert. Eine weitere Untersuchung betrachtet die Erfassungsweise von Aufwendungen und Erträgen aus Pensionsplänen. Eine Initiative zur Diskussion von Rechnungslegungsfragen in Europa, die Initiative Pro-active Accounting Activities in Europe (PAAinE), hat bereits Reformvorschläge für eine weitere Überarbeitung der Pensionsbilanzierung erarbeitet und in Form eines Diskussionspapiers veröffentlicht. Die Vorschläge zur Abbildung der zuvor auf konzeptioneller Basis erörterten Fragen werden ebenfalls

30 Vgl. IAS 19.8.

vorgestellt. In einem weiteren Abschnitt des vierten Kapitels werden bestehende empirische Erkenntnisse im Hinblick auf die Bilanzierung von leistungsorientierten Pensionsplänen dargestellt. Diese dienen der Illustration der praktischen Bedeutung der aktuell bestehenden Defizite in der IFRS-Rechnungslegung und erlauben eine erste Einschätzung der Auswirkung einer Reform der einschlägigen Vorgaben. Zu diesem Zweck werden zunächst in einem Literaturüberblick vielfältige Forschungsarbeiten zur Pensionsbilanzierung nach IFRS inhaltlich eingeordnet und deren Forschungsfragen sowie Erkenntnisse überblicksartig aufgeführt. Studien, deren Erkenntnisse für die vorliegende Arbeit von zentraler Bedeutung sind, werden in diesem Überblick lediglich eingeordnet, bevor sie in nachfolgenden Abschnitten eingehender vorgestellt werden.

Das fünfte Kapitel beinhaltet die empirische Simulationsstudie. Sie untersucht die Auswirkungen einer etwaigen Neugestaltung der Bilanzierung für leistungsorientierte Pensionszusagen. Betrachtet werden Daten von den in den Indizes DAX, MDAX und SDAX notierten Unternehmen der Jahre 2005 bis 2010. Zunächst wird die Bedeutung und Entwicklung zentraler Größen leistungsorientierter Pensionspläne untersucht. Diese stellen die Ausgangsbasis für die Bilanzierung dar. Entsprechend illustriert diese Analyse die Relevanz betrieblicher Pensionszusagen; zugleich dienen die Erkenntnisse der Interpretation der nachfolgenden Simulationsstudie. Im Rahmen der anschließenden Simulationen werden die Auswirkungen einer Umsetzung der zuvor auf theoretischer Ebene erarbeiteten Reformvorschläge untersucht. Dabei werden die Auswirkungen auf die Vermögens-, Finanz- und Ertragslage anhand der Veränderung absoluter und relativer Kennzahlen analysiert. Die betrachteten Kennzahlveränderungen können wiederum ökonomische Auswirkungen für Unternehmen induzieren, da Änderungen von Kennzahlen Verhaltensänderungen – sowohl von unternehmensinternen Managern wie auch von externen Abschlussadressaten – bedingen. Simuliert wird zunächst die Umsetzung der inzwischen bereits gültigen Vorgaben des IAS 19 (rev. 2011), da diese im Betrachtungszeitraum der Studie nicht anzuwenden sind. Darauf aufbauend werden in einer zweiten Simulation die Auswirkungen einer vollständigen Erfassung sämtlicher Aufwendungen und Erträge aus leistungsorientierten Pensionsplänen in der Gewinn- und Verlustrechnung untersucht. Die dritte Simulation dient darauf aufbauend schließlich der Illustration der Auswirkungen eines Bruttoansatzes, bei dem sowohl Vermögenswerte wie auch Verpflichtungen aus leistungsorientierten Pensionsplänen vollständig bilanziell abgebildet werden. Der Darstellung der Simulationsergebnisse geht eine Erläuterung der methodischen Vorgehensweise voraus. Die vorliegende Arbeit schließt mit einer Schlussbetrachtung und einem Ausblick im sechsten Kapitel.

2 Ausgestaltung betrieblicher Pensionspläne

2.1 Institutionelle Grundlagen der Ausgestaltung betrieblicher Pensionspläne in Deutschland

2.1.1 Begriff der betrieblichen Altersversorgung und Entstehung der Versorgungszusage

Die betriebliche Altersversorgung[31] regelt sich nach dem Gesetz zur Verbesserung der betrieblichen Altersversorgung (Betriebsrentengesetz - BetrAVG), wonach es sich bei dieser um Zusagen an einen Arbeitnehmer seitens des Arbeitgebers zur Alters-, Invaliden- oder Hinterbliebenenversorgung aus Anlass seines Arbeitsverhältnisses handelt (§ 1 Abs. 1 Satz 1 BetrAVG). Aus dieser Definition lassen sich drei Merkmale herausarbeiten: Das Vorliegen eines Arbeitsverhältnisses, der Eintritt eines der genannten biologischen Ereignisse (Eintritt der Altersgrenze, Berufs- oder Erwerbsunfähigkeit sowie Tod des Arbeitnehmers) und der Versorgungscharakter der zugesagten Leistung.[32]

Ein Arbeitsverhältnis im Sinne des BetrAVG liegt vor, sofern die Versorgungsleistung als Gegenleistung für die Tätigkeit in einem Unternehmen zugesagt wurde.[33] Entsprechend stehen nicht nur Arbeitnehmer, sondern beispielsweise auch selbstständig oder in einem freien Beruf Tätige unter dem Schutz des BetrAVG,[34] sofern es sich nicht zugleich um Personen handelt, die das Unternehmen durch Kapitaleinsatz oder Leitungsmacht führen, und daher kein Schutzbedürfnis vorweisen können.[35]

Die Leistungszusage hängt vom Eintritt eines der genannten biologischen Ereignisse ab. Der häufigste Versorgungsfall tritt auf Grund des Erreichens einer zwischen Arbeitgeber und Anspruchsberechtigten vereinbarten Altersgrenze ein.[36] Bis zum Eintritt dieses biologischen Ereignisses, und damit dem Entstehen eines Zahlungsanspruchs, handelt es sich bei der zugesagten Versorgungsleistung um ein aufschiebend bedingtes Recht des Arbeitnehmers, das als Anwartschaft[37] bezeichnet wird.

---

31 Für den Begriff der „Pensionsverpflichtung" existiert in der deutschen Gesetzgebung keine Legaldefinition, jedoch wird dieser Begriff als Synonym zum Terminus der „betrieblichen Altersversorgung" verwendet.

32 Vgl. Ellrott/Rhiel (2010), Rn. 152 f.; Kessler (2010), S. 14; Golddach/Obenberger (2007), S. 33 ff.; Rolfs (2010b), Rn. 4; Langohr-Plato (2010), Rn. 18 ff.

33 Vgl. § 17 Abs. 1 BetrAVG.

34 Vgl. Golddach/Obenberger (2007), Rn. 2 ff.

35 Vgl. Kessler (2010), S. 15.

36 Vgl. Kessler (2010), S. 15 f.; Langohr-Plato (2010), Rn. 25.

37 Bei einer solchen Anwartschaft handelt es sich entweder um eine verfallbare oder eine unverfallbare Anwartschaft. Die Unverfallbarkeit einer Anwartschaft wird gemäß § 1b Abs. 1 Satz 1 BetrAVG erreicht, wenn das Arbeitsverhältnis vor Eintritt

Zuletzt muss die Zusage hinsichtlich der Versorgung des Arbeitnehmers nach Beendigung des Arbeitsverhältnisses zweckgerichtet sein (Versorgungscharakter).[38] Die Gründe des Arbeitgebers zur Einrichtung einer betrieblichen Altersversorgung sind jedoch unerheblich.[39] Auch wenn der Arbeitgeber mit der Versorgungszusage nicht ausschließlich einen Versorgungszweck verfolgt, so darf dieser nicht in den Hintergrund treten, wie etwa bei Treue- oder Jubiläumsprämien.[40] Hierdurch wird hervorgehoben, dass Leistungen der betrieblichen Altersversorgung – im Gegensatz zum laufenden Entgelt – nicht im unmittelbaren Austausch zur Arbeitsleistung bezahlt werden.[41] Dennoch kommt der betrieblichen Altersversorgung Entgeltcharakter zu, wie die Rechtsprechung inzwischen unbestritten anerkennt.[42]

Für die rechtliche Entstehung einer Versorgungszusage, und damit des Verpflichtungstatbestands für die Gewährung betrieblicher Versorgungsleistungen, bedarf es eines Rechtsbegründungsakts.[43] Die betriebliche Altersversorgung muss dem Arbeitnehmer durch den Arbeitgeber „zugesagt" werden.[44] Dieser Rechtsbegründungsakt kann entweder in einer individual- oder kollektivrechtlichen Vereinbarung bestehen.[45] Unter Erstere, die individualrechtliche Zusage, fällt die Einzelzusage, die auf einer einzelvertraglichen Regelung zwischen Arbeitgeber und Arbeitnehmer beruht, sowie die vertragliche Einheitsregelung, die für eine Vielzahl von Personen

---

des den Versorgungsfall begründenden Ereignisses endet, der Anspruchsberechtigte jedoch das 25. Lebensjahr vollendet hat und die Zusage mindestens fünf Jahre bestand. Für Versorgungszusagen, die vor dem 01.02.2001 getätigt wurden, gelten abweichende Fristen gemäß §§ 30 f. BetrAVG, vgl. hierzu ausführlich Rolfs (2010a), Rn. 19 ff. sowie 71 ff.

38 Vgl. Kessler (2010), S. 19.

39 Vgl. Langohr-Plato (2010), Rn. 72. Vgl. zu möglichen Gründen für die Gewährung betrieblicher Versorgungszusagen ausführlich Meier/Recktenwald (2006), S. 19.

40 Vgl. Buttler (2008), S. 2.

41 Vgl. Griebeling/Griebeling (2003), Rn. 18.

42 Vgl. Langohr-Plato (2010), Rn. 86 sowie Grabner/Bode (2001), S. 48 m. w. N. Zuvor wurde der betrieblichen Altersversorgung in der Rechtsprechung ein „Doppelcharakter" aus Entgelt- und Fürsorge- bzw. Versorgungscharakter zugeschrieben, vgl. zu dieser Entwicklung ausführlich Langohr-Plato (2010), Rn. 86. Napier (1983) begründet bereits 1983 die Etablierung eines betrieblichen Altersversorgungssystems mit personalwirtschaftlichen Zielen, wie etwa der Möglichkeit besser qualifizierte Mitarbeiter zu gewinnen, vgl. Napier (1983), S. 19. Griebeling/Griebeling (2003) betonen obgleich, dass sich „die Betriebsrente nicht als vorenthaltener Lohn erklären [ließe]" (Griebeling/Griebeling (2003), Rn. 18), was auch das BAG bestätigt, vgl. Höfer (2011), Rn. 58. Dies begründete sich durch die Eigenschaften der betrieblichen Altersversorgung, wonach die Leistung vom Eintritt eines biologischen Ereignisses abhängt und deren Höhe nicht exakt vorherbestimmt werden kann, vgl. Griebeling/Griebeling (2003), Rn. 18.

43 Vgl. Goldbach/Obenberger (2007), Rn. 8.

44 Vgl. Rolfs (2010b), Rn. 32.

45 Vgl. Goldbach/Obenberger (2007), Rn. 8.

standardisiert, zum Beispiel als Anlage zum Arbeitsvertrag, gewährt wird. Darüber hinaus können individualrechtliche Vereinbarungen auch durch eine Gesamtzusage, bei der einer bestimmten, abgrenzbaren Arbeitnehmergruppe die betriebliche Altersversorgung kollektiv zugesagt wird, entstehen. Kollektivrechtliche Vereinbarungen können aus einem Tarifvertrag als Versorgungsvereinbarung zwischen einer Gewerkschaft und einem oder mehreren Arbeitgebern[46] oder, bei fehlender tariflicher Bindung, aus einer Betriebsvereinbarung als Versorgungsvereinbarung zwischen Arbeitnehmer und Betriebsrat entstehen.[47] Eine Verpflichtung aus einer Versorgungszusage kann zuletzt gemäß § 1b Abs. 1 Satz 4 BetrAVG auch aus der betrieblichen Übung[48] oder dem Grundsatz der Gleichbehandlung hervorgehen.

Sobald die Versorgungszusage erteilt ist, beginnt die Anwartschaftsphase des Arbeitnehmers, die bei Eintritt des Versorgungsfalls endet. Während dieser Anwartschaftsphase liegt aus Sicht des Arbeitgebers eine aufschiebend bedingte Schuld gemäß § 158 Abs. 1 BGB vor, denn die Verpflichtung ist an den Eintritt eines zuvor festgelegten und die Schuld auslösenden Ereignisses gebunden.[49]

2.1.2 Rechtliche Vorgaben zur Ausgestaltung von Pensionszusagen

2.1.2.1 Überblick

Die Gewährung einer Zusage zu Leistungen der betrieblichen Altersversorgung erfolgt in Deutschland auf freiwilliger Basis.[50] Sobald ein Unternehmen jedoch einem Arbeitnehmer eine sogenannte „Versorgungszusage"[51] verspricht, greifen, neben anderen Regelungen, im arbeitsrechtlichen Bereich hauptsächlich die Vorgaben des BetrAVG.[52] Dieses Gesetz aus dem Jahr 1974 beinhaltet Mindestregelungen zum

---

46 § 17 Abs. 3 und 5 BetrAVG enthält spezielle, tarifdispositive Regelungen.

47 Vgl. Goldbach/Obenberger (2007), Rn. 9 ff.; Kessler (2010), S. 21 ff.; Planert (2006), S. 4.

48 Vgl. hierzu ausführlich Ricken (2006), S. 1372 f.

49 Vgl. Westermann (2006), Rn. 1; Blomeyer (1996), S. 310; Petersen (2002), S. 12.

50 Vgl. Meier/Recktenwald (2006), S. 50 i. V. m. Griebeling/Griebeling (2003), Rn. 6. Es gilt der Grundsatz der Vertrags- bzw. Entschlussfreiheit, vgl. Kemper/Huber (2010), Rn. 19; Förster et al. (2009), Rn. 7 zu § 1. Eine Ausnahme von der grundsätzlich freiwilligen Gewährung betrieblicher Altersversorgungsleistungen stellt der Arbeitnehmeranspruch auf Entgeltumwandlung gemäß § 1a Abs. 1 BetrAVG dar, vgl. hierzu ausführlich Abschnitt 2.1.4.

51 Vgl. zu diesem Begriff Kemper/Huber (2010), Rn. 18; Rolfs (2010b), Rn. 32 sowie Abschnitt 2.1.1.

52 Vgl. Meier/Recktenwald (2006), S. 48; Kemper/Huber (2010), Rn. 24. Für das Entstehen einer Versorgungszusage i. S. d. § 1 Abs. 1 Satz 1 BetrAVG müssen in jedem Fall die drei in dieser Legaldefinition genannten Kriterien vorliegen, vgl. zu diesen Kriterien ausführlich Abschnitt 2.1.1. Ansonsten unterliegt die gewährte Zusage nicht dem Schutzbereich des genannten Gesetzes, vgl. Kemper/Huber (2010), Rn. 41.

Schutz der Arbeitnehmer, von denen nur in Ausnahmefällen zu Gunsten des Arbeitgebers abgewichen werden darf.[53]

Gemäß BetrAVG werden drei verschiedene Versorgungszusagen unterschieden: Die Leistungszusage (§ 1 Abs. 1 BetrAVG), die beitragsorientierte Leistungszusage (§ 1 Abs. 2 Nr. 1 BetrAVG) sowie die Beitragszusage mit Mindestleistung (§ 1 Abs. 2 Nr. 2 BetrAVG). Unabhängig von der Ausgestaltung der Versorgungszusage besteht für den Arbeitgeber eine sogenannte Subsidiärhaftung gemäß § 1 Abs. 1 Satz 3 BetrAVG, wonach dieser für die Erfüllung der Zusagen einzustehen hat.

2.1.2.2 Leistungszusage

Versorgungszusagen, die in Form von Leistungszusagen gewährt werden, führen zu einer Verpflichtung des Arbeitgebers, im Versorgungsfall eine Leistung, die bereits bei Gewährung der Zusage genau definiert ist, zu erbringen.[54] Durch eine Leistungszusage wird folglich die Höhe der zugesagten Leistung eindeutig festgelegt.[55] Letztlich steht in dieser Ausgestaltungsform die zugesagte Versorgungsleistung im Vordergrund,[56] für die der Arbeitgeber unabhängig von deren Finanzierung und sonstigen Ausgestaltung[57] einstehen muss.[58]

Die Leistung kann sowohl in Form einer einmaligen Zahlung als auch in Form einer laufenden Zahlung, das heißt einer Rente, deren zeitliche Befristung möglich ist, zugesagt werden.[59] In Bezug auf die Höhe werden statische und dynamische Leistungszusagen unterschieden. Bei einer statischen Leistungsberechnung wird dem Arbeitnehmer ein fester Kapitalbetrag oder eine feste monatliche Rente zugesagt (Festbetragszusagen).[60] Bei dynamischen Leistungssystemen werden die Zusagen in der Regel an das Gehalt des Versorgungsberechtigten gekoppelt und als Prozentsatz – je nach Ausgestaltung gegebenenfalls unter Berücksichtigung der Dienstzugehörigkeit – des Endgehalts (Endgehaltsplan) oder des Durchschnittsgehalts (Karrieredurchschnittsplan) gewährt.[61] In der konkreten Ausgestaltung

53 Vgl. Meier/Recktenwald (2006), S. 48 i. V. m. Höfer (2011), Rn. 2. Dabei kodifiziert das BetrAVG die vor dessen Verabschiedung bereits in der Rechtsprechung existierenden Regelungen, ohne diese soweit auszuweiten, dass hierdurch eine umfängliche Regulierung des Arbeitsrechts der betrieblichen Altersversorgung erreicht würde, vgl. Kemper/Huber (2010), Rn. 2; Griebeling/Griebeling (2003), Rn. 6; Höfer (2011), Rn. 1. Zur Entwicklung des BetrAVG vgl. ausführlich Höfer (2011), Rn. 4 ff.

54 Vgl. Rolfs (2010b), Rn. 7.

55 Vgl. Bönsch (2005), S. 278; Meier/Recktenwald (2006), S. 42.

56 Vgl. Blumenstein (2005), S. 25.

57 Vgl. hierzu Abschnitt 2.1.3.

58 Vgl. § 1 Abs. 1 Satz 3 BetrAVG; Neuhaus (2009b), S. 20.

59 Vgl. Rolfs (2010b), Rn. 10 i.V.m. Rolfs (2010e), Rn. 214.

60 Vgl. Langohr-Plato (2010), Rn. 264; Mühlberger/Schwinger (2011), S. 155.

61 Vgl. Rolfs (2010e), Rn. 220; Langohr-Plato (2010), Rn. 270 ff.; Förster (1998), S. 205; Neuhaus (2009b), S. 20.

sind verschiedene Varianten dieses Grundkonzepts möglich.[62] Ferner ist beispielsweise auch eine Dynamisierung in Abhängigkeit des Lebenshaltungskostenindex denkbar.[63]

Die Leistungszusage stellt die traditionell typische Zusageart in Deutschland dar, weshalb die überwiegende Zahl der Versorgungszusagen in Form von Leistungszusagen gewährt werden[64] und diese Ausgestaltungsform von Rolfs (2010e) als „Prototyp der betrieblichen Altersversorgung"[65] bezeichnet wird.[66] Entsprechend wurde diese Zusageart auch der Entwicklung des BetrAVG zu Grunde gelegt.[67]

2.1.2.3 Beitragsorientierte Leistungszusage

Eine beitragsorientierte Leistungszusage zeichnet sich im Unterschied zur reinen Leistungszusage dadurch aus, dass sich der Arbeitgeber dazu verpflichtet, konkrete Versorgungsbeiträge in eine Anwartschaft auf Alters-, Invaliditäts- oder Hinterbliebenenversorgung umzuwandeln.[68] Diese Beiträge werden nach zuvor bestimmten versicherungsmathematischen Parametern in eine Versorgungsleistung umgerechnet.[69] Entsprechend steht bei einer beitragsorientierten Leistungszusage der Beitrag als Aufwand für das Unternehmen im Vordergrund,[70] der als einmaliger oder laufender Beitrag oder beispielsweise in Abhängigkeit des Einkommens des Arbeitnehmers sowie des Unternehmensgewinns bemessen werden kann.[71] Dieser Beitrag des Arbeitgebers ist die Berechnungsgrundlage und determiniert die Höhe der Anwartschaft.[72] Allerdings müssen die Beiträge nicht, wie der Wortlaut vermuten lässt, an eine externe

---

62 Vgl. Goldbach/Obenberger (2007), Rn. 30.

63 Vgl. Rolfs (2010e), Rn. 217.

64 Vgl. Meier/Recktenwald (2006), S. 42; Neuhaus (2009b), S. 19; Blomeyer (1996), S. 309.

65 Rolfs (2010e), Rn. 1.

66 Blomeyer (1996) spricht von der „klassischen" Leistungszusage, vgl. Blomeyer (1996), S. 309.

67 Vgl. Blumenstein (2005), S. 25.

68 Vgl. § 1 Abs. 2 Nr. 1 BetrAVG.

69 Vgl. Meier/Recktenwald (2006), S. 4. Vgl. ausführlich zu den verschiedenen Umrechnungsmöglichkeiten bei der Leistungsermittlung Goldbach/Obenberger (2007), Rn. 32 ff. Im Rahmen dieser Umrechnung können u. a. biometrische Wahrscheinlichkeiten für Invalidität oder Tod sowie der Zinssatz zur Verzinsung des angesammelten Kapitals einfließen, vgl. Uebelhack (2003), S. 472.

70 Vgl. Blumenstein (2005), S. 27; Kemper/Huber (2010), Rn. 446. U. a. Grabner und Förster bezeichnen die beitragsorientierte Leistungszusage daher als „Beitragsprimat der betrieblichen Altersversorgung" im Gegensatz zur reinen Leistungszusage, die als „Leistungsprimat" betitelt wird. Vgl. Förster (1998), S. 204; Grabner (1997), S. 256.

71 Vgl. Blumenstein (2005), S. 28.

72 Vgl. Uebelhack (2003), S. 472.

Einrichtung bezahlt werden.[73] Da es sich bei der beitragsorientierten Leistungszusage um einen Unterfall der Leistungszusage handelt, behält der Arbeitgeber die Pflicht zur Erfüllung der Leistungsansprüche der Arbeitnehmer.[74] Entsprechend liegt eine Doppelverpflichtung des Arbeitgebers vor, nämlich bestimmte Beträge (Aufwand) in eine Anwartschaft auf Versorgungsleistungen umzuwandeln sowie die Verpflichtung dem Arbeitnehmer bestimme Leistungen zu gewähren.[75]

Der Unterschied zur reinen Leistungszusage besteht letztendlich darin, dass der Arbeitnehmer bei der Vereinbarung einer beitragsorientierten Leistungsverpflichtung die Information erhält, welchen Betrag der Arbeitgeber aufwendet, um diese Leistung zu finanzieren[76] und damit die vom Arbeitgeber geleistete Vergütung transparent wird.[77] Der Vorteil für Unternehmen liegt im Vergleich zu leistungsorientierten Zusagen in der Möglichkeit, den Aufwand für die Leistungszusage besser steuern und ggf. an Ergebnisgrößen koppeln zu können.[78] Hierin liegt auch der Grund für die Entwicklung von beitragsorientierten Zusagen. Diese entstanden in den 1980er Jahren auf Grund der Tatsache, dass die klassischen Leistungszusagen durch die dynamische Ausgestaltung und damit die Bindung z. B. an das Gehalt der Arbeitnehmer zu einem Anstieg der Versorgungsleistung führen und die damit verbundenen Kosten für die Unternehmen zum Zeitpunkt der Leistungsgewährung noch nicht abzusehen sind.[79] Da keine gesetzliche Möglichkeit zur Gewährung von Beitragszusagen bestand, etablierte sich die Ausgestaltung der gewährten Versorgungszusagen als beitragsorientierte Leistungszusagen.[80]

Der Gesetzgeber reagierte erst im Jahr 1999 auf die in der Praxis entwickelten beitragsorientierten Leistungszusagen und nahm diese Zusageart explizit in das BetrAVG[81] auf, obwohl diese systematisch zu den Leistungszusagen gehört. Der Gesetzesänderung kommt daher lediglich ein klarstellender Charakter zu, indem die in der Praxis entwickelte Ausgestaltungsform explizit Eingang in den Gesetzestext fand.[82]

---

73 Vgl. ähnlich auch Blumenstein (2005), S. 28. Dies geht auch aus dem BetrAVG hervor, das keine diesbezügliche Vorgabe enthält.

74 Vgl. § 1 Abs. 1 Satz 3 BetrAVG.

75 Vgl. Blumenstein (2005), S. 27 f.

76 Vgl. Neuhaus (2009b), S. 20.

77 Vgl. Blomeyer (1996), S. 311; Blumenstein (2005), S. 27.

78 Vgl. Meier/Recktenwald (2006), S. 44.

79 Vgl. Goldbach/Obenberger (2007), S. 31; Neuhaus (2009b), S. 20.

80 Vgl. Grabner (1997), S. 257; Buttler (2008), Rn. 4.

81 Vgl. § 1 Abs. 2 Nr. 1 BetrAVG.

82 Vgl. Blumenstein (2005), S. 25 f. i. V. m. Art. 8 Nr. 1 Rentenreformgesetz (RRG) vom 16.12.1997. Durch die Verabschiedung des Altersvermögensgesetzes (AVmG) vom 26.06.2001 werden für beitragsorientierte Leistungszusagen eigene Regelungen, u. a. die Höhe der unverfallbaren Leistung betreffend, geschaffen, vgl. Art. 9 AVmG. Vgl. zu den wesentlichen Neuregelungen durch das AVmG Höfer (2001).

2.1.2.4 Beitragszusage mit Mindestleistung

Gewährt ein Arbeitgeber eine Beitragszusage mit Mindestleistung, verpflichtet sich dieser gemäß § 1 Abs. 1 Satz 1 BetrAVG bestimmte Beiträge zur Finanzierung der betrieblichen Versorgungsleistung an einen Pensionsfonds, eine Pensionskasse oder eine Direktversicherung zu zahlen.[83] Darüber hinaus verpflichtet sich das zusagende Unternehmen, dem Arbeitnehmer das aus den Beiträgen erwirtschaftete Kapital zur Altersversorgung, das Versorgungskapital[84], zumindest jedoch die zugesagten Beiträge, zur Verfügung zu stellen. Dies gilt nicht, sofern die Beiträge für einen biometrischen Risikoausgleich verbraucht werden.[85] Hierdurch wird folglich die Haftung des Arbeitgebers beschrieben. Diese beschränkt sich auf die Summe der zugesagten Beiträge vermindert um einen Risikoabschlag für biometrische Risiken.[86] Da die Höhe des Versorgungskapitals sowohl von den Beiträgen des Arbeitgebers als auch von den Erträgen, die mit dem Kapital bis zum Versorgungseintritt erwirtschaftet werden, abhängt, ist die Versorgungsleistung vor Eintritt des Versorgungsfalls nicht bestimmbar.[87] Insofern besteht ein Unterschied zur beitragsorientierten Leistungszusage, bei

83 Vgl. zu diesen Durchführungswegen ausführlich Abschnitt 2.1.3.

84 Das Versorgungskapital besteht aus den gezahlten Beiträgen und den hierauf anfallenden Erträgen.

85 Wörtlich: „Der Arbeitgeber verpflichtet [sich], für Leistungen zur Altersversorgung das planmäßig zuzurechnende Versorgungskapital auf der Grundlage der gezahlten Beiträge (Beiträge und die daraus erzielten Erträge), mindestens die Summe der zugesagten Beiträge, soweit sie nicht rechnungsmäßig für einen biometrischen Risikoausgleich verbraucht werden, hierfür zur Verfügung zu stellen" (§ 1 Abs. 2 Nr. 2 BetrAVG).

86 Vgl. GRIEBELING/GRIEBELING (2003), Rn. 293; GOLDBACH/OBENBERGER (2007), Rn. 37. Unter diesem Risikoabschlag wird eine Verminderung der Beiträge auf Grund der Finanzierung vorzeitiger Versorgungsfälle, etwa bei Invalidität oder Tod, verstanden, vgl. BODE et al. (2002), S. 27; ROLFS (2010b), Rn. 96. Der Arbeitgeber übernimmt folglich keine Haftung für eine Verzinsung des eingezahlten Kapitals bzw. Verluste der Vermögensanlage, die über die insgesamt geleisteten Beiträge hinausgeht, vgl. GRIEBELING/GRIEBELING (2003), Rn. 293. Da der Arbeitgeber weiterhin für die nominalen Beiträge einstehen muss, sofern der Nominalwert der geleisteten Beiträge von externen Versorgungsträger nicht erhalten werden kann (vgl. LANGOHR-PLATO/TESLAU (2003), S. 661; KEMPER/HUBER (2010), Rn. 460) und es sich daher nicht um eine „reine" Beitragszusage handelt, spricht BLOMEYER (2001) von einer „Gazelle mit Klumpfuß" (BLOMEYER (2001), S. 430) sowie LANGOHR-PLATO/TESLAU (2003), S. 461 vom „Pferdefuß der Mindestleistung".

87 Vgl. KEMPER/HUBER (2010), Rn. 459; GOLDBACH/OBENBERGER (2007), Rn. 39.

welcher grundsätzlich eine Verzinsung der Beiträge einberechnet wird, die daher garantiert ist.[88]

Diese Zusageart stellt somit eine Mischform zwischen Leistungs- und Beitragszusage dar.[89] Die Unterscheidung von einer Leistungszusage erfolgt insoweit, dass bei einer Beitragszusage mit Mindestleistung das Deckungsvermögen nur extern angesammelt werden kann.[90] Des Weiteren trägt der Arbeitnehmer durch die Übernahme des Anlagerisikos[91] ein im Vergleich zur Leistungszusage höheres Risiko. Da der Arbeitgeber jedoch für die Mindestleistung einstehen muss, besteht auf Grund dessen eine Unterscheidung zur Beitragszusage.

Für den Arbeitgeber ist diese Zusageart eine Möglichkeit zur Risikominimierung[92] und verbesserten Planbarkeit des Pensionsaufwands. Aus diesem Grund diskutierten die Unternehmen in Deutschland verbreitet die Einführung reiner Beitragszusagen,[93] bei denen sich die Verpflichtung der Unternehmen lediglich auf die Leistung der Beiträge erstreckt.[94] Der Gesetzgeber kam dieser Forderung nicht vollständig nach, führte jedoch im Rahmen des AVmG mit Wirkung zum 1. Januar 2002 die beschriebene Beitragszusage mit Mindestleistung in das BetrAVG ein.[95] Die Gewährung reiner Beitragszusagen ohne Garantie einer Mindestleisung ist nach BetrAVG in Deutschland nach wie vor nicht möglich. Dennoch können derartige Vereinbarungen zwischen Arbeitnehmer und Arbeitgeber – analog der Vereinbarung sonstiger Zahlungen des Arbeitgebers – getroffen werden, die jedoch

---

88 Vgl. BLUMENSTEIN (2005), S. 29.

89 Vgl. UEBELHACK (2003), S. 474. FRIEDRICH/KOVAC/WERNER (2007) ordnen diese jedoch vollständig den Leistungszusagen zu, vgl. zur Begründung FRIEDRICH/KOVAC/WERNER (2007), S. 1558.

90 Vgl. KEMPER et al. (2010), Rn. 466; ROLFS (2010b), Rn. 92 sowie mit einer ausführlichen Diskussion der Problematik SCHWARK/RAULF (2003), S. 940 f. Eine andere Ansicht vertritt hingegen HÖFER (2011), Rn. 2538.

91 Demgegenüber steht jedoch die Chance von überdurchschnittlichen Erträgen aus der Kapitalanlage zu profitieren, vgl. SCHWARK/RAULF (2003), S. 904; BLUMENSTEIN (2005), S. 29; GRABNER/BODE/STEIN (2001), S. 1894. Das Anlagerisiko wird durch den Gesetzgeber jedoch beschränkt, indem zur Durchführung einer Beitragszusage mit Mindestleistung nur versicherungsförmige Durchführungswege zulässig sind. Entsprechend muss es sich bei externen Rechtsträgern, an welche Mittel zur Finanzierung der betrieblichen Versorgungsleistung gezahlt werden, um versicherungsförmige Institutionen, die unter staatlicher Finanzaufsicht stehen, handeln, vgl. GOLDBACH/OBENBERGER (2007), Rn. 38 sowie hierzu kritisch SCHWARK/RAULF (2003), S. 940 f.

92 Vgl. MEIER/RECKTENWALD (2006), S. 45.

93 Vgl. u. a. BLOMEYER (1996), S. 309; BLOMEYER (1997), S. 1922 f.; HANAU/ARTEAGA (1999), S. 900; BLOMEYER (2001), S. 430 f.; ROLFS (2010b), Rn. 87.

94 Vgl. UEBELHACK (2003), S. 476.

95 Vgl. Art. 9 Nr. 3 AVmG.

nur außerhalb des BetrAVG und der Durchführungswege der betrieblichen Altersversorgung genutzt werden können.[96]

2.1.3 Durchführungswege der betrieblichen Altersversorgung

2.1.3.1 Überblick

Für die Abwicklung der betrieblichen Altersversorgung stehen den Arbeitgebern in Deutschland gemäß den Regelungen des BetrAVG fünf Durchführungswege zur Verfügung.[97] Die unterschiedlichen Möglichkeiten zur Durchführung der betrieblichen Altersversorgung unterscheiden sich unter anderem hinsichtlich der arbeits- und versicherungsrechtlichen, steuerlichen sowie betriebswirtschaftlichen Rahmenbedingungen.[98] Grundsätzlich hat der Arbeitgeber die Möglichkeit, den Arbeitnehmern eine Direktzusage zu gewähren oder auf einen externen Versorgungsträger zurückzugreifen (mittelbare Versorgungszusage) und in diesem Fall die Versorgungszusage über eine Direktversicherung, eine Unterstützungskasse, eine Pensionskasse oder einen Pensionsfonds abzuwickeln.[99] Einen Überblick über die nach BetrAVG zulässigen und nachfolgend erläuterten Durchführungswege vermittelt Abbildung 2.1.

---

96 Vgl. BAG-Urteil vom 07.09.2004, 3 AZR 550/03 sowie Kressel (2003), S. 226 f.; Kessler (2010), S. 43. Dies muss jedoch explizit betont werden (vgl. Kessler (2010), S. 43), da im Zweifelsfall eine Umdeutung in eine Beitragszusage mit Mindestleistung oder eine beitragsorientierte Leistungszusage erfolgt, vgl. Kemper et al. (2010), Rn. 463. Mit einer Zusage außerhalb des BetrAVG entfallen u. a. steuerliche Vorteile der betrieblichen Altersversorgung sowie der Insolvenzschutz der Ansprüche des Arbeitnehmers, vgl. Uebelhack (2003), S. 476 f.

97 Vgl. § 1 Abs. 1 Satz 2 i. V. m. § 1b Abs. 2–4 BetrAVG.

98 Vgl. Langohr-Plato (2010), Rn. 89; Griebeling/Griebeling (2003), Rn. 246.

99 Vgl. § 1 Abs. 1 Satz 2 i. V. m. § 1b Abs. 2–4 BetrAVG.

Abbildung 2.1: Durchführungswege der betrieblichen Altersversorgung nach BetrAVG

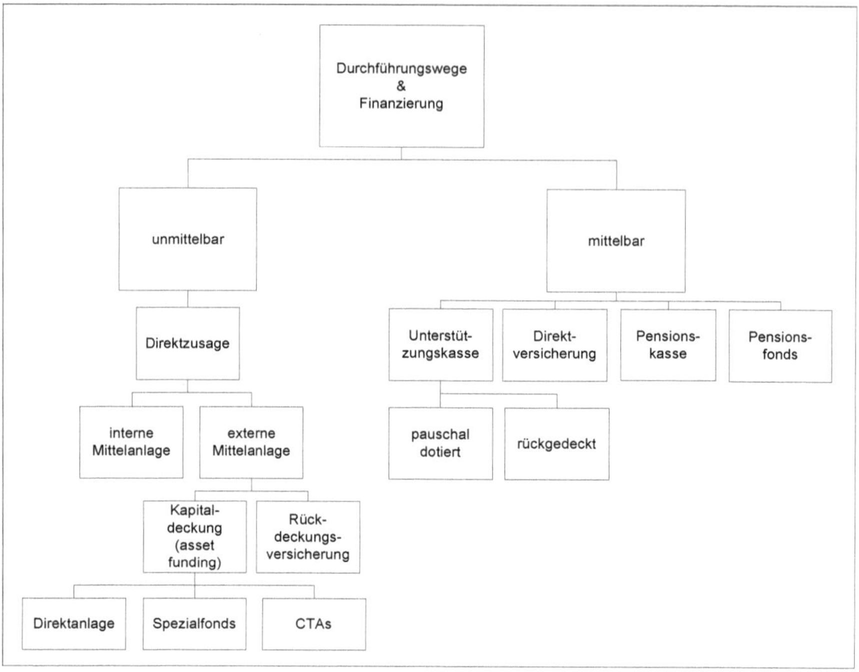

(Quelle: Eigene Darstellung in Anlehnung an NEUHAUS (2009b), S. 24.)

2.1.3.2 Direktzusage

Eine Direktzusage[100] stellt eine Zusage des Arbeitgebers an den Arbeitnehmer dar, im Versorgungsfall die zugesagte Versorgungsleistung zu erbringen.[101] Der Begünstigte (Arbeitnehmer) hat einen direkten (Rechts-)Anspruch gegenüber dem Arbeitgeber, der für die Erbringung der Versorgungsleistung haftet.[102] Da sich der

100 Im BetrAVG wird wörtlich der Begriff „unmittelbare" Zusage verwendet. Dennoch hat sich in der Literatur der Begriff der „Direktzusage" verbreitet, vgl. u. a. HÖFER (2011), Rn. 117. Zum Teil findet in der Literatur ebenfalls der Begriff „Pensionszusage" als Synonym für eine unmittelbare Zusage Verwendung, vgl. BUTTLER (2008), Rn. 12; FELBINGER (2003), S. 27; SCHMEISSER/BISCHOFF (2003), S. 77.

101 Vgl. § 1 Abs. 1 Satz 2 BetrAVG.

102 Vgl. GOLDBACH/OBENBERGER (2007), Rn. 64.

Arbeitgeber unmittelbar zur Leistungserbringung verpflichtet, ist dieser folglich sowohl Zusagegeber als auch Träger der Versorgung.[103] Der Durchführungsweg fällt in diesem Fall mit dem arbeitsrechtlichen Grundverhältnis zusammen,[104] weshalb dieser Durchführungsweg hinsichtlich der rechtlichen Ausgestaltung der einfachste, im BetrAVG verankerte Durchführungsweg ist.[105]

Während der Ansparphase ist die Gewährung einer Direktzusage, sofern die Finanzierung intern erfolgt, nicht mit einem Mittelabfluss verbunden. Vielmehr wird grundsätzlich bis zum Eintritt des Versorgungsfalls eine Pensionsrückstellung aufgebaut.[106] Hierdurch entsteht eine Innenfinanzierungsmöglichkeit für Unternehmen, da erst der Eintritt des Versorgungsfalls zum Liquiditätsabfluss führt.[107] Gelingt es einem Unternehmen, den Aufwand zur Bildung der Rückstellung in die Absatzpreise einzukalkulieren und diese am Markt durchzusetzen, entsteht ein Finanzierungseffekt. Insbesondere bei Pensionsverpflichtungen kann dieser auf Grund deren langfristigen Charakters und deren Höhe zumindest anfänglich sehr bedeutend sein.[108]

Dieser Finanzierungseffekt begründet auch die große Bedeutung von Pensionszusagen ab Mitte des 20. Jahrhunderts. Vor allem nach dem zweiten Weltkrieg stellten Pensionszusagen eine wichtige Finanzierungsquelle für deutsche Unternehmen dar.[109] Nach wie vor kommt Direktzusagen in Deutschland eine hohe Bedeutung

---

103 Vgl. Griebeling/Griebeling (2003), S. 62; Meier/Recktenwald (2006), S. 4.

104 Vgl. Goldbach/Obenberger (2007), Rn. 64.

105 Vgl. Langohr-Plato (2010), Rn. 94.

106 Vgl. ausführlich zur Bilanzierung und insbesondere zum Ausweis einer Rückstellung für Pensionsverpflichtungen Abschnitt 3.3. Gemäß Drukarczyk (1993) werden durch die Rückstellungsbildung „Vermögensentzugssperren“ errichtet, vgl. Drukarczyk (1993), S. 230.

107 Bis zur Auszahlung besteht eine Art Kreditverhältnis, vgl. Thurmayr (1992), S. 68; Groh (1988), S. 1921.

108 Vgl. ausführlich zur Innenfinanzierung mittels Rückstellungen Perridon/Steiner/Rathgeber (2009), S. 484 f., sowie insbesondere zum Einfluss der Innenfinanzierung mittels Pensionsrückstellungen auf den Unternehmenswert Schwetzler (2003).

109 Vgl. Rupprecht (2006), S. 201; Teller/Stäglich (2004), S. 302; Fasshauer (2010), S. 36; Clark (2003), S. 105. Der Innenfinanzierungseffekt kann jedoch nur genutzt werden, wenn die Mittel zur Finanzierung der Verpflichtung zur Investition in Produktivkapital genutzt und nicht extern angelegt werden.

zu.[110] Der Großteil der betrieblichen Altersversorgungszusagen in Deutschland wird in Form einer Direktzusage erteilt.[111]

Mit der Rückstellungsbildung ist auch ein Steuereffekt verbunden.[112] Durch die aufwandswirksame Rückstellungsbildung wird der zu versteuernde Gewinn gemindert, wodurch die Steuerlast des Unternehmens reduziert wird und ein positiver Liquiditätseffekt entsteht.[113] Erst mit Zahlung der Versorgungsleistungen an die Anspruchsberechtigten im Versorgungsfall erfolgt ein Liquiditätsabfluss. Dieser ist

---

110 Inzwischen hat sich diese Vorteilhaftigkeit von Pensionsverpflichtungen für viele Unternehmen gewandelt. Perridon/Steiner/Rathgeber (2009) unterscheiden drei typische Phasen des Finanzierungseffekts, die sich je nach Mittelanlage unterscheiden. Bei Neueinführung der Pensionszusagen ist der Finanzierungseffekt zunächst hoch, da dem Rückstellungsaufwand keine Auszahlungen gegenüber stehen. In einer zweiten Phase steigen die Auszahlungen für die Anspruchsberechtigten soweit an, dass diese die Zuführungen kompensieren, wodurch die Auszahlungen die Ertragssteuerminderungen bereits überschreiten. In einer dritten Phase übersteigen die Pensionszahlungen die Zuführungen zu den Rückstellungen erheblich, es entsteht ein hoher Mittelabfluss, vgl. Perridon/Steiner/Rathgeber (2009), S. 485 sowie ähnlich auch Meier/Recktenwald (2006), S. 167. Bei vielen Unternehmen in Deutschland setzte vor allem in den 1990er Jahren die Phase der Auszahlungen ein, vgl. Teller/Stäglich (2004), S. 303. Nach einer Studie von Rauser Towers Perrin betrugen im Jahr 2007 die Rentenzahlungen der DAX-Unternehmen ca. 11,6 Mrd. EUR, während der Zins- und Dienstzeitaufwand ca. 16,3 Mrd. EUR betrug, vgl. Rauser Towers Perrin (2008), S. 4. Vgl. zu dieser Studie auch Deihle/Jasper/Lux (2008), S. 701. Eine Liquiditätsbelastung entsteht für Unternehmen u. a. auch durch eine höhere Lebenserwartung der Anspruchsberechtigten sowie durch eine steigende Zahl von Anspruchsberechtigten im Vergleich zu aktiven Mitarbeitern, vgl. Rupprecht (2006), S. 202 f.

111 Vgl. Gerke et al. (2006), S. 3; Kemper/Kisters-Kölkes (2008), S. 42; Gohdes/Meier (2003), S. 1378; Spengel (1997), S. 2098. Gerke/Pellens (2003) messen die Bedeutung der Finanzierungsfunktion von Pensionsrückstellungen in Deutschland durch einen Vergleich der Zuführung zu Pensionsrückstellungen mit dem Volumen der Aktienemissionen in diesem Zeitraum. In den Jahren 1992 bis 2002 betrug das durchschnittliche Volumen der Aktienemissionen ca. 13 Mrd. EUR, die Zuführung zu Pensionsrückstellungen hingegen 7 Mrd. EUR, vgl. Gerke/Pellens (2003), S. 6 ff.

112 Vgl. Gohdes/Meier (2003), S. 1378.

113 Vgl. Perridon/Steiner/Rathgeber (2009), S. 484. Im Zeitpunkt der Rückstellungsbildung entsteht ein positiver Liquiditätseffekt, da die Rückstellungsbildung zu keiner Auszahlung führt und die Ertragssteuerminderung den Liquiditätsabfluss vermindert, vgl. Meier/Recktenwald (2006), S. 167; Langohr-Plato (2010), Rn. 134; Förster (1998), S. 208. Dieser positive Liquiditätseffekt wird verstärkt, da die Gewinnminderung durch die Rückstellungsbildung ebenfalls zu geringeren Ausschüttungsauszahlungen an die Anteilseigner führt, vgl. Fasshauer (2010), S. 36.

jedoch erfolgsneutral, da mit der Zahlung der Pensionsleistung die Auflösung der zuvor gebildeten Rückstellung korrespondiert.

Die Erteilung einer Direktzusage determiniert zunächst nicht deren Finanzierung.[114] Das zusagende Unternehmen kann frei über die Mittelanlage entscheiden. Somit kann die durch die Rückstellungsbildung gebotene Innenfinanzierungsmöglichkeit genutzt und die Mittel zur Erfüllung der Pensionszusage können durch Investitionen in das Produktivkapital erwirtschaftet werden. Darüber hinaus steht es dem Unternehmen frei, die Mittel zur Deckung der Verpflichtung extern, außerhalb des Unternehmens, anzulegen.[115] Hierdurch sichert das Unternehmen die Verfügbarkeit finanzieller Mittel im Versorgungsfall ab,[116] jedoch kommt es bereits vor Eintritt des Versorgungsfalls zum Abfluss liquider Mittel.[117] Grundsätzlich können die Deckungsmittel durch den Abschluss einer Rückdeckungsversicherung oder durch eine Wertpapieranlage am Kapitalmarkt angesammelt werden.[118]

2.1.3.3 Mittelbare Versorgungszusagen

Die Nutzung externer Durchführungswege in Form der Gewährung mittelbarer Versorgungszusagen stellt eine Möglichkeit dar, die aus der Pensionszusage erwachsenden Risiken zu reduzieren, wenngleich diese Zusageform weniger flexibel gestaltbar ist.[119] Eine mittelbare Versorgungszusage liegt vor, sofern der Arbeitgeber einen rechtlich selbstständigen Versorgungsträger zur Abwicklung der Versorgungszusage heranzieht.[120] Gemäß BetrAVG kommen hierfür vier unterschiedliche Arten externer Versorgungsträger in Betracht: Unterstützungskassen, Direktversicherungen, Pensionskassen und Pensionsfonds.[121]

(a) Unterstützungskassen

Eine Unterstützungskasse ist ein rechtlich selbstständiger Versorgungsträger, der von einem oder mehreren Unternehmen eingerichtet wird.[122] Unterstützungskassen werden in der Regel in der Rechtsform einer GmbH oder eines eingetragenen

---

114 Vgl. Rössler/Doetsch (1998), S. 1773.
115 Vgl. Kessler (2010), S. 26.
116 Vgl. Beck (2005), S. 571.
117 Vgl. Güth (2009), S. 389.
118 Vgl. zu diesen Möglichkeiten der externen Finanzierung Abschnitt 2.2.3.1.
119 Vgl. Güth (2009), S. 387. Dabei bezeichnet Güth (2009) Risikoaspekte nicht als ausschlaggebend für die Wahl zwischen Direktzusagen und mittelbaren Versorgungszusagen. Zu Möglichkeiten der Risikoreduktion durch den Wechsel auf externe Durchführungswege vgl. ebenfalls ausführlich Güth (2009), S. 387.
120 Vgl. Höfer (2011), Rn. 118.
121 Vgl. § 1b Abs. 2–4 BetrAVG.
122 Vgl. Buttler (2008), Rn. 279. Entsprechend werden Einzel-, Konzern- und Gruppenunterstützungskassen unterschieden.

Vereins geführt, seltener wird die Form einer Stiftung gewählt.[123] Diese Versorgungseinrichtungen führen die betriebliche Altersversorgung durch und können darüber hinaus auch Notfallleistungen gewähren.[124] Jedoch besteht auf sämtliche Leistungen von Unterstützungskassen gemäß § 1a Abs. 4 BetrAVG per Definition kein Rechtsanspruch.[125] Durch diesen gesetzlichen Rechtsausschluss unterliegt die Unterstützungskasse nicht der Versicherungsaufsicht.[126] Dennoch besteht auf Grund der Rechtsprechung durch das BAG ein faktischer Anspruch der Arbeitnehmer auf die vereinbarte Versorgungsleistung,[127] da die Rechtsprechung die Freiwilligkeit der vereinbarten Leistungen im arbeitsrechtlichen Grundverhältnis nicht anerkennt.[128] Die Ansprüche des Arbeitnehmers richten sich grundsätzlich gegen die Unterstützungskasse. Ist diese jedoch nicht mit genügend Vermögen ausgestattet, um die Leistung zu erfüllen, tritt – wie auch bei den anderen externen Versorgungswegen – die Subsidiärhaftung des Arbeitgebers gemäß § 1 Abs. 1 Satz 3 BetrAVG ein.[129]

Die Finanzierung der Leistungen, welche von Unterstützungskassen gewährt werden, erfolgt durch Zuwendung der jeweiligen Trägerunternehmen.[130] Mit Hilfe dieser Zuwendungen generiert die Unterstützungskasse ein Vermögen, das zur Erbringung der vereinbarten Leistungen herangezogen wird.[131]

---

123 Vgl. MEIER/RECKTENWALD (2006), S. 6 i. V. m. MÜHLBERGER/SCHWINGER (2011), S. 172; GRIEBELING/GRIEBELING (2003), Rn. 273; KEMPER/KISTERS-KÖLKES (2008), Rn. 81.

124 Hierbei handelt es sich um Leistungen, die nicht zur betrieblichen Altersversorgung gehören, wie z. B. Leistungen bei Krankheit oder Arbeitslosigkeit, vgl. HÖFER (2011), Rn. 194.

125 Vgl. MÜHLBERGER/SCHWINGER (2011), S. 172 i. V. m. LANGOHR-PLATO (2010), Rn. 170.

126 Vgl. GRIEBELING/GRIEBELING (2003), Rn. 277. Der fehlende Rechtsanspruch begründet sich durch das Versicherungsaufsichtsgesetz von 1901, welches Unterstützungseinrichtungen, die einen Rechtsanspruch gewähren, der Versicherungsaufsicht unterstellt, vgl. BLOMEYER (1980), S. 789.

127 Zur Rechtsprechung des BAG in Bezug auf den Ausschluss dieses Rechtsanspruchs vgl. LANGOHR-PLATO (2010), Rn. 170.

128 Vgl. GOLDBACH/OBENBERGER (2007), Rn. 65.

129 Vgl. hierzu auch HÖFER (2011), Rn. 199; GOLDBACH/OBENBERGER (2007), S. 66; MEIER/RECKTENWALD (2006), S. 6.

130 Vgl. BUTTLER (2008), Rn. 279. Ein Trägerunternehmen muss keine Beteiligung an der Unterstützungskasse halten, eine vertraglich vereinbarte finanzielle Beteiligung genügt, vgl. STUHRMANN (2005), S. 298. Handelt es sich um eine sogenannte Gruppenunterstützungskasse, die von mehreren Unternehmen gegründet wurde, wird für jedes Trägerunternehmen ein gesondertes Teilvermögen verwaltet, vgl. BUTTLER (2008), Rn. 281.

131 Vgl. MEIER/RECKTENWALD (2006), S. 7.

Im Hinblick auf die Finanzierung und die steuerliche Behandlung lassen sich pauschaldotierte Unterstützungskassen und rückgedeckte Unterstützungskassen unterscheiden. Bei pauschaldotierten Unterstützungskassen erbringt das beziehungsweise die Trägerunternehmen freiwillige und nicht an bestimmte Zahlungszeitpunkte gebundene Zuwendungen an die Unterstützungskasse.[132] Hierbei wird zwischen Zuwendungen für aktive Mitarbeiter (Leistungsanwärter) und für Leistungsempfänger unterschieden,[133] da Zuwendungen für Leistungsanwärter gemäß § 4d EStG nicht vollständig als Betriebsausgabe ansetzbar sind.[134] Bei diesen Zuwendungen können lediglich pauschale jährliche Beiträge bis zu 25 % der maximal möglichen jährlichen Versorgungsleistungen als Betriebsausgabe abgezogen werden.[135] Somit ist eine vollständige Ausfinanzierung der Zusage in der Anwartschaftsphase nicht möglich.[136] Es können der Unterstützungskasse bis zum Eintritt des Versorgungsfalls lediglich ca. 20 % der zur Erfüllung der Versorgungsleistungen notwendigen Mittel zugeführt werden, die als „Reservepolster" für die Leistungen an die Leistungsanwärter dienen.[137] Erst bei Leistungsbeginn ist eine vollständige Übertragung der Mittel, die zur Erfüllung der Versorgungsverpflichtung notwendig sind, auf die Unterstützungskasse möglich.[138]

Eine vollständige und periodengerechte Ausfinanzierung erlaubt hingegen eine rückgedeckte Unterstützungskasse.[139] Viele Unterstützungskassen wählen zur Vermögensanlage Rückdeckungsversicherungen.[140] Hierfür schließt die Unterstützungskasse eine Versicherung auf das Leben der Leistungsanwärter ab.[141] Dabei bezahlt die Unterstützungskasse die Versicherungsprämien und fungiert zugleich als Versicherungsnehmer und als Bezugsberechtigter.[142] Die vom Trägerunternehmen bezahlten Zuwendungen an die Unterstützungskasse, die diese wiederum als Beiträge

---

132 Vgl. Mysickova/Gansel (2007), S. 230.

133 Vgl. Kreutz (2005), S. 589.

134 Vgl. auch Sartoris (2004), S. 173.

135 Vgl. § 4d Abs. 1 Nr. 1b EStG. Vgl. zu diesen Regelungen ausführlich Langohr-Plato (2010), Rn. 178 sowie Sartoris (2004), S. 179 f.

136 Vgl. Kreutz (2005), S. 589.

137 Vgl. Langohr-Plato (2010), Rn. 178; Harle/Weingarten (2001b), S. 2502.

138 Vgl. Kreutz (2005), S. 589.

139 Vgl. Buttler (2008), Rn. 283. Durch eine Rückdeckungsversicherung kann darüber hinaus die Verminderung des Risikos der Leistungspflicht bei Eintritt eines vorzeitigen Versorgungsfalls erreicht werden, vgl. Förster (1998), S. 209; Goldbach/Obenberger (2007), Rn. 63.

140 Vgl. Goldbach/Obenberger (2007), Rn. 68.

141 Vgl. Kemper/Kisters-Kölkes (2008), Rn. 82. Der Arbeitnehmer des Trägerunternehmens, das die Zusage gewährt, ist die versicherte Person, vgl. Kreutz (2005), S. 589.

142 Vgl. Langohr-Plato (2010), Rn. 179. Entsprechend besteht sowohl zwischen der Versicherung und der Unterstützungskasse wie auch zwischen der Unterstützungskasse und den Leistungsberechtigten eine Rechtsbeziehung, vgl. Harle/Weingarten (2001b), S. 2503.

an die Rückdeckungsversicherung bezahlt, können als Betriebsausgaben steuerlich abgezogen werden.[143] Der Abschluss einer kongruenten Rückdeckungsversicherung ermöglicht die Finanzierung der gesamten zugesagten Versorgungsleistung. Es ist jedoch auch lediglich eine Teilfinanzierung über eine Rückdeckungsversicherung möglich.[144]

Hinsichtlich der Vermögensanlage sind Unterstützungskassen nicht reglementiert und können frei über die Anlageform entscheiden.[145] So kann das Vermögen etwa in Aktien investiert oder als Darlehen dem Trägerunternehmen gewährt werden; ebenso ist eine Anlage in eine Rückdeckungsversicherung möglich.[146]

Bei den weiteren Durchführungswegen – Direktversicherung, Pensionskasse und Pensionsfonds – handelt es sich um versicherungsförmige Durchführungswege, die alle unter der Aufsicht der Bundesanstalt für Finanzdienstleistungsaufsicht (BaFin) stehen.[147] Die Versicherungsaufsicht überwacht den Geschäftsbetrieb von Versicherungsunternehmen und die Einhaltung aller relevanter rechtlicher Grundlagen und Verordnungen mit dem Ziel, die dauernde Erfüllbarkeit der Verpflichtungen aus Versicherungsverträgen sicher zu stellen und somit die Belange der Versicherten zu wahren. Insbesondere soll im Rahmen der Finanzaufsicht die Kapitalausstattung der Versorgungsträger durch die Bildung „versicherungstechnischer Rückstellungen“,[148]

143 Vgl. § 4d Abs. 1 Nr. 1c EStG. Durch diese Regelung, nach welcher Zahlungen an Unterstützungskassen vollständig als Betriebsausgaben gelten, sofern diese als Beiträge an eine Versicherung weiterleitet werden, wird eine vollständige periodengerechte Vorfinanzierung erlaubt, vgl. Buttler (2008), Rn. 309 i. V. m. Paschek (1994), S. 2083. Die Finanzierung über Rückdeckungsversicherungen führte zu einer „Wiederentdeckung“ der Durchführung der betrieblichen Altersversorgung über Unterstützungskassen, vgl. Paschek (1991), S. 873.

144 Vgl. Kemper/Kisters-Kölkes (2008), Rn. 82. Zu den Auswirkungen auf die Vermögens-, Finanz- und Ertragslage vgl. ausführlich Schanz (1993).

145 Vgl. Goldbach/Obenberger (2007), Rn. 68.

146 Vgl. Höfer (2011), Rn. 203.1 i. V. m. Harle/Weingarten (2001b), S. 2503 und 2506; Goldbach/Obenberger (2007), Rn. 68; Kemper/Huber (2010), Rn. 121 f. Mysickova/Gansel (2007) bezeichnen die Unterstützungskasse gar als „Liquiditätsquelle“, Harle/Weingarten (2001a) sprechen von der Möglichkeit der Ausgestaltung einer Unterstützungskasse als „interne Bank“, vgl. Mysickova/Gansel (2007), S. 229; Harle/Weingarten (2001a), S. 2359. Die steuerliche Abzugsfähigkeit der Zuwendungen des Arbeitgebers ist indes von der Art der Anlage abhängig, vgl. Buttler (2008), Rn. 283. Zu Fragen der Besteuerung in Zusammenhang mit Unterstützungskassen vgl. ausführlich Buttler (2008), Rn. 284–326.

147 Die zentrale Norm im Rahmen der Versicherungsaufsicht stellt das Versicherungsaufsichtsgesetz (VAG) dar, vgl. Schradin (2003), S. 9.

148 Versicherungstechnische Rückstellungen bilden die aus Versicherungsverträgen erwachsenden Verpflichtungen des Unternehmens ab, vgl. Beyer (2006), S. 33. Weitere Vorgaben zur Berechnung der Deckungsrückstellung können durch eine Rechtsverordnung vom Bundesministerium der Finanzen erlassen werden, wozu dieses durch die §§ 65 Abs. 1 und 116 VAG ermächtigt wird. Darüber hinaus

der Anlage finanzieller Mittel in „entsprechende, geeignete Vermögenswerte“[149] und die Einhaltung kaufmännischer Grundsätze bei der Organisation des Geschäftsbetriebs sowie die Einhaltung von Solvabilitätsvorgaben, sicher gestellt werden.[150]

(b) Direktversicherungen

Bei der Durchführung der betrieblichen Altersversorgung über eine Direktversicherung schließt der Arbeitgeber eine Versicherung auf das Leben des Arbeitnehmers ab.[151] Der Arbeitgeber ist der Versicherungsnehmer, der regelmäßig die Versicherungsprämien bezahlt;[152] der Anspruchsberechtigte aus dem Versicherungsvertrag

---

wird diese Regelung hinsichtlich der externen Rechnungslegung nach deutschem Handelsrecht durch das HGB kodifiziert, welches regelt, dass Versicherungsunternehmen versicherungstechnische Rückstellungen auf eine Weise zu bilden haben, wie dies nach „vernünftiger kaufmännischer Beurteilung notwendig ist, um die dauernde Erfüllbarkeit der Verpflichtungen aus den Versicherungsverträgen sicher zu stellen“ (§ 341e Abs. 1 Satz 1 HGB). Auf Grund der Erfordernis der dauernden Erfüllbarkeit gilt ein über das Vorsichtsprinzip hinausgehendes Sicherheitserfordernis für die Bewertung der Rückstellungen, vgl. Winter (2007), S. 722.

149 § 54 VAG regelt Anlagegrundsätze für das gebundene Vermögen. Darüber hinaus sind weitere gesetzliche Vorschriften zu beachten, die die Bundesregierung gemäß § 54 Abs. 3 erlassen darf. Vgl. hierzu ausführlich z.B. Beyer (2006), S. 34 f.

150 Vgl. § 81 Abs. 1 VAG Satz 4 und 5 sowie ausführlich Winter (2007), S. 721–729. Die Solvabilitätsanforderungen verlangen eine bestimmte Kapitalausstattung der Versicherungsunternehmen, wonach „freie unbelastete Eigenmittel“ (§ 53c Abs. 1 VAG) in Höhe einer „Solvabilitätsspanne“ den Unternehmen zur Verfügung stehen müssen. Die Solvabilitätsanforderungen werden durch die Kapitalausstattungs-Verordnung (KapAustV) spezifiziert, zu deren Veröffentlichung das Bundesministerium der Finanzen gemäß § 53c Abs. 2 VAG und § 156a Abs. 2 VAG ermächtigt wird. Diese Solvabilitätsspanne gibt einen definierten Eigenkapitalbetrag vor, der abhängig vom Umfang der Geschäftstätigkeit der Versicherungsunternehmen ermittelt wird und diesen zur Verfügung stehen muss, vgl. zur Berechnung der Solvabilitätsspanne § 1 KapAustV sowie ausführlich Kaulbach (2007), Rn. 2–7. § 53c Abs. 3 VAG definiert, was unter den Begriff „Eigenmittel“ im Sinne des VAG fällt.

151 Vgl. § 1b Abs. 2 BetrAVG. Als Versicherungsfall bei einer Lebensversicherung kommt neben dem Eintritt des Todes auch das Erreichen eines bestimmten Alters in Betracht. Zur Definition einer Lebensversicherung, vgl. ausführlich Rolfs (2010a), Rn. 165.

152 Die Beiträge zur Direktversicherung stellen für den Arbeitgeber Betriebsausgaben dar, die in voller Höhe steuerlich abzugsfähig sind, vgl. § 4 Abs. 4 EStG i.V.m. Langohr-Plato (2010), Rn. 147. Auf Ebene des Arbeitnehmers sind die Beiträge nach § 3 Nr. 63 EStG bis zu bestimmten Höchstgrenzen steuerfrei, weshalb diese jedoch der nachgelagerten Besteuerung im Leistungsfall unterliegen, vgl. Kemper/Huber (2010), Rn. 98; Neuhaus (2009b), S. 36. Für Versicherungsverträge, die vor dem 1.1.2005 abgeschlossen wurden, gelten abweichende Regelungen, vgl. hierzu ausführlich Kemper/Huber (2010), Rn. 95 sowie Langohr-Plato (2010), Rn. 149.

ist hingegen der Arbeitnehmer oder dessen Hinterbliebene.[153] Über dieses Bezugsrecht[154] unterscheidet sich eine Direktversicherung von einer Rückdeckungsversicherung, bei welcher das Bezugsrecht dem Versicherungsnehmer[155] zukommt und die kein Durchführungsweg der betrieblichen Altersversorgung darstellt.[156] Es ist möglich, das Bezugsrecht des Arbeitnehmers so auszugestalten, dass hiervon lediglich Teile der versicherten Leistung umfasst werden oder die Leistung gespalten wird, wobei dem Arbeitnehmer der garantierte Teil der Versicherungsleistung zusteht[157] und der kapitalmarktabhängige Überschussanteil dem Arbeitgeber zukommt.[158] Darüber hinaus kann das Bezugsrecht auch als widerrufliches Bezugsrecht erteilt werden, wodurch dem Arbeitgeber eine einseitige Aufhebung oder Änderung der Ansprüche ermöglicht wird.[159] Ein Widerruf ist arbeitsrechtlich jedoch nur bis zur Erreichung der gesetzlichen Unverfallbarkeitsgrenzen möglich.[160]

Die Versicherungsbeiträge des Arbeitgebers, die wirtschaftlich auch vom Arbeitnehmer im Rahmen der Entgeltumwandlung getragen werden können,[161] werden von der Versicherungsgesellschaft am Kapitalmarkt angelegt. Die Versicherungsgesellschaft unterliegt nach § 1 Abs. 1 VAG dem Versicherungsaufsichtsgesetz und muss bei der Mittelanlage die entsprechenden Anlagerestriktionen, die für solche Unternehmen gelten, beachten.[162] Entsprechend der Verordnung über die Anlage des gebundenen Vermögens von Versicherungsunternehmen (AnlV) sind die zulässigen Anlageformen zur Kapitalanlage eingeschränkt. Darüber hinaus besteht eine Reglementierung für die quantitative Zusammensetzung der Anlagen und die Streuung der Schuldner. So dürfen beispielsweise maximal 35 % des Sicherungsvermögens in Aktien angelegt werden.[163]

---

153 Vgl. KEMPER/KISTERS-KÖLKES (2008), Rn. 54; LANGOHR-PLATO (2010), Rn. 145 ROLFS (2010a), Rn. 159. Die Leistungen erhält der Arbeitnehmer im Leistungsfall direkt vom Versicherungsunternehmen, vgl. JURK (2009), S. 234.

154 Das Bezugsrecht ist versicherungsrechtlich die Anwartschaft des Arbeitnehmers auf die Versorgungsleistung, vgl. ROLFS (2010a), Rn. 160.

155 Versicherungsnehmer einer Rückdeckungsversicherung ist bei Gewährung einer Direktzusage der Arbeitgeber.

156 Vgl. KEMPER/KISTERS-KÖLKES (2008), Rn. 59, 61 und 82; HÖFER (2011), Rn. 173.

157 Garantiert wird ein Anteil, dem gemäß § 2 Abs. 1 DeckRV eine Verzinsung von maximal 1,75 % zu Grunde liegt. Dieser Zinssatz wird vom Bundesministerium der Finanzen festgelegt, das gemäß § 65 Abs. 1 VAG dazu ermächtigt ist. Vgl. hierzu auch JURK (2009), S. 234 sowie NEUHAUS (2009b), S. 35.

158 Vgl. BUTTLER (2008), Rn. 215; KEMPER/KISTERS-KÖLKES (2008), Rn. 57.

159 Vgl. GRIEBELING/GRIEBELING (2003), Rn. 260; ROLFS (2010a), Rn. 160, 204.

160 Vgl. § 1b Abs. 1 BetrAVG.

161 Vgl. JURK (2009), S. 234. Zur Entgeltumwandlung vgl. ausführlich Abschnitt 2.1.4.

162 Vgl. § 54 VAG i. V. m. der AnlV, in der die Anlagevorschriften des § 54 VAG Abs. 1–2 konkretisiert werden. Zum Erlass dieser Rechtsverordnung ist die Bundesregierung nach § 54 Abs. 3 VAG ermächtigt.

163 Vgl. § 3 Abs. 3 Satz 1 AnlV.

(c) Pensionskassen

Eine weitere Möglichkeit zur unternehmensexternen Durchführung der betrieblichen Altersversorgung stellt die Pensionskasse als rechtlich selbstständige Versorgungseinrichtung, die dem Anspruchsberechtigten einen Rechtsanspruch auf ihre Leistungen gewährt, dar.[164] Der ausschließliche Zweck einer Pensionskasse besteht gemäß § 118a VAG in der Erbringung versicherungsvertraglicher Leistungen zur Absicherung der Alters-, Invaliditäts- oder Hinterbliebenenversorgung.[165] Da sich Pensionskassen im Gegensatz zu Unterstützungskassen durch die Gewährung dieses Rechtsanspruchs auf ihre Leistungen auszeichnen, stehen sie unter der Kontrolle der staatlichen Versicherungsaufsicht.[166]

Pensionskassen können sowohl auf öffentlich-rechtlicher Basis zur Versorgung von Arbeitnehmern im öffentlichen Dienst oder auch auf privatrechtlicher Basis gegründet werden.[167] Private Unternehmen gründen Pensionskassen regelmäßig in Form eines Versicherungsvereins auf Gegenseitigkeit, können dies jedoch auch in Form einer Aktiengesellschaft (Versicherungsaktiengesellschaft) tun.[168] Dabei kann eine Pensionskasse als Versorgungsträger für ein Unternehmen beziehungsweise einen Konzernverbund oder aber für mehrere rechtlich und wirtschaftlich selbstständige Unternehmen gegründet werden.[169] Betriebs- bzw. Konzernpensionskassen werden häufig in Form eines Versicherungsvereins gegründet. In diesem Fall wird der Arbeitnehmer, dem die Zusage gewährt wird, oftmals selbst Mitglied der Pensionskasse und dadurch – im Gegensatz zu einer Direktversicherung – selbst Versicherungsnehmer.[170] Die rechtliche Grundlage hierfür bildet die Vereinbarung zwischen Arbeitgeber und Arbeitnehmer im arbeitsrechtlichen Grundverhältnis,[171] wodurch der Arbeitgeber sich ebenfalls verpflichtet, die Durchführung der betrieblichen Altersversorgung durch eine Pensionskasse zu veranlassen.[172]

164 Vgl. § 1b Abs. 3 BetrAVG. Zur Legaldefinition einer Pensionskasse vgl. § 118a VAG.

165 Vgl. hierzu auch MÜHLBERGER/SCHWINGER (2011), S. 176.

166 Durch die Gewährung dieses Rechtsanspruchs betreibt eine Pensionskasse ein Versicherungsgeschäft (vgl. § 118a VAG) und fällt damit unter § 1 Abs. 1 VAG. Vgl. hierzu auch WIEDEMANN (1990), S. 100.

167 Vgl. GRIEBELING/GRIEBELING (2003), Rn. 264; FÖRSTER et al. (2009), Rn. 70 zu § 1b.

168 Vgl. § 7 Abs. 1 VAG; vgl. auch GOLDBACH/OBENBERGER (2007), Rn. 70.

169 Vgl. FÖRSTER et al. (2009), Rn. 72 zu § 1b; MÜHLBERGER/SCHWINGER (2011), S. 176. Es können daher Betriebs-, Konzern- und Gruppenpensionskassen unterschieden werden. Bei Letzteren handelt es sich z. T. um Unternehmen einer ganzen Branche.

170 Die Identität von Arbeitnehmer und Versicherungsnehmer ist jedoch kein konstituierendes Merkmal einer Pensionskasse, vgl. LANGOHR-PLATO (2010), Rn. 165. Hingegen sind Mitglieder einer Pensionskasse nach § 20 VAG zwingend auch Versicherungsnehmer.

171 Vgl. SCHMITZ/LAURICH (2005), S. 661 i. V. m. GRIEBELING/GRIEBELING (2003), Rn. 266.

172 Vgl. FÖRSTER et al. (2009), Rn. 79 zu § 1b; MEIER/RECKTENWALD (2006), S. 8.

Im Gegensatz dazu werden überbetriebliche Pensionskassen zumeist in Form einer Aktiengesellschaft gegründet. Seit Inkrafttreten des AVmG im Jahr 2002 werden Beiträge an Pensionskassen steuerlich begünstigt,[173] weshalb diese vermehrt von Versicherungsunternehmen gegründet wurden. Diesen Pensionskassen, die Tochterunternehmen von Lebensversicherungsgesellschaften sind und mit Gewinnerzielungsabsicht geführt werden, stehen sämtlichen Trägerunternehmen offen.[174]

Das Trägerunternehmen einer Pensionskasse zahlt die Zuwendungen an die Kasse.[175] Darüber hinaus können sich Pensionskassen auch durch Zuwendungen von Arbeitnehmern finanzieren,[176] die im Rahmen der Entgeltumwandlung erbracht werden können.[177] Pensionskassen sind als Versicherungsunternehmen verpflichtet, die dauernde Leistungserfüllbarkeit zu garantieren und entsprechend ein Finanzierungsverfahren zu wählen, das dies gewährleistet.[178] Neben den Mitteln zur Erfüllung der künftigen Versorgungsleistung sind daher auch Verwaltungskosten in die Versicherungsbeiträge einzukalkulieren. Auf Grund dieser Vorgaben ist eine Nachfinanzierungspflicht für den Arbeitgeber in der Anwartschaftsphase sehr unwahrscheinlich.[179] Hinsichtlich der Mittelanlage müssen Pensionskassen, wie auch Direktversicherungen, die Anlagevorschriften des Versicherungsaufsichtsgesetzes beachten,[180] weshalb für Pensionskassen dieselben Anlagerestriktionen gelten.

---

173 Vgl. Art. 6 Nr. 3 AVmG. Inzwischen wurden jedoch durch das Alterseinkünftegesetz auch Beiträge zu Direktversicherungen der steuerlichen Behandlung der Beiträge an Pensionskassen und Pensionsfonds gleichgestellt, vgl. Art. 1 Nr. 2c AltEinkG i. V. m. § 3 Nr. 63 EStG.

174 Vgl. Mühlberger/Schwinger (2011), S. 176 i. V. m. Goldbach/Obenberger (2007), Rn. 72 sowie Schmitz/Laurich (2005), S. 661 und Neuhaus (2009b), S. 32.

175 Zahlungen des Arbeitgebers an die Pensionskasse sind gemäß § 4c Abs. 1 und 2 EStG als Betriebsausgaben abzugsfähig, soweit diese betrieblich veranlasst sind.

176 Vgl. Langohr-Plato (2010), Rn. 158.

177 Vgl. Förster et al. (2009), Rn. 75 zu § 1b. Arbeitnehmer müssen für diese Beiträge des Arbeitgebers nach § 3 Nr. 63 EStG, wie auch für Beiträge zu Direktversicherungen, bis zu einer Höchstgrenze keine Einkommensteuer bezahlen. Beiträge, die über die Höchstgrenze hinaus gehen, können nach § 40b Abs. 1 EStG pauschal besteuert werden. Für Versicherungsverträge, die vor dem 01.01.2005 abgeschlossen worden sind, gelten abweichende Regelungen, vgl. hierzu ausführlich Langohr-Plato (2010), Rn. 161. Soweit die Beitragszahlungen des Arbeitgebers an die Pensionskasse in der Anwartschaftsphase lohnsteuerfrei erfolgen, sind die Leistungen der Pensionskasse bei deren Auszahlung in der Leistungsphase nachgelagert zu versteuern, vgl. § 22 Nr. 5 EStG; Langohr-Plato (2010), Rn. 162 f.

178 Vgl. § 81 Abs. 1 Satz 5 VAG.

179 Vgl. Schmitz/Laurich (2005), S. 665 f.

180 Vgl. § 54 VAG Abs. 1 und 2 i. V. m. der AnlV, in der die Anlagevorschriften des VAG gemäß § 54 Abs. 3 VAG konkretisiert werden.

(d) Pensionsfonds

Eine mittelbare Versorgungszusage kann ferner über einen Pensionsfonds durchgeführt werden. Wie Pensionskassen werden auch Pensionsfonds in § 1b Abs. 3 BetrAVG als rechtsfähige Versorgungseinrichtung definiert, die dem Anspruchsberechtigten einen Rechtsanspruch auf ihre Leistungen gewährt. Eine Abgrenzung von Pensionsfonds im Vergleich zu Pensionskassen beinhaltet das Versicherungsaufsichtsgesetz.[181] So zeichnen sich Pensionsfonds, deren ausschließlicher Zweck, wie bei Pensionskassen, die Erbringung von Leistungen der betrieblichen Altersversorgung ist,[182] gegenüber den übrigen versicherungsförmigen Durchführungswegen nach BetrAVG durch liberalere Kapitalanlagemöglichkeiten aus. Diese sind sowohl mit höheren Renditechancen als auch damit einhergehend mit höheren Risiken verbunden.[183] Die größere Freiheit bei der Vermögensanlage begründet sich durch die Regelung des § 112 Abs. 1 Nr. 2 VAG, nach der ein Pensionsfonds „die Höhe der Leistungen oder die Höhe der für diese Leistungen zu entrichtenden künftigen Beiträge nicht für alle vorgesehenen Leistungsfälle durch versicherungsförmige Garantien zusagen darf".[184] Entsprechend dürfen Pensionsfonds nicht in allen Fällen sogenannte „versicherungsförmige Garantien" abgeben, wodurch ein festes Preis-Leistungsverhältnis gewährt werden würde.[185] Dies hat zur Folge, dass Pensionsfonds zwar als versicherungsförmiger Durchführungsweg ausgestaltet sind, ihnen aber zugleich breite Anlagemöglichkeiten offen stehen.[186]

Weiterhin differenzieren sich Pensionsfonds insbesondere durch deren Verpflichtung, die Versorgungsleistung als lebenslange Zahlung zu erbringen.[187] Diese kann als lebenslange Rente oder in Form eines Auszahlungsplans erbracht werden, nicht jedoch als einmaliger Kapitalbetrag.[188] Die Grundlage der Versorgungsleistung, das bedeuted insbesondere die vom Pensionsfonds zugesagten Leistungen und die Finanzierungsmodalitäten, werden in einem Pensionsplan, der von der BaFin genehmigt werden muss, niedergelegt.[189]

---

181 Zur Legaldefinition eines Pensionsfonds vgl. § 112 Abs. 1 VAG.

182 Vgl. § 112 Abs. 1 Nr. 1 VAG.

183 Vgl. Höfer (2011), Rn. 1517.1; Langohr-Plato (2010), Rn. 189; Buttler (2008), Rn. 16; Griebeling/Griebeling (2003), Rn. 269.

184 § 112 Abs. 1 Nr. 2 VAG. Die AnlV findet auf Pensionsfonds keine Anwendung, vgl. § 113 Abs. 2 Nr. 8a VAG i. V. m. § 54 Abs. 3 VAG.

185 Vgl. Höfer (2011), Rn. 1530 sowie Meier/Recktenwald (2006), S. 11.

186 Vgl. Langohr-Plato (2010), Rn. 189 f., Meier/Recktenwald (2006), S. 11.

187 Vgl. § 112 Abs. 1 Nr. 4 VAG.

188 Vgl. Mühlberger/Schwinger (2011), S. 174; Goldbach/Obenberger (2007), Rn. 82; Meier/Recktenwald (2006), S. 10.

189 Vgl. Beckstette/Schmidt (2002), S. 53 f.; Melchiors (2005), S. 703 f.; Mühlberger/Schwinger (2011), S. 175. In den Fassungen des § 112 VAG vom 01.01.2002 und vom 01.07.2002 mit Gültigkeit bis zum 16.12.2003 konnten Pensionspläne lediglich auf Basis einer Beitragszusage mit Mindestleistung oder einer Leistungszusage ausgestaltet werden, vgl. § 112 Abs. 1 Nr. 1 VAG a. F.

Pensionsfonds müssen als rechtlich selbstständige Einheit, entweder als Aktiengesellschaft oder als Pensionsfondsverein auf Gegenseitigkeit, gegründet werden,[190] wobei bislang die Ausgestaltung als Aktiengesellschaft überwiegt.[191] Für Pensionsfonds sind nach § 113 Abs. 1 VAG die für Lebensversicherungsunternehmen geltenden Vorschriften des VAG entsprechend anzuwenden, sofern keine gesonderten Regelungen gelten. Neben überbetrieblichen Pensionsfonds ist es ebenfalls möglich, Pensionsfonds – wie auch Pensionskassen – auf betrieblicher Ebene zu gründen.[192] Hiervon abzugrenzen ist eine häufig als „betriebsinterner Pensionsfonds" bezeichnete Ausgestaltungsform, die zur Auslagerung von Vermögenswerten bei Gewährung einer Direktzusage verwendet werden.[193]

Die Finanzierung von Pensionsfonds erfolgt durch Beiträge,[194] die sowohl vom Arbeitgeber wie auch vom Arbeitnehmer im Rahmen der Entgeltumwandlung getragen werden können.[195] Die in § 112 Abs. 1 Nr. 1 VAG enthaltene Vorgabe, die Altersversorgungsleistung über ein Kapitaldeckungsverfahren zu erbringen,[196] impliziert

---

190 Vgl. § 7 VAG i. V. m. § 113 Abs. 2 Nr. 3 VAG. Für Pensionsfondsvereine gelten die Vorschriften für Versicherungsvereine auf Gegenseitigkeit entsprechend, soweit nichts anderes bestimmt ist, vgl. § 113 Abs. 2 Nr. 3 Satz 2 VAG.

191 Vgl. Goldbach/Obenberger (2007), Rn. 83.

192 Vgl. hierzu die Ausführungen auf S. 29; Kemper/Kisters-Kölkes (2008), Rn. 71. Gründet ein Arbeitgeber einen unternehmenseigenen Pensionsfonds, so können u. a. die Leistungspläne individuell ausgestaltet werden, jedoch ist dies mit höheren Gründungskosten verbunden, vgl. hierzu ausführlich Meier/Bätzel (2004), S. 1440.

193 Vgl. Rhiel (2002), S. 534; Grabner (1999), S. 905. Diese werden auch als „betriebliche Pensionsfonds" bezeichnet, vgl. Hanau/Reitze (2000), S. 783; Gerke/Bank (2000), S. 216. Zur Auslagerung von Vermögenswerten vgl. Abschnitt 2.2.

194 Vgl. Kemper/Kisters-Kölkes (2008), S. 76.

195 Vgl. Melchiors (2005), S. 702. Beitragszahlungen des Arbeitgebers an den Pensionsfonds stellen steuerlich gemäß § 4e Abs. 1 EStG Betriebsausgaben dar, insoweit diese auf einer Verpflichtung beruhen oder zum Ausgleich von Fehlbeträgen geleistet werden. Die steuerliche Behandlung auf Seiten des Arbeitnehmers entspricht im Wesentlichen den Regelungen zur steuerlichen Behandlung von Leistungen einer Direktversicherung oder einer Pensionskasse, d. h. Beitragszahlungen des Arbeitgebers an den Pensionsfonds sind nach § 3 Nr. 63 EStG bis zu einer Höchstgrenze steuerfrei. Darüber hinausgehende Beträge sind mit dem individuellen Lohnsteuersatz des Arbeitnehmers zu versteuern; eine Pauschalbesteuerung wie bei Pensionskassen ist nicht möglich, vgl. Kemper/Kisters-Kölkes (2008), Rn. 76 und Neuhaus (2009b), S. 42. Soweit die Beitragszahlungen des Arbeitgebers steuerfrei erfolgen, unterliegen die Leistungen des Pensionsfonds im Auszahlungszeitpunkt nach § 22 Nr. 5 EStG der Besteuerung. Zur steuerlichen Behandlung und zu steuerlichen Fördermöglichkeiten auf Seiten des Arbeitnehmers vgl. ausführlich Langohr-Plato (2010), Rn. 209 ff.

196 Dies gilt gemäß § 118a Nr. 1 VAG auch für Pensionskassen.

unter anderem, dass das erforderliche Deckungskapital im Zeitpunkt des Beginns der Auszahlungsphase erbracht worden sein muss.[197]

Hinsichtlich der Mittelanlage stellt § 115 VAG, entsprechend der Zielsetzung bei Einführung von Pensionsfonds, nur geringe Anforderungen und schreibt lediglich vor, dass durch die Mittelanlage eine „möglichst große Sicherheit und Rentabilität bei ausreichender Liquidität des Pensionsfonds unter Wahrung angemessener Mischung und Streuung insgesamt erreicht [werden soll]".[198] Darüber hinaus muss die Verordnung über die Anlage des gebundenen Vermögens von Pensionsfonds (PFKapAV) beachtet werden.[199] Diese regelt jedoch im Wesentlichen die zulässigen Anlageformen und macht Vorgaben für die Streuung der Anlagen,[200] enthält jedoch keine quantitativen Beschränkungen.[201]

Die Gewährung weniger restriktiver Anlagevorgaben war der Grund für die Einführung von Pensionsfonds als fünfter Durchführungsweg im Rahmen des AVmG mit Inkrafttreten zum 1. Januar 2002.[202] Durch die Einführung einer – neben Pensionskassen – weiteren „rechtsfähigen Versorgungseinrichtung",[203] die ausschließlich der Durchführung der betrieblichen Altersversorgung dient,[204] sollte sowohl die Attraktivität betrieblicher Altersversorgungszusagen gesteigert, wie auch eine Stärkung des Kapitalmarkts herbeigeführt werden.[205] Seit der Einführung von Pensionsfonds

197 Vgl. Beckstette/Schmidt (2002), S. 46; Mühlberger/Schwinger (2011), S. 174.

198 § 115 Abs. 1 Satz 3 VAG.

199 Die Bundesregierung ist zum Erlass dieser Verordnung durch § 115 Abs. 2 VAG ermächtigt.

200 So sind z. B. Investitionen in das Trägerunternehmen auf 5 % des Deckungsstocks begrenzt, vgl. § 4 Abs. 1 Satz 1 PFKapAV.

201 Vgl. §§ 2–4 PFKapAV.

202 Vgl. Art 9 Nr. 6 AVmG i. V. m. Melchiors (2005), S. 693. Hierdurch wurde ebenfalls die EU-Richtlinie 2003/41/3 umgesetzt, durch die das Aufsichtsrecht für Einrichtungen der betrieblichen Altersversorgung in der EU vereinheitlicht werden sollte, vgl. Baumeister (2005), S. 2076.

203 Rolfs (2010e), Rn. 894.

204 Vgl. Höfer (2011), Rn. 1516.

205 Der Einführung von Pensionsfonds in das BetrAVG ging eine intensive Debatte voraus, als deren Auslöser eine Studie der Deutsche Bank Research von Nürk/Schrader (1995) angesehen wird, vgl. Andresen (2001), S. 54. Im Zuge der Diskussionen, in die auch der vom Bundesministerium der Finanzen eingesetzte Arbeitskreis „betriebliche Pensionsfonds" Gestaltungsvorschläge einbrachte, wurde die Notwendigkeit und Ausgestaltungsmöglichkeit eines weiteren Durchführungswegs im Sinne einer Angleichung an international vorherrschende Durchführungsformen kontrovers erörtert. Eine kritische Haltung gegenüber den Vorschlägen der Studie von Deutsche Bank Research vertreten z. B. der Arbeitskreis „Finanzierung" der Schmalenbach-Gesellschaft für Betriebswirtschaft e.V. (1998) sowie Rössler (1998), S. 457 und Schwinger (1997). Eine positive Ansicht hinsichtlich der Einführung eines Pensionsfonds vertreten u. a. Kolvenbach (1997), S. 292 und Rhiel (2000a), S. 300. Eine Befragung deutscher Unternehmen von Spengel (1997)

wurden jedoch weniger Pensionsfonds gegründet, wie dies ursprünglich vor deren Aufnahme in das BetrAVG erwartet wurde.[206]

Zusammenfassend sind hinsichtlich der einzelnen, zur Verfügung stehenden mittelbaren Durchführungswege in Bezug auf die Abbildung dieser Zusagen im Rahmen der Rechnungslegung zwei Aspekte hervorzuheben: Zum einen unterscheiden sich die verschiedenen Durchführungswege durch die Möglichkeit, diese konzernintern zu gründen. In Verbindung mit der jeweiligen Rechtsform wirft dies die Frage nach einer möglichen Konsolidierung dieser Versorgungsträger im Konzernabschluss auf. Darüber hinaus unterscheiden sich die mittelbaren Versorgungsträger durch die „Sicherheit" der Mittelanlage und damit die praktische Relevanz des § 1 Abs. 3 BetrAVG, nach welchem der Arbeitgeber für die Erfüllung der Zusagen einstehen muss. Je höher die aufsichtsrechtlichen Vorgaben, desto geringer beziehungsweise unbedeutender ist die praktische Relevanz der Subsidiärhaftung.

2.1.3.4 Verbreitung der Durchführungswege

Die Vorteilhaftigkeit der einzelnen Durchführungswege wird letztlich durch verschiedene unternehmensspezifische Kriterien sowie deren Gewichtung determiniert.[207] Im Anschluss an den zweiten Weltkrieg war die Direktzusage die in Westdeutschland dominierende Durchführungsform.[208] Darüber hinaus wurde Unterstützungskassen ebenfalls eine hohe Bedeutung zuteil.[209] Inzwischen kommt insbesondere auch Pensionskassen und Direktversicherungen eine große Relevanz

---

ergab, dass insbesondere die Kapitalanlagebeschränkungen des VAG von Unternehmen kritisiert werden, vgl. Spengel (1997), S. 2100. Eine weitere Befragung von Peemöller/Geiger/Fiedler (1999) zeigt ein Interesse der Unternehmen an einer alternativen Durchführungsform wie dem Pensionsfonds. Der Hintergrund dieser Forderung ist die Tatsache, dass in angelsächsischen Ländern den sogenannten „Pension Funds" traditionell eine überragende Bedeutung zukommt, vgl. Spengel (1997), S. 2097. Diese Pensionsfonds „angelsächsischen Typs" sind jedoch nicht mit den Pensionsfonds des BetrAVG identisch; jene weisen auch Ähnlichkeiten mit Unterstützungs- und Pensionskassen auf, vgl. Arbeitskreis „Finanzierung" der Schmalenbach-Gesellschaft für Betriebswirtschaft e.V. (1998), S. 324.

206 Zur Entwicklung von Pensionsfonds seit deren Einführung im Jahr 2001 und möglichen Gründen für diese Entwicklung vgl. ausführlich Neuhaus (2009b), S. 43–46 sowie Förster et al. (2009), Rn. 47 zu § 1b.

207 Vgl. Förster/Meier (2005), S. 163.

208 Vgl. hierzu die Ausführungen auf S. 21.

209 Vgl. Ahrend/Dorow (1976), S. 7.

zu, wobei Pensionszusagen unverändert überwiegend in Form von Direktzusagen erteilt werden.[210]

Die Inanspruchnahme der jeweiligen Durchführungswege stellt sich wie folgt dar:[211] Gemessen an den Anwartschaften, die sozialversicherungspflichtigen Beschäftigten gewährt werden, betrug der Anteil der Direktzusagen und Unterstützungskassen im Jahr 2007 33 %, wobei dieser in den Jahren zuvor kontinuierlich abnahm.[212] Der relative Anteil der Durchführungswege Pensionskasse und Direktversicherung ist mit jeweils 32 % gleichbedeutend. Während der Anteil der Anwartschaften, die über Pensionskassen abgewickelt werden, seit dem Jahr 2001 von 15 % auf 32 % im Jahr 2007 anstieg, nahm der Anteil der Direktversicherung im gleichen Zeitraum um 12 Prozentpunkte von 44 % auf 32 % ab. Eine weiterhin eindeutig untergeordnete Bedeutung kommt Pensionsfonds zu. Diese können seit Beginn des Jahres 2002 genutzt werden, jedoch stieg deren relativer Anteil an den genutzten Durchführungswegen in den folgenden sechs Jahren lediglich auf 2 % an.

Abbildung 2.2 illustriert die Entwicklung der Inanspruchnahme einzelner Durchführungswege nach sozialversicherungspflichtigen Arbeitnehmern (Anwartschaften) in den Jahren 2001 bis 2007.[213]

---

210 Vgl. Schwind (2011), S. 476.

211 Eine systematische Erhebung der Durchführungswege, die zur Abwicklung der betrieblichen Altersversorgung genutzt werden, wurde für die Jahre 2001–2007 von TNS Infratest Sozialforschung durchgeführt, vgl. TNS Infratest Sozialforschung (2008).

212 Die angegebenen Werte für diese Durchführungsformen basieren auf Statistiken des PSVaG; ein separater Ausweis für beide Durchführungswege erfolgt nicht, vgl. TNS Infratest Sozialforschung (2008), S. 105 f.

213 Die Datenerhebung von TNS Infratest Sozialforschung basiert auf Befragungen der Träger betrieblicher Altersversorgung, d. h. Pensionskassen, Pensionsfonds und entsprechende Lebensversicherungsunternehmen, sowie auf Arbeitgeberbefragungen und Angaben des Gesamtverbands der Deutschen Versicherungswirtschaft und des PSVaG, vgl. TNS Infratest Sozialforschung (2008), S. 7 und S. 109. Die Daten beinhalten Mehrfachanwartschaften, die durch Beschäftigte, welche Anwartschaften in mehreren Durchführungswegen erwerben, entstehen.

Abbildung 2.2: Anteil der Anwartschaften sozialversicherungspflichtig Beschäftigter nach Durchführungswegen

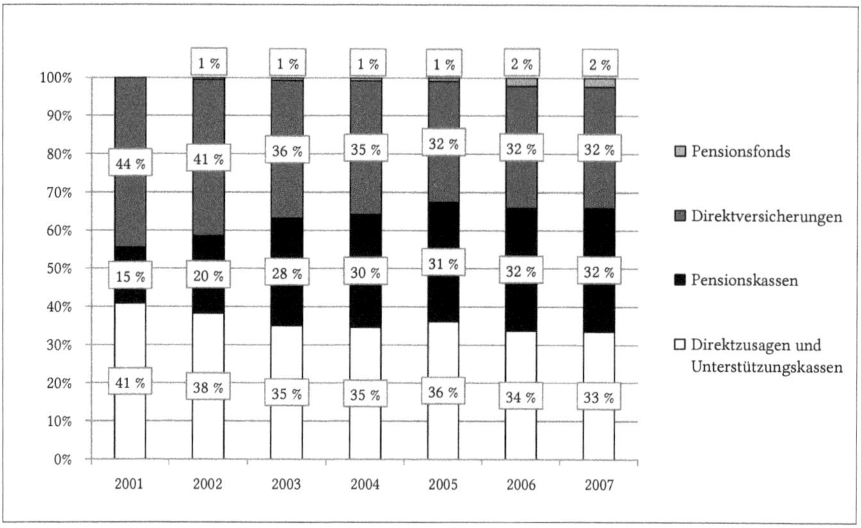

(Quelle: In Anlehnung an: TNS Infratest Sozialforschung (2008), S. 110.)

Die absolute Anzahl der Anwartschaften sozialversicherungspflichtig Beschäftigter hat sich im selben Zeitraum von 2001 bis 2007 um 45 % von 9.455.000 auf 13.734.000 erhöht.[214] Dies verdeutlicht die steigende Bedeutung der betrieblichen Altersversorgung in Deutschland.

Da die vorgestellte Statistik lediglich die Anzahl der Anwartschaften der zum Erhebungszeitraum sozialversicherungspflichtig Beschäftigten enthält, wird in Abbildung 2.3 die Aufteilung der Deckungsmittel nach Durchführungswegen dargestellt. Diese Erhebung der Höhe der jeweiligen Deckungsmittel von Schwind (2011) bezieht somit auch Ansprüche nicht mehr aktiv Beschäftigter ein und stellt zugleich das Volumen der Deckungsmittel dar.[215]

214 Vgl. TNS Infratest Sozialforschung (2008), S. 110.

215 Diese Datenerhebung wird jährlich durchgeführt und erlaubt daher eine Beurteilung der Entwicklung der Verpflichtung; jedoch ist die genaue Datenquelle und der Erhebungsumfang aus der Studie nicht ersichtlich.

Abbildung 2.3: Anteil der Deckungsmittel der betrieblichen Altersversorgung nach Durchführungsweg im Jahr 2009

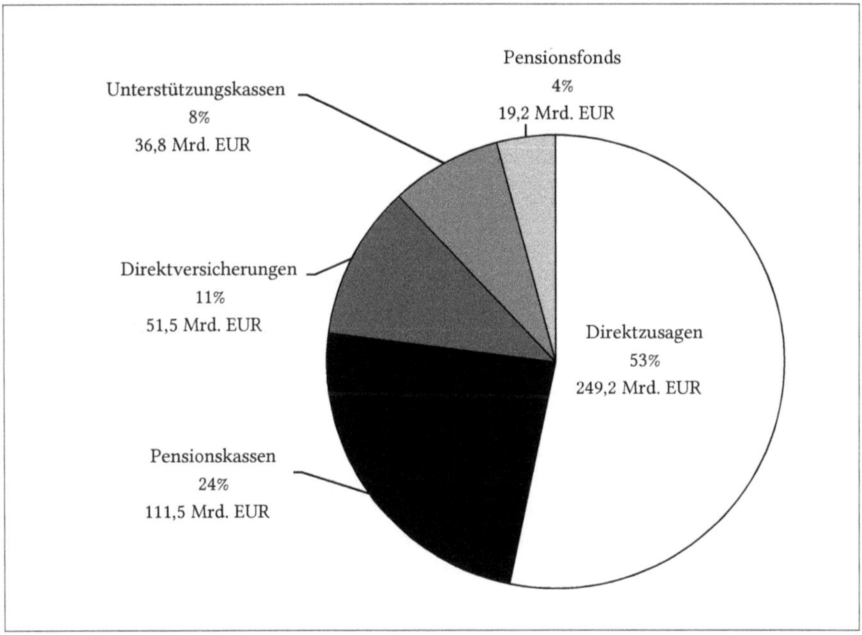

(Quelle: SCHWIND (2011), S. 476.)

In dieser Untersuchung wird die dominierende Stellung der Direktzusagen ebenfalls deutlich.[216] Der Anteil der Deckungsmittel, welcher auf Direktzusagen entfällt, beträgt 53 % (249,2 Mrd. EUR) von insgesamt 468,2 Mrd. EUR Deckungsmitteln für Zusagen der betrieblichen Altersversorgung im Jahr 2009. Ebenfalls sehr bedeutend sind die Deckungsmittel für Pensionskassen in Höhe von 111,5 Mrd. EUR, was einem Anteil von 24 % entspricht. Gemessen an der Höhe der Deckungsmittel folgen Direktversicherungen (11 %) und Unterstützungskassen (8 %) mit weitem Abstand. Wie auch bei der Betrachtung der Anzahl der gewährten Anwartschaften ist der Anteil der Deckungsmittel, der auf Pensionsfonds entfällt, mit 4 % (19,2 Mrd. EUR)

216 Bei einer Direktzusage erfolgt die Erfüllung der Pensionsverpflichtung grundsätzlich aus den liquiden Mitteln des Unternehmens; separate Deckungsmittel können, müssen jedoch nicht vorliegen. In der vorgestellten Erhebung wird im Fall von Direktzusagen die Höhe der Pensionsrückstellung dargestellt, vgl. SCHWIND (2011), S. 476.

am geringsten. Der fünfte Durchführungsweg, der Pensionsfonds, hat offenbar die ihm vorausgesagte „Karriere"[217] nicht durchlaufen.

Im Vergleich zur Höhe der Deckungsmittel im Jahr 2000 mit einem Wert von 331,3 Mrd. EUR, erhöht sich das Volumen der Deckungsmittel insgesamt um 41 % (136,9 Mrd. EUR) auf 468,2 EUR im Jahr 2009. Die Aufteilung der Deckungsmittel auf die einzelnen Durchführungswege bleibt, mit Ausnahme der zu diesem Zeitpunkt noch nicht nutzbaren Pensionskassen, nahezu unverändert. Während der Anteil der Deckungsmittel, der auf Pensionskassen und Unterstützungskassen entfällt, leicht ansteigt, nimmt der Anteil der Direktversicherungen leicht ab. Lediglich Direktzusagen kommt im Jahr 2000 mit einem Anteil von 59 % eine höhere Bedeutung zu.[218]

Insgesamt ist die Bedeutung der betrieblichen Altersversorgung in den vergangenen Jahren weiter gestiegen. Dies zeigt der beträchtliche Anstieg an Anwartschaften um 45 % in den Jahren 2001 bis 2007. Dabei ist die Form der Direktzusage der in Deutschland überwiegend genutzte Durchführungsweg. Insbesondere bei der Betrachtung der Anteile der Deckungsmittel (respektive Rückstellungshöhen) nimmt sie eine überragende Bedeutung ein. Dies begründet sich vorwiegend durch den hohen Anteil an Direktzusagen, der in der zweiten Hälfte des 20. Jahrhunderts von Unternehmen an Arbeitnehmer gewährt wurde.[219] Diese Pensionspläne beziehen sich zu einem großen Teil auf Versorgungszusagen, die sich inzwischen in der Auszahlungsphase befinden und dadurch die Liquidität der Unternehmen belasten, sofern diese nicht extern finanziert wurden.[220] In Bezug auf Neuzusagen ist – gemessen an der Anzahl der Anwartschaften sozialversicherungspflichtig Beschäftigter – der Anteil, der über die versicherungsförmigen Durchführungswege Direktversicherung und Pensionskasse durchgeführt wird, nahezu gleich hoch wie der Anteil der Direktzusagen einschließlich der Zusagen, die über Unterstützungskassen abgewickelt werden. Ein zunehmender Anteil an Pensionsplänen wird folglich in Form von mittelbaren Versorgungszusagen durchgeführt.

2.1.4 Entgeltumwandlung

Leistungen der betrieblichen Altersversorgung können – neben der beschriebenen Leistungsgewährung durch den Arbeitgeber – im Rahmen der Entgeltumwandlung auch wirtschaftlich vom Arbeitnehmer getragen werden.[221] Die Entgeltumwandlung

217 Dies wurde z.B. von Melchiors (2005), S. 719 f. prophezeit. Auch durch die Überarbeitung der Regulierung von Pensionsfonds im Rahmen der 7. und 9. VAG-Novelle in den Jahren 2005 und 2008 erhöhte sich die Inanspruchnahme von Pensionsfonds nicht, wie z.B. von Wiesner (2007), S. 28 erwartet wurde.

218 Für eine genaue Angabe der Werte in Bezug auf die Erhebung der Deckungsmittel im Jahr 2000 vgl. Schwind (2002), S. 295.

219 Vgl. Rupprecht (2006), S. 201.

220 Zur externen Finanzierung vgl. Abschnitt 2.2.

221 Vgl. Jurk (2009), S. 234 i.V.m. Kemper/Huber (2010), Rn. 468 sowie Förster et al. (2009), Rn. 22 zu § 1.

umfasst die Umwandlung von künftigen Arbeitnehmeransprüchen auf Barauszahlung des Entgelts in wertgleiche Anwartschaften auf Versorgungsleistungen.[222] Durch die Umwandlung gehen die Ansprüche des Arbeitnehmers auf eine Bargeldleistung des Arbeitsentgelts endgültig unter. Stattdessen erhält der Arbeitnehmer eine Anwartschaft auf eine betriebliche Versorgungsleistung.[223] Daher wird die Entgeltumwandlung häufig als arbeitnehmerfinanzierte betriebliche Altersversorgung bezeichnet.[224] Die gewährte Anwartschaft muss dabei „wertgleich" zu den Entgeltansprüchen, welche umgewandelt werden, sein,[225] jedoch enthält das BetrAVG keine weitere Ausführung zu dieser Vorgabe.[226]

Ein Anspruch auf Entgeltumwandlung für Arbeitnehmer ergibt sich aus § 1a Abs. 1 BetrAVG, wonach Arbeitnehmer einen Anspruch auf Entgeltumwandlung bis zur Höhe von 4 % der jeweiligen Beitragsbemessungsgrenze in der allgemeinen Rentenversicherung haben.[227] Eine Pflicht zur Entgeltumwandlung für Arbeitnehmer besteht hingegen nicht.[228] Über die Inanspruchnahme des Rechts auf Entgeltumwandlung entscheidet ausschließlich der Arbeitnehmer,[229] der Durchführungsweg ist jedoch durch Vereinbarung zwischen Arbeitgeber und Arbeitnehmer festzulegen.[230] Sofern es keine einvernehmliche Vereinbarung zwischen Arbeitnehmer und Arbeitgeber gibt, kann die betriebliche Altersversorgung entweder über eine Pensionskasse oder einen Pensionsfonds durchgeführt werden. Ist der Arbeitgeber

222 Vgl. § 1 Abs. 2 Nr. 3 BetrAVG.

223 Vgl. Langohr-Plato (2010), Rn. 318. Versorgungszusagen aus Entgeltumwandlung sind bereits ab Zusageerteilung gemäß § 1b Abs. 5 BetrAVG unverfallbar und nehmen daher in dieser Hinsicht eine Sonderstellung ein.

224 Vgl. Hanau et al. (2006), Rn. 2; Griebeling/Griebeling (2003), Rn. 296. Grabner/Bode (2001) hingegen sprechen ausdrücklich nicht von „Arbeitnehmerfinanzierung", da im Rahmen der Entgeltumwandlung lediglich ein Teil des Barlohns ersetzt wird sowie die neu entstehende betriebliche Versorgungszusage aus Vermögensmitteln des Arbeitgebers finanziert wird, vgl. Grabner/Bode (2001), S. 485 sowie Grabner (2003), S. 18.

225 Vgl. § 1 Abs. 2 Nr. 3 BetrAVG.

226 Vgl. auch Griebeling/Griebeling (2003), Rn. 302; Langohr-Plato (2010), S. 319 f.; Kisters-Kölkes (2005), S. 88. Vgl. zur Auslegung des Begriffs Hanau et al. (2006), S. 100 ff.

227 Dieser Rechtsanspruch wurde durch das AVmG im Jahr 2001 in das BetrAVG eingeführt, vgl. Art. 9 Nr. 4 AVmG. Vgl. zu dieser Gesetzesänderung Grabner/Bode (2001), S. 482 f. Eine Entgeltumwandlung darüber hinausgehender Vergütungsbestandteile ist möglich, vgl. Huber (2010), Rn. 19.

228 Vgl. Huber (2010), Rn. 4; Höfer (2011), Rn. 2632.

229 Vgl. Meier/Recktenwald (2006), S. 52.

230 Vgl. § 1a Abs. 1 Satz 2 BetrAVG. Grundsätzlich können alle fünf, im BetrAVG verankerten Durchführungswege im Rahmen der Entgeltumwandlung genutzt werden, vgl. Grabner (2003), S. 17; Langohr-Plato (2010), Rn. 317.

hierzu nicht bereit, kann dieser zum Abschluss einer Direktversicherung verpflichtet werden.[231]

Darüber hinaus liegt auch eine Entgeltumwandlung vor, sofern Arbeitnehmer Teile des Entgelts auf einen Pensionsfonds, eine Pensionskasse oder eine Direktversicherung übertragen, wobei die Zusage des Arbeitgebers auch Leistungen aus diesen Beiträgen umfassen muss.[232] Bei dieser „Eigenbeitragsfinanzierung" erfolgt die Entgeltumwandlung aus dem versteuerten Einkommen des Arbeitnehmers.[233] Der Arbeitgeber fungiert lediglich als „Zahlstelle"[234], der Arbeitnehmer hingegen ist der Beitragsschuldner.[235] Eine Durchführung dieser Zusagen über Unterstützungskassen oder eine Ausgestaltung als Direktzusage ist nicht möglich.[236]

2.1.5 Insolvenzsicherung

Zusagen der betrieblichen Altersversorgung unterliegen gemäß den §§ 7–15 BetrAVG der Insolvenzsicherung. Diese Regelungen dienen dem Schutz der Arbeitnehmer, die hierdurch vor dem Verlust der ihnen gewährten betrieblichen Altersversorgungszusagen auf Grund einer Insolvenz des Arbeitgebers bewahrt werden sollen.[237] Insbesondere für Leistungen der betrieblichen Altersversorgung ist eine solche Insolvenzsicherung notwendig, da diese Zusagen über einen langen Zeitraum finanziert werden und durch eine Insolvenz des Arbeitgebers die Absicherung der Arbeitnehmer in der Ruhestandsphase verloren ginge.[238]

Die Insolvenzsicherung gemäß BetrAVG ist in Form einer Pflichtversicherung, bei der der Arbeitgeber Versicherungsnehmer ist, ausgestaltet.[239] Der Träger der Insolvenzsicherung ist der Pensions-Sicherungs-Verein Versicherungsverein auf Gegenseitigkeit (PSVaG),[240] dessen einziger Zweck in der Gewährleistung der betrieblichen Altersversorgung im Insolvenzfall des Arbeitgebers besteht.[241] Die Beiträge an den

---

231 Vgl. § 1a Abs. 1 Satz 2 f. BetrAVG.

232 Vgl. § 1 Abs. 2 Nr. 4 BetrAVG. I. d. R. dient diese Zusage der Ergänzung einer bereits bestehenden Versorgungszusage, vgl. Rolfs (2010b), Rn. 186.

233 Vgl. Hanau et al. (2006), Rn. 4, Rolfs (2010b), Rn. 167.

234 Vgl. Hanau et al. (2006), Rn. 4.

235 Vgl. Langohr-Plato (2010), Rn. 348; Rolfs (2010b), Rn. 177.

236 Vgl. Rolfs (2010b), Rn. 194.

237 Vgl. Griebeling/Griebeling (2003), Rn. 670.

238 Vgl. Goldbach/Obenberger (2007), Rn. 399.

239 Vgl. Langohr-Plato (2010), Rn. 748; Griebeling/Griebeling (2003), Rn. 670.

240 Vgl. § 14 Abs. 1 BetrAVG. Der PSVaG wurde im Jahr 1974, in dem auch das BetrAVG verabschiedet wurde, durch die Bundesvereinigung der Deutschen Arbeitgeberverbände e. V., den Bundesverband der deutschen Industrie e. V. und den Verband der Lebensversicherungs-Unternehmen e. V. gegründet, vgl. Pensions-Sicherungs-Verein (2011a).

241 Vgl. Pensions-Sicherungs-Verein (2011b).

PSVaG werden ausschließlich von Seiten der Arbeitgeber getragen.[242] Dabei erstreckt sich die Insolvenzsicherungspflicht des BetrAVG nicht über alle Durchführungswege. Je nach Insolvenzrisiko sind nur Zusagen versicherungspflichtig, die über Durchführungswege abgewickelt werden, welche mit einer höheren Gefährdung der Deckungsmittel verbunden sind.[243] Hierunter zählt der Gesetzgeber Direktzusagen und Versorgungszusagen, die über Unterstützungskassen, Direktversicherungen oder Pensionsfonds durchgeführt werden.[244]

Der Insolvenzschutz gilt jedoch bei Direktversicherungen nicht vollumfänglich. So fallen Leistungen einer Direktversicherung, die mit einem unwiderruflichen Bezugsrecht ausgestaltet sind und nicht beliehen, abgetreten oder verpfändet sind, nicht unter den Insolvenzschutz des BetrAVG.[245] In diesem Fall sind die Ansprüche des Arbeitnehmers umfassend geschützt und bedürfen daher keines gesetzlichen Insolvenzschutzes.[246] Eine Besonderheit ergibt sich hinsichtlich der Insolvenzsicherungsbeiträge bei Pensionsfonds. Diese fallen zwar auf Grund der liberalen Kapitalanlagemöglichkeiten grundsätzlich unter den Insolvenzschutz,[247] jedoch werden die Beiträge lediglich in Höhe von 20 % der für die übrigen Zusagen geltenden Bemessungsgrundlage erhoben.[248] Hierdurch soll nach Ansicht des Gesetzgebers dem mit diesem Durchführungsweg ungeachtet der liberalen Anlagevorgaben verbundenen, geringeren Risiko Rechnung getragen werden.[249]

Pensionskassen sind hingegen vollumfänglich von der gesetzlichen Insolvenzsicherungspflicht ausgeschlossen. In diesem Fall ist der Versorgungsberechtigte der Versicherungsnehmer und hat einen unmittelbaren Rechtsanspruch gegenüber der Pensionskasse, weshalb dieser Anspruch von der Insolvenz des Arbeitgebers

---

242 Hierbei handelt es sich um Pflichtbeiträge auf Grund einer öffentlich-rechtlichen Verpflichtung, vgl. § 10 Abs. 1 BetrAVG.

243 Vgl. Höfer (2011), Rn. 4394; Langohr-Plato (2010), Rn. 755; Goldbach/Obenberger (2007), Rn. 406.

244 Vgl. § 7 Abs. 1 BetrAVG.

245 Vgl. § 7 Abs. 1 Satz 2 Nr. 1; Goldbach/Obenberger (2007), Rn. 411 sowie Berenz (2010b), Rn. 23; Förster et al. (2009), Rn. 18 zu § 7.

246 Vgl. hierzu ausführlich Langohr-Plato (2010), Rn. 759 f. sowie Höfer (2011), Rn. 4407 ff. Etwas anderes gilt bei widerruflich ausgestalteten Ansprüchen, denn diese fallen im Insolvenzfall in die Insolvenzmasse, vgl. Langohr-Plato (2010), Rn. 760. Ebenso ist ein Insolvenzschutz notwendig, sofern der Arbeitgeber vor Eintritt des Versorgungsfalls über die Deckungsmittel wirtschaftlich verfügen kann, diese folglich beliehen, abgetreten oder verpfändet wurden, und das Bezugsrecht des Arbeitnehmers nicht wiederhergestellt wurde, vgl. Höfer (2011), Rn. 4409; Rolfs (2010c), Rn. 61.

247 Vgl. Goldbach/Obenberger (2007), Rn. 412; Langohr-Plato (2010), Rn. 775. Vgl. hierzu kritisch Höfer (2011), Rn. 4443.

248 Vgl. § 10 Abs. 3 Nr. 4 BetrAVG.

249 Vgl. Berenz (2010a), Rn. 90; Rolfs (2010c), Rn. 69. Vgl. hierzu kritisch insbesondere Höfer (2011), Rn. 4445 und 4881.

unabhängig ist.[250] Darüber hinaus handelt es sich hierbei um einen versicherungsförmigen Durchführungsweg, der der aufsichtsrechtlichen Überwachung der BaFin und den strengen Anforderungen der AnlV unterliegt.[251]

Im Fall der Zahlungsunfähigkeit eines Arbeitgebers übernimmt der PSVaG im Sinne einer Ausfallhaftung die Verpflichtung, die Versorgungsleistungen zu erbringen.[252] Die insolvenzgesicherten Leistungen umfassen dabei sowohl ausstehende Versorgungsleistungen als auch unverfallbare Anwartschaften.[253] Das Ziel der Insolvenzsicherung durch den PSVaG besteht folglich darin, die versorgungsberechtigen Arbeitnehmer so zu stellen, als wäre der Sicherungsfall nicht eingetreten.[254] Dabei tritt der PSVaG nicht in die Position des Arbeitgebers,[255] sondern erbringt lediglich die Versorgungsleistung.[256] Zugleich gehen bei Eröffnung eines Insolvenzverfahrens die Ansprüche des Versorgungsberechtigten gegen den Arbeitgeber hinsichtlich der Leistungen der betrieblichen Altersversorgung auf den PSVaG über.[257] Hierdurch soll ein Restwert des Anspruchs gegen den Arbeitgeber, der unter Umständen trotz Eröffnung des Insolvenzverfahrens noch vorhanden ist, dem PSVaG als Gegenleistung für die Leistungsausfallhaftung zukommen.[258]

2.1.6 Zusammenfassung

Das BetrAVG reguliert die Zusage von Leistungen der betrieblichen Altersversorgung in Deutschland. Hierdurch werden neben den zulässigen Zusagearten auch die im Sinne dieses Gesetzes möglichen Durchführungswege für die betriebliche Altersversorgung in Deutschland vorgegeben. Dabei beeinflusst die von einem Unternehmen gewährte Zusageart die zur Abwicklung der Versorgungszusage zur Verfügung stehenden Durchführungswege. Sofern eine leistungsorientierte Zusage – reine Leistungszusage oder beitragsorientierte Leistungszusage – gewährt wird, stehen dem Unternehmen alle fünf, im BetrAVG verankerten Durchführungswege zur Verfügung; eine beitragsorientierte Zusage mit Mindestleistung muss jedoch per Definition mit einem Mittelabfluss auf einen externen Träger verbunden sein. Die hierfür in Frage

250 Vgl. FÖRSTER et al. (2009), Rn. 18 zu § 7; GOLDBACH/OBENBERGER (2007), Rn. 410; HÖFER (2011), Rn. 4436.

251 Vgl. LANGOHR-PLATO (2010), Rn. 758; GOLDBACH/OBENBERGER (2007), Rn. 410. Vgl. kritisch zu dieser Regelung HÖFER (2011), Rn. 4437.

252 Vgl. HÖFER (2011), Rn. 4297; FÖRSTER et al. (2009), Rn. 5 zu § 7.

253 Vgl. § 7 Abs. 1 und 2 BetrAVG. Vgl. hierzu ausführlich LANGOHR-PLATO (2010), S. 776 ff.

254 Vgl. LANGOHR-PLATO (2010), Rn. 780.

255 Der PSVaG ist nicht Rechtsnachfolger des insolventen Arbeitgebers hinsichtlich der betrieblichen Altersversorgung, vgl. BERENZ (2010b), Rn. 3; HÖFER (2011), Rn. 4297.

256 Vgl. BAG 23.3.1999, 3 AZ 625/97.

257 Vgl. § 9 Abs. 2 Satz 1 BetrAVG.

258 Vgl. ROLFS (2010d), Rn. 30.

kommenden Durchführungswege beschränkt der Gesetzgeber in Deutschland auf die versicherungsförmigen Durchführungswege Pensionsfonds, Pensionskasse oder Direktversicherung.[259] Da diese unter der Versicherungsaufsicht der BaFin stehen, sind sie mit einem geringeren Risiko hinsichtlich der Mittelanlage verbunden. Dies wird auch durch die Vorgaben zum Insolvenzschutz deutlich, nach welchen die genannten Durchführungswege nicht zwingend vollumfänglich beitragspflichtig sind, oder, wie im Fall von Pensionskassen, keine Insolvenzsicherungspflicht besteht.[260]

Diese arbeitsrechtliche Ausgestaltung wirkt sich entsprechend auf den Zeitpunkt des Mittelabflusses des zusagenden Unternehmens aus.[261] Dabei ist insbesondere die Unterscheidung zwischen beitrags- und leistungsorientierten Zusagen relevant. Leistungsorientierte Zusagen sind mit einer Verpflichtung des Arbeitgebers „eine bestimmte [...] zukünftige Versorgungsleistung zu erbringen“[262] verbunden.[263] Beitragsorientierte Zusagen setzen hingegen einen Mittelabfluss an einen externen Versorgungsträger in der Periode der Leistungserbringung voraus, wobei der externe Versorgungsträger im Leistungsfall die Zahlungen erbringt.[264] Der Arbeitgeber verpflichtet sich in diesem Fall somit lediglich zur Leistung eines bestimmten Beitrags.[265]

Die Pflicht des Arbeitgebers, bei Eintritt des Versorgungsfalls die vollständige Versorgungszusage leisten zu müssen oder die Möglichkeit, im Versorgungsfall für eventuelle (Nach-)Zahlungen aufkommen zu müssen, ist im Rahmen der Rechnungslegung zu berücksichtigen. Denn zur Beurteilung der Frage, ob ein

259 Vgl. § 1 Abs. 2 Nr. 2 BetrAVG.

260 Vgl. hierzu Abschnitt 2.1.5. Im Mittelpunkt dieser gesetzlich kodifizierten Mindestnorm steht der Arbeitnehmerschutz, vgl. LANGOHR-PLATO (2010), Rn. 2, wodurch sich insbesondere auch der im BetrAVG verankerte Insolvenzschutz begründet, vgl. GRIEBELING/GRIEBELING (2003), Rn. 670. Auf Grund des Entgeltcharakters sowie der Langfristigkeit dieser Zusagen weisen Arbeitnehmer ein Schutzbedürfnis vor dem Verlust der ihnen zugesagten betrieblichen Altersversorgung auf. Leistungen der betrieblichen Altersversorgung wird zwar ein Entgeltcharakter zugesprochen, jedoch handelt es sich trotzdem um eine spezielle Vergütungsform, denn die Auszahlung an den Arbeitnehmer erfolgt, trotz der bereits erbrachten Arbeitsleistung, erst deutlich später. Auf Grund dessen wird auch von einer nachträglichen Vergütung (deferred compensation) gesprochen, vgl. NAPIER (1983), S. 20.

261 Vgl. hierzu ähnlich auch FASSHAUER (2010), S. 12 ff.

262 ARBEITSKREIS „FINANZIERUNG“ DER SCHMALENBACH-GESELLSCHAFT FÜR BETRIEBSWIRTSCHAFT E.V. (1998), S. 328.

263 Vgl. ALLEN et al. (1992), S. 73.

264 Vgl. z.B. THOMS-MEYER (1996), S. 78; LANGOHR-PLATO (2010), Rn. 90.

265 Vgl. ARBEITSKREIS „FINANZIERUNG“ DER SCHMALENBACH-GESELLSCHAFT FÜR BETRIEBSWIRTSCHAFT E.V. (1998), S. 328; ALLEN et al. (1992), S. 73. Diese Beschränkung ist in Deutschland durch die Regelung des BetrAVG insoweit eingeschränkt, dass aus rechtlicher Sicht der Arbeitgeber stets für die Erfüllung der zugesagten Leistungen einstehen muss, vgl. § 1 Abs. 1 Satz 3 BetrAVG. Dies wird auch durch die in Verbindung mit Beitragszusagen notwendige Mindestleistung belegt, vgl. GOLDBACH/OBENBERGER (2007), Rn. 37.

Unternehmen eine Verbindlichkeit passivieren muss, ist das Bestehen einer gegenwärtigen Verpflichtung des Unternehmens, welche künftig einen Ressourcenabfluss nach sich ziehen wird, zu prüfen.[266] Nach den einschlägigen Vorgaben zur Bilanzierung von Leistungen der betrieblichen Altersversorgung in der Internationalen Rechnungslegung nach International Financial Reporting Standards (IFRS) ist der wirtschaftliche Gehalt der gewährten Zusage für deren bilanzielle Abbildung ausschlaggebend.[267] Entsprechend determiniert die Unterscheidung, ob der Zusage eine Leistungs- oder Beitragsorientierung zu Grunde liegt, deren Bilanzierung.[268] Zu dieser Beurteilung ist relevant, ob ein unmittelbarer oder ein mittelbarer Versorgungsweg gewählt wird, sowie inwiefern bei der Wahl eines mittelbaren Versorgungswegs eine Verpflichtung beim zusagenden Unternehmen verbleibt. In diesem Hinblick ist zur Beurteilung der von einem Unternehmen gewährten Versorgungszusagen eine genaue Analyse der Ausgestaltung der betrieblichen Altersversorgungszusagen gemäß BetrAVG sowie der beim Unternehmen verbleibenden Zahlungsverpflichtungen und Risiken notwendig.[269] Darüber hinaus ist in Fällen, in denen das Unternehmen zur Leistungserbringung verpflichtet ist und zugleich finanzielle Mittel, die ausschließlich der Erfüllung der Pensionsverpflichtungen dienen, auf einen externen Versorgungsträger auslagert, in Abhängigkeit von den jeweiligen Ansprüchen an den Vermögenswerten deren Bilanzierung zu determinieren.

2.2 Externe Pensionsfinanzierung

2.2.1 Überblick

Geht ein Unternehmen Pensionsverpflichtungen ein, so bestehen grundsätzlich drei Möglichkeiten zur Ausgestaltung der Finanzierung: (1) „Pay-as-you-go"-Systeme stellen unfinanzierte Systeme dar. In diesem Fall werden die Leistungen im Auszahlungszeitpunkt aus dem laufenden Einkommen bezahlt. Es werden weder Vermögenswerte separiert noch Rückstellungen gebildet.[270] Im Gegensatz dazu existieren kapitalgedeckte Systeme, bei welchen bis zum Ende der Anwartschaftsphase ein Deckungskapital, das dem Barwert der Leistungszahlungen entspricht, angesammelt werden soll.[271] (2) Dies kann durch die Bildung von „book reserves"

266 Vgl. hierzu ausführlich Abschnitt 3.

267 Vgl. IAS 19.27.

268 Vgl. IAS 19.28–30.

269 Diese Fragestellung wird ausführlich in Abschnitt 3.2.3.2 behandelt.

270 Vgl. Napier (1983), S. 25; Blake (2006), S. 1. Ein Beispiel hierfür ist die gesetzliche Rentenversicherung, die in einem Umlageverfahren durch laufende Beiträge finanziert wird, vgl. McGillivray (2006), S. 226 f. und 232; Fasshauer (2010), S. 28.

271 Vgl. Fasshauer (2010), S. 28. Der Begriff „Kapitaldeckung" ist jedoch irreführend, da es sich bei Pensionsverpflichtungen im bilanziellen Sinne stets um Kapital handelt,

erfolgen. Bei dieser, auch als rückstellungsfinanziertes System bezeichneten Ausgestaltung findet, wie bei Möglichkeit (1), keine Separation von Vermögenswerten zur Erfüllung der Verpflichtung statt, jedoch bildet das zusagende Unternehmen die Verpflichtungen in der Bilanz ab. Im Leistungsfall werden die Auszahlungen an die Arbeitnehmer direkt vom Unternehmen unter Reduktion der Rückstellung getätigt.[272] Hierunter fallen intern finanzierte Direktzusagen.[273] (3) Die dritte Möglichkeit besteht in der unternehmensexternen Finanzierung (external funding), bei welcher die Deckungsmittel außerhalb des Unternehmens angelegt werden.[274] Diese Finanzierungsform nimmt eine zunehmend höhere Bedeutung ein.[275] Insbesondere im Rahmen der Rechnungslegung kommt diesem Thema eine hohe Relevanz zu, da die Vermögensauslagerung entsprechend der jeweiligen Ausgestaltung abgebildet werden muss. Auf Grund dessen steht die externe Finanzierung im Mittelpunkt dieses Kapitels.

Im Folgenden werden daher sowohl die Motive für eine externe Finanzierung von Pensionszusagen wie auch Möglichkeiten der Vermögensauslagerung erörtert. Dabei werden Formen der vollständigen rechtlichen Enthaftung nicht betrachtet,

---

vgl. auch SCHWINGER/JASPER (2004), S. 26. In der Literatur wird unter dem Begriff „Kapitaldeckung" häufig auch die explizite Reservierung von Vermögenswerten zur Erfüllung von Altersversorgungsverpflichtungen verstanden, die nicht im operativen Geschäft verwendet werden, vgl. SCHWINGER/JASPER (2004), S. 26. Nach dieser Definition handelt es sich um eine externe Mittelanlage, die unter Punkt (3) fällt. In diesem Fall kann der Begriff Kapitaldeckung dem in der Literatur ebenfalls etablierten Begriff „asset funding" gleichgesetzt werden, vgl. hierzu auch Seite 55, Fußnote 8. Hierunter wird die Deckung von Pensionsverpflichtungen durch Kapitalanlagen, wie Wertpapiere, Immobilien oder Beteiligungen, als Aktivposten der Bilanz bezeichnet, vgl. SCHÄFER/WOJTYSIAK (2002), S. 350 i.V.m. BLOME/ZWIESLER (2003), S. 97. Dabei ist in der schwächsten Ausprägung die Zuordnung von Vermögenswerten und Pensionsverpflichtung rein fiktiver Natur, vgl. SCHWINGER (1997), S. 168 und EBINGER (2001), S. 204. Darüber hinaus fallen auch Rückdeckungsversicherungen unter diesen Begriff, vgl. EBINGER (2001), S. 205; HAUNER/MENSSEN (2000), S. 232 f. Im engeren Sinne kann unter dem Begriff Kapitaldeckung auch die Bindung der Versorgungsleistung an die Vermögensentwicklung verstanden werden, vgl. SCHWINGER/JASPER (2004), S. 27.

272 Vgl. NAPIER (1983), S. 25 f. Jedoch erfolgt bei sogenannten „rückstellungsfinanzierten" Pensionszusagen keine Zuordnung von Deckungsvermögen und Pensionsrückstellung, da keine Verbindung zwischen der Aktiv- und der Passivseite der Bilanz besteht, vgl. RUPPRECHT (2006), S. 208; RÖSSLER/DOETSCH (1998), S. 1774. SCHNEIDER (1989) spricht von „bilanzrechtlicher Vermögensreservierung", SCHNEIDER (1989), S. 889.

273 Vgl. Abschnitt 2.1.3.2.

274 Vgl. NAPIER (1983), S. 26.

275 Vgl. z.B. SPRICK (2009), S. 43; NEUHAUS (2009b), S. 210 f. Die Gründe für diese Entwicklung werden im nachfolgenden Abschnitt 2.2.2 erläutert.

da in diesem Fall das arbeitgebende Unternehmen nicht mehr Schuldner der Verpflichtung ist.[276] Auf Grund der praktischen Relevanz wird nachfolgend insbesondere die Konstruktion des Contractual Trust Arrangement (CTA) als vertragliche Gestaltung zur Durchführung der externen Finanzierung von Direktzusagen analysiert. Steuerliche Überlegungen finden in diesen Ausführungen keine tiefergehende Berücksichtigung.

2.2.2 Gründe für eine externe Finanzierung

Für eine externe Finanzierung von Pensionszusagen bestehen aus Unternehmenssicht vielfältige Gründe. Diese resultieren sowohl aus (a) bilanziellen wie auch aus (b) finanzwirtschaftlichen und weiteren ökonomischen Überlegungen. Die (a) bilanzielle Motivation einer „Auslagerung" von Versorgungszusagen[277] resultiert aus der Ausgestaltung der für leistungsorientierte Pensionszusagen einschlägigen Bilanzierungsregeln in der Internationalen Rechnungslegung. Sowohl nach US-GAAP wie auch nach IFRS ist die Saldierung von Pensionsverpflichtungen und dem zur Deckung dieser Verpflichtungen designierten Vermögen auf Seiten des externen Versorgungsträgers zulässig respektive gefordert.[278] Auf diese Weise wird nicht die vollständige Verpflichtung, sondern lediglich eine eventuell bestehende Unter- oder Überdeckung – die gegebenenfalls noch angepasst wird – in der Bilanz ausgewiesen. In der Folge weichen Bilanzrelationen, und damit einhergehend Analysekennzahlen mit entsprechender Auswirkung auf das Rating eines Unternehmens, stark von den Bilanzen solcher Unternehmen ab, die Pensionsverpflichtungen unternehmensintern finanzieren und daher vollständig in der Bilanz erfassen müssen.[279]

Dieser Zusammenhang wurde erstmals prominent durch die Herabstufung des Ratings für die Unternehmensanleihe der ThyssenKrupp AG im Jahr 2003 durch

276 Vgl. hierzu ausführlich SPRICK (2009), S. 44 ff. Darüber hinaus ist eine rechtliche Enthaftung mit hohen rechtlichen Anforderungen verbunden, weshalb diese als unbedeutend angesehen werden kann, vgl. NEUHAUS (2009a), S. 600. Auch die Möglichkeit eines Schuldbeitritts, bei dem zwar die Verpflichtung beim Unternehmen verbleibt, diese jedoch im Innenverhältnis von einem Dritten übernommen wird (vgl. SPRICK (2009), S. 44) wird auf Grund der untergeordneten Bedeutung (vgl. NEUHAUS (2009a), S. 600) nicht weiter verfolgt.

277 Vgl. NEUHAUS (2009b), S. 75. Im Grunde wird nicht die Verpflichtung, sondern das Deckungsvermögen aus dem Unternehmen auf einen externen Träger übertragen. Eine (Teil-)Auslagerung der Verpflichtung findet jedoch bei bilanzieller Betrachtung statt.

278 Seit Verabschiedung des BilMoG im Jahr 2009 wird diese Saldierung auch nach deutschem Handelsrecht bei Vorliegen der Voraussetzungen des § 246 Abs. 2 HGB gefordert.

279 Vgl. NEUHAUS (2009b), S. 126; KLEMM (2005), S. 1291; SCHWINGER/JASPER (2004), S. 28.

die Ratingagentur Standard & Poor's deutlich.[280] Die Herabstufung des Ratings, von der auch weitere Unternehmen betroffen waren,[281] begründete sich nicht durch eine realwirtschaftliche Veränderung. Vielmehr war sie die Folge einer veränderten Behandlung von Pensionsrückstellungen im Ratingprozess, die für unternehmensintern finanzierte Pensionszusagen gebildet wurden.[282] Durch diesen „Präzedenzfall" wurde eine Diskussion um die Auslagerung von Vermögenswerten zur Deckung von Pensionsverpflichtungen und deren adäquaten Berücksichtigung im Rahmen des Ratings entfacht.[283] Zur hohen Bedeutung dieser Thematik trug erst die verpflichtende Einführung der IFRS für kapitalmarktorientierte Mutterunternehmen in der EU für Geschäftsjahre, die ab dem 1. Januar 2005 beginnen,[284] und damit einhergehend die Möglichkeit der Saldierung der Pensionsverpflichtungen mit externem Planvermögen,[285] bei.[286]

Der Grund, weshalb das Ratingurteil ein Hauptmotiv zur Auslagerung von Pensionsverpflichtungen aus der Bilanz darstellt, liegt in der faktischen Bevorzugung von extern finanzierten Pensionszusagen durch Ratingagenturen.[287] Der illustrierte Fall der ThyssenKrupp AG zeigt, dass die Ratingagentur Standard & Poor's bei Pensionsrückstellungen nicht zwischen Zusagen, für welche die Deckungsmittel im Unternehmen angesammelt werden – also unfunded pension obligations – und Zusagen, zu deren Deckung Mittel außerhalb des Unternehmens angelegt werden und die damit als underfunded pension obligations gelten, differenzierte.[288] Ungeachtet der Frage, ob die Finanzierung grundsätzlich intern oder extern erfolgt, wurden Pensionsverpflichtungen, welche nicht durch externes Vermögen gedeckt

280 Vgl. Gerke/Mager (2005), S. 204; Gohdes/Meier (2003), S. 1378; ThyssenKrupp AG (2003), S. 133.

281 Vgl. Pellens/Crasselt (2005), S. 5; Neuhaus (2009b), S. 3.

282 Vgl. ThyssenKrupp AG (2003), S. 133; Gerke/Mager (2005), S. 205. Dieser Vorgehensweise folgten jedoch die Ratingagenturen Moody's Investors Service und Fitch Ratings nicht, vgl. Pellens/Crasselt (2005), S. 5; Gohdes/Meier (2003), S. 1379 sowie Gerke/Mager (2005), S. 205.

283 Vgl. exemplarisch Gohdes/Meier (2003), S. 1375; Heubeck/Seeger (2004), S. 993.

284 Vgl. EU-Verordnung Nr. 1606/2002, Art. 4.

285 Vgl. IAS 19.131, zuvor geregelt in IAS 19.116 (2004).

286 Vgl. Küting/Kessler (2009), S. 1717. Zur Anwendung internationaler Rechnungslegungsstandards für die Abbildung der betrieblichen Altersversorgung nach BetrAVG, vgl. kritisch Heubeck (2007), S. 192.

287 Vgl. Heubeck/Seeger (2004), S. 993.

288 Vgl. Gerke/Pellens (2003), S. 21 i. V. m. S. 27. Unter dem Begriff „funding" wird in diesem Zusammenhang somit lediglich die externe Vermögensanlage verstanden, vgl. Heubeck/Seeger (2004), S. 994. Die Bezeichnung ignoriert jedoch die Tatsache, dass durch die Passivierung einer Pensionsverpflichtung dieser auch Vermögenswerte auf der Aktivseite der Bilanz gegenüberstehen und somit ein „internes funding" vorliegt, vgl. Ernst (2003), S. 1293.

sind, vollständig dem Fremdkapital zugerechnet.[289] Die Behandlung von Rückstellungen als Fremdkapital ist dabei betriebswirtschaftlich korrekt.[290] Gegen diese Vorgehensweise könnte jedoch argumentiert werden, dass diese den besonderen Charakter von Pensionsrückstellungen missachtet. Nicht zuletzt auf Grund von deren Langfristigkeit könnte eine Gleichstellung mit den sonstigen Verbindlichkeiten des Unternehmens mitunter nicht zwinged adäquat erscheinen.[291] Vor allem ist jedoch durch die Gleichstellung der unterschiedlichen Finanzierungsformen die Fremdkapitalquote eines Unternehmens, welches keine Auslagerung von Vermögenswerten zur Deckung dieser Verpflichtungen vornimmt, im Vergleich zu einem Unternehmen, welches Vermögenswerte und Verpflichtungen aus der Bilanz auslagert, höher. Dies gilt allerdings nur unter der Voraussetzung, dass das auslagernde Unternehmen hierzu kein Fremdkapital aufnehmen muss.[292] Diese Vorgehensweise ignoriert die Tatsache, dass bei einer unternehmensinternen Finanzierung durch die Bildung von Rückstellungen ebenfalls Vermögenswerte der Aktivseite der Bilanz finanziert werden, die im Insolvenzfall zur Befriedigung der Gläubigeransprüche zur Verfügung stünden, weshalb auch bei dieser Ausgestaltung eine Deckung der Verpflichtung vorliegt,[293] obwohl es sich zumeist um betriebsnotwendige Vermögenswerte handeln dürfte. Anders argumentiert, spiegelt diese Vorgehensweise der Ungleichbehandlung intern und extern finanzierter leistungsorientierter Zusagen im Rahmen des Ratings die Tatsache, dass in beiden Fällen dieselbe Verpflichtung des Unternehmens vorliegt, nicht wider.

Die Zunahme der Auslagerung in Folge der Einführung der IFRS[294] verdeutlicht die Relevanz der bilanziellen Darstellung leistungsorientierter Pensionspläne für

---

289 Vgl. Gerke/Pellens (2003), S. 27; Gerke/Mager (2005), S. 206; Jäckle/Ackermann (2007), S. 400.

290 Vgl. Heubeck/Seeger (2004), S. 996; Küting/Weber (2009), S. 95 f. Aus einer wirtschaftlichen Betrachtungsweise besteht zwischen Unternehmen und Arbeitnehmer eine Art Kreditverhältnis, vgl. Gohdes/Meier (2003), S. 1377; Rehbach/Schmitt-Biegel (2009), S. 97; Heubeck (2007), S. 193 sowie die Ausführungen auf S. 21 dieser Arbeit.

291 Vgl. hierzu ausführlich Heubeck/Seeger (2004), S. 996 und Gohdes/Meier (2003), S. 1377 f.; Seeger (2003), S. 500 ff.; Förster/Meier (2005), S. 162; Arbeitskreis „Finanzierung“ der Schmalenbach-Gesellschaft für Betriebswirtschaft e.V. (1996), S. 559 f. Eine andere Ansicht vertreten hingegen Rehbach/Schmitt-Biegel (2009), S. 97 f.

292 Um eine positive Auswirkung auf Bilanzkennzahlen durch eine Bilanzverkürzung zu erreichen, muss die Auslagerung ohne zusätzliche Fremdkapitalaufnahme, z. B. mit nicht betriebsnotwendigem Vermögen, erfolgen, vgl. ähnlich Neuhaus (2009a), S. 603.

293 Vgl. Heubeck/Seeger (2004), S. 994.

294 Vgl. hierzu in Bezug auf DAX-Unternehmen Neuhaus (2009b), S. 210 ff. und Jasper/Lux (2007), S. 80 sowie in Bezug auf eine größere Stichprobe von 150 deutschen Unternehmen Stadler/Lobe (2010), S. 37.

Unternehmen. Damit beugen sich Unternehmen dem Druck der internationalen Kapitalmärkte sowie letztlich dem Urteil der Ratingagenturen.[295] Um keine „Nachteile" in Hinblick auf das Bonitätsurteil zu erfahren, entscheiden sich Unternehmen hinsichtlich der Gestaltung ihrer Pensionszusagen zunehmend für eine externe Finanzierung und somit für eine Auslagerung der Verpflichtungen aus der Bilanz.[296] Dies zeigt auch eine Untersuchung von NEUHAUS (2009b), die zu dem Ergebnis kommt, dass die Hauptmotive, welche von Unternehmen zur Begründung der Auslagerung angeführt werden, die „bessere Vergleichbarkeit" sowie die „Bilanzverkürzung" sind.[297] Durch diese Entwicklung gleicht sich die Ausgestaltung der Pensionszusagen deutscher Unternehmen an Unternehmen aus dem angelsächsischen Raum an.[298]

Neben der Verbesserung von Bilanzkennzahlen und der Erhöhung der Vergleichbarkeit dieser Werte zwischen verschiedenen Unternehmen, können auch (b) finanzwirtschaftliche Überlegungen respektive Risikoaspekte – also ökonomische Gründe[299] – eine externe Finanzierung von Pensionszusagen motivieren. Ein vielfach diskutierter Aspekt stellt die Möglichkeit der Renditesteigerung durch eine externe Vermögensanlage dar.[300] Je nach Art der Auslagerung und des gewählten Durchführungswegs können Anlagen mit unterschiedlichem Chancen-/Risikenprofil ausgewählt werden. Sofern durch die Anlage am Kapitalmarkt eine höhere Rendite im Vergleich zur Investition in das betriebsnotwendige, operative Vermögen eines Unternehmens erzielt wird und die Kosten der teuersten Fremdfinanzierungsmöglichkeit übersteigt, ist eine externe Finanzierung unter Renditeaspekten vorteilhaft.[301] In einem solchen Fall sollte jedoch aus Sicht der Eigenkapitalgeber die Investition in das Unternehmen kritisch überdacht werden. Sofern die Kapitalmarktrendite – bei gleichem Risiko – dauerhaft höher ist als die interne Rendite des Unternehmens, wäre es für die Eigenkapitalgeber vorziehenswert, die Mittel direkt in anderer Form am Kapitalmarkt anzulegen und das Unternehmen zu liquidieren.[302]

---

295 Vgl. KESSLER (2010), S. 54.

296 Vgl. NEUHAUS (2009b), S. 227 i. V. m. HEUBECK/SEEGER (2004), S. 993; BRIXNER (2009), S. 82.

297 Vgl. NEUHAUS (2009b), S. 226. Vgl. zu dieser Thematik auch die Ausführungen Abschnitt 4.2.2.1.

298 Ratingagenturen wird mitunter vorgeworfen, Besonderheiten bei Unternehmen aus Ländern außerhalb des angelsächsischen Raums nicht zu verstehen und diese in der Folge im Ratingprozess nicht adäquat zu berücksichtigen, vgl. dazu GERKE/MAGER (2005), S. 213.

299 Vgl. REHBACH/SCHMITT-BIEGEL (2009), S. 99.

300 Vgl. stellvertretend SEEGER (2007), S. 700; RHIEL (2000a), S. 296; FÖRSTER (2001) Betriebliche Altersversorgung, S. 133.

301 Vgl. SCHÄFER/WOJTYSIAK (2002), S. 350 sowie ähnlich RHIEL (2000b), S. 436.

302 Vgl. hierzu ähnlich z. B. EBINGER (2001), S. 200 sowie HEUBECK (2007), S. 200; ARBEITSKREIS „FINANZIERUNG" DER SCHMALENBACH-GESELLSCHAFT FÜR BETRIEBSWIRTSCHAFT E.V. (1996), S. 544. SEEGER (2003) betont die Notwendigkeit, in diese Betrachtung neben Rendite- auch Risikoaspekte zu integrieren, vgl. SEEGER (2003), S. 504. Das Ergebnis des Vergleichs der Vorteilhaftigkeit von

Ein weiteres Argument für eine externe Finanzierung könnte die Möglichkeit der Verminderung des Kapitalanlagerisikos sein.[303] Bei interner Finanzierung durch Rückstellungsbildung sind die Vermögenswerte, welche der Deckung der Verpflichtung dienen, vollständig dem unternehmensspezifischen Geschäftsrisiko ausgesetzt. Durch eine Anlage der Deckungsmittel am Kapitalmarkt lässt sich eine breitere Streuung der Anlagen realisieren, wodurch das „Klumpenrisiko" auf Grund der mangelnden Diversifikation der Anlagen reduziert werden kann.[304] Die Relevanz dieses Arguments für ein Unternehmen hängt jedoch auch vom Grad der Diversifikation seiner Geschäftstätigkeit in voneinander unabhängige Geschäftsfelder ab.[305] Darüber hinaus ist eine externe Mittelanlage nicht zwangsläufig mit einer stärkeren Streuung verbunden.[306] So werden bei der Nutzung eines mittelbaren Durchführungswegs nach BetrAVG die Möglichkeiten der Mittelanlage durch die gesetzlichen Rahmenbedingungen determiniert.

Eine Anlage am Kapitalmarkt erleichtert mitunter das Asset-Liability-Management. Das Ziel des Asset-Liability-Managements ist die „systematische, ganzheitliche Steuerung der Assets (Aktiva) und Liabilities (Passiva) eines Unternehmens"[307]. Dies erfolgt unter der Zielsetzung einer Optimierung von Rendite- und Risikomaßen. Entsprechend werden neben einer marktwertorientierten Ergebnissteuerung auch die aus den Bilanzposten resultierenden Risiken gesteuert.[308] In Bezug auf Pensionsverpflichtungen führt dies zu einer simultanen Abstimmung der Kapitalanlagestrategie auf die bestehenden Pensionsverpflichtungen unter Berücksichtigung sämtlicher Parameter, wie deren Laufzeiten und biometrische Größen.[309] Dabei kommt vor allem der Planung und Steuerung des Liquiditätsabflusses eine hohe Bedeutung zu.[310] Hierzu ist es notwendig, den Pensionsverpflichtungen ein abgegrenztes Deckungsvermögen zuzuordnen.[311] Die externe Kapitalanlage ermöglicht eine zielgerichtetere Abstimmung des Cashflows auf die künftig zur Leistung der

---

unternehmensinternen und -externen Mittelanlagen hängt stark von der Lebenszyklusphase ab, in der sich das Unternehmen befindet, vgl. hierzu ausführlich NEUHAUS (2009b), S. 134 ff. sowie ERNST (2003), S. 1294.

303 Vgl. kritisch zu dieser Argumentation HEUBECK (2007), S. 200 f.

304 Vgl. SCHÄFER/WOJTYSIAK (2002), S. 350 i. V. m. ARBEITSKREIS „FINANZIERUNG" DER SCHMALENBACH-GESELLSCHAFT FÜR BETRIEBSWIRTSCHAFT E.V. (1998), S. 328. Trotz der ggf. breiteren Streuung ist eine externe Mittelanlage jedoch nicht zwangsläufig mit einer Reduktion des Anlagerisikos verbunden, vgl. SEEGER (2003), S. 502.

305 Vgl. SCHÄFER/WOJTYSIAK (2002), S. 350 i. V. m. ARBEITSKREIS „FINANZIERUNG" DER SCHMALENBACH-GESELLSCHAFT FÜR BETRIEBSWIRTSCHAFT E.V. (1998), S. 328 f.

306 Vgl. ausführlich zu dieser Diskussion NEUHAUS (2009b), S. 142 f.

307 ELING/PARNITZKE (2005), S. 323.

308 Vgl. HEINKE (2001), KORN/PEEK/SCHEUENSTUHL (2008), S. 801. Dabei fließen verschiedene Risikoarten in die Betrachtung ein, vgl. ELING/PARNITZKE (2005), S. 323.

309 Vgl. RUPPRECHT (2006), S. 208; BLOME/ZWIESLER (2005), S. 646 i. V. m. ELING/PARNITZKE (2005), S. 323; BECKSTETTE/REUSS (2006), S. 141.

310 Vgl. KÜTING/KESSLER (2009), S. 1721.

311 Vgl. RUPPRECHT (2006), S. 208. Diese Forderung vertritt insb. NEUROTH (2009), S. 481.

Pensionszahlungen benötigten liquiden Mittel.[312] Bei dieser Argumentation muss beachtet werden, dass durch die Entkopplung der Zahlungsüberschüsse diese nicht erhöht werden und Liquiditätsengpässe auch durch eine adäquate Liquiditätsplanung vermieden werden können.[313] Da intern finanzierten Pensionsverpflichtungen keine konkreten Vermögenswerte zugeordnet werden können, nimmt das Asset-Liability-Management in diesem Fall häufig eine untergeordnete Bedeutung ein.[314] Jedoch dient auch bei Innenfinanzierung eine Abstimmung der Aktivposten auf die vorhandenen Pensionsverpflichtungen der Risikovermeidung.[315]

Neben dem bereits erwähnten Kapitalanlagerisiko und dem Liquiditätsrisiko resultieren aus der Gewährung von Pensionszusagen vielfältige weitere, für ein Unternehmen betriebsfremde Risiken. Diese können aus der Übernahme biometrischer Risiken[316] resultieren, worunter auch das Langlebigkeitsrisiko fällt.[317] Bei Gewährung einer Direktzusage übernimmt das zusagende Unternehmen diese versicherungsmathematischen Risiken.[318] Eine externe Finanzierung der Direktzusagen ermöglicht dabei keine Auslagerung dieser Risiken,[319] da die Gestaltung der Aktivseite keinen Einfluss auf die Pensionsverpflichtung nimmt. Eine Vermeidung oder Verminderung dieser Risiken ist durch Inanspruchnahme eines mittelbaren Durchführungswegs möglich.[320]

---

312 Durch die Bildung eines von der operativen Tätigkeit unabhängigen Pensionsvermögens, aus welchem der Cashflow zur Leistung der Pensionszahlungen generiert wird, können Liquiditätsengpässe, die auf Grund einer fehlenden Korrelation des Cashflows aus dem operativen Geschäft und der Pensionszahlungen entstehen, vermieden werden, vgl. REHBACH/SCHMITT-BIEGEL (2009), S. 100.

313 Vgl. ähnlich SEEGER (2007), S. 700. Darüber hinaus unterscheidet sich das Liquiditätsrisiko, das aus Pensionsverpflichtungen resultiert, nicht von dem anderer Fremdkapitalformen, vgl. ARBEITSKREIS „FINANZIERUNG" DER SCHMALENBACH-GESELLSCHAFT FÜR BETRIEBSWIRTSCHAFT E.V. (1998), S. 328.

314 Vgl. KOLVENBACH/NOWAK (2009), S. 21; RUPPRECHT (2006), S. 208.

315 Vgl. RUPPRECHT (2006), S. 208.

316 Der Begriff des biometrischen Risikos umfasst das Eintreten von „Ereignisse[n], die mit grundlegenden Veränderungen der biologisch bedingten Lebensverhältnisse einhergehen", WAGNER (2011), S. 117, wie z.B. Tod oder Invalidität, vgl. WAGNER (2011), S. 117.

317 In der Versicherungswirtschaft wird unter biometrischen Risiken zugleich das Nicht-Eintreten eines biometrischen Risikos subsumiert, worunter auch das Überschreiten eines bestimmten Lebensalters (Langlebigkeitsrisiko) fällt, vgl. WAGNER (2011), S. 117.

318 Vgl. BRIXNER (2009), S. 79; FÖRSTER (2001), S. 133. Das Unternehmen „agiert somit als Selbstversicherer für die zugesagten Versorgungsleistungen", HAUNER/MENSSEN (2000), S. 232.

319 Vgl. ähnlich auch HEUBECK (2008), S. 84.

320 Vgl. FÖRSTER/MEIER (2005), S. 162. Eine Risikoreduktion ist beispielsweise auch durch eine Rückdeckung intern finanzierter Direktzusagen möglich, vgl. FÖRSTER/MEIER (2005), S. 163.

Weitere Argumente, welche eine externe Finanzierung unterstützen, stellen Möglichkeiten zur Kostenreduktion dar. Zur Insolvenzsicherung müssen Unternehmen Beiträge an den PSVaG leisten. Die Höhe dieser Beiträge hängt von dem gewählten Durchführungsweg ab. Mittelbare Versorgungszusagen, welche über einen versicherungsförmigen Durchführungsweg abgewickelt werden, sind nicht, respektive nicht vollumfänglich, beitragspflichtig.[321] Wird hingegen bei Gewährung einer Direktzusage eine unternehmensexterne Kapitalanlage, beispielsweise über die Konstruktion eines CTA, gewählt, so bleibt im Insolvenzfall der Anspruch des Arbeitnehmers gegenüber dem Arbeitgeber bestehen.[322] Auf Grund dessen hat eine externe Finanzierung von Direktzusagen keine Auswirkungen auf die Beitragspflicht an den PSVaG und führt nicht zu einer Kosteneinsparung. Darüber hinaus bietet eine externe Finanzierung möglicherweise Einsparpotiential für Verwaltungskosten. Da in diesem Fall das Unternehmen selbst die Verwaltungsaufgaben nicht vollständig übernimmt, sondern ein externer, auf die betriebliche Altersversorgung spezialisierter Dienstleister, kann diese Aufgabe möglicherweise effizienter und kostengünstiger abgewickelt werden.[323]

Eine Begründung für die Auslagerung von Pensionsverpflichtungen stellt nicht zuletzt das Bemühen, die Attraktivität des Unternehmens im Hinblick auf Unternehmenstransaktionen zu steigern, dar.[324] Sofern Pensionsverpflichtungen ein definierter Kapitalstock gegenüber gestellt wird, wird hierdurch zumindest die Transparenz für potentielle Käufer erhöht.[325] Auch personalwirtschaftliche Motive zur Attraktivitätssteigerung der betrieblichen Altersversorgung des Unternehmens können eine Auslagerung befürworten. Aus subjektiver Sicht bewerten Arbeitnehmer, laut MEIER/RECKTENWALD (2006), eine externe Finanzierung, vor allem bei Nutzung

---

321 Vgl. hierzu Abschnitt 2.1.5.

322 Vgl. BERENZ (2006), S. 2125. Da der PSVaG im Insolvenzfall die Leistung an die Versorgungsberechtigten erbringt, stehen die Vermögenswerte einer insolvenzfesten CTA-Konstruktion dem PSVaG zu. Vgl. zu einer differenzierten Betrachtung möglicher Auswirkungen einer Insolvenz bei Vorliegen einer CTA-Konstruktion BERENZ (2006), S. 2125 ff. sowie KÜPPERS/LOUVEN/SCHRÖDER (2005), S. 764 ff.

323 Vgl. MEIER/RECKTENWALD (2006), S. 61 und S. 65; EBINGER (2001), S. 202.

324 Eine Auslagerung bietet möglicherweise Vorteile, da Käufer häufig die Übernahme von Pensionsverpflichtungen scheuen und eine Einigung in Bewertungsfragen hinsichtlich dieser umfangreichen Verpflichtungen häufig nur schwer möglich sein dürfte, vgl. BADER/EBERT (2006), S. 938 i.V.m. KLEFFMANN/REICH (2009), S. 214. Als Hauptursachen hierfür sieht SCHWINGER (2007) die Unsicherheit in Bezug auf die Verpflichtungshöhe, die fehlende Flexibilität der Verpflichtungen auf Grund der nur schwer veränderbaren Zusagen und die Befürchtung des Eintretens möglicher, in diesem Zusammenhang negativer, demographischer Entwicklungen an, vgl. SCHWINGER (2007), S. 243 f.

325 Vgl. SCHWINGER (2007), S. 253.

eines mittelbaren, versicherungsförmigen Durchführungswegs, häufig als sicherer und transparenter im Vergleich zu einer Anlage der Mittel im Unternehmen.[326]

Die aufgeführten Gründe geben einen Einblick in mögliche relevante Determinanten, welche die Entscheidungsfindung eines Unternehmens zur Auslagerung von Vermögenswerten bestimmen können.[327] Insgesamt bestehen folglich vielfältige Argumente, die ein Unternehmen bei der Entscheidungsfindung in Hinblick auf eine externe Finanzierung von Pensionszusagen grundsätzlich in Betracht ziehen kann. Die Berechtigung und Gewichtung der einzelnen Gründe sind dabei unternehmensindividuell zu beurteilen, hängen stark von der Verfügbarkeit nicht betriebsnotwendiger Mittel, die zur externen Finanzierung genutzt werden können, ab und stellen in Abhängigkeit der jeweiligen Unternehmenssituation nicht zwangsläufig ein Motiv zur externen Finanzierung dar.

2.2.3 Durchführung der externen Finanzierung

2.2.3.1 Grundsätzliche Möglichkeiten

Für die Ansammlung von Deckungsmitteln zur Erfüllung von Pensionszusagen außerhalb des Unternehmens bestehen in Deutschland verschiedene Möglichkeiten.[328] Ein entscheidendes Kriterium zur Wahl einer dieser Varianten stellen die Gründe, welche das bilanzierende Unternehmen zur externen Mittelanlage veranlassen, dar. Je nach Zielsetzung, die mit der externen Finanzierung verbunden wird, kann sich die Vorteilhaftigkeit der einzelnen Möglichkeiten unterscheiden. Entsprechend wird beispielsweise ein versicherungsförmiger, mittelbarer Durchführungsweg bei dem Wunsch nach einer auf eine möglichst hohe Rendite ausgerichtete Anlage nicht zielführend sein. Des Weiteren schränkt der gewählte Durchführungsweg im Sinne des Betriebsrentengesetzes bei bereits zugesagten Versorgungsleistungen möglicherweise die Flexibilität des Arbeitgebers bei der Auslagerung von Vermögenswerten ein, da eine Umstellung des Durchführungswegs zumeist einen hohen Verwaltungsaufwand nach sich zöge und gegebenenfalls der Zustimmung der Arbeitnehmer bedürfte.[329]

Unternehmen in Deutschland können Versorgungszusagen über einen im BetrAVG verankerten externen Versorgungsträger durchführen.[330] In diesem Fall leistet das arbeitgebende Unternehmen Zuwendungen beziehungsweise Beiträge an einen rechtlich selbstständigen Versorgungsträger. Dieser übernimmt die Vermögensanlage und erbringt die Versorgungsleistungen. Die Auslagerung durch

326 Vgl. MEIER/RECKTENWALD (2006), S. 66.
327 Dabei erhebt die Darstellung keinen Anspruch auf Vollständigkeit.
328 Eine Übersicht über die verschiedenen Durchführungs- und Finanzierungsmöglichkeiten bietet Abbildung 2.1.
329 Vgl. ROLFS (2010e), Rn. 448. Neben dem Arbeitsrecht würden durch einen Wechsel des Durchführungswegs auch weitere Rechtsgebiete, wie z. B. das Steuerrecht, tangiert, vgl. BÄTZEL (2008), S. 1761; KÜTING/KESSLER (2009), S. 1721.
330 Vgl. Abschnitt 2.1.3.

die im BetrAVG niedergelegten mittelbaren Durchführungswege werden bereits in Abschnitt 2.1.3.3 dargestellt und sollen daher im Folgenden nicht weiter ausgeführt werden.

Die Gewährung von unmittelbaren Versorgungszusagen (Direktzusagen) kann mit einer unternehmensexternen Kapitalanlage verbunden werden. In diesem Fall verpflichtet sich zwar der Arbeitgeber, die Versorgungszusage selbst zu erbringen,[331] das Unternehmen kann jedoch ungeachtet dieser Zusage frei darüber entscheiden, wie die Mittel, die im Versorgungsfall zur Leistungserbringung notwendig sind, angesammelt oder angelegt werden.[332] Somit verfügt das Unternehmen bei der externen Finanzierung von Direktzusagen über größere Freiheiten im Vergleich zur Nutzung der mittelbaren Durchführungswege des BetrAVG, da das Unternehmen in dieser Hinsicht keinen (aufsichts-)rechtlichen Beschränkungen unterliegt.[333] Zur Ausgestaltung der externen Mittelanlage kommen verschiedene Möglichkeiten in Frage.

Mittels einer Rückdeckungsversicherung können neben der Finanzierung der Versorgungsleistung auch die vom Unternehmen übernommenen biometrischen Risiken abgesichert werden.[334] Die Rückdeckungsversicherung stellt eine Lebensversicherung dar, die der Arbeitgeber auf das Leben des Arbeitnehmers abschließt.[335] Hierdurch werden die Ansprüche der Arbeitnehmer im Versorgungsfall finanziert. Welche Leistungen durch die Rückdeckungsversicherung abgedeckt werden, kann flexibel festgelegt werden, bis hin zu einer kongruenten Rückdeckung, bei der die gesamte Verpflichtung des Unternehmens abgedeckt wird.[336] Das Bezugsrecht auf die Versicherungsleistungen besitzt der Arbeitgeber; der Arbeitnehmer ist lediglich die versicherte Person.[337] Vom Abschluss einer Rückdeckungsversicherung unberührt bleibt der Anspruch des Arbeitnehmers gegenüber dem Arbeitgeber.[338]

Eine weitere Möglichkeit zur Finanzierung von Pensionsverpflichtungen aus Direktzusagen ist die Kapitaldeckung (asset funding),[339] wobei ein Deckungsstock

---

331 Vgl. MEIER/RECKTENWALD (2006), S. 4.

332 Vgl. RÖSSLER/DOETSCH (1998), S. 1773.

333 Vgl. LANGOHR-PLATO (2010), Rn. 139; BLOME/ZWIESLER (2005), S. 645 Die aufsichtsrechtlichen Vorgaben unterschieden sich dabei je nach Wahl des Durchführungswegs, vgl. hierzu Abschnitt 2.1.3.3.

334 Vgl. RUPPRECHT (2006), S. 210.

335 Alternativ kann eine Rückdeckung auch mittels einer Rentenversicherung vorgenommen werden, wodurch das Langlebigkeitsrisiko abgesichert wird, vgl. BECK (2005), S. 576.

336 Vgl. BUTTLER (2008), Rn. 262 i.V.m. RUPPRECHT (2006), S. 210 und GOLDBACH/OBENBERGER (2007), Rn. 63.

337 Vgl. KEMPER/KISTERS-KÖLKES (2008), Rn. 59 i.V.m. BUTTLER (2008), Rn. 262. Insofern unterscheidet sich eine Rückdeckungsversicherung von einer Direktversicherung, bei welcher der Arbeitnehmer das Bezugsrecht besitzt, vgl. Abschnitt 2.1.3.3.

338 Vgl. RUPPRECHT (2006), S. 210; NEUHAUS (2009b), S. 27.

339 Unter asset funding versteht man allgemein „die [Investition] in Kapitalanlagen [...], mit dem Zweck, die Pensionsverpflichtungen zu decken“, BLOME/ZWIESLER (2003), S. 97. Als Synonym werden auch die Begriffe „Wertpapierrückdeckung“ oder

durch Investition in Wertpapiere, Immobilien oder Beteiligungen aufgebaut wird.[340] Werden Mittel zur Deckung der Verpflichtung am Kapitalmarkt investiert, wird das Kapitalanlagerisiko im Vergleich zur Investition in Produktivkapital diversifiziert.[341] Hierbei bleibt jedoch im Gegensatz zur Rückdeckungsversicherung das Versicherungsrisiko beim zusagenden Unternehmen, da zum Beispiel das Risiko eines vorzeitigen Eintritts des Versorgungsfalls nicht abgedeckt respektive ausgelagert wird.[342] Liquide Mittel zur Deckung der Pensionsverpflichtung können direkt von Unternehmen investiert oder über Spezialfonds[343] am Kapitalmarkt angelegt werden.[344] Vorteile aus der Anlage über Spezialfonds im Vergleich zur Direktanlage in Wertpapieren ergeben sich unter anderem aus einem geringeren Transaktions- und Verwaltungsaufwand.[345] Durch die externe Mittelanlage kommt es lediglich zu einer Umschichtung der Aktiva und damit zu einem Aktivtausch.[346] Die Verfügungsgewalt über die Wertpapiere bleibt beim anlegenden Unternehmen, das diese Deckungsmittel lediglich virtuell den Pensionsverpflichtungen zuordnet.[347]

Die Kapitaldeckung kann zuletzt auch über Treuhandkonstruktionen, sogenannten CTAs, erfolgen. In diesem Fall werden die Deckungsmittel auf einen unternehmensexternen Treuhänder ausgelagert, der die Kapitalanlage verwaltet. Hierbei

---

„betriebsinterner Pensionsfonds" verwendet, vgl. BLOME/ZWIESLER (2003), S. 97 i.V.m. GRABNER (1999), S. 904 f. Vereinzelt wird auch eine Versicherungsrückdeckung unter asset funding subsumiert, vgl. HAUNER/MENSSEN (2000), S. 232 f.

340 Vgl. HÄUSELMANN (1992), S. 312.

341 Vgl. GÜTH (2009), S. 389. Hierdurch wird das Einzelrisiko der Investition in das zusagende Unternehmen durch eine Vielzahl von Kapitalmarktrisiken substituiert.

342 Vgl. FÖRSTER (1998), S. 210. Es ist möglich, die Rückdeckung aufzuspalten und eine Risikoversicherung für vorzeitige Versorgungsfälle abzuschließen sowie zugleich das Kapital zur Erbringung der Versorgungsleistung durch Investitionen in Wertpapiere anzusparen, vgl. BECK (2005), S. 577; BUTTLER (2008), Rn. 267.

343 Diese werden auch „Pensions-Sondervermögen" genannt, vgl. SCHWINGER (1997), S. 169. Zur Vermögensanlage kommen Treuhänder bzw. Kapitalanlagegesellschaften in Betracht, vgl. GRABNER/BODE/STEIN (2001), S. 1895. Bei Spezialfonds gemäß § 1 Abs. 2 Satz 1 KAGG handelt es sich um Investmentfonds, die von institutionellen Anlegern zur Anlage von Zweckvermögen genutzt werden, vgl. SCHABER (1994), S. 993. Im Gegensatz zu Publikumsfonds besitzen Eigentümer von Anteilen an einem Spezialfonds u. a. Mitbestimmungsrechte bei der Anlagepolitik (vgl. CRAMER (2001), S. 512) und ihre Präferenzen hinsichtlich der Anlagepolitik können umgesetzt werden, vgl. GERKE/BANK (2000), S. 219. Zum Einsatz von Spezialfonds vgl. ausführlich CRAMER (2001), S. 509 ff.; GERKE/BANK (2000), S. 218 ff.; HÄUSELMANN (1992), S. 313; SCHABER (1994), S. 993 ff.; GROSSMANN (1992), S. 53 ff.

344 Vgl. GRABNER/BODE/STEIN (2001), S. 1895.

345 Vgl. hierzu ausführlich CRAMER (2001), S. 512 f. sowie kritisch SCHABER (1994), S. 995.

346 Vgl. BUTTLER (2008), Rn. 267.

347 Vgl. SCHWINGER (1997), S. 168 f.; NEUHAUS (2009b), S. 27. Vgl. zu den Gründen, die für eine externe Finanzierung sprechen, ausführlich Abschnitt 2.2.2.

steht nicht nur die Finanzierung durch eine externe Vermögensanlage im Fokus der Unternehmen. Vielmehr wird auch eine bilanzielle Saldierung von Pensionsverpflichtung und ausgelagerten Vermögenswerten beabsichtigt, wodurch lediglich die Nettoverpflichtung respektive der Nettovermögenswert in der Bilanz angesetzt wird.[348] Somit verbinden diese Modelle die Vorteile einer externen Kapitalanlage mit einer Verkürzung der Bilanz. Auf Grund dessen werden sie im Folgenden ausführlich dargestellt.

2.2.3.2 Contractual Trust Arrangements

Im Rahmen der externen Pensionsfinanzierung kommt insbesondere CTAs eine hohe Relevanz zu. Diese Treuhandkonstruktionen werden von vielen Unternehmen seit Ende der 1990er Jahre zunehmend zur Ausgliederung von Deckungsvermögen für Pensionsverpflichtungen genutzt.[349] Die Konstruktion eines CTA dient dazu, eine „vertragliche Separation und Zweckbindung von Pensionsvermögen im Rahmen der doppelten Treuhand"[350] zu etablieren, um hierdurch sogenanntes Planvermögen zu generieren, wodurch eine bilanzielle Saldierung von Pensionsverpflichtungen und diesen Vermögenswerten erreicht wird.[351] In dem Ziel der saldierten bilanziellen Darstellung, und damit der Bilanzverkürzung, ist die wesentliche Erklärung für die Einführung von CTAs durch Unternehmen zu sehen.[352] Ein wichtiger Grund für die Beliebtheit dieser Konstruktion ist die Tatsache, dass CTAs eine externe Finanzierung der Pensionszusagen bei Beibehaltung des Durchführungswegs der Direktzusage i. S. d. BetrAVG erlauben.[353] Ohne die Notwendigkeit einer i. d. R. nicht unproblematischen arbeitsrechtlichen Umgestaltung der Versorgungszusagen[354] lässt sich somit die gewünschte Finanzierungsform, und vor allem der beabsichtigte (Netto-)Bilanzausweis, erreichen.

Vorbild für die Errichtung von CTAs stellen die „pension funds" nach angelsächsischem Muster dar. Diese Fonds weichen in ihrer Ausgestaltung stark von den Durchführungswegen des deutschen BetrAVG ab und sind – auch im Vergleich

---

348 Vgl. hierzu exemplarisch NEUHAUS (2007), S. 123; KNORTZ (2003), S. 2401; KÜTING/KESSLER (2009), S. 1718; SCHWINGER/JASPER (2004), S. 26.

349 Vgl. SEEGER (2007), S. 697; KLEMM (2005), S. 1291; KÜTING/KESSLER (2009), S. 1717 f.

350 SCHWINGER/JASPER (2004), S. 31.

351 Vgl. IAS 19.8 i. V. m. IAS 19.131.

352 Vgl. z. B. KLEMM (2005), S. 1291; KÜPPERS/LOUVEN (2004), S. 337 sowie ähnlich STÖHR (2008), S. 2233 und SIMON/LEUERING (2005), S. 507. Laut KÜPPERS/LOUVEN/SCHRÖDER (2005) wird dieses Motiv zunehmend durch die Etablierung einer zusätzlichen Insolvenzsicherung sowie einem professionellen Asset-Management ersetzt, vgl. KÜPPERS/LOUVEN/SCHRÖDER (2005), S. 763.

353 Vgl. KESSLER (2010), S. 51.

354 Vgl. SPRICK (2009), S. 53; KNORTZ (2003), S. 2401.

zu den Pensionsfonds im Sinne des BetrAVG – deutlich weniger reglementiert.[355] Angelsächsische Pensionsfonds basieren auf dem Rechtsinstitut eines „Trust", das in Deutschland nicht existiert.[356] Einem Trust liegt ein Treuhandverhältnis zu Grunde, bei welchem der Errichtende (settlor, Treugeber), im vorliegenden Fall der Arbeitgeber, das Eigentum an einer Sache an einen Treuhänder (trustee) überträgt, welcher diese jedoch zum Nutzen des Begünstigten (beneficiary) verwalten muss. Im vorliegenden Kontext erfolgt die Verwaltung zu Gunsten der versorgungsberechtigten Arbeitnehmer.[357] Ein solches Treuhandverhältnis soll durch einen CTA unter Verwendung privatrechtlicher Verträge nachgebildet werden.[358] Der Begriff des CTA ist allerdings lediglich in Deutschland bekannt.[359] Da er ferner nicht explizit geregelt ist, bestehen verschiedene Ausgestaltungsformen, die sich durch unterschiedliche Treuhandkonstruktionen auszeichnen.[360]

Bei der Ausgestaltung eines CTA steht die Erfüllung der bilanziellen Saldierungsvoraussetzungen im Vordergrund. Entsprechend werden die Treuhandkonstruktionen so eingerichtet, dass die einschlägigen Voraussetzungen zur Verrechnung von Pensionsverpflichtungen und Planvermögen in der Internationalen Rechnungslegung erfüllt werden. Hierzu müssen Vermögenswerte auf eine rechtlich eigenständige Einheit ausgelagert werden und zugleich zweckgebunden hinsichtlich der Erfüllung der Pensionsverbindlichkeiten sowie insolvenzgesichert sein.[361]

Zur Umsetzung dieser Zielsetzung wird zumeist ein eingetragener Verein gegründet, der als Treuhänder fungiert und die Aufgaben des „Trust" übernimmt.[362] Grundsätzlich kommt hierzu jede geschäftsfähige juristische Person in Frage, wobei neben dem eingetragenen Verein vor allem die GmbH oder Stiftung diskutiert

---

355 Vgl. Schäfer/Wojtysiak (2002), S. 349.

356 Vgl. Arbeitskreis „Finanzierung" der Schmalenbach-Gesellschaft für Betriebswirtschaft e.V. (1998), S. 323.

357 Vgl. Reimann/Ackmann (1997), S. 160 f. i. V. m. Arbeitskreis „Finanzierung" der Schmalenbach-Gesellschaft für Betriebswirtschaft e.V. (1998), S. 323; Eichner (2007), Rn. 50 ff. Trusts zeichnen sich durch eine hohe Vielseitigkeit und Flexibilität aus. So kann bspw. sämtliches Eigentum, wie Grundstücke oder bewegliche Sachen, Gegenstand eines Trust sein, vgl. Reimann/Ackmann (1997), S. 160 f.

358 Vgl. Küppers/Louven (2004), S. 338; Folgner (2006), S. 434; Förster (2001), S. 134 f.

359 Vgl. Folgner (2006), S. 434; Küting/Kessler (2009), S. 1717.

360 Vgl. Simon/Leuering (2005), S. 508; Küting/Kessler (2009), S. 1717; Scheithauer/Sartoris (2009), S. 319. Ferner ist auch der Begriff der Treuhand gesetzlich nicht definiert mit der Folge, dass ein einheitlicher Vertragstypus fehlt und vielfältige Gestaltungsmöglichkeiten bestehen, vgl. Wöhe (2000), Rn. 1401.

361 Vgl. IAS 19.8. Vgl. ausführlich zu den Kriterien zur Qualifizierung von Planvermögen nach IFRS die Ausführungen in Abschnitt 3.3.2.

362 Vgl. Simon/Leuering (2005), S. 507; Neuhaus (2007), S. 124 i. V. m. Klemm (2005), S. 1291. Vgl. ausführlich zu der Ausgestaltung des Vereins Schwind (2006), S. 589 ff.

werden.[363] Auf Grund der geforderten rechtlichen Unabhängigkeit des Treuhänders kommt jedoch eine Kapitalverflechtung zwischen Unternehmen und Treuhänder nicht in Betracht und es erscheint problematisch, einen unabhängigen Gesellschafter zu finden, der bereit ist, die Mindestkapitalausstattung zu erbringen. Ebenso wird die Form einer Stiftung durch den mit ihr verbundenen hohen Gründungsaufwand häufig als nachteilig angesehen. Daher wird als Rechtsform überwiegend ein auf Vermögensverwaltung ausgerichteter Verein, der nicht als wirtschaftlicher Verein einzustufen ist, gewählt.[364] Der Treuhänder wird juristischer Eigentümer der ihm übertragenen Mittel.[365] Jedoch kann der Arbeitgeber über den Treuhandvertrag, in welchem eine Zweckbindung der Vermögenswerte festgelegt wird, Einfluss auf die Art der Mittelanlage nehmen.[366] Entsprechend dieser Verwaltungstreuhand muss der Treuhänder die Mittel anlegen, wobei diese Aufgabe an eine Kapitalanlagegesellschaft weitergegeben werden kann; so wird auch häufig verfahren.[367] Darüber hinaus verpflichtet sich der Treuhänder entweder dem Arbeitgeber die bereits bezahlten Versorgungsleistungen zu erstatten oder direkt die Zahlung an den versorgungsberechtigten Arbeitnehmer zu leisten.[368] Insgesamt ist die Ausgestaltung der Treuhandverhältnisse durch eine weitgehende Weisungsgebundenheit des „Trust" an die Vorgaben des Arbeitgeberunternehmens gekennzeichnet.[369]

Ein zentrales Kriterium zur Erfüllung der Voraussetzungen zur Bilanzverkürzung ist die Insolvenzfestigkeit der Treuhandkonstruktion. Das Treuhandvermögen darf auch im Fall einer Insolvenz des auslagernden Unternehmens dessen Gläubigern nicht zur Befriedigung ihrer Ansprüche zur Verfügung stehen. Eine einfache Verwaltungstreuhand erlischt jedoch bei Eröffnung eines Insolvenzverfahrens, weshalb

363 Auch jede geschäftsfähige natürliche Person könnte als Treuhänder fungieren, was jedoch auf Grund der langfristigen Ausrichtung nicht geeignet erscheint, vgl. SCHWIND (2006), S. 587.

364 Vgl. SCHWIND (2006), S. 587 f.; KÜPPERS/LOUVEN (2004), S. 338; NEUHAUS (2009b), S. 187.

365 Vgl. KLEMM (2005) Deutsches Steuerrecht, S. 1291.

366 Vgl. SCHWIND (2006), S. 594. Durch den Verbleib des wirtschaftlichen Eigentums beim Arbeitgeber (vgl. KLEMM (2005), S. 1291) ergeben sich steuerbilanziell keine Auswirkungen durch die Auslagerung, vgl. SEEGER (2007), S. 697; DITZ/TCHERVENIACHKI (2010), S. 633 f. Es kommt in der Steuerbilanz zu keiner Vermögensverrechnung, da gemäß § 5 Abs. 1a Satz 1 EStG ein Saldierungsverbot gilt. Vgl. zu einer Diskussion möglicher steuerlicher Folgen auf Grund der Vermögensübertragung auf den Treuhänder DITZ/TCHERVENIACHKI (2010), S. 636. Zur Betrachtung des wirtschaftlichen Eigentums nach IFRS vgl. Abschnitt 4.1.2.2.

367 Vgl. KÜPPERS/LOUVEN (2004), S. 337; KLEMM (2005), S. 1292; NEUHAUS (2007) S. 124.

368 Vgl. NEUHAUS (2007), S. 124; KLEMM (2006), S. 133; KÜPPERS/LOUVEN (2004), S. 340.

369 Vgl. HANAU/REITZE (2000), S. 785 f. Letztlich hat das Unternehmen auch die Möglichkeit, den Trust aufzulösen und das auf diesen übertragene Vermögen wieder zu vereinnahmen, vgl. HANAU/REITZE (2000), S. 786.

das Treugut rückübertragen werden muss.[370] Die Anforderung der Insolvenzsicherheit kann durch die folgenden zwei Ausgestaltungsformen umgesetzt werden:[371] Die erste Variante sieht die Verbindung der Verwaltungstreuhand mit einer Verpfändung vor (einseitiges Treuhandmodell). Im Insolvenzfall erlischt dann zwar die Verwaltungstreuhand, durch die Verpfändung des Rechts an den Rückübertragungsansprüchen der Vermögenswerte des CTAs an die Arbeitnehmer, respektive an jeden einzelnen Arbeitnehmer, wird die Insolvenzsicherheit jedoch garantiert.[372] Da die Umsetzung dieser Konstruktion nicht zuletzt auf Grund des notwendigen Einverständnisses eines jeden Arbeitnehmers aufwendig ist,[373] hat sich in der Praxis eine zweite Variante durchgesetzt.[374] Bei der doppelseitigen Treuhand wird die Verwaltungstreuhand mit einer zusätzlichen Sicherungstreuhand, die mit den versorgungsberechtigten Arbeitnehmern geschlossen wird, verbunden. Hierfür ist keine Zustimmung der betroffenen Arbeitnehmer erforderlich, da dieser Vertrag zwischen Unternehmen und Treuhänder zu Gunsten Dritter geschlossen werden kann.[375] Bei Eintritt einer Insolvenz des auslagernden Unternehmens erlischt wiederum die Verwaltungstreuhand; die Sicherungstreuhand hingegen bleibt bestehen, wodurch die versorgungsberechtigten Arbeitnehmer die Erfüllung ihrer Leistungsansprüche vom Treuhänder verlangen können.[376]

Die Nutzung eines CTAs zur Realisierung einer saldierten Darstellung von Pensionsverpflichtungen und Planvermögen ist – neben der Möglichkeit der Beibehaltung bestehender Direktzusagen – mit weiteren Vorteilen gegenüber anderen Varianten der externen Pensionsfinanzierung verbunden. So bietet ein CTA in Hinblick auf die Vermögensanlage einen hohen Grad an Flexibilität, da diesbezüglich nur wenige Restriktionen bestehen und keine versicherungsaufsichtsrechtlichen Regelungen zu beachten sind.[377] Weiterer Gestaltungsspielraum für das Unternehmen besteht auch hinsichtlich der Zuwendungen zum Planvermögen. Das Unternehmen kann Zeitpunkt und Höhe der ausgelagerten Mittel, und somit den Ausfinanzierungsgrad,

---

370 Vgl. m. w. N. SCHEITHAUER/SARTORIS (2009), S. 332; KÜPPERS/LOUVEN/SCHRÖDER (2005), S. 764.

371 Vgl. ausführlich zu den verschiedenen Varianten der Ausgestaltung von insolvenzsicheren Treuhandmodellen in Zusammenhang mit der Errichtung von CTAs KESSLER (2010) sowie SCHWIND (2006), S. 594 ff. Die hier aufgeführten Insolvenzsicherungsmodelle sind nicht abschließend, in der Praxis werden unterschiedliche Varianten entwickelt, vgl. KÜPPERS/LOUVEN (2004), S. 341.

372 Vgl. BODE/BERGT/OBENBERGER (2000), S. 1864; NEUHAUS (2007), S. 124.

373 Vgl. SCHEITHAUER/SARTORIS (2009), S. 333; KÜPPERS/LOUVEN (2004), S. 343.

374 Vgl. MITTERMAIER/BÖHME (2006), S. 203; KÜPPERS/LOUVEN (2004), S. 342.

375 Vgl. PASSARGE (2005), S. 2747; KLEMM (2005), S. 1291; SIMON/LEUERING (2005), S. 508 i. V. m. § 328 BGB.

376 Vgl. BODE/BERGT/OBENBERGER (2000), S. 1866 i. V. m. KLEMM (2005), S. 1291.

377 Vgl. NEUHAUS (2007), S. 126; SCHEITHAUER/SARTORIS (2009), S. 319. Zu den Anforderungen der IFRS an auslagerungsfähige Vermögenswerte vgl. Abschnitt 3.3.2.

relativ frei bestimmen,[378] da dem Treuhänder kein Anspruch auf Dotierung gewährt wird.[379] Damit verbleibt eine hohe Einflussmöglichkeit auf die Kapitalanlage beim Arbeitgeber.

Andererseits verbleiben auch Risiken beim bilanzierenden Unternehmen. Da bei der externen Finanzierung mittels eines CTA Direktzusagen beibehalten werden, trägt der Arbeitgeber weiterhin sowohl sämtliche Risiken aus der Kapitalanlage wie auch aus den Pensionsverpflichtungen.[380] Die versorgungsberechtigten Arbeitnehmer profitieren hingegen von einem zusätzlichen Insolvenzschutz dieser Direktzusagen. Durch die Verpfändung oder Sicherungstreuhand bleibt bei einer Insolvenz den Gläubigern der Zugriff auf das vom CTA verwaltete Vermögen verwehrt. Damit besteht ergänzend zur Insolvenzsicherung des PSVaG ein Insolvenzschutz, was insbesondere bei Ansprüchen, die über die vom PSVaG gedeckten Grenzen hinausgehen oder hierdurch nicht abgedeckt sind, relevant ist.[381]

Darüber hinaus ist die Errichtung eines CTA mit hohen Anforderungen und dementsprechend mit einem hohen organisatorischen Aufwand verbunden.[382] Eine Möglichkeit, Gründungs- und Verwaltungskosten zu reduzieren, bietet die Nutzung von Gruppen-CTAs, welche von Finanzdienstleistern angeboten werden.[383] Gleichwohl ist die Etablierung eines CTAs allein aus Renditegesichtspunkten nicht notwendig. Denn eine Vermögensanlage am Kapitalmarkt ist auch ohne Zuhilfenahme einer CTA-Konstruktion möglich.[384]

Die Errichtung eines CTA stellt ein geeignetes Vehikel zur Auslagerung von Vermögenswerten aus der Bilanz, und damit zur Bilanzverkürzung, dar. Durch die entsprechenden Saldierungsregelungen nimmt die Rechnungslegung somit erheblichen Einfluss auf die Ausgestaltung der Pensionsfinanzierung beim bilanzierenden Unternehmen. Inwiefern andere Ziele, die mit einer externen Finanzierung von Pensionsverpflichtungen verbunden werden, durch diese Treuhandkonstruktion realisiert werden können, kann nicht pauschal beantwortet werden. Dies gilt ebenfalls für die Frage, ob es zur Umsetzung der Gründe, welche eine externe Finanzierung veranlassen, tatsächlich einer solchen Treuhandkonstruktion bedarf.

---

378 Vgl. KORN/PEEK/SCHEUENSTUHL (2008), S. 800; SCHEITHAUER/SARTORIS (2009), S. 319; STÖHR (2008), S. 2234. Es bestehen z.B. keine lohnsteuerlichen Beschränkungen, die mit denen bei Pensionsfonds vergleichbar sind, vgl. HÖFER/VERVERS (2007), S. 1366.

379 Vgl. HANAU/REITZE (2000), S. 786.

380 Vgl. NEUHAUS (2007), S. 126 i.V.m. KORN/PEEK/SCHEUENSTUHL (2008), S. 801. Die externe Vermögensanlage stellt kein Sicherungsgeschäft dar. So bemerkt SEEGER (2007), S. 698: „Saldieren heißt nicht hedgen".

381 Vgl. KÜPPERS/LOUVEN/SCHRÖDER (2005), S. 763. Vgl. kritisch zu diesem Argument SEEGER (2007), S. 698 Eine Darstellung des Verhältnisses von PSVaG und Sicherungstreuhand beinhaltet z.B. KLEMM (2006), S. 136 f.

382 Vgl. NEUHAUS (2007), S. 126.

383 Vgl. LÜTHJE/MORJAN (2008), S. 804 i.V.m. SCHEITHAUER/SARTORIS (2009), S. 319.

384 Vgl. ähnlich auch SEEGER (2007), S. 700.

2.2.4 Zusammenfassung

Die externe Finanzierung von Pensionsverpflichtungen stellt eine vielschichtige Thematik dar. Hierbei treffen Überlegungen, welche unterschiedliche unternehmerische Felder betreffen, zusammen. Entsprechend können die Gründe, die zu einer Mittelauslagerung führen, verschieden motiviert sein; andererseits wirkt sich eine externe Finanzierung auch auf zahlreiche Bereiche aus. Bei den Überlegungen spielt, neben finanzwirtschaftlichen und weiteren ökonomischen Gründen, insbesondere eine gewünschte bilanzielle Abbildung – nämlich der saldierte Ausweis von leistungsorientierten Pensionsverpflichtungen und entsprechendem Deckungsvermögen – eine zentrale Rolle von Unternehmen.

Für die externe Finanzierung leistungsorientierter Pensionszusagen kommen grundsätzlich in Deutschland verschiedene Möglichkeiten in Betracht. In Ergänzung zur Durchführung von Pensionszusagen über einen der im BetrAVG verankerten externen Versorgungsträger, kann auch eine unmittelbare Versorgungszusage (Direktzusage) mit einer externen Kapitalanlage verbunden werden. Eine herausragende Bedeutung kommen dabei Treuhandkonstruktionen – für welche sich der Begriff CTA etabliert hat – zu. CTAs führen bei entsprechender Ausgestaltung trotz unverändert bestehender Pensionsverpflichtung eines Unternehmens zur Saldierung von Verpflichtung und Vermögenswerten und damit zu einem Nettoausweis in der Bilanz. Dieser Ausgestaltung wird in Deutschland, insbesondere vor dem Hintergrund der Tatsache, dass Direktzusagen die dominierenden Versorgungszusagen darstellen, eine hohe Aufmerksamkeit zuteil.

Die Frage, inwiefern Bilanzierungsnormen – vor dem Hintergrund der Ziele der Rechnungslegung – zu einer adäquaten Bilanzierung führen, ist eine der zentralen Fragestellungen der vorliegenden Arbeit. Hierzu werden im folgenden Kapitel die Zielsetzung der Rechnungslegung nach IFRS sowie einige bilanztheoretische Grundlagen dargestellt und die Bilanzierungsnormen des IAS 19 „Leistungen an Arbeitnehmer" analysiert.

3 Aktuelle Pensionsbilanzierung nach IFRS

3.1 Konzeptionelle Grundlagen

3.1.1 Ziele der Rechnungslegung nach IFRS

Die Arbeit des International Accounting Standards Board (IASB) wird durch das Framework (Rahmenkonzept), welches die konzeptionelle Grundlage für die Entwicklung neuer Standards bildet, geleitet.[385] Das Framework stellt damit die Basis für die Arbeit des IASB dar. Diese Arbeit dient gemäß der Satzung der IFRS-Foundation[386] vom Januar 2010 dem Ziel, „to develop, in the public interest, a single set of high quality, understandable, enforceable and globally accepted financial reporting standards based upon clearly articulated principles“[387]. Darüber hinaus soll das Framework weitere Aufgaben erfüllen, die insbesondere dazu dienen, alle Anwender der IFRS-Rechnungslegung bei der Nutzung der Standards zu unterstützen sowie eine Orientierung zu geben und eine Entscheidungsgrundlage darzustellen.[388] In Bezug auf den Verpflichtungsgrad handelt es sich beim Framework um keinen Rechnungslegungsstandard; dementsprechend stellen dessen Inhalte weder verpflichtend anzuwendende Regelungen noch den IFRS übergeordnete Grundsätze dar.[389]

Das Framework wurde im Jahr 1989 vom damaligen Board des IASC, der Vorgängerorganisation des IASB, verabschiedet.[390] Im Jahr 2004 wurde die Überarbeitung des Frameworks in die aktive Agenda des IASB aufgenommen. Dieses Überarbeitungsprojekt, welches gemeinsam mit dem FASB durchgeführt wird, besteht aus mehreren Phasen. Das Ergebnis der ersten Phase (Phase A) wurde im September 2010 veröffentlicht. Hierdurch wurden die Zielsetzung *(objective)* sowie die qualitativen Anforderungen *(qualitative characteristics)* an Abschlüsse überarbeitet. Diese Teile ersetzten die entsprechenden Kapitel des bisherigen Frameworks. Alle weiteren Inhalte des Frameworks bleiben bestehen und werden bei Beendigung der nachfolgenden Überarbeitungsphasen ebenfalls ersetzt.[391]

Die zentrale Zielsetzung der Rechnungslegung nach IFRS besteht in der Vermittlung entscheidungsrelevanter Informationen. Das Framework formuliert diese Zielsetzung wie folgt:

---

385 Vgl. Framework: Purpose and Status (a).

386 Das IASB ist der Standardsetzer der IFRS Foundation, die auch die Mitglieder des IASB ernennt, vgl. IFRS Foundation (2010), Rn. 1 i. V. m. Rn. 15 (a).

387 IFRS Foundation (2010), Rn. 2 (a).

388 Vgl. Framework: Purpose and Status (b)-(g).

389 Vgl. Framework: Purpose and Status.

390 Vgl. Framework: Foreword.

391 Vgl. IASB (2011a). Im Anschluss an den Abschluss der ersten Projektphase erfolgt eine Unterbrechung des Projekts, um die IASB-Agenda zu überarbeiten und die öffentlichen Konsultationen zur Identifikation künftiger IASB-Projekte zu beenden.

> „The objective of general purpose financial reporting is to provide financial information about the reporting entity that is useful to existing and potential investors, lenders and other creditors in making decisions about providing resources to the entity."[392]

Durch den Abschluss soll den Abschlussadressaten ein den tatsächlichen Verhältnissen entsprechendes Bild der Vermögens-, Finanz- und Ertragslage sowie der Cashflows eines Unternehmens („true and fair view") vermittelt werden.[393] Hierdurch sollen diese in die Lage versetzt werden, wirtschaftliche Entscheidungen hinsichtlich der Kapitalbereitstellung[394] für das rechnungslegende Unternehmen zu treffen.[395] Da Entscheidungen von Investoren insbesondere auf den erwarteten Rückflüssen (Cashflows) eines Unternehmens basieren, liegt der Fokus der IFRS-Rechnungslegung auf der Abschätzung künftiger Werte.[396] Entsprechend dient die Rechnungslegung hauptsächlich der Bereitstellung entscheidungsrelevanter Informationen, die von Kapitalgebern zur Bewertung des Unternehmens herangezogen werden können.[397] Daraus resultierend lässt sich schließen, dass die Bewertungsfunktion der Rechnungslegung bei IFRS-Abschlüssen im Vordergrund steht, ebenso wie die Kapitalgeber als Adressaten.[398] Dies gilt trotz des Ziels der IFRS-Foundation, auf die Erstellung von Abschlüssen, die einem breiten Verwendungszweck dienen (general purpose financial reporting), hinzuwirken.[399] Des Weiteren sollen IFRS-Abschlüsse jedoch auch eine Rechenschaftsfunktion erfüllen, indem Adressaten durch die Abschlussinformationen eine Beurteilung der Erfüllung der Aufgaben des Managements ermöglicht wird.[400]

Als potentielle Adressaten von IFRS-Abschlüssen nennt das Framework, im Sinne des breiten Verwendungszwecks der Abschlüsse, vielfältige Interessengruppen. Hierzu zählen neben Kapitalgebern (Investoren und Kreditgebern) zum Beispiel auch Lieferanten und andere Gläubiger, sowie Gesetzgeber oder die breite Öffentlichkeit.[401] Da diese Gruppen jedoch divergierende Interessen verfolgen und ein Abschluss auch nach Ansicht des IASB nicht alle Anforderungen gleichermaßen erfüllen kann, stehen derzeitige und mögliche künftige Eigen- und Fremdkapitalgeber sowie weitere Gläubiger im Fokus und werden als Hauptadressaten angesehen.[402] Dies wird durch die Tatsache begründet, dass Kapitalgeber keine direkten Informationen von Unternehmen anfordern könnten und in der Folge auf veröffentlichte Abschlüsse angewiesen seien.[403]

392 F.OB2.
393 Vgl. IAS 1.15.
394 Hierunter fällt gemäß F.OB2 Eigen- und Fremdkapital.
395 Vgl. F.OB2.
396 Vgl. F.OB3.
397 Vgl. F.OB7.
398 Vgl. F.OB3 und F.OB5.
399 Vgl. F.OB2 i. V. m. Pellens et al. (2011), S. 121.
400 Vgl. F.OB4.
401 Vgl. F.OB10.
402 Vgl. F.OB5 f.
403 Vgl. F.OB5.

Letztlich dient ein IFRS-Abschluss, wie jeglicher Abschluss, dem „Metazweck“[404] der Rechnungslegung, welcher in der Reduktion der asymmetrischen Informationsverteilung zwischen Management und Rechnungslegungsadressaten besteht.[405] Ausgehend von dieser Zielsetzung unterscheiden sich verschiedene Rechnungslegungssysteme entsprechend ihrer Adressatengruppen und deren Informationsbedürfnissen.[406] Je nach Zweck, dem die Rechnungslegung dient, kann die Koordinationsfunktion sowie die Bewertungsfunktion unterschieden werden.[407] Die Koordinationsfunktion zielt im Sinne der Rechenschaft primär auf die Vertragskoordination. Entsprechend dienen Rechnungslegungsinformationen in diesem Fall der Koordination sämtlicher vertraglicher Ansprüche, worunter auch Zahlungsansprüche, die an Rechnungslegungsinformationen gekoppelt sind, – und damit die Zahlungsbemessungsfunktion – fällt.[408] Während im Rahmen der Koordinationsfunktion vergangenheitsbezogene Daten im Fokus stehen, sind im Sinne der Bewertungsfunktion insbesondere zukunftsorientierte Daten relevant.[409] Im letzteren Fall werden die im Rahmen der Rechnungslegung bereitgestellten Informationen zur Abschätzung der künftigen Unternehmensentwicklung herangezogen.[410] Beide Rechnungslegungsfunktionen sind nicht komplementär;[411] auf Grund dessen können verschiedene Rechnungslegungssysteme unterschiedlichen Zielen dienen. Rechnungslegungssystemen für kapitalmarktorientierte Unternehmen – wie der Rechnungslegung nach IFRS – kommt insbesondere die Aufgabe zu, bewertungsrelevante Informationen bereitzustellen, um so eine „effizienter[e] Abschätzung von Unternehmens- und Anteilswerten auf organisierten und funktionsfähigen Kapitalmärkten“[412] zu ermöglichen.

404 Pellens et al. (2011), S. 4.

405 Vgl. Fülbier/Gassen (2008), S. 138; Pellens et al. (2011), S. 4.

406 Vgl. Pellens et al. (2011), S. 7.

407 Vgl. Fülbier/Gassen (2008), S. 139; Coenenberg/Haller/Schultze (2012), S. 18 und S. 23 f.; Wagenhofer/Ewert (2007), S. 4.

408 Vgl. Fülbier/Gassen (2008), S. 139; Wagenhofer/Ewert (2007), S. 7 sowie S. 182. Die Rechnungslegungsfunktion der Informationsbereitstellung zur Koordinierung von Vertragsbeziehung wird auch als „stewardship“ bezeichnet, vgl. hierzu ausführlich Gjesdal (1981), S. 209 ff.

409 Vgl. Pellens et al. (2011), S. 7 f.

410 Vgl. Fülbier/Gassen (2008), S. 140. Fülbier/Gassen (2008) bezeichnen die Bewertungsfunktion auch als Informationsfunktion i. e. S., da jegliche Rechnungslegungsinformationen, also auch Informationen, die Rechenschaftszwecken dienen, eine Informationsfunktion i. S. d. Metazwecks der Rechnungslegung verkörpern.

411 Vgl. Wagenhofer/Ewert (2007), S. 141 sowie mit entsprechender Begründung S. 132–140; Fülbier/Gassen (2008), S. 141; Christensen/Demski (2003), S. 284. Gleichwohl kommen Bushman/Engel/Smith (2006) zu dem Ergebnis, dass beide Rechnungslegungsinformationen nicht unabhängig voneinander sind.

412 Fülbier/Gassen/Ott (2010), S. 1358.

Zur Erfüllung der Zielsetzung der Bereitstellung entscheidungsnützlicher Informationen, gibt das Framework der IFRS-Rechnungslegung konkrete Rechnungslegungsgrundsätze vor, die es zu beachten gilt.[413] Hierbei stehen die Primärgrundsätze der Relevanz und der glaubwürdigen Darstellung im Mittelpunkt.[414] Insbesondere dem Grundsatz der Relevanz kommt eine herausragende Bedeutung zu. Die Relevanz verkörpert die Zielsetzung der IFRS-Rechnungslegung, denn relevante Informationen zeichnen sich durch die Beeinflussung der Entscheidung von Rechnungslegungsanwendern aus.[415] Abschlüsse, welche unter Beachtung der Relevanz und weiterer, im Framework genannter Grundsätze[416] erstellt werden, erfüllen entsprechend die Zielsetzung eines IFRS-Abschlusses und vermitteln entscheidungsnützliche Informationen.[417] Diese Informationen sind durch einen „prospektiven Charakter“[418] gekennzeichnet und dienen insbesondere der Bewertungsfunktion.

Zukunftsgerichtete Rechnungslegungsinformationen werden folglich im Sinne der Bewertungsfunktion von Abschlussadressaten dazu herangezogen, künftige Zahlungen abzuschätzen, um aufbauend auf dieser Information Entscheidungen, beispielsweise über den Kauf oder Verkauf von Anteilen an einem Unternehmen oder die Kreditvergabe zu treffen.[419] Da Informationen über die Zukunft jedoch per se durch Unsicherheit gekennzeichnet sind, müssen sich Abschlussadressaten zugleich auf die Zuverlässigkeit dieser Informationen verlassen können. Dieser Tatsache trägt die Anforderung der glaubwürdigen Darstellung Rechnung.[420] Da Rechnungslegungsinformationen vergangenheitsorientierte Sachverhalte abbilden, weisen die bilanzierten Sachverhalte grundsätzlich einen gewissen Grad der Überprüfbarkeit auf. Gleichwohl repräsentiert die Bewertung von Vermögenswerten und Schulden die Zukunftsgerichtetheit der Rechnungslegungsinformationen.

Die Bilanzierung nach IFRS zielt grundsätzlich auf eine wirtschaftliche Betrachtung und Abbildung der ökonomischen Sachverhalte ab. Dies fordert das Framework

---

413 Vgl. F.QC1.

414 Vgl. F.QC5.

415 Vgl. F.QC6; Pellens et al. (2011), S. 123. Damit nicht sämtliche verfügbare Informationen veröffentlicht werden, wird dieser Grundsatz durch den Sekundärgrundsatz der Wesentlichkeit eingeschränkt, vgl. F.QC11. Der zweite Primärgrundsatz, die glaubwürdige Darstellung, verlangt die Angabe vollständiger, neutraler und fehlerfreier Informationen, um so eine möglichst hohe Abschlussqualität zu gewährleisten, vgl. F.QC12. Darüber hinaus sind neben den Primärgrundsätzen untergeordnete Sekundärgrundsätze, worunter Vergleichbarkeit, Nachprüfbarkeit, Zeitnähe und Verständlichkeit fallen (vgl. F.QC19), zu beachten.

416 Vgl. ausführlich zu den Rechnungslegungsgrundsätzen auch Pellens et al. (2011), S. 122 ff.

417 Vgl. F.QC17 und F.QC19.

418 Fülbier/Gassen (2008); Wagenhofer/Ewert (2007), S. 5.

419 Vgl. auch Wagenhofer/Ewert (2007), S. 5.

420 Vgl. F.QC12.

ebenfalls durch den Grundsatz der glaubwürdigen Darstellung.[421] Hierunter ist nach Meinung des IASB mitunter zu verstehen, „that financial information represents the substance of an economic phenomenon rather than merely representing its legal form“[422]. Entsprechend determiniert nicht die rechtliche, sondern die ökonomische Ausgestaltung die Bilanzierungsweise nach IFRS.

3.1.2 Bilanztheoretische Grundlagen

3.1.2.1 Überblick

Um die mit der Abschlusserstellung verbundene Zielsetzung zu erreichen, bieten Bilanztheorien Empfehlungen zur Ausgestaltung von Bilanzmodellen.[423] „Die materielle Bilanztheorie hat demnach, ausgehend von bestimmten Bilanzzielen, Bilanzierungs-, Bewertungs- und Gliederungsregeln zu formulieren, mit deren Hilfe der angestrebte Aussagegehalt der Bilanz erreicht werden kann.“[424] Entsprechend variiert, je nach zu Grunde gelegter Bilanztheorie, die konkrete Ausgestaltung der Bilanzierungsnormen. Auf Grund dessen kommt der bilanztheoretischen Ausrichtung weitreichende

---

421 F.QC12.

422 F.BC3.26. Vor der Überarbeitung der qualitativen Anforderungen des Frameworks im Jahr 2010 enthielt das Framework ausdrücklich die Anforderung der wirtschaftlichen Betrachtungsweise („substance over form“). Dieser Grundsatz soll gemäß der Ansicht des IASB durch die Änderung nicht gestrichen werden, sondern würde bereits durch den Grundsatz der glaubwürdigen Darstellung ausgedrückt werden, vgl. F.BC.26 i. V. m. F.35 (1989).

423 Vgl. Heinen (1986), S. 34; Coenenberg/Haller/Blab (2011), S. 116. Nach Hax (1970) dienen Bilanztheorien der einheitlichen Erklärung unterschiedlicher Erscheinungsformen von Bilanzen. Diese können induktiv aus der Praxis entstehen oder deduktiv aus übergeordneten Zielen abgeleitet werden. Lt. Hax werden Bilanztheorien aber letztlich immer die Anpassung der Praxis an die herausgearbeitete Theorie fordern, vgl. Hax (1970), S. 238 f.

424 Heinen (1986), S. 34. Diese accounting theories, die sich im Wesentlichen mit der „ökonomisch korrekten“ (Haller (1993), S. 92) Einkommensermittlung beschäftigen sowie z. T. mit den Rechnungslegungsadressaten und die Gegenstand dieses Abschnitts sind, entstanden hauptsächlich in der ersten Hälfte des 20. Jahrhunderts. In der zweiten Hälfte des 20. Jahrhunderts fand eine Entwicklung weg von deskriptiven, induktiven Theorien, hin zu normativen, deduktiven Ansätzen statt. Der Gegenstand dieser Theorien stellen Bewertungsprobleme sowie die Strukturierung von Rechnungslegungsnormen zu einem Zielsystem und Rechnungslegungsgrundsätzen dar. Hierbei kommt insbesondere der Frage, wie Rechnungslegungsinformationen ausgestaltet sein sollen, um für Kapitalgeber relevante Informationen bereitzustellen, Aufmerksamkeit zu. Seit ca. 1970 findet wieder ein Wandel hin zu induktiven, empirisch überprüfbaren Theorien und somit zu Ansätzen, die der Erklärung der Rechnungslegungspraxis dienen, statt, vgl. hierzu ausführlich Haller (1993), S. 92–96.

Bedeutung zu, weshalb die wichtigsten und für die IASB-Rechnungslegung relevanten Bilanztheorien nachfolgend dargestellt werden.

In der angelsächsischen Literatur existieren hinsichtlich der gewinnorientierten Theorien, welche die Hauptaufgabe der Rechnungslegung in der Gewinnermittlung sehen, zwei vorherrschende Bilanztheorien: Die *Revenue-/Expense-Theorie* sowie die *Asset-/Liability-Theorie.*[425] Auch in der deutschen Literatur besteht eine lange Tradition in der Diskussion bilanztheoretischer Grundlagen.[426] Dies führt zu einer Vielzahl an Publikationen zu bilanztheoretischen Fragestellungen,[427] mit dem Ergebnis der Entwicklung unterschiedlicher Bilanztheorien respektive unterschiedlicher Ausprägungen einzelner Auffassungen.[428] Die zentrale Rolle spielen in der deutschen Literatur die *dynamische* und die *statische Bilanztheorie*,[429] die große Parallelen mit den genannten angelsächsischen Ansätzen aufweisen.

3.1.2.2 Gewinnorientierter Ansatz

Die *Revenue-/Expense-Theorie*, welche einen GuV-orientierten Ansatz verfolgt, geht insbesondere auf die beiden Vertreter Paton und Littleton zurück.[430] Nach der von ihnen begründeten Auffassung wird der Wert eines Unternehmens insbesondere durch dessen Ertragskraft reflektiert. So formulieren diese: „Earning power (...) is the significant basis of enterprise value“[431]. Die ihrer Ansicht nach zentrale Aufgabe der Rechnungslegung besteht in der periodengerechten Erfolgsermittlung.[432] Sie vertreten folglich ein stromgrößenorientiertes Gewinnverständnis, wonach der Fokus der Rechnungslegung auf der korrekten Ermittlung und Zuordnung von Erträgen und Aufwendungen liegt.[433] In der Folge sprechen Paton/Littleton der Gewinn- und

---

425 Vgl. JACOBI (2003), S. 31 f.

426 Vgl. für einen Überblick zur historischen Entwicklung der betriebswirtschaftlichen Bilanzdiskussion in der deutschsprachigen Fachliteratur COENENBERG/HALLER/SCHULTZE (2012), S. 1239–1241, COENENBERG/HALLER/BLAB (2011), S. 115 f. sowie BAETGE/KIRSCH/THIELE (2011), S. 12–25.

427 Vgl. COENENBERG/HALLER/SCHULTZE (2012), S. 1239.

428 Vgl. zu den verschiedenen deutschen Bilanztheorien und einzelnen Ausprägungen ausführlich HEINEN (1986), S. 36 ff. Eine Darstellung der jeweiligen Ansatz-, Bewertungs- und Ausweisregelungen enthält MOXTER (1984), S. 5–79.

429 Vgl. COENENBERG/HALLER/SCHULTZE (2012), S. 1239. Zu den klassischen Bilanztheorien zählt ferner die organische Bilanztheorie, vgl. HEINEN (1986), S. 36. In dieser Bilanzauffassung, die von SCHMIDT begründet und maßgeblich vertreten wird, kommt der Substanzerhaltung eine zentrale Bedeutung zu, vgl. HEINEN (1986), S. 62 f. Da eine solche Bilanzauffassung für die nachfolgenden Ausführungen nicht relevant ist, wird diese hier nicht weiter behandelt.

430 Vgl. PATON/LITTLETON (1956) i. V. m. HALLER (1993), S. 129.

431 PATON/LITTLETON (1956), S. 10. Diese Tatsache soll die Rechnungslegung widerspiegeln, vgl. PATON/LITTLETON (1956), S. 24.

432 Vgl. HALLER (1993), S. 133.

433 Vgl. HALLER (1993), S. 126.

Verlustrechnung die höchste Bedeutung unter den Jahresabschlusselementen zu. Damit entspricht die Revenue-/Expense-Theorie in weiten Teilen der dynamischen Bilanztheorie,[434] die in der deutschsprachigen Literatur maßgeblich von Schmalenbach geprägt wurde.[435] Paton und Littleton, die die deutschsprachige Literatur kannten, ließen die hieraus gewonnenen Erkenntnisse in ihre Theorie einfließen.[436]

Dem primären Charakter der Gewinn- und Verlustrechnung folgend, beinhaltet die Bilanz nach Paton/Littleton (1956) keine Vermögenswerte, da sich deren Werte ständig ändern und dies nicht in der Bilanz nachvollzogen werden könne. Statt dessen beinhalte die Bilanz lediglich „price aggregats"[437] worunter ein weit gefasster Begriff für „positive oder negative Rechnungslegungstatbestände"[438] zu verstehen sei.[439] So sehen PATON/LITTLETON etwa Vermögenswerte, die für Produktionszwecke erworben wurden, aber noch nicht in den Produktionsprozess eingegangen sind als „im Voraus erbrachte Kosten des Umsatzes"[440] an. SCHMALENBACH definiert den Inhalt der Bilanz konkreter: Letztlich beinhaltet die Bilanz Abgrenzungsposten.[441] Der Erfolg eines Unternehmens ergibt sich durch Einnahmen und Ausgaben in einer Totalerfolgsrechnung. Da für Zwecke der Unternehmenssteuerung jedoch ein periodischer Erfolg ermittelt werden muss, ist es notwendig, die Totalperiode in einzelne Perioden zu unterteilen.[442] Hierfür wird eine Bilanz benötigt, denn durch die Abgrenzung einzelner Perioden fallen Einnahmen, Erträge, Ausgaben und Aufwendungen zeitlich auseinander. Die Bilanz beinhaltet Einnahmen und Ausgaben, welche erst zu einem späteren Zeitpunkt als Ertrag oder Aufwand erfasst werden sollen und umgekehrt Erträge und Aufwendungen, die erst zu einem späteren Zeitpunkt zahlungswirksam werden.[443] Diese „schwebenden Posten"[444] erscheinen in der Bilanz als Aktiva („schwebende Vorleistungen"[445]) und als Passiva („schwebende Nachleistungen"[446]). Die Bilanz stellt somit nach Schmalenbach den „Kräftespeicher

434 Auf Grund der hohen Übereinstimmung der beiden Theorien werden diese im Folgenden zusammen betrachtet. Vgl. zu der ähnlichen Entwicklung der beiden Bilanztheorien in den USA und in Deutschland auch HALLER (1993), S. 93 und S. 133.

435 Vgl. MOXTER (1984), S. 29 sowie MOXTER (1999), S. 5 i. V. m. SCHMALENBACH (1988). Schmalenbach verhalf mit diesem Werk bereits zuvor existierenden Einzeltheorien zum Durchbruch, vgl. OBERBRINKMANN (1990), S. 157.

436 Vgl. BIONDI (2013), S. 365 i. V. m. S. 380.

437 PATON/LITTLETON (1956), S. 12.

438 HALLER (1993), S. 131

439 Vgl. hierzu ausführlich HALLER (1993), S. 130 f.

440 PATON/LITTLETON (1956), S. 24.

441 Vgl. hierzu und zur nachfolgenden Darstellung auch HEINEN (1986), S. 46 ff. sowie MOXTER (1984), S. 33 ff.

442 Vgl. SCHMALENBACH (1988), S. 50 und S. 65.

443 Vgl. HEINEN (1986), S. 47.

444 SCHMALENBACH (1988), S. 63.

445 SCHMALENBACH (1988), S. 66.

446 SCHMALENBACH (1988), S. 70.

der Unternehmung“[447] dar. Sie dient wesentlich der Zuordnung von Aufwendungen und Erträgen gemäß dem matching principle.

Die im Mittelpunkt dieser Auffassungen stehende GuV[448] muss, um der zentralen Aufgabe der periodengerechten, „korrekten“ Erfolgsermittlung[449] gerecht zu werden, unter der Annahme der Periodenfortführung erstellt werden.[450] Eine zentrale Bedeutung kommt darüber hinaus dem Realisationsprinzip zu; Erträge sind aus Objektivierungsgründen erst zu erfassen, wenn diese durch Verkauf realisiert werden.[451] In diesem Zusammenhang findet das Anschaffungskostenprinzip, und damit das Vorsichtsprinzip, Beachtung.[452] Insbesondere der Grundsatz der Periodenabgrenzung und damit der Zuordnung von Aufwendungen zu den entsprechenden Erträgen (matching principle) ist ein wichtiges Prinzip dieser Bilanzauffassung.[453] Entsprechend sind Ausgaben, die häufig vor den Erträgen anfallen, so lange abzugrenzen, bis die Erträge realisiert werden.[454]

Jedoch besteht das Ziel der dynamischen Erfolgsrechnung nicht lediglich in der Ermittlung des Erfolgs in der absoluten Höhe, vielmehr soll ein „vergleichbarer“ Erfolg ausgewiesen werden.[455] Dieser soll ein Vergleich der Wirtschaftlichkeit eines Unternehmens im Zeitablauf ermöglichen[456] und somit dem Kaufmann zur „richtigen Betriebssteuerung“[457] dienen. Die Erfolgsrechnung ist also vorwiegend auf die „wirtschaftliche Betriebslenkung“[458] ausgerichtet, mit dem Ziel, Aufschluss darüber zu geben, wie das Unternehmen geführt wird.[459]

---

447 SCHMALENBACH (1988), S. 74.

448 So gilt auch nach Schmalenbach „Nicht die Bilanz, sondern die Gewinn- und Verlustrechnung ist es, der in der Abschlußrechnung der Vorrang gebührt“, SCHMALENBACH (1988), S. 51.

449 Im Gegensatz zur korrekten Gewinnermittlung ist es nach Ansicht Schmalenbachs nicht möglich das korrekte Vermögen respektive den Wert des Unternehmens durch die Bilanz zu ermitteln, vgl. MOXTER (1985), S. 8 i. V. m. SCHMALENBACH (1988), S. 28 und S. 49.

450 PATON/LITTLETON (1956), S. 9 f.

451 Vgl. SCHMALENBACH (1988), S. 76 f.; PATON/LITTLETON (1956), S. 14 und S. 48 f.

452 Vgl. SCHMALENBACH (1988), S. 106 und S. 98 sowie zur Bedeutung von Kosten PATON/LITTLETON (1956), S. 24 f.

453 Vgl. SCHMALENBACH (1988), S. 65 f.; PATON/LITTLETON (1956), S. 59 und S. 67.

454 Vgl. auch HALLER (1993), S. 132; PATON/LITTLETON (1956), S. 72.

455 Lt. Schmalenbach muss man das „Prinzip der Vergleichbarkeit der Jahresrechnungen mit besonderer Sorgfalt pflegen“, SCHMALENBACH (1988), S. 51.

456 Vgl. HEINEN (1986), S. 49.

457 SCHMALENBACH (1988), S. 50.

458 SCHMALENBACH (1988), S. 53.

459 SCHMALENBACH (1988), S. 53 und S. 55. Der Zeitvergleich des Erfolgs wird durch externe Einflüsse, wie die Konjunkturentwicklung gestört, da diese Einflüsse vom Kaufmann nicht zu vertreten sind, vgl. SCHMALENBACH (1988), S. 54. Der Gläubigerschutz spielt bei Schmalenbach lediglich eine untergeordnete Rolle, dem darüber

Wird dem Ansatz der dynamischen Bilanztheorie gefolgt, wirkt sich deren Zielsetzung und der Zweck, welcher der Erfolgsrechnung zugesprochen wird, stark auf die Ausgestaltung der Bilanzierungsnormen für Pensionsverpflichtungen aus. Aus der Forderung der Ermittlung eines vergleichbaren Erfolgs, der die Leistung des Managements zeigen soll, kann Folgendes abgeleitet werden: Unvorhergesehene Einflüsse, die das Management nicht zu vertreten hat, wie die Entwicklung des Zinssatzes oder eine Veränderung biometrischer Annahmen, „stören" den Erfolgsausweis. Da diese den Erfolgsausweis letztlich verfälschen und nicht auf die Leistungen des Managements zurückgeführt werden können, sollten diese im Idealfall nicht erfasst werden. Da eine solche Vorgehensweise – im Sinne einer Gesamterfolgsrechnung – jedoch nicht möglich ist, dient ein geglätteter Ausweis externer Einflüsse der Vergleichbarkeit einzelner Rechnungslegungsperioden.

3.1.2.3 Vermögensorientierter Ansatz

Im Gegensatz zur dynamischen Bilanzauffassung sprechen die nachfolgend betrachteten *statischen Bilanztheorien*[460] der Vermögensermittlung die Hauptaufgabe der Bilanzierung zu.[461] Die in der angelsächsischen Literatur insbesondere durch SPROUSE/MOONITZ (1962) vertretene *Asset-/Liability-Theorie* beschreibt den Zweck des Jahresabschlusses darin, den „wahren" Wert von Vermögenswerten und Schulden zum Bilanzstichtag abzubilden.[462] Die in der Bilanz abgebildeten Vermögenswerte stellen künftige Nutzenzuflüsse dar. Analog repräsentieren Schulden den künftigen Abfluss von Nutzen bzw. Belastungen durch Verpflichtungen, die aus vergangenen oder gegenwärtigen Transaktionen resultieren und künftig beglichen werden müssen.[463] Folglich ist die Bilanz nach SPROUSE/MOONITZ das zentrale Rechenwerk des Jahresabschlusses.[464] Die Werte der Erfolgsrechnung leiten sich aus den Inhalten der Bilanz ab; entsprechend ergibt sich das Periodenergebnis aus der Summe der Wertänderungen von Vermögenswerten und Schulden innerhalb der Periode.[465]

---

hinaus am besten gedient wird, wenn der Kaufmann die Entwicklung des Geschäfts durch eine gute Erfolgsdarstellung kontrolliert, vgl. SCHMALENBACH (1988), S. 51 f.

460 Der Begriff der *statischen* Bilanz geht ebenfalls auf Schmalenbach zurück, der diesen Begriff zur Abgrenzung seiner *dynamischen* Bilanz gebraucht, vgl. SCHMALENBACH (1988), S. 44.

461 Vgl. HEINEN (1986), S. 36.

462 Vgl. SPROUSE/MOONITZ (1962), S. 7 i. V. m. S. 20, S. 39 und S. 53.

463 Vgl. SPROUSE/MOONITZ (1962), S. 20 und S. 39, vgl. hierzu auch HALLER (1993), S. 145.

464 Dies resultiert aus der Feststellung, dass die Bewertung von Vermögenswerten und Schulden im Mittelpunkt steht und sich der Gewinn daraus ableitet, vgl. SPROUSE/MOONITZ (1962), S. 11 und S. 55. Sprouse/Moonitz bemerken jedoch, dass eine Betonung des einen Rechenwerks unter Ausschluss des jeweils anderen zu unbefriedigenden Ergebnissen führt, vgl. SPROUSE/MOONITZ (1962), S. 5.

465 Vgl. SPROUSE/MOONITZ (1962), S. 5, S. 11; S. 45–50 und S. 54.

Diese bestandsorientierte Auffassung, wonach sich der Gewinn aus dem Vermögenszuwachs ergibt,[466] stellt auch den Gegenstand der sehr ähnlichen statischen Bilanztheorie dar. Die statische Bilanztheorie geht in Deutschland auf SIMON zurück,[467] der die Fortführungsstatik vertritt, wonach die Vermögensermittlung auf Basis der Annahme der Unternehmensfortführung (going concern) erfolgt.[468] Trotz großer Übereinstimmung betont SIMON im Unterschied zu SPROUSE/MOONITZ jedoch, dass bei der Wertermittlung der individuelle Wert, den das Vermögen für den Kaufmann hat, gefragt ist.[469]

Da bei der statischen Bilanzauffassung die Ermittlung von Vermögen und Schulden im Mittelpunkt steht, kommt den Ansatz- und Bewertungsregelungen eine hohe Bedeutung zu.[470] Als Wertansatz werden grundsätzlich Zeitwerte herangezogen.[471] Somit ist eine Zuschreibung über die Anschaffungs- und Herstellungskosten hinaus zulässig, wodurch dem Realisationsprinzip keine Bedeutung beigemessen wird und auch unrealisierte Gewinne ausgewiesen werden können.[472] Im Hinblick auf die Passivierung von Verpflichtungen gilt, dass diese, nach der Bezeichnung von SPROUSE/MOONITZ (1962), zum Barwert der erwarteten Belastung anzusetzen sind.[473] SIMON formuliert konkret für „Rentenschulden“, diese müssen zu deren Berücksichtigung in der Bilanz nach „ihrem Zeitwert [...] abgeschätzt werden“[474].

In Bezug auf die Passivierung von Pensionsverpflichtungen führen diese Grundsätze zu der Forderung, die Verpflichtung in Höhe des vollen Barwerts der künftigen

466 Vgl. HALLER (1993), S. 126.

467 Vgl. SIMON (1899). Diese wurde im Lauf der Jahre zu einer neueren statischen Bilanzauffassung weiter entwickelt, vgl. zu dieser Entwicklung OBERBRINKMANN (1990), S. 92 f. und S. 194 ff. sowie HEINEN (1986), S. 39 ff.

468 Nach Simon besteht der Zweck der Bilanz auch darin, dem Kaufmann ein Bild der Vermögenslage zu gewähren, vgl. SIMON (1899), S. 5 i.V.m. OBERBRINKMANN (1990), S. 93. Im Gegensatz zu der von Simon vertretenen Fortführungsstatik geht die Zerschlagungsstatik von der Liquidation des Unternehmens aus, was sich auf Ansatz- und Bewertungsregeln auswirkt, vgl. MOXTER (1984), S. 6.

469 SIMON (1899), S. 303 f. Entsprechend spielt bei Simon wie bei Schmalenbach der Gläubigerschutz nur eine untergeordnete Rolle, vgl. MOXTER (1984), S. 6.

470 Vgl. für eine ausführliche Darstellung der Ansatz- und Bewertungsnormen MOXTER (1984), S. 7–22. Je nach Ausprägung der einzelnen Bilanzauffassungen gibt es hierbei zahlreiche Unterschiede, vgl. HEINEN (1986), S. 37. Vgl. ähnlich SPROUSE/MOONITZ (1962), S. 23 und S. 39.

471 Vgl. HEINEN (1986), S. 37 sowie SPROUSE/MOONITZ (1962), S. 25.

472 Vgl. MOXTER (1984), S. 17; SPROUSE/MOONITZ (1962), S. 34 sowie S. 36.

473 Vgl. SPROUSE/MOONITZ (1962), S. 39 und S. 58.

474 SIMON (1899), S. 427. Nach MOXTER (1984), S. 21, fordert Simon die Darstellung von Schulden zum Nennbetrag, der jedoch entsprechend der Entwicklung des wirklichen Werts der Schulden angepasst werden muss, weshalb letztlich auch der Rückzahlungsbetrag passiviert werden soll. Nach Ansicht von Simon ist „der Nennbetrag“ jedoch vielmehr „grundsätzlich unerheblich [...] für den Wertansatz der Obligationen“, SIMON (1899), S. 431.

Belastung auszuweisen. Entsprechend sind alle Werte, durch die die Verpflichtung in der abgelaufenen Rechnungslegungsperiode erhöht oder verringert wurde, als Aufwand respektive Ertrag in der Gewinn- und Verlustrechnung zu erfassen. Dies gilt ungeachtet deren Verursachung. Auch im Hinblick auf etwaig vorhandenes Vermögen zur Deckung dieser Verpflichtung fordert die statische Bilanzauffassung den Bilanzansatz zum Zeitwert des Vermögens. Eine Erhöhung des Vermögens wird als Ertrag erfasst, eine Verringerung stellt entsprechend Aufwand der Periode dar.

Zusammenfassend lässt sich festhalten, dass die Gestaltung der Bilanzierungsnormen je nach Bilanzauffassung entweder auf einen „korrekten", vergleichbaren Erfolgsausweis ausgerichtet ist, zulasten der Erfassung und Darstellung von Vermögenswerten und Schulden, oder der Ansatz des „korrekten" Werts von Vermögen und Schulden im Mittelpunkt steht. Hierdurch wird jedoch der Erfolgsausweis in Bezug auf die Vergleichbarkeit beeinträchtigt. Die für ein Bilanzierungssystem gewählte Ausrichtung führt zu Unterschieden in den Ansatz- und Bewertungsregelungen, was sich nicht zuletzt bei der Ausgestaltung der Normen zur Bilanzierung von Pensionszusagen zeigt.

Tatsächlich existierende Rechnungslegungssysteme verfolgen regelmäßig keinen dieser Ansätze in der theoretisch konzipierten Reinform. Auch in der IASB-Rechnungslegung lassen sich Prinzipien aus beiden Ansätzen finden. Entsprechend der Revenue-/Expense-Theorie ist zum Beispiel das matching principle in IAS 1.27 verankert, wenngleich dieses Prinzip im überarbeiteten Framework, das im Dezember 2010 veröffentlicht wurde, nicht mehr explizit als „underlying assumption" genannt wird. Dennoch wird dieses teilweise erwähnt, wie in F.OB17. Der Asset-/Liability-Theorie folgend definiert F.4.4 (a) etwa Vermögenswerte als Ressourcen, aus denen dem Unternehmen künftig Nutzenzuflüsse entstehen. Entsprechend sind Schulden nach F.4.4 (b) mit einem künftigen Nutzenabfluss verbunden.

Die theoretische Ausrichtung des IASB im Rahmen der Standardsetzung orientiert sich jedoch verstärkt an der Asset-/Liability-Theorie. Der Fokus der IASB-Standards richtet sich damit insbesondere auf den Vermögens- und Schuldenausweis, wohingegen der Erfolg als Nettovermögenszuwachs definiert wird.[475] Entsprechend formuliert das Framework in F.OB12:

> „General purpose financial reports provide information about the financial position of a reporting entity, which is information about the entity's economic resources and the claims against the reporting entity."

Diese Ausrichtung wurde durch die Überarbeitung des Frameworks im Jahr 2010 manifestiert[476] und wird auch durch die vorgeschlagenen respektive vorgenommenen Änderungen im Zuge der Überarbeitung von Rechnungslegungsnormen

---

475 Gemäß F.OB18 wird der Periodenerfolg durch „changes in [the entity's] economic resources and claims" dargestellt.

476 Vgl. hierzu in Bezug auf die Vorschläge zur Überarbeitung des Frameworks auch Wüstemann/Bischof/Kierzek (2007), Rn. 123.

deutlich.[477] Beispielhaft sei hier die Überarbeitung der Bilanzierungsnormen zur Umsatzrealisierung genannt. Entsprechend der Asset-/Liability-Theorie sollen Umsätze zum Zeitpunkt des Übergangs der Verfügungsmacht (control) der zugesagten Güter oder Dienstleistungen auf den Kunden erfasst werden.[478] Auch die zunehmende Fair Value-Orientierung, die auf der „hidden agenda" des IASB zu stehen scheint, verdeutlicht die Bilanzorientierung des IASB.[479]

Die unterschiedlichen Ansätze der Asset-/Liability- und der Revenue-/Expense-Theorie schlagen sich ebenfalls in der Pensionsbilanzierung nieder. So lassen sich einzelne Regelungen zur Pensionsbilanzierung teilweise sowohl auf die Asset-/Liability- als auch auf die Revenue-/Expense-Theorie zurückführen. Dabei zeugt die Weiterentwicklung der Bilanzierungsvorgaben von der verstärkten Ausrichtung des IASB an der statischen Bilanzauffassung des Asset-/Liability-Ansatzes, wie im nachfolgenden Abschnitt deutlich wird. Darüber hinaus bildet der im Framework manifestierte und auf die Asset-/Liability-Theorie zurückzuführende Grundsatz des vollständigen Vermögens- und Schuldenausweises den Ansatzpunkt der Ableitung eines weiteren Reformbedarfs der Pensionsbilanzierung.

3.2 Bilanzierung nach IAS 19 (rev. 2011 und amd. 2004) im Überblick

3.2.1 Entwicklung der Pensionsbilanzierung in der Internationalen Rechnungslegung

Der für die Bilanzierung von Pensionsverpflichtungen zentrale Standard in der Internationalen Rechnungslegung, IAS 19, wurde durch vielfältige Anpassungen weiter entwickelt und verändert. Diese Überarbeitungen zeugen von der Schwierigkeit der adäquaten Abbildung dieser Verpflichtung sowie von politischen Kompromissen im Rahmen der Standardsetzung, die durch die Gewährung respektive Abschaffung verschiedener Bilanzierungswahlrechte deutlich werden. Nicht zuletzt zeigt die Entwicklung von IAS 19 jedoch die Veränderung der bilanztheoretischen Ausrichtung des IASB, weg von einem am income approach orientierten Ansatz, der der Revenue-/Expense-Theorie folgt, hin zu dem inzwischen im Framework verankerten bilanzorientierten Konzept, basierend auf der Asset-/Liability-Theorie. Auf Grund dessen liegt der Fokus der Regulierung nun weniger auf der Ermittlung des mit diesen Verpflichtungen verbundenen Aufwands und Ertrags; vielmehr steht

---

477 Dies zeigt sich ebenfalls am Überarbeitungsprojekt zu IAS 19, das im Juni 2011 beendet wurde und im Folgenden ausführlich behandelt wird.

478 Vgl. ED/2011/6.31 i. V. m. Grote/Hold/Pilhofer (2012), S. 106 sowie zur Vorversion des Exposure Drafts Wüstemann/Wüstemann (2010), S. 2037 und S. 2040 bzw. zu früheren Projektergebnissen Zülch/Fischer/Willms (2006), S. 7.

479 Vgl. Wüstemann/Bischof/Kierzek (2007), Rn. 124 sowie zur Fair Value-Orientierung Pellens et al. (2011), S. 1011 f.

die Frage des Ansatzes und der Bewertung der entsprechenden Vermögenswerte und Verbindlichkeiten im Mittelpunkt der Normendiskussion.[480]

Die Vorgängerorganisation des IASB, das IASC, veröffentlichte die Erstversion von IAS 19 im Jahr 1983 unter dem Titel „Accounting for Retirement Benefits in the Financial Statements of Employers", welcher im Jahr 1993 auf „Retirement Benefit Costs" verkürzt wurde.[481] Die Anforderungen dieses Standards fokussieren sich auf die Periodisierung des Pensionsaufwands über die Arbeitszeit der Arbeitnehmer.[482] Dabei enthielt der ursprüngliche Standard viele Wahlrechte, die durch Überarbeitungen in diesem Zeitraum reduziert wurden.[483] Dies war neben der Eliminierung der Inkonsistenzen zum Rahmenkonzept ein erklärtes Ziel des „Comparability Projects" des IASC, in dessen Rahmen vielfältige Überarbeitungen vorgenommen wurden.[484]

Eine grundlegende Neugestaltung der Pensionsbilanzierung verabschiedete das IASC mit dem neuen Standard IAS 19 „Employee Benefits" im Jahr 1998. Die Entwicklung dieses Standards war getrieben von der Forderung der International Organization of Securities Commissions (IOSCO), die als supranationale Dachorganisation der nationalen Börsenaufsichtsbehörden gegenüber dem IASC forderte, einen „core set of standards"[485] zu entwickeln, zu dem auch IAS 19 zählte. Dies stellte die Voraussetzung für die Anerkennung der Standards durch die IOSCO dar und damit für die Empfehlung zur Anwendung der Standards an ihre Mitglieder.[486] Mit den Neuregelungen des IAS 19 (1998) entwickelte sich der Fokus des GuV-orientierten Standards in Richtung Bilanzorientierung,[487] wobei dieser nach wie vor Regelungen,

480 Entsprechend formuliert Napier (2009), S. 231: „'Accounting for the cost of pensions' (Napier (1983)) has been overtaken by 'rethinking pension liabilities' (Ryan/Fabozzi (2002))".

481 Vgl. Ernst & Young LLP (2012), S. 2225.

482 Vgl. Napier (1984), S. 204; Camfferman/Zeff (2007), S. 395; Ernst & Young LLP (2012), S. 2225; Walter (2011a), Rn. 1.

483 Vgl. Camfferman/Zeff (2007), S. 395.

484 Vgl. Camfferman/Zeff (2007), S. 269 f. sowie Pellens et al. (2011), S. 88. Stattdessen wurden durch dieses Überarbeitungsprojekt häufig zwei alternativ zulässige Methoden in den Standards verankert, wobei eine als „Benchmark Treatment" und die andere als „Allowed Alternative Treatment" gilt, vgl. zu diesem Projekt Hayn (1994), S. 716 f.; Camfferman/Zeff (2007), S. 272. Das Comparability Project wurde anschließend durch das Improvements Project weitergeführt, vgl. Camfferman/Zeff (2007), S. 270.

485 Joint Press Release von IASC und IOSCO (1995), enthalten in: IOSCO (2000), S. 106 Appendix D.

486 Vgl. IOSCO (2000), S. 10; Petersen (2002), S. 142 sowie zu dieser Entwicklungsphase in der Internationalen Rechnungslegung Pellens et al. (2011), S. 89.

487 Vgl. Ernst & Young LLP (2012), S. 2226 sowie ähnlich Mackenzie et al. (2012), S. 473.

die dem income approach zuzuordnen sind, enthält.[488] Der überarbeitete Standard, dessen Anwendungsbereich nun auf sämtliche Leistungen an Arbeitnehmer ausgeweitet wurde, enthält die Vorgabe, die Bewertung von Pensionsverpflichtungen anhand der Projected Unit Credit Method vorzunehmen, wodurch eine periodengerechte Zuordnung des Pensionsaufwands erreicht werden soll. Des Weiteren wurde der Korridoransatz zur geglätteten Erfassung versicherungsmathematischer Gewinne und Verluste eingeführt. Andererseits findet ein marktorientiertes Bewertungskonzept Eingang in den Standard. So muss nun eine jährliche Bewertung sämtlicher Posten anhand jährlich erhobener marktorientierter versicherungsmathematischer Annahmen durchgeführt werden. Auch das Planvermögen muss fortan zum Fair Value bewertet werden.[489]

Dieser Standard blieb in den folgenden Jahren in seiner konzeptionellen Ausrichtung unverändert. Im Jahr 2000 wurde die Definition des Planvermögens erweitert und damit die Saldierung von Pensionsverpflichtungen und Planvermögen signifikant ausgedehnt.[490] Darüber hinaus wurden im Jahr 2004 mehrere kleinere Anpassungen vorgenommen,[491] wie die Einführung der sogenannten „3. Option" zur Erfassung versicherungsmathematischer Gewinne und Verluste.[492] Diese Möglichkeit eröffnet, als Alternative zur sofortigen GuV-wirksamen Erfassung oder zur Anwendung des Korridoransatzes, die Möglichkeit der GuV-neutralen Erfassung dieser Werte im Other Comprehensive Income (OCI) in der Periode ihres Entstehens.[493]

Die Diskussionen um die adäquate bilanzielle Abbildung von Pensionszusagen halten jedoch an.[494] Im Mai 2006 beriet das IASB über die Aufnahme eines Projekts zu Pensionsverpflichtungen in sein Arbeitsprogramm.[495] Dabei entschied das IASB das Projekt in zwei Teile zu untergliedern: Zuerst sollte ein kurzfristiges Projekt mit dem Ziel eines Interim-Standards verfolgt werden; ein anschließendes längerfristig ausgerichtetes Projekt wird dann der grundlegenden Überarbeitung der Bilanzierung von Leistungen an Arbeitnehmer sowie der Konvergenz mit den US-GAAP dienen.

---

488 Vgl. Napier (2007), S. 341. Z.B. nach Küting/Kessler (2006), S. 197; Schruff/Zeimes (2009), Rn. 3 sowie Jacobi (2003), S. 188 dominiert der korrekte Erfolgsausweis die Regelungen dieses Standards.

489 Vgl. IAS 19.BC3 (1998). Vgl. zu weiteren Änderungen innerhalb dieser Überarbeitung auch Mackenzie et al. (2012), S. 473 f.

490 Vgl. IAS 19.BC66, BC68G und L (2004) i.V.m. Walter (2011a), Rn. 1. Eine ausführliche kritische Betrachtung dieser Änderung beinhaltet Abschnitt 4.1.2.

491 Vgl. für einen Überblick der einzelnen Änderungen Mühlberger/Schwinger/Wildner (2008), Rn. 3 f.

492 Vgl. IAS 19.BC48A (2004).

493 Vgl. IAS 19.93a (2004). Zu dieser Änderung vgl. auch Küting/Kessler (2006), S. 199 f.

494 Auch nach Ansicht des IASB ist zu erwarten, dass die Entwicklung eines umfassenden Standards noch einige Zeit in Anspruch nimmt, vgl. ED/2010/3.BC4.

495 Vgl. IASB (2006b), S. 5.

Um dieses Ziel der Konvergenz mit den US-amerikanischen Rechnungslegungsstandards zu erreichen, soll die zweite Phase zusammen mit dem FASB verfolgt werden.[496]

Im Rahmen des kurzfristigen, auf vier Jahre geplanten Projekts sollte das zuvor bereits vorhandene Modell zur Bilanzierung von Pensionen im Grundsatz unverändert bleiben. Ursprünglich geplanter Gegenstand dieser ersten Phase bilden vielmehr die Überarbeitung des Ausweises und der Anhangangaben, die Diskussion der Abgrenzung von leistungs- und beitragsorientierten Zusagen, die Frage der (verzögerten) Erfassung versicherungsmathematischer Gewinne und Verluste sowie zuletzt die Behandlung von Plankürzungen und -abgeltungen.[497] Insbesondere die Erfassung versicherungsmathematischer Gewinne und Verluste ist ein wesentlicher Kritikpunkt des IAS 19 (2004),[498] weshalb die Umsetzung einer sofortigen Erfassung dieser Komponenten in der Periode des Entstehens frühzeitig vom IASB diskutiert wurde.[499]

Ein erstes Ergebnis dieser vorläufigen, ersten Projektphase veröffentlichte das IASB im März 2008 mit dem Discussion Paper (DP) „Preliminary Views on Amendments to IAS 19 Employee Benefits".[500] Während dieses Discussion Paper unter anderem verschiedene alternative Methoden zur Erfassung versicherungsmathematischer Gewinne und Verluste zur Diskussion stellte,[501] beinhaltete der nachfolgende, im April 2010 veröffentlichte Exposure Draft (ED) konkrete Vorschläge zur Überarbeitung des IAS 19.[502] Der endgültige Standard IAS 19 (rev. 2011) – im Folgenden zitiert als IAS 19 – wurde im Juni 2011 veröffentlicht und manifestiert, trotz des begrenzten Umfangs dieser ersten Überarbeitungsphase, die Bilanzorientierung des IASB. Entsprechend wird durch die verabschiedeten Änderungen die verzögerte Erfassung versicherungsmathematischer Gewinne und Verluste durch die Korridormethode abgeschafft. Darüber hinaus erfolgt eine Neuregelung der Erfassung der einzelnen Erfolgskomponenten. Eine weitere wesentliche Änderung ergab sich durch die Einführung eines Nettozinsansatzes, der dazu führt, dass der erwartete Ertrag aus dem Planvermögen in Höhe des Rechnungszinses ermittelt wird. Zuletzt wurden neben weiteren Änderungen die Angabeanforderungen stark

---

496 Vgl. IASB (2006a), S. 7.

497 Vgl. IASB (2006a), S. 7.

498 Diese Kritik wird vielfach in der Literatur laut, vgl. z. B. stellvertretend für viele Berger/Walter (2008), S. 1278; Schruff/Zeimes (2009), Rn. 9 sowie m. w. N. Abschnitt 3.3.8.

499 Vgl. IASB (2006c), S. 1 sowie bereits in IAS 19.BC2 und BC.40 (1998).

500 Vgl. ausführlich zu den Inhalten des DP Tonne (2008); Büchel (2008); Berger/Walter (2008); Alvarez/Büttner (2008) sowie Rhiel (2008).

501 Vgl. DP IAS 19.3.10–16.

502 Die Vorschläge eines im Jahr 2009 aus Anlass der Finanzkrise veröffentlichten ED zur Neuregelung des Abzinsungssatzes wurden auf Grund negativer Kommentarmeinungen nicht weiter verfolgt, vgl. ED/2009/10 i. V. m. IAS 19.BC 13 (b) und 139.

erweitert.[503] Die ursprünglich geplante Überarbeitung der Unterscheidung von leistungs- und beitragsorientierten Zusagen durch die im DP vorgeschlagene Einführung der Kategorie „beitragsbasierter" Zusagen wurde im folgenden Projektverlauf hingegen nicht weiter verfolgt und soll erst im Zuge der fundamentalen Überarbeitung von IAS 19 erneut erörtert werden.[504] Diese Entscheidung begründet sich durch vielfältige Bedenken, die in den Kommentierungen geäußert wurden,[505] und wird der Tatsache gerecht, dass es sich hierbei um eine Grundsatzfrage hinsichtlich des derzeitigen Bilanzierungskonzepts handelt, welche Gegenstand der zweiten Überarbeitungsphase sein soll.

Im Folgenden wird die Bilanzierung von Leistungen an Arbeitnehmer nach IAS 19 in der Fassung vom Juni 2011 behandelt. Dieser überarbeitete Standard ist für Geschäftsjahre, die am oder nach dem 1. Januar 2013 beginnen, anzuwenden.[506] Dabei werden wesentliche Unterschiede im Vergleich zum Standard IAS 19 (2004), der für vorherige Geschäftsjahre anzuwenden ist, in vergleichender Form dargestellt. Dieser Standard bildet die Bilanzierungsgrundlage für die im Rahmen der Untersuchung in Abschnitt 5.5.2 betrachteten Geschäftsjahre. Aus diesem Grund, und da die Auswirkungen dieser Neuregelungen Gegenstand der dort durchgeführten Simulationsstudie sind, werden beide Normen analysiert.

3.2.2 Anwendungsbereich und Zielsetzung

IAS 19 regelt die Bilanzierung von Leistungen an Arbeitnehmer und umfasst somit die Bilanzierung sämtlicher Leistungen von Arbeitgebern an Arbeitnehmer;[507]

---

503 Zu den weiteren Änderungen zählt u. a. eine Neuregelung der Erfassung von Plankürzungen und -abgeltungen und der Bilanzierung für Leistungen aus Anlass der Beendigung des Arbeitsverhältnisses, vgl. IAS 19.BC.10 und 74.

504 Vgl. DP IAS.19.4.1 ff. i. V. m. ED/2010/3.BC108 sowie IAS.19.BC13 (a). Für eine Erläuterung dieses ursprünglich geplanten Konzepts, vgl. Tonne (2008), S. 706 f. Hinsichtlich der Neudefinitionen wurde u. a. ebenso der im ED enthaltene Vorschlag zur Abschaffung der Unterscheidung von Leistungen nach Beendigung des Arbeitsverhältnisses und anderen langfristig fälligen Leistungen an Arbeitnehmer im endgültigen Standard nicht weiter verfolgt, vgl. ED/2010/3.7 i. V. m. IAS. 19.BC24.

505 Vgl. IAS 19.BC7.

506 Vgl. IAS 19.172. Der überarbeitete Standard wurde am 05.06.2012 von der EU durch das Endorsement-Verfahren anerkannt.

507 Einzelne Sachverhalte in Zusammenhang mit der Bilanzierung von Leistungen an Arbeitnehmer können durch Bilanzierungsanweisungen des IFRS Interpretations Committee (IFRS IC), das im April 2010 von International Financial Reporting Interpretations Committee (IFRIC) in IFRS IC umbenannt worden ist, geregelt werden. Diese Bilanzierungsanweisungen dienen dem Zweck, Unklarheiten in Zusammenhang mit interpretationsbedürftigen Bilanzierungssachverhalten zu klären und hierdurch eine einheitliche Anwendung sicher zu stellen, vgl. IFRS Foundation (2010), Rn. 39 und Rn. 43 i. V. m. IAS 8.10; Pellens et al. (2011), S. 98 f. Daher ist für Sachverhalte, die unter den Anwendungsbereich von IAS 19 fallen, im Hinblick auf die

ausgenommen werden lediglich Leistungen, die nach IFRS 2 als anteilsbasierte Vergütung zu bilanzieren sind.[508] IAS 19.5 differenziert zwischen folgenden Leistungskategorien:

1. Kurzfristig fällige Leistungen (short-term employee benefits), deren Fälligkeit innerhalb von zwölf Monaten nach Ende der Berichtsperiode liegt.
2. Leistungen nach Beendigung des Arbeitsverhältnisses (post-employment benefits), worunter Renten und andere Leistungen nach Beendigung des Arbeitsverhältnisses, wie auch Leistungen der medizinischen Versorgung, fallen.
3. Andere langfristig fällige Leistungen an Arbeitnehmer, wie zum Beispiel bezahlte Freistellungen oder Jubiläumsgelder.
4. Leistungen aus Anlass der Beendigung des Arbeitsverhältnisses, wie zum Beispiel Abfindungszahlungen.[509]

Die Begründung dieser Verpflichtungen kann nach IAS 19.4 sowohl auf Absprachen zwischen Arbeitgeber und Arbeitnehmer, also formellen Plänen oder Vereinbarungen, oder gesetzlichen Bestimmungen sowie faktischen Verpflichtungen beruhen. Letztgenannte entstehen durch betriebliche Übung und zeichnen sich dadurch aus, dass das Unternehmen keine realistische Alternative zur Erfüllung dieser Verpflichtung hat.[510] Folglich ist das Bestehen eines Rechtsanspruchs des Arbeitnehmers gegenüber dem Arbeitgeber unerheblich.[511]

Die Zielsetzung besteht gemäß IAS 19.1 sowohl in der Bilanzierung einer Schuld, die die zu zahlenden Leistungen im Austausch für geleistete Arbeit darstellt, wie auch in der Erfassung des Aufwands für erhaltene und noch nicht beglichene Arbeitsleistungen. Diese Zielsetzung verkörpert damit sowohl den Bilanzierungszweck gemäß des Asset-/Liability-Ansatzes, wie auch die Umsetzung der Revenue-/Expense-Theorie. Die Gleichgewichtung letztlich nicht zu vereinbarender Theorien respektive Zielsetzungen löst Widersprüche aus. Der Standard IAS 19 verkörpert also noch den „unbefriedigenden Zielpluralismus“[512], welchen der Standardsetzer inzwischen bereits zu Gunsten des Asset/-Liability-Ansatzes aufgehoben hat.[513] Dennoch wurde die Zielsetzung des IAS 19 im Zuge der Veröffentlichung des überarbeiteten Standards im Jahr 2011 nicht verändert, obwohl auch die Neuregelungen von der Verschiebung der Ausrichtung der IASB-Rechnungslegung in Richtung des bilanzorientierten Asset-/Liability-Ansatzes zeugen. Dies mag nicht zuletzt an den nach wie vor deutlichen Auswirkungen des income approach auf diesen Standard liegen.

Bilanzierung eines Vermögenswerts aus überdotierten Pensionsplänen IFRIC 14 „The Limit on a Defined Benefit Asset, Minimum Funding Requirements and their Interaction“ zu beachten

508 Vgl. IAS 19.2.
509 Vgl. IAS 19.8.
510 Vgl. hierzu ebenfalls Mühlberger/Schwinger (2011), S. 6.
511 Vgl. Heger/Weppler (2007), Rn. 218.
512 Wüstemann/Bischof/Kierzek (2007), Rn. 123.
513 Vgl. hierzu die Ausführungen in Abschnitt 3.1.2.

Die vorliegende Arbeit beschäftigt sich in den weiteren Ausführungen zu IAS 19 lediglich mit Leistungen nach Beendigung des Arbeitsverhältnisses. Die Regelungen zu dieser Leistungskategorie – insbesondere zu leistungsorientierten Pensionszusagen – nehmen den größten Regelungsumfang innerhalb des Standards ein. Dies begründet sich durch die komplexen Regelungen,[514] die nicht zuletzt Ausdruck der schwierigen und ermessensbehafteten Bewertung dieser Zusagen sind.[515]

3.2.3 Klassifikation von Pensionsverpflichtungen

3.2.3.1 Definition von leistungs- und beitragsorientierten Zusagen

Die Bilanzierung von Pensionsverpflichtungen nach IAS 19 wird grundlegend durch die Unterscheidung des Standards zwischen defined contribution plans (beitragsorientierte Pläne, DCP) und defined benefit plans (leistungsorientierte Pläne, DBP)[516] geprägt. Dabei sind unter Plänen nach IAS 19.8 die zwischen Arbeitgeber und Mitarbeiter respektive mehreren Mitarbeitern getroffenen formellen oder informellen Vereinbarungen zu verstehen, weshalb diese dem Begriff der Pensionszusagen gleichgesetzt werden können.[517] Diese Zweiteilung der Versorgungszusagen soll dem wirtschaftlichen Gehalt der Zusagen gerecht werden[518] und nur dann zur Erfassung einer Verpflichtung in der Bilanz führen, wenn das Unternehmen im Sinne des Schuldbegriffs nach F.4.4 einen künftigen Nutzenabfluss erfahren wird.

Beitragsorientierte Pläne sind nach IAS 19.8 Pläne, bei denen ein Unternehmen bestimmte Beiträge an einen externen Fonds bezahlt und eine Zahlung weiterer Beiträge ausgeschlossen ist. Der Begriff des Fonds entspricht dabei nicht einem Pensionsfonds im Sinne des BetrAVG, sondern geht darüber hinaus und umfasst externe, vom Unternehmen getrennte Versorgungsträger.[519] Beitragsorientierte Pläne zeichnen sich folglich durch die fehlende Nachschusspflicht des Arbeitgebers aus,[520] wodurch die Risiken aus einer nachteiligen Entwicklung des Fondsvermögens sowie versicherungsmathematische Risiken nicht von diesem getragen werden.[521] Die endgültige Höhe der dem Arbeitnehmer im Leistungsfall zustehenden Beträge ergibt sich aus der Entwicklung des Fondsvermögens,[522] welches durch die vereinbarten Beiträge des Arbeitgebers aufgebaut wird.

---

514 Der Standardsetzer selbst formuliert in IAS 19.55: „Accounting for defined benefit plans is complex".

515 Vgl. MACKENZIE et al. (2012), S. 474; SCHRUFF/ZEIMES (2009), Rn. 7 f.

516 Diese werden in der Literatur auch als beitrags- und leistungsdefinierte Pläne bezeichnet, vgl. MÜHLBERGER/SCHWINGER (2011), S. 15.

517 Vgl. MÜHLBERGER/SCHWINGER (2011), S. 15.

518 Vgl. IAS 19.25.

519 Vgl. ähnlich auch MÜHLBERGER/SCHWINGER (2011), S. 15 f.

520 Vgl. RHIEL (2012), Rn. 8.

521 Vgl. WALTER (2011a), Rn. 11 sowie BERNDT (2007), S. 78.

522 Vgl. BERNDT (2007), S. 77; HÖFER/VEIT/VERHUVEN (2011), Rn. 4450.

Davon zu unterscheiden sind leistungsorientierte Pläne, die nach IAS 19.8 negativ von beitragsorientierten Plänen abgegrenzt werden. Entsprechend handelt es sich bei allen Plänen, bei welchen eine Zahlungsverpflichtung beim Arbeitgeber verbleibt,[523] um leistungsorientierte Pläne. Da sich das Unternehmen zur Leistung des zugesagten Betrags im Leistungszeitraum verpflichtet respektive für diesen einstehen muss, trägt das Unternehmen somit sämtliche Risiken aus der Gewährung der Zusage,[524] wie das versicherungsmathematische Risiko und das Anlagerisiko.[525] Durch den Verbleib einer Verpflichtung beim zusagenden Unternehmen, ist das Vorliegen eines leistungsorientierten Plans mit dem Bestehen einer ungewissen Verbindlichkeit verbunden.[526]

Liegt ein leistungsorientierter Plan gemäß IAS 19.8 vor, so determiniert dies jedoch grundsätzlich nicht die Ausgestaltung der Finanzierung der Pensionsleistung durch das Unternehmen. Entsprechend ist es auch in diesem Fall möglich, die Pensionszusagen extern zu finanzieren, indem finanzielle Mittel auf einen eigenständigen Versorgungsträger ausgelagert werden. Die Verpflichtung des Unternehmens zur Erfüllung der zugesagten Versorgungsleistung bleibt hiervon unberührt, wie Abbildung 3.1 illustriert.

Abbildung 3.1: Einordnung von Plänen für Leistungen nach Beendigung des Arbeitsverhältnisses nach IAS 19

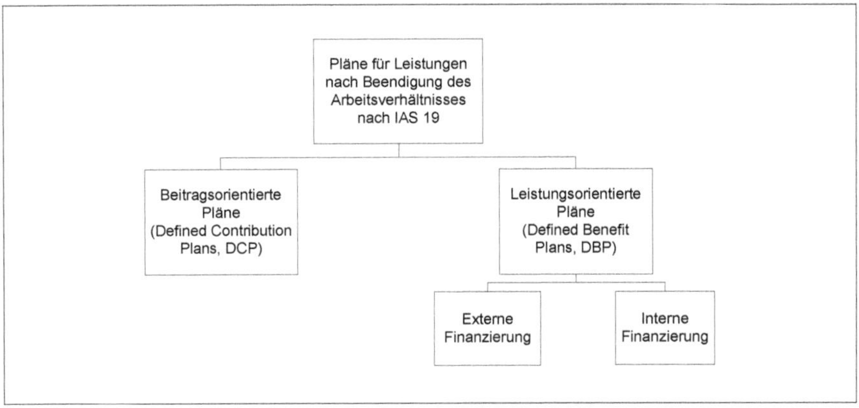

523 IAS 19.52 lässt darauf schließen, dass es bei dieser Abgrenzung nicht auf die tatsächliche Zahlung innerhalb der Rechnungslegungsperiode ankommt, sondern die Zahlungsverpflichtung im Leistungsfall gemeint ist.

524 Vgl. ähnlich Walter (2011a), Rn. 14 i. V. m. Berndt (2007), S. 78; Baetge/Haenelt (2006), S. 2413.

525 Vgl. IAS 19.30 (b).

526 Vgl. Baetge/Haenelt (2006), S. 2413; Fülbier/Sellhorn (2004), S. 386.

3.2.3.2 Einordnung deutscher Pensionszusagen auf der Grundlage des BetrAVG

Die Unterscheidung des IAS 19 in beitrags- und leistungsorientierte Pläne entspricht nicht der Differenzierung des BetrAVG in Leistungszusagen, beitragsorientierte Leistungszusagen und Beitragszusagen mit Mindestleistung respektive unmittelbare und mittelbare Versorgungszusagen.[527] Leistungszusagen und beitragsorientierte Leistungszusagen zeichnen sich durch die Verpflichtung des Arbeitgebers zur Erfüllung der Ansprüche der Arbeitnehmer aus, die unabhängig vom gewählten Durchführungsweg besteht, wobei grundsätzlich alle Durchführungswege genutzt werden können. Insoweit entspricht diese Definition den leistungsorientierten Plänen nach IAS 19.8. Beitragszusagen mit Mindestleistung, welche zwingend über einen mittelbaren, versicherungsförmigen Durchführungsweg, nämlich einen Pensionsfonds, eine Pensionskasse oder eine Direktversicherung, abgewickelt werden müssen, zeichnen sich hingegen durch eine beschränkte Haftung des Arbeitgebers aus. Dieser muss lediglich für die zugesagten Beiträge abzüglich eines Risikoausgleichs einstehen; eine Verzinsung der Beiträge wird nicht garantiert.[528] Ein vollständiger Ausschluss weiterer, künftiger Zahlungsverpflichtungen erfolgt jedoch rechtlich durch das BetrAVG nicht. Reine Beitragszusagen kennt das deutsche Gesetz entsprechend nicht. Dies wird zusätzlich durch die Regelung des § 1 Abs. 1 Satz 3 BetrAVG deutlich, nach welcher der Arbeitgeber für die Erfüllung der zugesagten Leistungen, ungeachtet des gewählten Durchführungswegs, einzustehen hat.

Die rechtliche Betrachtung dieser Regelungen des BetrAVG führt zu dem Ergebnis, dass beitragsorientierte Pläne im Sinne des IAS 19.8 in Deutschland nicht gewährt werden können. Die Bilanzierung nach IFRS zielt grundsätzlich auf eine wirtschaftliche Betrachtungsweise im Rahmen der Bilanzierung ab.[529] Diesem Grundsatz folgend müsste des Bestehen einer wirtschaftlichen Verpflichtung für das arbeitgebende Unternehmen analysiert werden. Entsprechend dieser wirtschaftlichen Auslegung werden in der Kommentarliteratur Zusagen, bei welchen die Inanspruchnahme des Unternehmens für weitere Zahlungen als äußerst gering eingeschätzt wird, als beitragsorientierte Pläne eingestuft. Auch die Deutsche Aktuarvereinigung (DAV/IVS) folgt dieser Einschätzung und vertritt die Auffassung, dass bestimmte, versicherungsförmig ausgestaltete Pensionszusagen gegebenenfalls als beitragsorientierte Pläne angesehen werden könnten.[530]

---

527 Vgl. hierzu ausführlich Abschnitt 2.1.3 und Abschnitt 2.1.2.
528 Vgl. Abschnitt 2.1.2.4.
529 Vgl. F.QC12 sowie Abschnitt 3.1.1 auf S. 66.
530 Vgl. DAV (Hrsg.) (2003), S. 13. Diese Ansicht wird auch in einer späteren Veröffentlichung vertreten, wohingegen die Argumentation, wie nachfolgender Abschnitt zeigt, abweichend ist, vgl. Bauer (2005a), S. 744. Diese Veröffentlichung (sowie identisch Bauer (2005b)) fasst Ergebnisse der Arbeitsgruppe „Rechnungslegung“ der/des DAV/IVS zusammen.

Hierunter fallen nach dieser Auffassung Zusagen, welche über Direktversicherungen, abgewickelt werden. Ebenso stellen Pensionskassen und Pensionsfonds versicherungsförmige Durchführungswege dar, die bei ähnlicher Ausgestaltung wie Direktversicherungen als beitragsorientiert eingeordnet werden können.[531] Jedoch kann bei diesen die Ausgestaltung abweichend sein, weshalb eine Einzelfallentscheidung notwendig ist.[532] Auch Versorgungszusagen, die über kongruent rückgedeckte Unterstützungskassen durchgeführt werden, können bei bestimmten Ausgestaltungen nach Ansicht der/des DAV/IVS inzwischen als beitragsorientierter Plan eingeordnet werden.[533] Diese Ansicht wird zum Teil trotz der Tatsachen vertreten, dass eine Unterstützungskasse keinen versicherungsförmigen Durchführungsweg darstellt sowie keinen Rechtsanspruch auf ihre Leistungen gewährt und die Unterstützungskasse selbst als Bezugsberechtigter der Versicherungsleistung fungiert.[534]

Nach der dargestellten, vielfach auch in der Kommentarliteratur vertretenen Auffassung, können sowohl Beitragszusagen mit Mindestleistung wie auch beitragsorientierte Leistungszusagen[535] sowie Entgeltumwandlungszusagen,[536] die streng genommen keine eigenständige Zusageart darstellen,[537] bei Wahl eines versicherungsförmigen Durchführungswegs als beitragsorientierte Pläne eingestuft werden.[538] Der

---

531 Vgl. Bauer (2005a), S. 744.

532 Bei Pensionsfonds ergibt sich eine weitere Besonderheit: Nach § 16 Abs. 1 BetrAVG besteht grundsätzlich eine Rentenanpassungspflicht für den Arbeitgeber. Bei der Durchführung der Verpflichtung über eine Direktversicherung sowie über eine Pensionskasse entfällt diese Rentenanpassungspflicht. Dies gilt auch bei Beitragszusagen mit Mindestleistung, vgl. § 16 Abs. 3 BetrAVG. Für Leistungszusagen und beitragsorientierte Leistungszusagen, welche über Pensionsfonds durchgeführt werden, besteht diese Rentenanpassungspflicht hingegen. Darüber hinaus entfällt diese Anpassungspflicht auch, sofern sich der Arbeitgeber verpflichtet, die laufenden Leistungen um mindestens 1 % jährlich anzupassen, wodurch eine Einordnung als beitragsorientierter Plan jedoch in jedem Fall ausscheidet, vgl. auch Bauer (2005a), S. 744.

533 Vgl. Bauer (2005a), S. 744. Eine andere Meinung wurde noch im Jahr 2003 vertreten, vgl. DAV (Hrsg.) (2003), S. 15.

534 Vgl. hierzu die Ausführungen auf S. 32 in Abschnitt 2.1.3.3.

535 Hierzu zählen auch wertpapiergebundene Zusagen als spezielle beitragsorientierte Leistungszusagen, vgl. Rhiel (2012), Rn. 11.

536 Entgeltumwandlungszusagen können zwar grundsätzlich über alle fünf Durchführungswege abgewickelt werden; das BetrAVG sieht jedoch vorwiegend die versicherungsförmigen Durchführungswege Pensionsfonds, Pensionskasse und Direktversicherung vor, die üblicherweise auch genutzt werden, vgl. Abschnitt 2.1.4, wobei eine Einordnung als beitragsorientierter Plan in Betracht kommt.

537 So werden diese nicht in § 1 BetrAVG als separate Zusageart aufgeführt.

538 Vgl. zu dieser Auffassung DAV (Hrsg.) (2003), S. 14; Rhiel (2012), Rn. 11; Bauer (2005a), S. 742; Wollmert et al. (2012), Rn. 19; Reicherter (2003), S. 362; Schwinger/Jasper (2004), S. 31; Steinebach/Jäckle (2007), S. 312; Seemann (2009),

arbeitsrechtlichen Definition beitragsorientierter Leistungszusagen, wonach sich diese durch die Verpflichtung zur Erfüllung der Ansprüche auszeichnen, wird dabei keine weitere Beachtung geschenkt.

Zur Begründung dieser Einordnung werden die Regelungen des IAS 19.46–49 herangezogen. Nach IAS 19.46 sind Pläne, welche durch Versicherungsprämien finanziert werden, als beitragsorientierte Pläne einzustufen, sofern (a) keine rechtliche oder faktische Verpflichtung beim Unternehmen verbleibt, Leistungen bei Fälligkeit an Arbeitnehmer zu zahlen oder (b) bei Zahlungsausfall der Versicherungsgesellschaft zusätzliche Beträge zu entrichten sind.[539] Nach Ansicht von RHIEL (2012) und BAUER (2005a) ist auf Grund der versicherungsförmigen Ausgestaltung auch eine rechtliche Einordnung als beitragsorientierter Plan gerechtfertigt.[540] Gemäß RHIEL (2012) decke der Versicherer alle erworbenen Pensionsansprüche ab, wodurch keine weiteren Beiträge gemäß der Forderung (a) notwendig würden und auch eine rechtliche oder faktische Verpflichtung nach (b) nicht vorläge, da im normalen Zahlungszeitraum der Versicherer bezahle und laut Standard nicht auf die Zahlungsunfähigkeit des Versicherers abgestellt würde.[541] Entgegen dieser Argumentation bleibt festzuhalten, dass gemäß dem Wortlaut des IAS 19.46 sowohl eine rechtliche wie auch eine faktische Verpflichtung, die beim Unternehmen verbleibt, als schädlich für die Einordnung als beitragsorientierter Plan angesehen wird.[542] Es verbleibt folglich lediglich die wirtschaftliche Betrachtung als Möglichkeit zur Rechtfertigung der Einordnung als beitragsorientierter Plan.[543]

Entgegen der dargestellten Ansicht des DAV schenken mitunter einige Autoren der Kommentarliteratur der Zusageart gemäß BetrAVG weitergehende Beachtung und sehen lediglich bei Beitragszusagen mit Mindestleistung eine faktische Enthaftung gegeben.[544] Hierbei wird nicht nur die unter strengen aufsichtsrechtlichen Vorgaben stehende versicherungsförmige Ausgestaltung in Betracht gezogen, sondern insbesondere die Regelungen des BetrAVG, wonach nur diese Zusageform

---

Rn. 18. Ausschließlich in Bezug auf Direktversicherungen vertreten diese Ansicht HESSLING (2006), S. 606 f.; PAWELZIK (2012), Rn. 3623.

539 Vgl. zu dieser Auslegung BAUER (2005a), S. 743.

540 Vgl. RHIEL (2012), Rn. 11 und Rn. 65; BAUER (2005a), S. 744.

541 Vgl. RHIEL (2012), Rn. 65. Dies gelte neben Direktversicherungen auch für analog operierende Pensionskassen und – zumindest bei wirtschaftlicher Betrachtung – für analog operierende Pensionsfonds. Bei rückgedeckten Unterstützungskassen liege jedoch keine rechtliche Enthaftung nach IAS.46–49 vor, da weder diese noch der Versicherer zur Zahlung an den Arbeitgeber verpflichtet ist. Lediglich eine wirtschaftliche Auslegung rechtfertigt hier die Einordnung als beitragsorientierter Plan. Ausschließlich BAUER (2005a) sieht auch in letztem Fall keine rechtliche Verpflichtung gegeben, vgl. BAUER (2005a), S. 743 f.

542 Auf Grund dessen widersprechen z. B. MÜHLBERGER/SCHWINGER (2011), S. 180 dieser Ansicht.

543 Vgl. ähnlich in der Argumentation FASSHAUER (2010), S. 116.

544 Vgl. GOHDES/KAETHER (2002), S. 772 f.; KESSLER (2010), S. 301.

die oben beschriebene, zumindest weitgehende Enthaftung des Arbeitgebers ermöglicht, berücksichtigt.

Zur Beantwortung der Frage, ob eine wirtschaftliche Verpflichtung vorliegt, kann die Eintrittswahrscheinlichkeit des Abflusses wirtschaftlicher Ressourcen herangezogen werden und somit auch die Wahrscheinlichkeit des Eintritts der finalen Haftung (Subsidiärhaftung nach § 1 Abs. 1 Satz 3 BetrAVG).[545] Die DAV wie auch Rhiel (2012) sehen die finale Haftung als Eventualverbindlichkeit (contingent liability) im Sinne des IAS 37 an, welche die Behandlung einer Zusage als beitragsorientierten Plan nicht ausschließt.[546] IAS 37 nimmt eine Kategorisierung von Verpflichtungen entsprechend der Wahrscheinlichkeit der Inanspruchnahme respektive des Mittelabflusses vor.[547] Dabei ist die Passivierung einer unsicheren Verpflichtung als Rückstellung nach IAS 37.23 vorgesehen, sofern der Mittelabfluss als „more likely than not", und damit höher als 50 %, ausgelegt werden kann.[548] Unsichere Verpflichtungen, also Eventualverbindlichkeiten, deren Ressourcenabfluss nicht wahrscheinlich ist, erfordern lediglich eine Anhangangabe; dies gilt zumindest sofern der Ressourcenabfluss nicht als gänzlich unwahrscheinlich (remote) eingestuft wird.[549] Dieser Regelung entsprechend wird der Eintritt des Subsidiärhaftungsfalls als unwahrscheinlich erachtet.[550] Diesem Rückgriff auf IAS 37 kann mithin Kritik entgegengebracht werden. So stellt bereits der Standard in IAS 37.23 einschränkend fest, dass diese Interpretation des Wahrscheinlichkeitsbegriffs nicht zwingend auf andere Standards übertragen werden kann. Der Rückgriff auf die Regelungen des IAS 37 wird ferner in der Literatur kritisch gesehen, da die Regelungen des IAS 19 als Spezialnormen denen des IAS 37 vorgingen.[551]

Insgesamt kann der wirtschaftlichen Betrachtungsweise entgegnet werden, dass der Wortlaut des IAS 19.8 und auch der des IAS.19.46 eine wirtschaftliche Betrachtungsweise unter Beurteilung der Wahrscheinlichkeit der Inanspruchnahme des Arbeitgebers nicht vorsieht.[552] IAS 19.27 fordert zwar, dass Pläne nach ihrem wirtschaftlichen Gehalt differenziert werden; dieser ergibt sich jedoch aus den

545 In der Kommentarliteratur wird ein Rückgriff auf IAS 37 vorgenommen, vgl. Rhiel (2012), Rn. 10; Walter (2011a), Rn. 12; vgl. ähnlich auch Kessler (2010), S. 300.

546 Vgl. Bauer (2005a), S. 743; Rhiel (2012), Rn. 10.

547 Vgl. IAS 37.10–13 sowie mit weiteren Erläuterungen Maier (2009), S. 36–38.

548 Vgl. ausführlich zu der Auslegung des Wahrscheinlichkeitskriteriums Maier (2009), S. 40–43.

549 Vgl. IAS 37.10 i. V. m. IAS 37.28. Es gibt noch weitere Tatbestände, die eine Eventualverbindlichkeit begründen, vgl. hierzu IAS 37.10 sowie Maier (2009), S. 37.

550 Rhiel (2012), S. 65 bezeichnet die Durchführung über Direktversicherungen und analog operierenden Pensionskassen als „fast risikolos".

551 Vgl. Walter (2011a), Rn. 12.

552 Vgl. mit einer ähnlichen Ansicht Mühlberger/Schwinger (2011), S. 180; Walter (2011a), Rn. 12; Fasshauer (2010), S. 117.

grundlegenden Leistungsbedingungen und Voraussetzungen des Plans. Dies steht wiederum einer wirtschaftlichen Auslegung entgegen.[553]

Letztlich wird in der Literatur überwiegend eine wirtschaftliche Betrachtungsweise mit Rückgriff auf die Wahrscheinlichkeit einer Inanspruchnahme gefordert und als Begründung zur Einordnung beitragsorientierter Pläne herangezogen.[554] Jedoch widersprechen auch einige Kommentatoren dieser Vorgehensweise aus den dargelegten Gründen.[555] Sofern eine wirtschaftliche Auslegung herangezogen wird, ist es allerdings als kritisch anzusehen, wenn hierbei lediglich auf den Durchführungsweg abgestellt wird, obgleich dieser bei versicherungsförmiger Ausgestaltung strengen aufsichtsrechtlichen Anforderungen unterliegt. So können etwa auch Direktversicherungen bei Vorliegen einer Leistungszusage eine Anpassungspflicht der Beiträge vorsehen.[556] Daher scheint selbst bei Heranziehen einer wirtschaftlichen Betrachtungsweise eine Beschränkung auf Beitragszusagen mit Mindestleistung, die zwingend über die Durchführungswege Direktversicherung, Pensionskasse oder Pensionsfonds abgewickelt werden müssen, zur Qualifizierung als beitragsorientierter Plan geboten. Tabelle 3.1 gibt einen Überblick über die diskutierten Einordnungsmöglichkeiten bei Zugrundelegung einer wirtschaftlichen Betrachtungsweise.

---

553 Z.B. Fasshauer (2010), S. 117 sieht deshalb eine wirtschaftliche Auslegung als nicht gerechtfertigt an.

554 Vgl. Wollmert et al. (2012), Rn. 48; Heger/Weppler (2007), Rn. 231; Berndt (2007), S. 79; Kessler (2010), S. 298.

555 Vgl. Walter (2011a), Rn. 12. Ähnlich dazu vertreten Höfer/Veit/Verhuven (2011), Rn. 4451 die Ansicht, dass ausschließlich fonds- bzw. wertpapiergebundene, unmittelbare Versorgungszusagen, die keine Mindestleistung vorsehen, eine Einordnung als beitragsorientierter Plan rechtfertigen, vgl. Höfer/Veit/Verhuven (2011), Rn. 4451. Mühlberger/Schwinger (2011), S. 180 sehen lediglich bei Multi-Employer-Plänen eine Bilanzierung als beitragsorientierten Plan auf Grund fehlender Informationen als vertretbar an.

556 Vgl. Wollmert et al. (2012), Rn. 55.

Tabelle 3.1: Praxis der Einordnung deutscher Pensionszusagen als beitragsorientierte Pläne nach IAS 19

Einordnung als Defined Contribution Plan (DCP) grundsätzlich möglich?	Leistungszusage	Beitragsorientierte Leistungszusage	Beitragszusage mit Mindestleistung
Unmittelbare Direktzusage	nein**	nein**	-
Mittelbare Durchführungswege:			
Unterstützungskasse*	nein**	nein**	-
kongruent rückgedeckte Unterstützungskasse	nein**	(ja)**	-
Direktversicherung	nein	(ja)	ja
Pensionskasse	nein	(ja)	ja
Pensionsfonds	nein**	(ja)**	ja

* Hierbei handelt es sich nicht um einen versicherungsförmigen Durchführungsweg.
** In diesem Fall besteht eine Rentenanpassungspflicht gemäß § 16 BetrAVG.
In Klammern: Je nach vertretener Auslegung kommt u.U. eine Einordnung als beitragsorientierter Plan in Frage.

3.2.4 Grundmodell der Bilanzierung beitrags- und leistungsorientierter Pensionszusagen

Die Bilanzierung beitragsorientierter Pläne wird durch IAS 19.50 als „einfach" bezeichnet. Da sich Unternehmen in diesem Fall lediglich zur Bezahlung laufender, bereits vertraglich fixierter Beiträge an einen externen Fonds verpflichten, verbleibt keine weitere zu bilanzierende Verpflichtung beim Unternehmen. Infolgedessen ist im Sinne einer kapitalmarkt- und informationsorientierten Rechnungslegung bei regelmäßiger Erfüllung der Zahlungsverpflichtungen keine weitere Informationsbereitstellung von Nöten.[557] Entsprechend sind die laufenden Aufwendungen nach IAS 19.51 (b) als Aufwand der Periode zu erfassen. Sofern die Beitragszahlung zeitlich nicht mit der erbrachten Arbeitsleistung übereinstimmt, wird eine aktivische bzw. passivische Abgrenzung nach IAS 19.51 erforderlich. Lediglich in Bezug auf Beiträge, deren Fälligkeit mehr als ein Jahr in der Zukunft liegt, fordert IAS 19.52 eine Diskontierung der entsprechenden passivierten Verpflichtung. Aus der Bilanzierung beitragsorientierter Pläne ergibt sich darüber hinaus keine weitere Besonderheit. Auf Grund dessen werden diese Pläne im Folgenden nicht weiter betrachtet.

Im Gegensatz zur Bilanzierung beitragsorientierter Pläne ist die Bilanzierung leistungsorientierter Pläne mit der Erfassung einer Verpflichtung für die vom Unternehmen zugesagte Leistung verbunden. Die Behandlung leistungsorientierter Pläne stellt sich weitaus schwieriger dar und wird von IAS 19.48 analog als „komplex"

557 Vgl. FÜLBIER/SELLHORN (2004), S. 386.

beschrieben, was sich aus der Erfordernis der Verwendung versicherungsmathematischer Annahmen zur Bewertung der zum Bilanzierungszeitpunkt unsicheren Verpflichtung ergibt. Damit ist sowohl die Bewertung der leistungsorientierten Verpflichtung (Defined Benefit Obligation, DBO) wie auch die Aufteilung des Barwerts der Verpflichtung auf die Dienstzeit des Arbeitnehmers respektive die bereits geleistete Dienstzeit mit vielfältigen Annahmen behaftet und erfordert die Anwendung einer versicherungsmathematischen Bewertungsmethode. In Anbetracht der weitreichenden Unterschiede bei der Behandlung beider Planarten kommt der Zuordnung der einzelnen, von Unternehmen vergebenen Zusagen zu beitrags- oder leistungsorientierten Plänen eine hohe Bedeutung zu. Entsprechend schwer wiegt die Tatsache, dass diese Zuordnung inzwischen in vielen Fällen den in der Unternehmenspraxis üblichen Zusagearten nicht mehr gerecht wird.[558] Insbesondere die Klassifikation der in Deutschland existierenden Zusagearten in einen beitrags- oder leistungsorientierten Plan ist nur schwer möglich und wird bei wörtlicher Auslegung des Standards möglicherweise der Zielsetzung des IAS 19 nicht gerecht. Jedoch bergen umgekehrt Auslegungen des Standards unter Berücksichtigung einer wirtschaftlichen Betrachtungsweise die Gefahr einer fehlenden Erfassung von Verpflichtungen des Unternehmens.

Durch die in wesentlichen Aspekten vorhandene Orientierung des Standards am income approach ergeben sich weitere Besonderheiten für die Bilanzierung.[559] Hierzu zählt zum Beispiel die Prognostizierung des Pensionsaufwands zu Beginn einer Periode. Weicht die prospektive Schätzung einzelner Aufwandsbestandteile von den tatsächlich eingetretenen Werten am Jahresende ab, werden diese Abweichungen – vorwiegend versicherungsmathematische Gewinne und Verluste – gesondert erfasst. Insbesondere die nach IAS 19.92 (2004) bestehende Möglichkeit, diese Wertänderungen verzögert zu erfassen und damit über mehrere Perioden zu

558 Diese Problematik besteht beispielsweise bei sogenannten „Cash-Balance-Plänen“, die sich durch die Bemessung der Pensionsleistung an der Verzinsung eines definierten und ggf. virtuellen Fondsvermögens auszeichnen, wobei das Unternehmen möglicherweise eine bestimmte Verzinsung garantiert, vgl. Tonne (2008), S. 707; Mühlberger/Schwinger (2011), S. 96; Berger/Walter (2008), S. 1277 sowie Abschnitt 4.1.1.2. Durch die Gewährung solcher Pläne vermeiden Unternehmen eine Übernahme sämtlicher Risiken, vgl. Berger/Walter (2008), S. 1277; Müller/Reinke/Weller (2008a), S. 288, wie dies auch bei der im BetrAVG verankerten Beitragszusage mit Mindestleistung vorgesehen ist, vgl. Höfer/Veit/Verhuven (2011), Rn. 4454. Jedoch ist eine vollständige Enthaftung, wie es bei beitragsorientierten Plänen nach IAS 19 gefordert wird, nicht gegeben. Diesen Besonderheiten wird durch die gegenwärtige Einteilung keine Rechnung getragen.

559 Durch die Überarbeitungen des ursprünglich vom IASC verabschiedeten Standards wurde die Bilanzorientierung zwar erhöht, jedoch verbleiben auch nach der jüngsten Überarbeitung des Standards im Jahr 2011 wesentliche Regelungen, die auf dieser GuV-orientierten Sichtweise beruhen, vgl. hierzu auch Abschnitt 3.2.1.

glätten, ist Ausdruck des aufwandsorientierten Bilanzierungskonzepts.[560] Ferner ist die Systematik des IAS 19, nach welcher der Pensionsaufwand den Bilanzansatz determiniert,[561] wohl eine Erklärung für die fehlenden Ansatzvorgaben für Pensionsverpflichtungen.

Um die Bilanzierung leistungsorientierter Pläne zu präzisieren, gibt IAS 19.57 die hierfür notwendigen Schritte vor, die wie folgt verkürzt zusammengefasst werden können:

1. Schätzung des Aufwands für die bereits erdienten Leistungen, wodurch die Höhe der Verpflichtung des Unternehmens (DBO) zum Pensionseintrittszeitpunkt ermittelt wird.[562]
2. Abzinsung der bereits erdienten Leistungen auf den Betrachtungszeitpunkt; daraus resultiert der Barwert der DBO.[563]
3. Ermittlung des Fair Value des ggf. vorhandenen Planvermögens und anschließende Verrechnung mit dem ermittelten Barwert der DBO, wodurch sich die in der Bilanz zu passivierende Nettoverbindlichkeit (Net Defined Benefit Liability) oder ein Vermögenswert, der ggf. anzupassen ist, ergibt.[564]
4. Ermittlung des in der Gewinn- und Verlustrechnung zu erfassenden Pensionsaufwands, welcher den laufenden Dienstzeitaufwand (current service cost) sowie den möglicherweise vorhandenen nachzuverrechnenden Dienstzeitaufwand (past service cost) und Effekte aus Planabgeltungen umfasst. Weiterhin ist auch der Nettozinsaufwand/-ertrag auf die/den Nettoverpflichtung/-vermögenswert einzubeziehen.[565]
5. Ermittlung der Neubewertungskomponente (remeasurements), welche im OCI erfasst wird und insbesondere aus versicherungsmathematischen Gewinnen und Verlusten besteht.[566]

Diese Bilanzierungsweise wird nachfolgend eingehend betrachtet, indem die einzelnen Komponenten sowie deren Ermittlung im Sinne des IAS 19 erörtert werden.

560 Vgl. hierzu auch RHIEL (2012), Rn. 14 f., MÜHLBERGER/SCHWINGER (2011), S. 25 f.
561 Vgl. MÜHLBERGER/SCHWINGER (2011), S. 25.
562 Vgl. IAS 19.57 (a) (i). Vgl. zur Methode der Bewertung der DBO Abschnitt 3.3.1.1.
563 Vgl. IAS 19.57 (a) (ii). Vgl. zum Abzinsungssatz Abschnitt 3.3.1.2.
564 Vgl. IAS 19.57 (a) (ii) und (b). Vgl. zur Bewertung des Planvermögens Abschnitt 3.3.2.3.
565 Vgl. IAS 19.57 (c). Vgl. zur Ermittlung des Pensionsaufwands Abschnitt 3.3.1.1 sowie 3.3.1.2.
566 Vgl. IAS 19.57 (d). Vgl. zur Neubewertungskomponente Abschnitt 3.3.3.

3.3 Bilanzierung leistungsorientierter Pensionspläne

3.3.1 Bewertung von Pensionsverpflichtungen

3.3.1.1 Bewertungsmethode

Zur Bewertung[567] der zum Bilanzstichtag bestehenden Pensionsverpflichtung ist gemäß IAS 19.67 die Projected Unit Credit Method (Methode der laufenden Einmalprämien) heranzuziehen. Hierbei handelt es sich um eine versicherungsmathematische Bewertungsmethode, bei deren Anwendung die Höhe der Verpflichtung, respektive der Dienstzeitaufwand einer Periode, auf Basis der bis zum Bilanzstichtag erdienten Leistungen ermittelt wird. Eine künftige Weiterbeschäftigung fließt nicht in die Betrachtung ein.[568] Durch diese Vorgehensweise wird der Entgeltcharakter der Pensionsleistungen deutlich.[569]

Die Projected Unit Credit Method unterstellt, dass in jeder Periode ein zusätzlicher Leistungsbaustein des endgültigen Leistungsanspruchs durch einen Arbeitnehmer erdient wird. Diese Bausteine werden separat bewertet und ergeben in der Summe die Höhe der finalen Verpflichtung.[570] Die bereits erdienten Leistungsansprüche, die der Verpflichtung des Unternehmens bei Eintritt des Leistungsfalls entsprechen, sind nach IAS 19.66 auf den Bilanzstichtag abzuzinsen und ergeben den Barwert der DBO. Auf Grund der Abzinsung über die verbleibende Restdienstzeit steigt die Höhe der einzelnen, in der Periode zu erfassenden Leistungsbausteine im Zeitablauf an.[571] Dabei sind auch Leistungsansprüche, die

---

567 IAS 19 beinhaltet keine expliziten Ansatzvorgaben für Pensionsverpflichtungen, was sich wohl auf die Orientierung des Standards am income approach, nach welchem der Pensionsaufwand den Ansatz der Pensionsverpflichtung determiniert, zurückführen lässt, vgl. hierzu auch Abschnitt 3.2.4.

568 Vgl. Thoms-Meyer (1996), S. 138 i. V. m. S. 141 f. Bewertungsverfahren zur Bewertung von Pensionsverpflichtungen können grundsätzlich in Ansammlungsverfahren (Anwartschaftsbarwertverfahren) und Gleichverteilungsverfahren (Anwartschaftsdeckungsverfahren) unterschieden werden. Zu ersteren zählt die nach IAS 19 anzuwendende und nachfolgend dargestellte Projected Unit Credit Method. Gleichverteilungs- bzw. Anwartschaftsdeckungsverfahren gehen im Gegensatz dazu von einer Gleichverteilung des Pensionsaufwands über die gesamte Dienstzeit (Teilwertverfahren) oder die Restdienstzeit vom Zeitpunkt der Zusageerteilung bis zum Eintritt des Versorgungsfalls (Gegenwartsverfahren) aus. Entsprechend wird der Dienstzeitaufwand (Versorgungsaufwand) unter Anwendung des Annuitätenverfahrens gleichmäßig auf die einzelnen Erdienungsperioden verteilt, wobei bei der Verteilung auch künftige Erdienungsperioden berücksichtigt werden, vgl. hierzu ausführlich Thoms-Meyer (1996), S. 138 ff. sowie für einen Vergleich beider Methoden Planert (2006), S. 55 ff.

569 Vgl. Heger/Weppler (2007), Rn. 246; Thoms-Meyer (1996), S. 139 sowie die Abschnitte 2.1.1.

570 Vgl. IAS 19.65.

571 Vgl. auch Mühlberger/Schwinger (2011), S. 29.

noch nicht unverfallbar[572] sind oder die vom Eintritt eines bestimmten Ereignisses abhängen, nach IAS 19.72 zu berücksichtigen. Die Wahrscheinlichkeit, dass der Leistungsfall nicht eintritt, geht grundsätzlich in die Bewertung der Verpflichtungshöhe ein.[573] Da auch die Inanspruchnahme der Leistungen im Zeitablauf immer wahrscheinlicher wird, führt auch dies zu einem Anstieg der Höhe der jährlichen Leistungsbausteine.[574]

Der Barwert des Leistungsbausteins der aktuellen Periode determiniert dabei den laufenden Dienstzeitaufwand der Periode.[575] Die Zuordnung der Leistungen auf die einzelnen Perioden, in denen der Leistungsanspruch erdient wird, erfolgt gemäß IAS 19.70 entsprechend einer Planformel. Dabei soll diese Zuordnung lt. IAS 19.71 die Höhe der vom Arbeitnehmer in der jeweiligen Periode erdienten Leistungsansprüche reflektieren. Durch diese Vorgehensweise soll eine verursachungsgerechte Erfassung des Versorgungsaufwands in der entsprechenden Periode gewährleistet werden.[576] Demzufolge können frühere Perioden („frontloading“) oder spätere Perioden („backloading“) stärker gewichtet werden.[577] Jedoch ist ein starkes „backloading“, bei welchem späteren Dienstjahren die Erdienung eines wesentlich höheren Leistungsanspruchs zugeordnet wird, nach IAS 19.70 nicht erlaubt. Statt dessen ist eine lineare Zuordnung über den gesamten Erdienungszeitraum vorzunehmen. Eine lineare Zuordnung ist ebenfalls bei Festbetragszusagen oder auch gehaltsabhängigen Zusagen notwendig, sofern deren Höhe nicht von der Dauer der Dienstjahre abhängt und bei denen daher eine Zuordnung zu den Dienstjahren nicht möglich ist.[578]

Die jährliche Erhöhung des Barwerts der DBO setzt sich aus der Höhe der Verzinsung der zum Vorjahresstichtag bestehenden DBO sowie des Barwerts des neu hinzu erworbenen Leistungsbausteins zusammen.[579]

---

572 Nach § 1b Abs. 1 Satz 1 BetrAVG sind Anwartschaften auf Leistungen aus der betrieblichen Altersversorgung unverfallbar, „wenn das Arbeitsverhältnis vor Eintritt des Versorgungsfalls, jedoch nach Vollendung des 25. Lebensjahres endet und die Versorgungszusage zu diesem Zeitpunkt mindestens fünf Jahre bestanden hat“.

573 Entsprechend sind Verpflichtungen für Leistungsansprüche z. B. bei Invalidität oder Tod grundsätzlich zu passivieren. Die Höhe der passivierten Verpflichtung reflektiert die Wahrscheinlichkeit des Nicht-Eintretens des Verpflichtungsfalls.

574 Vgl. Wollmert et al. (2012), Rn. 105.

575 Vgl. Mühlberger/Schwinger (2011), S. 32; Wollmert et al. (2012), Rn. 106.

576 Vgl. Höfer/Veit/Verhuven (2011), Rn. 4468 i. V. m. Rn. 4471. Dieses Argument wird jedoch auch von Befürwortern der Gleichverteilungsverfahren, bei welchen in jeder Periode ein gleich hoher Dienstzeitaufwand erfasst wird, angeführt, vgl. Schruff/Zeimes (2009), Rn. 40.

577 Vgl. Pawelzik (2012), Rn. 3631; Feld (2003), S. 582; Planert (2006), S. 176; Rhiel (2012), Rn. 29.

578 Vgl. IAS 19.70 (Beispiel). Die lineare Zuordnung erfolgt bis zu dem Zeitpunkt, ab dem eine weitere Arbeitsleistung zu keiner wesentlichen Erhöhung der Leistung mehr führt, vgl. IAS 19.70.

579 Vgl. Petersen (2002), S. 35.

Da die Projected Unit Credit Method nicht die Gleichverteilung des Pensionsaufwands über die Dienstzeit des Arbeitnehmers anstrebt, sondern lediglich die bereits erdienten Leistungen berücksichtigt, kann deren grundsätzliche Konzeption als bilanzorientiert bezeichnet werden.[580] Sie führt – gemäß den Anforderungen des Frameworks – zu einem vollständigen Schuldenausweis zum Ende der Periode. Dies gilt zumindest, sofern der Leistungsplan eine verursachungsgerechte Aufwands- respektive Leistungszuteilung vorzunehmen vermag.[581] Jedoch existieren Versorgungszusagen, bei welchen die Anwendung dieser Methode zu unsachgemäßen Ergebnissen führt. Hierzu zählen etwa Cash-Balance-Pläne, bei denen die Pensionsleistung von der Verzinsung eines realen oder virtuellen Fondsvermögens abhängt. Liegt bei diesen die geschätzte Verzinsung des Vermögens über dem Diskontierungszinssatz, wird die Verpflichtung höher bewertet als das aktuelle Fondsvermögen und somit höher als der Erfüllungsbetrag zum Bilanzstichtag.[582]

3.3.1.2 Bewertungsparameter

Bei leistungsorientierten Pensionsplänen ist die tatsächliche Höhe des Anspruchs der Arbeitnehmer im Leistungsfall ex ante nicht bekannt. Je nach Ausgestaltung der Versorgungszusagen bestehen zahlreiche Unsicherheiten, beispielsweise über das Endgehalt bei gehaltsabhängigen Zusagen,[583] über die tatsächliche Leistungsdauer oder die Frage, ob der Leistungsfall überhaupt eintritt. Auf Grund dessen erfordert die Bewertung leistungsorientierter Pensionsansprüche die Verwendung zahlreicher Annahmen.

Die Projected Unit Credit Method ist ein Bewertungsverfahren, bei welchem die zur Bewertung der erdienten Leistungsansprüche notwendigen Parameter unter Berücksichtigung künftiger Änderungen prognostiziert werden.[584] Folglich sind die tatsächlichen Kosten nach IAS 19.76 anhand versicherungsmathematischer Annahmen zu schätzen. Gleichwohl findet das Stichtagsprinzip Anwendung,

---

580 Vgl. Schwitters/Peters (2002), S. 1626 i. V. m. Kessler (2010), S. 319.

581 Vgl. hierzu kritisch Planert (2006), S. 57 sowie S. 121, die regelmäßig eine lineare Zuordnung in Ermangelung eines objektiven Wertmaßstabs als adäquat erachtet.

582 Vgl. Rhiel (2012), Rn. 32. Besteht zum Periodenende bspw. ein Fondsvermögen von 1.000 TEUR, für dessen Verzinsung eine erwartete Rendite von 7 % angenommen wird, so beträgt das geschätzte Vermögen zum Renteneintrittszeitpunkt in 10 Jahren und somit der Leistungsanspruch des Arbeitnehmers 1.967 TEUR. Wird dieses mit einem Zinssatz von 2 % abgezinst, führt dies zu einer Verpflichtung i. H. v. rund 1.614 TEUR. Diese Verpflichtung könnte jedoch zum Bilanzstichtag mit 1.000 TEUR erfüllt werden. Vgl. zu diesem Sachverhalt auch Fasshauer (2010), S. 138 f.

583 Selbst die Gewährung einer Festbetragszusage, die eine einmalige Kapitalleistung bei Pensionseintritt beinhaltet, ist mit der Unsicherheit über das Erreichen des Pensionierungszeitpunkts verbunden.

584 Vgl. Mühlberger/Schwinger (2011), S. 32.

wonach diese Parameter zu jedem Bilanzstichtag zu überprüfen und bei Vorliegen von Abweichungen anzupassen sind.[585] Die zur Bewertung der Verpflichtung notwendigen Parameter sind unvoreingenommen, das heißt weder zu vorsichtig noch zu unvorsichtig, zu wählen sowie aufeinander abzustimmen[586] und können in demographische und finanzielle Annahmen unterschieden werden.[587]

Demographische Annahmen umfassen laut IAS 19.76 (a) Schätzungen zur Sterblichkeit, Fluktuationsraten, Invalidisierungswahrscheinlichkeiten und Frühpensionierungsverhalten sowie den Anteil der begünstigten Arbeitnehmer einschließlich deren Wahl möglicher Leistungsoptionen und die Inanspruchnahme von Leistungen zur medizinischen Versorgung. Damit umfassen diese Parameter Eigenschaften, welche die von den Pensionsplänen erfassten Arbeitnehmer auszeichnen und damit den Bestand der Leistungsanwärter beschreiben.[588] Annahmen zu Wahrscheinlichkeiten über Tod und Invalidität werden in Deutschland häufig den Tabellen der „Heubeck-Richttafeln 2005 G" entnommen, die von Prof. Dr. Klaus Heubeck zur Bewertung von Pensionsverpflichtungen und ähnlichen Zwecken entwickelt[589] und als adäquat erachtet werden.[590] In anderen Ländern existieren ähnliche Richttafeln, wie etwa in Großbritannien die English Life Table Nr. 14, wodurch den Unterschieden in den einzelnen Ländern Rechnung getragen wird.[591] Bei Anwendung von Richttafeln werden zwar keine unternehmensspezifischen Werte herangezogen, jedoch wird diese Vorgehensweise vielfach von Unternehmen gewählt. Dies begründet sich durch die oftmals für die Ermittlung statistisch werthaltiger Daten zu geringen Bestände an leistungsorientierten Pensionsplänen eines Unternehmens und des dafür erforderlichen hohen Aufwands.[592] In der Literatur wird gleichwohl eine unternehmensindividuelle Anpassung dieser Werte diskutiert und häufig als opportun erachtet.[593] Dies wird nun auch durch die jüngste Überarbeitung von

---

585 Dies ergibt sich aus der Anforderung nach IAS 19.58 die zu bilanzierende Nettoverpflichtung regelmäßig zu überprüfen, um zu gewährleisten, dass keine wesentliche Abweichungen zwischen den bilanzierten Werten und den Werten zum Bilanzstichtag bestehen. Vgl. ähnlich auch Ernst & Young LLP (2012), S. 2256 f.

586 IAS 19.75 i. V. m. IAS 19.77.

587 Vgl. IAS 19.76.

588 Vgl. Mühlberger/Schwinger (2011), S. 36 f.; Wollmert et al. (2012), Rn. 87.

589 Vgl. Heubeck AG (2005), S. 1.

590 Vgl. beispielsweise Rhiel (2012), Rn. 33; Wollmert et al. (2012), Rn. 88; Höfer/Veit/Verhuven (2011), Rn. 4489; Heger/Weppler (2007), Rn. 254 oder Mühlberger/Schwinger/Wildner (2008), Rn. 200.

591 Vgl. Wollmert et al. (2012), Rn. 87.

592 Vgl. Mühlberger/Schwinger (2011), S. 37.

593 Vgl. Rhiel (2012), Rn. 35; Heger/Weppler (2007), Rn. 254; Höfer/Veit/Verhuven (2011), S. 4489. Eine solche Anpassung scheint insbesondere bei Plänen, die eine Leistungsoption beinhalten, angebracht zu sein. So entscheiden sich vermutlich gesunde Arbeitnehmer häufiger für eine rentenförmige Auszahlung und nicht für einen einmaligen Kapitalbetrag, weshalb die tatsächlichen Lebensdauern der

IAS 19 gefordert, wonach der Standard nun explizit regelt, die Sterblichkeitsraten für die vom Pensionsplan erfassten Arbeitnehmer unter Beachtung der künftigen Entwicklung festzulegen.[594] Unternehmensspezifische Werte lassen sich hingegen bei Fluktuationsraten ermitteln.[595] Das Pensionseintrittsalter wird grundsätzlich von der Ausgestaltung des Pensionsplans determiniert. Unternehmensspezifische Annahmen sind diesbezüglich jedoch notwendig, sofern der Plan lediglich eine Zeitspanne vorgibt.[596] Das unterstellte Pensionseintrittsalter stimmt dabei häufig mit dem gesetzlichen Renteneintrittsalter überein.[597]

Darüber hinaus müssen auch *finanzielle Annahmen* getroffen werden. Diese werden im Gegensatz zu demographischen Annahmen durch unternehmens-, plan- oder gesamtwirtschaftliche Entwicklungen bestimmt. Hierzu zählen nach IAS 19.76 (b) primär der Zinssatz zur Diskontierung der Versorgungsansprüche, das künftige Leistungsniveau,[598] das künftige Gehaltsniveau und, bei Gewährung von Zusagen für Leistungen der medizinischen Versorgung, die künftigen Kosten der medizinischen Versorgung.[599]

Insbesondere der Wahl des Zinssatzes zur Diskontierung der DBO kommt auf Grund der großen betragsmäßigen Auswirkungen eine hohe Relevanz zu.[600] Gemäß der Regelung des IAS 19.83 ist dieser Zinssatz zum Bilanzstichtag auf Basis der Renditen für laufzeitkongruente erstrangige, festverzinsliche Industrieanleihen der entsprechenden Währung zu bestimmen. Dabei beinhaltet der Diskontierungszinssatz nach IAS 19.84 keinen Risikoaufschlag wie etwa für versicherungsmathematische Risiken oder Anlagerisiken, sondern repräsentiert ausschließlich den Zeitwert des Geldes. Als Zinssatz, welcher diesen Anforderungen entspricht, gilt regelmäßig der Zinssatz für Anleihen mit einem AA-Rating, die als

---

Arbeitnehmer, welche eine Rente beziehen, über den statistisch erfassten Werten liegen können, vgl. Höfer/Veit/Verhuven (2011), S. 4489.

594 Vgl. IAS 19.81–82.

595 Vgl. Höfer/Veit/Verhuven (2011), Rn. 4489; Mühlberger/Schwinger (2011), S. 38.

596 Vgl. Mühlberger/Schwinger (2011), S. 38.

597 Vgl. Rhiel (2012), Rn. 35; Mühlberger/Schwinger/Wildner (2008), Rn. 200.

598 Von der Schätzung auszunehmen sind Kosten für Leistungen, die von den Arbeitnehmern zu tragen sind, vgl. IAS 19.76 (b) (ii).

599 Hierunter fallen z. B. auch Kosten, die für die Bearbeitung der Ansprüche entstehen, vgl. IAS 19.76 (a) (iii). Kosten der medizinischen Versorgung werden in IAS 19.96–97 vergleichsweise detailliert behandelt, vgl. auch Ernst & Young LLP (2012), S. 2253, jedoch auf Grund der geringen Relevanz in Deutschland nachfolgend nicht weiter thematisiert. Zuletzt sind nach IAS 19.76 (a) (iv) auch Annahmen über Steuerzahlungsverpflichtungen von Pensionsplänen für Beiträge in Bezug auf bereits erbrachte Arbeitsleistungen oder für Leistungen hinsichtlich bereits erbrachter Arbeitsleistungen zu treffen.

600 Vgl. ähnlich IAS 19.84.

„relativ risikolos“ eingestuft werden.[601] Sofern kein liquider Markt für derartige Industrieanleihen besteht, ist in solchen Ländern stattdessen auf Renditen für Staatsanleihen zurückzugreifen.[602] Eine Erleichterung besteht hinsichtlich der Verwendung eines fristenkongruenten Zinssatzes, der grundsätzlich entsprechend dem jeweiligen Auszahlungszeitpunkt der zugesagten Leistung zu wählen ist. Nach IAS 19.85 darf ein gewichteter Durchschnittszinssatz herangezogen werden.[603] Existiert kein Marktzins mit der erforderlichen Laufzeit, so ist dieser durch Extrapolation vorhandener Zinssätze zu schätzen.[604] Der Abzinsungssatz ist grundsätzlich ein nominaler Vorsteuerzinssatz.[605]

Weitere bedeutende Annahmen stellen der Gehaltstrend sowie das künftige Leistungsniveau dar.[606] Diese versicherungsmathematischen Annahmen spiegeln künftige Änderungen der zugesagten Leistungen auf Grund entsprechender Regelungen, die im Pensionsplan niedergelegt sind oder sich aus faktischen Verpflichtungen ergeben, wider.[607] Resultiert hieraus voraussichtlich eine künftige Änderung der Leistungen, so sind die Auswirkungen im Rahmen der Bewertung der DBO zu antizipieren. Hierunter fallen etwa künftige Gehaltssteigerungen, die zu einer Erhöhung der Leistungen führen[608] und unter Beachtung der Inflation, künftiger Beförderungen und anderer relevanter Faktoren[609] geschätzt werden müssen.[610] Diese Schätzungen können auf betrieblichen Erfahrungswerten beruhen, sollten jedoch

---

601 Vgl. Ernst & Young LLP (2012), S. 2255; Rhiel (2012), Rn. 34; Mühlberger/Schwinger (2011), S. 40; Höfer/Veit/Verhuven (2011), Rn. 4481; Heger/Weppler (2007), Rn. 262. Diese Anforderung führte in der Finanzmarktkrise 2008 zu Schwierigkeiten, da sich der Zinssatz von AA-Anleihen auf Grund eines Risikoaufschlags stark erhöhte, vgl. Rhiel (2012), Rn. 34, und auch die Spreads zwischen Renditen von Unternehmens- und Staatsanleihen stark anstiegen, vgl. ED/2009/10.BC2 sowie Gohdes/Knussmann (2009), S. 2639 f. Ein auf Grund der Schwierigkeiten zur Ermittlung eines adäquaten Zinssatzes veröffentlichter ED mit alternativen Vorschlägen zur Zinssatzentwicklung wurde jedoch nicht weiter verfolgt, vgl. S. 77, Fußnote 502.

602 Vgl. IAS 19.83. In diesem Fall ist ein Risikoaufschlag zum Ausgleich des Bonitätsunterschieds zwischen Unternehmens- und Staatsanleihen erforderlich, vgl. Mühlberger/Schwinger (2011), S. 38.

603 Zur Ermittlung eines solchen Zinssatzes vgl. ausführlich Bauer et al. (2007), S. 87 f.; Mühlberger/Schwinger (2011), S. 39 f. sowie m. w. N. Mühlberger/Schwinger/Wildner (2008), Rn. 206.

604 Vgl. IAS 19.86.

605 Vgl. IAS 19.79 i. V. m. Wollmert et al. (2012), Rn. 94.

606 Vgl. IAS 19.87 für eine Auflistung der einzelnen zu bestimmenden Parameter.

607 Vgl. IAS 19.88.

608 Vgl. IAS 19.87 (b).

609 Vgl. IAS 19.90.

610 Weitere Effekte, die in diesem Rahmen beachtet werden müssen, sind z. B. nach IAS 19.91 mögliche Beschränkungen der Beiträge des Unternehmens, die dieses an einen Pensionsplan zu zahlen verpflichtet ist, oder Senkungen des Pensionsaufwands

insgesamt konsistent sowie in Einklang mit der erwarteten ökonomischen Entwicklung getroffen werden.[611] Im Rahmen dieser Annahmen dürfen nach IAS 19.89 nur Änderungen, die sich aus den Regelungen des Plans oder einer faktischen Verpflichtung ergeben, berücksichtigt werden.[612]

Die erläuterten Parameter werden – im Sinne des income approach – bereits zu Periodenbeginn für die Bewertung des Pensionsaufwands der Periode festgelegt.[613] Weichen die Schätzungen zum Bilanzstichtag am Periodenende von den zuvor festgelegten Werten ab, werden diese Differenzen von IAS 19 als versicherungsmathematische Gewinne oder Verluste bezeichnet und gesondert behandelt.[614] Da die Bewertung von Pensionsverpflichtungen auf Grund der Notwendigkeit versicherungsmathematischer Annahmen und der möglichen Entstehung versicherungsmathematischer Gewinne und Verluste sehr komplex ist,[615] empfiehlt der Standard einen anerkannten Versicherungsmathematiker zur Bewertung dieser Verpflichtungen hinzuzuziehen; er fordert dies indes aber nicht.[616]

Nach IAS 19.73(b)(iv)(2004) wurde die Festlegung einer weiteren finanziellen Annahme gefordert – nämlich die erwarteten Erträge aus dem Planvermögen.[617] Diese zu Beginn der Periode festgelegte erwartete Verzinsung des Planvermögens ist gemäß IAS 19.105 f. (2004) in der Gewinn- und Verlustrechnung zu erfassen, wohingegen potentielle Abweichungen zur tatsächlichen Rendite am Periodenende als versicherungsmathematische Gewinne und Verluste einzuordnen sind.[618]

---

eines Unternehmens auf Grund von Beiträgen an den Pensionsplan, die durch Arbeitnehmer oder Dritte nach IAS 19.92 getragen werden.

611 Vgl. ähnlich WOLLMERT et al. (2012), Rn. 95 und MÜHLBERGER/SCHWINGER (2011), S. 41 f.

612 Dementsprechend sind Parameter- und Planänderungen voneinander zu unterscheiden. Hängen Bewertungsparameter vom Pensionsplan ab und können nur in gewissen Grenzen variiert werden, so führt eine Änderung dieser Grenzen nicht zu Parameteränderungen und damit zu versicherungsmathematischen Gewinnen und Verlusten, sondern zu einer Planänderung, vgl. RHIEL (2012), Rn. 36. Zur Behandlung von Planänderungen vgl. Abschnitt 3.3.4.

613 Vgl. MÜHLBERGER/SCHWINGER (2011), S. 37.

614 Vgl. hierzu ausführlich Abschnitt 3.3.3.

615 Vgl. IAS 19.55.

616 Vgl. IAS 19.59.

617 Zur Abschätzung dieser Größe vgl. ausführlich MÜHLBERGER/SCHWINGER (2011), S. 42. Mit der Überarbeitung des IAS 19 im Jahr 2011 wird die Bestimmung des erwarteten Ertrags aus dem Planvermögen zu Periodenbeginn durch die Abschätzung des Planvermögensertrags anhand des Diskontierungszinssatzes ersetzt, vgl. IAS 19.123.

618 Vgl. zur möglichen Behandlung versicherungsmathematischer Gewinne und Verluste nach IAS 19(2004) Abschnitt 3.3.3.3.

3.3.2 Definition und Bilanzierung des Planvermögens

3.3.2.1 Definition und Abgrenzung von Planvermögen nach IAS 19

Planvermögen (plan assets) in der Rechnungslegung nach IFRS umfasst Vermögenswerte, die der Erfüllung von Pensionsverpflichtungen dienen und entsprechende weitergehende Anforderungen nach IAS 19 erfüllen. Die Qualifizierung von Vermögenswerten als Planvermögen ist mit weitreichenden Auswirkungen hinsichtlich des Ausweises verbunden. So sind Pensionsverpflichtungen saldiert mit diesen Vermögenswerten als Nettopensionsverpflichtung oder -vermögenswert auszuweisen und auch der zu erfassende Pensionsaufwand wird um den Planvermögensertrag vermindert.[619]

Nach IAS 19.8 erfüllen Vermögenswerte die Definition von Planvermögen, wenn diese auf eine rechtlich selbstständige externe Einheit ausgelagert werden, deren ausschließlicher Zweck die Finanzierung oder Zahlung von Leistungen an Arbeitnehmer darstellt. Darüber hinaus dürfen diese Vermögenswerte ausschließlich zur Erfüllung von Leistungen der betrieblichen Altersversorgung zur Verfügung stehen[620] und müssen dem Zugriff von Gläubigern, auch im Insolvenzfall, entzogen sein. Folglich zeichnet sich Planvermögen durch die *Separation* auf einer vom Unternehmen verschiedenen rechtlichen Einheit, die auch als Versorgungsträger oder von IAS 19.8 als Fonds[621] bezeichnet wird, sowie die *Zweckbindung* und *Insolvenzfestigkeit* aus.[622]

Die Art der Vermögenswerte, die als Planvermögen qualifiziert werden können, wird durch IAS 19 nicht eingeschränkt; so können sowohl Finanzinstrumente, wie Geld oder Aktien, Sachanlagevermögen oder auch Immobilien ausgelagert werden.[623] Selbst eigene Anteile des auslagernden Unternehmens, können nach IAS 19.8, sofern diese frei handelbar[624] sind, als Planvermögen qualifiziert werden.

Neben ausgelagerten Vermögenswerten stellen auch durch IAS 19.8 als „qualifizierende" Versicherungsverträge bezeichnete Verträge, respektive die daraus resultierenden Forderungen,[625] Planvermögen dar. Qualifizierende Versicherungsverträge müssen mit einem unabhängigen Versicherungsunternehmen abgeschlossen

---

619 Vgl. hierzu ausführlich Abschnitt 3.3.6.

620 Zahlungsrückflüsse an den Arbeitgeber sind nach IAS 19.8 nur erlaubt, sofern ausreichend Vermögenswerte zur Deckung der Verpflichtungen beim externen Träger verbleiben und die rückgezahlten Vermögenswerte zur Erfüllung der Leistungen höchstwahrscheinlich nicht mehr benötigt werden, vgl. hierzu auch RHIEL (2012), Rn. 22. Ferner ist eine Rückzahlung zur Erstattung bereits gezahlter Leistungen möglich, sofern der Arbeitgeber die Zahlungen der Leistungen an die Arbeitnehmer selbst vornimmt.

621 Dieser Begriff ist umfassend zu verstehen und geht z.B. über einen Fonds i.S.d. BetrAVG hinaus, vgl. IDW ERS HFA 2 n.F., Rn. 70.

622 Vgl. MÜHLBERGER/SCHWINGER (2011), S. 45.

623 Vgl. auch MÜHLBERGER/SCHWINGER (2011), S. 46.

624 Wörtlich verlangt IAS 19.8, dass Planvermögenswerte „transferable" sind.

625 Vgl. MÜHLBERGER/SCHWINGER (2011), S. 46.

werden, wodurch das Kriterium der Separation erfüllt wird. Des Weiteren müssen sich bei qualifizierenden Versicherungsverträgen die Erlöse aus diesen Verträgen durch die Zweckbindung für Leistungen an Arbeitnehmer auszeichnen. Zuletzt müssen auch diese insolvenzfest sein und dürfen Gläubigern im Insolvenzfall nicht zur Verfügung stehen.[626] Qualifizierende Versicherungsverträge fallen unter Erstattungsansprüche nach IAS 19.116.[627] Erstattungsansprüche, die diese Anforderungen für qualifizierende Versicherungsverträge nicht erfüllen, sind nach IAS 19.116 als separate Vermögenswerte zu aktivieren, wenn die Erstattung der Ausgaben zur Erfüllung leistungsorientierter Pensionsverpflichtungen so gut wie sicher ist.

3.3.2.2 Planvermögen bei Zusagen nach BetrAVG

Planvermögen nach IAS 19 kann sowohl bei Gewährung mittelbarer wie auch bei unmittelbaren Versorgungszusagen nach BetrAVG entstehen beziehungsweise generiert werden. Werden die mittelbaren Durchführungswege Direktversicherung, Pensionskasse oder Pensionsfonds gewählt und gelten diese Zusagen nicht als beitragsorientierte Pläne,[628] so handelt es sich bei dem ausgelagerten Vermögen um Planvermögen im Sinne des IAS 19.8.[629] Da diese externen Versorgungsträger rechtlich selbstständig sind, wird das Kriterium der Separation erfüllt.[630] Darüber hinaus handelt es sich um versicherungsförmige Durchführungswege, weshalb die Anforderungen des VAG gelten. Auf Grund dessen ist der Zweck dieser Einrichtungen jeweils beschränkt[631] und das Vermögen kann nicht in die Insolvenzmasse des Unternehmens eingehen.[632]

---

626 Rückzahlungen an das Unternehmen sind auch hier lediglich erlaubt, sofern die Überschüsse ausreichen, um die Leistungsverpflichtungen gegenüber den Arbeitnehmern zu erfüllen oder um Leistungszahlungen des Unternehmens zu erstatten, vgl. IAS 19.8.

627 Vgl. IAS 19.116–119 i. V. m. Mühlberger/Schwinger (2011), S. 46.

628 Vgl. zu dieser Zuordnung Abschnitt 3.2.3.2.

629 Vgl. zu dieser Einordnung auch DAV (Hrsg.) (2003), S. 15; Höfer/Veit/Verhuven (2011), Rn. 4463; Heger/Weppler (2007), Rn. 280.

630 Vgl. hierzu und zu den nachfolgenden Kriterien auch Abschnitt 2.1.3.3.

631 Vgl. in Bezug auf Pensionskassen § 118a VAG; hinsichtlich Pensionsfonds § 112 Abs. 1 Satz 1 VAG und bei Direktversicherungen § 8 Abs. 1a VAG sowie Abschnitt 2.1.3.3.

632 Die Insolvenzfestigkeit begründet sich durch das rechtliche und wirtschaftliche Eigentum, das bei dem externen Versorgungsträger liegt, dem fehlenden Herausgabeanspruch im Insolvenzfall und der Tatsache, dass es sich bei dem auf diese Versorgungsträger ausgelagerten Vermögen um Sicherungsvermögen nach §§ 66, 115 VAG handelt, vgl. zur Frage der Insolvenzfestigkeit ausführlich Küppers/Louven/Schröder (2005), S. 765–767; Mühlberger/Schwinger (2011), S. 48.

Darüber hinaus kann das Vermögen, das auf Unterstützungskassen ausgelagert wird, prinzipiell ebenfalls als Planvermögen angesehen werden.[633] Da diese rechtlich selbstständige, externe Versorgungsträger darstellen,[634] liegt auch in diesem Fall die notwendige Separation des Vermögens vor. Ferner ist die Zweckbindung der Vermögenswerte von Unterstützungskassen regelmäßig gegeben.[635] Zuletzt muss der Zugriff des arbeitgebenden Unternehmens auf das Kassenvermögen ausgeschlossen werden.[636] Bei Unterstützungskassen ist jedoch eine Rückübertragung überdotierter Kassen in der Regel möglich. Da diese steuerliche Überdotierung nicht mit einem Übersteigen des Planvermögens über die Pensionsverpflichtung nach IFRS identisch ist, kann das Unternehmen eventuell über das Vermögen verfügen, was allerdings satzungsgemäß ausgeschlossen werden kann.[637] Letztlich ist daher bei Unterstützungskassenzusagen die Qualifizierung als Zweckvermögen in Abhängigkeit der Ausgestaltung im Einzelfall zu beurteilen.[638] Jedoch ist eine vollständige Ausfinanzierung bei nicht kongruent rückgedeckten Unterstützungskassen aus steuerlichen Gründen nicht möglich,[639] weshalb hier ein Konflikt mit der Zielsetzung einer vollständigen Deckung der Verpflichtung durch Planvermögen entstehen kann.[640]

Auch bei der Gewährung von Direktzusagen kann das Unternehmen Planvermögen generieren. Um die Kriterien des IAS 19 hierfür zu erfüllen, müssen jedoch rechtlich eigenständige Einheiten gegründet werden, wobei das auf diese ausgelagerte Vermögen neben der Zweckbindung ebenfalls insolvenzgeschützt sein

633 Die Tatsache, dass Unterstützungskassen keinen Rechtsanspruch auf ihre Leistungen gewähren, hat praktisch keine Bedeutung, vgl. Abschnitt 2.1.3.3 sowie Wollmert et al. (2012), Rn. 70.

634 Vgl. Abschnitt 2.1.3.3.

635 Die Zweckbindung wird üblicherweise in der Satzung der Unterstützungskasse festgelegt und ist insbesondere notwendig, um die Steuerfreiheit nach § 5 Abs. 1 Nr. 3 KStG zu erreichen, vgl. Sartoris (2009), S. 304; Rössler/Doetsch/Heger (1999), S. 2501.

636 Teile der Literatur sehen zusätzlich auch eine Darlehensgewährung des Kassenvermögens an das Trägerunternehmen als schädlich für die Einordnung als Planvermögen an, so z. B. Nguyen (2011), S. 124; Höfer/Veit/Verhuven (2011), Rn. 4463. Eine andere Ansicht hingegen vertreten Wollmert et al. (2012), Rn. 72. Ein Ausschluss einer Darlehensrückgewähr stünde auch im Widerspruch zu dieser ansonsten grundsätzlich bestehenden Möglichkeit bei Vorliegen von Planvermögen.

637 Vgl. Rössler/Doetsch/Heger (1999), S. 2501 sowie m. w. N. Koch (2009), S. 286; Sartoris (2009), S. 304. Eine andere Ansicht vertreten hingegen Wollmert et al. (2012), Rn. 33, wonach der Teil des Kassenvermögens, welcher nicht zu einer Überdotierung im steuerlichen Sinn führt, stets als Planvermögen anzusehen ist.

638 Vgl. Sartoris (2009), S. 305; Koch (2009), S. 286.

639 Vgl. Abschnitt 2.1.3.3.

640 Vgl. ähnlich Pawelzik (2012), Rn. 3672.

muss. Dies erfolgt regelmäßig durch die Einrichtung von sogenannten CTAs, die in Abschnitt 2.2.3.2 ausführlich behandelt werden.

Der Qualifizierung als Planvermögen steht nach IAS 19.8 nicht entgegen, dass das Unternehmen diese Vermögenswerte nutzt. So steht es einem Unternehmen grundsätzlich offen, die Nutzung nicht-finanzieller Vermögenswerte, die etwa auf ein CTA ausgelagert werden, weiterhin im Rahmen eines Miet-, Pacht- oder Leasingverhältnisses zu behalten.[641] Da IAS 19 keine weitere Beschränkung hinsichtlich der Art der Vermögenswerte, welche sich als Planvermögen eignen, enthält, können auch eigene Anteile des Unternehmens als Planvermögen ausgelagert werden. Einschränkend gilt nach IAS 19.114 lediglich, dass nicht-übertragbare Finanzinstrumente kein Planvermögen darstellen. Fraglich ist bei einer solchen Konstruktion jedoch, ob den Pensionsverpflichtungen des Arbeitgeberunternehmens im Insolvenzfall noch ein werthaltiges Planvermögen gegenüber steht.[642] Ebenso ist es möglich, Darlehensforderungen des externen Fonds gegenüber dem Unternehmen als Planvermögen zu qualifizieren. Hierbei darf es sich laut IAS 19.114 jedoch nicht um fällige, aber noch nicht bezahlte Beitragszahlungen vom Unternehmen an den Fonds handeln. Weiterhin schränken das IDW und Teile der Literatur ein, dass eine derartige darlehensweise Rückgewähr von zuvor auf den Fonds übertragenen Vermögenswerten nur möglich sei, wenn dies zum einen konform mit der Satzung des Fonds sei und zum anderen zu marktüblichen Bedingungen, wozu auch die Gewährung von Sicherheiten zählt, erfolgt.[643]

Unter qualifizierende Versicherungsverträge, und damit ebenfalls unter das Planvermögen, können Rückdeckungsversicherungen fallen, die etwa zur Absicherung einer Direktzusage oder in Zusammenhang mit einer Unterstützungskassenzusage abgeschlossen werden. Um die Anforderung des IAS 19.8 an Planvermögen vollständig

---

641 Vgl. Mühlberger/Schwinger (2011), S. 51; Pawelzik (2012), Rn. 3671; Küting/Scheren/Kessler (2010), S. 270. Das IDW formuliert für solche Fälle u. a. die Anforderung, dass das Planvermögen weiterveräußerbar ist, vgl. IDW ERS HFA 2 n.F., Rn. 84. Da diese Vermögenswerte selbst nicht für Pensionszahlungen herangezogen werden können, sondern höchstens die laufenden Einnahmen aus diesen, wird der künftige Cashflow des Unternehmens nicht entlastet, vgl. Folgner (2006), S. 436.

642 Vgl. hierzu Mühlberger/Schwinger (2011), S. 50.

643 Vgl. IDW ERS HFA 2 n.F., Rn. 79; sowie z. B. Passarge (2005), S. 2749; Küting/Scheren/Kessler (2010), S. 266; Pawelzik (2012), Rn. 3671; Mühlberger/Schwinger (2011), S. 50. Darüber hinaus darf nach Ansicht des IDW eine Darlehensgewähr nicht dazu führen, dass hierdurch dauerhaft Beitragszahlungen des Fonds an das Unternehmen vermieden werden bzw. absehbar ist, dass das Unternehmen seinen Zahlungsverpflichtungen nicht vollständig nachkommen kann, vgl. IDW ERS HFA 2 n.F., Rn. 80. Vgl. kritisch zu dieser Auslegung Mühlberger/Schwinger (2011), S. 51.

zu erfüllen, müssen die Erlöse aus solchen Verträgen insolvenzgesichert sein. Dies kann durch eine Verpfändung der Erlöse erreicht werden.[644]

3.3.2.3 Bewertung des Planvermögens und des Ertrags aus dem Planvermögen

Die Bewertung[645] des Planvermögens erfolgt nach IAS 19.113 in Höhe des Fair Value. Marktwerte sind bei fungiblen Finanzinstrumenten, wie börsennotierten Aktien oder Anleihen, anhand der Börsennotierungen einfach ermittelbar.[646] Liegen keine Marktwerte vor, so ist zur Ermittlung des Fair Value ein Barwertverfahren unter Verwendung eines risikokongruenten Zinssatzes, welcher auch die Fälligkeits- bzw. Veräußerungszeitpunkte des Vermögens berücksichtigt, heranzuziehen.[647]

Schwierigkeiten bei der Bewertung des Planvermögens können speziell bei Vermögenswerten des Anlagevermögens, die ausgelagert werden, entstehen, weshalb die Einholung eines Sachverständigengutachtens erforderlich werden kann.[648] Besteht das Planvermögen aus finanziellen Vermögenswerten, die zuvor bereits vom auslagernden Unternehmen bilanziert wurden, führt die Auslagerung ebenfalls zur Neubewertung, die ungeachtet der vorherigen Bilanzierung GuV-wirksam erfasst wird.[649] Der Wertansatz von Planvermögen, das in Deutschland durch Inanspruchnahme eines mittelbaren Durchführungswegs generiert wird, ist anhand des Deckungskapitals zum Bewertungsstichtag zu ermitteln.[650]

Besteht das Planvermögen aus qualifizierenden Versicherungsverträgen, entspricht der Fair Value der Versicherungsverträge gemäß der Annahme des IAS 19.115 dem Barwert der DBO. Bei einer vollständig kongruenten Abdeckung der DBO etwa durch eine Rückdeckungsversicherung, wird die Forderung aus dem Versicherungsvertrag dieser Regelung entsprechend in Höhe des Barwerts der DBO bewertet. Liegt hingegen keine kongruente Abdeckung vor, ist der Zeitwert der Forderung

---

644 Vgl. beispielsweise FELD (2003), S. 584; HÖFER/VEIT/VERHUVEN (2011), S. 4463; PAWELZIK (2012), Rn. 3674; HEGER/WEPPLER (2007), Rn. 278; RHIEL (2012), Rn. 22.

645 IAS 19 beinhaltet keine speziellen Ansatzvorschriften für Planvermögenswerte.

646 Vgl. MÜHLBERGER/SCHWINGER (2011), S. 51.

647 Vgl. IAS 19.113. Sind hinsichtlich des Planvermögens keine Fälligkeits- oder Veräußerungszeitpunkte bekannt, so ist der Ermittlung des Zinssatzes nach IAS 19.113 der Zeitraum bis zur Erfüllung der DBO zu Grunde zu legen.

648 Vgl. MÜHLBERGER/SCHWINGER (2011), S. 52. Zu Besonderheiten bei Planvermögen, welches aus Sachanlagen oder Immobilien des Trägerunternehmens zusammengesetzt ist und an dieses im Rahmen eines Leasing-Vertrags zur Nutzung überlassen wird, vgl. ausführlich IDW ERS HFA 2 n.F. Rn. 84–87; MÜHLBERGER/SCHWINGER (2011), S. 52.

649 Vgl. MÜHLBERGER/SCHWINGER (2011), S. 52.

650 Vgl. HÖFER/VEIT/VERHUVEN (2011), Rn. 4464.

aus dem Versicherungsvertrag zu schätzen, was praktisch anhand des von der Versicherung gemeldeten Aktivwerts des Versicherungsvertrags erfolgen kann.[651]

Der Ertrag aus dem Planvermögen, welcher GuV-wirksam erfasst wird, ist nach IAS 19.123 zu Periodenbeginn anhand des Rechnungszinssatzes, der zur Abzinsung der DBO herangezogen wird, zu ermitteln. Im Gegensatz dazu war nach den Vorgaben des IAS 19.106 (2004) der erwartete Ertrag aus dem Planvermögen für die Periode zu bestimmen. Dabei waren ausgehend von der Zusammensetzung des Planvermögens zu Beginn der Periode mögliche Änderungen in der Zusammensetzung des Vermögens zu antizipieren. Dieser Schätzung waren die Markterwartungen über die Anlageerträge bis zum Erfüllungszeitpunkt der zugehörigen Verpflichtung unter Abzug erwarteter Verwaltungskosten zu Grunde zu legen.[652] Die Antizipation der Erträge aus dem Planvermögen zu Periodenbeginn lässt sich auf den income approach zurückführen, dem IAS 19 nach wie vor – wenn auch nicht vollständig – verhaftet ist. Dieses Verfahren trifft vielfältig auf Kritik. Um zumindest der Kritik der Anfälligkeit der Festlegung der Erwartungsrendite für Bilanzpolitik zu begegnen,[653] ersetzt der im Jahr 2011 verabschiedete, überarbeitete IAS 19 die Festlegung des Planvermögensertrags anhand der erwarteten Rendite durch den Rechnungszinssatz, der zur Diskontierung der DBO herangezogen wird. Diese Vorgehensweise entspricht der Einführung des Nettozinsansatzes, wonach der Zinsaufwand/-ertrag aus der/dem saldierten Nettopensionsverpflichtung/-vermögenswert anhand des Rechnungszinssatzes[654] zu Periodenbeginn festgelegt wird. Dabei sind gemäß IAS 19.123 ebenfalls erwartete Änderungen dieser/dieses Nettoverbindlichkeit/-vermögenswerts während der Periode aus Zuwendungen oder Rentenzahlungen zu berücksichtigen. In gleicher Weise werden auch Erträge aus Erstattungsansprüchen gegenüber Dritten, welche die Anforderungen für qualifizierende Vermögenswerte nicht erfüllen, erfasst.[655]

3.3.3 Neubewertung von Nettopensionsverpflichtung und Nettovermögenswert

3.3.3.1 Begriff und Entstehung versicherungsmathematischer Gewinne und Verluste

Die in einer Periode erdienten Leistungsansprüche werden bereits zu Beginn der Periode ermittelt. Auf Grund dessen ergibt sich der in einer Periode zu erfassende

651 Vgl. Mühlberger/Schwinger (2011), S. 53. Wird ein Erstattungsanspruch, der z. B. aus einem nicht-qualifizierenden Versicherungsvertrag resultiert und damit kein Planvermögen darstellt, aktiviert, so ist dieser auch zum Fair Value zu bewerten, vgl. IAS 19.116 (a).

652 Vgl. IAS 19.106 f. (2004).

653 Vgl. IAS 19 BC.78 (a).

654 Vgl. zur Ermittlung des Rechnungszinssatzes Abschnitt 3.3.1.2.

655 Vgl. IAS 19.116 (b).

Pensionsaufwand auf Basis der Informationen und versicherungsmathematischen Annahmen, welche zu Beginn der Periode getroffen werden.[656] Diese Annahmen werden zum Periodenende überprüft und, sofern notwendig, angepasst. Entsprechend wird der Barwert der leistungsorientierten Verpflichtung, ebenso wie auch der Fair Value des Planvermögens und somit die/der Nettoverpflichtung/-vermögenswert, nach IAS 19.58 auf Basis der zum Bilanzstichtag geltenden Werte berechnet und ausgewiesen. Weichen die zu Beginn der Periode antizipierten Werte für die Bewertung der DBO von den tatsächlichen Werten am Periodenende ab, entstehen versicherungsmathematische Gewinne und Verluste, die getrennt vom Pensionsaufwand erfasst werden.

Versicherungsmathematische Gewinne und Verluste können ausschließlich in Zusammenhang mit der Bewertung der DBO entstehen[657] und sind auf zwei unterschiedliche Ursachen zurückzuführen: Zum einen gründen diese auf einer Abweichung zwischen der tatsächlichen Entwicklung der Bewertungsparameter der Verpflichtung zum Periodenende und den zu Periodenbeginn angenommenen Größen,[658] wie einer Abweichung der Fluktuations- oder Frühpensionierungsrate, der angenommenen Todesfälle oder der Gehaltsentwicklung sowie den laufenden Leistungen.[659] Zum anderen stellen Schätz- bzw. Parameteränderungen, die aus einer Veränderung der Annahmen im Vergleich zum vorherigen Bilanzstichtag resultieren, eine weitere Ursache für das Entstehen versicherungsmathematischer Gewinne und Verluste dar.[660] So kann ebenfalls hinsichtlich der Schätzung der genannten Bewertungsparameter,[661] sowie insbesondere des Diskontierungszinssatzes[662] oder der Annahmen über die Inanspruchnahme angebotener Leistungsoptionen durch Arbeitnehmer,[663] eine Anpassung erforderlich sein.[664]

656 Vgl. HEGER/WEPPLER (2007), Rn. 244.

657 Vgl. IAS 19.128.

658 Vgl. SEEMANN (2009), Rn. 80; ZIMMERMANN/SCHILLING (2003), S. 17. IAS 19.128 bezeichnet diese als „experience adjustments“.

659 Vgl. IAS 19.128 (a).

660 Vgl. SEEMANN (2009), Rn. 80; ZIMMERMANN/SCHILLING (2003), S. 17.

661 Vgl. im Einzelnen IAS 19.128 (c).

662 Vgl. IAS 19.128 (d).

663 Vgl. IAS 19.128 (b).

664 Nicht zu versicherungsmathematischen Gewinnen und Verlusten zählt nach IAS 19.129 eine Veränderung des Fair Value der DBO auf Grund einer Einführung, Anpassung oder Kürzung eines bestehenden leistungsorientierten Plans sowie Änderungen in den auszahlbaren Leistungen. Diese werden als nachzuverrechnender Dienstzeitaufwand behandelt; ebenso zählen Gewinne oder Verluste aus Planabgeltungen (auch als Übertragungen bezeichnet) nicht zu versicherungsmathematischen Gewinnen und Verlusten, vgl. hierzu Abschnitt 3.3.4.

Die Entstehung versicherungsmathematischer Gewinne und Verluste, die in der Realität als „nahezu zwingend und in erheblicher Höhe“[665] bezeichnet werden kann, ist durch die prospektive Aufwandsermittlung zu Periodenbeginn bedingt. Diese Vorgehensweise folgt der dynamischen Bilanzauffassung des income approach,[666] auf welcher IAS 19 in diesem zentralen Aspekt basiert. Erfasst werden versicherungsmathematische Gewinne und Verluste als Teil der Neubewertungskomponente gemäß IAS 19.127.

3.3.3.2 Umfang und Erfassung der Neubewertungskomponente

Die Neubewertungskomponente umfasst nach IAS 19.127 folgende Größen:

- Versicherungsmathematische Gewinne und Verluste in Bezug auf die DBO,
- Abweichungen zwischen dem tatsächlichen Planvermögensertrag und dem zu Periodenbeginn anhand des Rechnungszinssatzes ermittelten Ertrags auf das Planvermögen, welcher ein Teil des Nettozinsaufwands/-ertrags darstellt und
- Änderungen der Auswirkungen aus dem Asset Ceiling, welche nicht im Nettozinsaufwand/-ertrag enthalten sind.[667]

Neben versicherungsmathematischen Gewinnen und Verlusten aus der Bewertung der DBO stellt die Differenz des zu Periodenbeginn anhand des Rechnungszinssatzes ermittelten Ertrags auf das Planvermögen und dem tatsächlichen Planvermögensertrag am Periodenende einen weiteren bedeutenden Teil der Neubewertungskomponente dar.[668] Bei der Bestimmung des Planvermögensertrags sind gemäß IAS 19.130 die Aufwendungen zur Verwaltung des Planvermögens sowie Steuerzahlungsverpflichtungen des Pensionsplans abzuziehen, sofern diese nicht bei Bestimmung der versicherungsmathematischen Annahmen zur Bewertung der DBO berücksichtigt wurden.

Die Neubewertungskomponente, welche durch die Überarbeitung des IAS 19 im Jahr 2011 eingeführt wurde, wird laut IAS 19.120 (c) als Teil des Other Comprehensive Income (OCI) direkt im Eigenkapital erfasst.[669] Eine spätere Erfassung im

---

665 Kirsch/Kurz (2008), S. 443. Vgl. zum Ausmaß versicherungsmathematischer Gewinne und Verluste Abschnitt 5.5.1.3.2.

666 Vgl. ähnlich auch Mühlberger/Schwinger (2011), S. 59; Küting/Kessler (2006), S. 196 f. sowie Baetge/Haenelt (2006), S. 2417.

667 Vgl. zur Erläuterung dieser Größe ausführlich Abschnitt 3.3.6.1 auf S. 114.

668 Vgl. zur Entstehung der Effekte aus dem Asset Ceiling Abschnitt 3.3.6.1.

669 Eine Vorgabe zur Erfassung dieser Komponente innerhalb der Gewinnrücklagen, wie ED/2010/3.119A (c), enthält der endgültige Standard nicht, vgl. auch Scharr/Feige/Baier (2012), S. 10. Jedoch erfordert IAS 1.82A seit dessen Überarbeitung im Jahr 2011 einen separaten Ausweis der OCI-Komponenten, welche ein künftiges Recycling erfordern, von denjenigen OCI-Komponenten, welche kein Recycling erfordern.

Gewinn oder Verlust der Periode in Form eines sogenannten Recyclings ist nach IAS 19.122 nicht vorgesehen. Dementsprechend kennt IAS 19 seit dessen jüngster Überarbeitung ausschließlich die GuV-neutrale Erfassung versicherungsmathematischer Gewinne und Verluste sowie der Abweichungen vom kalkulierten Zinsertrag.[670] Durch diese Neuregelung erfolgt zugleich die Abschaffung der viel kritisierten Möglichkeit der zeitlich verzögerten Erfassung versicherungsmathematischer Gewinne und Verluste[671] und damit eine verstärkte Hinwendung zum bilanzorientierten Asset-/Liability-Ansatz.[672]

3.3.3.3 Erfassungsalternativen für versicherungsmathematische Gewinne und Verluste nach IAS 19 (amd. 2004)

Im Zuge der Überarbeitung von IAS 19 im Jahr 2011 wurde die Abgrenzung versicherungsmathematischer Gewinne und Verluste verändert. Gemäß der Definition des IAS 19.94(2004) beinhalteten versicherungsmathematische Gewinne und Verluste neben den Abweichungen zwischen den Planwerten und dem durch die Bewertung zum Periodenende ermittelten Wert der DBO auch Abweichungen zwischen dem zu Periodenbeginn festgelegten Ertrag auf das Planvermögen und dem tatsächlichen Ertrag. Der zu Periodenbeginn festgelegte Ertrag wurde jedoch nach IAS 19.106(2004) nicht anhand des Rechnungszinssatzes, wie nach der überarbeiteten Fassung des IAS 19, sondern anhand einer zu schätzenden erwarteten Rendite ermittelt.[673]

Zur Erfassung versicherungsmathematischer Gewinne und Verluste sah IAS 19.92–93D(2004) drei verschiedene Alternativen vor, aus denen Unternehmen eine Möglichkeit zur Bilanzierung aller leistungsorientierter Pläne wählen mussten:[674]

---

670 Vgl. IAS 19.BC66 f.

671 Vgl. stellvertretend für eine Vielzahl an Literaturdiskussionen IDW (2003), S. 719 f.; Küting/Kessler (2006), S. 201; Fasshauer/Böckem (2011), S. 1005; Theile (2006), S. 19 f.; Gohdes (2006), S. 994; Meyer-Schell/Zimmermann (2008), S. 441; Mehlinger/Seeger (2010), S. 1523; Zimmermann/Huuk (2010), S. 483 sowie die Ausführungen in Abschnitt 3.3.8. Vgl. für die vom IASB genannten Gründe zur Abschaffung der Korridormethode IAS 19.BC70–72. Diese Kritik wurde vom IASB selbst bereits bei der Überarbeitung im Jahr 2004 vertreten, vgl. IAS 19. BC41 f. (2004).

672 Vgl. ebenfalls Böckem/Tonne (2011), S. 122; Oldewurtel/Kümpel/Wolz (2011), S. 455.

673 Auswirkungen aus dem Asset Ceiling sind nach IAS 19(2004) grundsätzlich gesondert von den versicherungsmathematischen Gewinnen und Verlusten zu behandeln, indem diese GuV wirksam als Teil des Pensionsaufwands gebucht werden, vgl. IAS 19.61(g)(2004). Werden jedoch versicherungsmathematische Gewinne und Verluste in der Periode ihres Entstehens GuV-neutral im Eigenkapital erfasst, so ist diese Vorgehensweise auch für Auswirkungen aus dem Asset Ceiling zwingend, vgl. IAS 19.93D(2004).

674 Vgl. IAS 19.92–93A(2004).

1. Die Korridormethode nach IAS 19.92 (2004), welche im Sinne des income approach eine verzögerte Erfassung versicherungsmathematischer Gewinne und Verluste ermöglicht,
2. die GuV-wirksame Erfassung versicherungsmathematischer Gewinne und Verluste in der Periode ihres Entstehens nach IAS 19.93 (2004) oder
3. die sofortige Erfassung im OCI nach IAS 19.93A (2004), bei welcher versicherungsmathematische Gewinne und Verluste direkt im Eigenkapital erfasst werden und keine nachträgliche Umbuchung in die Gewinn- und Verlustrechnung (Recycling) erfolgt.

Bei Anwendung der *Korridormethode* bleiben versicherungsmathematische Gewinne und Verluste zunächst – bis sie den sogenannten „Korridor" überschreiten – unerfasst. Dieser Korridor wurde nach IAS 19.92 (2004) als der höhere Wert aus 10 % des Barwerts der DBO und 10 % des Fair Value des Planvermögens definiert. Überstieg der kumulierte Saldo der versicherungsmathematischen Gewinne und Verluste diesen Korridor, so wurde der übersteigende Betrag verteilt über die durchschnittliche Restarbeitszeit der Arbeitnehmer erfasst,[675] wie Abbildung 3.2 illustriert.

Abbildung 3.2: Korridormethode nach IAS 19 (2004)

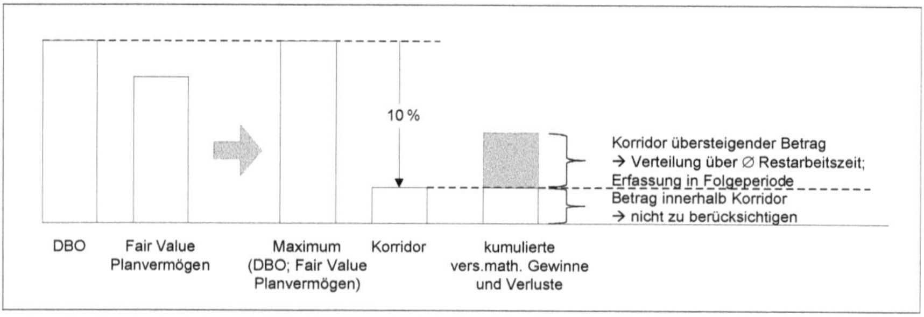

(Quelle: In Anlehnung an MÜHLBERGER/SCHWINGER (2011), S. 60.)

Dabei wurde dieses Verfahren für jeden Plan gesondert durchgeführt.[676] An jedem Bilanzstichtag war der Endbestand der versicherungsmathematischen Gewinne und Verluste erneut dem Vergleich mit dem jeweils aktuellen Korridor zu unterziehen. In Folge dessen änderte sich der zu amortisierende Betrag je nach Veränderung der versicherungsmathematischen Gewinne und Verluste sowie der Entwicklung

675 Vgl. IAS 19.93 (2004). Sofern die Restarbeitszeit geringer ist als ein Jahr, da bspw. keine aktiven Mitarbeiter mehr vom einem Plan erfasst werden, wird der Amortisationsbetrag sofort vollständig erfasst, vgl. SEEMANN (2009), Rn. 83.

676 Vgl. IAS 19.92 (2004).

des Barwerts der DBO und des Planvermögens entsprechend der in Abbildung 3.3 dargestellten Rechnung jährlich.[677]

Abbildung 3.3: Fortschreibung versicherungsmathematischer Gewinne und Verluste

+	Kumulierte versicherungsmathematische Gewinne und Verluste zu Periodenbeginn
+	Versicherungsmathematische Gewinne und Verluste der aktuellen Periode
–	Amortisation versicherungsmathematischer Gewinne/Verluste in aktueller Periode auf Basis der Berechnung in Vorperiode
=	Kumulierte versicherungsmathematische Gewinne oder Verluste zum Bilanzstichtag der aktuellen Periode

Die Anwendung dieser Erfassungsmethode ermöglichte die Reduktion der Ergebnisvolatilität, worin auch ein Grund für deren Einführung bestand.[678] Ferner unterstellte das IASB, dass sich versicherungsmathematische Gewinne und Verluste im Zeitablauf ausgleichen würden und daher die Nicht-Erfassung der Gewinne und Verluste innerhalb des Korridors gerechtfertigt sei.[679] Schließlich reduziere diese Vorgehensweise – nach Ansicht des IASB – die Auswirkungen möglicherweise bilanzpolitisch motivierter Beeinflussungen der Bewertungsparameter[680] und verhindere die Dominanz des Ergebnisses durch diese Effekte.[681] Die Nachteile dieser Methode sind jedoch zahlreich, wie die Ausführungen in Abschnitt 3.3.8 zeigen. Insbesondere der unvollständige Schuldenausweis widerspricht dem vom IASB grundsätzlich verfolgten bilanzorientierten Ansatz, bei welchem der korrekte Vermögens- und Schuldenausweis im Vordergrund steht.[682] Auch der Informationsfunktion wird durch diese Bilanzierungsweise keine Rechnung getragen.

IAS 19.93 (2004) erlaubte auch jede schnellere GuV-wirksame Erfassung versicherungsmathematischer Gewinne und Verluste. Dies führte im Extremfall zu deren vollständigen *sofortigen GuV-wirksamen Erfassung* in der Periode ihres Entstehens. Diese Methode wurde jedoch in der Praxis nur sehr selten angewandt.[683] Im Ergebnis führt diese Bilanzierungsweise zu einem vollständigen Schuldenausweis

677 Vgl. ähnlich SCHRUFF/ZEIMES (2009), Rn. 68; WALTER (2011a), Rn. 26.
678 Vgl. IAS 19.BC39 (a) und (c) 2004.
679 Vgl. IAS 19.95 (2004); IAS 19.BC39 (b) (2004).
680 Vgl. MÜHLBERGER/SCHWINGER (2011), S. 60 sowie ähnlich IAS 19.BC48C (a) (2004).
681 Vgl. IAS 19.BC48C (c) (2004).
682 Vgl. hierzu ausführlich Abschnitt 3.1.2.
683 Vgl. Abschnitt 5.5.1.3.1.

entsprechend dem Asset-/Liability-Ansatz, woraus ein Widerspruch zum Konzept der Entstehung versicherungsmathematischer Gewinne und Verluste resultiert.[684]

IAS 19.93A (2004) eröffnete als dritte Option zur Erfassung versicherungsmathematischer Gewinne und Verluste die Möglichkeit der *sofortigen GuV-neutralen Erfassung* im OCI. Ein späteres Recycling dieser Komponenten in der Gewinn- und Verlustrechnung war nicht vorgesehen.[685] Diese Option wurde durch die Überarbeitung des Standards im Jahr 2004 eingeführt[686] und führt zu einem vollständigen Ansatz der Pensionsverpflichtung und des Planvermögens ohne Eingang der Volatilitäten aus der Bewertung leistungsorientierter Pensionspläne in die Gewinn- und Verlustrechnung.[687] Hierdurch sollte nach Ansicht des IASB eine periodengerechte Erfassung, die den tatsächlichen ökonomischen Gehalt der Ereignisse einer Periode widerspiegelt, umgesetzt werden; dies sollte zu einer transparenten Informationsvermittlung führen.[688]

Insgesamt eröffnete IAS 19 (2004) durch das vorstehende Wahlrecht einen weiten Spielraum für Unternehmen, wenngleich das Wahlrecht einheitlich für alle Pensionspläne ausgeübt werden musste. Zugleich wurde damit die Vergleichbarkeit[689] von Unternehmensabschlüssen bis zu Geschäftsjahren mit Beginn am oder nach dem 1. Januar 2013[690] erschwert.

3.3.4 Änderungen bestehender Pensionszusagen

Vertragliche Vereinbarungen über Versorgungspläne können Änderungen erfahren und damit zu nachzuverrechnendem Dienstzeitaufwand (past service cost) oder Planabgeltungen (settlements) führen. Diese Änderungen stellen – im Gegensatz zu versicherungsmathematischen Gewinnen und Verlusten – Auswirkungen neuer Ereignisse einer Rechnungslegungsperiode dar.[691] Nach IAS 19.8 werden seit dessen

---

684 Vgl. Seemann (2009), S. 85 sowie ähnlich Küting/Kessler (2006), S. 199.

685 IAS 19.93D (2004). Vgl. zur Diskussion des Recyclings ausführlich IAS 19.BC48R-T (2004).

686 Vgl. IAS 19.BC48A (2004).

687 Vgl. Walter (2011a), Rn. 26; Kirsch/Kurz (2008), S. 447; Baetge/Haenelt (2006), S. 2418.

688 Vgl. IAS 19.BC48B und G (2004); IAS 19.BC48O (2004). Darüber hinaus wurde hierdurch Unternehmen aus Großbritannien erlaubt, die aus dem UK-GAAP bekannte Rechnungslegungsmethode beizubehalten, vgl. IAS 19.BC48K (2004) sowie Gohdes (2006), S. 992; Höfer/Lüschper/Verhuven (2006), S. 289; Küting/Kessler (2006), S. 199.

689 Der Kritikpunkt der bislang fehlenden Vergleichbarkeit ist auch in der Literatur sehr häufig zu finden, vgl. exemplarisch Zimmermann/Huuk (2010), S. 483; Walter (2011b), S. 250.

690 Vgl. IAS 19.172.

691 Vgl. IAS 19.BC173.

Überarbeitung im Jahr 2011 sämtliche Auswirkungen solcher Änderungen als Teil des Dienstzeitaufwands in der Periode ihres Entstehens erfasst.

Nachzuverrechnender Dienstzeitaufwand entsteht nach IAS 19.8 auf Grund einer Änderung des Barwerts der DBO, die sich auf Arbeitsleistungen vergangener Perioden bezieht. Verursacht wird der nachzuverrechnende Dienstzeitaufwand entweder durch *Planänderungen (plan amendments)* oder *Plankürzungen (curtailments).*[692] Planänderungen werden gemäß IAS 19.8 durch die Einführung oder Widerrufung eines leistungsorientierten Pensionsplans, oder auch durch eine Änderung eines solchen, ausgelöst. Entsprechend führt beispielsweise eine Erhöhung der monatlichen Rente von 2 % auf 3 % des letzten Gehalts pro Dienstjahr zu einer Erhöhung der bereits erdienten Versorgungszusage und damit der zu zahlenden Leistungen aus einem bestehenden Plan, die als nachzuverrechnender Dienstzeitaufwand erfasst wird.[693] Plankürzungen entstehen nach IAS 19.105 durch eine wesentliche Reduzierung der von einem Plan erfassten Arbeitnehmer und können sich durch ein bestimmtes Ereignis, wie eine Betriebsschließung, der Aufgabe eines Geschäftsbereichs oder der Beendigung respektive Aussetzung eines Plans, ergeben. Wenngleich durch eine Plankürzung nur künftige Dienstjahre betroffen sind, kann diese eine Veränderung der Bewertungsparameter für die Ermittlung der bereits erdienten DBO auslösen, wie beispielsweise eine Erhöhung der Kündigungsrate, wodurch möglicherweise ein Gewinn oder Verlust aus der Plankürzung entsteht.[694] Nachzuverrechnender Dienstzeitaufwand beinhaltet jedoch keine Auswirkungen von Schätzänderungen, wie zum Beispiel Abweichungen der geschätzten von der tatsächlichen Gehaltssteigerung, die unter die versicherungsmathematischen Gewinne und Verluste fallen.[695]

Nachzuverrechnender Dienstzeitaufwand ist nach IAS 19.103 bei Auftreten der Planänderung oder -kürzung GuV-wirksam zu erfassen.[696] Je nach Ursache für das Entstehen des nachzuverrechnenden Dienstzeitaufwands kann dieser zu einer Erhöhung des Barwerts der DBO führen und stellt Aufwand dar oder den Barwert der

---

692 Vgl. IAS 19.8 i. V. m. IAS 19.102.

693 Vgl. IAS 19.104 i. V. m. Pawelzik (2011), S. 217.

694 Vgl. Rhiel (2012), Rn. 69.

695 Vgl. IAS 19.108. Im Gegensatz zu diesen Bestandteilen der Neubewertungskomponente handelt es sich bei nachzuverrechnendem Dienstzeitaufwand sowie Gewinnen und Verlusten aus Planabgeltungen um Auswirkungen neuer Ereignisse, die eine von der Erfassung der Neubewertungskomponente abweichende Behandlung begründen, vgl. IAS 19.BC173 i. V. m. Pawelzik (2011), S. 217.

696 Erfasst ein Unternehmen vor diesem Zeitpunkt in Zusammenhang mit dem gleichen Sachverhalt Aufwendungen für Restrukturierungsrückstellungen nach IAS 37 oder Aufwendungen für Leistungen aus Anlass der Beendigung des Arbeitsverhältnisses, so ist der nachzuverrechnende Dienstzeitaufwand bereits zu diesem früheren Zeitpunkt zu erfassen, vgl. IAS 19.103.

DBO vermindern, wodurch ein negativer Dienstzeitaufwand entsteht, der als Ertrag den Pensionsaufwand reduziert.[697]

Planabgeltungen stellen eine weitere Form der Vereinbarungen dar, die zu einer Änderung der DBO führen. Eine Planabgeltung entsteht gemäß IAS 19.111 durch eine Vereinbarung, mit deren Hilfe sich ein Unternehmen aller weiterer rechtlicher und faktischer Verpflichtungen für bestimmte oder sämtliche zugesagte Leistungen aus einem Plan entledigt und dies nicht durch reguläre Leistungszahlungen an Arbeitnehmer erreicht. Infolgedessen entsteht eine Planabgeltung lediglich bei einer unplanmäßigen Beendigung des Pensionsplans,[698] wie einer ursprünglich nicht beabsichtigten Übertragung auf einen externen Versorgungsträger beziehungsweise neuen Arbeitgeber oder auch einer Abfindung.[699] Hierbei sind in Deutschland die arbeitsrechtlichen Einschränkungen des BetrAVG hinsichtlich Abfindungen und Übertragungen zu beachten.[700] Insbesondere die bei Planabgeltungen geforderte Enthaftung ist bei Übertragung auf einen externen Versorgungsträger auf Grund der Subsidiärhaftung nach § 1 Abs. 1 Satz 1 BetrAVG problematisch, weshalb nur eine äußerst geringe Wahrscheinlichkeit der Inanspruchnahme des Arbeitgebers,[701] die eine Einordnung als beitragsorientierte Zusage rechtfertigt, zurückbleiben darf.[702]

Der aus einer Planabgeltung resultierende Gewinn oder Verlust bemisst sich laut IAS 19.109 als Differenz zwischen dem Barwert der abgegoltenen DBO zum Abgeltungszeitpunkt und sämtlichen Kosten der Abgeltung. Dieser muss nach IAS 19.110 wie nachzuverrechnender Dienstzeitaufwand zum Zeitpunkt des Entstehens der Abgeltung erfasst werden.

Sofern aus einem Ereignis ein nachzuverrechnender Dienstzeitaufwand auf Grund einer Planänderung oder -kürzung entsteht und zugleich ein Gewinn oder Verlust aus einer Planabgeltung, so ist es auf Grund der GuV-wirksamen Erfassung beider Bestandteile nicht notwendig, den Aufwand respektive Ertrag aus diesem Ereignis entsprechend den unterschiedlichen Ursachen aufzuteilen,[703] Dies wird

697 Vgl. IAS 19.106. Reduziert ein Unternehmen die im Rahmen eines leistungsorientierten Plans zu zahlenden Leistungen und erhöht zugleich andere Leistungen, die den Arbeitnehmern des Plans zu Gute kommen, so werden die Auswirkungen der Änderungen zusammengefasst als Nettoaufwand oder -ertrag behandelt, vgl. IAS 19.107.

698 Vgl. IAS 19.BC163.

699 Vgl. Pawelzik (2011), S. 217 sowie Wollmert et al. (2012), Rn. 123.

700 Vgl. Seemann (2009), Rn. 94 i. V. m. §§ 3 und 4 BetrAVG.

701 Vgl. zu diesem Problembereich die Ausführungen in Abschnitt 3.2.3.2.

702 Vgl. Wollmert et al. (2012), Rn. 123 i. V. m. Rhiel (2012), Rn. 67. Eine andere Ansicht vertritt hingegen Fasshauer (2010), S. 160.

703 Vgl. IAS 19.100 i. V. m. IAS 19.BC161. Eine Planabgeltung entsteht zugleich mit einer Plankürzung, wenn ein Plan mit dem Ergebnis beendet wird, dass die aus dem Plan resultierende Verpflichtung abgegolten wird und der Plan nicht länger besteht. Dies gilt nicht, sofern ein Plan durch einen neuen Plan, der wirtschaftlich gleiche Leistungen vorsieht, ersetzt wird, vgl. IAS 19.101.

ohnehin als oftmals nur schwer möglich erachtet.[704] Da Gewinne und Verluste aus Planänderungen, -kürzungen und -abgeltungen bereits im Jahr ihres Entstehens als Teil des Pensionsaufwands berücksichtigt werden und diese Ereignisse in der Regel erst unterjährig bekannt werden, steht dieser Teil des Pensionsaufwands zu Periodenbeginn nicht fest.[705] Entsprechend findet bei diesen Aufwandsbestandteilen keine prospektive Aufwandsermittlung statt.

Auch bei der Erfassung von Änderungen bestehender leistungsorientierter Zusagen ergaben sich auf Grund der jüngsten Überarbeitung Neuregelungen. Dies betrifft einerseits die definitorische Abgrenzung. So existierte nach IAS 19.7 (2004) keine übergreifende Definition des Dienstzeitaufwands, unter welche auch der nachzuverrechnende Dienstzeitaufwand sowie Gewinne und Verluste aus Planabgeltungen fallen. Ebenfalls stellten Plankürzungen nach IAS 19.7 und IAS 19.109 (2004) keinen Bestandteil des nachzuverrechnenden Dienstzeitaufwands dar. Eine Neuerung, welche andererseits die Bilanzierung betrifft, bildet die ausschließlich zulässige sofortige Erfassung des nachzuverrechnenden Dienstzeitaufwands. Dieser war nach IAS 19.96 (2004) linear verteilt über den durchschnittlichen Zeitraum bis zum Eintritt der Unverfallbarkeit der Anwartschaften zu erfassen.[706] Durch diese Altregelung wurden derartige Erhöhungen der Pensionsverpflichtungen bei noch verfallbaren Anwartschaften nicht vollständig passiviert,[707] wodurch ein Widerspruch zur sofortigen Erfassung des laufenden Dienstzeitaufwands für verfallbare Leistungen besteht.[708] Lediglich bei bereits unverfallbaren Leistungen sah IAS 19.96 (2004) eine sofortige GuV-wirksame Erfassung und somit einen vollständigen Ausweis der Pensionsverpflichtung vor. Durch diese Regelung trug IAS 19 (2004) der periodengerechten Gewinnermittlung,[709] und somit dem income approach, Rechnung.

3.3.5 Spezialfragen

Spezialfragen zur Bilanzierung von Pensionsplänen ergeben sich nicht zuletzt durch die Beteiligung mehrerer Arbeitgeber an einem Pensionsplan. Hierunter fallen zum einen *gemeinschaftliche Pläne mehrerer Arbeitgeber (multi-employer plans)*, wie zum anderen auch *konzerninterne Pläne (group plans)*, deren Behandlung nach IAS 19 im Grundsatz nachfolgend aufgezeigt wird.

---

704 Vgl. IAS 19.BC263 sowie ähnlich Mühlberger/Schwinger (2011), S. 66.
705 Vgl. Mühlberger/Schwinger (2011), S. 69.
706 Die Verteilung begann bereits in der Periode des Entstehens, im Gegensatz zur Tilgung versicherungsmathematischer Gewinne und Verluste nach der Korridormethode, vgl. Mühlberger/Schwinger (2011), S. 67.
707 Vgl. Pawelzik (2011), S. 217.
708 Vgl. IAS 19.BC156 i. V. m. IAS 19.72 sowie IAS 19.69 (2004).
709 Vgl. Wollmert et al. (2012), Rn. 119.

Gemeinschaftliche Pläne mehrerer Arbeitgeber entstehen nach IAS 19.8, indem nicht verbundene Unternehmen Vermögenswerte zur Deckung von Pensionsverpflichtungen auslagern und die Kapitalanlage gemeinschaftlich durchführen. Bei einem solchen Plan werden Beitrags- und Leistungshöhe der einzelnen Arbeitnehmer unabhängig von deren Unternehmenszugehörigkeit festgelegt und hierdurch mit dem Plan verbundene Risiken zwischen den am Plan beteiligten Unternehmen geteilt.[710]

Wie bei Plänen einzelner Arbeitgeber, fordert IAS 19.32 zunächst eine Einordnung des Plans als beitrags- oder leistungsorientiert. Wird der Plan von einem Unternehmen als leistungsorientierter Plan eingeordnet, hat das Unternehmen gemäß IAS 19.34 seinen Anteil an der Pensionsverpflichtung sowie dem Planvermögen nach den hierfür einschlägigen Regelungen zu bilanzieren. Da es sich um rechtlich und wirtschaftlich selbstständige Unternehmen handelt, können Bilanzierungswahlrechte von jedem Unternehmen individuell ausgeübt werden.[711] Liegt ein beitragsorientierter Plan vor, so ist dieser – ebenso wie ein leistungsorientierter Plan, für dessen Bilanzierung als leistungsorientierter Plan nicht ausreichend Informationen vorliegen[712] – als beitragsorientierter Plan zu bilanzieren. Fehlende Informationen können sich aus der Unmöglichkeit der Aufteilung der Pensionsverpflichtungen und des Pensionsaufwands sowie des Planvermögens ergeben oder auf Grund eines fehlenden Zugangs zu genügend Informationen, um die Bilanzierungsvorgaben für leistungsorientierte Pensionsverpflichtungen zu erfüllen.[713] Jedoch muss ein Unternehmen mögliche weitere Verpflichtungen aus einem gemeinschaftlichen Plan mehrerer Arbeitgeber, welcher als beitragsorientierter Plan behandelt wird, passivieren.[714] Hierdurch werden etwa Unterdeckungen des Plans, zu deren Finanzierung ein Unternehmen vertraglich verpflichtet ist, in Form einer Rückstellung abgebildet.[715] Ferner werden solche Pläne nach IAS 19.148 mit weiteren Angabeanforderungen belegt.

Handelt es sich bei den an einem Plan beteiligten Unternehmen um Unternehmen desselben Konzernverbunds, so differenziert IAS 19.38 einerseits Pläne, bei welchen lediglich Planvermögen zu Anlagezwecken aus Kostengründen zusammengefasst werden; diese als gemeinschaftlich verwaltete Pläne bezeichneten Ausgestaltungen, bei denen keine Risikoteilung erfolgt, bedürfen keiner speziellen Bilanzierungsvorschrift. Andererseits können auch Pläne im Konzernverbund existieren, welche eine Risikoteilung der Konzernunternehmen vorsehen. In diesem Fall unterstellt

710 Vgl. IAS 19.8 i. V. m. SEEMANN (2009), Rn. 101; MÜHLBERGER/SCHWINGER (2011), S. 113.
711 Vgl. MÜHLBERGER/SCHWINGER (2011), S. 113.
712 Vgl. IAS 19.34.
713 Vgl. IAS 19.36.
714 Vgl. IAS 19.39.
715 Vgl. ähnlich MÜHLBERGER/SCHWINGER (2011), S. 113; HÖFER/VEIT/VERHUVEN (2011), Rn. 4457.

IAS 19.41, dass ausreichend Informationen über den Plan zur Bilanzierung eingeholt werden können.[716]

3.3.6 Erfassung und Ausweis von Pensionsplänen und Vorgaben zum „Asset Ceiling"

3.3.6.1 Erfassung in der Bilanz

IAS 19 verfolgt hinsichtlich des Bilanzausweises von Pensionsverpflichtungen und Planvermögen einen Nettoansatz. Demzufolge sind diese nach IAS 19.63 saldiert in Form einer Nettoverpflichtung respektive eines Nettovermögenswerts in der Bilanz auszuweisen.

Da jeder Pensionsplan[717] eines Unternehmens gemäß IAS 19.57 getrennt bilanziert wird und daher die Bewertung der Pensionsverpflichtung und des Planvermögens sowie die Ermittlung des Pensionsaufwands getrennt vorzunehmen ist, erfolgt auch die Saldierung innerhalb eines jeden Pensionsplans separat. Eine Saldierung von Nettovermögenswerten und -schulden verschiedener Pläne sieht IAS 19.131 lediglich vor, wenn ein Unternehmen ein einklagbares Recht hat, diese aufzurechnen und zugleich beabsichtigt, einen Ausgleich der Verpflichtung auf Nettobasis herbeizuführen, oder plant, die Verpflichtung durch Verwertung der Vermögenswerte des anderen Plans abzulösen.[718]

Entsteht ein Überschuss aus der Saldierung des Barwerts der DBO und des Planvermögens eines Pensionsplans,[719] so wird dieser nicht unmittelbar als Vermögenswert in der Bilanz aktiviert, sondern zuvor dem sogenannten Asset Ceiling unterzogen. Hierbei handelt es sich um eine Art Werthaltigkeitstest, der eine Aktivierung verhindert, sofern der Überschuss aus dem Pensionsplan nicht mit einem Nutzenzufluss verbunden ist und somit zu keinem Vermögenswert im Sinne des Frameworks führt. Zu diesem Zweck fordert IAS 19.64 einen Überschuss aus einem

---

716 Vgl. auch Seemann (2009), Rn. 101. Existiert im Konzern eine Vereinbarung oder Vorgabe zur Zuordnung der Nettokosten des Plans auf die einzelnen Konzernunternehmen, so ist den einzelnen Konzernunternehmen der entsprechende Anteil an Pensionsverpflichtung, -aufwand und Planvermögen zuzuordnen. Ist dies nicht möglich, so sind die Nettokosten des Pensionsplans im Abschluss des Unternehmens, welches rechtlicher Träger des Plans ist, zu bilanzieren und die anderen Konzernunternehmen erfassen lediglich einen Pensionsaufwand in Höhe des Beitrags an das bilanzierende Unternehmen, vgl. auch Walter (2011a), Rn. 37; Mühlberger/Schwinger (2011), S. 115.

717 Pensionspläne werden durch IAS 19.8 als „formelle oder informelle Vereinbarungen, durch die ein Unternehmen einem oder mehreren Arbeitnehmern Versorgungsleistungen nach Beendigung des Arbeitsverhältnisses gewährt" definiert.

718 Diese Kriterien entsprechen weitgehend den Anforderungen des IAS 32 zur Saldierung von Finanzinstrumenten, vgl. IAS 19.132.

719 Ein Überschuss kann entweder aus einer Überdotierung des Plans oder durch das Entstehen versicherungsmathematischer Gewinne begründet sein, vgl. IAS 19.65.

Pensionsplan lediglich dann als Vermögenswert zu aktivieren, sofern dieser die Vermögenswertobergrenze (Asset Ceiling) nicht überschreite, die sich nach IAS 19.8 als Barwert eines wirtschaftlichen Nutzens bemisst, der in Form von Rückerstattungen aus einem Plan oder Minderungen künftiger Beitragszahlungen an den Plan entsteht. Ein solcher Nutzen gilt nach IFRIC 14 als verfügbar, wenn dieser zu einem beliebigen Zeitpunkt während der Laufzeit realisiert werden kann und, im Falle einer Rückerstattung, das Unternehmen ein unbedingtes Zugriffsrecht auf diese hat.[720] Zur Ermittlung dieses Nutzenbarwerts wird der Rechnungszinssatz, anhand dessen die DBO abgezinst wird, herangezogen.[721]

Übersteigt der Überschuss aus einem Pensionsplan den Wert des Asset Ceilings, so ist in Höhe der Differenz der beiden Werte eine Wertberichtigung vorzunehmen und der geringere Wert als Vermögenswert zu aktivieren. Die Wertberichtigung wird nach IAS 19.126 in zwei Teilen erfasst: Die Verzinsung der zu Periodenbeginn bestehenden Wertberichtigung – berechnet anhand des Rechnungszinssatzes zur Diskontierung der DBO, der ebenfalls zu Periodenbeginn ermittelt wird – stellt einen Teil des Zinsaufwands dar und wird GuV-wirksam erfasst.[722] Die Differenz zwischen der zum Periodenende ermittelten Wertberichtigung und der vorstehend genannten Verzinsung wird als Bestandteil der Neubewertungskomponente im OCI erfasst.[723] Durch diese Vorgehensweise umfasst der Nettozinsaufwand/-ertrag der Periode die Verzinsung aus dem Saldo des gesamten Planvermögens und dem Barwert der DBO.[724]

IAS 19 (2004) forderte gleichermaßen die Beschränkung eines aktivierten Vermögenswerts aus einem Pensionsplan auf den Nutzenbarwert, der dem Unternehmen zur Verfügung steht.[725] Bedingt durch die Korridormethode[726] gestalteten sich die

---

720 Vgl. IFRIC 14.8 i. V. m. IFRIC 14.11 sowie weiterführend zu dieser Thematik Hagemann/Neumeier/Verhuven (2009), S. 632 f. Neben der Frage, wann eine Rückerstattung oder Beitragsminderung als verfügbar gilt, regelt IFRIC 14 auch die Frage der Behandlung von Mindestdotierungsverpflichtungen zum Planvermögen, vgl. IFRIC 14.6. Entgegen der Vorschläge des ED/2010/3.115A-K i. V. m. ED/2010/3. BC73 wurden die Regelungen des IFRIC 14 bei der Überarbeitung des IAS 19 im Jahr 2011 nicht in IAS 19 integriert, vgl. IAS 19.BC13 (e).

721 Vgl. IAS 19.64 (b) i. V. m. IAS 19.83.

722 Vgl. IAS 19.126 i. V. m. IAS 19.124.

723 Vgl. IAS 19.126 i. V. m. IAS 19.127. Vgl. hierzu auch Pawelzik (2012), Rn. 3678 und Pawelzik (2011), S. 216.

724 Der Zinsaufwand/-ertrag wird nach IAS 19.123 zu Periodenbeginn auf die/den Nettoverpflichtung/-vermögenswert, welche/r nach IAS 19.8 i. V. m. IAS 19.64 bereits um den Effekt des Asset Ceilings gekürzt ist, berechnet. Zu diesem wird nach IAS 19.126 die Verzinsung der zu Periodenbeginn bestehenden Wertberichtigung hinzugezählt, wodurch die Zinskomponente letztlich die Verzinsung des gesamten Planvermögens zu Periodenbeginn, die anhand des Rechnungszinssatzes ermittelt wird, beinhaltet.

725 Vgl. ähnlich Hagemann/Neumeier/Verhuven (2009), S. 634.

726 Vgl. Deiter/Sellhorn (2008), S. 364; Pawelzik (2011), S. 216.

Regelungen des IAS 19.58 ff. (2004) hinsichtlich des Asset Ceilings ungleich umfangreicher und komplizierter,[727] obgleich sie nicht die verzögerte Erfassung entsprechend der Korridormethode aushebelten.[728] War eine Wertberichtigung vorzunehmen, forderte IAS 19.61(g) (2004) deren GuV-wirksame Erfassung als Teil des Pensionsaufwands. Wurde hingegen zur Erfassung versicherungsmathematischer Gewinne und Verluste die Möglichkeit zur sofortigen Erfassung im OCI gewählt, so war auch die Auswirkung des Asset Ceiling nach IAS 19.93C (2004) im OCI – ohne späteres Recycling in der GuV[729] – zu erfassen.[730]

Der Bilanzausweis eines Pensionsplans nach IAS 19.63 i. V. m. IAS 19.8 berechnet sich wie folgt:

Abbildung 3.4: Ermittlung des Bilanzansatzes nach IAS 19

+	Barwert der DBO
–	Fair Value des Planvermögens
=	Nettoschuld (-vermögenswert) aus einem leistungsorientierten Pensionsplan

Die sich ergebende Nettoschuld entspricht der bilanziell zu passivierenden Schuld aus einem leistungsorientierten Pensionsplan. Entsteht ein positiver Saldo und damit ein Vermögenswert, so ist dieser unter Umständen zunächst um eine Wertminderung auf Grund der Vorgaben zum Asset Ceiling nach IAS 19.64 zu kürzen und lediglich der verbleibende Vermögenswert in der Bilanz zu aktivieren.

Der Bilanzausweis nach IAS 19 (2004) konnte durch die in diesem Standard verankerten Glättungsmechanismen – Korridoransatz und verzögerte Erfassung des nachzuverrechnenden Dienstzeitaufwands – zu einer erheblich verzerrten Darstellung führen. Diese bewirkten nicht nur eine Ergebnisglättung, sondern beeinflussten auch die in der Bilanz ausgewiesene Größe, indem sie nach IAS 19.54 (2004) wie folgt bei der Ermittlung des Bilanzansatzes zu berücksichtigen waren:

727 Vgl. zur Erläuterung der Asset Ceiling-Regelungen des IAS 19 (2004) ausführlich und mit Beispielen Deiter/Sellhorn (2008) und Hagemann/Neumeier/Verhuven (2009).

728 Vgl. IAS 19.60 (2004). Vgl. auch Hagemann/Neumeier/Verhuven (2009), S. 633; Mühlberger/Schwinger (2011), S. 75 f.

729 Vgl. IAS 19.93D (2004).

730 Vgl. kritisch zu dieser Vorgehensweise Mühlberger/Schwinger (2011), S. 77.

Abbildung 3.5: Ermittlung des Bilanzansatzes nach IAS 19(2004)

+	Barwert der DBO
+(–)	Noch nicht GuV-wirksam erfasste versicherungsmathematische Gewinne (Verluste)
–	Noch nicht GuV-wirksam erfasster nachzuverrechnender Dienstzeitaufwand
–	Fair Value des Planvermögens
=	Nettoschuld (-vermögenswert) aus einem leistungsorientierten Pensionsplan

Auch nach IAS 19.54(2004) war eine Nettoschuld unmittelbar in die Bilanz zu übernehmen; ein Vermögenswert musste hingegen zuvor den umfassenden Asset Ceiling-Regelungen des IAS 19.58–60(2004) unterzogen werden. Der Bilanzansatz gemäß der Altregelung wird – insbesondere bei Anwendung der Korridormethode – durch die verschiedenen Anpassungen wesentlich beeinträchtigt, ist daher nur schwer zu interpretieren und erfüllt letztlich die Anforderungen des Frameworks entscheidungsnützliche Informationen bereitzustellen, indem Informationen über die Art und Höhe von Vermögenswerten und Schulden eines Unternehmens getrennt aufbereitet werden, nicht.[731] Im Ergebnis lässt sich festhalten, dass dieser Bilanzposten „keinen, zum für das Unternehmen am Bilanzstichtag maßgeblichen, kongruenten Verpflichtungsumfang abzubilden vermag“[732].

Die konkrete Bilanzposition zum Ausweis der Nettopensionsverpflichtung respektive des Nettopensionsvermögenswerts wird weder durch IAS 19 noch durch IAS 1 geregelt.[733] Gleichwohl fordert IAS 1.78 einen separaten Ausweis der Rückstellungen für Leistungen an Arbeitnehmer entweder in der Bilanz oder im Anhang. Ein gesonderter Bilanzausweis ist allerdings zumeist angesichts der Höhe des Betrags angebracht und in der Praxis verbreitet.[734] Auch eine Vorgabe zur Unterteilung in kurz- und langfristige Bilanzposten wird laut IAS 19.133 explizit nicht geregelt; eine solche wäre auf Grund der aggregierten saldierten Darstellung von Vermögenswerten und Schulden eines Plans auch nur schwer zu begründen und letztlich willkürlich.[735]

---

731 Vgl. F.OB2 i.V.m. F.OB12f. Ähnliche Kritik äußern z.B. Oldewurtel/Kümpel/Wolz (2011), S. 451. Schildbach (1999), S. 972 geht signifikant weiter und bezeichnet das Leitbild der entscheidungsnützlichen Informationen als „empirisch falsch“, da es letztlich „um eine Einbindung der Rechnungslegung sowohl in die widerstreitenden Interessen an Information und Geheimhaltung, als vor allem auch in die jeweilige Werte-, Wirtschafts- und Rechtsordnung“ gehe.

732 Oldewurtel/Kümpel/Wolz (2011), S. 451.

733 Vgl. Mühlberger/Schwinger (2011), S. 88 sowie IAS 1.54.

734 Vgl. IAS 1.57(a).

735 Vgl. IAS 19.BC200 i.V.m. Mühlberger/Schwinger (2011), S. 89.

3.3.6.2 Erfassung in der Gesamtergebnisrechnung

Die aus einem leistungsorientierten Pensionsplan entstehenden Aufwands- und Ertragskomponenten sind je nach Art getrennt zu erfassen: Der Dienstzeitaufwand, bestehend aus laufendem Dienstzeitaufwand, nachzuverrechnendem Dienstzeitaufwand und Gewinnen oder Verlusten aus Planabgeltungen,[736] wird nach IAS 19.120 (a) in der Gewinn- und Verlustrechnung erfasst, ebenso wie die Nettozinskomponente nach IAS 19.120 (b). Die Neubewertungskomponente hingegen muss nach IAS 19.120 (c) zwingend im OCI erfasst werden,[737] wie Tabelle 3.2 illustriert.[738]

Tabelle 3.2: Erfassung der Aufwands- und Ertragsbestandteile aus leistungsorientierten Plänen nach IAS 19

Ergebnisbestandteil	Erfassung
GuV	**Dienstzeitaufwand** (service cost) – **Laufender Dienstzeitaufwand** (current service cost) – **Nachzuverrechnender Dienstzeitaufwand,** inklusive Plankürzungen (curtailments) – **Gewinne und Verluste aus Planabgeltungen** (settlements) **Nettozinsaufwand/-ertrag** (net interest) – Nettoverbindlichkeit/-vermögenswert x Zinssatz für erstrangige, festverzinsliche Industrieanleihen
OCI (ohne Recycling)	**Bewertungsänderungen** (remeasurements) – **Versicherungsmathematische Gewinne und Verluste** (beziehen sich lediglich auf den Barwert der DBO) – **Differenz zwischen tatsächlichem Ertrag aus dem Planvermögen und Betrag, der in Nettozinsaufwand/-ertrag enthalten ist** – **Effekte aus dem Asset Ceiling** abzgl. Beträge, die bereits im Nettozinsaufwand/-ertrag enthalten sind

736 Vgl. IAS 19.8.

737 In die Nettozins- respektive Neubewertungskomponente gehen ebenfalls Erträge aus Erstattungsansprüchen gegenüber Dritten ein, welche die Anforderungen für qualifizierende Versicherungsverträge nicht erfüllen. Diese werden hinsichtlich des Erfolgsausweises wie Planvermögen behandelt, vgl. IAS 19.116 (b).

738 Die Darstellung der GuV und der Aufstellung des sonstigen Ergebnisses kann in Form einer einzelnen Rechnung (single statement approach) oder in einer gesonderten GuV sowie einer darauf aufbauenden Gesamterfolgsrechnung (two statement approach) erfolgen. Letztere stellt aufbauend auf den Gewinn oder Verlust einer Periode das sonstige Ergebnis dar und endet mit dem Gesamterfolg, vgl. IAS 1.10A und IAS 1.81A.

Die getrennte Erfassung der unterschiedlichen Aufwands- und Ertragsbestandteile in Gewinn- und Verlustrechnung sowie OCI kann auf die unterschiedliche Prognoseeignung der Ergebnisbestandteile zurückgeführt werden. Entsprechend liefert der Dienstzeitaufwand relevantere Informationen, um wiederkehrende Aufwendungen zu prognostizieren, sofern dieser keine Schätzänderungen beinhaltet.[739] Durch diese Betonung der Persistenz findet auch der income approach im überarbeiteten Standard wieder Beachtung.[740]

Eine Vorgabe, in welchen GuV-Bestandteil der Dienstzeitaufwand respektive die Zinskomponente zu erfassen ist, enthält IAS 19 auch nach dessen Überarbeitung im Jahr 2011 nicht.[741] Diese fehlenden Erfassungsvorgaben können kritisiert werden, da hier ein weiterer Ansatzpunkt für bilanzpolitisch motivierte Gestaltungen offen bleibt[742] und die Vergleichbarkeit der Abschlüsse vermindert wird.[743] In der Literatur wird ungeachtet der mangelnden Vorgaben der Ausweis des Nettozinsaufwands/-ertrags im Finanzergebnis als einzige sachgerechte Ausweismöglichkeit angesehen.[744]

Der nach IAS 19.61 (2004) in der Gewinn- und Verlustrechnung zu erfassende Pensionsaufwand ist, wie auch der Bilanzansatz, geprägt von den Vorgaben zur nachgelagerten Erfassung. Infolgedessen gestaltet sich die Ermittlung, wie nachfolgendes Schema zeigt, umfangreicher:

---

739 Vgl. IAS 19.BC73.

740 Vgl. Zimmermann/Huuk (2010), S. 486.

741 Eine solche Vorgabe, die eine Erfassung der Zinskomponente im Finanzergebnis vorsieht, wurde durch ED/2010/3.119A vorgeschlagen, jedoch nicht in den endgültigen Standard übernommen, vgl. IAS 19.BC201.

742 Vgl. ähnlich Mehlinger/Seeger (2010), S. 1525; Mehlinger/Seeger (2011).

743 Vgl. ähnlich Böckem/Tonne (2011), S. 124. Dies gilt insbesondere vor dem Hintergrund der zentralen Bedeutung der Kennzahl Earnings Before Interest and Taxes (EBIT), vgl. Mehlinger/Seeger (2011), S. 1773. Die Übernahme des Nettoansatzes für die Gewinn- und Verlustrechnung in Form des Nettozinsansatzes führt jedoch zumindest zur Erfassung des Zinsaufwands und -ertrags im selben Ergebnisbestandteil. Schwer nachvollziehbare Zuordnungen, die IAS 19 (2004) ermöglicht, wie eine Erfassung des Zinsertrags aus dem Planvermögen im operativen Ergebnis und des Zinsaufwands aus der Diskontierung der DBO im Finanzergebnis, sind somit nicht mehr möglich, vgl. Mehlinger/Seeger (2011), S. 1773.

744 Vgl. Pawelzik (2011), S. 215.

Abbildung 3.6: Ermittlung des in der Gewinn- und Verlustrechnung zu erfassenden Pensionsaufwands nach IAS 19(2004)

+	Laufender Dienstzeitaufwand
+	Zinsaufwand
–	Erwarteter Ertrag aus etwaigem Planvermögen und anderen Erstattungsansprüchen
+(–)	Amortisationsbetrag versicherungsmathematischer Verluste (Gewinne), die sich auf Basis der Korridormethode ergeben oder vollständige versicherungsmathematische Verluste (Gewinne), bei Wahl der Möglichkeit zu deren sofortigen Erfassung
–	Amortisationsbetrag des nachzuverrechnenden Dienstzeitaufwands
+(–)	Auswirkungen etwaiger Plankürzungen oder -abgeltungen
–	Wertminderungen auf Grund der Vorgaben zum Asset Ceiling, sofern versicherungsmathematische Gewinne und Verluste nicht nach IAS 19.93A (2004) im OCI erfasst werden
=	Pensionsaufwand oder -ertrag der Periode aus einem leistungsorientierten Pensionsplan

Wurde die Möglichkeit zur sofortigen Erfassung versicherungsmathematischer Gewinne und Verluste im OCI nach IAS 19.93A (2004), wie in Abschnitt 3.3.3.3 dargestellt, gewählt, so waren diese, ebenso wie Auswirkungen des Asset Ceiling nach IAS 19.93C (2004), in der Periode ihres Entstehens vollständig im OCI zu erfassen. Entsprechend schlugen sich diese Größen nicht in der Gewinn- und Verlustrechnung nieder.[745]

3.3.7 Angabepflichten

Den Angabeanforderungen des IAS 19 kommt, bedingt durch den saldierten Ausweis und die notwendigen Schätzungen, eine hohe Bedeutung zu. Durch die unvollständige und kaum vergleichbare Abbildung der in Bilanz sowie Gewinn- und Verlustrechnung erfassten Werte, wird die Vermögens- und Ertragslage nicht (zwangsläufig) zutreffend abgebildet. Dies wurde durch die von IAS 19 (2004) vorgesehenen Wahlrechte zur Erfassung versicherungsmathematischer Gewinne und Verluste sowie insbesondere durch die Korridormethode weiter verstärkt, welche zudem zu nur schwer nachvollziehbaren und interpretierbaren Werten führt.[746] Bereits IAS 19 (2004) beinhaltete

745 Vgl. IAS 19.93D (2004).
746 Vgl. ähnlich MÜHLBERGER/SCHWINGER/WILDNER (2008), Rn. 270.

umfassende Angabeanforderungen, die die Nachvollziehbarkeit der bilanzierten Werte und die Offenlegung versicherungsmathematischer Annahmen ermöglichten. IAS 19 wendet sich seit dessen jüngster Überarbeitung von der alleinigen Vorgabe anzugebender Detailinformationen ab und verfolgt stattdessen einen prinzipienorientierten Ansatz; entsprechend formuliert der Standard Ziele, denen die Angaben genügen müssen:[747]

Nach IAS 19.135 sollen die Anhangangaben zu leistungsorientierten Pensionsplänen die *Charakteristika und Risiken* der Pläne beinhalten, die *erfassten Werte erläutern* und beschreiben, inwiefern sich *leistungsorientierte Pläne auf Höhe, Zeitpunkt und Unsicherheit der künftigen Cashflows* des Unternehmens auswirken. Zur Erfüllung dieser Ziele bleibt es laut IAS 19.136 den Unternehmen überlassen über den erforderlichen Detaillierungs- und Aggregationsgrad, die Bildung von Schwerpunkten sowie über die Notwendigkeit der Bereitstellung von Zusatzinformationen zu entscheiden.[748] Dieser Ansatz erinnert an die Herangehensweise des management approachs.[749] Insgesamt soll den Abschlussadressaten anhand qualitativer Ausführungen und quantitativer Größen ein umfassendes Bild der leistungsorientierten Pläne vermittelt werden,[750] das neben erfassten Werten auch Finanzierungsrisiken erläutert.

Die Angabe der *Charakteristika und Risiken* leistungsorientierter Pensionspläne, wozu etwa das regulatorische Umfeld eines Plans und die Risiken, die aus einem Pensionsplan für das Unternehmen erwachsen, zählen,[751] erfordert eine umfassende Bestandsaufnahme der weltweit bestehenden Pensionspläne eines Unternehmens.[752] Speziell müssen Unternehmen über ein Risikomanagementsystem für Pensionspläne verfügen respektive ein solches implementieren, um diesen Anforderungen genügen zu können.

Eine weitere Kategorie der Angaben befasst sich gemäß IAS 19.140 ff. mit der *Erläuterung der erfassten Werte*, worunter Überleitungsrechnungen zur Ermittlung der/des Nettoverpflichtung/-vermögenswerts, wie auch des Planvermögens, des Barwerts der DBO und der Effekte aus dem Asset Ceiling, fallen. Diese Angaben dienen der Offenlegung der Bestandteile und der Ermittlung der erfassten Werte. Ferner ist das Planvermögen je nach Art und Risiko in Assetklassen aufzugliedern.[753] Auch wesentliche versicherungsmathematische Annahmen, die der Ermittlung des Barwerts der DBO zu Grunde liegen, sind in absoluten Werten anzugeben.[754]

---

747 Vgl. IAS 19.BC208; Scharr/Feige/Baier (2012), S. 12.

748 Der Standard bietet in IAS 19.137–138 weitere Richtlinien zur Beurteilung, ob die Bereitstellung nicht explizit geforderter Informationen oder weitergehend aufgegliederter Angaben erforderlich ist.

749 Vgl. Böckem/Tonne (2011), S. 121; Fasshauer/Böckem (2011), S. 1010.

750 Vgl. Gohdes/Stöckler (2012), S. 372.

751 Vgl. IAS 19.139 (a) (ii) und IAS 19.139 (b).

752 Vgl. Jungblut/Burg (2011), S. 2992.

753 Vgl. IAS 19.143.

754 Vgl. IAS 19.144.

Zuletzt verlangt IAS 19.145–147 Angaben zu *Höhe, Zeitpunkt und Unsicherheit der Beeinflussung des künftigen Cashflows.* Hierunter fallen Sensitivitätsanalysen für jede signifikante versicherungsmathematische Annahme hinsichtlich der DBO.[755] Ferner werden neben diesen umfassenden Berechnungen auch Angaben zur Strategie des Asset-Liability-Matchings gefordert,[756] sofern eine solche besteht.[757] Weiterhin anzugeben sind Erläuterungen zur externen Finanzierung des Plans, wie eine Beschreibung möglicher Dotierungsvereinbarungen, einer Finanzierungsstrategie und die Angabe der erwarteten Planbeiträge für die folgende Periode.[758] Zuletzt sind Informationen über das Fälligkeitsprofil der Verpflichtung, die zumindest die gewichtete durchschnittliche Restlaufzeit beinhalten, anzugeben.[759]

Im Vergleich zu den Angabeanforderungen des IAS 19 (2004) zeichnen sich die Angabevorschriften des überarbeiteten Standards vornehmlich durch die Betonung der Angaben zu Risiken aus leistungsorientierten Pensionsplänen und Planvermögenswerten sowie zu Auswirkungen auf künftige Cashflows aus.[760] Indes forderte IAS 19.120 ff. (2004) neben einer allgemeinen Beschreibung der Art des Plans und Angaben zur gewählten Bilanzierungsmethode vorwiegend lediglich Überleitungsrechnungen zu erfassten Werten und eine Offenlegung der verwendeten versicherungsmathematischen Annahmen.

3.3.8 Wesentliche Unterschiede zwischen IAS 19 (rev. 2011) und IAS 19 (amd. 2004) – Überblick und Würdigung

Die im Juni 2011 verabschiedeten Änderungen zur kurzfristigen, interimsweisen Anpassung von IAS 19 umfassen, neben „kleineren" Anpassungen, folgende wesentlichen Neuregelungen:

- Verpflichtende sofortige Erfassung versicherungsmathematischer Gewinne und Verluste in Bezug auf die DBO sowie der Abweichungen zwischen dem tatsächlichen Planvermögensertrag und dem zu Periodenbeginn anhand des Rechnungszinssatzes ermittelten Ertrags auf das Planvermögen als Teil der Neubewertungskomponente im OCI, was zur Abschaffung des bisher bestehenden Wahlrechts zur Erfassung versicherungsmathematischer Gewinne und Verluste, insbesondere der Korridormethode, führt,
- Einführung eines Nettozinsansatzes, der zur Ermittlung des Zinsaufwands/-ertrags auf Basis der/des Nettoverpflichtung/-vermögenswerts und zur Abschaffung der Schätzung des erwarteten Ertrags aus dem Planvermögen führt,

755 Vgl. IAS 19.145.
756 Vgl. IAS 19.146.
757 Vgl. IAS 19.BC234.
758 Vgl. IAS 19.147 (a) und (b).
759 Vgl. IAS 19.147 (c).
760 Vgl. ähnlich auch BÖCKEM/TONNE (2011), S. 125 und GOHDES/STÖCKLER (2012), S. 372.

- Ausweitung der Anhangangaben im Rahmen der Einführung eines prinzipienorientierten Ansatzes, insbesondere um Angaben zu Risiken aus Pensionsplänen.

Diese Änderungen werden nachfolgend eingehend beschrieben, wobei speziell die Gründe des IASB zur Verabschiedung dieser Anpassungen des IAS 19 aufgezeigt werden. Ferner werden die Neuregelungen sowie Reaktionen aus der Fachwelt vor dem Hintergrund der Zielsetzung der IASB-Rechnungslegung, wie in Abschnitt 3.1.1 dargelegt, diskutiert.

Auch in der jüngsten Überarbeitung vollzieht das IASB keine vollständige Abkehr vom income approach, sondern hält an einer prospektiven Aufwandsermittlung fest.[761] Dies ist unter Beachtung der Zielsetzung dieser ersten Projektphase – nämlich eine kurzfristige Lösung drängender Bilanzierungsprobleme auf Basis des bisherigen Bilanzierungsmodells zu erreichen – nachvollziehbar. Jedoch manifestiert das IASB mit dieser Überarbeitung die vollständige Distanzierung von einer geglätteten Erfassung versicherungsmathematischer Gewinne und Verluste. Die Ablehnung dieser Bilanzierungsweise wurde bereits durch die Einführung der Option zur vollständigen Erfassung versicherungsmathematischer Gewinne und Verluste im OCI im Jahr 2004 deutlich.[762] Gleichwohl sah das IASB bislang zu große Hindernisse respektive offene, konzeptionelle Fragen hinsichtlich des Projekts zum Performance Reporting, um die sofortige Erfassung durchzusetzen.[763]

Die Abschaffung des Methodenwahlrechts zur Erfassung versicherungsmathematischer Gewinne und Verluste soll nach Ansicht des IASB der Vergleichbarkeit zwischen Unternehmen dienen[764] und wird vielfach begrüßt;[765] genauso wie die Abschaffung der durch die Korridormethode ermöglichten unvollständigen Erfassung, die auch für den nachzuverrechnenden Dienstzeitaufwand aufgehoben wurde. Dies ergibt sich insbesondere vor dem Hintergrund der konzeptionellen Grundlage der IASB-Rechnungslegung, die einen „korrekten" Vermögens- und Schuldenausweis fordert sowie dem Grundsatz der Fair Presentation.[766] Denn die Korridormethode führt mitunter zu einer erheblichen Nicht-Erfassung versicherungsmathematischer Verluste und damit zur Generierung stiller Lasten,[767] die zur Deckung der Pensionsverpflichtung wieder kompensiert werden müssen.[768] Dieser Ansicht folgt

---

761 Vgl. ähnlich Oldewurtel/Kümpel/Wolz (2011), S. 455.

762 Vgl. IAS 19.BC48D f. (2004).

763 Vgl. IAS 19.BC41 (2004).

764 Vgl. IAS 19.BC7.

765 Vgl. z. B. Kirsch/Kurz (2008), S. 448; Baetge/Haenelt (2006), S. 2419; Meyer-Schell/Zimmermann (2008), S. 434; Oldewurtel/Kümpel/Wolz (2011), S. 454; Zimmermann/Huuk (2010), S. 486; Scharr/Feige/Baier (2012), S. 16; Derr/Unrein (2010), S. 314.

766 Vgl. IAS 1.15 i. V. m. Pellens/Fülbier/Sellhorn (2004), S. 137; Baetge/Haenelt (2006), S. 2417.

767 Vgl. Oldewurtel/Kümpel/Wolz (2011), S. 453 i. V. m. Zimmermann/Schilling (2004), S. 486.

768 Vgl. Müller (2003), S. 169.

auch das IASB und sieht in der sofortigen Erfassung die Bereitstellung relevanterer Informationen, welche weiterhin zu einer glaubwürdigeren Darstellung der Auswirkungen von leistungsorientierten Pensionsplänen führt.[769] So kehrt das IASB ein Argument für die verzögerte Erfassung – nämlich dasjenige, dass das Ausmaß der Höhe versicherungsmathematischer Gewinne und Verluste zu hoch und volatil sei, um diese sofort zu erfassen[770] – um und verwendet genau dieses Argument gegen die Korridormethode und für eine Abbildung der tatsächlichen wirtschaftlichen Lage.[771] Ferner seien Pensionsverpflichtungen mit ausreichender Zuverlässigkeit bewertbar, wodurch ein Bilanzansatz gerechtfertigt sei; dies zumal das IASB die Annahme, dass sich versicherungsmathematische Gewinne und Verluste über die Jahre ausgleichen würden, nicht länger als gerechtfertigt ansieht.[772] Dies kann insbesondere hinsichtlich der Bewertungsannahmen zur Sterblichkeit oder Gehalts- und Rententrends begründet werden.[773] Darüber hinaus können weitere Argumente gegen die Korridormethode vorgebracht werden. So stellt die Verzerrung der Ergebnisse in den Folgejahren durch die Erfassung periodenfremder Aufwendungen und Erträge im Zuge der Amortisation ein Nachteil der Korridormethode dar.[774] Ebenso sorgt die Möglichkeit der Bilanzpolitik durch eine optimistische Festlegung der Bewertungsparamter zu Periodenbeginn, ohne vollständige Erfassung daraus entstehender Schätzabweichungen in der Gewinn- und Verlustrechnung, für Kritik.[775] Diese steht jedoch auch bei der OCI-Methode auf Grund von deren GuV-Neutralität den Bilanzierenden offen.[776]

Dennoch sieht es das IASB nicht als angemessen an, eine sofortige GuV-wirksame Erfassung umzusetzen und begründet dies mit der bislang fehlenden

769 Im Gegensatz dazu könne die verzögerte Erfassung zu irreführenden Informationen führen, die zudem als undurchsichtig und für Abschlussadressaten nur schwer verständlich seien, vgl. IAS 19.BC70 sowie bereits IAS 19.BC48B (2004).

770 Vgl. IAS 19.BC48C (c) (2004).

771 Vgl. IAS 19.BC72 (c) sowie bereits IAS 19.BC48E (2004). Vgl. für eine andere Ansicht z.B. ZIMMERMANN/HUUK (2010), S. 486, nach deren Auffassung die Abbildung kurzfristiger Schwankungen bei langfristigen Verpflichtungen nicht notwendigerweise zu mehr Realitätsnähe führt.

772 Vgl. IAS 19.BC48D (2004).

773 Vgl. KIRSCH/KURZ (2008), S. 445; PAWELZIK (2005), S. 738; BAETGE/HAENELT (2006), S. 2417. Ein Ausgleich kann hingegen bei der Entwicklung des Zinssatzes erwartet werden, vgl. THEILE (2006), S. 20.

774 Vgl. ZIMMERMANN/SCHILLING (2004), S. 486 und S. 489; KIRSCH/KURZ (2008), S. 445; BAETGE/HAENELT (2006), S. 2417; OLDEWURTEL/KÜMPEL/WOLZ (2011), S. 452. Dieses Argument wiegt umso schwerer, da andere Standards eine Verteilung des Ergebniseffekts auf Grund von vorhandenen Risiken nicht vorsehen, vgl. MEYER-SCHELL/ZIMMERMANN (2008), S. 437.

775 Vgl. FÜLBIER/SELLHORN (2004), S. 394; KÜTING/KESSLER (2006), S. 201; OLDEWURTEL/KÜMPEL/WOLZ (2011), S. 453; KÜMPEL/PANHUIS (2008a), S. 118.

776 Vgl. ZIMMERMANN/SCHILLING (2004), S. 489; BAETGE/HAENELT (2006), S. 2417.

konzeptionellen Grundlage für die Ergebnisdarstellung.[777] Darüber hinaus ermögliche die nun gewählte Darstellungsweise eine Separation der Bewertungseffekte,[778] die als dem Betriebsergebnis nicht gleichsetzbar gelten[779] und denen keine Prognoseeignung zukäme.[780] Gleichwohl existiert ein solch klares Konzept zur Gesamtergebnisspaltung in den IFRS nicht. Kritiker führen gegen die GuV-neutrale Erfassung ohne späteres Recycling an, dass dies zu einer dauerhaften Durchbrechung des Kongruenzprinzips führen würde,[781] also einem Auseinanderfallen der Summe der Periodenerfolge und dem Totalerfolg.[782] Dies gilt allerdings nicht, sofern der Gesamterfolg im Sinne des IAS 1.81A, der neben dem Gewinn oder Verlust auch die direkt in das OCI gebuchten Bestandteile beinhaltet und somit ein umfassenderes Bild der Erfolgssituation des Unternehmens repräsentiert,[783] in diese Betrachtung einbezogen wird.[784] Zumindest ruft diese Vorgehensweise eine Inkonsistenz zur Behandlung von Schätzänderungen, die nicht in Zusammenhang mit leistungsorientierten Pensionsverpflichtungen stehen und nach IAS 8.36 GuV-wirksam behandelt werden, hervor.[785] Allerdings führt die vollständige Erfassung zu einer einfacheren und transparenteren Rechnungslegung[786] und ermöglicht die Information über die Höhe der/des leistungsorientierten Nettopensionsverpflichtung/-vermögenswerts aus der Bilanz, ohne Zuhilfenahme des Anhangs, der auf Grund der Fülle an Informationen, die von jedem Unternehmen unterschiedlich dargestellt werden, nur schwer verständlich erscheint.

Eine weitere Vereinfachung bringt die Einführung des Nettozinsansatzes mit sich, durch den sowohl die Möglichkeit einer unrealistisch optimistischen Schätzung

---

777 Vgl. IAS 19.BC48E (2004) i. V. m. IAS 19.BC48K (2004) sowie zur selben Kritik aus der Literatur Meyer-Schell/Zimmermann (2008), S. 442. Vorbehalte gegen eine GuV-wirksame Erfassung sind auch in der Literatur zu finden, die bspw. mit einer durch schwankende Bewertungsparameter ausgelösten erhöhten Unsicherheit hinsichtlich der Ergebnisprognose begründet werden und der Erfassung von Bewertungsänderungen, die nicht die Leistung des Unternehmens repräsentieren, vgl. Böckem/Schurbohm-Ebneth (2003), S. 1002.

778 Vgl. IAS 19.BC72 (c).

779 Vgl. Müller (2003), S. 169.

780 Vgl. IAS.19.BC73. Auch in der Literatur wird deren Entscheidungsnützlichkeit für Prognosen bisweilen in Frage gestellt, vgl. Alvarez/Büttner (2008), S. 466. Eine andere Ansicht vertritt hingegen z. B. Kirsch/Kurz (2008), S. 443.

781 Vgl. z. B. Kirsch/Kurz (2008), S. 447; Baetge/Haenelt (2006), S. 2418; Oldewurtel/Kümpel/Wolz (2011), S. 453; Zimmermann/Huuk (2010), S. 484; Pawelzik (2011), S. 216.

782 Vgl. zum Kongruenzprinzip ausführlich Busse von Colbe (1992), S. 127 ff.

783 Vgl. ähnlich auch Lachnit/Müller (2005), S. 1637.

784 Vgl. Pellens et al. (2011), S. 356.

785 Vgl. zu dieser Kritik auch Pawelzik (2011), S. 216 und Zimmermann/Huuk (2010), S. 487 sowie ähnlich Rhiel (2010), S. 136; Beechy (2009), S. 107; Napier (2009), S. 245.

786 Vgl. Rhiel (2010), S. 137.

als auch die Schwierigkeit der sachgerechten Bestimmung der erwarteten Rendite des Planvermögens zu Periodenende umgangen werden.[787] Gleichwohl mangelt es an einer konzeptionellen Grundlage für diese Erfassungsmethode[788] und an einer Abbildung der ökonomischen Realität im Sinne der tatsächlichen Verzinsung.[789] Das IASB setzt diesem Argument entgegen, dass der Nettozinsaufwand/-ertrag die ökonomischen Kosten des zu finanzierenden Anteils widerspiegelt und die Ausgestaltung der Finanzierung des Plans abbildet.[790] Nach Ansicht des IASB stellt der Nettozinsansatz eine „einfache und pragmatische Lösung"[791] dar, die sowohl dem wirtschaftlichen Gehalt der bilanzierten Nettoverpflichtung oder des Nettovermögenswerts gerecht wird, wie auch relevante und verständliche sowie einfacher zu vergleichende Informationen vermittelt.[792] Ungeachtet dessen könnte diese Neuregelung Auswirkungen auf das Anlageverhalten der Unternehmen nach sich ziehen, da möglicherweise eine Umschichtung in weniger riskante, aber auch weniger renditestarke Anlagen erfolgt,[793] um so dem Umstand Rechnung zu tragen, dass eine höhere Rendite ohnehin keinen Eingang in die Gewinn- und Verlustrechnung findet.

Bereits bei der Überarbeitung des Standards im Jahr 2004 wurden die Angabepflichten ausgeweitet[794] und galten in der Literatur als äußerst umfangreich.[795] Diesen Trend setzt nun auch die jüngste Standardversion fort und weitet insbesondere die Angabevorschriften zu Risiken aus dem Bestand leistungsorientierter Verpflichtungen sowie dem Planvermögen aus.[796]

Unter dem Ziel der Bereitstellung entscheidungsnützlicher Informationen ist die Erweiterung der geforderten Angaben positiv zu werten.[797] Dies gilt insbesondere

---

787 Vgl. ähnlich Böckem/Tonne (2011), S. 123; Rhiel (2010), S. 136; Scharr/Feige/Baier (2012), S. 12; Derr/Unrein (2010), S. 315. Walter (2011b), S. 252 sieht in dieser Vorgehensweise eine rechnerische Vereinfachung sowie eine Stärkung des Vorsichtsprinzips.

788 Vgl. Mehlinger/Seeger (2010), S. 1525.

789 Vgl. Walter (2011b), S. 252; Scharr/Feige/Baier (2012), S. 12. Anderer Ansicht sind hingegen Zimmermann/Huuk (2010), S. 486, die genau in der gemeinsamen Betrachtung von Aktiv- und Passivseite die Abbildung der ökonomischen Realität, nämlich der Abdeckung der Verpflichtung durch diese Vermögenswerte, sehen. Vgl. ähnlich auch Rhiel (2010), S. 136. Diese Ansicht vertritt auch Beechy (2009), spricht sich jedoch für die Verwendung eines Diskontierungszinssatzes in Höhe des erwarteten Ertrags auf das Planvermögen aus, vgl. Beechy (2009), S. 102 und S. 104.

790 Vgl. IAS 19.BC75 i. V. m. IAS 19.BC81.

791 IAS 19 BC.81.

792 Vgl. IAS 19 BC.81 i. V. m. BC.76 und BC.83 (a).

793 Vgl. ähnlich Mehlinger/Seeger (2010), S. 1525; Mehlinger/Seeger (2011), S. 1773, Walter (2011b), S. 252; Leibfried/Müller (2011), S. 333.

794 Vgl. IAS 19.BC85A-E (2004).

795 Vgl. Oldewurtel/Kümpel/Wolz (2011), S. 454.

796 Vgl. ähnlich Böckem/Tonne (2011), S. 125.

797 Vgl. Meyer-Schell/Zimmermann (2008), S. 442; Walter (2011b), S. 253.

vor dem Hintergrund der – auch nach den Änderungen noch vorhandenen – unvollständigen bilanziellen Abbildung[798] sowie den bislang fehlenden Angaben zu Finanzierungseffekten und -risiken.[799] Die Angabeanforderungen scheinen jedoch mitunter erhebliche Probleme aufzuwerfen. Neben schwer zu erfüllenden Angabeanforderungen, wie die Herleitung demographischer Annahmen, die in der Praxis wohl nicht stattfindet, sondern auf Basis von Sterbetafeln erfolgt,[800] gehen andere Angabepflichten, wie die geforderten Sensitivitätsanalysen für versicherungsmathematische Annahmen, zumindest mit einem hohen Aufwand einher.[801] Die geforderten Sensitivitätsanalysen stehen darüber hinaus in der Kritik, da deren Aussagekraft bedingt durch Wechselwirkungen mit anderen Bewertungsparametern nur als begrenzt angesehen wird[802] und Unternehmen bei der Auswahl der „vernünftigerweise möglichen“[803] Szenarien ein weiterer Ermessensspielraum geboten wird.[804] Letztlich führen die Neuregelungen zu einer neuen Art von Anhangangaben, die insbesondere bei internationalen Konzernen mit zumeist zahlreichen Pensionsplänen[805] die Implementierung neuer oder überarbeiteter Prozesse zur Bestandsaufnahme erfordern dürfte.[806] Von Unternehmen wird infolgedessen gefordert, über ein Bewertungs- und Steuerungskonzept für leistungsorientierte Pensionspläne zu verfügen[807] und detaillierte Kenntnisse über diese zu besitzen.[808] Der entscheidenden Schwierigkeit werden jedoch die Abschlussadressaten ausgeliefert, denn diese müssen die komplexe und häufig nur schwer verständliche Datensammlung aus dem Anhang verwerten, was wohl nur umfassend geschulten Bilanzlesern gelingen dürfte.[809] Eine weitere Beeinträchtigung erfährt die Aussagekraft der Angaben auf Grund

798 Vgl. ähnlich Oldewurtel/Kümpel/Wolz (2011), S. 454.

799 Vgl. IAS 19.BC203 (a); Fasshauer (2010), S. 175 sowie ähnlich Derr/Unrein (2010), S. 316.

800 Vgl. Mehlinger/Seeger (2010), S. 1525 f.

801 Vgl. Walter (2011b), S. 254; Mehlinger/Seeger (2010) Betriebs-Berater, S. 1526.

802 Vgl. Walter (2011b), S. 254; eine andere Ansicht vertreten Zimmermann/Huuk (2010), S. 487.

803 IAS 19.145 (a).

804 Vgl. ähnlich Gohdes/Stöckler (2012), S. 373.

805 Vgl. Rhiel (2010), S. 136 f.

806 Diese wird benötigt, um Risiken identifizieren, klassifizieren und bewerten zu können und anschließend die Entscheidung zu treffen, welche Angaben tatsächlich notwendig sind, vgl. Scharr/Feige/Baier (2012), S. 14 i. V. m. Gohdes/Stöckler (2012), S. 372; Fasshauer/Böckem (2011), S. 1011. Die anzugebenden Risiken werden vom Standardsetzer nicht näher spezifiziert, vgl. auch Jungblut/Burg (2011), S. 2992.

807 Vgl. Gohdes/Stöckler (2012), S. 372.

808 Vgl. Jungblut/Burg (2011), S. 2992.

809 Vgl. auch Kümpel/Panhuis (2008b), S. 150; Oldewurtel/Kümpel/Wolz (2011), S. 454 und S. 456. Insbesondere die Trennung von wesentlichen und unwesentlichen Informationen dürfte nur schwer gelingen, vgl. Zimmermann/Huuk (2010), S. 487, ebenso wie die Interpretation einzelner Detailangaben wie bspw. einzelner Risiken, vgl. Rhiel (2010), S. 137.

der aus dem prinzipienorientierten Ansatz erwachsenden Ermessensspielräume für Unternehmen, wodurch vermutlich nicht nur die angegebenen Informationen und deren Informationsgehalt, sondern auch deren Darstellung höchst unterschiedlich ausfallen werden. Bedenkt man, dass die Interpretation der Anhangangaben zu Pensionszusagen bereits ohne diese neuen Angabeanforderungen auf Grund der Fülle der Angaben und der uneinheitlichen Darstellung eine Herausforderung darstellt, so kann das Erreichen der Zielsetzung einer verbesserten Informationsvermittlung, trotz des höheren Informationsniveaus, zumindest in Frage gestellt werden.

Insgesamt räumt das IASB durch diese Änderungen, insbesondere der Abschaffung expliziter Wahlrechte und der sofortigen Erfassung versicherungsmathematischer Gewinne und Verluste, gewichtige Kritikpunkte in Bezug auf die Bilanzierung leistungsorientierter Pläne aus. Die Bilanzierung wird einfacher und vergleichbarer, wenngleich die veränderten Angabeanforderungen diese Entwicklung konterkarieren. Jedoch verbleiben vielfältige, insbesondere konzeptionelle Fragen, die in künftigen Projekten einer Klärung bedürfen. Kritisch können die letzten Überarbeitungen als (weitere) „verpasste Chance“[810] bezeichnet werden; positiv hingegen als Schritt zur Behebung zumindest der offensichtlichsten Schwächen. Die nach wie vor offenen Problembereiche respektive konzeptionellen Diskussionspunkte, die einer weiteren Überarbeitung bedürfen, werden nachfolgend aufgezeigt sowie hinsichtlich der Brutto-/Nettodarstellung eingehend erörtert.

---

810 Walter (2011b). Ähnlich äußern sich auch Zimmermann/Huuk (2010), S. 483 und Oldewurtel/Kümpel/Wolz (2011), S. 457.

4 Alternative Bilanzierungskonzepte für die Pensionsbilanzierung nach IFRS

4.1 Reformnotwendigkeit und alternative Bilanzierungskonzepte

4.1.1 Überblick

4.1.1.1 Entwicklungsstand und Zielsetzung der Neugestaltung der Bilanzierung leistungsorientierter Pensionspläne

Die Entwicklung der Pensionsbilanzierung beschäftigt die internationalen Standardsetzer seit den 1970er Jahren und lässt diese nach wie vor mit der Frage „ringen", wie Pensionsverpflichtungen in den Jahresabschlüssen abgebildet werden sollen. Dies zeugt von den Schwierigkeiten, denen die Regulierer dabei begegnen, die Art dieser Vereinbarungen sowie das jeweilige rechtliche und gesellschaftliche Umfeld, in das diese einzuordnen sind, zu verstehen, um hierauf aufbauend eine adäquate Bilanzierungsweise zu entwickeln.[811]

Das IASB hat die Bilanzierung von Pensionsplänen bereits vielfältig überarbeitet und angepasst, zuletzt mit der Veröffentlichung des überarbeiteten Standards im Juni 2011.[812] In der Literatur werden die jüngsten Überarbeitungen zwar in weiten Teilen begrüßt, gleichwohl wird darin keine „nachhaltig[e] Verbesserung der Pensionsbilanzierung"[813] gesehen. Auch das IASB sieht das zuletzt abgeschlossene Überarbeitungsprojekt lediglich als Zwischenschritt auf dem Weg zu einer umfassend neugestalteten Pensionsbilanzierung an.[814] Im Zuge der angekündigten Neukonzipierung sind weitaus fundamentalere Fragen als in den vergangenen Projekten zu beantworten. So wird auch in der Literatur ein „grundsätzliches Überdenken der Bilanzierungsvorschriften für Pensionsverpflichtungen in allen Bereichen"[815] gefordert.[816]

Die Zielsetzung einer grundlegenden konzeptionellen Neugestaltung der Bilanzierungsnormen für leistungsorientierte Pensionspläne ergibt sich aus den Vorgaben

811 Vgl. Napier (2009), S. 231 sowie Abschnitt 3.2.1.
812 Vgl. hierzu ausführlich Abschnitt 3.2.1.
813 Walter (2011b), S. 255.
814 Vgl. IAS 19.BC4 und IAS 19.BC13 sowie bereits IASB (2006a), S. 7 und IAS 19. BC48M (2004). Vgl. zum aktuellen research project IASB (2013).
815 Zimmermann/Huuk (2010), S. 483.
816 Vgl. zu dieser Forderung auch Walter (2011b), S. 255; Derr/Unrein (2010), S. 317; Mehlinger/Seeger (2010), S. 1526; Leibfried/Müller (2011), S. 333.

des IASB Frameworks.[817] Diesem entsprechend soll ein IFRS-Abschluss für Adressaten entscheidungsnützliche Informationen vermitteln, was insbesondere durch die Bereitstellung relevanter Informationen gelingt.[818] Daneben fordert das Framework den Ausweis der Ressourcen des Unternehmens sowie der Ansprüche gegen das Unternehmen,[819] wodurch die Bilanzorientierung der IASB-Rechnungslegung entsprechend der Asset-/Liability-Theorie deutlich wird.[820] Dementsprechend steht die Frage der Bestimmung von Pensionsverpflichtungen und -vermögenswerten im Mittelpunkt der Betrachtung; Pensionsaufwendungen und -erträge stellen lediglich ein Nebenprodukt dar.[821] Konsequenterweise bilden diese Grundsätze den Bezugsrahmen einer konzeptionellen Diskussion.

Gleichwohl wird die von FASB und IASB verfolgte Bilanzorientierung in der Literatur mitunter kritisch diskutiert. So führt nach Ansicht von Dichev (2008) ein am income approach ausgerichtetes GuV-orientiertes Bilanzkonzept zu klareren und nützlicheren Informationen.[822] Dies wird unter anderem mit dem nur temporären Verbleib von Vermögenswerten im Unternehmen begründet. Währenddessen werden Aufwendungen und Erträge, und damit das Ergebnis, als letztlich entscheidend angesehen, was insbesondere die Verwendung dieser Daten durch das Management zur Steuerung des Unternehmens zeige. Ferner ziehen auch Investoren primär GuV-Daten als Entscheidungsgrundlage heran.[823] Weitere Kritik an einer Bilanzorientierung wird durch die fehlenden Informationen hinsichtlich dem Geschäftsmodell des Unternehmens begründet, da die Bilanz keine zur Gewinn- und Verlustrechnung äquivalente Trennung in eine operative Tätigkeit und eine Finanzierungstätigkeit enthält.[824] Überdies sieht Dichev (2008) zwar das Entstehen und die Wertänderung von Vermögenswerten und Schulden als untrennbar mit dem Entstehen von Aufwendungen und Erträgen verbunden an, jedoch sei die Identifikation und Bewertung von Erträgen im Vergleich zu Vermögenswerten,

---

817 Vgl. hierzu die Ausführungen in Abschnitt 5.1.1 sowie Napier (2009), S. 232.

818 Vgl. hierzu ausführlich Abschnitt 3.1.1.

819 Vgl. F.OB12.

820 Vgl. hierzu ausführlich Abschnitt 3.1.2. Die verstärkte Ausrichtung der IFRS an der Asset-/Liability-Theorie wird nicht zuletzt bereits bei den zurückliegenden Überarbeitungen der Pensionsbilanzierung ersichtlich, vgl. hierzu ausführlich Abschnitt 3.2.1.

821 Vgl. Napier (2009), S. 232.

822 Vgl. Dichev (2008), S. 453.

823 Vgl. Dichev (2008), S. 458 f.

824 Vgl. Dichev (2008), S. 459 i. V. m. S. 463. Eine derartige standardisierte Trennung aller Rechenwerke und damit auch der Bilanz schlägt ein DP zum Financial-Statement-Presentation-Projekt (Phase B) aus dem Jahr 2008 vor, vgl. hierzu ausführlich Fülbier/Maier/Sellhorn (2009), S. 407. Diese Vorschläge wurden jedoch bislang nicht umgesetzt.

insbesondere über längere Zeiträume hinweg, weitaus einfacher.[825] Nicht zuletzt zeichne sich aus Investorensicht eine hohe Ergebnisqualität durch Beständigkeit (persistence) und Prognoseeignung (predictability) aus. Dies wird jedoch durch ein bilanzorientiertes Konzept konterkariert, da beispielsweise bei diesem Konzept der mit einer hohen Volatilität verbundene Fair Value eine zentrale Bedeutung einnimmt und dadurch die Bedeutung des Ergebnisses gefährde.[826] Da ungeachtet solcher Diskussionen weder bei der jüngsten Überarbeitung der Zielsetzungen und Grundsätze der IASB-Rechnungslegung im Rahmen der Phase A des Conceptual Framework-Projekts, welche im September 2010 beendet wurde, eine Abkehr von der Bilanzorientierung vorgenommen wurde, noch eine grundsätzliche Diskussion des verfolgten Konzepts geplant ist, basiert die folgende Untersuchung auf den Grundsätzen des bilanzorientierten Konzepts.

Die konkrete Ausrichtung, der eine neukonzipierte Pensionsbilanzierung folgen soll, ist bislang – zumindest aus IASB-Quellen – noch nicht ersichtlich.[827] Ebenfalls sind die Fragestellungen, die Gegenstand eines künftigen Projekts sein werden, nur zum Teil bestimmt. Einige offene Problembereiche ergeben sich aus dem jüngsten Überarbeitungsprojekt. Das IASB diskutierte zu Projektbeginn respektive im zugehörigen Discussion Paper vielfältige Themen, verfolgte jedoch in späteren Projektschritten nicht alle weiter.[828] Darüber hinaus lassen sich aus theoretischen und empirischen Erkenntnissen weitere zu diskutierende Regelungsbereiche identifizieren, die, wie auch die vorstehend Genannten, in nachfolgendem Abschnitt aufgezeigt werden.

4.1.1.2 Diskussionspunkte

Bilanzierungsfragen, die einer erneuten Diskussion bedürfen, betreffen sowohl Ansatz- und Bewertungs- als auch Ausweisfragen. Diese ergeben sich insbesondere aus Bilanzierungsnormen, welche bislang nicht an der konzeptionellen Grundlage des Frameworks ausgerichtet sind, oder solchen, denen es an einer konzeptionellen Basis mangelt. Einige potenzielle Diskussionspunkte werden im Folgenden überblicksartig vorgestellt:

- Ein grundlegender Problembereich stellt bereits die Abgrenzung von leistungs- und beitragsorientierten Pensionsplänen dar. Diese Thematik wurde schon vom Discussion Paper, welches das IASB im März 2008 im Zuge der letzten Überarbeitung des

825 Vgl. Dichev (2008), S. 463 f.
826 Vgl. Dichev (2008), S. 464 f. Die „Marktgläubigkeit“, auf welcher eine Fair Value-orientierte Rechnungslegung basiert, wird auf Grund der Möglichkeit eines Abweichens des Fair Value von Fundamentaldaten als gefährlich angesehen, vgl. Dichev (2008), S. 466.
827 Vgl. ähnlich auch Oldewurtel/Kümpel/Wolz (2011), S. 457; Pawelzik (2011), S. 218.
828 Vgl. für eine Übersicht über diese noch offenen Punkte IAS 19.BC13.

IAS 19 veröffentlichte, aufgegriffen,[829] anschließend jedoch nicht weiterverfolgt. Der Hintergrund, weshalb die Trennung in leistungs- und beitragsorientierte Zusagen in der Kritik steht, liegt in der Ausgestaltung der von Unternehmen gewährten Zusagen, welche zum Teil Merkmale von beiden Zusagearten beinhalten.[830] Zur Lösung dieses Problems beinhaltet das Discussion Paper den Vorschlag der Einführung beitragsbasierter Pensionszusagen, unter welche die beschriebenen Zusagen zu subsumieren und welche in Höhe des Fair Value zu bewerten wären.[831] Inwiefern dieser Vorschlag wieder aufgegriffen wird, bleibt abzuwarten; eine Wiederaufnahme der Diskussion dieses Problems wurde vom IASB zumindest angekündigt.[832]

- Weitere Einzelprobleme können aus Bewertungsfragen entstehen und künftig einer weiteren Diskussion bedürfen. Beispielsweise wurde die Ermittlung des Diskontierungszinssatzes bereits im Rahmen des ED/2009/10 erörtert, eine Neuregelung wurde jedoch bislang nicht weiterverfolgt. Ebenso ist die Frage des Einbezugs von künftigen Gehaltssteigerungen bei der Beurteilung eines möglicherweise vorliegenden Backloading noch offen.[833] Nicht geklärt ist auch der Einbezug von IFRIC 14 in IAS 19, welcher mitunter Fragen des Asset Ceilings behandelt. Bis jetzt wurde dieser, trotz des Bestehens eines solchen Vorhabens, nicht in den Standard übernommen. Diese Themen sollen nach Ansicht des IASB im Zuge einer fundamentalen Überarbeitung des Standards erneut erörtert

829 Vgl. DP IAS 19.In7–9 sowie DP IAS 19.5.3.

830 Vgl. DP IAS 19.4.8; Büchel (2008), S. 1052. Ein Beispiel hierfür sind sogenannte „Cash Balance Pläne“. Bei diesen bemisst sich die Pensionsleistung an der Verzinsung eines vom Unternehmen für den Arbeitnehmer aufgebauten Fondsvermögens. In der Folge entwickelt sich die Höhe der Pensionsverpflichtung entsprechend dem, möglicherweise auch virtuellen, Fondsvermögen. Solche Pläne sind de lege lata auf Grund der beim Unternehmen verbleibenden Verpflichtung als leistungsorientierte Pläne zu klassifizieren. Diese Bilanzierungsweise wird jedoch den wirtschaftlichen Gegebenheiten dieser Zusageform nicht gerecht, da der zur Abzinsung der DBO heranzuziehende Zinssatz nicht der Verzinsung des Fondsvermögens entspricht und daher bilanziell der Barwert der DBO nicht in gleicher Höhe wie das der Verpflichtung gegenüberstehende Vermögen bewertet wird, vgl. Büchel (2008), S. 1052; Tonne (2008), S. 707; Mühlberger/Schwinger (2011), S. 96 f.

831 Vgl. IAS 19 DP.5.3 i. V. m. IAS 19 DP.7.2. Vgl. zu diesem Vorschlag des DP ausführlich Tonne (2008), S. 706 f.; Büchel (2008), S. 1052; Berger/Walter (2008), S. 1280 f.; Alvarez/Büttner (2008), S. 464; Gohdes (2008) Betriebliche Altersversorgung, S. 750 sowie Rhiel (2008), S. 159 f. Daneben beinhaltet das DP auch einen Vorschlag zur Bilanzierung von Zusagen, die eine „Higher of“-Option beinhalten, bei welcher der Arbeitnehmer die Günstigere von zwei Varianten auswählen kann, vgl. IAS 19 DP.10.113 sowie mit weiteren Erläuterungen Tonne (2008), S. 707 und Berger/Walter (2008), S. 1281.

832 Vgl. IAS 19.BC13 (a).

833 Vgl. IAS 19.BV1117–120. Dieses Thema wurde in ED/2010/3.71A behandelt.

werden.[834] Eine weitere Bewertungsfrage besteht in Bezug auf das Planvermögen. Der in der Gewinn- und Verlustrechnung zu erfassende Ertrag wurde erst zuletzt auf die Höhe des auf Basis des Rechnungszinssatzes ermittelten Ertrags festgelegt. Diese Regelung steht jedoch vielfältig in der Kritik,[835] weshalb – eine Beibehaltung der prospektiven Aufwandserfassung vorausgesetzt – auch diese erneut diskutiert werden könnte.

- Die prospektive Aufwands- bzw. Ertragsermittlung zu Periodenbeginn widerspricht in ihrem Verständnis vollständig der Asset-/Liability-Theorie, bei welcher die bilanzierten Werte zum Periodenende ermittelt werden. Das IASB verfolgte in den letzten Projektschritten eine konsequente Hinwendung zu einem bilanzorientierten Ansatz, setzte diesen jedoch nicht vollständig um, sondern hält in diesem Punkt am income approach fest. Durch die Schätzung der GuV-Bestandteile aus Pensionsplänen wird weiterhin die Vergleichbarkeit und Neutralität, und mit Letzterer die glaubwürdige Darstellung der Pensionsinformationen in Abschlüssen, beeinträchtigt.[836] Wie stark die genannten Grundsätze vom IASB gewichtet werden, ist fraglich. Dies gilt vor allem vor dem Hintergrund des überarbeiteten Frameworks, bei welchem der Grundsatz der glaubwürdigen Darstellung und damit der Neutralität[837] im Vergleich zum Grundsatz der Relevanz[838] geschwächt worden scheint[839] und in dem der Grundsatz der Vergleichbarkeit auf die Ebene der Sekundärgrundsätze degradiert wurde.[840] Allerdings zieht das IASB an anderer Stelle genau die zu Sekundärgrundsätzen degradierte Vergleichbarkeit und Verständlichkeit heran, um den Nettozinsansatz zu begründen.[841] Es bleibt abzuwarten, wie lange sich dieser „politische Kompromiss" der beibehaltenen prospektiven Aufwandsbestimmung im Kampf gegen einen vollumfänglich bilanzorientierten Ansatz behaupten wird. Einzelmeinungen von IASB-Mitgliedern[842] und Bestrebungen, die Möglichkeit einer sofortigen GuV-wirksamen Erfassung der Neubewertungskomponente in den aktuellen Standard zu integrieren,[843] lassen eine erneute Diskussion dieser Vorgehensweise erwarten.

---

834 Vgl. IAS 19.BC13(b), (c) und (e).

835 Vgl. zu dieser Kritik Abschnitt 3.3.8.

836 Vgl. ähnlich Oldewurtel/Kümpel/Wolz (2011), S. 457.

837 Vgl. F.QC12 i. V. m. F.QC14.

838 Vgl. F.QC6.

839 Vgl. Pellens et al. (2011), S. 125 sowie etwas verhaltener zu dieser These Kampmann/Schwedler (2006), S. 529.

840 Vgl. F.QC19f.

841 Vgl. IAS 19.BC76 und BC83(a) i. V. m. F.QC19.

842 Diese sprechen sich für eine sofortige GuV-wirksame Erfassung der Neubewertungskomponente aus, was einer Bewertung und Erfassung von Wertänderungen der/des Nettoverpflichtung/-vermögenswerts zum Bilanzstichtag gleichkommt, vgl. IAS 19.DO3 sowie IAS 19.DO15.

843 Vgl. IASB (2011b), S. 12 sowie Oldewurtel/Kümpel/Wolz (2011), S. 456.

- Mittels der sofortigen Erfassung der Abweichungen zwischen geplanten und tatsächlichen Werten führt die Bilanzierung nach IAS 19 zwar inzwischen zu Bilanzwerten, die auf der Höhe des Barwerts der DBO und des Planvermögens zum Periodenende basieren, dennoch bedarf es einer Erfassungsmethode für die entstehenden Planabweichungen. Die mit der nun verpflichtend anzuwendenden OCI-Methode verbundenen Schwächen, wie die Durchbrechung des Kongruenzprinzips durch ein fehlendes Recycling,[844] und insbesondere die bislang fehlende konzeptionelle Abgrenzung zwischen dem OCI und dem Gewinn oder Verlust einer Periode, stellen weitere offene Diskussionspunkte dar.[845] Inwieweit daher die mit der jüngsten Überarbeitung verbundene Zielsetzung der Bereitstellung relevanter Informationen letztlich entsprochen wird, kann zumindest in Frage gestellt werden. Eine konsequente Umsetzung der Prinzipien des IASB, das inzwischen selbst die Volatilität nicht länger als valides Argument gegen eine sofortige Erfassung ansieht,[846] erfordert in Anbetracht dessen eine erneute Diskussion der genannten Bilanzierungsmethoden unter Berücksichtigung der Konsistenz mit den übrigen Standards.
- Eine weitere Schwäche der Ergebnisdarstellung stellt die bereits vorgeschlagene, aber letztlich nicht umgesetzte Zuordnung der Aufwands- und Ertragskomponenten zum operativen Ergebnis respektive Finanzergebnis dar. Diese gleichsam unbegründete wie kritisierte fehlende Vorgabe[847] schwächt die Vergleichbarkeit der Ergebnisdarstellung. Auf Grund dessen kann eine erneute Diskussion dieser Thematik, wie auch die der OCI-Abgrenzung, – zunächst übergreifend im Rahmen des Financial Statement Presentation-Projekts[848] – als notwendig angesehen werden.
- Nicht zuletzt besteht die Notwendigkeit die Angabeanforderungen des IAS 19 – ohne Vernachlässigung der Ansätze einer informationsbasierten „disclosure philosophy" – im Hinblick auf deren Zielerreichung differenziert zu prüfen. So könnte die Frage, ob die vermeintlich der Transparenz und dem Informationsnutzen dienenden Angaben diese Funktion tatsächlich erfüllen, drängender werden, vor allem auf Grund der jüngsten Ausweitung der Angaben. Diese Diskussion muss

---

844 Vgl. hierzu auch Abschnitt 3.3.8 sowie Oldewurtel/Kümpel/Wolz (2011), S. 455; Zimmermann/Huuk (2010), S. 487.

845 Die Aufstellung einer konzeptionellen Grundlage, anhand derer eine Abgrenzung zwischen Bestandteilen, die in der Gewinn- und Verlustrechnung erfasst werden, und solchen, die im OCI erfasst werden, ist jedoch grundsätzlich Gegenstand des IASB-Projekts „Financial Statement Presentation". Da im jüngsten Überarbeitungsprojekt „Presentation of Items of OCI", das zur Veröffentlichung eines überarbeiteten Standards IAS 1 im Juni 2011 führte, diese Themen noch nicht bearbeitet wurden, sollen diese in einem künftigen Projekt diskutiert werden, vgl. IAS 1.BC54G oder z. B. hierzu auch Urbanczik (2012), S. 274.

846 Vgl. Abschnitt 3.3.8.

847 Vgl. Abschnitt 3.3.6.2.

848 Vgl. IAS 19.BC69 sowie IAS 19.BC202 (a).

nicht zwangsläufig eine Reduktion der Angaben in Betracht ziehen. Naheliegender scheinen explizite Vorgaben zur Darstellungsweise, Aufbereitung und Aggregationsebene der Angaben, wodurch Bilanzleser zwar nach wie vor sachkundig und geübt sein müssten, es jedoch nicht erforderlich wäre, jeden Abschluss auf der Suche nach der gewünschten Information erneut zu „durchwühlen".

- Erfassungs- und Ausweisfragen nehmen auf Grund der vermeintlich willkürlichen Vorgehensweise des IAS 19 einen breiten Teil der Diskussionen um die Reformnotwendigkeit der Bilanzierung leistungsorientierter Pensionspläne ein, wie die aufgezeigten Diskussionsthemen verdeutlichen.[849] Diese Fragen, auf welche die vorliegende Arbeit fokussiert, werden im Folgenden weiter untersucht. Die zentrale und wohl mit den weitreichendsten Auswirkungen behaftete Thematik in diesem Zusammenhang stellt die Frage des Ausweises von Pensionsverpflichtungen und Planvermögenswerten dar. Diese Thematik des Brutto-/Nettoansatzes steht im Fokus der vorliegenden Arbeit und wird daher in den nachfolgenden Abschnitten ausführlich erörtert und im Rahmen einer empirischen Studie untersucht. Darüber hinaus findet auch die Erfassung versicherungsmathematischer Gewinne und Verluste sowie die Ergebnisdarstellung in der theoretischen Erörterung Berücksichtigung, da diese ebenfalls die Frage der Erfassung und des Ausweises leistungsorientierter Pensionspläne betreffen und daher mit der Diskussion des Brutto-/Nettoansatzes eng verbunden sind. Speziell die ersten beiden Simulationen widmen sich diesen Punkten und zeigen die Auswirkung einer alternativen Erfassung auf. Diese Ergebnisse bilden dann die Grundlage für die nachfolgende Untersuchung der Auswirkungen eines Bruttoansatzes.

4.1.2 Konzeptionelle Analyse des Brutto- und Nettoansatzes

4.1.2.1 Überblick

Im Rahmen der Bilanzierung leistungsorientierter Pensionspläne nach IFRS werden bei Vorliegen von Planvermögenswerten wichtige Informationen nicht in der Bilanz, sondern lediglich im Anhang gezeigt. Das IASB verfolgt im Hinblick auf leistungsorientierte Pensionsverpflichtungen einen Nettoansatz, wonach lediglich der Saldo aus Barwert der DBO und Planvermögenswerten in der Bilanz ausgewiesen wird, mit der Begründung, dieser Nettoausweis führe zu einer relevanteren Darstellung als ein Bruttoausweis.[850]

Diese Vorgehensweise wird auf Basis der Zielsetzung sowie der Definitionen und sonstigen Bilanzierungsnormen der IFRS eingehend analysiert. Hierzu werden zuerst die Bilanzierung von Verpflichtungen und Vermögenswerten in Bezug auf den Spezialfall der Verpflichtungen und Vermögenswerte aus Pensionsplänen betrachtet, bevor anschließend die Frage der Saldierung erörtert wird. Entsprechend der Thematik werden ausschließlich leistungsorientierte Pensionspläne betrachtet.

849 Vgl. ausführlich und m. w. N. Abschnitt 3.3.8.
850 Vgl. IAS 19.BC68H (2004).

In der vorliegenden Arbeit wird der Begriff Brutto- respektive Nettodarstellung in dem erläuterten Zusammenhang verwendet und versteht den unsaldierten oder saldierten Ausweis des Barwerts der DBO und des Planvermögens.

4.1.2.2 Ansatz von Verpflichtungen und Vermögenswerten in der IASB-Rechnungslegung

Die konzeptionelle Grundlage zur Bilanzierung von Verpflichtungen und Vermögenswerten in der IFRS-Rechnungslegung bietet das IASB-Framework. Nach F.4.4 (a) wird eine Schuld als „eine gegenwärtige Verpflichtung des Unternehmens, die aus Ereignissen der Vergangenheit entsteht und deren Erfüllung für das Unternehmen erwartungsgemäß mit einem Abfluss von Ressourcen mit wirtschaftlichem Nutzen verbunden ist" definiert. Im Sinne der IFRS können damit sowohl rechtliche wie auch faktische Verpflichtungen eine passivierungspflichtige Schuld begründen.[851] Letztere hat sich das Unternehmen auf Grund seiner Aktivitäten auferlegt, wenn dieses die Übernahme von Verpflichtungen angedeutet hat und hierdurch eine dritte Partei erwarten lässt, dass das Unternehmen dieser Verpflichtung nachkommen wird.[852] Eine Konkretisierung dieser Kriterien in Bezug auf unsichere Verbindlichkeiten enthält IAS 37, welcher die Bilanzierung von Rückstellungen regelt.[853] Da Pensionsverpflichtungen gleichermaßen mit einer Vielzahl von Unsicherheiten behaftet sind, werden diese Regelungen an dieser Stelle ergänzend herangezogen.

Leistungsorientierte Pensionszusagen umfassen Zusagen eines Unternehmens an Arbeitnehmer, zu deren Erfüllung sich das Unternehmen gegenüber den begünstigten Arbeitnehmern verpflichtet hat. Somit sind leistungsorientierte Zusagen per Definition – in Abgrenzung zu beitragsorientierten Pensionszusagen – nicht auf die Verpflichtung zur Entrichtung von Beiträgen an einen externen Fonds beschränkt. In der Folge verbleibt eine Verpflichtung beim Unternehmen, für die Pensionszusage im Versorgungsfall einzustehen. Entsprechend der Definition des Frameworks stellt die zu einem Betrachtungszeitpunkt zu bilanzierende Verpflichtung die Verpflichtung dar, welche der Arbeitgeber gemäß der Pensionsvereinbarung zu diesem Zeitpunkt zu tragen hat.[854] Der Zeitpunkt des Entstehens der Pensionsverpflichtung bildet die Erbringung der Arbeitsleistung, für welche die Pensionsleistung gewährt wird. Dies entspricht der „deferred remuneration theory", die entsprechend dem Entgeltcharakter der betrieblichen Altersversorgung[855] nicht die Vereinbarung über die Gewährung von Pensionsleistungen an sich als verpflichtendes Ereignis definiert.[856]

851 Vgl. F.4.15.
852 Vgl. F.4.15 i. V. m. IAS 37.10 sowie mit weiteren Erläuterungen Maier (2009), S. 43 ff.
853 Vgl. hierzu ausführlich Maier (2009).
854 Vgl. auch Napier (2009), S. 238.
855 Vgl. hierzu Abschnitt 2.1.1.
856 Vgl. Napier (2009), S. 238 sowie IAS 19.8. Im Gegensatz dazu sieht die „gratuity theory" den Leistungszeitpunkt, in der Regel in Folge der Pensionierung,

Ist das Bestehen einer Verpflichtung unsicher, muss laut IASB eine Passivierung erfolgen, wenn mehr für das Bestehen als dagegen spricht („more likely than not“).[857] Trotz der vielfältigen Unsicherheiten, mit denen Pensionsverpflichtungen behaftet sind, betreffen diese regelmäßig nicht die Frage, ob die Verpflichtung überhaupt existiert, weshalb das Bestehen einer Verpflichtung als wahrscheinlich eingestuft werden kann. Zusammenfassend stellt eine Pensionsverpflichtung eine gegenwärtige Verpflichtung aus einem vergangenen Ereignis, nämlich der Erbringung der Arbeitsleistung bei einer bestehenden Zusage von Pensionsleistungen an Arbeitnehmer, gegenüber Dritten dar. Dieses Ereignis ist ein verpflichtendes Ereignis im Sinne des IAS 37.17.[858]

Zur Passivierung einer Verbindlichkeit müssen weiterhin die Ansatzvoraussetzungen des Frameworks erfüllt werden. Diese fordern, dass ein Nutzenabfluss zur Erfüllung der Schuld wahrscheinlich ist und der Erfüllungsbetrag, und damit die Höhe der Schuld, verlässlich bewertbar ist.[859] Pensionsverpflichtungen führen bei deren Erfüllung zu einem Abfluss liquider Mittel nach F.4.17 (a) und damit zu einem Abfluss von Ressourcen mit wirtschaftlichem Nutzen. Die Unsicherheiten hinsichtlich der Frage, ob die Pensionsleistungen überhaupt in Anspruch genommen werden und in welcher Höhe, führen ebenfalls nicht zu dem Ergebnis, dass der Ressourcenabfluss als unwahrscheinlich im Sinne des „more likely than not“-Kriteriums eingestuft werden kann. Diese Unsicherheiten fließen vielmehr in die Frage der Bewertung ein.[860]

Führt ein Unternehmen eine externe Mittelanlage zur Finanzierung der gewährten Pensionszusagen durch, so kann dies im Leistungsfall – in Abhängigkeit der gewählten Ausgestaltung und der getroffenen Vereinbarungen – zu einer Auszahlung der Pensionsleistungen an die versorgungsberechtigten Arbeitnehmer durch diesen externen Versorgungsträger führen. Dies gilt nicht nur für mittelbare Versorgungszusagen, sondern gleichfalls für unmittelbare Versorgungszusagen, bei welchen die

---

als maßgeblichen Zeitpunkt für das Entstehen der Verpflichtung an, vgl. Napier (2009), S. 238.

857 Vgl. IAS 37.15.

858 Ein verpflichtendes Ereignis wird dadurch charakterisiert, dass das Unternehmen keine realistische Alternative zur Erfüllung der Verpflichtung hat, will es massiven wirtschaftlichen Schaden vermeiden. Das Unternehmen darf folglich keine Möglichkeit haben, sich der Verpflichtung zu entziehen, vgl. IAS 37.17 i. V. m. Maier (2009), S. 46.

859 Vgl. F.4.4 (b) i. V. m. F.4.38 und F.4.46 sowie IAS 37.23.

860 Die Ansatzvoraussetzung, wonach der Ressourcenabfluss das Kriterium der Wahrscheinlichkeit erfüllen muss, ist innerhalb des IASB umstritten. So enthält bereits ein ED zu IAS 37 aus dem Jahr 2005 den Vorschlag, dieses Kriterium zu streichen und sogenannte „stand-ready-obligations“ zu passivieren. Diese repräsentieren unabhängig von der Wahrscheinlichkeit des Ressourcenabflusses die unbedingte Verpflichtung des Unternehmens, sich zur Erfüllung der Verpflichtung bereitzuhalten. Unsicherheiten in Bezug auf den Ressourcenabfluss sind nach diesem Konzept ausschließlich in der Bewertung zu berücksichtigen, vgl. hierzu ausführlich Maier (2009), S. 54 ff.

Kapitaldeckung über einen CTA erfolgt. Der Treuhänder erstattet entweder einem Unternehmen die zu zahlenden Versorgungsleistungen oder leistet die Zahlung direkt an die versorgungsberechtigten Arbeitnehmer.[861] Unabhängig von diesen Zahlungsmodalitäten verbleibt eine rechtliche oder faktische Verpflichtung zur Erbringung der vollen Pensionsleistung im Leistungsfall beim zusagenden Unternehmen. Die Art der Finanzierung beeinflusst die Verpflichtung nicht, solange ein Rückgriffsrecht auf das zusagende Unternehmen im Falle des Leistungsausfalls der dritten Partei verbleibt. Eine Erfüllung der Verpflichtung erfolgt erst mit der Auszahlung der Pensionsleistungen im vereinbarten Leistungsfall.[862]

Eine Ausfinanzierung ermöglicht die Reduktion der wirtschaftlichen Belastung eines Unternehmens im Zeitpunkt der Fälligkeit der Verpflichtung. So ist Völker (2009) der Ansicht, dass durch die „Auslagerung von Pensionsverpflichtungen" im Sinne der Generierung von Planvermögen nach IFRS, die „Wahrscheinlichkeit der Inanspruchnahme des Unternehmens aus Pensionsverpflichtungen [...] nahezu ausgeschlossen werden kann"[863]. Ähnlich argumentieren auch die Befürworter eines Nettoansatzes im IASB und sehen die Verpflichtung bei Bestehen von Planvermögen als „a matter of form rather than substance"[864] an. Das IASB geht in der Argumentation noch weiter, so erklärt es „plan assets reduce (but do not extinguish) an entity's own obligation"[865]. Eine separate Betrachtung dieser Verpflichtung führt jedoch ungeachtet dessen zu dem Ergebnis, dass diese vollständig beim Unternehmen verbleibt und ein Ressourcenabfluss zu erwarten ist.

Die Mittelauslagerung bewirkt, wie vorstehend gezeigt, keine Reduktion und kein Erlöschen der Verpflichtung. Gleichwohl wird möglicherweise ein Vermögenswert, der dieser Verpflichtung gegenüber steht, generiert. Ein Vermögenswert wird durch F.4.4(b) definiert als „eine Ressource, die auf Grund von Ereignissen der Vergangenheit in der Verfügungsmacht des Unternehmens steht und von der erwartet wird, dass dem Unternehmen aus ihr künftiger wirtschaftlicher Nutzen zufließt". Dieser Nutzenzufluss führt direkt oder indirekt zu einem Zufluss von Zahlungsmitteln oder Zahlungsmitteläquivalenten und damit zu liquiden Mitteln.[866] Diese können ihrerseits wiederum unter anderem zur Begleichung einer Schuld eingesetzt werden.[867] Entscheidend für die Frage der Aktivierungsfähigkeit ist das wirtschaftliche Eigentum, welches beim bilanzierenden Unternehmen liegen muss, um zu einer Aufnahme in der Bilanz zu führen.[868] Ferner gelten analoge Ansatzkriterien für Vermögenswerte wie für Schulden. Ein Ansatz setzt voraus, dass der

861 Vgl. hierzu Abschnitt 2.2.3.2 auf S. 58.
862 Vgl. ähnlich auch Napier (2009), S. 239.
863 Völker (2009), S. 66.
864 IAS 19.BC68C (a) (ii) (2004).
865 IAS 19.BC66 (2004).
866 Vgl. F.4.8.
867 Vgl. F.4.10 (c).
868 Vgl. F.4.12.

Nutzenzufluss durch einen Vermögenswert wahrscheinlich ist und der Vermögenswert verlässlich bewertbar ist.[869]

Das im Hinblick auf die Bilanzierung von Planvermögenswerten kritische Definitionskriterium ist die Frage der Verfügungsmacht respektive das Vorliegen des wirtschaftlichen Eigentums beim Unternehmen. Für die Bilanzierung ist nicht zwingend das rechtliche Eigentum entscheidend, sondern die Frage, wer aus wirtschaftlichen Gesichtspunkten als Eigentümer angesehen werden kann. Das Unternehmen muss dementsprechend zur Begründung der Bilanzierung über einen Vermögenswert verfügen können – im Sinne der IFRS „control" über diesen ausüben. Gemäß der Vermögenswertdefinition des Frameworks ist die Verfügungsmacht über den wirtschaftlichen Nutzen aus einem Vermögenswert entscheidend.[870] Diese Beurteilung soll anhand des „tatsächliche[n] wirtschaftliche[n] Gehalt[s]"[871] eines Vermögenswerts erfolgen. Zur Illustration dieser Vorgehensweise bezieht sich das Framework auf die Bilanzierung von Leasing-Verhältnissen,[872] was als Indiz für eine Verallgemeinerungsfähigkeit dieser Bilanzierungsweise gedeutet werden kann.[873] Entsprechend spielt der sogenannte „risks-and-rewards-approach" eine zentrale Rolle, wonach die mit einem Vermögenswert verbundenen Risiken und Chancen die Beurteilung des wirtschaftlichen Eigentums wesentlich determinieren.[874] Auch in der Literatur zum HGB, welches analog das Prinzip der Bilanzierung des wirtschaftlichen Eigentums vertritt, kann die Vermögenszuordnung durch eine Betrachtung der wesentlichen Chancen und Risiken aus der Nutzung eines Vermögenswerts und dem Tragen von dessen Wertschwankungen konkretisiert werden.[875] Darüber hinaus wird das wirtschaftliche Eigentum in der Literatur zum HGB über die tatsächliche Verfügungsgewalt[876] beziehungsweise tatsächliche Sachherrschaft über einen Vermögenswert, die den rechtlichen Eigentümer von den wirtschaftlichen

---

869 Vgl. F.4.38 i. V. m. F.4.44.

870 Vgl. F.4.4 (a) und F.4.12 sowie ebenfalls Scharenberg (2009), S. 115 f.

871 F.4.6.

872 Vgl. F.4.6 sowie F.12.

873 Vgl. Scharenberg (2009), S. 116 sowie ähnlich Gelhausen/Pape/Schruff (2011), Rn. 146.

874 Vgl. Scharenberg (2009), S. 117. Hierdurch wird die Zuordnung des wirtschaftlichen Eigentums im Sinne des aus der Leasingbilanzierung bekannten „all-or-nothing-approach" konkretisiert, vgl. Scharenberg (2009), S. 117.

875 Vgl. Kussmaul (2012), Rn. 7; Heitmüller/Hellen (2012), S. 123. Diese Auslegung ist der Kommentarliteratur zum HGB entlehnt und wird an dieser Stelle analog angewandt.

876 Vgl. in Bezug auf das HGB Kussmaul (2012), Rn. 7. Knapp (1971) spricht in diesem Zusammenhang von einem „Verfügungs- bzw. Verwertungsrecht über die Substanz für eigene Rechnung" Knapp (1971), S. 1129 und S. 1124.

Auswirkungen ausschließt,[877] weiter spezifiziert, wobei letztlich das Gesamtbild der Verhältnisse entscheidend ist.[878]

Das IASB führt als Argument der Befürworter des Nettoansatzes an, dass Planvermögenswerte, die von einem Pensionsfonds gehalten werden, nicht unter der Beherrschung des Unternehmens stünden.[879] Diese Begründung ist auch in der Literatur zu finden, wonach eine Aktivierung von Planvermögenswerten auf Grund einer mangelnden Verfügungsmacht über diese Vermögenswerte nicht in Frage käme.[880]

Da die IFRS keine expliziten Regelungen zur bilanziellen Abbildung von Vermögenswerten, die im Rahmen einer Treuhandvereinbarung, Sicherungsübereignung oder Verpfändung übertragen werden, enthalten, werden im Folgenden entsprechend der Auslegungshierarchie des IAS 8.11 (b) die Grundsätze des Frameworks zur Auslegung herangezogen.[881] Wird die Mittelauslagerung auf einen CTA betrachtet, so ergeben sich folgende Rechte und Interessen an den auf diese Treuhandkonstruktion auslagerten (Plan-)Vermögenswerten:[882] Je nach Art des Treuhandverhältnisses wird der Treuhänder juristischer Eigentümer des Treuguts (Vollrechtstreuhand) oder wird ermächtigt, über dieses im eigenen Namen, aber für fremde Rechnung zu verfügen (Ermächtigungstreuhand).[883] Bei einer CTA-Konstruktion zur Generierung von Planvermögen erfolgt eine rechtliche Übertragung der Vermögenswerte, wodurch der Treuhänder deren juristischer Eigentümer wird. Der Treuhänder nimmt im Rahmen des Treuhandverhältnisses die Interessen des Treugebers wahr, als ob es seine eigenen Interessen wären.[884] Treuhand ist folglich „fremdnützige Interessenwahrnehmung“[885]. Die Ausgestaltung des Treuhandvertrags ermöglicht dem auslagernden Unternehmen umfassenden Einfluss auf die Ausgestaltung der Vermögensverwaltung, wie zum Beispiel die Art der Mittelanlage, zu nehmen.[886] Das Unternehmen behält folglich wesentlichen Einfluss auf die auf den Treuhänder übertragenen Vermögenswerte. So wird auch in schuld-

877 Vgl. Förschle/Kroner (2012), S. 6. Eine Konkretisierung des wirtschaftlichen Eigentums erfolgt im deutschen Steuerrecht, wonach die tatsächliche Sachherrschaft und damit das wirtschaftliche Eigentum bei demjenigen liegt, welchem Besitz, Nutzen, Gefahr und Lasten eines Gegenstands dauerhaft zukommen, vgl. m. w. N. Heitmüller/Hellen (2012), Rn. 123 und Förschle/Kroner (2012), S. 7 sowie ausführlich Scharenberg (2009), S. 106 ff.

878 Vgl. Förschle/Kroner (2012), S. 7.

879 Vgl. IAS 19.BC68C (a) (i) (2004).

880 Vgl. Wagenhofer (2009), S. 320.

881 Vgl. ähnlich Scharenberg (2009), S. 193.

882 Vgl. zu diesen Ausführungen Abschnitt 2.2.3.2.

883 Vgl. Wöhe (2000), Rn. 1408; Gelhausen et al. (2007), Rn. 6 und Rn. 8.

884 Vgl. Löhnig (2006), S. 115 f.; Wöhe (2000), Rn. 1402 und Rn. 1404.

885 Löhnig (2006), S. 116. Bei Bestehen eines Treuhandverhältnisses fällt der Interessenträger und die Person, die die Interessen wahrnimmt, auseinander, vgl. Löhnig (2006), S. 116.

886 Vgl. Schwind (2006), S. 594 sowie grundsätzlicher Löhnig (2006), S. 147; Wöhe (2000), Rn. 1402.

rechtlichen Fragen bei fiduziarischen Geschäften ein formelles und materielles Eigentum unterschieden[887] und von einer wirtschaftlichen Zuordnung des Treuguts zum Treugeber ausgegangen.[888] Das Treugut ist folglich regelmäßig in der Bilanz des Unternehmens zu erfassen.[889] Durch eine Sicherungsübereignung bleibt den Gläubigern des arbeitgebenden Unternehmens im Insolvenzfall der Zugriff auf diese Vermögenswerte verwehrt, wodurch bei auf einen CTA ausgelagerten Vermögenswerten die Planvermögenseigenschaft sichergestellt wird. Die Sicherungsübereignung umfasst eine rechtliche Übereignung des Sicherungsguts, ohne dass eine Übergabe des Sicherungsguts an den Sicherungsnehmer erfolgt.[890] Die alleinige Vereinbarung einer solchen Sicherungsübereignung bewirkt grundsätzlich keine Übertragung des wirtschaftlichen Eigentums,[891] denn es wird keine Übergabe des Sicherungsguts durch eine solche Vereinbarung veranlasst.[892] Sofern die Sicherungsabrede keine weiteren

887 Vgl. LÖHNIG (2006), S. 84.

888 Vgl. LÖHNIG (2006), S. 85 und S. 115 sowie in Bezug auf die Entwicklung der analogen Beantwortung dieser Frage im Steuerrecht WERNDL (1983), S. 172 f.

889 Vgl. FLINTROP (2009), Rn. 34. Vgl. in Bezug auf das HGB HEITMÜLLER/HELLEN (2012), Rn. 122; FÖRSCHLE/KRONER (2012), Rn. 11. Diesem Grundsatz liegt die Annahme zu Grunde, dass die Treuhandabrede so gestaltet ist, dass das wirtschaftliche Eigentum nicht übertragen wird, vgl. FÖRSCHLE/KRONER (2012), Rn. 11 sowie mit weiteren Erläuterungen WÖHE (2000), Rn. 1434. Einzelmeinungen vertreten die Auffassung, dass der Treugeber anstatt des Treuguts den Herausgabeanspruch gegen den Treuhänder zu aktivieren hat, sofern dieser das Treugut erworben oder selbst hergestellt hat, vgl. FÖRSCHLE/KRONER (2012), Rn. 11 i. V. m. ADLER/DÜRING/SCHMALTZ (2001), Rn. 282.

890 Vgl. RIEDER/RIEDER (1999), S. 11. Die Sicherungsübereignung hat sich als Kreditsicherungsmittel in der Praxis entwickelt. Die im Rahmen einer Sicherungsübereignung getroffene Sicherungsabrede regelt die Übertragung nur als Sicherheit, weshalb der Sicherungsnehmer, i. d. R. ein Kreditinstitut, ein treuhänderisches Eigentum erwirbt. Dieser darf nicht nach Belieben mit dem Sicherungsgut verfahren, sondern darf dieses nur nach vertraglich geregelten Voraussetzungen zur Befriedigung der gesicherten Forderung verwerten. Wird die Forderung ordnungsgemäß getilgt, erfolgt die Rückübertragung des Eigentums auf den Sicherungsgeber, vgl. RIEDER/RIEDER (1999), S. 11. KNAPP (1971), S. 1124 bezeichnet das dem Sicherungsnehmer zustehende Recht als ein „bedingtes Verwertungsrecht, das aber im Normalfall nie akut wird“ und das dieser nicht für eigene Rechnung verwerten darf; anstatt dessen muss der Erlös dem Sicherungsgeber gutgeschrieben werden. Üblicherweise werden Sachen zur Sicherungsübereignung herangezogen, vgl. SCHARENBERG (2009), S. 183.

891 Vgl. in analoger Anwendung der Auslegung zum HGB HEITMÜLLER/HELLEN (2012), Rn. 122; FÖRSCHLE/KRONER (2012), Rn. 19 sowie in Bezug auf das Steuerrecht WERNDL (1983), S. 189 und S. 193.

892 Vgl. WERNDL (1983), S. 189. Die Übergabe, die zur Sicherungsübereignung notwendig ist, wird häufig durch ein Besitzkonstitut ersetzt, vgl. GELHAUSEN et al. (2007), Rn. 164 i. V. m. Rn. 168. Die Verfügungs- und Nutzungsmöglichkeiten des Sicherungsnehmers über das Sicherungsgut sind eingeschränkt; der Sicherungsnehmer darf

Verfügungsbefugnisse für den Sicherungsnehmer beinhaltet, wird das wirtschaftliche Eigentum dem Sicherungsgeber zugerechnet, welcher das Sicherungsgut[893] bilanziell zu erfassen hat.[894] Diese Grundsätze gelten analog für den Fall einer Verpfändung.[895] Insbesondere zieht der Sicherungsgeber den wirtschaftlichen Nutzen aus dem übertragenen Vermögenswert.[896] Daher gilt auch bei einer Auslagerung liquider Mittel, dass der Nutzen aus diesen Vermögenswerten beim übertragenden Unternehmen verbleibt.

Dies gilt überdies analog für die Risiken aus den Vermögenswerten. Der Treuhänder verpflichtet sich, in Abhängigkeit der konkreten Ausgestaltung, entweder dem auslagernden Unternehmen die zu zahlenden Versorgungsleistungen zu erstatten oder die Pensionsleistungen direkt an die Arbeitnehmer auszuzahlen. Kommt der Treuhänder dieser Verpflichtung nicht nach, etwa auf Grund einer nachteiligen Entwicklung der Vermögenswerte, so verbleibt die Verpflichtung zur Leistung der Pensionsansprüche beim zusagenden Unternehmen. Daraus resultiert, dass neben den Chancen auch die Risiken aus der Entwicklung der Vermögenswerte beim Treugeber, also dem Unternehmen, verbleiben.[897] Auch dies spricht für eine wirtschaftliche Zuordnung der Planvermögenswerte zum arbeitgebenden Unternehmen und damit dem Treugeber. Diese Argumentation kann auch bei der Generierung von Planvermögen über mittelbare Durchführungswege herangezogen werden. Hierbei wird ebenfalls das rechtliche Eigentum an den Planvermögenswerten – in diesem Fall kann es sich ausschließlich um liquide Mittel handeln – auf den Versorgungsträger übertragen. Jedoch verbleibt die genannte Leistungsverpflichtung letztlich beim Unternehmen, weshalb dieses dem Risiko eines Zahlungsausfalls des externen Versorgungsträgers ausgesetzt ist.

---

sein Recht an einem Vermögenswert nicht willkürlich ausüben, vgl. Werndl (1983), S. 188; Gelhausen et al. (2007), Rn. 158.

893 Die in diesem Zusammenhang aufgeführten Quellen und Kommentierungen beziehen sich auf die Sicherungsübereignung von Sachen.

894 Vgl. Flintrop (2009), Rn. 34 i. V. m. IAS 39.IG.E.4.8; Scharenberg (2009), S. 194. In analoger Anwendung der Auslegung zum HGB vgl. Förschle/Kroner (2012), Rn. 19 i. V. m. Rn. 14; Wöhe (2000), Rn. 1436; Knapp (1971), S. 1125. Die Bilanzierung beim Sicherungsgeber erfolgt solange bis der Sicherungsfall eintritt und der Sicherungsnehmer das Sicherungsgut verwerten kann, vgl. Flintrop (2009), Rn. 34.

895 In Bezug auf das HGB ist dies eindeutig durch § 246 Abs. 1 Satz 2 geregelt. Vgl. weiterhin Heitmüller/Hellen (2012), Rn. 122.

896 Diese Auslegung bezieht sich auf eine steuerliche Betrachtung von Werndl (1983), S. 193, die an dieser Stelle analog angewandt wird.

897 Die Betrachtung der Chancen und Risiken als Indikatoren für die Zurechnung des wirtschaftlichen Eigentums ist auch in der Rechtsprechung zum HGB in Bezug auf die Leasingbilanzierung zu finden, vgl. Heitmüller/Hellen (2012), S. 123.

Sowohl Pensionsverpflichtungen wie auch Planvermögenswerte erfüllen die Definitionen von Vermögenswerten und Schulden des Frameworks. Ebenso entsprechen diese regelmäßig den allgemeinen Ansatzkriterien aus F.4.38, wonach für Vermögenswerte wie auch für Schulden hinsichtlich des Ansatzes gilt, dass der Nutzenzufluss oder -abfluss aus einem Vermögenswert oder einer Schuld dem Unternehmen wahrscheinlich zu- oder abfließen und der Bilanzposten verlässlich bewertbar sein muss.[898] In Ermangelung spezieller Ansatzvorschriften für Pensionsverpflichtungen kann auf die Grundsätze der Bilanzierung für Schulden des Frameworks zurückgegriffen werden.[899] Die konkreten Aktivierungsvorschriften für Vermögenswerte, entsprechend auch für Planvermögenswerte, ergeben sich je nach Art der Vermögenswerte aus den einschlägigen Standards. Die externe Finanzierung von Pensionsverpflichtungen führt demzufolge nicht zu einem grundsätzlichen Ausschluss der Aktivierung respektive Passivierung von Schulden und Vermögenswerten im Kontext mit leistungsorientierten Pensionsplänen.

4.1.2.3 Saldierter Ausweis in der IASB-Rechnungslegung

Leistungsorientierte Pensionsverpflichtungen und Planvermögenswerte entsprechen gemäß den im vorhergehenden Abschnitt erläuterten Grundsätzen regelmäßig den Ansatzkriterien nach IFRS. Vermögenswerte und Schulden, ebenso wie Aufwendungen und Erträge, sind nach IAS 1.32 grundsätzlich unsaldiert auszuweisen. Nach Ansicht des IASB vermindert ein saldierter Ausweis prinzipiell die Fähigkeit der Abschlussadressaten, Geschäftsvorfälle und sonstige Ereignisse eines Unternehmens zu verstehen und daraus künftige Cashflows eines Unternehmens zu schätzen. Ausnahmen werden für Geschäftsvorfälle und Ereignisse, bei welchen die Saldierung den wirtschaftlichen Gehalt widerspiegelt, anerkannt.[900] Hierzu zählen beispielsweise Forderungen und Verbindlichkeiten, die nach IAS 32.42 aufzurechnen sind, sofern das Unternehmen (a) einen Rechtsanspruch darauf hat, die erfassten Beträge miteinander zu verrechnen und (b) zusätzlich beabsichtigt, den Ausgleich auf Nettobasis herbeizuführen oder mit der Verwertung des entsprechenden Vermögenswerts zugleich die dazugehörige Verbindlichkeit

---

898 Das Framework stellt zwar keine(n) Rechnungslegungsstandard oder -interpretation dar und ist daher nicht verbindlich anzuwenden, jedoch dient das Framework u. a. den mit der Rechnungslegung in Berührung kommenden Personen als konzeptionelle Grundlage, vgl. Framework, Purpose and Status. Ferner rekurrieren die einzelnen Rechnungslegungsstandards regelmäßig auf die im Framework niedergelegten Grundsätze.

899 Eine Ansatzpflicht ergibt sich indirekt aus IAS 19.61 f., wonach ein Unternehmen zur Erfassung rechtlicher wie auch faktischer Verpflichtungen aus einem leistungsorientierten Plan verpflichtet ist. Diese Vorgabe entspricht ferner den Grundsätzen des Frameworks.

900 Vgl. IAS 1.33.

abzulösen.[901] Auch weitere Ausnahmen von dem grundsätzlichen Saldierungsverbot zeichnen sich durch das Recht und die Absicht zur Aufrechnung der Posten aus und erfordern daher auf beiden Seiten gleiche Vertragspartner.[902]

Hinsichtlich der Bilanzierung leistungsorientierter Pensionspläne wird ferner nach IAS 19.131 ausdrücklich eine Saldierung von Vermögenswerten und Schulden aus verschiedenen Plänen gefordert, sofern das Unternehmen (a) ein einklagbares Recht hat, die Vermögensüberdeckung des einen Plans zur Ablösung von Verpflichtungen aus einem anderen Plan zu verwenden und (b) beabsichtigt, den Ausgleich auf Nettobasis herbeizuführen oder mit der Verwertung des entsprechenden Vermögenswerts zugleich die dazugehörige Verbindlichkeit abzulösen. Damit entspricht diese Vorgabe der Saldierungsnorm für Vermögenswerte und Verbindlichkeiten nach IAS 32.42. Die Verrechnung leistungsorientierter Pensionsverpflichtungen mit Planvermögenswerten entspricht hingegen nicht diesen Vorgaben. Eine Saldierung ist bei leistungsorientierten Pensionsverpflichtungen, die mit einer direkten Verpflichtung des Unternehmens verbunden sind, auf Basis der Saldierungsnormen der IFRS für Vermögenswerte und Verbindlichkeiten nicht begründbar.[903] Dies erkennt auch das IASB an,[904] sieht diese „Ausnahmeregelung" zur Nettodarstellung, die überdies nicht auf andere Vermögenswerte und Verbindlichkeiten ausgeweitet werden soll, jedoch als „pragmatische Lösung" für die Bilanzierung leistungsorientierter Pensionspläne an.[905] Hierdurch wird die vom IASB als „relevanter" angesehene Nettodarstellung ermöglicht. Denn nach Ansicht des IASB erzeugen die Beschränkungen, welchen Planvermögenswerte unterliegen, eine ausreichend starke Verbindung zu den Pensionsverpflichtungen, um eine Nettodarstellung zu begründen.[906] Ferner sei angemerkt, dass IAS 19 bezüglich dieser Verrechnung nicht explizit von einer Saldierung spricht.[907] Insofern könnte die Vorgabe zur Bilanzierung der Nettopensionsverpflichtung bzw. des

---

901 Weitere Ausnahmen für die Saldierung von Bilanzposten existieren hinsichtlich der Verrechnung von Teilabrechungen vereinnahmter Zahlungen auf Fertigungsaufträge nach IAS 11.43 f. in Bezug auf die Saldierung von Steueransprüchen und -schulden nach IAS 12.71, sofern dieselben Voraussetzungen wie nach IAS 32.42 gegeben sind, und in Zusammenhang mit der Möglichkeit der Verrechnung von Investitionszuwendungen mit den Anschaffungs- und Herstellungskosten nach IAS 20.24, vgl. auch Gelhausen/Pape/Schruff (2011), Rn. 130; Lüdenbach (2012), Rn. 22 sowie Wawrzinek (2009), Rn. 53.

902 Vgl. Wawrzinek (2009), S. 54.

903 Das Framework stellt ebenfalls grundsätzlich fest, dass Abschlüsse sowohl Informationen über die ökonomischen Ressourcen wie auch über die Ansprüche gegen das Unternehmen enthalten sollen, vgl. F.OB13. Dieser Grundsatz untermauert ein Saldierungsverbot.

904 Vgl. IAS 19.BC68H (2004).

905 Vgl. IAS 19.BC68I (2004).

906 Vgl. IAS 19.BC68H (2004).

907 Vielmehr merkt das IASB sogar an: „The presentation of that net liability as a single amount in the balance sheet differs conceptually from the offsetting of separate

Nettopensionsvermögenswerts grundsätzlich auch als Verrechnung im Sinne einer Ausbuchung interpretiert werden.[908]

Neben den in den IFRS niedergelegten Voraussetzungen für Ausnahmen des Saldierungsverbots könnten weitere Gründe für eine Saldierung herangezogen werden. Allerdings spricht auch die Anwendung des Grundsatzes der wirtschaftlichen Betrachtungsweise[909] nicht für eine Saldierung.[910] Die Saldierung geschieht ebenfalls nicht auf Grund eines tatsächlich durchgeführten Hedgings:[911] „Das Risiko aus den Verpflichtungen ist ebenso weiterhin existent wie das Anlagerisiko"[912]. Denkbar wäre ein vollständig effektives Hedgegeschäft, bei welchem eine Erfüllung der Geschäfte auf einer Nettobasis vorgesehen ist. Dieser Fall kann nach Napier (2009) zu einer Nettodarstellung führen; er sieht jedoch ein solches Vorgehen derzeit als schwer begründbar an, insbesondere, da ein perfektes Hedgegeschäft für Langlebigkeitsrisiken nur schwer möglich erscheint.[913] Zusammengefasst kann eine Mittelauslagerung zur Finanzierung von Pensionsverpflichtungen als eine „Möglichkeit, die Direktzusagen extern abzusichern"[914] angesehen werden. Dennoch ist das auslagernde Unternehmen trotz der externen Mittelanlage und einem möglicherweise vorhandenen Asset-Liability-Management nach wie vor den Risiken aus den Direktzusagen wie auch der Kapitalanlage ausgesetzt. Somit ist eine Saldierung vor dem Hintergrund der Normen des IASB weder begründbar noch sachgerecht.

---

assets and liabilities", IAS 19.BC66 (2004). Demgegenüber verwendet das FASB in SFAS 158 den Begriff der Saldierung, vgl. SFAS 158.B.7.

908 Die Basis for Conclusions zu IAS 19 (2004) enthält Argumente sowohl für eine Nicht-Aktivierung von Planvermögenswerten, vgl. IAS 19.BC68C (a) (i) (2004), wie auch für eine Saldierung des Barwerts der DBO mit dem Planvermögen, vgl. IAS 19.BC68H (2004). Allerdings werden auch die Ausbuchungskriterien des IAS 39 respektive IFRS 9 nicht erfüllt, vgl. IAS 19.BC68H (2004).

909 Vgl. F.4.6 sowie F.QC12 i. V. m. F.BC3.26.

910 Eine andere Ansicht vertritt hingegen Völker (2009), S. 66 f. In der Literatur wird bisweilen auch die Ansicht vertreten, dass Vermögen, welches der Haftungsmasse des Unternehmens auf Grund einer Zweckbindung entzogen ist, keinen Bilanzausweis rechtfertigt, vgl. Völker (2009), S. 66. Dieses Argument bezieht sich jedoch vorwiegend auf die Bilanzierung nach HGB; dieser Ausweisgrundsatz ist weder in den IFRS ausdrücklich niedergelegt noch findet er bei anderen Bilanzierungsgebieten nach IFRS Anwendung.

911 Vgl. Seeger (2007), S. 698.

912 Seeger (2007), S. 698.

913 Vgl. Napier (2009), S. 244. Jedoch bliebe auch bei einem vollständig effektiven Hedgegeschäft kein einklagbares Recht zur Verrechnung der Cashflows, weshalb die Saldierungsvoraussetzungen der IFRS ebenfalls nicht erfüllt wären.

914 Beckstette/Reuss (2006), S. 139.

4.1.2.4 Bruttoansatz

Die Betrachtung der Frage der Bilanzierung von Vermögenswerten und Schulden nach IFRS zeigt, dass sowohl Pensionsverpflichtungen wie auch Planvermögenswerte der Aktivierungs- beziehungsweise Passivierungsfähigkeit genügen und auch eine Ausbuchung vor dem Hintergrund der Grundsätze des Frameworks nicht begründbar erscheint.

Die Übertragung von Vermögenswerten auf einen Dritten führt nicht zwangsläufig zur Erfüllung der Verpflichtung; dies ist nur möglich, sofern kein weiteres Rückgriffsrecht auf das Unternehmen besteht.[915] In Fällen, in welchen ein Unternehmen Vermögenswerte und Verpflichtungen auf eine separate rechtliche Einheit überträgt, jedoch ein Rückgriffsrecht dieser dritten Partei auf das Unternehmen besteht, verbleibt zumindest eine Verpflichtung beim Unternehmen für Zahlungsausfälle des Dritten einzustehen, welche einer bilanziellen Abbildung bedarf.[916] Grundsätzlich bleibt jedoch eine Pensionszusage, welche ein Unternehmen seinen Arbeitnehmern gewährt, unabhängig von der Art der Finanzierung und der Entwicklung etwaiger Planvermögenswerte, vollständig bestehen.[917] Ein Bruttoansatz stellt für diese Fälle letztlich im Sinne der Zielsetzung der IASB-Rechnungslegung die konzeptionell konsequente Bilanzierungsweise dar. Diese Ansicht wird mitunter auch von PELLENS/FÜLBIER/SELLHORN (2004), BLAKE et al. (2008) und NAPIER (2009) vertreten.[918] Neben DEWHIRST (1971) fordert bereits BAGEHOT (1972) einen Bruttoausweis und bezeichnet die durch Integration sämtlicher Vermögenswerte und Schulden verlängerte Bilanz des Unternehmens als „augmented balance sheet“,[919] die sämtliche Chancen und Risiken

---

915 Vgl. NAPIER (2009), S. 243.

916 Vgl. zu einer ähnlichen Argumentation NAPIER (2009), S. 243. Diese könnte als „Stand-ready“-Verpflichtung i. S. d. ED zu IAS 37 aus dem Jahr 2005 bezeichnet werden, vgl. hierzu Fußnote 8.

917 Vgl. auch BLAKE et al. (2008), S. 18. Dies widerspricht der in Abschnitt 4.1.2.2 auf S. 138 dargestellten Argumentation des IASB, nach der Planvermögenswerte die Verpflichtung des Unternehmens reduzieren, vgl. IAS 19.BC66 (2004). Auch das FASB und das ASB verfolgen einen Nettoansatz, jedoch mit einer jeweils unterschiedlichen Begründung, vgl. BLAKE et al. (2008), S. 18 f.

918 Vgl. PELLENS/FÜLBIER/SELLHORN (2004), S. 145; BLAKE et al. (2008), S. 18; NAPIER (2009), S. 247. Vor dem Hintergrund des Unternehmensvergleichs im Rahmen der Bilanzanalyse wird der Bruttoansatz ebenfalls von GERKE/PELLENS (2004), S. 117 vertreten. BEECHY (2009) hingegen betrachtet den Ausweis des Finanzierungsstatus in der Bilanz als anzustrebende „vollständige“ bilanzielle Erfassung und vertritt damit den Nettoansatz, vgl. BEECHY (2009), S. 106 i. V. m. S. 110.

919 Vgl. BAGEHOT (1972), S. 82.

aus Pensionsplänen abbildet.[920] Durch die Umsetzung des Bruttoansatzes werden sämtliche Schulden, bei welchen eine Verpflichtung beim Unternehmen verbleibt, vollständig in der Bilanz dargestellt;[921] ebenso werden sämtliche Vermögenswerte, die zur Deckung dieser Verpflichtung zur Verfügung stehen, ausgewiesen. Denn bei Gestaltung der Auslagerung mittels einer CTA-Konstruktion, welche weit verbreitet ist, werden die Vermögenswerte nicht abgetreten, sondern sind wirtschaftlich weiterhin dem Unternehmen zuzuordnen.[922] Die Bruttobilanzierung führt zugleich zu einer bilanziellen Abbildung, welche beispielsweise Burger/Schellberg (1995) und Bader (2003) zu Analysezwecken empfehlen.[923] Darüber hinaus erachten Pellens/Crasselt (2005) die Bruttobetrachtung als einzige adäquate Methode zur Berücksichtigung leistungsorientierter Pensionspläne für Ratingzwecke.[924] Zugleich unterbindet eine solche Bilanzierungsweise die bilanzpolitische Möglichkeit einer Bilanzverkürzung durch die Generierung von Planvermögen ohne Veränderung des Charakters der Verpflichtung.[925] Jedoch fordert kein Standardsetzer die vollständige bilanzielle Erfassung von Pensionsverpflichtungen und -vermögenswerten.[926]

Die verstärkte Orientierung des IASB an der Asset-/Liability-Theorie, in deren Zentrum ein vollständiger Vermögens- und Schuldenausweis steht, verlangt nach einem Bruttoansatz. Bereits in den vergangenen Überarbeitungsprojekten des IAS 19 wurde die verstärkte Bilanzorientierung deutlich. Entgegen dieser Entwicklung erfuhr jedoch der Nettoansatz in der jüngsten Überarbeitung des IAS 19 durch Einführung des Nettozinsansatzes eine Ausweitung. Allerdings stellt das IASB auch

---

920 Vgl. Dewhirst (1971), S. 369 i. V. m. S. 373; Bagehot (1972), S. 82 i.V.m. Regan (1983), S. 10.

921 Vgl. zu dieser Ansicht auch Schildbach (1999), S. 959 sowie in Bezug auf SFAS 87 Miller (1987), S. 103 f. Beechy (2009) sieht hingegen die Nettoverpflichtung bzw. den Nettovermögenswert als „tatsächliche" Verpflichtung an, vgl. Beechy (2009), S. 109.

922 So stellt Dewhirst (1971), S. 369, fest: „There is no reduction in the liability and the fund is a valid asset". Bagehot (1972), S. 81, formuliert „Corporate contributions to the fund merely represent a shifting of corporate assets from one form to another". Vgl. in Bezug auf die analoge Regelung nach SFAS 87 in den US-GAAP auch Miller (1987), S. 99.

923 Vgl. Burger/Schellberg (1995), S. 2437 sowie Bader (2003), S. 23. Burger/Schellberg (1995) schlagen vor dem Hintergrund der vorwiegend internen Finanzierung von Pensionsplänen bei deutschen Unternehmen vor, als Bereinigungsmaßnahme für US-amerikanische Abschlüsse, die Bilanz für Analysezwecke um die Planvermögenswerte zu verlängern, um diese mit deutschen Unternehmen vergleichen zu können.

924 Vgl. Pellens/Crasselt (2005), S. 30 sowie ähnlich Gerke/Mager/Röhrs (2005), S. 61.

925 Vgl. ähnlich Napier (2009), S. 247.

926 Vgl. Blake et al. (2008), S. 21; Beechy (2009), S. 95 f. Auch das deutsche HGB fordert seit in Kraft treten des BilMoG im Jahr 2010 einen Nettoausweis, vgl. § 246 Abs. 2 Satz 2 HGB.

bei dieser Änderung keine konzeptionelle Erklärung bereit, sondern begründet diese mit Pragmatismus und Einfachheit.[927]

Weiterhin zeigt eine Übertragung der Saldierungsgrundsätze, welche in den IFRS zu finden sind, dass eine Saldierung des Barwerts der DBO mit Planvermögenswerten nicht begründbar ist. Eine Separierung von Vermögenswerten zur Erfüllung einer Verpflichtung, welche beim Unternehmen verbleibt, rechtfertigt keine Saldierung.[928] Ein Nettoansatz kann mit verschiedenen Argumenten begründet werden; diese stehen allerdings letztlich im Widerspruch zur Vorgehensweise bei anderen Bilanzierungsfeldern und insbesondere zur Zielsetzung der IFRS. Auch der Grundsatz der wirtschaftlichen Betrachtungsweise vermag den Nettoansatz nicht zu stützen, sondern führt vielmehr ebenfalls zu der Forderung, sämtliche Verpflichtungen des Unternehmens und sämtliche Vermögenswerte, welche zu Chancen und Risiken für das Unternehmen führen, zu bilanzieren. Dies entspricht auch der Auffassung von Blake et al. (2008), welche einen in der Bilanz ausgewiesenen Nettowert als „unreal number"[929] bezeichnen, die keine entscheidungsnützlichen Informationen beinhalten könne und insbesondere Unsicherheiten und Risiken nicht repräsentiere.[930] Rechnungslegungsinformationen sollen im Sinne des IASB-Frameworks nicht den Wert des berichterstattenden Unternehmens zeigen, sondern stellen lediglich die Basis für die Bewertung eines Unternehmens dar.[931] Auf dieser Grundlage soll es Rechnungslegungsadressaten ermöglicht werden, selbst eine Bewertung des Unternehmens vorzunehmen. Diesem Grundsatz folgend, bietet ein Bruttoansatz von Vermögenswerten und Schulden den Rechnungslegungsadressaten umfassende Informationen, die diese selbst bewerten und – nach Bedarf – einer Saldierung unterziehen können.

927 Vgl. IAS 19.BC81.

928 Diese Ansicht vertritt auch Napier (2009), S. 243 f. Napier (2009) sieht eine Saldierung möglicherweise als begründbar an, wenn die dritte Partei die „hauptsächliche" rechtliche Verpflichtung übernimmt und das Unternehmen keine Beherrschung über die Vermögenswerte zur Deckung der Verpflichtung hat, vgl. Napier (2009), S. 244.

929 Blake et al. (2008), S. 4.

930 Vgl. Blake et al. (2008), S. 41 i. V. m. S. 42. Auch ein separater Ausweis von Vermögenswerten und Schulden erfüllt diese Anforderungen nicht vollständig; hierzu seien nach Blake et al. (2008) neben der Angabe von Bewertungsannahmen die Durchführung und Angabe von Sensitivitätsanalysen ein erster Schritt zur Kommunikation der Unsicherheit, vgl. mit weiteren Vorschlägen Blake et al. (2008), S. 37 i. V. m. S. 40–42.

931 Vgl. F.OB7.

4.1.3 Einbezug von Pensionsfonds in den Konsolidierungskreis

4.1.3.1 Überblick

Eine weitere Möglichkeit, die prinzipiell zu einer Bruttodarstellung von Pensionsplänen in der Konzernbilanz führen könnte, ist die Einbeziehung von Versorgungsträgern in den Konzernabschluss.[932] Auf Grund dessen wird diese Möglichkeit im Folgenden untersucht. Zur Analyse dieser Thematik sowie deren Auswirkungen werden zuerst Durchführungsmöglichkeiten von Pensionszusagen, bei welchen sich die Frage der Konsolidierung stellen könnte, betrachtet und mögliche bilanzielle Folgen einer solchen Konsolidierung erörtert. Anschließend werden die geltenden Regelungen zur Konsolidierung von Pensionsplänen nach IFRS aufgezeigt. Neben IFRS 10, der für Geschäftsjahre, die am oder nach dem 1. Januar 2013 beginnen, anzuwenden ist, werden die bis dahin gültigen IAS 27 (2003) und SIC 12 ebenfalls in die Darstellung einbezogen, ohne die Konsolidierungsnormen vollständig aufzuarbeiten. Auf diese Weise werden bestehende Interpretationen zu dieser Thematik in die Analyse einbezogen. Als weitere Basis für die Diskussion der Reformnotwendigkeit in diesem Bereich werden die gesellschaftsrechtlichen Ausgestaltungen externer Versorgungsträger untersucht, um so die Frage, ob diese grundsätzlich „beherrscht" werden können, in die Untersuchung einzubeziehen. Anschließend folgt die Analyse der konzeptionellen Sichtweise einer solchen Konsolidierung.

4.1.3.2 Bilanzielle Auswirkungen der Konsolidierung von Pensionsfonds

Pensionsfonds erfüllen möglicherweise die Kriterien eines Tochterunternehmens im Sinne der IFRS, weshalb diese grundsätzlich unter die Konsolidierungspflicht fallen könnten. Unter dem Begriff Fonds werden im Folgenden sämtliche unternehmensexternen Versorgungsträger im Sinne des IAS 19.8 verstanden. Zur Analyse der bilanziellen Auswirkungen einer solchen Konsolidierung werden zunächst Durchführungswege, welche grundsätzlich eine konzerninterne Gründung des Versorgungsträgers erlauben und für welche sich somit die Frage der Konzernierung stellt, herausgearbeitet. Hierzu werden *mittelbare* Versorgungszusagen (Fall 1) und *unmittelbare* Versorgungszusagen, die mit einer Mittelauslagerung auf einen CTA verbunden sind, (Fall 2) unterschieden.[933]

Mittelbare Versorgungszusagen (Fall 1) entstehen, indem Pensionszusagen über den Weg einer Unterstützungskasse, Direktversicherung, Pensionskasse oder eines Pensionsfonds durchgeführt werden. Die Nutzung dieser Versorgungsträger kann – je nach konkreter Ausgestaltung und vertretener Auffassung – zur Einordnung der Zusage als beitrags- oder leistungsorientierter Pensionsplan führen.[934] Hierbei

932 Vgl. auch Planert (2006), S. 248 sowie ähnlich DAV (Hrsg.) (2003), S. 19 und IAS 19.BC68D (f) (2004).
933 Vgl. zu dieser Unterscheidung Abschnitt 2.1.3.
934 Vgl. hierzu ausführlich Abschnitt 3.2.3.2.

ist jedoch hervorzuheben, dass – bei Beachtung des Wortlauts des IAS 19 – in Deutschland keine beitragsorientierten Pläne existieren können. Ungeachtet dessen hat sich in Deutschland eine herrschende Meinung herausgebildet, nach der bestimmte Kombinationen von gewählter Zusageart und Durchführungsweg als Beitragszusage im Sinne des IAS 19 qualifizieren können. Wenngleich diesbezüglich unterschiedliche Auffassungen und Begründungen existieren, scheint die Zusageart der Beitragszusage mit Mindestleistung, welche über eine Direktversicherung, einen Pensionsfonds oder eine Pensionskasse durchgeführt wird, zumeist als Beitragszusage eingeordnet zu werden. Hierfür wird eine wirtschaftliche Betrachtungsweise herangezogen, welche jedoch zugleich kritisiert werden kann, da IAS 19 eine solche wirtschaftliche Betrachtungsweise nicht explizit fordert.[935]

Wird die Möglichkeit der Existenz beitragsorientierter Zusagen im Sinne des IAS 19 bei Zusagen nach dem BetrAVG verneint, so handelt es sich bei sämtlichen mittelbaren Zusagen nach dem BetrAVG um leistungsorientierte Zusagen nach IAS 19, wobei eine Auslagerung finanzieller Mittel zur Deckung der Verpflichtung vorgenommen wird. Selbst wenn jedoch etwa Beitragszusagen mit Mindestleistung als beitragsorientierte Zusagen im Sinne des IAS 19 eingeordnet werden, so verbleiben Leistungszusagen sowie beitragsorientierte Leistungszusagen im Sinne des BetrAVG, die ebenfalls über einen mittelbaren Durchführungsweg – Unterstützungskasse, Direktversicherung, Pensionskasse oder Pensionsfonds – ausgestaltet werden können und die eine Einordnung als leistungsorientierte Pläne nach IAS 19 erfordern.

Das Vermögen, welches im Zuge einer mittelbaren Durchführung der Pensionszusagen nach dem BetrAVG auf einen Versorgungsträger ausgelagert wird, qualifiziert regelmäßig als Planvermögen entsprechend den Anforderungen des IAS 19.[936] Manche der im BetrAVG verankerten Versorgungsträger erlauben eine konzerninterne Gründung. Hierzu zählen Unterstützungskassen, Pensionskassen und Pensionsfonds.[937] In Folge der Möglichkeit einer Gründung dieser Versorgungsträger auf Konzernebene stellt sich grundsätzlich die Frage der Konsolidierung. Durch eine mögliche Konsolidierung eines Versorgungsträgers, beispielsweise eines konzernintern gegründeten Pensionsfonds, würden die Vermögenswerte und Schulden des Fonds in den Summenabschluss einbezogen werden. Hierdurch würden neben der Nettoverpflichtung des auslagernden Konzernunternehmens sämtliche Bilanzpositionen des Versorgungsträgers in den Konzernabschluss einbezogen, woraus eine Bruttodarstellung resultieren könnte.[938] Führt die Mittelauslagerung zur Klassifikation eines Plans als beitragsorientierter Plan im Sinne des IAS 19.8, könnte durch eine Konsolidierung dieses Plans ein leistungsorientierter Plan aus Konzernsicht entstehen. Dieser Fall soll hier nicht weiter betrachtet werden.

---

935 Vgl. hierzu Abschnitt 3.2.3.2.

936 Vgl. hierzu Abschnitt 3.3.2.2.

937 Vgl. hierzu Abschnitt 2.1.3.3 sowie Abschnitt 4.1.3.4, Tabelle 4.1.

938 In der Literatur ist die These zu finden, wonach der Nettoausweis durch eine Konsolidierung „unterlaufen“ wird, vgl. PLANERT (2006), S. 248 i. V. m. S. 254.

Bei *unmittelbaren* Versorgungszusagen erteilt ein Unternehmen eine Direktzusage, wobei zugleich eine Generierung von Planvermögen durch die Nutzung einer CTA-Konstruktion möglich ist (Fall 2). So verbleibt, wie Abschnitt 4.1.2 ausführt, das wirtschaftliche Eigentum am Planvermögen beim auslagernden Unternehmen; lediglich das rechtliche Eigentum geht über. Gleichwohl wird das wirtschaftliche Eigentum am Planvermögen nicht ausgewiesen. Denn die Vorgaben zur Saldierung des Barwerts der DBO mit dem Planvermögen des IAS 19.63 führen zu einem Nettoausweis von Verpflichtungen und Vermögenswerten im Einzelabschluss. Das CTA verfügt zwar über das juristische Eigentum, allerdings kann diesem als Treuhänder fungierenden Vehikel ceteris paribus das wirtschaftliche Eigentum nicht zukommen. Entsprechend ist eine Bilanzierung der Vermögenswerte im Sinne des wirtschaftlichen Eigentums durch das CTA nicht möglich.[939] Eine Bruttodarstellung aus einer Konsolidierung ergibt sich folglich insofern nicht.[940] Lediglich eine mögliche Bilanzierung der Treuhandverbindlichkeit gegenüber dem auslagernden Unternehmen, welche die Herausgabeverpflichtung des Treuguts repräsentiert, sowie eines Treuhandvermögenswerts zur Abbildung des Treuguts auf Seiten des Treuhänders, also des CTA, könnten im Fall einer Konsolidierungspflicht in den Summenabschluss eingehen.[941] Im Summenabschluss erscheint zugleich die Nettoverpflichtung respektive der Nettovermögenswert aus der Bilanz des auslagernden Unternehmens, welches die leistungsorientierte Pensionszusage getätigt hat. Dies würde zum Ausweis einer Verpflichtung in der vollen Höhe der DBO sowie zum Ausweis eines Vermögenswerts in Höhe des Planvermögens führen. Da der Treuhandverbindlichkeit des Fonds keine bilanzielle Forderung des Mutterunternehmens gegenüber steht, wäre eine Schuldenkonsolidierung nicht möglich.[942]

---

939 Die Frage der Pflicht zur Erstellung eines Jahresabschlusses wird an dieser Stelle nicht weiter erörtert.

940 Auf Grund dessen wird in der Literatur zum Teil die Meinung vertreten, dass sich die Frage der Konsolidierung hier nicht stellt, vgl. Pawelzik (2012), Rn. 3680. Dennoch ist in der Literatur die Ansicht zu finden, dass der Nettoausweis durch eine Konsolidierung unterlaufen wird, vgl. Planert (2006), S. 248 i. V. m. S. 254.

941 Sowohl in den IFRS wie auch im Handelsrecht existiert keine Vorgabe zur Bilanzierung des Treuguts durch den Treuhänder. Eine solche Regelung existiert für Kreditinstitute und Finanzdienstleistungsinstitute. Gemäß § 6 Abs. 1 Satz 1 und 2 RechKredV sind Vermögensgegenstände und Schulden, die ein Institut im eigenen Namen, aber für fremde Rechnung hält, in der Bilanz unter den Posten „Treuhandvermögen" und „Treuhandverbindlichkeiten" auszuweisen. Mithin wird in der Kommentarliteratur zum HGB eine analoge Anwendung dieser Vorgaben für sämtliche Treuhänder diskutiert, vgl. Noodt (2012), Rn. 23. Nach herrschender Meinung wird eine analoge Bilanzierung nach HGB jedoch abgelehnt, vgl. Adler/Düring/Schmaltz (2001), Rn. 279 i. V. m. Rn. 288; Noodt (2012), Rn. 23. Allerdings gibt es auch Befürworter einer Bilanzierung beim Treuhänder, vgl. m. w. N. Adler/Düring/Schmaltz (2001), Rn. 290.

942 Vgl. für ein ähnliches Beispiel Mühlberger/Schwinger (2011), S. 120 f. Diese vertreten die Ansicht, dass selbst eine Konsolidierung in einem solchen Fall zu einem

4.1.3.3 Regelung zur Konsolidierung von Pensionsfonds im Status Quo

Der Einbezug in einen Konzernabschluss erfolgt nach IFRS basierend auf dem Kriterium der Beherrschung (control) nach IAS 27.4/12 (2003) beziehungsweise IFRS 10.5. Beherrscht ein Unternehmen ein anderes Unternehmen, so entsteht ein Mutter-Tochter-Verhältnis. Nachfolgend werden zuerst die Regelungen des IAS 27 (2003) und des SIC 12, welche bis zu Geschäftsjahren, die im Jahr 2012 enden, anzuwenden sind, analysiert, um die entsprechende Kommentarliteratur zu würdigen, bevor vergleichend dazu die nachfolgenden Regelungen des IFRS 10 dargestellt werden. Gleichwohl ergeben sich durch die Überarbeitung der Konsolidierungsnormen nach IFRS keine materiellen Änderungen für die vorliegende Fragestellung.

Nach IAS 27.4 (2003) wird die Beherrschung und damit ein Mutter-Tochter-Verhältnis begründet, wenn das Mutterunternehmen die Möglichkeit hat, die Finanz- und Geschäftspolitik eines Unternehmens zu bestimmen, um aus dessen Tätigkeit Nutzen zu ziehen. Das Vorliegen einer solchen Beherrschung wird nach IAS 27.13 (2003) widerlegbar angenommen, sofern dem Mutterunternehmen direkt oder indirekt mehr als 50 % der Stimmrechte an einem Unternehmen zustehen. Ferner liegt Beherrschung nach IAS 27.13 in jedem Fall vor, wenn ein Unternehmen (a) über die Stimmrechtsmehrheit auf Basis einer Vereinbarung mit Dritten verfügen kann, (b) die Finanz- und Geschäftspolitik durch die Satzung oder eine sonstige Vereinbarung bestimmen kann, (c) für die Mehrheit der Mitglieder der Geschäftsführungs- und/oder Aufsichtsorgane das Organbestellungsrecht hat oder (d) die Mehrheit der Stimmen bei Sitzungen der Geschäftsführungs- und/oder Aufsichtsorgane bestimmen kann. Dabei kennen die IFRS keine Ausnahmen von der Konsolidierung bei abweichender Geschäftstätigkeit eines Unternehmens, ebenso wenig wie explizite Einbeziehungswahlrechte. Ein implizites Wahlrecht ergibt sich aus dem Framework aus der untergeordneten Bedeutung eines Tochterunternehmens

---

Nettoausweis führen würde. Sie begründen dies folgendermaßen: Das auslagernde Unternehmen bilanziert das Planvermögen auf Grund des wirtschaftlichen Eigentums, das beim auslagernden Unternehmen verbleibt, sowie den Barwert der DBO, die jedoch saldiert ausgewiesen werden. Der Fonds (CTA) bilanziert diese Vermögenswerte ebenfalls, nämlich als Treuhandvermögen, zugleich wird eine Treuhandverbindlichkeit gegenüber dem auslagernden Unternehmen in derselben Höhe bilanziert. Da nun in die Summenbilanz eine Verbindlichkeit des Fonds gegenüber dem Unternehmen einginge, jedoch keine korrespondierende Forderung des Unternehmens gegenüber dem Fonds, wäre nach Ansicht von MÜHLBERGER/SCHWINGER (2011) das Treuhandvermögen des Fonds als Forderung des Unternehmens gegenüber dem Fonds „umzuinterpretieren". Hierdurch wäre dieses mit der Treuhandverbindlichkeit zu saldieren und letztlich wären nur die Bilanzwerte aus dem Einzelabschluss des auslagernden Unternehmens in der Konzernbilanz enthalten, die saldiert würden. Dieser Auffassung wird hier nicht gefolgt.

oder aus Wirtschaftlichkeitsgründen,[943] was auf Grund der schweren Begründbarkeit jedoch als selten erachtet wird.[944]

IAS 27 legt der Abgrenzung des Konsolidierungskreises eine wirtschaftliche Betrachtung zu Grunde. Im Gegensatz dazu fordert IAS 19 als Voraussetzung für das Vorliegen von Planvermögen eine rechtliche Selbstständigkeit des Pensionsfonds.[945] Auf Grund dieser unterschiedlichen Kriterien besteht grundsätzlich die Möglichkeit, dass ein Unternehmen einen Pensionsfonds, auf welchen Planvermögen ausgelagert wird, beherrschen kann. Auch das IASB stellt fest, dass die Frage der Beherrschung in Zusammenhang mit der Qualifizierung der Vermögenswerte eines Fonds als Planvermögen „nicht relevant“[946] ist.[947] Inwieweit ein Unternehmen einen Pensionsfonds im Sinne des IAS 27 tatsächlich beherrscht und zugleich die Anforderungen an Planvermögen gewahrt bleiben, ist im Einzelfall zu analysieren. Auf Grund der Zweckbindung des Planvermögens liegt per Definition ein beschränkter Zugriff des Unternehmens auf die Vermögenswerte des Fonds vor, weshalb die Möglichkeit eines Beherrschungsverhältnisses kritisch diskutiert werden kann.[948] Ungeachtet dessen haben die Saldierungsvorschriften des IAS 19 nach Ansicht des IDW zur Folge, dass Pensionsfonds grundsätzlich nicht durch das auslagernde Unternehmen zu konsolidieren sind.[949] Auch weitere Literaturmeinungen sehen die speziellen Bilanzierungsnormen des IAS 19 den allgemeinen Konsolidierungsnormen des IAS 27 als vorrangig an.[950]

---

943 Vgl. F.QC11 und F.QC35 sowie Baetge/Hayn/Ströher (2012), Rn. 150 und Rn. 153.

944 Vgl. Baetge/Hayn/Ströher (2012), Rn. 154.

945 Vgl. Mühlberger/Schwinger/Wildner (2008), Rn. 238.

946 IAS 19.BC67A (2004).

947 Entsprechend ist das Vorliegen eines Beherrschungsverhältnisses zwischen Unternehmen und Fonds unbedeutend für die Qualifizierung der Vermögenswerte des Fonds als Planvermögen, vgl. IDW (2011), Rn. 73; IDW (2008), S. 78.

948 Vgl. Heger/Weppler (2007), Rn. 285; Pawelzik (2012), Rn. 3680; Wollmert et al. (2012), Rn. 131; Mühlberger/Schwinger (2011), S. 119. Freiberg (2010), S. 182 argumentiert weiterhin, dass auf Grund der Zweckbindung der Vermögenswerte keine Entscheidungen beim Fonds hinsichtlich der Finanz- und Geschäftspolitik notwendig seien, sondern lediglich die Anlagestrategie festgelegt werde, weshalb keine Beherrschung nach IAS 27.4 (2003) vorliegen könne.

949 Vgl. IDW (2008), Rn. 74; IDW (2011), Rn. 69.

950 Vgl. Heger/Weppler (2007), Rn. 285; Mühlberger/Schwinger/Wildner (2008), Rn. 238; Planert (2006), S. 250. Eine andere Ansicht vertreten hingegen Wollmert et al. (2012), Rn. 5 sowie Freiberg (2010), S. 182, die einen Vorrang der Konsolidierungsnormen des IAS 27 sehen. Eine Ausnahme von der Nicht-Konsolidierung sieht Heger/Weppler (2007), Rn. 285 lediglich bei Pensionsfonds, die als Spezialanbieter für betriebliche Altersversorgung mit Gewinnerzielungsabsicht am Markt auftreten, als sachgerecht an.

Neben den allgemeinen Vorschriften des IAS 27 sind für Gesellschaften, die gegründet werden, um ein eingegrenztes und genau definiertes Ziel zu erreichen,[951] die ergänzenden, speziellen Vorgaben der Rechnungslegungsinterpretation SIC 12 zu beachten. SIC 12 definiert das Vorliegen von Beherrschung für solche Gesellschaften unter einer Chancen-/Risikenbetrachtung, wodurch eine wirtschaftliche Betrachtungsweise herangezogen wird.[952] Entsprechend liegt nach SIC 12.10 control ebenfalls vor, wenn bei einer wirtschaftlichen Betrachtung (a) die Geschäftstätigkeit der SPE zu Gunsten des Unternehmens geführt wird, so dass dieses Nutzen aus der Geschäftstätigkeit der SPE ziehen kann, (b) das Unternehmen über die Entscheidungsmacht verfügt, den überwiegenden Teil des Nutzens aus der Geschäftstätigkeit der SPE zu ziehen oder diese Entscheidungsmacht durch die Einrichtung eines „Autopilot"-Mechanismus delegiert hat, (c) das Unternehmen über das Recht verfügt, die Mehrheit des Nutzens aus der SPE zu ziehen und daher möglicherweise Risiken aus der Geschäftstätigkeit des Unternehmens ausgesetzt ist oder (d) den überwiegenden Teil der Rest- oder Eigentumsrisiken des Unternehmens oder dessen Vermögenswerte hält, um aus ihrer Geschäftstätigkeit Nutzen zu ziehen.

Durch den Anwendungsbereich des SIC 12 werden Pensionsfonds, die ausschließlich zur Durchführung der betrieblichen Altersversorgung genutzt werden, und damit einem eng begrenzten und definierten Ziel dienen, grundsätzlich erfasst.[953] Jedoch erübrigt sich eine weitere Prüfung der Spezialnormen dieser Rechnungslegungsinterpretation, da SIC 12.6 Pensionspläne zur Durchführung von Leistungen nach Beendigung des Arbeitsverhältnisses und andere langfristig fällige Leistungen an Arbeitnehmer aus dem Anwendungsbereich von SIC 12 explizit ausschließt.[954]

---

951 Vgl. SIC 12.1.

952 Vgl. Baetge/Hayn/Ströher (2012), Rn. 116.

953 In Bezug auf die Regelungen zur Konsolidierung von Zweckgesellschaften nach HGB, welche sich stark an SIC 12 anlehnen, ist auch das DRSC der Ansicht, dass „Unterstützungskassen und ähnliche Versorgungsträger (Pensionsfonds, -kassen) [...] die Kriterien einer Zweckgesellschaft erfüllen [können] [...]", DRS 19.46. Da die Normen des HGB in Bezug auf den Ausweis von Pensionsverpflichtungen und die Abgrenzung des Konsolidierungskreises starke Unterschiede zu den Vorgaben der IFRS aufweisen, werden die Auswirkungen dieser Regelung nicht weiter erörtert. Zur weitergehenden Diskussion in Bezug auf die Konsolidierung von Unterstützungskassen als Zweckgesellschaften nach HGB, vgl. Oser (2011), S. 1.

954 Eine klarstellende Formulierung sah der Entwurf IFRIC D7 vor, wonach nur Pensionspläne, die Planvermögen halten, aus dem Anwendungsbereich des SIC 12 ausgeschlossen werden sollten; alle anderen Pensionspläne unterlägen hingegen den Vorschriften des SIC 12, vgl. Fladt/Butollo (2004), S. 1375. Diese Vorschrift wurde nicht in SIC 12 übernommen, kann jedoch als Deduktionsgrundlage für das Verhältnis von IAS 19 zu den Konsolidierungsvorschriften herangezogen werden, vgl. Planert (2006), S. 253.

IFRS 10 definiert das Vorliegen von Beherrschung (control) neu und beinhaltet ebenfalls Vorgaben zur Konsolidierung von Zweckgesellschaften.[955] Eine spezielle separate Norm zur Konsolidierung von Zweckgesellschaften existiert insofern mit Einführung des IFRS 10 nicht mehr. Control liegt nach IFRS 10.7 vor, wenn das berichterstattende Unternehmen (Investor) (a) Entscheidungsgewalt (power) über das Beteiligungsunternehmen hat, (b) der Investor variablen Rückflüssen (variable returns) ausgesetzt ist oder ihm Rechte an diesen variablen Rückflüssen auf Grund seiner Beziehungen zu dem Beteiligungsunternehmen zustehen und (c) dem Investor die Möglichkeit zukommt, die Entscheidungsgewalt über das andere Unternehmen zu nutzen, um die Höhe der eigenen Rückflüsse zu beeinflussen (link between power and returns). IFRS 10 kennt somit zwar keine separate Beherrschungsdefinition für speziell gestaltete Gesellschaften, führt jedoch in IFRS 10.B5 aus, dass bei der Beurteilung des Vorliegens von Beherrschung der Geschäftszweck und die Ausgestaltung beziehungsweise Struktur dieser Gesellschaften berücksichtigt werden sollen.[956] Auf Grund dessen werden diese, durch IFRS 12 als „strukturierte Unternehmen“[957] bezeichneten Konstrukte, ebenfalls durch die Regelungen des IFRS 10 erfasst.

In dem vorliegenden Fall erübrigt sich eine weitere Prüfung dieser Kriterien auf Pensionsfonds, da IFRS 10.4 (b), gleichermaßen wie SIC 12.6, Pensionspläne zur Durchführung von Leistungen nach Beendigung des Arbeitsverhältnisses und andere langfristig fällige Leistungen an Arbeitnehmer ausschließt. Da nun sämtliche Konsolidierungsvorgaben in diesem Standard vereint werden, trifft dieser „scope-out“ sowohl für strukturierte Gesellschaften wie auch für sonstige Beteiligungen zu und eine Konsolidierung von Pensionsplänen scheidet in jedem Fall aus. De lege lata sorgen die Konsolidierungsnormen nicht für einen Einbezug von Fonds in den Konzernabschluss der auslagernden Unternehmen, weshalb es hierdurch zu keiner Durchbrechung des Nettoansatzes kommt. Fraglich erscheint, zu welchem Ergebnis die Konsolidierungsvorgaben führten, wenn die explizite Ausnahme der Konsolidierungspflicht von Fonds des SIC 12.6 beziehungsweise IFRS 10.4 (b) außen vor gelassen wird. Die Thematik der Konsolidierung von

---

955 Vgl. IFRS 10.IN2.

956 Vgl. ausführlich IFRS 10.B5–8 i. V. m. IFRS 10.B51–53 sowie zur Erläuterung der Konsolidierungsnormen des IFRS 10 z. B. Küting/Mojadadr (2011); Böckem/Stibi/Zoeger (2011); Beyhs/Buschhüter/Schurbohm (2011) oder Zülch/Erdmann/Popp (2011), S. 590.

957 IFRS 12 Anhang A definiert ein strukturiertes Unternehmen als „ein Unternehmen, das so ausgestaltet ist, dass Stimmrechte oder ähnliche Rechte bei der Entscheidung, wer das Unternehmen beherrscht, nicht ausschlaggebend sind, beispielsweise wenn sich Stimmrechte nur auf administrative Aufgaben beziehen und die maßgeblichen Tätigkeiten durch vertragliche Vereinbarungen geregelt werden“.

Pensionsfonds auf Basis der grundsätzlichen Beherrschungskonzeption der IFRS und unter Berücksichtigung der Ausgestaltung externer Versorgungsträger wird nachfolgend erörtert.

4.1.3.4 Rechtsformen von Versorgungsträgern

Die Aufstellung eines Konzernabschlusses nach IFRS setzt das Vorliegen eines Unterordnungskonzerns, bei welchem das Mutterunternehmen ein oder mehrere Tochterunternehmen beherrscht, voraus.[958] Infolgedessen muss ein Versorgungsträger, soll eine Konsolidierung in Frage kommen, in einer Rechtsform ausgestaltet sein, die einem anderen Unternehmen die Ausübung der Beherrschung – sei es durch eine Mehrheitsbeteiligung, vertragliche Ausgestaltungen oder faktische Gegebenheiten – ermöglicht. Dies gilt trotz der Tatsache, dass die Konsolidierungsnormen nach IFRS grundsätzlich rechtsformunabhängig ausgestaltet sind und auch für Zweckgesellschaften explizit keine Anforderungen an die Rechtsform gestellt werden.[959] Als Grundlage zur Untersuchung dieser Thematik werden in Tabelle 4.1 externe Versorgungsträger und deren mögliche Rechtsformen, getrennt nach Durchführungswegen, abgebildet. Dabei wird ebenfalls berücksichtigt, ob externe Versorgungsträger konzernintern gegründet werden können. In die Betrachtung werden nur Ausgestaltungen integriert, die regelmäßig zur Generierung von Planvermögen führen.

---

958 Vgl. IFRS 10.5 i. V. m. IFRS 10.4 bzw. IAS 27.12 (2003) i. V. m. IAS 27.4 (2003).

959 Vgl. SIC 12.1. Eine Zweckgesellschaft kann „die Rechtsform einer Kapitalgesellschaft, eines Treuhandfonds, einer Personengesellschaft oder einer anderen Nicht-Kapitalgesellschaft haben“, SIC 12.1. Vgl. ebenfalls Baetge/Hayn/Ströher (2012), Rn. 117. In Bezug auf die Regelungen des HGB zur Konsolidierung von Zweckgesellschaften, welche stark an SIC 12 angelehnt sind, gilt, dass Zweckgesellschaften auch in Form sonstiger Personen des Privatrechts, beispielsweise Stiftungen oder Vereine, sowie unselbstständiger Sondervermögen des Privatrechts bestehen könnten, vgl. § 290 Abs. 2, Nr. 4, Satz 2 HGB i. V. m. DRS 19.43.

Tabelle 4.1: Externe Versorgungsträger und deren Rechtsformen sowie in Frage kommende Möglichkeiten der Abbildung im Konzernabschluss

Durchführungsweg	**Versorgungsträger konzernintern/ -extern gründbar**	**Rechtsform**	**Qualifizierung als DCP möglich**	**Darstellung Status quo**	**Konsolidierung kommt theoretisch in Frage****
Mittelbar					
Unterstützungskasse (pauschaldotiert oder rückgedeckt)	intern oder extern	GmbH, e. V., Stiftung (selten)	(ja, sofern kongruent rückgedeckt)*	n.a. oder netto (vollständige Ausfinanzierung nur bei kongruenter Rückdeckung möglich)	ja
Direktversicherung	extern	VVaG, AG, SE (oder öffentl. rechtl. Versicherungsunternehmen)	(ja)*	n.a. oder netto	nein
Pensionskasse	intern oder extern	VVaG (i.d.R. bei Konzernpensionskassen), AG (i.d.R bei Externen als TU eines LVU)	(ja)*	n.a. oder netto	ja
Pensionsfonds	intern oder extern	AG, Pensionsfondsverein a.G.	(ja)*	n.a. oder netto	ja
Unmittelbar					
Direktzusage i.V.m. einer Kapitaldeckung durch CTA	intern (i.d.R., grundsätzlich auch extern als Gruppen-CTA möglich)	**e. V.** (i.d.R.) (prinzipiell jede rechtsfähige, juristische Person möglich; Stiftung, GmbH, aber problematisch)	nein	netto	ja
Direktzusage i.V.m. einer Rückdeckungsversicherung	extern	VVaG, AG, SE (oder öffentl. rechtl. Versicherungsunternehmen)	nein	brutto, unter Aktivierung eines Erstattungsanspruchs netto, sofern Bezugsrecht an AN verpfändet	nein

* Je nach Zusageart, konkreter Ausgestaltung bzw. vertretener Auslegung u.U. Einordnung als beitragsorientierter Plan (DCP) möglich.
** In Abhängigkeit der Rechtsform und der konkreten Ausgestaltung (theoretische Betrachtung).
n.a. Einordnung als beitragsorientierter Plan (DCP) nach IAS 19, weshalb keine bilanzielle Erfassung erfolgt.

Zu den Durchführungswegen, welche eine Gründung des Versorgungsträgers durch ein Konzernunternehmen erlauben, zählen Unterstützungskassen, Pensionskassen, Pensionsfonds und Treuhandkonstruktionen wie CTAs.[960] Direktversicherungen werden hingegen, ebenso wie Rückdeckungsversicherungen für Direktzusagen, über konzernexterne Lebensversicherungsunternehmen durchgeführt. Sofern die Versorgungsträger der genannten, auf Konzernebene gründbaren Durchführungswege in Form einer GmbH oder AG gegründet werden, ist grundsätzlich eine Mehrheitsbeteiligung und damit eine Beherrschung des auslagernden Unternehmens denkbar. Jedoch darf zur Generierung von Planvermögen keine Vermögensbeteiligung existieren, da hierdurch die für Planvermögen notwendigen Voraussetzungen der rechtlichen Unabhängigkeit und Insolvenzfestigkeit nicht erfüllt werden würden.[961] In der Folge muss eine Beherrschung über die weiteren, in IAS 27 und SIC 12 bzw. IFRS 10 verankerten Kriterien begründet werden. Grundsätzlich ist eine Beherrschung auf Grund einer solchen wirtschaftlichen Betrachtungsweise, wie sie insbesondere bei Zweckgesellschaften angewandt wird, auch bei Kapitalgesellschaften möglich.

Häufig werden diese Versorgungsträger jedoch nicht in Form einer Kapitalgesellschaft ausgestaltet, wie etwa bei Pensionskassen, die bei konzerninterner Gründung zumeist als Versicherungsverein auf Gegenseitigkeit (VVaG) gegründet werden. Die grundsätzliche Möglichkeit der Erlangung der Beherrschung bei einem VVaG, einer Stiftung oder einem eingetragenen Verein (e. V.) durch das auslagernde Unternehmen wird nachfolgend erörtert.

Ein VVaG zeichnet sich durch die Intention, die Versicherung seiner Mitglieder nach dem „Grundsatz der Gegenseitigkeit“[962] zu betreiben, aus. Der Hauptzweck dieses Gegenseitigkeitsunternehmens stellt folglich die Mitgliederversicherung dar,[963] die Versicherten sind also Mitglieder des Vereins.[964] Der Grundsatz der Gegenseitigkeit umfasst mitunter, dass Überschüsse der Gesamtheit der Mitglieder wieder zu Gute kommen.[965] VVaG bilden häufig Gleichordnungskonzerne und sind bei Versicherungskonzernen an der Konzernspitze zu finden. Die Tatsache, dass

960 Vgl. hierzu und im Folgenden m. w. N. Abschnitt 2.1.3.3 i. V. m. Abschnitt 2.2.3.2.

961 Vgl. Schwind (2006), S. 587 f. Eine Kapitalbeteiligung würde einem Insolvenzverwalter eine Einflussmöglichkeit z. B. auf den Treuhänder gewähren, vgl. Fischer (2001), S. 22.

962 Vgl. § 15 VAG. Zur Interpretation des Grundsatzes der Gegenseitigkeit vgl. ausführlich Benkel (2002), S. 42 ff.

963 Große VVaG können auch Nichtmitglieder versichern, soweit es die Satzung ausdrücklich gestattet und sofern dies nur den Nebenzweck darstellt, vgl. § 21 Abs. 2 VAG i. V. m. Benkel (2002), S. 65.

964 Vgl. § 20 VAG. Es handelt sich bei einem VVaG um einen rechtsfähigen wirtschaftlichen Verein, vgl. Benkel (2002), S. 59. Darüber hinaus unterliegt dieser den Regelungen des HGB für die Rechnungslegung, vgl. § 16 VAG.

965 Vgl. Benkel (2002), S. 43 f. Dies steht jedoch einer Gewinnerzielungsabsicht nicht entgegen, vgl. Benkel (2002), S. 53.

VVaG nicht als Tochterunternehmen auftreten, wird in der Literatur durch die mangelnde Möglichkeit zur Emission frei veräußerbarer Besitzteile begründet.[966] Fraglich erscheint darüber hinaus gleichwohl, ob eine Beherrschung über die weiteren, in den IFRS verankernden Beherrschung begründenden Sachverhalte möglich wäre. Bislang ist eine Konsolidierung von VVaG als Tochterunternehmen respektive Zweckgesellschaft nicht beobachtbar. Aus dem Anwendungsbereich des für die Konsolidierung einschlägigen Rechnungslegungsstandards IFRS 3 sind Gegenseitigkeitsunternehmen, worunter VVaG fallen,[967] jedoch nicht per se ausgeschlossen. IFRS 3 beinhaltet sogar ergänzende Vorschriften für die Konsolidierung solcher Unternehmen.[968]

Eine weitere, jedoch seltener in Anspruch genommene Möglichkeit ist die Wahl der Form einer Stiftung. Die Stifter müssen bei Gründung einer Stiftung das Stiftungsgeschäft, welches den Stiftungszweck beinhaltet, festlegen. Da der Stiftungszweck nicht eingeschränkt wird, muss dieser nicht zwangsläufig gemeinnützig ausgestaltet sein.[969] Infolgedessen erscheint die Form einer nicht-gemeinnützigen Stiftung grundsätzlich der Qualifizierung einer Zweckgesellschaft, die zum Nutzen des Unternehmens ausgestaltet ist, nicht entgegen zu stehen. Auch in der Literatur wird die Möglichkeit der Beherrschung einer Stiftung befürwortet.[970]

Der häufigere Fall, der zu einer Nettodarstellung leistungsorientierter Pensionszusagen führt, stellt die Gewährung einer Direktzusage in Zusammenhang mit der Mittelauslagerung auf einen CTA dar. Dies begründet sich einerseits durch die – zumindest in Deutschland – vorherrschenden Direktzusagen,[971] sowie zu einem kleineren Teil, durch die Tatsache, dass die Nutzung mittelbarer Durchführungswege häufig zur Einordnung als beitragsorientierter Plan führt.[972] Prinzipiell kommt zur Durchführung eines CTAs jede natürliche oder juristische Person in Frage. Die Ausgestaltung als Verein bildet, wie die Ausführungen in Abschnitt 2.2.3.2 zeigen, ungeachtet dessen die adäquateste Ausgestaltungsform und damit auch die am häufigsten gewählte Form.[973] Ein eingetragener Verein stellt eine rechtsfähige juristische

966 Vgl. Führer/Grimmer (2009), S. 232–234.
967 Vgl. IFRS 3.A.
968 Vgl. IFRS 3.B47–49 sowie IFRS 3.B68–69.
969 Vgl. § 81 Abs. 1 BGB i. V. m. Rösner (2011), S. 34; Geisler (2008), S. 51.
970 Vgl. hierzu ausführlich Rösner (2011), S. 212. Bei Stiftungen als abhängige Unternehmen kommt insbesondere eine faktische Konzernierung in Frage, wenn z. B. der Stifter Organe eines Unternehmens in den Vorstand der Stiftung beruft oder diesen ein Organbestellungsrecht für den Stiftungsvorstand einräumt, vgl. Rösner (2011), S. 212.
971 Vgl. Abschnitt 2.1.3.4.
972 Vgl. hierzu ausführlich Abschnitt 3.2.3.2.
973 Vgl. mit weiteren Erläuterungen Abschnitt 2.2.3.2 auf S. 57; Schwind (2006), S. 587–589; Küppers/Louven (2004), S. 338.

Person dar.[974] Eine Eintragung eines wirtschaftlichen Vereins in das Vereinsregister ist indes nicht möglich.[975] Sofern der wirtschaftlichen Betätigung eines Vereins eine nicht nur untergeordnete Bedeutung zukommt, wird dieser Verein statt dessen einer besonderen staatlichen Prüfung zur Erlangung der Rechtsfähigkeit unterzogen. Solch ein wirtschaftlicher Verein zeichnet sich durch das Vorhandensein eines wirtschaftlichen Geschäftsbetriebs aus.[976] Jedoch verfolgen auch nicht-wirtschaftliche Vereine, sogenannte Idealvereine, die keinen wirtschaftlichen Geschäftsbetrieb unterhalten, häufig wirtschaftliche Interessen.[977] Da eine Treuhandkonstruktion nicht zwingend eines wirtschaftlichen Geschäftsbetriebs bedarf und der mögliche Zweck eines Vereins nicht weiter eingeschränkt wird, steht der Ausgestaltung eines eingetragenen Vereins als Zweckgesellschaft, die als solche in den Konsolidierungskreis einzubeziehen ist, nichts entgegen. Fraglich erscheint indes vor dem Hintergrund des Verbleibs des wirtschaftlichen Eigentums beim auslagendern Unternehmen gemäß den Ausführungen in Abschnitt 4.1.3.2 die Relevanz dieser Diskussion.

Neben Kapitalgesellschaften kommen juristische Personen des Privatrechts, wie Stiftungen und eingetragene Vereine,[978] als Zweckgesellschaft in Frage. Trotz der Tatsache, dass die Definition von Zweckgesellschaften absichtlich rechtsformunabhängig gestaltet ist, um Gestaltungen zur Umgehung einer Konsolidierungspflicht zu vermeiden,[979] muss die jeweilige Ausgestaltung die Erlangung der Beherrschung durch ein Unternehmen ermöglichen. Dies kann lediglich bei VVaG in Frage gestellt werden.

4.1.3.5 Bestehen eines Beherrschungsverhältnisses

Die Charakteristika von Zweckgesellschaften respektive strukturierten Gesellschaften, sowohl des SIC 12 wie auch des IFRS 10, treffen auf externe Versorgungsträger zur Durchführung von Pensionszusagen respektive der Mittelauslagerung regelmäßig zu. Die Erfüllung der Konsolidierungspflicht ist basierend auf der konkreten Ausgestaltung des externen Versorgungsträgers im Einzelfall zu prüfen. Grundsätzlich kann gleichwohl eine Konsolidierungspflicht nach SIC 12 angenommen werden, da ein Unternehmen üblicherweise durch die Geschäftstätigkeit eines Fonds profitiert und daraus Nutzen ziehen kann und zugleich den Risiken aus der Geschäftstätigkeit des Fonds ausgesetzt ist.[980]

---

974 Vgl. § 65 BGB i. V. m. Sauter/Schweyer/Waldner (2010), Rn. 26.
975 Vgl. Sauter/Schweyer/Waldner (2010), Rn. 42a.
976 Vgl. § 22 BGB i. V. m. Sauter/Schweyer/Waldner (2010), Rn. 42–43.
977 Vgl. Sauter/Schweyer/Waldner (2010), Rn. 42. Zum Begriff des wirtschaftlichen Geschäftsbetriebs vgl. Sauter/Schweyer/Waldner (2010), Rn. 43.
978 In Bezug auf die Regelungen für Zweckgesellschaften nach HGB vgl. Küting/Weber (2010).
979 Vgl. Küting/Weber (2010).
980 Vgl. ähnlich auch Planert (2006), S. 252; Freiberg (2010), S. 181.

Durch IFRS 10 wird das Vorliegen von Beherrschung (Control) neu definiert und zugleich werden strukturierte Gesellschaften dieser allgemeinen Beherrschungsdefinition unterworfen. IFRS 10 verlangt, dass dem Unternehmen Entscheidungsgewalt über ein anderes Unternehmen zukommen muss,[981] wodurch es über die „relevanten Aktivitäten" dieses Unternehmens bestimmen kann. Zur Bestimmung der relevanten Aktivitäten ist insbesondere der Zweck und die Ausgestaltung dieser Gesellschaften in die Bewertung einzubeziehen.[982] So kann die Beherrschung – wie bei strukturierten Gesellschaften häufig gegeben – durch vertragliche Bestimmungen erlangt werden, weshalb der Gründungsprozess und die dort getroffen vertraglichen Vereinbarungen untersucht werden müssen.[983] Entsprechend berücksichtigt auch IFRS 10 bei der Auslegung des Beherrschungsbegriffs die Besonderheiten von Gesellschaften, die zu einem bestimmten Zweck errichtet werden, und beinhaltet insbesondere umfangreiche Vorgaben zur Beurteilung der Frage, ob einem Unternehmen Entscheidungsmacht über eine solche Gesellschaft zusteht.[984] Weiterhin muss das Unternehmen zum Vorliegen von Beherrschung variablen Rückflüssen ausgesetzt sein, deren Höhe beeinflusst werden kann.[985] Durch diese Regelung ist auch in der Beherrschungsdefinition des IFRS 10 eine Chancen-/Risiken-Betrachtung integriert, wobei diese im Sinne des IFRS 10 weiter gefasst wird. So genügt es, wenn das Unternehmen überhaupt variablen Rückflüssen ausgesetzt ist, unabhängig davon, ob es sich um die Mehrheit der Chancen und Risiken respektive variablen Rückflüsse handelt. Da bei leistungsorientierten Zusagen das Unternehmen letztlich immer für die Zusage einstehen muss, wird das Unternehmen insofern auch durch die Rückflüsse von einem Versorgungsträger respektive der Tatsache, ob dieser über genügend Mittel zur Erfüllung der Zusagen verfügt, beeinflusst.

Insgesamt fordert IFRS 10 im Vergleich zu den Vorgängerregelungen IAS 27 (2003) eine verstärkte Berücksichtigung sämtlicher „facts and circumstances"[986] bei der Beurteilung, ob ein Beherrschungsverhältnis vorliegt. Dies wird darüber hinaus beispielsweise an der augenscheinlich weniger starken Betonung der Rolle von Stimmrechten deutlich. Eine weitere Vorgabe des IFRS 10, welche die Notwendigkeit einer Gesamtwürdigung des Verhältnisses eines Unternehmens zu einem potenziellen Tochterunternehmen unterstreicht, beinhaltet IFRS 10.B19. Dieser Regelung entsprechend können vielfältige Sachverhalte, wie die finanzielle oder technologische Abhängigkeit eines Unternehmens, bereits als Indikatoren für das Vorliegen von Entscheidungsmacht gewertet werden. Dies legt den Schluss einer

---

981 Vgl. IFRS 10.7 (a).

982 Vgl. IFRS 10.B8.

983 Vgl. IFRS 10.B8 sowie IFRS 10.B51 f. sowie Beyhs/Buschhüter/Schurbohm (2011), S. 664 f.

984 Vgl. Zülch/Erdmann/Popp (2011), S. 590.

985 Vgl. IFRS 10.7 (a) und (b).

986 Vgl. IFRS 10.8.

tendenziell breiter gefassten Auslegung des Beherrschungskriteriums, bei welcher die wirtschaftliche Ausgestaltung zur Beurteilung eines Beherrschungsverhältnisses verstärkt zu berücksichtigen ist, nahe.[987] Diese führt zu dem Ergebnis, dass auch im Anschluss an die Ersetzung von SIC 12 durch IFRS 10 grundsätzlich von einer Konsolidierungspflicht für Pensionsfonds auf Grund der Beherrschungsdefinition des IFRS 10 ausgegangen werden kann.

Zusammenfassend folgt hieraus das Ergebnis, dass eine Streichung der Ausnahmevorschrift des SIC 12.6 und des IFRS 10.4 (d) zumeist zu einer Einbeziehung von Pensionsplänen in den Konzernabschluss führen würde.[988] Eine Konsolidierung ist also auf Basis des in den IFRS verankerten Beherrschungskonzepts sowie der diesem zu Grunde liegenden Einheitstheorie folgerichtig und sachgerecht. Pensionsfonds im Sinne von Versorgungsträgern müssten folglich je nach Ausgestaltung gegebenenfalls auf Basis dieser konzeptionellen Betrachtung anhand der (Voll-)Konsolidierung im Konzernabschluss des Unternehmens, welches eine leistungsorientierte Pensionszusage vergibt, abgebildet werden.[989] Im Sinne der Einheitstheorie müssen sämtliche Vermögenswerte und Schulden, welche der wirtschaftlichen Einheit zuzurechnen sind, ausgewiesen werden. Unabhängig von der derzeitigen Praxis der Bilanzierung bei Unternehmen und rechtlich separaten Versorgungsträgern sollte eine konsolidierte Betrachtung theoretisch zu einem Bruttoausweis aus Konzernsicht führen.

---

987 Auch eine von der EFRAG durchgeführte Feldstudie führt zu dem Ergebnis, dass sich der Konsolidierungskreis bezüglich Zweckgesellschaften durch IFRS 10 insgesamt unwesentlich vergrößern würde und Fonds verstärkt konsolidiert werden würden, vgl. EFRAG (2012), S. 13 f.

988 In Zusammenhang mit dieser Konsolidierungsfrage wird im Hinblick auf das HGB in der Literatur zum Teil die zwingend notwendige Unternehmenseigenschaft des Tochterunternehmens bezweifelt, da ein Pensionsfonds mitunter keinen mit Gewinnerzielungsabsicht am Markt agierenden Geschäftsbetrieb darstellt, sofern dieser kein Spezialanbieter für betriebliche Altersversorgung ist, vgl. Heger/Weppler (2007), Rn. 209. Durch die Änderungen im Zuge des BilMoG können jedoch auch Zweckgesellschaften, die diesen Anforderungen nicht genügen, nach § 290 Abs. 2 Nr. 4 in den Konzernabschluss einbezogen werden. Ungeachtet dieser Diskussion fallen Pensionsfonds wohl unter die Definition eines Geschäftsbetriebs (business) des IFRS 3.

989 Die Konsolidierung von Pensionsfonds fällt nicht unter den Anwendungsbereich des ED/2011/4.2, welcher Spezialvorschriften für Investmentgesellschaften beinhaltet, da hierzu das Mutterunternehmen eine Investmentgesellschaft sein müsste, deren ausschließliche Aktivität das Investieren in Beteiligungen ist, vgl. zu den genauen Definitionskriterien ED/2011/4.2. Investmentgesellschaften sollen Tochterunternehmen zu deren Fair Value im Konzernabschluss erfassen, vgl. ED/2011/4.6.

4.1.4 Erfassung und Ausweis von Aufwendungen und Erträgen aus Pensionsplänen

Neben der Erfassung und dem Ausweis von Pensionsverpflichtungen und Planvermögenswerten ergeben sich hinsichtlich Pensionsaufwendungen und -erträgen ebenfalls offene Diskussionspunkte. In der Überarbeitung des IAS 19 im Jahr 2011 wurde – entgegen den ursprünglichen Vorschlägen im zugehörigen DP – keine Vorgabe hinsichtlich der Erfassung einzelner Ergebnisbestandteile im operativen Ergebnis respektive im Finanzergebnis in den Standard aufgenommen.[990] Inhaltlich begründet ist eine Zuordnung des Dienstzeitaufwands zum operativen Ergebnis sowie eine Integration der Zinsaufwendungen und -erträge in das Finanzergebnis.

Grundsätzliche Entscheidungen des IASB hinsichtlich der Darstellung von Aufwendungen und Erträgen stellen Gegenstand des Financial-Statement-Presentation-Projekts dar und werden dementsprechend an dieser Stelle nicht vertieft betrachtet. Ungeachtet dessen bleibt festzuhalten, dass die IASB-Rechnungslegung keiner Konzeption zur Abgrenzung von GuV- und OCI-Bestandteilen folgt.[991] Ein mögliches Abgrenzungskriterium ist das Realisationskriterium, wonach unrealisierte Gewinne und Verluste im OCI erfasst werden.[992] Ein weiteres denkbares Kriterium stellt die Betriebsbezogenheit dar, denn Ergebnisbestandteilen, welche nicht aus dem Kerngeschäft resultieren, wird eine geringere Prognoserelevanz zugeschrieben.[993] Allerdings existiert ebenfalls keine Definition zur Abgrenzung betriebsbezogener Bestandteile. Auch die Abgrenzung entsprechend dem Kriterium der Kontrollierbarkeit, wonach Ergebnisbestandteile, welche nicht durch das Management kontrolliert und damit verantwortet werden, separiert im OCI erfasst werden, wird in der Literatur diskutiert.[994] Jedoch bekennt sich das IASB zu keiner dieser Möglichkeiten. Es kann vermutet werden, dass die Integration volatiler Ergebnisbestandteile in das OCI insbesondere durch die fehlende Beeinflussbarkeit dieser Größen durch das Management begründbar ist, jedoch fehlt eine entsprechende Grundlage in den IFRS.

Schätzänderungen werden nach IAS 8.36 grundsätzlich GuV-wirksam erfasst. Konsequenterweise fallen unter Schätzänderungen auch versicherungsmathematische

---

990 In Folge der Einführungen des Nettozinsansatzes muss sowohl der Zinsaufwand wie auch der Zinsertrag in demselben Ergebnisbestandteil erfasst werden. Nach IAS 19 (2004) bestand die Möglichkeit einer unterschiedlichen Zuordnung von Zinsaufwendungen und -erträgen.

991 IAS 1.7 enthält lediglich eine Aufzählung aller im OCI zu erfassenden Aufwendungen und Erträge.

992 Vgl. KERKHOFF/DIEHM (2005), S. 346 f.; BOGAJEWSKAJA (2007), S. 51 und S. 82 f.

993 Vgl. BARKER (2004), S. 162; BOGAJEWSKAJA (2007), S. 74 f.; KERKHOFF/DIEHM (2005), S. 346 f. sowie zum Kriterium der Prognoserelevanz OHLSON (1999), S. 159.

994 Vgl. BARKER (2004), S. 162; BOGAJEWSKAJA (2007), S. 50 f.; OHLSON (1999), S. 159. Für weitere mögliche Abgrenzungskonzepte vgl. BOGAJEWSKAJA (2007), S. 74–95.

Gewinne und Verluste, weshalb eine Erfassung dieser Größen in der Gewinn- und Verlustrechnung die folgerichtige Anwendung der übergreifenden Regelung des IAS 8 darstellt.[995] Ferner würde durch diese Bilanzierungsweise das Entstehen direkt im Eigenkapital erfasster Ergebnisbestandteile verhindert. Dies entspricht den Anforderungen der Theorie des „clean surplus accounting", nach welcher lediglich Transaktionen mit Eigenkapitalgebern direkt im Eigenkapital erfasst werden.[996]

Der Zinsaufwand stellt die Erhöhung des Barwerts der Pensionsverpflichtung auf Grund des Näherrückens des Erfüllungszeitpunkts dar. Daher bilden auch versicherungsmathematische Gewinne und Verluste, die aus einer Zinssatzänderung resultieren, einen Bestandteil des Finanzergebnisses.[997] Die prinzipiell „künstliche Trennung"[998] zwischen dem erwarteten Zinsertrag auf das Planvermögen und dem tatsächlichen Ertrag ist diskussionsbedürftig.[999] Entsprechend äußert das IASB bereits zu Beginn des jüngsten Überarbeitungsprojekts zu IAS 19 die Ansicht: „Entities should not divide return on assets into an expected return and an actuarial gain or loss"[1000]. Die Umsetzung dieses Vorschlags würde zur sofortigen Erfassung des tatsächlichen Zinsertrags im Finanzergebnis führen, wodurch diesbezüglich keine versicherungsmathematischen Gewinne und Verluste entstünden. Alle weiteren versicherungsmathematischen Gewinne und Verluste in Bezug auf die DBO sollten je nach Inhalt dem operativen Ergebnis oder dem Finanzergebnis zugeordnet werden.[1001] Da eine derartige Separierung nur schwer möglich ist, schlägt Napier (2009) aus Vereinfachungsgründen eine Erfassung dieser Größen als separaten Posten in der Gewinn- und Verlustrechnung vor.[1002]

---

995 Vgl. zu dieser Ansicht auch Beechy (2009), S. 107; Napier (2009), S. 245.

996 Vgl. z. B. Lachnit/Müller (2005), S. 1637. Die Integration sämtlicher Aufwendungen und Erträge in das Periodenergebnis der Gewinn- und Verlustrechnung entspricht dem All-Inclusive-Konzept, während nach der Current-Operating-Profit-Theorie lediglich die auf die gewöhnliche Geschäftstätigkeit zurückzuführenden und damit zu Prognosezwecke geeigneten Erfolgsbestandteile in die Gewinn- und Verlustrechnung aufzunehmen sind, vgl. Krotter (2007). Zu letzterer Theorie vgl. insbesondere Ohlson (1999). Vgl. zu dieser Thematik ebenfalls die Ausführungen in Abschnitt 3.3.8.

997 Vgl. Napier (2009), S. 245 f.; vgl. zu einer ähnlichen Auffassung unter Beibehaltung einer Nettodarstellung Beechy (2009), S. 108.

998 Napier (2009), S. 245.

999 Vgl. Beechy (2009), S. 104.

1000 DP IAS 19.2.2.

1001 Vgl. zu dieser Auffassung auch Napier (2009), S. 245 f.

1002 Vgl. Napier (2009), S. 246. In Bezug auf die US-GAAP-Rechnungslegung sieht z. B. auch Miller (1987) die GuV-wirksame Erfassung versicherungsmathematischer Gewinne und Verluste als einfachste und sachgerechteste Vorgehensweise an, vgl. Miller (1987), S. 108.

4.1.5 Reformvorschlag der PAAinE

4.1.5.1 Überblick

Bereits ausgearbeitete Erörterungen und Reformvorschläge für eine weitere Überarbeitung der Pensionsbilanzierung enthält das Discussion Paper „The Financial Reporting of Pensions" der Initiative Pro-active Accounting Activities in Europe (PAAinE) vom Januar 2008. Die PAAinE-Initiative stellt einen Zusammenschluss der European Financial Reporting Advisory Group (EFRAG) und europäischen Standardsetzern dar.[1003] Die Initiative beabsichtigt durch eine Bündelung der Ressourcen und einer engen Zusammenarbeit der beteiligten Rechnungslegungsgremien als europäische Vertreter aktiver an den weltweiten Diskussionen über Rechnungsfragestellungen teilnehmen zu können. Die proaktive Arbeit konzentriert sich dabei auf langfristige Projekte mit dem Ziel, die Debatte über wichtige Rechnungslegungsfragen frühzeitig, bevor das IASB Vorschläge veröffentlicht, anzustoßen. Dieser Arbeit liegt das Bestreben zu Grunde, einen gemeinsamen europäischen Standpunkt zu repräsentieren, um hierdurch stärkeren Einfluss auf den Standardsetzungsprozess zu nehmen.[1004]

Im Folgenden werden die Vorschläge der PAAinE-Initiative in Bezug auf eine langfristige Überarbeitung der Bilanzierung von Pensionsplänen vorgestellt und gewürdigt. Dabei beinhaltet das DP der PAAinE-Initiative, im Gegensatz zu Vorschlägen anderer Rechnungslegungsinstitutionen, Überlegungen zu einer fundamentalen Neuausrichtung der Pensionsbilanzierung.[1005] Diese basieren auf den Grundsätzen des Frameworks und Vorschriften weiterer Standards der IASB-Rechnungslegung.[1006] Gegenstand des DP stellt eine umfassende Analyse von Ansatz-, Bewertungs- und Ausweisfragen dar. Im Übrigen sind die im DP niedergelegten Prinzipien sowohl auf leistungs- wie auch auf beitragsorientierte Pläne anzuwenden.[1007] In der vorliegenden Arbeit werden ausschließlich die Vorschläge hinsichtlich des Ansatzes und des Ausweises erörtert,[1008] wobei auch Änderungen der Vorschläge, welche im Zuge der Auswertung im Anschluss an die Kommentierungsphase beschlossen wurden,

---

1003 Neben der EFRAG waren der britische Standardsetzer ASB, der französische Standardsetzer CNC, der deutsche Standardsetzer DRSC sowie der italienische Standardsetzer OIC an der Entwicklung des DP beteiligt. Die Leitung des Projekts zur Erarbeitung des DP übernahmen EFRAG und ASB.

1004 Vgl. PAAinE (2012).

1005 Vgl. DP Pensions, Chapter 1.1.3.

1006 Vgl. DP Pensions, Chapter 1.1.4 f.

1007 Vgl. DP Pensions, Chapter 1.3.7. Dies begründet sich insbesondere durch in zunehmendem Maße gewährte Pensionszusagen, die Merkmale beider Plankategorien aufweisen und deren Ausgestaltung sich sehr dynamisch weiterentwickelt, vgl. DP Pensions, Chapter 1.3.6 f.

1008 Hierbei wird ausschließlich die Bilanzierung beim zusagenden Unternehmen betrachtet.

Berücksichtigung finden.[1009] Insbesondere Bewertungsfragen sowie Ausführungen zu Anhangangaben werden nachfolgend nicht diskutiert. Darüber hinaus werden Ausführungen des DP, die sich auf die nach IAS 19 (2004) bestehende Möglichkeit einer verzögerten Erfassung beziehen und die inzwischen bereits durch die Überarbeitung des IAS 19 im Jahr 2011 abgeschafft wurden, nicht weiter analysiert, da diese keine Relevanz für eine künftige Reform der Bilanzierungsnormen aufweisen. Im Folgenden steht, entsprechend der Zielsetzung dieser Arbeit, die Thematik des Brutto- respektive Nettoansatzes im Mittelpunkt. Weiterhin werden die Vorschläge zur Erfassung und zum Ausweis von Aufwendungen und Erträgen dargelegt.

4.1.5.2 Vorliegen einer Pensionsverpflichtung

Pensionsleistungen stellen aus Arbeitnehmersicht eine Form der gestundeten Entlohnung dar.[1010] Dementsprechend entsteht auf Seiten eines Unternehmens, das Pensionsleistungen als Teil des Arbeitsentgelts zusagt, eine Verpflichtung für diese Entlohnung, wenn Mitarbeiter Arbeitsleistungen im Austausch für diese Pensionszusagen erbracht haben.[1011] Der weiteren Überprüfung des Entstehens einer zu bilanzierenden Verpflichtung legt die PAAinE-Initiative ebenfalls die Definition für Verpflichtungen des Frameworks zu Grunde.[1012] Die Anwendung der Grundsätze des Frameworks sowie der Bilanzierung von Rückstellungen nach IAS 37 auf Pensionszusagen führt analog zu der Untersuchung in Abschnitt 4.1.2.2 zu dem Ergebnis, dass es sich hierbei um eine gegenwärtige Verpflichtung, die entweder in Form einer rechtlichen oder faktischen Verpflichtung entstehen kann, handelt.[1013] Das verpflichtende Ereignis, welches den Ansatz einer Verpflichtung auslöst, stellt die Erbringung der Arbeitsleistung, für welche die Pensionszusage gewährt wird, dar.[1014] Dabei geben, wie nach IAS 19.72, neben unverfallbaren Zusagen auch verfallbare Zusagen, die von der künftigen Weiterbeschäftigung über einen bestimmten Zeitraum abhängen, Anlass zur Passivierung einer Verpflichtung. Auch bei noch verfallbaren Verpflichtungen wird Arbeitnehmern ein Recht auf eine Pensionsleistung gewährt, die zu einer unentziehbaren Verpflichtung für das Unternehmen führt.[1015]

Eine Verpflichtung entsteht ebenfalls durch vereinbarte künftige Leistungserhöhungen in Bezug auf bereits erdiente Pensionszusagen, auch wenn deren Höhe noch

1009 Vgl. hierzu DP Pensions (Redeliberations). Dieser Bericht über die Kommentierungen zum DP Pensions der PAAinE-Initiative wurde unter der Leitung des ASB entwickelt und beinhaltet darauf aufbauend Änderungsvorschläge des ASB.
1010 Vgl. DP Pensions, Chapter 2.1.1.
1011 Vgl. DP Pensions, Chapter 2.1.2.
1012 Vgl. DP Pensions, Chapter 2.1.5 f.
1013 Vgl. DP Pensions, Chapter 2.2.12.
1014 Vgl. DP Pensions, Chapter 2.3.11 f.
1015 Vgl. DP Pensions, Chapter 2.3.20 und 2.3.23. Das Entstehen einer Verpflichtung in Zusammenhang mit noch verfallbaren Leistungen lässt sich auch über eine Option, die der Arbeitnehmer erwirbt, erläutern, vgl. DP Pensions, Chapter 2.3.21.

unbekannt ist.[1016] Hierzu genügt eine faktische Verpflichtung, für deren Entstehen die Kriterien des möglicherweise künftig ebenfalls überarbeiteten IAS 37 Beachtung finden sollen.[1017] Besteht jedoch weder eine rechtliche noch eine faktische Verpflichtung und verbleibt beim Unternehmen ein Ermessensspielraum, die Höhe der Pensionsleistungen zu beeinflussen, wird nach Ansicht der PAAinE-Initiative keine Verpflichtung begründet.[1018] Ebenso werden bedingte Verpflichtungen, die beispielsweise aus einer Zusage, bei welcher die Höhe der Leistungen an die finanzielle Performance des Unternehmens geknüpft ist, nicht berücksichtigt, bevor das entsprechende Ereignis eintritt.[1019] Im Anschluss an die Kommentierungsphase sprach sich die PAAinE-Initiative respektive das ASB entsprechend diesem Grundsatz auch gegen einen Einbezug künftiger Gehaltserhöhungen, die noch durch das Unternehmen beeinflusst werden können, aus.[1020]

Die Ansatzkriterien des Frameworks werden, wie auch die Ausführungen in Abschnitt 4.1.2.2 zeigen, in Bezug auf Pensionsverpflichtungen erfüllt.[1021] Der tatsächlich zu zahlende Betrag im Leistungsfall ist mit zahlreichen Unsicherheiten behaftet; viele dieser Unsicherheiten beeinflussen jedoch die Bewertung der Verpflichtung.[1022] Auch bei Verpflichtungen in deren Zusammenhang ein Unternehmen über Erstattungsansprüche den Nutzenabfluss minimieren oder ausschließen kann, stellt die Garantie des Unternehmens, für die Verpflichtung einzustehen, dennoch eine unbedingte Verpflichtung dar.[1023] Analog zu den Vorschlägen in Zusammenhang mit der Überarbeitung von IAS 37 ist die PAAinE-Initiative der Ansicht, dass mit der Bereitstellung des Leistungsversprechens ein Nutzenabfluss einhergeht. Diese „Stand-ready-Obligation“ des Unternehmens für die Erfüllung der Verpflichtung einzustehen, ist mit keiner Unsicherheit behaftet.[1024] Zusammenfassend erfüllen Pensionsverpflichtungen auch nach Ansicht der PAAinE-Initiative die Ansatzkriterien des Frameworks und müssen aus konzeptioneller Sicht passiviert werden,

1016 Vgl. DP Pensions, Chapter 2.4.1 sowie 2.4.7.
1017 Vgl. DP Pensions, Chapter 2.4.9 und 2.4.12.
1018 Vgl. DP Pensions, Chapter 2.4.24.
1019 Vgl. DP Pensions, Chapter 2.4.29 f. Zur Diskussion weiterer, zum Teil noch nicht durch das DP beantworteter Einzelfragen, die in dieser Arbeit nicht vertieft betrachtet werden, wie z. B. der Einbezug von Gehaltssteigerungen in die Höhe der Verpflichtung, die Frage der Bilanzierung von Verpflichtungen für einzelne Arbeitnehmer oder die gesamte Belegschaft sowie die Verteilung der Leistungsansprüche auf den Erdienungszeitraum, vgl. DP Pensions, Chapter 2.4.31–69 und 2.5–6.
1020 Vgl. DP Pensions (Redeliberations) 4.15.
1021 Vgl. DP Pensions, Chapter 4.2.2.
1022 Vgl. DP Pensions, Chapter 2.2.14 f. i. V. m. 4.2.2. Hinsichtlich anderer Vereinbarungen, die zu Unsicherheiten führen, wie Pensionsleistungen, die vom Unternehmen variiert werden können, besteht für die PAAinE-Initiative noch keine Klarheit darüber, ob diese im Rahmen des Ansatzes oder der Bewertung zu berücksichtigen sind, vgl. DP Pensions, Chapter 2.2.16 i. V. m. 2.7.5.
1023 Vgl. DP Pensions, Chapter 4.2.3.
1024 Vgl. DP Pensions, Chapter 4.2.3.

um eine transparente Abbildung des Pensionsplans bereitzustellen.[1025] Somit stellen die Vorschläge der Kriterien zur Beurteilung des Vorliegens einer Pensionsverpflichtung eine konsequente Umsetzung der Grundsätze des Frameworks dar und können vor diesem Hintergrund begrüßt werden. Ebenfalls positiv zu werten ist die Übertragung der Vorgaben auf die Besonderheiten beziehungsweise konkreten Ausgestaltungsmöglichkeiten im Rahmen der Gewährung von Pensionszusagen.

4.1.5.3 Abbildung von Pensionsplänen im Einzelabschluss

Grundsätzlich fordert die PAAinE-Initiative eine Bilanzierung von Pensionsverpflichtungen, sofern das Unternehmen direkt für deren Leistungserfüllung verantwortlich ist.[1026] Verpflichtet sich ein Unternehmen dazu, Pensionsleistungen an Arbeitnehmer zu erbringen, führt dies zu einer bilanzierungspflichtigen Schuld des Unternehmens.

Die zweite, vom DP differenzierte Möglichkeit zur Ausgestaltung von Pensionsverpflichtungen stellt der Abschluss einer Vereinbarung dar, nach welcher den Arbeitnehmern direkte Ansprüche gegenüber einer separaten Einheit,[1027] beispielsweise einem Versicherungsunternehmen, zustehen.[1028] Bei einer solchen Vereinbarung ermöglicht das Unternehmen den Arbeitnehmern an einem Pensionsplan teilzunehmen und zahlt Planbeiträge. Der externe Pensionsanbieter investiert diese Beiträge, um anschließend die Pensionszahlungen zu erbringen.[1029] Diese Vereinbarungen zeichnen sich insbesondere durch eine direkte vertragliche Vereinbarung zwischen Arbeitnehmern und externem Pensionsanbieter aus.[1030] Dieser ist verpflichtet die Leistungen an die Arbeitnehmer zu erbringen; die Pensionsverpflichtung ist konsequenterweise eine Verpflichtung des externen Pensionsanbieters.[1031] Durch die Beitragsleistungen des Unternehmens an den Pensionsanbieter werden andererseits Vermögenswerte auf diesen übertragen.[1032] Hierdurch erfüllt das Unternehmen sämtliche Verpflichtungen.[1033] Sofern das Unternehmen folglich alle Beitragszahlungen erbracht hat, besteht für dieses keine weitere Verpflichtung mehr.[1034] Das Entstehen einer Verbindlichkeit des Unternehmens ist in Fällen, in denen die vertraglichen Vereinbarungen explizit regeln, dass das Unternehmen

1025 Vgl. DP Pensions, Chapter 4.2.6 sowie 5.1 (c).
1026 Vgl. DP Pensions, Chapter 3.2.5.
1027 Bei dieser separaten Einheit, die auch als externer Pensionsanbieter bezeichnet wird, kann es sich auch um einen Trust handeln; dieser darf jedoch nicht vom arbeitgebenden Unternehmen gegründet werden, vgl. DP Pensions, Chapter 3.2.10.
1028 Vgl. DP Pensions, Chapter 3.2.7.
1029 Vgl. DP Pensions, Chapter 3.2.8.
1030 Vgl. DP Pensions, Chapter 3.2.9.
1031 Vgl. DP Pensions, Chapter 3.2.11.
1032 Vgl. DP Pensions, Chapter 3.2.12.
1033 Vgl. DP Pensions, Chapter 3.2.13.
1034 Vgl. DP Pensions, Chapter 3.2.14.

über die Beitragszahlungen hinaus keine weiteren Verpflichtungen übernimmt, unwahrscheinlich.[1035] Jedoch können solche Pensionsvereinbarungen dennoch, zum Beispiel durch die Garantie einer Mindestleistung, zu anderen, zusätzlichen (Eventual-)Verpflichtungen für den Arbeitgeber führen.[1036]

Diese Art der Pläne entspricht weitestgehend Pensionsplänen, welche gegenwärtig möglicherweise nach IAS 19 als beitragsorientierte Pläne (Defined Contribution Plans, DCP) eingeordnet werden. Im Gegensatz zur aktuellen Definition von DCP nach IAS 19, erkennt die PAAinE-Initiative an, dass auch solche, primär beitragsorientierte Pläne mit Leistungsverpflichtungen für das Unternehmen verbunden sein können, insbesondere für den Fall einer nachteiligen Vermögensanlage durch den externen Pensionsanbieter. Hierdurch entsteht, entsprechend den Vorschlägen des DP, eine „sonstige Verpflichtung" für das Unternehmen, die als separate Eventualverbindlichkeit passivierungspflichtig ist und lediglich diese mögliche Einstandspflicht gegenüber den Arbeitnehmern repräsentiert.

Bislang werden solche Pläne unter Verweis auf eine wirtschaftliche Betrachtungsweise gegebenenfalls als DCP eingeordnet, sofern eine weitere Inanspruchnahme des Unternehmens als nicht wahrscheinlich eingestuft wird.[1037] Die Vorschläge der PAAinE-Initiative führen somit im Vergleich zur derzeitigen Bilanzierungspraxis zu einer erweiterten Erfassung von Verpflichtungen aus Pensionszusagen. Die Erfassung von Verpflichtungen aus Pensionszusagen, die trotz der Inanspruchnahme eines externen Versorgungsträgers zum Verbleib einer Verpflichtung beim Unternehmen führen, unterbleibt nicht, wie bei Auslegung der Vorgaben des IAS 19 mit Verweis auf eine wirtschaftliche Betrachtungsweise üblich.[1038] Durch die Beschränkung der auf diese Weise abzubildenden Pensionszusagen auf Vereinbarungen, bei denen eine direkte vertragliche Vereinbarung zwischen den Arbeitnehmern und einem externen Versorgungsträger besteht, erscheint auch die vorgeschlagene Qualifizierung als sonstige Verpflichtung nachvollziehbar. Gleichwohl dürfte die Bewertung einer solchen Verpflichtung naturgemäß mit Schwierigkeiten behaftet sein. Ferner muss die Konsistenz einer Neuregelung mit den Vorgaben des IAS 37 zur Abbildung unsicherer Verpflichtungen sichergestellt werden. Entsprechend der Zielsetzung der vorliegenden Arbeit werden diese Pläne im Folgenden nicht weiter vertieft.

Die vom DP dargestellte dritte Möglichkeit der Finanzierung von Pensionsverpflichtungen bildet die Separierung von Vermögenswerten zur Sicherstellung der Verfügbarkeit finanzieller Mittel im Leistungsfall. In diesem Fall verbleibt bei den Arbeitnehmern ein Anspruch gegenüber dem arbeitgebenden Unternehmen oder einer separaten rechtlichen Einheit, die jedoch vom Unternehmen errichtet wurde.[1039]

1035 Vgl. DP Pensions, Chapter 3.2.16.
1036 Vgl. DP Pensions, Chapter 3.2.16.
1037 Vgl. hierzu ausführlich Abschnitt 3.2.3.2.
1038 Vgl. hierzu ausführlich sowie zur Kritik an dieser Vorgehensweise Abschnitt 3.2.3.2.
1039 Vgl. DP Pensions, Chapter 3.1.3 (v) i. V. m. 3.2.19.

Die Separierung von Vermögenswerten erfolgt entweder durch Mittelauslagerung auf eine separate rechtliche Einheit, wie einen Treuhänder oder einen Fonds, im DP als „Trust" bezeichnet; diese kann jedoch auch innerhalb des Unternehmens durchgeführt werden.[1040] Gleichwohl ist eine Mittelauslagerung mit verschiedenen Vorteilen verbunden.[1041] Werden die Vermögenswerte innerhalb des Unternehmens separiert und zur Finanzierung der Pensionszusagen investiert, findet weder ein Transfer von Vermögenswerten noch eine Abgeltung der Pensionsverpflichtung statt.[1042] Infolgedessen sind die separierten Vermögenswerte als Vermögenswerte des Unternehmens in dessen Einzelabschluss zu erfassen; ebenso stellt die Verpflichtung für die gewährten Pensionszusagen eine bilanzierungspflichtige Verpflichtung des Unternehmens dar.[1043]

Eine Auslagerung auf eine vom arbeitgebenden Unternehmen errichtete Einheit ist gemäß dem DP grundsätzlich mit folgenden drei Möglichkeiten der Darstellung im Einzelabschluss des Unternehmens verbunden: (1) Die ausgelagerten Vermögenswerte und Verbindlichkeiten werden als Vermögenswerte und Verbindlichkeiten des zusagenden Unternehmens angesehen und im Einzelabschluss des Unternehmens bilanziert; (2) die Verpflichtung wird als Verpflichtung des Unternehmens bilanziert und gleichzeitig erfasst das Unternehmen einen Erstattungsanspruch gegenüber dem Trust; oder aber (3) eine Nettoverpflichtung wird im Einzelabschluss des Unternehmens erfasst.[1044]

Handelt es sich bei der Einheit, auf welche die Vermögenswerte und Schulden ausgelagert werden, nicht um ein separates Unternehmen, sind die Vermögenswerte und Verbindlichkeiten dem Unternehmen zuzuordnen und von diesem zu bilanzieren.[1045] Stellt der Trust ein separates Unternehmen dar, hängt die weitere Analyse von der Frage ab, ob eine direkte Zahlungsverpflichtung beim Unternehmen verbleibt (Fall 1), oder ob der Trust eine Verpflichtung zur Zahlung der Pensionsleistungen gegenüber den Arbeitnehmern hat und dem Unternehmen wiederum eine Verpflichtung zur Finanzierung des Trusts zukommt (Fall 2). Im ersten Fall, in welchem das Unternehmen eine direkte Verpflichtung zur Zahlung der Pensionsleistungen behält, sieht das DP für die Bilanz des arbeitgebenden Unternehmens eine Passivierung der Verpflichtung gegenüber den Arbeitnehmern und eine Aktivierung von Erstattungsansprüchen gegenüber dem Trust vor.[1046] Im zweiten Fall besteht hingegen eine Verpflichtung für das Unternehmen, Leistungen an den Trust zu erbringen, welcher die Verpflichtung gegenüber den Arbeitnehmern übernimmt.

1040 Vgl. DP Pensions, Chapter 3.2.19.

1041 Zu den Vorteilen einer Mittelauslagerung zählen z. B. eine höhere Sicherheit der Leistungsansprüche aus Sicht der begünstigten Arbeitnehmer oder auch mögliche Steuervorteile, vgl. DP Pensions, Chapter 3.2.20 f.

1042 Vgl. DP Pensions, Chapter 3.2.23–25.

1043 Vgl. DP Pensions, Chapter 3.2.23–25.

1044 Vgl. DP Pensions, Chapter 3.2.29.

1045 Vgl. DP Pensions, Chapter 3.2.30.

1046 Vgl. DP Pensions, Chapter 3.2.34 und 3.2.38.

In diesem Fall ist die Verpflichtung, gemäß den Vorschlägen der PAAinE-Initiative, als Verpflichtung des Trusts zu bilanzieren. Im Einzelabschluss des Unternehmens muss hingegen eine Verpflichtung gegenüber dem Trust erfasst werden für den Fall, dass dieser die Verpflichtung nicht aus seinen Vermögenswerten bezahlen kann. Andererseits verbleibt ein Recht zur Rückforderung von Überschüssen des Plans beim Unternehmen.[1047] Dies führt zum Ausweis einer Nettoverbindlichkeit bzw. eines Nettovermögenswerts beim Unternehmen.[1048] In Abhängigkeit dieser beiden Fälle ist gemäß den Vorschlägen des DP ein Brutto- oder Nettoausweis die geeignete Darstellungsform. Verbleibt eine direkte Verpflichtung zur Erfüllung der Pensionsansprüche beim Unternehmen, bildet ein Bruttoansatz die wirtschaftlichen Gegebenheiten adäquat ab und entspricht darüber hinaus den Rechnungslegungsprinzipien, die bei anderen Bilanzierungssachverhalten in der IASB-Rechnungslegung angewandt werden. Der Nettoansatz des IAS 19 ist daher, nach Ansicht der PAAinE-Initiative, beim Verbleib einer direkten Verpflichtung beim Unternehmen wenig überzeugend und sollte überdacht werden.[1049]

Diese Vorgabe zum Bruttoausweis entspricht sowohl den Grundsätzen des Frameworks zur Bilanzierung von Verpflichtungen wie auch den in den IFRS niedergelegten Saldierungsvorgaben. Eine Nettodarstellung wird im Sinne der Vorschläge des DP somit nicht durch eine Saldierung respektive Verrechnung ermöglicht. Indirekt kann eine „Nettodarstellung“ lediglich entstehen, wenn der Trust die rechtliche Verpflichtung gegenüber den Arbeitnehmern übernimmt und diese Verpflichtung entsprechend bilanziert und beim Unternehmen entweder eine Verbindlichkeit oder eine Forderung gegenüber dem Trust verbleibt. Sofern der Trust noch nicht ausreichend Mittel zur Finanzierung der Zusagen hat, wird eine entsprechende Verpflichtung beim Unternehmen ausgewiesen, die mit Mittelzuführungen an den Trust abgeschmolzen werden; ein Vermögensausweis auf Ebene des Unternehmens erfolgt nicht. Diese bilanziellle Abbildung entspricht somit nicht der in IAS 19 niedergelegten Nettodarstellung, bei welcher Verpflichtungen und Vermögenswerte des Unternehmens verrechnet werden. Die vorgeschlagene Bilanzierungsweise ist vielmehr mit den Grundsätzen der IFRS-Rechnungslegung vereinbar. Dies gilt insbesondere, da als Voraussetzung zur Anwendung dieser Bilanzierungsweise die rechtliche Verpflichtung gegenüber den Arbeitnehmern beim Trust liegen muss.

Die vom DP vorgeschlagene Abbildung von Pensionsplänen im Einzelabschluss wird in Tabelle 4.2 noch einmal überblicksartig zusammengefasst.

1047 Vgl. DP Pensions, Chapter 3.2.39.
1048 Vgl. DP Pensions, Chapter 3.2.41.
1049 Vgl. DP Pensions, Chapter 3.2.46.

Tabelle 4.2: Bilanzierung von Vermögenswerten und Verbindlichkeiten aus Pensionsplänen im Einzelabschluss nach den Vorschlägen des DP Pensions der PAAinE-Initiative

Art der Verpflichtung und Finanzierung		Bilanzierung im Einzelabschluss des arbeitgebenden Unternehmens		
		Vermögenswerte	**Verbindlichkeiten**	**Ausweis**
ohne Finanzierung	Direkter Anspruch gegenüber dem arbeitgebenden Unternehmen, keine Separierung von Vermögenswerten zur Finanzierung	–	Verpflichtung zur Pensionszahlung gegenüber Arbeitnehmern	–
Finanzierung der Pensionsverpflichtung durch Separierung von VW oder externe Mitelanlage	Separierung von Vermögenswerten innerhalb des Unternehmens:			
	Direkter Anspruch gegenüber dem arbeitgebenden Unternehmen, Separierung von Vermögenswerten zur Finanzierung innerhalb des Unternehmens	Vermögenswerte zur Erfüllung der Pensionsverpflichtung	Verpflichtung zur Pensionszahlung gegenüber Arbeitnehmern	Brutto
	Mittelauslagerung auf einen unternehmensexternen Pensionsanbieter:			
	Pensionsansprüche der Arbeitnehmer gegenüber einem Dritten, z.B. Versicherungsunternehmen	–	Verpflichtung für noch nicht bezahlte Beiträge an den Pensionsanbieter Mögliche Eventualverbindlichkeit, sofern Unternehmen weitere Verpflichtungen übernommen hat	–
	Mittelauslagerung auf eine vom Unternehmen errichtete Treuhandkonstruktion/Fonds (Trust):			
	Direkter Anspruch gegenüber dem arbeitgebenden Unternehmen	Erstattungsansprüche gegenüber Trust	Verpflichtung zur Pensionszahlung gegenüber Arbeitnehmern	Brutto
	Pensionsansprüche der Arbeitnehmer gegenüber konzernintern gegründetem Trust, Verpflichtung des Unternehmens zur Leistung von Beiträgen an den Trust	Bei Vorliegen einer Planüberdeckung: Vermögenswert in Höhe des Überschusses für Anspruch des Unternehmens auf Rückzahlung	Eventualverbindlichkeit für Nachschusspflichten des Unternehmens, sofern die Vermögenswerte des Trusts zur Leistungserfüllung nicht ausreichen	Netto*

* Mögliche Erfüllung des Control-Kriteriums kann zu einer Konsolidierung und damit zu einer Bruttodarstellung auf Konzernebene führen.

4.1.5.4 Abbildung von Pensionsplänen im Konzernabschluss

Die Erstellung eines Konzernabschlusses dient grundsätzlich dem Zweck, aussagekräftigere Informationen im Vergleich zu Einzelabschlüssen bereitzustellen, und zwar für Fälle, in denen einem Mutterunternehmen ausreichende Rechte über Vermögenswerte und Schulden einer separaten Einheit zustehen, um über diese verfügen zu können.[1050] Im Hinblick auf Pensionspläne würde nach den Vorschlägen der PAAinE-Initiative eine Konsolidierung zu einer Bruttodarstellung führen.[1051] Die PAAinE-Initiative vertritt die Auffassung, dass sich die Rechte des Unternehmens über die auf einen Pensionsfonds ausgelagerten Vermögenswerte nicht wesentlich von den Rechten über Vermögenswerte, welche für andere Zwecke gehalten werden, unterscheiden und daher eine Bruttodarstellung zur Abbildung sämtlicher ökonomischer Ressourcen des Unternehmens führt.[1052] Beherrscht ein Unternehmen einen Pensionsfonds, so können folglich durch die Bruttodarstellung nützlichere Informationen generiert werden.[1053]

Auch die SEC fordert ein erneutes Überdenken der Konsolidierungsnormen in Bezug auf Pensionspläne im Rahmen eines Konvergenzprojekts mit dem IASB.[1054] So stellt die SEC in einer Analyse zu Off-Balance-Sheet-Arrangements fest: „There is not an obvious conceptional reason why the plan should not be consolidated, especially since other trusts used to fund liabilities typically are consolidated“[1055].

Eine Analyse der Konsolidierungsnormen des IASB[1056] führt die PAAinE-Initiative zu dem Schluss, dass zur Beurteilung des Vorliegens eines Beherrschungsverhältnisses die Entscheidungsmacht über den Pensionsplan und die Weisungsbefugnis über den Planmanager relevant sind.[1057] Da der Auslagerung häufig ein Treuhandverhältnis zu Grunde liegt, ist dieses im Besonderen relevant.[1058] Dabei sind speziell die Machtbefugnisse des Treuhänders für die Beurteilung, ob das auslagernde Unternehmen den Pensionsfonds beherrscht, entscheidend.[1059] Das Verhältnis zwischen auslagerndem Unternehmen und Treuhänder wird dabei vor allem durch den Treuhandvertrag, Regelungen des Pensionsplans und Gesetze bestimmt.[1060] Die Einflussmöglichkeit auf

1050 Vgl. DP Pensions, Chapter 3.3.5 f.
1051 Vgl. DP Pensions, Chapter 3.3.18.
1052 Vgl. DP Pensions, Chapter 3.3.20.
1053 Vgl. DP Pensions, Chapter 3.3.20.
1054 Vgl. SEC (2005), S. 107 i. V. m. S. 109 sowie DP Pensions, Chapter 3.3.13.
1055 SEC (2005), S. 107.
1056 Bei der Erarbeitung des DP durch die PAAinE-Initiative wurden die jüngsten Überarbeitungen hinsichtlich der Konsolidierungsnormen des IASB auf Basis vorläufiger Ergebnisse des Consolidation-Projekts berücksichtigt. Vgl. zu den Konsolidierungsnormen ausführlich Abschnitt 4.1.3.3.
1057 Vgl. DP Pensions, Chapter 3.3.52.
1058 Vgl. DP Pensions, Chapter 3.3.37. Zur Ausgestaltung von Treuhandverhältnissen vgl. insbesondere Abschnitt 2.2.3.2 sowie 4.1.2.2.
1059 Vgl. DP Pensions, Chapter 3.3.44.
1060 Vgl. DP Pensions, Chapter 3.3.48.

den Treuhänder kann je nach Rechtslage bei Treuhandverhältnissen in verschiedenen Ländern differieren.[1061] Entsprechend muss unter Beachtung des jeweiligen regulatorischen Umfelds festgelegt werden, ob der Planmanager die Beherrschung über den Pensionsplan erwirbt oder ob das auslagernde Unternehmen die Entscheidungen des Planmanagers beeinflussen kann und damit den Pensionsplan beherrscht.[1062]

Die Betrachtung der Positionen und Interessen der am Pensionsplan Beteiligten zeigt, dass der Arbeitgeber von der Arbeitsleistung des Arbeitnehmers profitiert, welcher die Pensionszahlung als gestundetes Entgelt für seine Arbeitsleistung erhält.[1063] Der Planmanager ist insbesondere für die Sicherstellung der Pensionszahlungen bzw. Zahlungsfähigkeit des Pensionsplans zuständig.[1064] Der Arbeitgeber zieht folglich direkt aus dem Pensionsplan keinen Nutzen,[1065] dies ist jedoch zur Bestimmung der Beherrschung nicht relevant.[1066] Hierfür ist vielmehr entscheidend, wer den variablen Rückflüssen aus dem Plan ausgesetzt ist. Das ist regelmäßig der Arbeitgeber, welcher entweder durch geringere oder erhöhte Beitragszahlungen die Erträge aus dem Plan ausgleichen muss.[1067] Das IASB nimmt an, dass die Einheit, welche den variablen Rückflüssen aus Vermögenswerten ausgesetzt ist, auch den Nutzen aus diesen Vermögenswerten zieht. Dies kann im vorliegenden Fall trotz der obigen Betrachtung bekräftigt werden, da das Unternehmen die Pensionsleistungen vor dem Hintergrund anbietet, dass das Unternehmen durch die Arbeitsleistung der Arbeitnehmer profitiert. Der Arbeitgeber zieht hieraus einen Nutzen und akzeptiert andererseits die Variabilität der Zahlungsströme respektive das Risiko, welches mit der Erfüllung der Verpflichtung verbunden ist.[1068]

Ferner ist die Frage, wer die Investitionspolitik des Pensionsplans bestimmt, für die Bestimmung des Beherrschungsverhältnisses eine entscheidende Frage.[1069] Die Finanzierungs- und Investitionspolitik wirkt sich auf die vom arbeitgebenden Unternehmen benötigten finanziellen Ressourcen zur Erfüllung der Pensionsverpflichtungen aus.[1070] Die Möglichkeit, die Investitionspolitik ohne Abstimmung mit dem Planmanager zu beeinflussen, stellt einen weiteren Hinweis für dessen Beherrschungsmöglichkeit dar.[1071]

1061 In Großbritannien werden bspw. Treuhänder zwar vom auslagernden Unternehmen ernannt, sind jedoch nach der Ernennung verpflichtet, zum Wohl der begünstigten Arbeitnehmer zu handeln, vgl. DP Pensions, Chapter 3.3.49.

1062 Vgl. DP Pensions, Chapter 3.3.51.

1063 Vgl. DP Pensions, Chapter 3.3.53 i. V. m. 3.3.59 f. Möglicherweise profitiert der Arbeitgeber zusätzlich von Überschüssen des Plans, vgl. DP Pensions, Chapter 3.3.61.

1064 Vgl. DP Pensions, Chapter 3.3.54 i. V. m. 3.3.62.

1065 Vgl. DP Pensions, Chapter 3.3.63.

1066 Vgl. DP Pensions, Chapter 3.3.65.

1067 Vgl. DP Pensions, Chapter 3.3.63.

1068 Vgl. DP Pensions, Chapter 3.3.63.

1069 Vgl. DP Pensions, Chapter 3.3.69.

1070 Vgl. DP Pensions, Chapter 3.3.67.

1071 Vgl. DP Pensions, Chapter 3.3.71 (b).

Diese Indikatoren – die Entscheidungsmacht über den Plan und die Weisungsbefugnis über den Planmanager[1072] sowie die Bestimmung der Finanzierungs- und Investitionspolitik – werden von der PAAinE-Initiative als Hinweise zur Beurteilung des Vorliegens eines Beherrschungsverhältnisses angesehen. Andererseits können dem Bestehen eines Beherrschungsverhältnisses staatliche Regulationen entgegenstehen, welche Berufungsvoraussetzungen oder Pflichten der Planmanager vorgeben.[1073]

Zusammenfassend sehen die Vorschläge des DP das Control-Kriterium als sachgemäße Grundlage zur Abgrenzung des Konsolidierungskreises auch in Bezug auf Pensionsfonds bzw. -trusts an. Ausgehend von dem Verständnis eines Beherrschungsverhältnisses in den IFRS werden Indikatoren zu dessen Anwendung im speziellen Fall der Pensionspläne vorgegeben.[1074] Die Umsetzung dieser Vorschläge würde, in Abhängigkeit der Erfüllung des Control-Kriteriums, die Konsolidierung mancher, jedoch nicht aller Pensionspläne nach sich ziehen. Diese vermeintliche Ungleichbehandlung wird durch die ökonomischen Prinzipien, die der Beurteilung eines Control-Verhältnisses zu Grunde liegen, gerechtfertigt.[1075] Nach Ansicht der PAAinE-Initiative führt eine Konsolidierung zu einer Bruttodarstellung der Vermögenswerte und Schulden und stellt bei Erfüllung des Control-Kriteriums die sachgerechte Abbildung dar.[1076]

Das DP sieht somit eine konsequente Anwendung der Konsolidierungsvorgaben der IFRS auf Pensionspläne vor, ohne diese durch speziell für Pensionspläne geschaffenen Ausnahmeregelungen von der Konsolidierung auszunehmen. Pensionspläne, die die Kriterien zur Konsolidierung erfüllen, stellen einen Teil der abgebildeten wirtschaftlichen Einheit dar; damit führt diese Bilanzierungsweise – auf Grund eines möglicherweise vorliegenden Beherrschungsverhältnisses[1077] – zu einer ökonomisch sachgerechten Bruttodarstellung.

4.1.5.5 Erfassung und Ausweis von Aufwendungen und Erträgen aus Pensionsplänen

Hinsichtlich der Darstellung der Erfassung von Wertänderungen der Pensionsverpflichtungen und Vermögenswerte enthält das DP der PAAinE-Initiative Vorschläge, die jedoch keine umfassende Aufarbeitung der Darstellung der Abschlussinformationen im Sinne des Financial-Statement-Presentation-Projekts beinhalten.[1078] Die

1072 Hierzu zählt auch das Recht zur Berufung oder Abberufung des Planmanagers sowie die Frage, ob ein berufener Planmanager im Auftrag bzw. zum Nutzen des arbeitgebenden Unternehmens agiert, vgl. DP Pensions, Chapter 3.3.71 (a).

1073 Vgl. DP Pensions, Chapter 3.3.71 i. V. m. 3.4.10.

1074 Vgl. DP Pensions, Chapter 3.3.73 f.

1075 Vgl. DP Pensions, Chapter 3.3.75 f.

1076 Vgl. DP Pensions, Chapter 3.3.18 i. V. m. 3.76.

1077 Vgl. hierzu ebenfalls Abschnitt 4.1.3.5.

1078 Vgl. DP Pensions, Chapter 8.8.1.

Vorschläge des DP basieren vielmehr auf der von IASB und FASB im Vorfeld der Phase B des Financial-Statement-Presentation-Projekts erklärten Zielsetzung, in der IASB-Rechnungslegung eine getrennte Darstellung der Informationen nach operativer Tätigkeit, Finanzierungstätigkeit sowie der sonstigen Tätigkeit des Unternehmens umzusetzen.[1079] Eine konzeptionelle Aufarbeitung der Aufwandstrennung durch die PAAinE-Initiative erfolgt nicht.[1080]

Vor diesem Hintergrund fordert das DP keine Aufspaltung der Wertänderungen von Schulden und Vermögenswerten in deren jeweilige Einzelbestandteile. Allerdings wird eine getrennte Darstellung der verschiedenen Aufwandsbestandteile in die genannten Kategorien vorgeschlagen, um deren unterschiedlicher Einflussfaktoren gerecht zu werden. Hierdurch sollen Abschätzungen der Wertentwicklung der verschiedenen Größen, die durch unterschiedliche Einflussfaktoren verursacht werden, ermöglicht werden.[1081] Diese Darstellungsweise soll nicht zuletzt die Vergleichbarkeit zwischen Unternehmen erhöhen; so wird hierdurch mitunter ein Vergleich des Personalaufwands, worunter der Dienstzeitaufwand zu subsumieren ist, zwischen Unternehmen ermöglicht.[1082] Letztlich erlaubt diese Trennung der Aufwandsbestandteile den Adressaten das Nachvollziehen der Managemententscheidungen hinsichtlich der operativen Tätigkeit und hinsichtlich der Finanzierungstätigkeit und damit eine Unterscheidung des Aufwands der Pensionszusage selbst sowie deren Finanzierung.[1083]

Um dieser Zielsetzung gerecht zu werden, schlägt das DP folgende Zuordnung der Aufwands- respektive Ertragsbestandteile zu den Ergebnisbestandteilen vor: Der Dienstzeitaufwand wird, da dieser als ein Teil des Personalaufwands angesehen wird, dem operativen Ergebnis zugeordnet.[1084] Dieser beinhaltet auch den nachzuverrechnenden Dienstzeitaufwand, da Änderungen bestehender Zusagen bei deren Entstehung erfasst werden.[1085] Der Zinsaufwand hingegen soll im Finanzergebnis erfasst werden,[1086] ebenso wie die gesamten tatsächlichen Erträge des Planvermögens[1087]

1079 Vgl. DP Pensions, Chapter 8.2.8.
1080 Vgl. MEYER-SCHELL/ZIMMERMANN (2008), S. 442.
1081 Vgl. DP Pensions, Chapter 8.3.10 und 8.3.8.
1082 Vgl. DP Pensions, Chapter 8.3.7.
1083 Vgl. DP Pensions, Chapter 8.3.9 i. V. m. MEYER-SCHELL/ZIMMERMANN (2008), S. 440.
1084 Vgl. DP Pensions, Chapter 8.4.2.
1085 Vgl. DP Pensions, Chapter 8.4.3 f.
1086 Vgl. DP Pensions, Chapter 8.4.3 f.
1087 Vgl. DP Pensions, Chapter 8.5.9 i. V. m. 8.5.19. Die Erfassung des erwarteten Ertrags auf das Planvermögen wird durch die PAAinE-Initiative abgelehnt, insbesondere auf Grund der Tatsache, dass diese Größe kein Resultat eines Geschäftsvorfalls der vergangenen Periode darstellt – jedoch wird eine Anhangangabe befürwortet, vgl. DP Pensions, Chapter 3.5.8 f. Auch in der Literatur wird diese Größe kritisch betrachtet. Bspw. bezeichnet NAPIER (2009) die Differenz zwischen der erwarteten und der tatsächlichen Rendite auf das Planvermögen als „künstlich“ erzeugte Kom-

und Auswirkungen von Änderungen des Diskontierungszinssatzes.[1088] Versicherungsmathematische Gewinne und Verluste, worunter Änderungen von Annahmen auf Grund von Schätzänderungen und unerwarteten tatsächlichen Entwicklungen fallen,[1089] werden nach den Vorschlägen des DP sofort in der Gewinn- und Verlustrechnung erfasst.[1090] Nach Ansicht der PAAinE-Initiative kann eine andere Erfassungsweise für Auswirkungen der Änderung von Annahmen nur schwer begründet werden.[1091] Eine sofortige Erfassung versicherungsmathematischer Gewinne und Verluste führt hingegen zu leicht verständlichen Finanzinformationen und entspricht ferner der Erfassungsweise von Wertänderungen sonstiger Rückstellungen,[1092] vorausgesetzt die Volatilität, welche hierdurch Eingang in die Finanzberichterstattung findet, repräsentiert die ökonomische Realität.[1093] Da einerseits eine Zuordnung versicherungsmathematischer Gewinne und Verluste entsprechend der Ursache zum Dienstzeit- respektive Finanzaufwand schwierig erscheint und andererseits eine Zuordnung zum operativen Ergebnis als nicht sachgerecht angesehen wird,[1094] schlägt das DP eine gesonderte Darstellung dieser Größe außerhalb des operativen Ergebnisses als separaten Posten innerhalb der Gewinn- und Verlustrechnung vor.[1095]

Tabelle 4.3 fasst den vorläufigen Vorschlag der PAAinE-Initiative zur Erfassung von Aufwendungen und Erträgen aus Pensionsplänen überblicksartig zusammen.[1096]

ponente der versicherungsmathematischen Gewinne und Verluste, die lediglich dazu dient, eine tatsächliche Größe zu ersetzen, vgl. Napier (2009), S. 245.

1088 Vgl. DP Pensions, Chapter 8.6.4.

1089 Vgl. DP Pensions, Chapter 8.7.1 f.

1090 Vgl. DP Pensions, Chapter 8.7.14.

1091 Vgl. DP Pensions, Chapter 8.7.12. Ferner wird die grundsätzliche Trennung von GuV- und OCI-Bestandteilen sowie das Recycling vom DP nicht weiter erörtert, vgl. DP Pensions, Chapter 8.7.11.

1092 Vgl. DP Pensions, Chapter 8.7.12.

1093 Vgl. DP Pensions, Chapter 8.7.13.

1094 Vgl. DP Pensions, Chapter 8.7.17 f.

1095 Vgl. DP Pensions, Chapter 8.7.20.

1096 Die Erfassung von in der Tabelle nicht aufgeführten Aufwands- und Ertragsbestandteilen, wie z. B. Gewinne und Verluste aus Planabgeltungen, werden vom DP nicht weiter erörtert.

Tabelle 4.3: Erfassung der Aufwands- und Ertragsbestandteile von Pensionsplänen nach den Vorschlägen des DP Pensions der PAAinE-Initiative

Ergebnisbestandteil		Erfassung
GuV	**Operatives Ergebnis**	**Dienstzeitaufwand:** Laufender und nachzuverrechnender Dienstzeitaufwand
GuV	**Finanzergebnis**	**Zinsaufwand:** Zinsaufwand aus der Aufzinsung der DBO **Zinsertrag:** Tatsächlicher Zinsertrag aus Planvermögen Auswirkungen von Änderungen des Diskontierungszinssatzes
GuV	**Ergebnis der sonstigen Tätigkeit**	**Versicherungsmathematische Gewinne und Verluste:** Änderungen von Annahmen auf Grund von Schätzänderungen und unerwarteten tatsächlichen Entwicklungen (Darunter fallen nicht die Auswirkungen von Änderungen des Diskontierungszinssatzes; Abweichungen der tatsächlichen Rendite von der erwarteten Rendite des Planvermögens entstehen nach den Vorschlägen des DP nicht.)

Mit diesem Vorschlag sieht die PAAinE-Initiative eine vollständige Erfassung von Aufwendungen und Erträgen aus Pensionsplänen in der Gewinn- und Verlustrechnung vor; damit wird eine – zumindest nach derzeitigem Stand – konzeptionell nicht begründbare, von einer vollständigen GuV-wirksamen Erfassung abweichende, Regelung zur Abbildung des Pensionserfolgs abgelehnt. In Folge dessen können diese Vorschlägen aus konzeptioneller Sicht vertreten werden.[1097]

4.1.6 Zusammenfassung

Die Möglichkeiten zur Ausgestaltung leistungsorientierter Pensionszusagen sind vielfältig. In Deutschland werden diese allerdings durch die Gesetzesbestimmungen des BetrAVG reguliert. Auf Grund dessen müssen diese Vorgaben, welche nicht

1097 Vgl. hierzu die Ausführungen in Abschnitt 4.1.4. Als Reaktion auf die vornehmlich kritischen Kommentare hinsichtlich der Erfassung des tatsächlichen Planvermögensertrags im Finanzergebnis (vgl. DP Pensions (Redeliberations), Chapter 4.107 f.) distanziert sich das ASB im Zuge der Auswertungen der Kommentare von diesem ursprünglichen Vorschlag. Dieser ausschließlich an konzeptionellen Kriterien orientierte Ansatz würde nicht zwangsläufig den Anforderungen der Abschlussnutzer gerecht, vgl. DP Pensions (Redeliberations), Chapter 4.109. Infolgedessen fordert das ASB im Hinblick auf diese Fragestellung weitere Forschungsarbeit sowie eine detaillierte Beurteilung einzelner unterschiedlicher Ansätze im Vorfeld der Ausarbeitung eines neuen Standards, vgl. DP Pensions (Redeliberations), Chapter 4.115.

zuletzt die Verpflichtungen der Unternehmen determinieren, im Hinblick auf die bilanzielle Abbildung berücksichtigt werden.

Die konkrete Wahl der Zusageart und des Durchführungswegs durch Unternehmen wird von vielfältigen Parametern beeinflusst. Hierzu zählen neben Aspekten der Finanzierung, steuerlichen Auswirkungen und weiteren Faktoren insbesondere die bilanziellen Folgen einer bestimmten Ausgestaltungs- oder Finanzierungsart. Dabei zeigt eine Analyse der Vor- und Nachteile sowie der Entwicklung einzelner Zusage- und Finanzierungsformen, dass derartige Entscheidungen häufig nicht auf Grund ökonomischer Motive getroffen werden, sondern im Hinblick auf die Umsetzung einer gewünschten bilanziellen Abbildung. Dies wird speziell durch die Tatsache deutlich, dass in Deutschland zwar Direktzusagen, bei welchen Arbeitnehmern ein direkter Anspruch gegenüber Arbeitgebern zusteht, eine überragende Bedeutung zukommt, diese jedoch mit einer Auslagerung finanzieller Mittel auf CTAs kombiniert werden, wodurch eine bilanzielle Saldierung von Vermögenswerten und Verpflichtungen erreicht wird. Ferner kann dies ebenfalls ein Grund für die beobachtbare Zunahme mittelbarer Versorgungszusagen darstellen, die ebenso keine bilanzielle Abbildung einer Pensionsverpflichtung erfordern.

Dabei stehen die Normen zur Pensionsbilanzierung in der Internationalen Rechnungslegung unter Kritik, da diese nur zu einer unvollständigen Abbildung von Vermögenswerten und Verbindlichkeiten aus Pensionszusagen in der (Konzern-) Bilanz führen. Zentrale Problemstellungen hinsichtlich der derzeitigen Pensionsbilanzierung lassen sich auf eine mangelnde Anwendung der Grundsätze der IFRS-Rechnungslegung auf die Pensionsbilanzierung zurückführen. Infolgedessen kann durch eine konsequente Anwendung dieser Grundsätze die Pensionsbilanzierung signifikant verbessert werden, wobei nach wie vor, beispielsweise durch die den Pensionszusagen innewohnenden großen Unsicherheiten und den vielfältigen, komplizierten Vereinbarungen, weitere Herausforderungen für die Bilanzierung bestehen.[1098]

Eine konsequente Anwendung der Rechnungslegungsgrundsätze des IASB auf die Bilanzierung leistungsorientierter Pensionspläne hat regelmäßig eine Bruttodarstellung zur Folge. Zu diesem Ergebnis führt sowohl die Betrachtung des Vorliegens ansatzfähiger Vermögenswerte und Schulden aus Pensionsplänen auf Einzelabschlussebene und die Analyse der Saldierungsvoraussetzungen, wie auch in vielen Fällen die Anwendung des Control-Kriteriums auf solche Pensionspläne. Ähnliche Vorschläge wurden ebenfalls von der PAAinE-Initiative im Rahmen eines DP zur Pensionsbilanzierung, in welchem eine fundamentale Überarbeitung der Bilanzierung von Pensionsplänen gefordert wird, unterbreitet. Diese fordert eine Bilanzierung von Verpflichtungen, sofern das Unternehmen direkt für deren Leistungserfüllung verantwortlich ist. Eine explizite Unterscheidung in beitrags- und leistungsorientierte Pläne sehen diese Vorschläge insofern nicht vor.[1099] Das arbeitgebende Unternehmen

1098 Vgl. DP Pensions, Preface 7; MEYER-SCHELL/ZIMMERMANN (2008), S. 441.

1099 Vgl. MEYER-SCHELL/ZIMMERMANN (2008), S. 435. Das DP sieht jedoch auch den Fall, in welchem den Arbeitnehmern direkte Ansprüche gegenüber einem Dritten,

muss eine Verpflichtung bilanzieren, sofern den Arbeitnehmern ein direkter Leistungsanspruch gegenüber dem Unternehmen zusteht.

Erfolgt eine Finanzierung der zugesagten Leistungen durch separierte Vermögenswerte, bilanziert das Unternehmen nach den Vorschlägen des DP zugleich die separierten Vermögenswerte zur Leistungserfüllung oder – sofern Vermögenswerte zur Leistungserfüllung ausgelagert werden – einen Erstattungsanspruch gegenüber der rechtlichen Einheit, auf welche die Vermögenswerte ausgelagert werden. In Bezug auf die letztgenannte Bilanzierungsweise verbleibt aus konzeptioneller Sicht – sofern es sich um ein Treuhandverhältnis handelt – das wirtschaftliche Eigentum beim Unternehmen, weshalb der Vermögenswert selbst im Einzelabschluss aktiviert werden soll. Ungeachtet dessen führen auch die Vorschläge der PAAinE-Initiative in den genannten Fällen zu einer Bruttodarstellung. In folgendem Fall wird nach Ansicht der PAAinE-Initiative ein „De-Facto-Nettoansatz" auf Einzelabschlussebene als sachgerecht angesehen: Wird die externe Finanzierung so ausgestaltet, dass die Arbeitnehmer einen direkten Leistungsanspruch gegenüber dem vom Unternehmen errichteten Pensionsfonds bzw. -trust erhalten, wird für die beim Unternehmen in einem solchen Fall verbleibenden Nachschusspflichten und Rückerstattungsansprüche für Planüberschüsse ein Nettoansatz gefordert. Für alle Pensionsfonds – ungeachtet der Frage, ob Arbeitnehmern Zahlungsansprüche gegenüber dem Unternehmen oder dem Fonds zukommen – ist jedoch bei Erfüllung des Control-Kriteriums nach Ansicht der PAAinE-Initiative eine Konsolidierung geboten, die ebenfalls zu einem Bruttoansatz führt. Eine Übertragung der Verpflichtung ist jedoch regelmäßig bei einer typischen CTA-Konstruktion zur externen Finanzierung leistungsorientierter Zusagen nicht gegeben.

Sowohl die konzeptionelle Analyse wie auch die Vorschläge der PAAinE-Initiative führen in den meisten Fällen zu einer Bruttodarstellung von Vermögenswerten und Schulden. Die Bruttodarstellung auf Einzelabschlussebene wird in den Fällen als sachgerecht erachtet, in denen die Verpflichtung unmittelbar beim Unternehmen verbleibt und den Arbeitnehmern andererseits ein direkter Leistungsanspruch gegenüber dem zusagenden Unternehmen zusteht. Die konzeptionelle Analyse führt zu dem Ergebnis, dass bei Auslagerung der Vermögenswerte auf einen Treuhänder das wirtschaftliche Eigentum beim Unternehmen verbleibt und dieses bilanziert werden muss, da eine Saldierung als nicht sachgerecht angesehen wird. Die Vorschläge der PAAinE-Initiative sehen hingegen die Bilanzierung eines Erstattungsanspruchs als sachgerecht an. Steht den Arbeitnehmern jedoch ein Zahlungsanspruch gegenüber einer vom Unternehmen gegründeten rechtlichen Einheit zu, so ist nach Ansicht der PAAinE-Initiative zwar ein Nettoansatz auf Einzelabschlussebene gerechtfertigt, allerdings würde die Erfüllung des Control-Kriteriums zu einer Konsolidierung und

---

wie einem Versicherungsunternehmen, zustehen, vor. Dieser wird im Folgenden nicht weiter betrachtet, da diese Ausgestaltung im Wesentlichen der Bilanzierung beitragsorientierter Pläne gemäß IAS 19 entspricht und diese in der nachfolgenden empirischen Studie nicht betrachtet werden.

damit zu einem Bruttoansatz führen. Eine solche Konstellation ist in Deutschland bei einer mittelbaren Durchführung von Pensionsverpflichtungen über konzernintern gegründete Unterstützungskassen, Pensionskassen oder Pensionsfonds denkbar.

Im Hinblick auf die Erfassung von Aufwendungen und Erträgen aus Pensionsplänen erscheint es sachgerecht, eine Zuordnung der einzelnen GuV-Bestandteile zu den Ergebniskomponenten wie folgt zu treffen: Der Dienstzeitaufwand wird dem operativen Ergebnis zugeordnet; Zinsaufwendungen und Erträge gehen hingegen in das Finanzergebnis ein. Weiterhin existiert keine konzeptionelle Grundlage in der IASB-Rechnungslegung, nach welcher Aufwands- und Ertragsbestandteile, die GuV-neutral im OCI erfasst werden, abgegrenzt werden. Auch werden Schätzänderungen in der IASB-Rechnungslegung grundsätzlich GuV-wirksam erfasst. Aus diesem Grund erscheint eine sofortige Erfassung sämtlicher Pensionsaufwendungen und -erträge in der Gewinn- und Verlustrechnung folgerichtig und wird auch von der PAAinE-Initiative vorgeschlagen. Werden versicherungsmathematische Gewinne und Verluste in der Gewinn- und Verlustrechnung erfasst, müssten diese inhaltlich wie folgt zugeordnet werden: Auswirkungen aus der Veränderung des Diskontierungszinssatzes sowie Abweichungen zwischen dem tatsächlichen und dem erwarteten Ertrag auf das Planvermögen sind im Finanzergebnis zu erfassen. Dies führt zur Erfassung des tatsächlichen Planvermögensertrags im Finanzergebnis. Versicherungsmathematische Gewinne und Verluste in Bezug auf die DBO, mit Ausnahme der Effekte aus der Änderung des Diskontierungszinssatzes, sind dem operativen Ergebnis zuzuordnen. Vereinfachend kann diese Komponente als separater Bestandteil in der Gewinn- und Verlustrechnung ausgewiesen werden. Im Ergebnis stimmen damit die Vorschläge der PAAinE-Initiative mit der Betrachtung in Abschnitt 4.1.4 überein.

Mögliche Auswirkungen derartiger Rechnungslegungsänderungen werden im folgenden Kapitel im Rahmen einer Simulationsstudie untersucht. Da auf Basis der extern veröffentlichten Informationen eines Unternehmens keine Differenzierung der Pensionspläne hinsichtlich der konkreten Ausgestaltung der Ansprüche und Verpflichtungen von Arbeitnehmern und Unternehmen gemacht werden kann, wird für sämtliche Pläne, welche nach dem derzeit gültigen IAS 19 als leistungsorientierte Pläne eingeordnet werden, eine Bruttodarstellung als sachgerecht erachtet.[1100] Bei Zusagen, welche nach herrschender Praxis in Deutschland als beitragsorientierte Zusagen im Sinne des IAS 19 eingeordnet werden, verbleibt ebenfalls in jedem Fall eine Verpflichtung beim Unternehmen. Handelt es sich hierbei lediglich um die Subsidiärhaftung und kommt den Arbeitnehmern ein Rechtsanspruch gegenüber dem externen Versorgungsträger zu, so verlangt das DP der PAAinE-Initiative die

1100 Bei leistungsorientierten Plänen besteht per Definition eine Verpflichtung des Unternehmens, für die Erfüllung der Pensionsverpflichtung einzustehen. Allerdings kann in Deutschland bei Wahl eines mittelbaren Versorgungswegs der formale Zahlungsanspruch der Arbeitnehmer gegenüber dem Versorgungsträger bestehen, weshalb eine Umsetzung der Vorschläge des DP der PAAinE-Initiative zu einer anderen Bilanzierungsweise führen könnte.

Bilanzierung einer Eventualverbindlichkeit. Bei der Quantifizierung der Höhe dieser Eventualverbindlichkeit sind dabei in Deutschland unter anderem die Art des Durchführungswegs und die mit diesem verbundenen Risiken zu berücksichtigen. Darüber hinaus kann der externe Versorgungsträger jedoch mit Ausnahme von Direktversicherungen auf Konzernebene gegründet werden; in diesen Fällen könnte eine Konsolidierung ebenfalls zu einer Bruttodarstellung führen. Da in Bezug auf diese, derzeit zumeist als beitragsorientiert eingeordneten Zusagen eine Analyse der konkreten Ausgestaltung nicht möglich ist, können in der nachfolgenden Simulationsstudie die Auswirkungen einer veränderten Bilanzierungsweise beitragsorientierter Pensionspläne nicht analysiert werden. Im Rahmen der Simulationsstudie werden daher ausschließlich die Auswirkungen einer Reform der Bilanzierung von Pensionszusagen, die derzeit als leistungsorientiert klassifiziert werden, untersucht.

Anhand der Simulation der Auswirkungen einer Reform der Bilanzierung leistungsorientierter Pensionszusagen auf die Bilanz und Gewinn- und Verlustrechnung kann das Ausmaß der Auswirkungen einer Bilanzierungsänderung auf zentrale Bilanz- und GuV-Kennzahlen analysiert werden. Abschlussgrößen sowie darauf aufbauende Kennzahlen stellen für Abschlussersteller wie auch Abschlussadressaten eine zentrale Entscheidungsgrundlage dar. Da Kennzahlveränderungen ökonomische Auswirkungen nach sich ziehen können, kommt der Quantifizierung dieser Kennzahlveränderungen als Indikator für mögliche Verhaltensänderungen hohe Bedeutung zu. Verhaltensänderungen können sowohl bei abschlusserstellenden Unternehmen, welche durch Ausweichhandlungen mögliche negative Auswirkungen von Bilanzierungsänderungen abzumildern versuchen, wie auch bei den unterschiedlichen Abschlussadressaten, die Entscheidungen beispielsweise über die Kapitalvergabe oder Analystenurteile treffen müssen, ausgelöst werden.

4.2 Praktische Bedeutung der Defizite in der aktuellen Pensionsbilanzierung und mögliche Auswirkungen einer Reform

4.2.1 Überblick und Einordnung von Forschungsarbeiten zur Pensionsbilanzierung nach IFRS

Die konzeptionelle Analyse der Reformbedürftigkeit der Pensionsbilanzierung zeigt, dass eine Überarbeitung des einschlägigen Standards IAS 19 notwendig ist. Neben konzeptionellen Überlegungen ist es jedoch ebenfalls erforderlich, die praktische Bedeutung der identifizierten Defizite in die Beurteilung der Notwendigkeit einer Neugestaltung der relevanten Bilanzierungsnomen einzubeziehen. Denn die Frage, inwiefern bestehende Bilanzierungsnormen Abschlussadressaten tatsächlich entscheidungsrelevante Informationen bieten, lässt sich nicht ausschließlich anhand einer konzeptionellen Analyse beurteilen. Wenngleich auch Forschungsarbeiten nur Indizien für die Entscheidungsnützlichkeit der Bilanzinformationen bieten, werden die für die vorliegende Forschungsarbeit relevanten Erkenntnisse nachfolgend dargestellt.

Darüber hinaus ist es zur Beurteilung der Ausgestaltung einer möglichen Neuregelung wichtig, die Auswirkungen hiervon zu betrachten. Das Ziel einer Neuregelung liegt letztendlich in der Behebung von Defiziten und Problemen bei der Nutzung der Rechnungslegungsinformationen durch Investoren und weitere Rechnungslegungsadressaten. Die Analyse möglicher Auswirkungen von Neuregelungen geplanter Standards steht im Mittelpunkt der ex-ante Forschung, wie sie unter anderem von SCHIPPER (1994) gefordert wird. Im Sinne von SCHIPPER (1994) umfassen ex-ante relevante Auswirkungen von Neuregelungen neben möglichen Änderungen der berichteten Ergebnisse, also den Auswirkungen auf Rechenwerke, mögliche Verhaltensänderungen, sowohl durch das rechnungslegende Unternehmen als auch im Hinblick auf Entscheidungen von betroffenen Abschlussadressaten.[1101] Zu diesem Forschungsbereich trägt auch die vorliegende Arbeit durch die in Abschnitt 5 durchgeführte Simulationsstudie bei. Die Pensionsbilanzierung ist darüber hinaus Gegenstand zahlreicher weiterer Studien und erfährt in der Forschung vielfältige Beachtung. Erkenntnisse von Studien, die der Bilanzierung leistungsorientierter Pensionspläne gewidmet sind und die im Hinblick auf die im Rahmen der Simulationsstudie untersuchte Fragestellung relevant sind, werden in den nachfolgenden Abschnitten vorgestellt.[1102]

Rechnungslegungsforschung kann in zwei Zweige unterteilt werden: Positive und normative Rechnungslegungsforschung.[1103] Normative Forschungsarbeiten widmen sich der Frage der Ausgestaltung eines anstrebenswerten Soll-Zustands.[1104] Zur Ableitung normativer Aussagen sind folglich Wertungen, die auf Basis eines bestimmten Beurteilungsmaßstabs getroffen werden, notwendig. In Bezug auf die Rechnungslegungsforschung besteht die Zielsetzung der normativen Forschung in der Beantwortung der Frage nach den „richtigen" Bilanzierungsnormen, mithin dem Zweck und Inhalt von Bilanz und Gewinn- sowie Verlustrechnung.[1105] In dieser Art

1101 Vgl. SCHIPPER (1994), S. 62 f.

1102 Entsprechend werden Studien, in deren Fokus die Abgrenzung von DBPs und DCPs steht, sowie Arbeiten, welche die Bilanzierung sowie die Vermögensanlage von Pensionsplänen analysieren, nicht betrachtet. Weiterhin werden Studien, die sich zwar bilanzierten oder angegebenen Pensionsgrößen bedienen, jedoch auf Fragestellungen abseits der Bilanzierung abstellen, wie beispielsweise die Rolle von Pensionsplänen bei der Managementvergütung, den Zusammenhang von Pensionsplanbeiträgen und Dividendenausschüttungen oder Investitionen, nicht analysiert. Dasselbe gilt für Untersuchungen der Auswirkungen politischer Änderungen auf Pensionspläne.

1103 Diese Unterteilung wird in der Wissenschaftsdiskussion häufig verwendet, wenngleich es an einem einheitlichen und präzisen Verständnis der Begrifflichkeiten mangelt, vgl. FÜLBIER/WELLER (2008), S. 354.

1104 Vgl. FÜLBIER/WELLER (2008), S. 353 sowie ebenfalls DEEGAN/UNERMAN (2011), S. 157 und WATTS/ZIMMERMAN (1986), S. 4.

1105 Vgl. FÜLBIER/WELLER (2008), S. 365 i. V. m. S. 355.

der Forschung steht die Tradition der deutschen Rechnungslegungsforschung, wohl nicht zuletzt auf Grund deren historisch juristischer Prägung.[1106]

Demgegenüber sind positive Forschungsarbeiten auf die Beschreibung eines Ist-Zustands ausgerichtet. Vermeintlich ohne normativen Bezugspunkt werden in dieser Art der Rechnungslegungsforschung beispielsweise Wirkungszusammenhänge zwischen Rechnungslegungsinformationen und Kapitalmarktdaten untersucht.[1107] Das Ziel der positiven Rechnungslegungsforschung, als deren bedeutendste Vertreter WATTS/ZIMMERMANN gelten,[1108] besteht darin, mit Hilfe statistischer Verfahren die durch die Rechnungslegung ausgelösten wirtschaftlichen Konsequenzen auf die Verfahrens- bzw. Methodenwahlentscheidungen der Unternehmen oder auch der Standardsetzer zu untersuchen. Durch die Überprüfung von Hypothesen über Faktoren, die das Rechnungslegungsverhalten beeinflussen können, soll das beobachtbare Verhalten erklärt und für die Zukunft prognostiziert werden.[1109] Diesem Ansatz liegt die Annahme des wohlstandsmaximierenden Verhaltens der jeweiligen Parteien zu Grunde. Folglich sind etwa Manager bestrebt, ihr Einkommen zu maximieren und handeln bei der Wahl einer Rechnungslegungsmethode entsprechend.[1110] Positive Forschung im engeren Sinne umfasst Arbeiten, welche die Wahl von Rechnungslegungsmethoden durch das Management oder Standardsetzer zu erklären versuchen, indem entsprechende Hypothesen entwickelt und empirisch verifiziert werden. Im weiteren Sinne können jedoch sämtliche deskriptiven empirischen Arbeiten unter diesem Forschungsansatz subsumiert werden.[1111]

Es existieren vielfältige theoretisch (normative) Forschungsarbeiten im Bereich der Pensionsbilanzierung; an dieser Stelle werden zentrale normative Studien kurz entsprechend der betrachteten Fragestellung aufgeführt. NAPIER (2009) erörtert umfassend das Bilanzierungsmodell für Pensionszusagen, indem sowohl Ansatz

---

1106 Vgl. ähnlich FÜLBIER/WELLER (2008), S. 357. Vgl. hierzu auch mit einem weitergehenden Überblick der Entwicklungen in Deutschland FÜLBIER/KLEIN (2012), S. 22 f.

1107 Vgl. FÜLBIER/WELLER (2008), S. 356. Die kapitalmarktorientierte empirische Rechnungslegung wurde durch die Arbeiten von BALL/BROWN (1968) sowie BEAVER (1968) begründet, die erstmals den Zusammenhang zwischen Rechnungslegungsinformationen und Aktienpreisen bzw. -renditen untersuchten, vgl. hierzu ebenfalls FÜLBIER/WELLER (2008), S. 356.

1108 Vgl. HALLER (1994), S. 597. Vgl. zu deren erster bedeutender kapitalmarktempirischer Arbeit WATTS/ZIMMERMAN (1978).

1109 Vgl. COENENBERG/HALLER (1993), S. 512 f und HALLER (1988), S. 1988 sowie ebenfalls HALLER (1991), S. 187–194; SCOTT (2009), S. 284; GODFREY et al. (2010), S. 404; DEEGAN/UNERMAN (2011), S. 255. Zu Beginn des Aufkommens der „positive accounting theory“ steht noch nicht die Erklärung und Prognose von Rechnungslegungsverhalten im Mittelpunkt; vielmehr wird lediglich der Zusammenhang zwischen der Veröffentlichung von Rechnungslegungsinformationen und der Reaktion der Aktienpreise untersucht, vgl. GODFREY et al. (2010), S. 407.

1110 Vgl. WATTS/ZIMMERMAN (1986), S. 3 sowie ebenfalls HALLER (1988), S. 398.

1111 Vgl. HALLER (1988), S. 398.

wie auch Bewertungs- und Ausweisfragen im Hinblick auf die Zielsetzung der IASB-Rechnungslegung diskutiert werden. Eine ebenfalls umfassende normative Untersuchung führt Beechy (2009) durch. Ähnlich analysieren Blake et al. (2008) das Bilanzierungsmodell für Pensionsverpflichtungen vor dem Hintergrund dessen Entwicklung und betrachten insbesondere die Abbildung von Risiken und Unsicherheiten in der Finanzberichterstattung. Sie kommen zu dem Ergebnis, dass diesbezüglich keine adäquate Abbildung erfolgt und speziell durch den Ausweis des Finanzierungsstatus als einzelne Zahl lediglich „an illusion of certainty“[1112] vermittelt wird. Frühere normative Arbeiten widmen sich einem Teilbereich der Pensionsbilanzierung und konzentrieren sich vorwiegend auf versicherungsmathematische Verfahren zur Bewertung der Pensionsverpflichtungen. Pesando/Clarke (1983) analysieren diese vor dem Hintergrund der Periodenabgrenzung (matching principle). Dewhirst (1971) geht darüber hinaus auch auf die bilanzielle Abbildung von Pensionsplänen bei Auslagerung von Vermögenswerten ein. Er kommt in seiner Analyse zu folgendem Ergebnis: „The fact, that the pension fund in the hands of a trustee is generally not ‘legally’ owned by the depositing company should not deter accountants from reporting the fund in the financial statements.“[1113] Damit vertritt er als erster einen Bruttoansatz, welcher im Anschluss von Bagehot (1972) oder Napier (2009) ebenfalls gefordert wird. In der deutschsprachigen Literatur kommt diese Diskussion in Zusammenhang mit der Internationalisierung der Rechnungslegung ebenfalls auf und wird unter anderem von Pellens/Fülbier/Sellhorn (2004) sowie Gerke/Pellens (2004) geführt, die im Ergebnis ebenfalls einen Bruttoansatz von Pensionsvermögenswerten und -verbindlichkeiten vertreten.[1114] Insbesondere Bewertungsfragen werden beispielsweise von Ryan/Fabozzi (2002) erörtert. Arbeiten, welche für die in Abschnitt 3 behandelten Erfassungs- und Ausweisfragen in Bezug auf die Bilanzierung leistungsorientierter Pensionspläne nach IFRS sowie die Analyse der Reformbedürftigkeit der Pensionsbilanzierung, welche in Abschnitt 4.1 erörtert wird, relevant sind, werden in die Diskussion des dortigen Abschnitts integriert.

Um einen Überblick über das Spektrum empirischer Studien in Bezug auf die Bilanzierung leistungsorientierter Pensionspläne zu geben,[1115] werden die Studien entsprechend der untersuchten Forschungsfrage drei Kategorien zugeordnet: Unterschieden werden (1) Studien, welche die Bereitstellung der Rechnungslegungsinformationen durch Unternehmen untersuchen, von (2) Studien, deren Forschungsfrage die Verwendung von Rechnungslegungsinformationen durch Abschlussadressaten

1112 Blake et al. (2008), S. 5.
1113 Dewhirst (1971), S. 369.
1114 Vgl. hierzu ausführlich Abschnitt 4.1.2.4.
1115 Da im Fokus dieses Überblicks Arbeiten stehen, welche die Rechnungslegung leistungsorientierter Pensionspläne betrachten, werden Arbeiten, die eine Betrachtung der wirtschaftlichen Ausgestaltung von Pensionsplänen analysieren – wozu auch die Frage der Ausgestaltung von Plänen als beitrags- oder leistungsorientierte Pläne zählt –, nicht speziell gewürdigt.

adressiert und (3) Studien, die der Überarbeitung beziehungsweise dem Prozess der Überarbeitung von Rechnungslegungsstandards gewidmet sind.[1116]

Arbeiten, deren Gegenstand (1) die Bereitstellung von Rechnungslegungsinformationen durch Unternehmen umfasst, lassen sich im Bereich der Pensionsbilanzierung in weitere Gruppen unterteilen. Hierzu zählen Arbeiten, die eine Bestandsaufnahme der jeweils aktuellen Bedeutung leistungsorientierter Pensionspläne und mitunter der jeweiligen Rechnungslegungspraxis bieten. In diesem Bereich gibt es eine Vielzahl von Studien, welche die Bedeutung leistungsorientierter Pläne untersuchen oder der Entwicklung des Planvermögens sowie einzelner Pensionsaufwands- und Ertragsbestandteile gewidmet sind sowie die Einhaltung von Angabepflichten betrachten.[1117]

Darüber hinaus widmet sich ein weiterer Forschungszweig der Frage nach den Determinanten für die Ausübung von Wahlrechten durch Unternehmen. Dieser Frage kommt auf Grund des nach IAS 19 (2004) bestehenden expliziten Wahlrechts für die Erfassung versicherungsmathematischer Gewinne und Verluste in diesem Bilanzierungsfeld eine besondere Bedeutung zu. Beispielsweise betrachtet Morais (2010) die Wahl zwischen der Anwendung der Korridormethode sowie der Erfassung versicherungsmathematischer Gewinne und Verluste im OCI bei europäischen Unternehmen.[1118] In Bezug auf eine deutsche Stichprobe findet Stadler (2010b) bei Unterschung dieser Frage Hinweise darauf, dass Unternehmen deren versicherungsmathematische Gewinne und Verluste den 10 %-Korridor überschreiten, vermehrt zur Anwendung der OCI-Methode neigen.[1119]

In Zusammenhang mit dieser Fragestellung stehen ebenfalls Studien, die dem breiten Forschungsfeld der Bilanzpolitik (earnings management) zuzurechnen sind. Sie stellen einen der Hauptbereiche empirischer Studien in Bezug auf die Pensionsbilanzierung dar.[1120] Die Bilanzierung leistungsorientierter Pensionspläne erfordert neben der expliziten Wahlrechtsausübung demographische und finanzielle Annahmen, zu deren Festlegung Ermessensentscheidungen getroffen werden müssen. Auf

---

1116 In Kategorie (3) fallen Arbeiten, die der Überarbeitung von Rechnungslegungsstandards gewidmet sind und die damit Untersuchungen vor Veröffentlichung des endgültigen Standards darstellen. Arbeiten, welche hingegen Reaktionen von Bilanzierenden oder Marktreaktionen auf die Veröffentlichung eines neuen Standards umfassen, werden den Kategorien (1) oder (2) zugeordnet.

1117 Vgl. zu diesen Arbeiten ausführlich Abschnitt 4.2.2.1.

1118 Vgl. ausführlich Morais (2010), S. 50 ff.

1119 Vgl. ausführlich Stadler (2010b), S. 24 ff.

1120 Vgl. Glaum (2009), S. 273. Unter earnings management wird folgendes Verhalten von Managern verstanden: „Managers use judgement in financial reporting and in structuring transactions to alter financial reports to either mislead some stakeholders about the underlying economic performance of the company or to influence contractual outcomes that depend on reported accounting numbers“, vgl. Healy/Wahlen (1999), S. 368. Vgl. ausführlich zu möglichen Definitionen von earnings management Ronen/Yaari (2008), S. 25–31.

Grund bestehender Wahlrechtsentscheidungen und der Vielzahl der speziell in der Pensionsbilanzierung erforderlichen Annahmen wird die Frage aufgeworfen, ob Manager Wahlrechtsausübungen und Schätzungen verwenden oder gar missbrauchen, um Bilanz- und GuV-Daten zu beeinflussen.[1121] Entsprechend dem Stellenwert und der Vielschichtigkeit, die dieser Fragestellung hinsichtlich der Pensionsbilanzierung zukommt, existieren zahlreiche Forschungsarbeiten mit der Zielsetzung, earnings management aufzudecken[1122] und eine Erklärung hierfür zu finden.[1123] Earnings management in Bezug auf die Festlegung versicherungsmathematischer Annahmen wird unter anderem durch die Häufigkeit der Anpassung dieser Annahmen oder einen Vergleich mit Benchmark-Größen ermittelt. Dies untersuchen beispielsweise BLANKLEY/SWANSON (1995) oder GODWIN (1999) im Hinblick auf die Festlegung des Diskontierungszinssatzes und den erwarteten Planvermögensertrag bei US-GAAP-Bilanzierern.[1124] STADLER (2010b) analysiert die Festlegung des Diskontierungszinssatzes bei deutschen Unternehmen und gelangt zu der Erkenntnis, dass die Festlegung des Diskontierungszinssatzes bilanzpolitisch motiviert ist und zum Erreichen eines Glättungseffekts verwendet wird.[1125] Weitere Forschungsarbeiten untersuchen earnings management, indem der Zusammenhang von Unternehmenscharakteristika, die als Motivation für bilanzpolitisches Verhalten angesehen werden können, und der Veränderung versicherungsmathematischer Annahmen analysiert wird.[1126]

Neben „bewussten" zielorientierten Ermessens- oder Wahlentscheidungen wirken sich auch weitere Faktoren, die nicht unmittelbar von Unternehmen beeinflusst werden, auf das Bilanzierungsverhalten von Unternehmen aus. Ein Aspekt in diesem Bereich ist die Auswirkung der Kultur auf die Ausgestaltung von Pensionsplänen, wie den Finanzierungsgrad, die beispielsweise von CRAVENS/OLIVER (2000) untersucht wird.

Ein im Forschungsbereich des Bilanzierungsverhaltens bedeutender Untersuchungsgegenstand stellt der Grad an Vorsicht in der Rechnungslegung (conservatism) dar. Dieser wird auch als Aspekt von Rechnungslegungsqualität (earnings quality) interpretiert.[1127] In Zusammenhang mit Pensionsverpflichtungen werden Auswirkungen nicht GuV-wirksam erfasster Pensionsgrößen auf die vorsichtige

---

1121 Darüber hinaus existieren vielfältige Arbeiten, die die Gründe für eine vorzeitige Anwendung des US-GAAP-Standards FAS 87 untersuchen, vgl. mit einem Überblick GLAUM (2009), S. 290–292.

1122 Vgl. beispielsweise FIELDS/LYS/VINCENT (2001).

1123 Vgl. hierzu ausführlich GLAUM (2009), S. 290.

1124 Vgl. hierzu ausführlich BLANKLEY/SWANSON (1995), S. 10 ff. sowie GODWIN (1999), S. 66 ff.

1125 Vgl. STADLER (2010b), S. 15.

1126 Beispiele hierfür stellen die Untersuchungen von LI/KLUMPES (2007); BERGSTRESSER/DESAI/RAUH (2006), COMPRIX/MULLER (2011) oder ZÜLCH/SALEWSKI (2010) dar. Für einen umfassenden Überblick über earnings management-Studien in Zusammenhang mit der Pensionsbilanzierung, vgl. ausführlich GLAUM (2009), S. 290–297.

1127 Vgl. FÜLBIER/GASSEN/SELLHORN (2008), S. 1335.

Rechnungslegung (conservatism) – im Sinne von Basu (1997) die zeitnähere Realisierung schlechter Nachrichten (bad news) im Vergleich zu positiven Nachrichten (good news) in der Rechnungslegung (asymmetric timeliness of earnings)[1128] – erforscht. Stadler (2010a) kommt bei einer Untersuchung in diesem Bereich zu dem Ergebnis, dass durch die Ergänzung des Periodenergebnisses um bislang darin nicht berücksichtigte versicherungsmathematische Gewinne und Verluste die Maßgröße für conservatism erhöht wird.[1129]

Weiterhin können zum Forschungsbereich, der die Bereitstellung von Rechnungslegungsinformationen durch Unternehmen betrachtet, Arbeiten gezählt werden, die Reaktionen von Unternehmen auf Änderungen von Bilanzierungsvorgaben untersuchen. In Zusammenhang mit der Pensionsbilanzierung kommt dabei insbesondere den Reaktionen von Unternehmen auf die Möglichkeit der Saldierung von Pensionsverpflichtungen und Planvermögen eine zentrale Bedeutung zu.[1130]

Von diesen Arbeiten werden Forschungsarbeiten abgegrenzt, welche (2) die Verwendung von Rechnungslegungsinformationen über Pensionspläne durch Abschlussadressaten untersuchen. Es besteht eine Vielzahl an Arbeiten, die die Verwendung von Pensionsinformationen durch Eigen- und Fremdkapitalgeber betrachten. Darüber hinaus wird ebenso die Behandlung von Pensionsinformationen durch Analysten, Ratingagenturen sowie Wirtschaftsprüfer untersucht. Dem primären Zweck einer kapitalmarktorientierten Rechnungslegung – der Vermittlung entscheidungsrelevanter Informationen – folgend, stellt die Frage der Entscheidungsnützlichkeit von Rechnungslegungsinformationen eine zentrale Forschungsfrage dar, die anhand verschiedener Forschungsmethoden untersucht wird. Zur Untersuchung der Verwendung von Rechnungslegungsinformationen über leistungsorientierte Pensionspläne durch Eigenkapitalgeber kommt dabei vor allem sogenannten Wertrelevanzstudien eine hohe Bedeutung zu. Diese untersuchen durch Regressionsanalysen den Zusammenhang von Rechnungslegungsinformationen und Aktienkursen oder -renditen.[1131]

Zuletzt bestehen Forschungsarbeiten, die (3) den Prozess der Überarbeitung von Rechnungslegungsnormen untersuchen. Eine Möglichkeit der Einflussnahme auf den Standardsetzungsprozess besteht für sämtliche Rechnungslegungsbeteiligte in dem Verfassen von Stellungnahmen (comment letter). Da diese vom Standardsetzer veröffentlicht werden, stellt deren Auswertung ein prädistiniertes Forschungsfeld dar, um die Haltung einzelner Parteien in Bezug auf eine mögliche Neuregelung zu untersuchen. Beispielsweise führen Blecher/Recke/Wielenberg (2009) und Berger/Walter (2009) eine Auswertung der Stellungnahmen zum Diskussionspapier

---

1128 Vgl. Stadler (2010a), S. 2, sowie mit weiteren Erläuterungen zur vorsichtigen Rechnungslegung, insbesondere des conditional conservatism Fülbier/Gassen/Sellhorn (2008), S. 1328 f.

1129 Vgl. Stadler (2010a), S. 34 f.

1130 Vgl. zu diesen Arbeiten ausführlich Abschnitt 4.2.2.1.

1131 Vgl. zu diesen Arbeiten ausführlich Abschnitt 4.2.3.

des IASB mit Vorschlägen zur Überarbeitung des IAS 19 aus dem Jahr 2008[1132] durch. Beide zeigen, dass die Abschaffung der Korridormethode insbesondere in angelsächsischen Ländern unterstützt wird und der Vorschlag aus dem Diskussionspapier letztlich umgesetzt wurde, der im Rahmen der Kommentierung des Diskussionspapiers die geringste Ablehnung erfahren hat.[1133]

Darüber hinaus können Auswirkungen von Neuregelungen auf zentrale Bilanz- und GuV-Größen respektive Kennzahlen anhand von Simulationsstudien untersucht werden. Hierbei werden Bilanz- und GuV-Posten so angepasst, als wäre eine diskutierte Neuregelung bereits eingeführt worden. Somit werden Rechenwerke vergangener Perioden um die zu erwarteten Bilanzierungsänderungen modifiziert. Hierdurch können Erkenntnisse darüber gewonnen werden, in welcher Größenordnung einzelne Bilanz- und GuV-Posten, zentrale Summenwerte sowie relative Kennzahlen durch eine Neuregelung möglicherweise Veränderungen erfahren. Dies gilt auch für die des Weiteren existierenden Simulationsstudien, welche die langfristige Entwicklung von Rechnungslegungsdaten anhand eines fiktiven Unternehmens auf Basis eines Modellpensionsplans simulieren. Bestehende Arbeiten in Bezug auf leistungsorientierte Pensionspläne untersuchen neben den Auswirkungen möglicher künftiger Regelungen ebenfalls Unterschiede verschiedener bestehender Rechnungslegungsnormen respektive Optionen.[1134]

In den nachfolgenden Abschnitten werden wesentliche Erkenntnisse empirischer Forschungsarbeiten zur Pensionsbilanzierung vorgestellt, deren Ergebnisse in Bezug auf die in Abschnitt 5 durchgeführte Untersuchung bedeutend sind. Dies erlaubt eine Einordnung der Relevanz und der Ergebnisse der anschließend durchgeführten Studie. Ferner können anhand dieser Erkenntnisse weitere Implikationen aus den in der vorliegenden Arbeit gewonnenen Untersuchungsergebnissen abgeleitet werden.

4.2.2 Bereitstellung von Rechnungslegungsinformationen durch Unternehmen

4.2.2.1 Bilanzielle Bedeutung und Bilanzierungspraxis

Die Bereitstellung von Rechnungslegungsinformationen über leistungsorientierte Pensionspläne von Unternehmen wird in vielfältigen Bestandsaufnahmen über deren Bedeutung sowie der von Unternehmen angewandten Bilanzierungsmethoden betrachtet. Vor dem Hintergrund der nachfolgenden Simulationsstudie stellen die Bedeutung leistungsorientierter Pensionspläne und die bisherige Ausübung von

---

1132 Vgl. zu den Vorschlägen DP IAS 19.3.11–16.

1133 Vgl. Blecher/Recke/Wielenberg (2009), S. 571 ff. sowie Berger/Walter (2009), S. 909 f. Ein weiteres Beispiel für eine ähnliche Studie stellt die Arbeit von Saemann (1995) dar, welcher Kommentierungen an das FASB in Bezug auf verschiedene vom FASB nacheinander veröffentlichte Dokumente im Rahmen des Due Process zur Überarbeitung der Pensionsbilanzierung untersucht.

1134 Vgl. zu diesen Arbeiten ausführlich Abschnitt 4.2.4.

Bilanzierungswahlrechten bedeutende Determinanten für die zu erwarteten Auswirkungen dar. Darüber hinaus zeigt die Einhaltung von Angabepflichten, inwiefern Informationen von Unternehmen bereitgestellt werden und somit von Abschlussadressaten verwendet werden können.

Bestehende Forschungsarbeiten führen diesbezüglich zu folgenden Ergebnissen: Die Entwicklung der absoluten Höhe der DBO deutscher Unternehmen zeigt in den Jahren 2006 bis 2008 eine Reduktion im Vergleich zum Vorjahr auf,[1135] die sich in den Jahren 2009 bis 2011 umkehrt.[1136] Dabei kann regelmäßig eine deutliche Unterdeckung deutscher Pläne festgestellt werden.[1137] Auch im Vergleich mit anderen europäischen Ländern ist der Deckungsgrad in Deutschland, zusammen mit Österreich und Griechenland, am niedrigsten.[1138] Die absolute Entwicklung des Planvermögens bei deutschen Unternehmen steigt in Folge der Internationalisierung an,[1139] sinkt jedoch im Jahr 2007 erstmals wieder ab.[1140] Daneben stellen die Wahl der Methode zur Erfassung versicherungsmathematischer Gewinne und Verluste nach IAS 19 (2004) und der Vergleich von bilanzierten und nicht bilanzierten Werten häufig erhobene Sachverhalte dar. In Folge der verpflichtenden Einführung der IFRS für das Geschäftsjahr 2005 wenden Unternehmen des DAX, MDAX und SDAX für das Geschäftsjahr mit 52 % überwiegend den Korridoransatz zur Erfassung versicherungsmathematischer Gewinne und Verluste an, 24 % erfassen diese Größen im OCI, während lediglich 10 % eine sofortige ergebniswirksame Erfassung vornehmen.[1141] In den Folgejahren steigt die Anwendung der OCI-Methode zu Lasten der Korridormethode an.[1142] In Bezug auf europäische Unternehmen ergibt sich ein ähnliches Bild. Bei der verpflichtenden IFRS-Einführung wenden die meisten Unternehmen die Korridormethode (49 %) gefolgt von der OCI-Methode (44 %) an, wohingegen die sofortige GuV-wirksame Erfassung kaum (7 %) Anwendung findet.[1143] Allerdings zeigen sich nationale Unterschiede. Vorwiegend Unternehmen aus UK und

1135 Vgl. Deihle/Jasper/Lux (2008), S. 701 i. V. m. Dobler/Skopp (2010), S. 858.
1136 Vgl. Hagemann/Oecking/Stieglitz (2011), S. 395 i. V. m. Hagemann/Oecking/Schorer (2012), S. 318.
1137 Vgl. beispielsweise Zülch/Salewski (2012), S. 13; Müller/Reinke/Weller (2008b), S. 354; Dobler/Skopp (2010), S. 858; Deihle/Jasper/Lux (2008), S. 703.
1138 Vgl. Severinson (2008), S. 8. Gemessen am Anteil der nicht mit Planvermögen gedeckten DBO zum Eigenkapital weist Deutschland den höchsten Anteil aus, vgl. Fasshauer/Glaum/Street (2008), S. 118.
1139 Vgl. beispielsweise Jasper/Lux (2007), S. 80.
1140 Vgl. Deihle/Jasper/Lux (2008), S. 702.
1141 Vgl. Müller/Reinke/Weller (2008b), S. 355. Die übrigen Unternehmen berichten nicht über leistungsorientierte Pläne oder geben keine Erfassungsmethode für versicherungsmathematische Gewinne und Verluste an.
1142 Vgl. Dobler/Skopp (2010), S. 860.
1143 Vgl. Morais (2008), S. 134. Zu ähnlichen Ergebnissen führt auch die Untersuchung von Fasshauer/Glaum/Street (2008), S. 116 f.

Irland bevorzugen die OCI-Methode zur Erfassung versicherungsmathematischer Gewinne und Verluste, die auch in der entsprechenden nationalen Rechnungslegung verankert ist und daher bereits vor Einführung der IFRS zur Anwendung kam.[1144] Bei Unternehmen, welche die Korridormethode anwenden, entstehen im Jahr 2005 überwiegend unrealisierte versicherungsmathematische Verluste. Dabei können im europäischen Vergleich bei deutschen Unternehmen die absolut betrachtet höchsten nicht erfassten Verluste festgestellt werden.[1145] Dies gilt zugleich für die Festlegung versicherungsmathematischer Annahmen. Dabei steht insbesondere die Wahl des Diskontierungszinssatzes im Mittelpunkt der Betrachtung. So zeigen Untersuchungen der Zinsentwicklung einen Anstieg des Rechnungszinssatzes von 2005 bis 2008[1146] und ein anschließendes Abfallen bis zum Jahr 2010[1147] sowie eine darauffolgende volatile Entwicklung.[1148]

Ein zusätzlicher Aspekt mit Hinblick auf die Untersuchung der Bilanzierungspraxis stellt die Veröffentlichung von Anhanginformationen, insbesondere die Einhaltung der Angabepflichten dar. Eine Untersuchung durch das Financial Reporting Review Panel (2006) von 20 börsennotierten Unternehmen aus UK hinsichtlich der Erfüllung der Angabepflichten in Folge der Einführung der verpflichtenden Anwendung der IFRS zeigt allgemein einen hohen Erfüllungsgrad der Angabepflichten des IAS 19 (2004). Gleichwohl ist die Darstellung der Angaben respektive die Interpretation einzelner Angabeanforderungen durch die betrachteten Unternehmen heterogen.[1149] Die Praxis der IFRS-Berichterstattung ist ebenfalls Gegenstand der Studie des ICAEW (2007). In dieser durch die EU beauftragten Untersuchung wird eine umfassende Analyse der erstmaligen IFRS-Anwendung von 200 kapitalmarktorientierten europäischen Unternehmen durchgeführt.[1150] Ein Aspekt dabei ist die Pensionsbilanzierung, die in detaillierter Form bei 20 Unternehmen betrachtet wird. Neben der Analyse der Anzahl der Unternehmen, welche über leistungsorientierte Pensionspläne verfügen, und der Wahl der Erfassungsmethode versicherungsmathematischer Gewinne und Verluste, werden zugleich die Anhangangaben untersucht.

1144 Vgl. Morais (2008), S. 135 sowie Fasshauer/Glaum/Street (2008), S. 118.

1145 Vgl. Fasshauer/Glaum/Street (2008), S. 119.

1146 Vgl. Jasper/Lux (2007), S. 83 i. V. m. Deihle/Jasper/Lux (2008), S. 706 sowie Thurnes/Vavra/Geilenkothen (2011), S. 2785; Dobler/Skopp (2010), S. 860 und Zülch/Salewski (2012), S. 14.

1147 Vgl. Thurnes/Vavra/Geilenkothen (2011), S. 2785 sowie ebenfalls Thurnes/Vavra (2009), S. 2673, Thurnes/Vavra/Geilenkothen (2010), S. 2739, Deihle/Jasper/Lux (2008), S. 706 und Höfer/Früh/Neumeier (2009), S. 2390 i. V. m. Höfer/Früh/Neumeier (2010), S. 2519.

1148 Vgl. Thurnes/Vavra/Geilenkothen (2012), S. 69.

1149 Vgl. Financial Reporting Review Panel (2006), S. 2 f. In einer Nachfolgestudie wird eine selektive weitere Verbesserung der Anhangangaben festgestellt, vgl. Financial Reporting Review Panel (2007), S. 2.

1150 Vgl. ICAEW (2007), S. 5.

Die Auswertung führt zur Feststellung, dass einzelne Angabepflichten, insbesondere in Bezug auf versicherungsmathematische Gewinne und Verluste, von Unternehmen häufig nicht erfüllt oder nicht ausreichend detailliert dargestellt werden. Darüber hinaus variiert die Darstellung der Angaben stark.[1151] Zu ähnlichen Ergebnissen kommt auch die mittlerweile durch die ESMA ersetzte CESR, welche hinsichtlich einzelner Bilanzierungsfelder, worunter auch Pensionsverpflichtungen fallen, ausführlichere und qualitativ hochwertigere Angaben als erforderlich erachtet.[1152]

4.2.2.2 Reaktionen auf Rechnungslegungsänderungen

Eine weitere Fragestellung in Zusammenhang mit der Bereitstellung von Rechnungslegungsinformationen durch Unternehmen betrifft die Reaktion von Unternehmen auf Rechnungslegungsänderungen – im Speziellen der Eröffnung der Saldierungsmöglichkeit durch die Internationalisierung der Rechnungslegung. Die Pflicht zur Saldierung der DBO mit bestehenden Planvermögenswerten kann ein Anreiz zur externen Finanzierung leistungsorientierter Pensionspläne darstellen, um hierdurch eine Bilanzverkürzung und damit eine Verminderung der ausgewiesenen Verpflichtungen zu erreichen.[1153] Daher entsteht die Frage, ob die Einführung der IFRS zu einem Anstieg von Planvermögenswerten geführt hat und, darauf aufbauend, ob und inwiefern die Vorgaben zur Saldierung hierfür verantwortlich sind. Hierdurch würde eine spezielle Rechnungslegungsnorm die ökonomische Ausgestaltung von Pensionsplänen determinieren. Dieser Untersuchungsfrage kommt insbesondere in Deutschland eine herausragende Bedeutung zu, da hier Pensionszusagen traditionell als Möglichkeit zur Innenfinanzierung dienen.[1154]

Neuhaus (2009b) untersucht die Auslagerung von Vermögenswerten zur Finanzierung leistungsorientierter Pensionszusagen bei deutschen DAX-Unternehmen. Durch eine Auswertung der Konzernabschlüsse der 30 DAX-Unternehmen in den Jahren 2000 bis 2007 analysiert der Autor insbesondere den Umfang der Auslagerung von Vermögenswerten auf externe Versorgungsträger zur Finanzierung der getätigten Pensionszusagen sowie die Motive hierfür. Die Untersuchung der

1151 Vgl. ICAEW (2007), S. 172–176. Auf Grund der unterschiedlichen und teils unübersichtlichen Darstellung der pensionsbezogenen Anhangangaben bei DAX-Unternehmen nach der IFRS-Einführung fordern u. a. Breidenbach/Hoffmann-Stalldecker (2007) die Vorgabe eines einheitlichen Formats für Anhangangaben, vgl. Breidenbach/Hoffmann-Stalldecker (2007), S. 356. Eine häufig fehlende Angabe stellt die Angabe des Diskontierungszinssatzes in Prozentpunkten dar, welcher stattdessen in einer Bandbreite angegeben wird, vgl. stellvertretend Fasshauer/Glaum/Street (2008), S. 120.

1152 Vgl. CESR (2007), S. 16.

1153 Hier und im Folgenden wird unter externer Finanzierung die Generierung von Planvermögenswerten im Sinne der IFRS bzw. US-GAAP verstanden.

1154 Vgl. hierzu Abschnitt 2.1.3.2.

Ausfinanzierung bei den betrachteten Unternehmen zeigt einen Anstieg des aggregierten Ausfinanzierungsgrads über den gesamten Untersuchungszeitraum von 54,3 % auf 71,0 %. Der Anstieg verläuft dabei nicht linear, sondern steigt vorwiegend ab dem Jahr 2004, sowie auf deutlich höherem Niveau ab dem Jahr 2005, an. Diese Entwicklung wird durch den Einbruch an den Kapitalmärkten und einem sinkenden Zinsniveau ab dem Jahr 2000 sowie der Umkehrung dieser Entwicklungen im Jahr 2004 begünstigt. Allerdings zeigt nicht zuletzt eine unternehmensindividuelle Betrachtung der Auslagerungsentwicklung sowie das Verhältnis von laufendem Dienstzeitaufwand und der Zuführungen zum Planvermögen eine deutlich verstärkte Ausfinanzierungstendenz bei Unternehmen mit einem Zweitlisting an der NYSE ab Beginn des Betrachtungszeitraums sowie bei den übrigen Unternehmen ab dem Jahr 2005.[1155] Neuhaus (2009b) untersucht aufbauend auf dieser Analyse die Motive der Unternehmen zur Auslagerung von Vermögenswerten. Unternehmen, die hierzu Angaben in ihrem Konzernabschluss veröffentlichen, geben vorwiegend eine bessere Transparenz und Vergleichbarkeit sowie eine Bilanzverkürzung als Begründung an. Im Ergebnis dieser Untersuchung scheint die durch die IFRS sowie nach US-GAAP bestehende Saldierungsvorgabe der Hauptgrund für die externe Finanzierung leistungsorientierter Pensionsverpflichtungen zu sein.[1156]

Eine weitere Untersuchung zur externen Finanzierung leistungsorientierter Pensionszusagen deutscher Unternehmen führen Stadler/Lobe (2010) durch.[1157] Im Untersuchungszeitraum 1998 bis 2006 ist eine deutliche Zunahme der externen Finanzierung bei den in der Untersuchung betrachteten 150 Unternehmen feststellbar. Die Autoren analysieren, welche Faktoren diese Entwicklung determinieren. Zudem stellen sie die Hypothese auf, dass sich die Anwendung internationaler Rechnungslegungsstandards positiv auf die – in Deutschland freiwillige[1158] – externe Finanzierung auswirkt. Anhand verschiedener Regressionsmodelle gelangen die Autoren zu dem Ergebnis, dass sich internationale Faktoren, wie ein US-Börsenlisting, positiv auf die externe Finanzierung deutscher Pensionspläne auswirken. Im Gegensatz dazu kommt finanziellen Faktoren, wie der Cashposition oder der Eigenkapitalrendite, keine besondere Bedeutung zu.[1159] Darüber hinaus stützen die Ergebnisse die weiterführende Annahme, nach welcher internationale Rechnungslegungsvorgaben einen Einfluss auf die externe Finanzierung ausüben. Die Autoren finden einen Zusammenhang zwischen der Anwendung internationaler Rechnungslegungsstandards und der Entscheidung, Planvermögenswerte zu generieren. Somit wird die

1155 Vgl. Neuhaus (2009b), S. 210 ff.

1156 Vgl. Neuhaus (2009b), S. 225 f.

1157 Die Studie Lobe/Stadler (2008) stellt eine frühere Version der hier vorgestellten Studie dar.

1158 In der Studie von Stadler/Lobe (2010) werden ausschließlich deutsche Pensionspläne betrachtet und nicht sämtliche Pensionspläne deutscher Unternehmen, vgl. Stadler/Lobe (2010), S. 14.

1159 Vgl. Stadler/Lobe (2010), S. 13 ff. i. V. m. S. 37.

These, die internationale Rechnungslegung habe Auswirkungen auf ökonomische Entscheidungen, gestützt.[1160]

Wie die Arbeiten von NEUHAUS (2009b) und STADLER/LOBE (2010) zeigen, kann ein Zusammenhang zwischen der Internationalisierung der Rechnungslegung und einer verstärkten externen Finanzierung durch Planvermögenswerte festgestellt werden. Neben dem Einfluss von Rechnungslegungsänderungen auf die Höhe des Planvermögens stellen auch mögliche Auswirkungen veränderter Bilanzierungsnormen auf den Rückgang von leistungsorientierten Pensionsplänen zu Gunsten beitragsorientierter Pläne ein Untersuchungsgegenstand dar, der mitunter von KIOSSE/PEASNELL (2009) betrachtet wird. Entscheidungen, leistungsorientierte Pläne zu beenden, einzufrieren oder umzuwandeln, könnten von veränderten Bilanzierungsvorgaben begünstigt werden. Hinsichtlich dieser Fragestellung zeigen zwar die überwiegenden Untersuchungen, welche von KIOSSE/PEASNELL (2009) ausgewertet werden, dass vielfältige Faktoren einen Einfluss auf derartige Entscheidungen haben und etwa Kostensenkungsbestrebungen eine höhere Relevanz beizumessen ist als Rechnungslegungsvorgaben, wenngleich diese ebenfalls zum Beschluss, leistungsorientierte Pläne nicht fortzuführen, beitragen.[1161] SWINKELS (2011) hingegen stellt in einer Untersuchung niederländischer Unternehmen in den Jahren 2001 bis 2006 fest, dass 27 % der Stichprobe leistungsorientierte Pläne in beitragsorientierte Pläne umwandeln.[1162] Nach Angaben einiger Unternehmen stellt die Einführung der IFRS und damit die Veränderung der maßgeblichen Bilanzierungsvorschriften den Hauptgrund für diese Umwandlung dar. Dabei neigen Unternehmen, welche die höchsten Auswirkungen durch Bilanzierungsänderungen erwarten, zuerst zur Umwandlung.[1163]

Ein weiterer Untersuchungsaspekt ist die Reaktion von Unternehmen auf das Erfordernis der vollständigen Erfassung des Finanzierungsstatus in der Bilanz. Der US-GAAP-Standard SFAS 158 fordert die Erfassung der vollständigen Differenz zwischen DBO und Planvermögenswerten in der Bilanz. Die Bereitstellung dieser

---

1160 Vgl. STADLER/LOBE (2010), S. 29 f. i. V. m. S. 37. Eine ähnliche Fragestellung ist Gegenstand der Arbeit von STADLER/LOBE (2008). In dieser Untersuchung wird ebenfalls die Ausfinanzierung deutscher Unternehmen mittels einer Bestandsaufnahme analysiert. Neben der Internationalisierung der Rechnungslegung werden auch Auswirkungen der verstärken Internationalisierung, die vorwiegend bei DAX-Unternehmen relevant ist und von der ebenfalls erwartet wird, die externe Finanzierung positiv zu beeinflussen, untersucht. Die Ergebnisse bestätigen diese Vermutung. So ist die Ausfinanzierung bei DAX-Unternehmen im Vergleich zu Unternehmen, die nicht im DAX notiert sind, deutlich höher. Darüber hinaus werden mit zunehmender Anzahl der Jahre, in der ein Unternehmen IFRS oder US-GAAP anwendet, vermehrt CTAs gegründet beziehungsweise Vermögenswerte ausgelagert, vgl. STADLER/LOBE (2008) Betriebliche Altersversorgung, S. 757 f.

1161 Vgl. KIOSSE/PEASNELL (2009), S. 261.

1162 Vgl. SWINKELS (2011), S. 250.

1163 Vgl. SWINKELS (2011), S. 253.

Information in Form einer Angabe im Anhang ist nach dieser Regelung nicht ausreichend. FRIED (2010) betrachtet unter anderem die Reaktion des Managements auf das Inkrafttreten von SFAS 158 mit der entsprechenden Neuregelung. Dabei beobachtet der Autor, dass Unternehmen im Anschluss an das Inkrafttreten von SFAS 158 höhere Diskontierungszinssätze verwenden. Je stärker die negativen Effekte aus der Bilanzierungsanpassung sind, desto höhere Anpassungen des Diskontierungszinssatzes können beobachtet werden. Auf Grund dieser Beobachtung schließt der Autor auf das Bestreben des Managements negative Effekte aus Bilanzierungsänderungen abzumildern.[1164] Die vollständige Erfassung des Finanzierungsstatus in der Bilanz kann ebenfalls zu Auswirkungen auf die Investition des Planvermögens führen. Eine Auswertung relevanter Studien zu diesen Fragestellungen von KIOSSE/PEASNELL (2009) zeigt einen Einfluss der Bilanzierungsvorgaben auf die Allokation von Planvermögenswerten. So bewirkt beispielsweise die Vorgabe des britischen Bilanzierungsstandards FAS 17, der ebenfalls eine vollständige Erfassung des Bilanzierungsstatus in der Bilanz fordert und damit zu volatileren Bilanzwerten führt, eine verstärkte Investition des Planvermögens in Anleihen zu Lasten der Investition in Aktien.[1165]

Zuletzt gibt es ebenfalls Forschungsarbeiten, die mögliche Veränderungen im Bilanzierungsverhalten als Reaktion auf Änderungen der geforderten Art oder des geforderten Umfangs von Anhangangaben betrachten. Hierzu analysiert CHUK (2013) die Reaktion von Unternehmen auf eine Ausweitung der Angabepflichten zur Zusammensetzung des Planvermögens. Die Zusammensetzung des Planvermögens determiniert die erwartete Rendite aus dem Planvermögen. Diese Größe wird wiederum häufig von Unternehmen als Ansatzpunkt für bilanzpolitische Maßnahmen gewählt. Die Resultate der Untersuchung zeigen, dass Unternehmen, die vor Einführung der Angabepflicht zu nach oben verzerrten erwarteten Renditen tendierten, nach Einführung der Angabepflicht vermehrt in riskante Aktien investieren beziehungsweise die Annahme über die erwartete Rendite nach unten korrigieren. Dies belegt die Annahme der Autorin dieser Studie, dass die verpflichtende Angabe der Zusammensetzung des Planvermögens die Möglichkeiten der Unternehmen zur Angabe von erwarteten Renditen, die vor dem Hintergrund der Zusammensetzung des Planvermögens nicht gerechtfertigt erscheinen, beschränkt.[1166]

Zusammenfassend führt die Auswertung der Ergebnisse der Studien zur Schlussfolgerung, dass Rechnungslegung über leistungsorientierte Pensionspläne damit einhergehende ökonomische Entscheidungen beeinflussen kann. Eine Änderung relevanter Bilanzierungsvorgaben inklusive der Angabeanforderungen kann folglich zu ökonomischen Konsequenzen durch Verhaltensänderungen führen. So ist ein Zusammenhang zwischen der Einführung der Internationalen Rechnungslegung

1164 Vgl. FRIED (2010), S. 2, S. 19 i. V. m. S. 24 f.
1165 Vgl. KIOSSE/PEASNELL (2009), S. 263.
1166 Vgl. CHUK (2013), S. 401 i. V. m. S. 419.

und der Auslagerung von Vermögenswerten zur Finanzierung leistungsorientierter Pensionspläne feststellbar. Auch die Beendigung leistungsorientierter Pläne zu Gunsten beitragsorientierter Pläne kann teilweise durch Bilanzierungsvorgaben motiviert sein. Darüber hinaus sind Unternehmen bestrebt, negative Auswirkungen, welche etwa durch die Vorgabe der vollständigen Erfassung des Finanzierungsstatus in der Bilanz erwartet werden, abzumildern. Dies geschieht beispielsweise durch die Ausnutzung von Ermessensspielräumen bei der Festlegung finanzieller Annahmen.

4.2.3 Verwendung der Rechnungslegungsinformationen durch Abschlussadressaten

4.2.3.1 Investoren

Die Untersuchung der Verwendung von Rechnungslegungsinformationen durch Abschlussadressaten hat zum Ziel, die Entscheidungsnützlichkeit von Jahresabschlussinformationen für Abschlussadressaten zu erforschen. Die Entscheidungsnützlichkeit bilanzierter sowie angegebener Werte zu leistungsorientierten Pensionsplänen wird primär mit Hilfe von Wertrelevanzstudien analysiert. Anhand von Regressionsanalysen wird untersucht, ob pensionsbezogene Werte einen signifikanten Zusammenhang zur Aktienbewertung von Unternehmen aufweisen. Liegt ein solcher Zusammenhang vor, kann vermutet werden, dass Kapitalmarktteilnehmer die entsprechenden Rechnungslegungsinformation in ihr Entscheidungskalkül einbeziehen. Ein Nachweis für einen solchen Zusammenhang liefern die hierdurch gewonnenen Erkenntnisse jedoch nicht. Ein signifikant positiver Zusammenhang zeigt lediglich, auf welche Information der Aktienkurs reagieren kann[1167] beziehungsweise weißt darauf hin, dass Kapitalmarktakteure ähnliche Informationen verarbeiten, wie solche, die in den Jahresabschluss eingehen.[1168] Gleichwohl ist eine in diesem Sinne wertrelevante Information nicht zwangsläufig entscheidungsrelevant. So kann eine Rechnungslegungsinformation durch eine aktuellere Information ersetzt werden, die dann als Entscheidungsgrundlage dient.[1169]

1167 Vgl. Lindemann (2004), S. 109. Vgl. hierzu auch Beaver (2002), S. 464 sowie Mölls/Strauss (2007), S. 958. Eine umfassende Darstellung der Konzepte und Methodik von Wertrelevanzstudien beinhaltet Lindemann (2006).

1168 Vgl. Gassen/Sellhorn (2011), S. 415 f.

1169 Vgl. Barth/Beaver/Landsman (2001), S. 80. Auch der Nutzen dieser Forschungsmethode ist umstritten. Während Holthausen/Watts (2001) dieser Forschungsmethode nur einen geringen Nutzen für Standardsetzer beimessen, bergen Wertrelevanzstudien nach Ansicht von Barth/Beaver/Landsman (2001) erkenntnisreiche Einblicke für Zwecke der Standardsetzung, wenngleich dies nur ein Aspekt unter vielen darstellt, vgl. Holthausen/Watts (2001), S. 63 f. i. V. m. Barth/Beaver/Landsman (2001), S. 88 und S. 98. Fülbier/Weller (2008) bezeichnen die Vertreter der Ansicht, wonach „statistische Zusammenhänge

Den Modellen zur Untersuchung der Wertrelevanz (association studies) liegt ein Modell zur Unternehmensbewertung zu Grunde.[1170] Dabei werden vorwiegend Gewinne und Buchwerte des Eigenkapitals als unabhängige Variable herangezogen.[1171] Drei Modelle zur Durchführung von Wertrelevanzstudien können unterschieden werden: ertragsorientierte Modelle, bei denen der Marktwert des Eigenkapitals von Unternehmen auf das entsprechende Jahresergebnis regressiert wird, bilanzorientierte Modelle, bei welchen der Marktwert des Unternehmens als Residuum von sämtlichen Vermögenswerten und Verbindlichkeiten definiert wird, sowie kombinierte Ohlson-Modelle. Letztere verbinden zur Herleitung des Marktwerts den Buchwert des Eigenkapitals und das Jahresergebnis. Basierend auf der Residualgewinnformel kann nach dem Ohlson-Modell der Unternehmenswert durch den Buchwert des Eigenkapitals und diskontierte künftige abnormale Renditen erläutert werden.[1172] Ohlson-Modelle werden zur Durchführung von Wertrelevanzstudien in jüngeren Beiträgen vorwiegend angewandt.[1173] Wertrelevanzstudien im Allgemeinen, ebenso wie im Hinblick auf pensionsbezogene Fragestellungen im Speziellen, erfreuen sich hoher Beliebtheit. Die Vielzahl bestehender Arbeiten umfasst verschiedene Fragestellungen, die nachfolgend skizziert werden. Während zentrale Forschungsarbeiten ebenso wie wesentliche Ergebnisse vorgestellt werden, besteht kein Anspruch, einen vollständigen Überblick über sämtliche Wertrelevanzstudien zu leistungsorientierten Pensionsplänen zu bieten.[1174]

Frühe Arbeiten untersuchen die Wertrelevanz von Pensionsinformationen auf Basis ertragsorientierter Modelle.[1175] Hierzu zählen die Studien von OLDFIELD (1977) und FELDSTEIN/SELIGMAN (1981), die der Frage nachgehen, ob nicht extern finanzierte Pensionsverpflichtungen in Aktienkursen reflektiert werden. Sie finden für eine Stichprobe aus US-Unternehmen Hinweise hierauf. Im Gegensatz hierzu untersucht DALEY (1984) die Frage, ob einzelne Bestandteile des Pensionsaufwands

zwischen Aktienrenditen und Rechnungslegungsdaten nicht mit Kausalbeziehungen verwechselt werden dürfen und präskriptive Aussagen eine Reihe problematischer Annahmen induzieren" (FÜLBIER/WELLER (2008), S. 366) als „puristische Anhänger positiver Forschung". Demgegenüber zählen Forscher, die präskriptive Implikationen akzeptieren bzw. als sinnvoll erachten, zu den „praxisaffinere[n]" Forschern, vgl. FÜLBIER/WELLER (2008), S. 366. Vgl. zu dieser Diskussion ebenfalls GLAUM (2009), S. 280; FASSHAUER (2010), S. 229 f.

1170 Vgl. LINDEMANN (2006), S. 972; FASSHAUER (2010), S. 220.

1171 Vgl. LINDEMANN (2006), S. 972; MÖLLS/STRAUSS (2007), S. 958.

1172 Vgl. zum Ohlson-Modell OHLSON (1995); FELTHAM/OHLSON (1995) sowie mit weiteren Erläuterungen FASSHAUER (2010), S. 224.

1173 Vgl. BEAVER (2002), S. 462 i. V. m. GLAUM (2009), S. 280 und FASSHAUER (2010), S. 231 ff.

1174 Einen Überblick über sämtliche Wertrelevanzstudien bis 2009 bietet u. a. GLAUM (2009).

1175 Vgl. hierzu und im Folgenden ebenfalls GLAUM (2009), S. 280 f.

bewertungsrelevant sind. Hierzu unterscheidet er in seinem Regressionsmodell das Jahresergebnis vor Berücksichtigung der Pensionsaufwendungen von dem separat betrachteten Pensionsaufwand und weist im Ergebnis die Wertrelevanz des Pensionsaufwands nach. BARTH/BEAVER/LANDSMAN (1992) betrachten anhand eines darauf aufbauenden Modells weitere Einzelbestandteile des Pensionsaufwands – Dienstzeitaufwand, Zinsaufwand, erwartete Planvermögensrendite und übriger Pensionsaufwand.[1176] Wie prognostiziert, finden die Autoren bei den Koeffizienten Zinsaufwand und erwartete Rendite eine signifikant negative bzw. positive Korrelation. Allerdings ergibt sich für die Komponente des Dienstzeitaufwands überraschend ein positives Vorzeichen. Diesbezüglich unterstützen HANN/HEFLIN/SUBRAMANYAM (2007) die These, dass der Dienstzeitaufwand als Näherung für die Wertschöpfung durch Mitarbeiter dient. Dies zeigt deren Untersuchungsergebnis, bei welchem die zusätzlich verwendeten Variablen „Anzahl der Arbeitnehmer" sowie „Forschungs- und Entwicklungsaufwand" dazu führt, dass der Koeffizient des Dienstzeitaufwands negativ wird.[1177]

Ein bilanzorientiertes Modell zur Untersuchung der Wertrelevanz von Pensionsinformationen verwendet beispielsweise LANDSMAN (1986). Bei der von ihm durchgeführten Regression von Bilanzwerten werden Pensionsvermögen vom sonstigen Vermögen sowie bilanzierte Pensionsverbindlichkeiten von sonstigen Verbindlichkeiten differenziert, um die eigenständige Wertrelevanz von Pensionswerten zu untersuchen. Das Ergebnis der Untersuchung von US-Unternehmen im Zeitraum 1979 bis 1981 zeigt, wie vorhergesagt, einen signifikant positiven Regressionskoeffizienten für Pensionsvermögenswerte und ein signifikant negativen Regressionskoeffizienten für Pensionsverbindlichkeiten. Die Wertrelevanz ergibt sich, obgleich im Gegensatz zu den sonstigen Vermögenswerten und Verbindlichkeiten die in diesem Modell berücksichtigten Planvermögenswerte und DBOs auf Grund des Nettoansatzes nicht bilanziert werden.[1178] Nach der Interpretation von LANDSMAN (1986) zeigt dieses Ergebnis, dass Kapitalmarktteilnehmer Pensionsvermögenswerte ebenso wie Pensionsverbindlichkeiten dem Unternehmen ungeachtet der legalen Struktur zurechnen.[1179] Entsprechend dem Ergebnis der Studie werden somit auch die nicht bilanzierten Anteile der Planvermögenswerte und DBOs von Kapitalmarktteilnehmern wahrgenommen und in deren Beurteilung einbezogen. Die Studie von GOPALAKRISHNAN/SUGRUE (1993) unterstützt die Ergebnisse von LANDSMAN (1986). Die Autoren finden ebenfalls Hinweise auf die Wertrelevanz von Pensionsverpflichtungen und -vermögenswerten für die von ihnen verwendete

---

1176 Vgl. BARTH/BEAVER/LANDSMAN (1992), S. 34.

1177 Vgl. HANN/HEFLIN/SUBRAMANYAM (2007), S. 339 i. V. m. S. 335 f. Vgl. zu dieser Studie ausführlich die Ausführungen auf S. 200.

1178 Vgl. LANDSMAN (1986), S. 670 i. V. m. S. 689. Zweifel bestehen nach GLAUM (2009), S. 282, allerdings an der Güte dieser Ergebnisse.

1179 Vgl. LANDSMAN (1986), S. 663 und S. 689.

Stichprobe von US-Unternehmen in den Jahren 1987 und 1988.[1180] Barth (1991) entwickelt ein Modell, anhand dessen die Wertrelevanz verschiedener, nach SFAS 87 anzugebender oder zu bilanzierender Pensionswerte verglichen wird. Zu Beginn der zunächst noch freiwilligen, später dann verpflichtenden Anwendung von SFAS 87 im Zeitraum 1985 bis 1987 legen die Ergebnisse der Studie von Barth (1991) die Vermutung nahe, dass angegebene, auf Basis des Fair Value bewertete Pensionsverpflichtungen und -vermögenswerte einen stärkeren Zusammenhang zu den von Investoren in Ihrem Bewertungskalkül wahrgenommenen Größen aufweisen als entsprechende bilanzierte Werte. Die grundsätzliche Frage, ob angegebene Pensionsinformationen von Investoren wahrgenommen werden, wird darüber hinaus durch Dhaliwal (1986) betrachtet. Zur Beantwortung dieser Frage untersucht der Autor für US-Unternehmen im Zeitraum von 1976 bis 1979 den Zusammenhang von nicht finanzierten, unverfallbaren Pensionsverpflichtungen und dem systematischen Unternehmensrisiko, das in Form des Beta-Faktors abgebildet wird. Gemäß den Untersuchungsergebnissen von Dhaliwal (1986) betrachten Investoren nicht finanzierte Pensionsverpflichtungen im gleichen Maße wie übrige Verbindlichkeiten des Unternehmens.[1181] Eine weitaus spätere Studie von Jin/Merton/Bodie (2006) analysiert gleichermaßen mögliche Auswirkungen von Pensionsplänen auf den Beta-Faktor. Anhand einer breiteren Stichprobe für die Jahre 1993 bis 1998 sowie einer ausgereifteren Methode[1182] führt auch diese Untersuchung zu der Erkenntnis, dass Pensionspläne im systematischen Risiko von Unternehmen reflektiert werden. Kapitalmarktteilnehmer berücksichtigen die vollständigen, im Anhang angegebenen Pensionsverpflichtungen und Pensionsvermögenswerte, „despite the practical difficulties of deciphering corporate pension accounts“[1183]. Damit ergeben diese Untersuchungen des Unternehmensrisikos Hinweise darauf, dass Pensionspläne von Kapitalmarktteilnehmern wahrgenommen werden. Kapitalmarktteilnehmer lassen sich diesen Erkenntnissen zufolge nicht von Bilanzierungsregelungen „blenden“, sondern nehmen wirtschaftlichen Gehalt von Pensionsverpflichtungen wahr und stützen somit zugleich die These der halb-strengen Informationseffizienz.[1184]

Die jüngsten Wertrelevanzstudien basieren auf dem Ohlson-Modell. Dieses Modell ermöglicht den Vergleich von Bilanz- und GuV-Werten. Hierdurch kann die Fragestellung, ob Bilanzwerte entsprechend dem Asset-/Liability-Ansatz oder GuV-Werte gemäß dem Income-Ansatz relevant für die Aktienbewertung sind, untersucht

---

1180 Gopalakrishnan/Sugrue (1993) erweitern das bilanzorientierte Modell und differenzieren ferner zwischen verfallbaren und unverfallbaren Zusagen sowie der Berücksichtigung der Gehaltssteigerung bei der Bewertung der Pensionsverpflichtungen, wodurch eine zusätzliche Wertrelevanz gezeigt werden kann, vgl. Landsman (1986), S. 714 i. V. m. S. 719.

1181 Vgl. Dhaliwal (1986), S. 655 i. V. m. S. 658.

1182 Vgl. Jin/Merton/Bodie (2006), S. 8 i. V. m. S. 11 f.

1183 Jin/Merton/Bodie (2006), S. 22.

1184 Zur These der halb-strengen Informationseffizienz vgl. Fama (1970).

werden.[1185] Dieser Forschungsfrage widmen sich BARTH/BEAVER/LANDSMAN (1993), die die Ansicht vertreten, dass Bilanz- und GuV-Informationen möglicherweise als redundant angesehen werden können und entweder bilanzorientierte oder GuV-orientierte Pensionsinformationen für die Aktienbewertung relevant sind.[1186] In ihrer Studie betrachten die Autoren US-Unternehmen, für die verschiedene Pensionsinformationen aus dem Anhang für die Jahre 1987 bis 1990 entnommen werden.[1187] Dabei zeigt die Untersuchung insbesondere eine Wertrelevanz von zu Fair Value bewerteten Pensionsverbindlichkeiten und Planvermögenswerten auf. Der Pensionsaufwand hingegen trägt nicht zur Erklärung der Aktienkursentwicklung bei und stützt somit in Bezug auf Pensionsinformationen die These der Redundanz von Bilanz- und GuV-Werten.[1188] Eine ähnliche Studie führen CORONADO/SHARPE (2003) durch. Diese vergleichen die Wertrelevanz des Finanzierungsstatus mit den in der Gewinn- und Verlustrechnung erfassten Pensionsaufwendungen. Das Ergebnis dieser Untersuchung zeigt allerdings bei US-Unternehmen, die im Zeitraum 1993 bis 2001 betrachtet werden, keinen Zusammenhang des Finanzierungsstatus mit dem Aktienkurs auf. Stattdessen scheint der in der Gewinn- und Verlustrechnung erfasste Nettopensionsaufwand relevant zu sein, obgleich es sich hierbei nach Aussage der Autoren um eine häufig „irreführende" Größe handelt.[1189] In einer weiterführenden Studie weiten CORONADO et al. (2008) den Untersuchungszeitraum auf die Jahre 2002 bis 2005 aus. Diese aktuellere Arbeit bestätigt die Ergebnisse der vorhergehenden Untersuchung aus dem Jahr 2003. Im Ergebnis schließen die Autoren, dass Kapitalmarktteilnehmer Pensionsinformationen nicht korrekt bewerten, sondern durch geglättete Pensionsinformationen getäuscht werden. Pensionsinformationen, die auf Basis des Fair Value bewertet sind und dem Anhang entnommen werden können, fließen kaum oder gar nicht in die Bewertung ein.[1190] In etwas abgewandelter Form adressiert HANN/HEFLIN/SUBRAMANYAM (2007) die im Grundsatz gleiche Fragestellung. Die Autoren vergleichen die Wertrelevanz bilanzierter – also der in der Bilanz sowie der Gewinn- und Verlustrechnung erfasster, nach SFAS 87 gemäß der Korridormethode geglätteter Pensionswerte – mit den entsprechenden im Anhang angegebenen Fair Value-Beträgen. Hierzu betrachten die Autoren neben dem Nettopensionsvermögenswert, dem gesamten Pensionsaufwand, versicherungsmathematischen Aufwendungen und Erträgen und dem persistenten Teil des Aufwands, der sich aus Dienstzeitaufwand, Zinsaufwand abzüglich erwarteten Erträgen ergibt, auch den Buchwert des Eigenkapitals und den Jahresüberschuss jeweils bereinigt um Nettopensionsvermögenswerte respektive Nettopensionsaufwand. Zunächst stellen HANN/HEFLIN/SUBRAMANYAM (2007) für die betrachteten US-Unternehmen in den

1185 Vgl. GLAUM (2009), S. 283.
1186 Vgl. BARTH/BEAVER/LANDSMAN (1993), S. 23.
1187 Vgl. BARTH/BEAVER/LANDSMAN (1993), S. 19 f.
1188 Vgl. BARTH/BEAVER/LANDSMAN (1993), S. 25.
1189 Vgl. CORONADO/SHARPE (2003), S. 336 i. V. m. S. 359.
1190 Vgl. CORONADO et al. (2008), S. 2 i. V. m. S. 14 f.

Jahren 1991 bis 2001[1191] durch eine sofortige, vollständige Erfassung des gesamten Pensionsaufwands eine erhebliche Steigerung der Volatilität des Pensionsaufwands fest.[1192] Der Wertrelevanztest wird einmal für die tatsächlich bilanzierten, geglätteten Werte durchgeführt und ein weiteres Mal unter Verwendung von Fair Values. In diesem Modell zeigt sich durch die Verwendung von Fair Values keine Erhöhung der Wertrelevanz von Bilanzdaten. Auch in Bezug auf GuV-Größen vermindert sich die Wertrelevanz durch die Fair Value-Bewertung, wenngleich sich beide Modellvarianten nicht signifikant unterscheiden.[1193] Die Autoren erklären die geringere Wertrelevanz von zu Fair Value bewerteten Werten der Gewinn- und Verlustrechnung durch die Einbeziehung der nicht nachhaltigen versicherungsmathematischen Gewinne und Verluste aus Planvermögenswerten.[1194] Bei der Interpretation der Ergebnisse ist jedoch zu bedenken, dass die im Untersuchungszeitraum anzuwendenden Bilanzierungsnormen die Erfassung geglätteter Werte fordern. Auf Grund dessen werden die Fair Value-basierten Werte von den Autoren aus Angaben ermittelt. Damit werden die Ergebnisse der Studie implizit durch die vermutlich unterschiedliche Wahrnehmung von bilanzierten und angegebenen Werten durch Kapitalmarktteilnehmer beeinflusst. Eine weitere Studie von Kiosse/Lubberink/Peasnell (2007) verwendet ein weiter differenziertes Modell zur Untersuchung der Wertrelevanz von geglätteten und zu Fair Value bewerteten Pensionsgrößen. Die Untersuchung von US-Unternehmen im Zeitraum 1998 bis 2005 führt zu ähnlichen Ergebnissen wie die Wertrelevanzstudie von Hann/Heflin/Subramanyam (2007). Entsprechend zeigen geglättete Werte einen stärkeren Zusammenhang zur Aktienmarktbewertung auf als Fair Values.[1195] Kiosse/Lubberink/Peasnell (2007) kommen, wie auch Coronado/Sharpe (2003), Coronado et al. (2008) sowie Hann/Heflin/Subramanyam (2007), zu der Erkenntnis, dass zu Fair Value bewertete Pensionsinformationen die Wertrelevanz bei Betrachtung von US-Unternehmen nicht erhöhen.

Die vorgestellten Wertrelevanzstudien betrachten ausschließlich US-Unternehmen. Es existieren nur wenige Wertrelevanzstudien, die sich auf ein Untersuchungssample von Unternehmen aus anderen Ländern beziehen. Hierzu zählt die Studie von Wiedman/Wier (2004). Die Autoren untersuchen 128 kanadische Unternehmen für die Jahre 2000 und 2001[1196] und gehen der Frage nach, ob Investoren Nettopensionsvermögenswerte in gleicher Weise wie Nettopensionsverpflichtungen behandeln. In der betrachteten Stichprobe aus dem Jahr 2000 haben 72 % der Unternehmen überfinanzierte Pläne, im Jahr 2001 sinkt diese Zahl auf 41 %. Wiedman/Wier (2004) gelangen zu der Erkenntnis, dass der Finanzierungsstatus bei Unternehmen, die über unterfinanzierte Pensionspläne verfügen, einen stärkeren Zusammenhang

1191 Vgl. Hann/Heflin/Subramanyam (2007), S. 334 f.
1192 Vgl. Hann/Heflin/Subramanyam (2007), S. 337 f.
1193 Vgl. Hann/Heflin/Subramanyam (2007), S. 343 i. V. m. S. 351.
1194 Vgl. Hann/Heflin/Subramanyam (2007), S. 351.
1195 Vgl. Kiosse/Lubberink/Peasnell (2007), S. 21 i. V. m. S. 31.
1196 Vgl. Wiedman/Wier (2004), S. 233.

mit Aktienmarktpreisen und damit eine höhere Wertrelevanz aufweist als bei Unternehmen mit überfinanzierten Plänen. So scheinen Nettopensionsvermögenswerte überhaupt nicht im Rahmen der Aktienmarktbewertung reflektiert zu werden. Nach Auslegung der Autoren sehen Investoren Nettopensionsverpflichtungen bei Unternehmen mit unterfinanzierten Plänen als Verbindlichkeiten an, während die bei überfinanzierten Pensionsplänen entstehenden Nettopensionsvermögenswerte nicht als Vermögenswerte bewertet werden.[1197]

Die einzige Untersuchung, die sich auf Daten deutscher Unternehmen stützt, stammt von FASSHAUER/GLAUM (2008). Diese gehen für deutsche IFRS- und US-GAAP-Bilanzierer der Frage nach, ob den im Anhang ausgewiesenen, zu Fair Value bewerteten Informationen eine höhere Wertrelevanz zukommt, als den tatsächlich in Bilanz und Gewinn- und Verlustrechnung erfassten, geglätteten Korridorwerten. Daneben stellt die Wertrelevanz nicht erfasster versicherungsmathematischer Gewinne und Verluste ebenfalls ein Gegenstand der Untersuchung dar.[1198] Bei der hier vorliegenden Stichprobe von 101 Unternehmen, die im Zeitraum 1999 bis 2005 betrachtet werden,[1199] ist der durchschnittliche Ausfinanzierungsgrad – ermöglicht durch fehlende Vorgaben zur externen Finanzierung von Pensionsplänen in Deutschland – geringer als bei den durch die übrigen Studien betrachteten US-Unternehmen. Zur Beantwortung der Fragestellungen differenzieren FASSHAUER/GLAUM (2008) in einem der angewandten Modelle unter anderem den erfassten Teil des Finanzierungsstatus von dem auf Grund der Anwendung des Korridoransatzes nicht erfassten Anteils.[1200] Die Autoren gelangen zu verschiedenen Erkenntnissen: Grundsätzlich sind die im Jahresabschluss erfassten Pensionswerte deutscher Unternehmen wertrelevant. Für die untersuchten Unternehmen zeigen Bilanzwerte eine stärkere Verbindung zur Aktienmarktbewertung auf als Werte der Gewinn- und Verlustrechnung. Dementsprechend scheint die Nettopensionsverpflichtung respektive der Nettopensionsvermögenswert bedeutender und damit wertrelevanter für Kapitalmarktteilnehmer als der Pensionsaufwand zu sein. Weiterhin zeigen die Ergebnisse dieser Untersuchung eine stärkere Wertrelevanz der zu Fair Value bewerteten Pensionsverpflichtungen, die im Anhang ausgewiesen werden, im Vergleich zu den unter Anwendung der im Betrachtungszeitraum geltenden Korridormethode geglätteten, tatsächlich bilanzierten Nettopensionsverpflichtungen auf. Gleichwohl führt der Vergleich des zu Fair Value bewerteten Finanzierungsstatus und dessen Komponenten mit der Wertrelevanz der auf Basis des Korridoransatzes ermittelten Daten nicht zu signifikanten Ergebnissen. Vielmehr zeigen die Ergebnisse, dass die

---

1197 Vgl. WIEDMAN/WIER (2004), S. 237 i. V. m. 239.
1198 Vgl. FASSHAUER/GLAUM (2008), S. 72 f.
1199 Vgl. FASSHAUER/GLAUM (2008), S. 92 f.
1200 Vgl. FASSHAUER/GLAUM (2008), S. 91.

in der Bilanz ausgewiesenen wie auch die im Anhang angegebenen Werte grundsätzlich wertrelevant sind. Zuletzt ergibt die Untersuchung eine eigenständige Wertrelevanz nicht erfasster versicherungsmathematischer Gewinne und Verluste.[1201] In Folge dieser Erkenntnisse schließen die Autoren auf eine Überlegenheit des Asset-/Liability-Ansatzes und der Fair Value-Bewertung für eine bilanzielle Erfassung leistungsorientierter Pensionspläne.[1202]

Bei der Interpretation der Erkenntnisse aus Wertrelevanzstudien sind die mit dieser Forschungsart inhärent verbundenen Restriktionen sowie methodischen Schwierigkeiten[1203] zu berücksichtigen. Dementsprechend ermöglichen diese Studien keine Aussage über die tatsächliche Verwendung von Rechnungslegungsinformationen durch Kapitalmarktteilnehmer. Ausschließlich Aussagen über den statistischen Zusammenhang von Rechnungslegungsinformationen und Aktienmarktbewertungen werden ermöglicht. Folglich können keine Kausalzusammenhänge identifiziert werden. Erkenntnisse aus Wertrelevanzstudien führen lediglich zu Informationen über beobachtbare Zusammenhänge, nicht hingegen zu Ableitung von Handlungsempfehlungen. Dies gilt im Besonderen, da derartige empirische Modelle Partialmodelle darstellen, die zwar einzelne Zusammenhänge analysieren, auf deren Basis jedoch keine umfassende Gesamtaussage zu sämtlichen Faktoren, die etwa im Rahmen der Standardsetzung zu beachten sind, ableitbar ist.[1204] Kritiker verweisen daher darauf, dass diese Forschungsarbeiten dem ihnen zugeschriebenen Zweck nicht gerecht werden und zugleich die widersprüchlichen Ergebnisse dieser Arbeiten deren Interpretation erschweren.[1205] Insbesondere die Gültigkeit der Prämisse der (halb-strengen) Informationseffizienz von Kapitalmärkten, auf der Wertrelevanzstudien aufbauen, bestimmt den Aussagegehalt dieser Studien.[1206]

Widersprüchliche Ergebnisse finden sich auch bei den Wertrelevanzstudien zu Pensionsverpflichtungen. Sämtliche Studien kommen zu dem Ergebnis, dass Pensionsinformationen grundsätzlich wertrelevant sind. Investoren sehen Pensionsverpflichtungen als Verpflichtungen des Unternehmens an, während Planvermögenswerte nicht als Vermögenswerte des Unternehmens wahrgenommen werden. Divergierende Ergebnisse erzielen die Studien hinsichtlich des Vergleichs von Bilanz- und GuV-Daten zu Pensionsverpflichtungen. Ebenfalls zu divergierenden Ergebnissen führt der Vergleich von bilanzierten, geglätteten Werten und im Anhang angegebenen, zu Fair

1201 Vgl. Fasshauer/Glaum (2008), S. 95 ff.

1202 Vgl. Fasshauer/Glaum (2008), S. 73. Vgl. zu dieser Studie ebenfalls Fasshauer/Glaum (2009) sowie mit Erweiterungen Fasshauer (2010).

1203 Vgl. zu methodischen Problemen von Wertrelevanzstudien beispielsweise Glaum (2009), S. 288 f.

1204 Vgl. Gassen/Günther (2014), S. 189 i. V. m. S. 193 f.

1205 Vgl. Mölls/Strauss (2007), S. 980.

1206 Vgl. Wagenhofer/Ewert (2007), S. 122 sowie ebenfalls Mölls/Strauss (2007), S. 959.

Value bewerteten Pensionsdaten. HANN/HEFLIN/SUBRAMANYAM (2007) und KIOSSE/LUBBERINK/PEASNELL (2007) finden keine Hinweise auf eine verbesserte Wertrelevanz durch die Verwendung von Fair Values anstatt der tatsächlich bilanzierten, geglätteten Pensionswerte. Auch CORONADO/SHARPE (2003) und CORONADO et al. (2008) sehen geglättete Werte der Gewinn- und Verlustrechnung als wertrelevanter an. Demgegenüber findet BARTH (1991) eine höhere Wertrelevanz von zu Fair Value bewerteten Daten. Auch BARTH/BEAVER/LANDSMAN (1993) erkennen eine höhere Wertrelevanz bei zu Fair Value bewerteten Pensionsverbindlichkeiten und -vermögenswerten im Vergleich zum Pensionsaufwand. Dieses Ergebnis zeigt auch die Studie für den deutschen Untersuchungsraum von FASSHAUER/GLAUM (2008). Diesen Studien, welche darauf abzielen die Wertrelevanz von geglätteten und zu Fair Value bewerteten Pensionswerten zu vergleichen, ist weiterhin einschränkend entgegenzuhalten, dass es sich bei den im Anhang angegebenen, nach der Projected Unit Credit Method bewerteten DBO nicht um die Fair Values – im Sinne tatsächlich bezahlter Marktpreise – der Pensionsverpflichtungen handelt. Die Frage, ob eine Brutto- oder Nettodarstellung von Pensionsverpflichtungen und -vermögenswerten zu wertrelevanteren Daten führt, lässt sich nur bedingt anhand dieser Untersuchungsmethode analysieren. Da zur Durchführung von Wertrelevanzstudien, nicht zuletzt auf Grund möglicher Multikollinearitätsprobleme, zumeist Nettopensionsverpflichtungen und -vermögenswerte herangezogen werden, können diese Studien keine Hinweise zur Beantwortung der Frage, ob eine Brutto- oder Nettobilanzierung zu entscheidungsnützlicheren Informationen führt, bieten.[1207]

4.2.3.2 Analysten

Neben Wertrelevanzstudien existieren weitere Untersuchungen zur Analyse der Verwendung von Rechnungslegungsinformationen durch Abschlussadressaten. Die Arbeit von DOSKELAND/KINSERDAL (2010) fokussiert explizit auf die Verwendung von bilanzierten oder angegebenen Pensionsinformationen durch Analysten. Die Autoren gehen der Frage nach, wie Analysten Pensionsinformationen verarbeiten und bewerten und erforschen dies mit Hilfe von Interviews und unter Einbeziehung der Modelle respektive Programme, welche im Rahmen der Bewertung und Empfehlungserstellung von den im Rahmen dieser Studie interviewten Analysten angewandt werden.[1208] Zur Erörterung dieser Fragestellung besuchen die Autoren einen Großteil der Analysten, die Unternehmen mit einer Notierung an der Osloer Börse und ausreißenden Bewertungsannahmen für Pensionsverpflichtungen beobachten. Insgesamt befragen die Autoren Anfang des Jahres 2005 49 Analysten, die 94 Unternehmensbewertungen erstellen.[1209] Die konkrete Vorgehensweise der Bewertung

1207 Vgl. GLAUM (2009), S. 288.
1208 Vgl. DOSKELAND/KINSERDAL (2010), S. 2 f.
1209 Vgl. DOSKELAND/KINSERDAL (2010), S. 14–17.

wird bei 61 der 95 Unternehmen betrachtet, nicht zuletzt um die Interviewergebnisse zu verifizieren.[1210] Dabei gehen die Autoren den Fragen nach, ob Analysten anstatt der bilanzierten Daten, die im Anhang angegebenen, vollständigen Werte zu leistungsorientierten Pensionsverpflichtungen im Rahmen ihrer Analysen verwenden, und ob Pensionsverpflichtungen zu Analysezwecken neu kalkuliert werden, um Effekte durch nicht adäquate Bewertungsannahmen zu revidieren.[1211]

Hinsichtlich der ersten Fragestellung finden die Autoren lediglich 17 Unternehmensanalysen, die sich auf vier Unternehmen beziehen, in denen Anpassungen der bilanzierten Werte um die im Anhang angegeben Werte durchgeführt wurden.[1212] Ähnliches gilt auch für die Anpassung außergewöhnlicher Annahmen. Diese werden in lediglich zwei Analysen in Bezug auf ein Unternehmen angepasst. Auch eine Überprüfung der Bewertungsannahmen führen nach eigener Aussage nur wenig mehr Analysten, nämlich 10 von 95, durch.[1213]

Zusammenfassend zeigen die Ergebnisse eine nicht adäquate Verarbeitung relevanter, öffentlich verfügbarer Pensionsinformationen im Rahmen der Bewertung und Prognoseerstellung durch Analysten.[1214] Diese Ergebnisse werden durch die Studien von Picconi (2006) und Franzoni/Martin (2006) bestätigt. Picconi (2006) gelangt zu dem Befund, dass Analysten bei Erstellung ihrer Ergebnisschätzungen nicht alle verfügbaren Rechnungslegungsinformationen zu Pensionsverpflichtungen zum Zeitpunkt ihrer Veröffentlichung einbeziehen. Stattdessen passen sie ihre Einschätzung nur graduell und damit zeitverzögert an und reflektieren dabei nur die gebuchten Werte. Franzoni/Martin (2006) zeigen, dass Unternehmen mit unterfinanzierten Pensionsplänen überbewertet werden.

4.2.3.3 Ratingagenturen und weitere Abschlussadressaten

Die Verwendung von Pensionsdaten durch Ratingagenturen untersuchen beispielsweise Sengupta/Wang (2011). Die Autoren betrachten, inwiefern Akteure am Anleihenmarkt, wie Ratingagenturen, nicht bilanzierte Pensionswerte in ihre Entscheidungsfindung einbeziehen.[1215] Zur Beantwortung dieser Frage ziehen die Autoren ein Regressionsmodell heran und untersuchen den Zusammenhang zwischen Anleiheratings respektive Anleihezinssätzen und bilanzierten sowie angegebenen DBOs.[1216] Dabei betrachtet die Untersuchung nach US-GAAP bilanzierende Unternehmen in den Jahren 1999 bis 2001. In diesem Zeitraum besteht die später durch SFAS 158 eingeführte Erfordernis, den Finanzierungsstatus in der Bilanz

1210 Vgl. Doskeland/Kinserdal (2010), S. 19.
1211 Vgl. Doskeland/Kinserdal (2010), S. 2 f.
1212 Vgl. Doskeland/Kinserdal (2010), S. 21.
1213 Vgl. Doskeland/Kinserdal (2010), S. 24 f.
1214 Vgl. Doskeland/Kinserdal (2010), S. 26 f.
1215 Vgl. Sengupta/Wang (2011), S. 787.
1216 Vgl. Sengupta/Wang (2011), S. 789 f.

auszuweisen, noch nicht.[1217] Die Ergebnisse zeigen einen signifikanten negativen Zusammenhang zwischen Ratings und bilanzierten DBOs auf. Dies führt zu der Annahme, dass Ratingagenturen in der Bilanz ausgewiesene Informationen über Pensionsverpflichtungen bei der Erstellung des Ratingurteils in die Urteilsfindung einbeziehen. Währenddessen kann jedoch kein Zusammenhang zwischen den im Anhang angegebenen vollständigen DBOs und dem Rating von Anleihen eines Unternehmens festgestellt werden. Dies legt wiederrum den Schluss nahe, dass Ratingagenturen bei der Beurteilung der Kreditwürdigkeit eines Unternehmens Anhanginformationen über Pensionsverpflichtungen außer Acht lassen.[1218] Weiterhin untersuchen die Autoren für eine Teilstichprobe mit Unternehmen, die im Untersuchungszeitraum neue Anleihen ausgeben, den Zusammenhang zwischen Anleihenzinssätzen und bilanzierten sowie angegebenen DBOs. Analog zu den bisherigen Untersuchungsergebnissen kann dabei ein Zusammenhang zwischen Zinssätzen und bilanzierten Werten festgestellt werden. Dieser positive Zusammenhang besteht jedoch ausschließlich zu bilanzierten Werten; im Anhang angegebene DBOs weisen keine Korrelation zu Anleihenzinssätzen auf. Auf Grund dessen scheinen auch Investoren auf dem Anleihenmarkt – analog zu Ratingagenturen – angegebenen Abschlussinformationen über leistungsorientierte Pensionsverpflichtungen wenig Beachtung zu schenken.[1219]

Hann/Heflin/Subramanyam (2007) untersuchen in ihrer Studie ebenfalls den Zusammenhang von Jahresabschlussdaten und Ratingurteilen.[1220] Sie fokussieren in ihrer Arbeit auf eine vergleichbare Fragestellung, formulieren diese jedoch um, indem unterschiedliche Auswirkungen von geglätteten und nicht geglätteten Pensionswerten untersucht werden.[1221] Im Ergebnis finden die Autoren Hinweise auf einen stärkeren Zusammenhang zwischen Unternehmensratings und Bilanzwerten, die auf Basis von Fair Values bewertet werden, im Vergleich zu den tatsächlich bilanzierten, geglätteten Werten. Wird jedoch der Zusammenhang zu Fair Value-basierten und damit vollständigen Aufwendungen und Erträgen aus leistungsorientierten Pensionsplänen einer Periode untersucht, zeigt sich ein schwächerer Zusammenhang zwischen diesen volatileren Größen und Unternehmensratings. Dies gilt auch für die gleichzeitige Betrachtung von Bilanz- sowie GuV-Werten und Unternehmensratings. Hierbei führen Fair Value-basierte Werte ebenfalls nicht zu einem höheren Erklärungsgehalt.[1222] Wie auch bei der Untersuchung der Wertrelevanz der entsprechenden Daten durch Hann/Heflin/Subramanyam (2007) unterliegen die Untersuchungsergebnisse der Einschränkung, dass es sich bei den geglätteten

1217 Vgl. Sengupta/Wang (2011), S. 789 i. V. m. S. 797.
1218 Vgl. Sengupta/Wang (2011), S. 789 i. V. m. S. 799 ff. Im Gegensatz dazu zeigt die Untersuchung von Sengupta/Wang (2011) einen negativen Zusammenhang zwischen Ratingurteilen und angegebenen Leasingverpflichtungen auf.
1219 Vgl. Sengupta/Wang (2011), S. 789 i. V. m. S. 804.
1220 Vgl. Hann/Heflin/Subramanyam (2007), S. 343.
1221 Vgl. Hann/Heflin/Subramanyam (2007), S. 328.
1222 Vgl. Hann/Heflin/Subramanyam (2007), S. 351.

Werte um tatsächlich bilanzierte Werte handelt, während die Fair Value-Daten aus dem Anhang abgeleitet sind. Entsprechend werden die Untersuchungsergebnisse ebenfalls durch die angenommene unterschiedliche Wahrnehmung von Bilanz- respektive GuV-Daten und Anhangangaben beeinflusst.

Weitere Studien untersuchen ebenfalls den Zusammenhang von bilanzierten beziehungsweise angegebenen Pensionswerten und Ratingurteilen. Eine frühe Studie von MAHER (1987) betrachtet Unternehmen im Zeitraum 1980 bis 1982, wobei lediglich ein schwacher Zusammenhang zwischen Anleihenratings und angegebenen Pensionswerten festgestellt werden kann. In den Jahren 1981 und 1982 wird der Zusammenhang stärker, was darin begründet liegen kann, dass die Anhangangaben erst 1980 eingeführt wurden. Insgesamt werden keine signifikanten Zusammenhänge zwischen Anleihenratings und Pensionswerten festgestellt.[1223] Zu ähnlichen Ergebnissen gelangen auch MARTIN/HENDERSON (1983). Für eine Stichprobe in den Jahren 1979 und 1980 wird ein schwacher Zusammenhang zwischen Anleihenratings und Pensionsverpflichtungen festgestellt.[1224] Im Gegensatz dazu zeigt die spätere Studie von CARROLL/NIEHAUS (1998), in welcher Daten für den Betrachtungszeitraum 1987 bis 1994 verwendet werden, einen Zusammenhang zwischen Pensionsinformationen und Anleihenratings auf.[1225] Die Studie fokussiert auf die Untersuchung des Zusammenhangs zwischen Finanzierungsgrad und Rating.[1226] Im Rahmen der Untersuchung dieser Fragestellung gelangen die Autoren zu dem Ergebnis, dass die Berücksichtigung des Finanzierungsstatus nicht symmetrisch ist. Entsprechend deuten die Ergebnisse der Untersuchung auf eine stärkere negative Auswirkung nicht extern finanzierter Pensionsverpflichtungen auf das Rating im Vergleich zur Verbesserung des Ratings durch Planüberschüsse hin.[1227]

Die Frage der Verwendung von pensionsbezogenen Jahresabschlussinformationen durch Ratingagenturen kann neben der Untersuchung des statistischen Zusammenhangs zwischen diesen Werten und Ratingergebnissen auch durch andere Forschungsmethoden untersucht werden. PELLENS/CRASSELT (2005) analysieren die Methoden von Ratingagenturen zur Verarbeitung von Pensionsinformationen aus Abschlüssen bei der Ratingerstellung. Sie fokussieren dabei auf die Berücksichtigung der Finanzierungsart leistungsorientierter Pensionsverpflichtungen. Zur Beantwortung der Frage, ob Ratingagenturen Pensionsdaten adäquat verarbeiten, stellen die Autoren ein theoretisches Modell auf, anhand dessen Ausfallwahrscheinlichkeiten beurteilt werden. Führen die von einer Ratingagentur verwendeten Kennzahlen zu derselben Rangordnung wie das als angemessen erachtete theoretische Modell, wird die Ratingmethode als adäquat eingestuft.[1228] Im Ergebnis identifizieren die

1223 Vgl. MAHER (1987), S. 795.
1224 Vgl. MARTIN/HENDERSON (1983), S. 469.
1225 Vgl. CARROLL/NIEHAUS (1998), S. 432 i. V. m. S. 438.
1226 Vgl. CARROLL/NIEHAUS (1998), S. 428.
1227 Vgl. CARROLL/NIEHAUS (1998), S. 438 f. Vgl. für eine Übersicht dieser Arbeiten GLAUM (2009), S. 286.
1228 Vgl. PELLENS/CRASSELT (2005), S. 5.

Autoren kein von einer Ratingagentur angewandtes Modell, das diesem Kriterium genügt. Lediglich eine vollständige Erfassung von DBO und Planvermögenswerten (on-balance sheet approach) würde zu einem sachgerechten Rating führen.[1229]

GERKE/MAGER/RÖHRS (2005) betrachten ebenfalls die von Ratingagenturen angewandten Analysemethoden zur Berücksichtigung leistungsorientierter Pensionspläne bei der Ermittlung des Ratingurteils. Dabei wird gleichermaßen die Insolvenzwahrscheinlichkeit von Unternehmen, die Pensionsverpflichtungen intern finanzieren, mit Unternehmen, welche diese extern finanzieren, mittels einer Simulation verschiedener Szenarien verglichen.[1230] In Übereinstimmung mit den Ergebnissen von PELLENS/CRASSELT (2005) erachten die Autoren keines der von Ratingagenturen angewandten Modelle als sachgerecht. So führt keiner der verwendeten Ansätze zu einer Abbildung der Risiken, die mit einer externen Finanzierung einhergehen.[1231]

Als weitere Abschlussadressatengruppe stellt sich auch für die Gruppe der Wirtschaftsprüfer die Frage, wie diese Adressaten bilanzierte und angegebene Werte verarbeiten. KRISHNAN/SENGUPTA (2011) untersuchen die Verarbeitung von bilanzierten und angegebenen leistungsorientierten Pensionsverpflichtungen bei der Festlegung der Prüfungshonorare sowie der Going-Concern-Einschätzung.[1232] Diesem vermuteten Zusammenhang liegt die These zu Grunde, dass der steigende Umfang nicht bilanzierter Verpflichtungen eine Auswirkung auf die Beurteilung des finanziellen Risikos eines Unternehmens und infolgedessen des Mandantenrisikos hat. Das Mandantenrisiko stellt sowohl einen Einflussfaktor auf die Festlegung von Prüferhonoraren wie auch auf die Going-Concern-Einschätzung dar.[1233] Die Regressionsanalyse wird für den Betrachtungszeitraum 2000 bis 2004 durchgeführt, wobei 3.653 Einzelbeobachtungen analysiert werden.[1234] Die Auswertungen zeigen gleichermaßen einen signifikant positiven Zusammenhang zwischen Prüferhonoraren und angegebenen sowie bilanzierten Pensionsverpflichtungen. Für den Zusammenhang zwischen der Einschätzung der Going-Concern-Prognose und der im Anhang angegebenen Nettopensionsverpflichtung ergeben sich keine signifikanten Ergebnisse. Dies legt die Vermutung nahe, dass Wirtschaftsprüfer diese Verpflichtungen bei der Going-Concern-Einschätzung nicht einbeziehen.[1235] Eine mögliche Erklärung für dieses Ergebnis kann in der Langfristigkeit der Verpflichtungen gesucht werden. Da die Going-Concern-Einschätzung einen kürzeren Zeitraum umfasst, sind langfristige Verpflichtungen für diese Entscheidung nicht primär relevant.[1236] Anzumerken ist, dass die Autoren lediglich etwaige Zusammenhänge

---

1229 Vgl. PELLENS/CRASSELT (2005), S. 24 i. V. m. S. 30.
1230 Vgl. GERKE/MAGER/RÖHRS (2005), S. 36 f.
1231 Vgl. GERKE/MAGER/RÖHRS (2005), S. 61.
1232 Vgl. KRISHNAN/SENGUPTA (2011), S. 127.
1233 Vgl. KRISHNAN/SENGUPTA (2011), S. 130.
1234 Vgl. KRISHNAN/SENGUPTA (2011), S. 137.
1235 Vgl. KRISHNAN/SENGUPTA (2011), S. 143.
1236 Vgl. KRISHNAN/SENGUPTA (2011), S. 129. Dies legt auch das Ergebnis der Autoren nahe, wonach nicht bilanzierte Leasingverbindlichkeiten einen stärkeren

zu nicht bilanzierten Nettopensionsverpflichtungen untersuchen. Möglicherweise hätte die Betrachtung der Bruttoverpflichtung das Untersuchungsergebnis verändert, nicht zuletzt da in diesem Fall die Höhe der Abweichungen zur bilanzierten Verpflichtung stärker sind.

4.2.4 Überarbeitung von Rechnungslegungsstandards – Simulationsstudien

Simulationsstudien werden zur Untersuchung möglicher Veränderungen von Bilanz- und GuV-Größen herangezogen. Durch die Anpassung von Bilanz- und GuV-Daten in der Form, als wären die untersuchten Veränderungen bereits umgesetzt worden, werden „technische" Auswirkungen auf Bilanz- und GuV-Posten und zentrale Größen sowie relative Kennzahlen berechnet. Mögliche weitere Implikationen, beispielsweise auf ein verändertes Verhalten von Investoren oder Analysten, bleiben bei diesen Untersuchungen grundsätzlich unberücksichtigt, wobei diesbezügliche Schlussfolgerungen möglich sind. Entsprechend kann durch Simulationsstudien die Frage beantwortet werden, in welcher Größenordnung bilanzielle Veränderungen zu erwarten sind – mithin, ob Unternehmen mit wertmäßig starken Auswirkungen rechnen müssen. Aus diesen Ergebnissen kann abgeleitet werden, inwiefern Verhaltensänderungen verschiedener Rechnungslegungsadressaten wahrscheinlich sind. Nichtsdestotrotz werden durch Simulationsstudien lediglich angepasste Vergangenheitsdaten abgebildet. Die tatsächlichen Auswirkungen einer Bilanzierungsänderung hängen daneben auch von einer zukünftig veränderten Geschäftstätigkeit und einer anderen konjunkturellen und gesamtwirtschaftlichen Situation ab. Des Weiteren können Bilanzierungsänderungen Verhaltensänderungen implizieren, welche im Rahmen von Simulationsstudien grundsätzlich nicht abgebildet werden. Es wird daher für Zwecke einer Simulation unterstellt, dass die Bilanzierungsänderung ceteris paribus keine Auswirkung auf unternehmerische Entscheidungen habe.

Simulationsstudien existieren zur Untersuchung unterschiedlicher Bilanzierungsfelder. In Bezug auf die Pensionsbilanzierung nach IFRS dominieren Forschungsarbeiten aus dem deutschsprachigen Raum. Ein Gegenstand bestehender Simulationsstudien ist die Untersuchung der Auswirkungen der Überarbeitung des IAS 19 im Jahr 2004, in deren Rahmen eine dritte Option zur Erfassung versicherungsmathematischer Gewinne und Verluste – nämlich die vollständige Erfassung versicherungsmathematischer Gewinne und Verluste im OCI – eingeführt wurde. ZIMMERMANN/SCHILLING (2004) untersuchen die Effekte der Inanspruchnahme dieser neuen Alternative zur Erfassung versicherungsmathematischer Gewinne und Verluste auf den Jahresüberschuss sowie die Eigenkapitalquote. Zu diesem Zweck wird eine entsprechende Simulation basierend auf den Abschlüssen

Zusammenhang zu Going-Concern-Einschätzungen von Wirtschaftsprüfern aufweisen, vgl. KRISHNAN/SENGUPTA (2011), S. 129 i. V. m. S. 139.

für das Geschäftsjahr 2003 für ausgewählte, zu diesem Zeitpunkt nach IAS bilanzierende DAX 30-Unternehmen durchgeführt. Da für die überwiegende Anzahl der untersuchten Unternehmen im Betrachtungszeitraum versicherungsmathematische Verluste vorliegen, kommen die Autoren zu dem Ergebnis, dass eine Umstellung der Erfassungsmethode von der Korridormethode auf die sogenannte OCI-Methode zu einer Erhöhung des Jahresüberschusses führen würde. Zudem würde die Bilanzierungsänderung zu einer Verschlechterung der Eigenkapitalquote führen. Während in den überwiegenden Fällen lediglich geringe Veränderungen beobachtet werden, können die Autoren in Einzelfällen eine Erhöhung des Jahresüberschusses um 13 % beziehungsweise eine Verminderung der Eigenkapitalquote um 14 % feststellen.[1237]

Pellens/Obermüller/Schmidt (2010) untersuchen gleichermaßen die Auswirkungen einer GuV-neutralen Erfassung versicherungsmathematischer Gewinne und Verluste. Anders als bei typischen Simulationsstudien wird jedoch die Forschungsfrage umgekehrt und untersucht, welche Auswirkungen die Beibehaltung der vor der Bilanzierungsänderung angewandten Methode zur Erfassung versicherungsmathematischer Gewinne und Verluste – Korridormethode respektive vollständige GuV-wirksame Erfassung – für Unternehmen, die die Bilanzierungsmethode im Zuge der Änderung des Standards wechselten, gehabt hätte. Dabei wird gezeigt, dass die Abweichung des GuV-Ergebnisses bei Beibehaltung der ursprünglich gewählten Bilanzierungsmethode für DAX 30- und MDAX-Unternehmen im niedrigen einstelligen negativen Prozentbereich über den Betrachtungszeitraum 2004 bis 2007 schwankt. Die Effekte auf das Eigenkapital und die Eigenkapitalquote sind ebenfalls nur gering, wobei beide Größen bei Beibehaltung der Korridormethode höher ausfallen würden. Die durchschnittliche Abweichung des Eigenkapitals ist dabei ausgehend von durchschnittlich knapp 7 % im Jahr 2005 rückläufig auf unter 1 % im Jahr 2007; der Grund hierfür ist der Rückgang der versicherungsmathematischen Verluste. Die Abweichungen der Eigenkapitalquote bei Betrachtung der unterschiedlichen Bilanzierungsmethoden verbleibt durchweg im niedrigen einstelligen Prozentbereich. Hingegen ist der Unterschied der Eigenkapitalrendite mit im Mittel knapp 5 % zu Beginn der Untersuchung relativ hoch, zeigt jedoch mit knapp 2 % im Jahr 2007 einen deutlich geringen Betrag auf. Wie auch Zimmermann/Schilling (2004) finden die Autoren dieser Studie, trotz der insgesamt geringen Auswirkungen, einzelne Unternehmen, bei welchen starke Unterschiede zwischen der ursprünglich verwendeten Erfassungsmethode und der OCI-Methode bestehen und bei welchen GuV- sowie Eigenkapitalauswirkungen im zweistelligen Prozentbereich verzeichnet werden.[1238]

Die nachfolgende, weitere Überarbeitung des IAS 19, in deren Fokus unter anderem die Abschaffung der verschiedenen Optionen zur Erfassung versicherungsmathematischer Gewinne und Verluste steht, wird von Pellens/Obermüller/

1237 Vgl. Zimmermann/Schilling (2004), S. 489 f.
1238 Vgl. Pellens/Obermüller/Schmidt (2010), S. 577–580.

Riemenschneider (2010) analysiert. Basierend auf den Vorschlägen des ED werden die Auswirkungen für Unternehmen des DAX 30 auf der Grundlage der Abschlussdaten des Geschäftsjahrs 2009 simuliert. Die Autoren der Studie gelangen zu der Erkenntnis, dass Unternehmen, welche die Korridormethode anwenden, eine durchschnittliche Erhöhung der bilanzierten Pensionsverpflichtung um knapp 40 % erfahren; im Durchschnitt über sämtliche betrachtete Unternehmen ergibt sich eine Erhöhung der bilanzierten Pensionsverpflichtung um 8,4 %. Die Umsetzung der Vorschläge würde ferner zu einer Verminderung des Jahresüberschusses um im Mittel lediglich 0,2 % führen, während dennoch einzelne Unternehmen deutliche, auch positive, Veränderungen aufweisen. Die ermittelte durchschnittliche Veränderung des Eigenkapitals ist mit -1,1 % ebenfalls nur gering. Hinsichtlich des Eigenkapitals erfahren allerdings auch einzelne Unternehmen, bei welchen auf Grund der Anwendung der Korridormethode nicht erfasste versicherungsmathematische Verluste bestehen, eine deutliche Verminderung des Eigenkapitals um bis zu rund 10 %. Infolge der durchschnittlich geringen Veränderungen des Jahresüberschusses sowie des Eigenkapitals ist die mittlere Veränderung der Eigenkapitalrendite mit 1,3 % ebenfalls nicht hoch, wenngleich auch hier einzelne Ausnahmen bestehen.[1239] Eine Fortführung dieser Studie erstellen Pellens/Obermüller/Riemenschneider (2011). In dieser Studie werden die Folgen der finalen Normen des IAS 19 (rev. 2011) untersucht und, anders als in der oben genannten Studie, lediglich die Auswirkungen der Neuregelungen für Korridor-Bilanzierer, die im HDAX notiert sind, ermittelt. Entsprechend der ausgewählten Unternehmen sind auf Basis der Geschäftsjahresdaten von 2010 teils starke Auswirkungen feststellbar. Die bilanzierten Pensionsverpflichtungen erhöhen sich bei den betrachteten Korridor-Bilanzierern durch die Simulation der beschlossenen Bilanzierungsänderung um durchschnittlich 45,6 %. Bei einzelnen Unternehmen der Stichprobe beträgt die Erhöhung bis zu 208,5 %; andererseits führen die Neuregelungen auch zu Absenkungen der bilanzierten Pensionsverpflichtung um bis zu 56,0 %. Die mit der Bilanzierungsänderung einhergehende Eigenkapitalveränderung ist bedeutend geringer und wird im Mittel um -3,7 % verändert, mit einzelnen Ausreißern, bei welchen das Eigenkapital um zwischen 10 % und 30 % absinken würde.[1240]

Pellens/Fülbier/Sellhorn (2004) untersuchen die Auswirkungen einer vollständigen Bilanzierung von Pensionsverpflichtungen und -vermögenswerten und damit die Bruttodarstellung leistungsorientierter Pensionspläne. In der Studie werden insgesamt 16 Unternehmen aus Deutschland und den USA betrachtet und deren US-GAAP-Abschlüsse der Geschäftsjahre 2001 und 2002 um die nach SFAS 87 nicht bilanzierten sowie nicht ausgewiesenen Werte angepasst. In dieser fallstudienartigen Untersuchung gelangen die Autoren zu der Erkenntnis, dass eine vollständige Bilanzierung im Vergleich zu den Vorgaben der tatsächlich angewandten US-GAAP-Regelungen

1239 Vgl. Pellens/Obermüller/Riemenschneider (2010), S. 2063–2066.
1240 Vgl. Pellens/Obermüller/Riemenschneider (2011), S. 566.

zu teils starken Eigenkapitalreduktionen und Erhöhungen des Fremdkapitals führen würde.

Eine Abwandlung der Simulationsstudien, bei welchen die Auswirkungen einer Bilanzierungsänderung auf eine Vielzahl von Unternehmen ermittelt wird, stellt die Simulation einer Bilanzierungsänderung anhand eines typisierten, fiktiven Unternehmens dar. MORRILL/MORRILL/SHAND (2009) untersuchen mit Hilfe simulierter Werte die Volatilität, glaubwürdige Darstellung sowie die Prognoseeignung bilanzierter Pensionswerte nach aktuellen sowie möglichen künftigen kanadischen und britischen Bilanzierungsnormen zur Abbildung leistungsorientierter Pensionspläne ebenso wie nach IFRS.[1241] Die angewandte Methode erlaubt es, auf Basis eines vereinfachten Pensionsplans einzelne Effekte in verschiedenen ökonomischen Situationen zu isolieren.[1242] Dabei gelangen sie zu der Erkenntnis, geglätteten bilanzierten Pensionswerten eine geringere Volatilität[1243] und eine höhere Prognoseeignung für künftigen Pensionsaufwand und künftige Cashflows beizumessen.[1244] Insgesamt stellen die Autoren jedoch nur einen geringen Zusammenhang von bilanzierten Pensionswerten und derzeitigen oder künftigen Cashflows fest.[1245] Darüber hinaus zeigt die Studie auch bei Rechnungslegungsnormen, welche keine vollständige Erfassung versicherungsmathematischer Gewinne und Verluste fordern, eine hohe Korrelation zwischen bilanzierter Pensionsverbindlichkeit respektive -vermögenswert und dem jeweiligen Finanzierungsstatus, wenngleich dieser etwa 20 % bis 30 % über den bilanzierten Werten liegt.[1246]

Eine weitere Art der Simulationsstudie, welche ebenfalls nicht auf Abschlussdaten rekurriert, führt AMEN (2009) durch. Er untersucht anhand einer Simulation die nach IAS 19 (2004) bestehenden verschiedenen Möglichkeiten zur Erfassung versicherungsmathematischer Gewinne und Verluste. Dabei geht er der Forschungsfrage nach, ob und inwiefern diese zu Informationsverzerrungen führen. Entsprechend werden in dieser Untersuchung keine künftigen möglichen Bilanzierungsänderungen betrachtet, sondern vorhandene Alternativen verglichen. Unter Anwendung einer Monte-Carlo-Simulation werden die Verläufe versicherungsmathematischer Gewinne und Verluste unter Zugrundelegung einschlägiger Annahmen simuliert. Im Ergebnis findet der Autor Hinweise auf eine systematische Informationsverzerrung bei Anwendung der Korridormethode, da bei Erfassung des Korridorüberschusses über die durchschnittliche Restdienstzeit eine Tendenz zu kumulierten nicht erfassten versicherungsmathematischen Gewinnen besteht.[1247] Nach etwa

1241 Vgl. MORRILL/MORRILL/SHAND (2009), S. 113 i. V. m. S. 113 ff.
1242 Vgl. MORRILL/MORRILL/SHAND (2009), S. 115.
1243 Vgl. MORRILL/MORRILL/SHAND (2009), S. 129 f.
1244 Vgl. MORRILL/MORRILL/SHAND (2009), S. 134.
1245 Vgl. MORRILL/MORRILL/SHAND (2009), S. 115 f. und S. 139.
1246 Vgl. MORRILL/MORRILL/SHAND (2009), S. 135.
1247 Vgl. AMEN (2009), S. 56 f. Trotz symmetrischer jährlicher versicherungsmathematischer Gewinne und Verluste, können asymmetrische kumulierte versicherungsmathematische Gewinne und Verluste entstehen, vgl. AMEN (2009), S. 52 f.

50 Betrachtungsjahren ist die bilanzierte Pensionsrückstellung höher als die Pensionsverpflichtung. Werden versicherungsmathematische Gewinne und Verluste hingegen GuV-neutral im Eigenkapital erfasst, entsprechen die kumulierten im GuV-neutral erfassten Beträge etwa 57 % der Pensionsverpflichtung, welche in diesem Fall vollständig bilanziert wird.[1248]

In einer weiteren Studie betrachtet AMEN (2007) ebenfalls die verschiedenen Möglichkeiten zur Erfassung versicherungsmathematischer Gewinne und Verluste nach IAS 19 (2004). AMEN (2007) fokussiert auf Pensionsverpflichtungen, denen kein Planvermögen gegenüber steht (unfunded plans) und vergleicht die Möglichkeit zur GuV-neutralen Erfassung versicherungsmathematischer Gewinne und Verluste im OCI mit der Anwendung der Korridormethode. Durch eine zur Untersuchung verwendete Monte-Carlo-Simulation werden systematische langfristige Effekte durch die nicht vollständig in der Gewinn- und Verlustrechnung erfassten Beträge untersucht. Der Autor gelangt in der Studie zu der Erkenntnis, dass sich versicherungsmathematische Gewinne und Verluste langfristig nicht ausgleichen.[1249] Weiterhin zeigt diese Studie ebenfalls bei Annahme einer konstanten Belegschaftsgröße eine Tendenz zu kumulierten nicht erfassten versicherungsmathematischen Gewinnen bei Anwendung der OCI-Methode ebenso wie bei Anwendung der Korridormethode.[1250] Bei einer schrumpfenden Belegschaftsgröße hingegen führt die Anwendung der Korridormethode zu einer zeitweisen Tendenz nicht erfasster versicherungsmathematischer Verluste[1251] und bei der OCI-Methode zu hohen kumulierten, im OCI erfassten versicherungsmathematischen Verlusten.[1252]

1248 Vgl. AMEN (2009), S. 59.

1249 Diese Erkenntnisse werden auch durch die Studie von JIANG (2011) gestützt, bei welcher anhand einer Paneldatenanalyse der Frage nachgegangen wird, ob Auswirkungen versicherungsmathematischer Gewinne und Verluste langfristig neutral sind. Entsprechend den Untersuchungsergebnissen führen die Glättungsmechanismen des SFAS 87 jedoch zur dauerhaften Überbewertung der Unternehmensergebnisse.

1250 Vgl. AMEN (2007), S. 256 i. V. m. S. 260.

1251 Vgl. AMEN (2007), S. 263.

1252 Vgl. AMEN (2007), S. 266. Motiviert durch die Ergebnisse der Forschungsarbeiten von AMEN (2009) und AMEN (2007) führt BLECHER (2012) eine analytische Untersuchung zum Auftreten versicherungsmathematischer Gewinne und Verluste durch. Im Ergebnis zeigt der Autor, dass ein langfristiger Ausgleich versicherungsmathematischer Gewinne und Verluste nur dann gegeben ist, wenn die Schätzparameter unabhängig sind. Im realistischeren Fall des Bestehens von Abhängigkeiten der zu schätzenden Parameter gleichen sich versicherungsmathematische Gewinne und Verluste im Zeitablauf nicht aus, vgl. BLECHER (2012), S. 661 i. V. m. S. 677.

4.2.5 Zusammenfassung und Forschungsdefizit

Die vielfältigen Studien zur Bilanzierung von Pensionsverpflichtungen geben mitunter Hinweise darauf, welche Auswirkungen eine Änderung der Bilanzierungsnormen für leistungsorientierte Pensionsverpflichtungen nach sich ziehen könnte. So erlauben die bisherigen Studien Rückschlüsse auf mögliche Reaktionen der Unternehmen auf Rechnungslegungsänderungen, die Verwendung beziehungsweise Relevanz alternativer Informationen für Abschlussadressaten sowie die zu erwartenden Auswirkungen einer Bilanzierungsänderung auf die Struktur der Bilanz sowie Gewinn- und Verlustrechnung.

In Bezug auf (1) die Bereitstellung von Rechnungslegungsinformationen durch Unternehmen lassen Änderungen im Bilanzierungsverhalten nach der Modifikation einer Bilanzierungsnorm eine Reaktion der Unternehmen auf veränderte Vorgaben vermuten. In Folge der Einführung der Saldierung von DBO und Planvermögenswerten ist bei deutschen Unternehmen ein Anstieg des Ausfinanzierungsgrads zu beobachten. Diese Beobachtung führt zu der Unterstellung, dass die verstärkte Auslagerung nicht auf rein finanzwirtschaftlichen Überlegungen beruht, sondern bilanzpolitisch motiviert ist. Darüber hinaus können veränderte Bilanzierungsvorgaben auch die Entscheidung, leistungsorientierte Pläne zu Gunsten beitragsorientierter Pläne zu beenden, begünstigen. Sofern eine Bilanzierungsänderung keine Änderung der Ausgestaltung der leistungsorientierten Pensionspläne eines Unternehmens nach sich zieht, gibt es auch Hinweise auf eine Veränderung versicherungsmathematischer Annahmen zur Abmilderung der Auswirkungen einer veränderten Bilanzierungsweise, wie der Einführung der vollständigen Erfassung des Finanzierungsstatus.

Die Untersuchung der Wertrelevanz von Pensionsinformationen, die (2) als Hinweis auf die Verwendung dieser Daten durch Kapitalmarktteilnehmer angesehen wird, führt zu nicht eindeutigen Ergebnissen. Entsprechend ist keine klare Aussage darüber, ob Bilanz- oder GuV-Daten respektive bilanzierte geglättete Werte oder zu Fair Value bewertete Werte eine höhere Wertrelevanz aufweisen, möglich. Auch die Wertrelevanz von Pensionsinformationen auf Basis einer Nettodarstellung kann auf Grund methodischer Schwierigkeiten nicht mit den auf Basis einer Bruttodarstellung bereitgestellten Pensionsinformationen verglichen werden. Allerdings sollten Ergebnisse der überwiegend auf Daten nicht-deutscher Unternehmen aufbauenden Studien auf Grund der spezifisch deutschen Besonderheiten – insbesondere der geringen Ausfinanzierung – nicht unkritisch übernommen werden. Lediglich eine Studie betrachtet deutsche Unternehmen. Deren Ergebnisse zeigen eine höhere Wertrelevanz von Bilanzwerten im Vergleich zu Werten der Gewinn- und Verlustrechnung. Des Weiteren zeigen die zu Fair Value bewerteten, im Anhang ausgewiesenen Pensionsverpflichtungen eine höhere Wertrelevanz auf als die bilanzierten geglätteten Nettopensionsverpflichtungen. Obgleich die geringere Wertrelevanz von GuV-Informationen auf Grund von deren vermuteter höherer Volatilität nicht überrascht, erstaunt das Ergebnis in Bezug auf den Vergleich von geglätteten Bilanzwerten und angegebenen Fair Value-basierten Werten, da die Ergebnisse der Studien auch durch die Erfassung der betrachteten Werte in unterschiedlichen Rechenwerken bedingt werden. So werden geglättete Werte in den primären Rechenwerken erfasst, während die jeweiligen Fair Value-Beträge lediglich angegeben werden. Da angegebenen Werten eine geringere Bedeutung beigemessen wird, könnte vielmehr auf eine geringere Wertrelevanz angegebener Werte geschlossen werden. Hieraus könnte der Schluss gezogen werden, dass eine Bilanzierung von nicht geglätteten Werten die Wertrelevanz bilanzierter Daten erhöhen würde.[1253] Eine solche Schlussfolgerung ist jedoch nicht unkritisch. Nicht zuletzt auf Grund methodischer Schwierigkeiten kommen beispielsweise HOLTHAUSEN/WATTS (2001) zu dem Ergebnis, dass die Ergebnisse von Wertrelevanzstudien nur einen geringen Nutzen für die Standardsetzung aufweisen.[1254] Demgegenüber erkennen etwa BARTH/BEAVER/LANDSMAN (2001) durchaus einen Nutzen von Wertrelevanzstudien für Standardsetzer,[1255] wenngleich diese feststellen, „drawing policy implications from academic research is typically not possible because the studies generally do not incorporate all of the factors the FASB must consider in promulgating standards“[1256]. So können beispielsweise auf Basis der Erkenntnisse von Wertrelevanzstudien keine Aussagen zur Vorteilhaftigkeit der Bilanzierung oder der Angabe einzelner Werte gemacht werden, da diese die Kosten zur Informationsbereitstellung der Unternehmen nicht in die Betrachtung einbeziehen.[1257] Des Weiteren können Wertrelevanzstudien keinen Aufschluss über mögliche, nicht beabsichtigte Nebenwirkungen einer Regulierungsänderung geben.[1258] Auch Wertrelevanzstudien selbst ziehen typischerweise keine normativen Schlüsse.[1259]

Abseits dieser Kritikpunkte ist die Übertragbarkeit der Ergebnisse auf Standardsetzungsfragen aus weiteren Gründen schwierig. Hierzu zählt die in einzelnen Studien betrachtete räumliche Abgrenzung. Daneben untersuchen Wertrelevanzstudien lediglich den Zusammenhang zwischen der Aktienmarktbewertung und Rechnungslegungsinformationen, die auf einer bestimmten, zum Untersuchungszeitpunkt gültigen Rechnungslegungsnorm basieren. Alternative Bilanzierungsweisen lassen sich

1253 Umgekehrt schließen etwa HANN/HEFLIN/SUBRAMANYAM (2007) aus der im Rahmen ihrer Studie festgestellten fehlenden Wertrelevanz Fair Value-basierter Pensionswerte, dass die zum Zeitpunkt der Erstellung der Studie aktuellen Bestrebungen des FASB zur Umsetzung eines Fair Value-Ansatzes die Wertrelevanz bilanzierter Pensionsinformationen gefährden würde. Nach Abschätzung der Autoren würde eine separierte Erfassung versicherungsmathematischer Gewinne und Verluste im OCI zu keiner Verminderung der Wertrelevanz führen, vgl. HANN/HEFLIN/SUBRAMANYAM (2007), S. 351.

1254 Vgl. HOLTHAUSEN/WATTS (2001), S. 21 f.

1255 Vgl. BARTH/BEAVER/LANDSMAN (2001), S. 86.

1256 BARTH/BEAVER/LANDSMAN (2001), S. 88.

1257 Vgl. WAGENHOFER (2008), S. 118.

1258 Vgl. GASSEN/GÜNTHER (2014), S. 188.

1259 Vgl. BARTH/BEAVER/LANDSMAN (2001), S. 88.

daher nur bedingt vergleichen. Insbesondere der Vergleich von Anhanginformationen und bilanzierten Werten ist nur schwer möglich. Weiterhin müsste ein korrekter Vergleich den bilanzierten Daten den Marktpreis und den alternativen Daten die Marktdaten der Alternative gegenüber stellen.[1260]

Eine Befragungsstudie zeigt bei Betrachtung der Gruppe der Analysten, dass nur wenige Analysten bilanzierte Werte durch Anhanginformationen ersetzen. Zu ähnlichen Ergebnisse führen Studien zur Verwendung von im Anhang angegebenen Informationen zu leistungsorientierten Pensionsverpflichtungen durch Ratingagenturen, die ebenfalls darauf hinweisen, dass Anhanginformationen keine Beachtung geschenkt wird. Ferner zeigen weitere Studien die nicht adäquate Behandlung von Pensionsinformationen durch Ratingagenturen. Dies legt die Schlussfolgerung nahe, dass eine Erfassung dieser Informationen in den primären Rechenwerken – Bilanz sowie Gewinn- und Verlustrechnung – die Wahrnehmung der Informationen durch Abschlussadressaten erhöhen und dabei die Bewertung der Kapitalmarktakteure verändern könnte. Auch Studien zur Untersuchung der Verarbeitung von Pensionsinformationen von Wirtschaftsprüfern weisen auf eine Nicht-Berücksichtigung von angegebenen, zu Fair Value bewerteten Daten hin.

Die (3) Überarbeitung von Rechnungslegungsstandards zieht vielfältige Auswirkungen nach sich. Durch Simulationsstudien können bilanziellen Änderungen und damit einhergehend Auswirkungen auf Kennzahlen untersucht werden, die nicht zuletzt weitere ökonomische Folgen von Rechnungslegungsänderungen für Unternehmen determinieren. Wenngleich mögliche Änderungen im Bilanzierungsverhalten, die durch eine Rechnungslegungsänderung ausgelöst werden könnten, keinen Eingang in die Ergebnisse einer Simulationsstudie finden, geben die Simulationsergebnisse einen Hinweis auf die Datengrundlage, auf deren Basis Unternehmen eine mögliche Entscheidung zur Änderung ihres Bilanzierungsverhaltens treffen. Daher kann die Wahrscheinlichkeit der Änderung der Ausgestaltung von Pensionsplänen prognostiziert werden.

Anhand dieser Methode wird beispielsweise auf Grund der Einführung einer GuV-neutralen Erfassung in einzelnen Fällen eine deutliche Erhöhung des Jahresüberschusses festgestellt, wobei die durchschnittlichen längerfristigen Auswirkungen für Unternehmen des DAX und MDAX gering sind. Die Abschaffung der verschiedenen Optionen zur Erfassung versicherungsmathematischer Gewinne und Verluste, die im Zuge der jüngsten Überarbeitung des IAS 19 erfolgte, kann ebenfalls für einzelne Unternehmen – die Korridor-Bilanzierer – erhebliche Auswirkungen, insbesondere eine Steigerungen der bilanzierten Pensionsverpflichtung, nach sich ziehen. Gleichwohl können im Durchschnitt über sämtliche Unternehmen Veränderungen von Jahresüberschuss und Eigenkapital lediglich im niedrigen einstelligen Prozentbereich erwartet werden. Da existierenden Studie jedoch ausschließlich eine Ein-Jahres-Betrachtung zu Grunde liegt und die untersuchte Bilanzierungsänderung auf die volatile Größe der versicherungsmathematischen

1260 Vgl. Mölls/Strauss (2007), S. 978.

Gewinne und Verluste fokussiert, ist fraglich, ob diese Erkenntnisse auf andere Perioden übertragbar sind.

Zur Untersuchung der Bruttobilanzierung existieren lediglich Erkenntnisse aus einer fallstudienartigen Studie, die einzelne deutsche sowie US-amerikanische Unternehmen betrachtet. Diese kleinzahlige Untersuchung zeigt, dass die vollständige Bilanzierung leistungsorientierter Pensionspläne zu erheblichen Eigenkapitalreduktionen und Erhöhungen des Fremdkapitals führen kann. In Bezug auf deutsche Unternehmen ist dieses Ergebnis bemerkenswert, da die Untersuchung einen Zeitpunkt am Beginn des Internationalisierungsprozesses der Rechnungslegung in Deutschland betrachtet. Studien, die die Auslagerung von Vermögenswerten zur Deckung leistungsorientierter Pensionsverpflichtungen in Deutschland untersuchen, sehen einen Zusammenhang zwischen der Dauer der Anwendung internationaler Bilanzierungsnormen, die eine Saldierung fordern, und der Höhe des Planvermögens. Auf Grund dessen liegt die Vermutung nahe, dass eine ähnliche Analyse zu einem späteren Zeitpunkt zu anderen Ergebnissen führt.

Zusammenfassend ergibt sich somit folgende Situation: Einzelne Erkenntnisse weisen auf die Berücksichtigung von zu Fair Value bewerteten Pensionswerten durch Investoren hin und stützen damit die in Abschnitt 4.1 gewonnenen Erkenntnisse, nach welchen die im Anhang offengelegten vollständigen Pensionsinformationen aus konzeptioneller Sicht die korrekten Bilanz- und GuV-Informationen beinhalten. Gleichwohl bestehen zur Verwendung von Informationen über leistungsorientierte Pensionspläne durch Investoren keine einheitlichen Erkenntnisse. Vielmehr legen zahlreiche Arbeiten nahe, dass Informationen über Pensionsverpflichtungen von Investoren sowie Analysten und Ratingagenturen nicht adäquat berücksichtigt werden. Infolgedessen ist fraglich, ob und inwiefern eine veränderte Bilanzierungsweise, die zu einer vollständigen Darstellung von Pensionsinformationen in den primären Rechenwerken führt, eine veränderte Berücksichtigung dieser Informationen durch Abschlussadressaten nach sich ziehen würde. Erkenntnisse bestehender pensionsbezogener Forschungsarbeiten zeigen des Weiteren mögliche Verhaltensänderungen auf Grund von Reformen der Pensionsbilanzierung, wie die Einführung der Saldierungsvorgaben oder die Notwendigkeit der Erfassung des vollständigen Finanzierungsstatus auf. Dies legt nahe, dass weitere Änderungen der Bilanzierungsweise entsprechend der in Abschnitt 4.1 erarbeiteten Vorschläge zu ökonomischen Auswirkungen führen könnten. Erste Indizien für das Ausmaß ökonomischer Konsequenzen von Rechnungslegungsänderungen bieten die Veränderungen von Kennzahlen durch die Umsetzung einer alternativen Bilanzierungsweise. Erkenntnisse über mögliche Auswirkungen einer Umsetzung umfassender alternativer Bilanzierungskonzepte, die konzeptionell als adäquat erachtete werden, in Bezug auf Unternehmen der größten deutschen Indizes über mehrere Perioden existieren nicht. Entsprechend bestehen keine umfassenden Erkenntnisse darüber, welche Auswirkungen eine Reform der Bilanzierung von leistungsorientierten Pensionszusagen in der Internationalen Rechnungslegung auf zentrale Bilanz- und GuV-Kennzahlen nach sich ziehen würde. Diese Forschungslücke schließt die vorliegende Arbeit.

5 Empirische Analyse der Bilanzierung von Pensionszusagen

5.1 Einordnung der Analyse

5.1.1 Ex-ante Forschung

Bereits SCHIPPER (1994) fordert Beiträge zur ex-ante Forschung, welche dem Standardsetzer im Hinblick auf den Standardsetzungsprozess, also bei der Beantwortung normativer Fragestellungen[1261] hinsichtlich Ansatz und Bewertung, Anhaltspunkte liefern sollen.[1262] SCHIPPER (1994) benennt zwei weitgefasste Forschungsfelder für die ex-ante Forschung: Neben der Abgrenzung möglicher Bilanzierungsalternativen stellt die Berechnung (Simulation) von bilanzierten Werten bei Anwendung spezifischer Regelungen einen weiteren Bereich für standardsetzungsrelevante Forschungsarbeiten dar.[1263] Ex-ante-Forschung betrachtet verschiedene Fragen. BERESFORD/JOHNSON (1995) sehen für die Beantwortung folgender Fragen einen Informationsbedarf von Seiten der Standardsetzer: Neben der Frage, wie sich bilanzierte Größen durch einen vorgeschlagenen Standard verändern, zählt hierzu auch die Frage, wie sich das Verhalten der Unternehmen verändern würde und außerdem welche Auswirkungen eine geplante Neuregelung auf Abschlussnutzer nach sich ziehen würde.[1264] BROWN (1990) definiert darüber hinaus die Frage der ökonomischen Auswirkungen im Sinne des Kosten-/Nutzen-Verhältnisses als Informationsbedürfnis des Standardsetzers.[1265] Diese Arbeit konzentriert sich als Simulationsstudie auf die Beantwortung der ersten Fragestellung, den Auswirkungen einer möglichen Neuregelung auf bilanzierte Größen, wobei sowohl Ansatz- wie auch Ausweisfragen adressiert werden.

Ein grundsätzliches Spannungsverhältnis, mit dem die standardsetzungsrelevante ex-ante Forschung verbunden ist, stellt nach SCHIPPER (1994) der Zielkonflikt zwischen akademischer Forschung, welche vorwiegend deskriptiv-erläuternd, und damit positiv ausgerichtet ist, und den normativen Fragestellungen, mit welchen

---

1261 Vgl. zur Abgrenzung normativer Forschung Abschnitt 4.2.1, S. 184.

1262 Vgl. SCHIPPER (1994), S. 62. Vgl. zu dieser Forderung auch BERESFORD/JOHNSON (1995), S. 114 f.; LEISENRING/JOHNSON (1994), S. 75 i. V. m. S. 79; BARTH (2000), S. 25 sowie ähnlich FÜLBIER/HITZ/SELLHORN (2009), S. 488 f. und TROMBETTA/WAGENHOFER/WYSOCKI (2012), S. 128.

1263 Vgl. SCHIPPER (1994), S. 63.

1264 Zitiert nach SCHIPPER (1994), S. 62 f. (Originalquelle unbekannt).

1265 Vgl. BROWN (1990), S. 89. Zu einer weitergehenden Diskussion der ökonomischen, sozialen und politischen Auswirkungen von Rechnungslegungsänderungen sowie der Schwierigkeit, welche mit der Identifizierung und Messung von diesen verbunden ist, vgl. BROWN (1990).

Standardsetzer konfrontiert werden, dar.[1266] Hierdurch wird eine grundlegende Diskussion zwischen positiv/deskriptiver und normativ/präskriptiver Forschung aufgeworfen.[1267] Die ex-ante Forschung könne nach SCHIPPER (1994) lediglich ausgewählte Konsequenzen der Verabschiedung einer Rechnungslegungsnorm untersuchen; dieser obläge es hingegen nicht, normativen Wertungen, die letztlich nur dem Standardsetzer zustünden, abzugeben.[1268] Wenngleich der Standardsetzungsprozess dieser normativen Wertungen bedarf, ist es notwendig im Vorfeld Zusammenhänge deskriptiv aufzuzeigen.[1269] Ob diese Tatsache mit einem Ausschluss normativer Fragestellungen aus der Forschung einhergeht, erscheint fraglich.

Einen normativen Bezugspunkt für akademische „standardsetzungsbezogene" Forschung bietet indes das Framework des Standardsetzers, in diesem Fall des IASB.[1270] Dieser Beurteilungsrahmen wird der theoretischen Analyse in Abschnitt 4.1 zu Grunde gelegt,[1271] womit die in diesem Abschnitt aufgezeigten Differenzen zwischen dem Bilanzierungsmodell für leistungsorientierte Pensionszusagen und den Zielsetzungen und Anforderungen des Frameworks auf Basis „externer Normen", nämlich denen des IASB, beurteilt werden.[1272] MATTESSICH (1995) bezeichnet diesen Forschungsansatz als „conditional normative".[1273] Auf diese Weise bildet die theoretische Analyse der Reformnotwendigkeit sowie die Diskussion der Ausgestaltung eines überarbeiteten Bilanzierungsmodells für leistungsorientierte Pensionspläne eine Grundlage zur Beantwortung von Ansatz- und Ausweisfragen, welche zuletzt vom Standardsetzer getroffen werden müssen.[1274] Damit folgt dieser Teil der vorliegenden Arbeit der Forschungsauffassung von FÜLBIER/HITZ/SELLHORN (2009), nach welcher normative Forschung durchaus standardsetzungsrelevant sein kann, sofern diese auf Normen rekurriert, welche nicht durch den Forscher selbst definiert werden. Hierzu bedarf es einer expliziten Darlegung dieser Normen; ferner sollten

1266 Vgl. SCHIPPER (1994), S. 63.

1267 Stellvertretend und m. w. N. für diese grundsätzliche Diskussion vgl. FÜLBIER/HITZ/SELLHORN (2009), S. 493.

1268 Vgl. SCHIPPER (1994), S. 67.

1269 Vgl. FÜLBIER/HITZ/SELLHORN (2009), S. 493 i. V. m. S. 495.

1270 Vgl. in Bezug auf Forschungsarbeiten im Sinne eines post-implementation-review ähnlich EWERT/WAGENHOFER (2012), S. 279 sowie FÜLBIER/HITZ/SELLHORN (2009), S. 494; NAPIER (2009), S. 232.

1271 Vgl. Abschnitt 4.1.1.1.

1272 Vgl. zu dieser Unterscheidung zwischen der Verwendung externer Wertmaßstäbe und solchen, die vom Forscher selbst determiniert werden, FÜLBIER/HITZ/SELLHORN (2009), S. 493.

1273 Vgl. MATTESSICH (1995), S. 190.

1274 Vgl. zu dieser Forschungsauffassung FÜLBIER/HITZ/SELLHORN (2009), S. 494 f. i. V. m. BARTH (2000), S. 8 f.

diese mit der Zielsetzung und den Grundsätzen des Standardsetzers, an welchen die Forschungsarbeit gerichtet ist, übereinstimmen.[1275]

Diese theoretische Analyse bildet den Ausgangspunkt für die darauf aufbauende Simulationsstudie und dient als deren theoretischer Rahmen. Damit basiert die Simulationsstudie auf dem für den Standardsetzer maßgeblichen Framework.[1276] Eine normative Wertung der Ergebnisse der Simulationsstudie erfolgt im Rahmen der vorliegenden Arbeit im Sinne der Zielsetzung der ex-ante Forschung nach SCHIPPER (1994) hingegen nicht.[1277] Es werden lediglich Auswirkungen einer möglichen Neuregelung untersucht, welche isoliert betrachtet keine Präferenz für eine Rechnungslegungsnorm determinieren.[1278] Damit umfasst diese Forschungsarbeit beide, nach FÜLBIER/HITZ/SELLHORN (2009) möglichen Forschungsbeiträge zu Ansatz- und Bewertungsfragen aus einer ex-ante Perspektive. Neben der normativen Diskussion der Regelausgestaltung auf Basis des IASB-Frameworks werden bilanzielle Auswirkungen der vorgeschlagenen Neuregelungen simuliert.[1279] Des Weiteren werden auch Ausweis- und Angabefragen, welche in den Bereich der „recognition versus disclosure"-Debatte fallen und einen weiteren Teil standardsetzungsrelevanter Fragen darstellen, angesprochen.[1280]

Die ex-ante Forschung, wie auch der sogenannte post-implementation-review, welcher als letzter Schritt des Standardsetzungsverfahrens die Auswirkungen und

1275 Vgl. FÜLBIER/HITZ/SELLHORN (2009), S. 500. Vgl. zu dieser Diskussion ebenfalls FÜLBIER/WELLER (2008), S. 368–370.

1276 Vgl. zur Forderung, dass standardsetzungsrelevante Forschung auf den Normen des Framework aufbauen sollte FÜLBIER/HITZ/SELLHORN (2009), S. 495.

1277 Jedoch widerspricht die Vorgehensweise, welche im Rahmen der theoretischen und letztlich normativen Analyse der Reformnotwendigkeit der Rechnungslegung für leistungsorientierte Pensionsverpflichtungen gewählt wurde, bereits dem Verständnis von SCHIPPER (1994). Nach dieser ist Forschung nicht in der Lage, die Frage, ob und inwieweit ein Standard in Einklang mit dem Framework ist, zu beurteilen, vgl. SCHIPPER (1994), S. 68.

1278 Damit entspricht diese Vorgehensweise beispielsweise der Forschungsauffassung von BEAVER/DEMSKI (1974), nach deren als „decision-theoretic-approach" bezeichneten Ansatz können Forschungsarbeiten zwar Zusammenhänge aufzeigen und die hierdurch gewonnenen Anhaltspunkte können Einschätzungen verändern, jedoch implizieren diese Erkenntnisse für sich genommen keine vorziehenswerte Ausgestaltung, BEAVER/DEMSKI (1974), S. 175 f.

1279 FÜLBIER/HITZ/SELLHORN (2009) unterscheiden standardsetzungsrelevante Forschung in Arbeiten, welche Fragen im Hinblick auf das Framework und grundsätzliche Rechnungslegungsauffassungen betrachten, und Fragen in Bezug auf Ansatz und Bewertung sowie zuletzt Ausweis- und Angabefragen, vgl. FÜLBIER/HITZ/SELLHORN (2009), S. 501–506.

1280 Vgl. FÜLBIER/HITZ/SELLHORN (2009), S. 506. Nach BARTH (2000), stellen „recognition versus disclosure"-Fragen einen Hauptbereich standardsetzungsrelevanter Fragen dar. Vgl. zu dieser Thematik auch SCHIPPER/BERNARD (1994).

die Zielerreichung neuer Rechnungslegungsnormen nach deren in Kraft treten analysiert, werden sowohl durch das IASB wie auch durch das FASB unterstützt.[1281] Auch die Standardsetzer selbst untersuchen mögliche Auswirkungen neuer Rechnungslegungsstandards im Rahmen des Standardsetzungsprozesses oder nach deren erstmaliger Anwendung.[1282] In diesem Prozess spielt insbesondere die Befragung der betroffenen Parteien durch die Aufforderung zur Einreichung von Comment Letter, in welchen insbesondere spezifische Fragen des Standardsetzers beantwortet werden sollen, eine große Rolle.[1283] Auf Grund der Konzentration der Standardsetzer auf die Methode der Befragung scheinen weitere Forschungsarbeiten, welche auf andere Forschungsmethoden rekurrieren, erforderlich zu sein, um ein umfassenderes Bild über mögliche Auswirkungen von Neuregelungen zu erhalten. Zur Schließung dieser Forschungslücke trägt nachfolgende Untersuchung durch die Durchführung einer Simulationsstudie bei.

Um Einfluss auf ein Standardsetzungsverfahren nehmen zu können, müssen Ergebnisse der ex-ante Forschung möglichst frühzeitig vorliegen.[1284] Die grundlegende Überarbeitung der Regelungen zur Bilanzierung betrieblicher Altersversorgungszusagen stellt noch kein Projekt auf der aktiven Agenda des Standardsetzers dar, sondern ist bislang lediglich angekündigt und befindet sich im Status eines „research project". Darüber hinaus wird das Projekt von rechnungslegungsinteressierten Parteien, wie der PAAinE-Initiative, diskutiert. Auf Grund dessen eignet sich diese Bilanzierungsfrage im Besonderen für die der ex-ante Forschung. Weitere Qualitätsanforderungen, denen ex-ante Forschung nach Schipper (1994) genügen muss, sind die umfassende Analyse des gesamten Rechnungslegungssachverhalts, ein schlüssiges und möglichst eindeutiges Forschungsergebnis, da nur ein solches zu

---

1281 Vgl. Ewert/Wagenhofer (2012), S. 278 i. V. m. IASB (2012a) sowie FASB (2012).

1282 Im Gegensatz zur Durchführung von Untersuchungen durch Standardsetzer kann die Rekurrierung auf akademische Forschungsarbeiten mit verschiedenen Vorteilen verbunden sein. Hierzu zählt etwa die höhere Neutralität oder die Theorien- bzw. Methodenkenntnis von Wissenschaftlern. Ferner werden wichtige Forschungsfragen, die sich aus einem Rechnungslegungsstandard ergeben, regelmäßig durch Forschungsarbeiten aufgegriffen, welche von Wissenschaftlern, die oftmals innovative Forschungsmethoden entwickeln und über Expertise hinsichtlich der Beurteilung von Ergebnissen verfügen, untersucht. Nicht zuletzt sind die Kosten der Nutzung wissenschaftlicher Forschungsarbeiten für den Standardsetzer gering, vgl. hierzu ausführlich Ewert/Wagenhofer (2012), S. 282 i. V. m. Trombetta/Wagenhofer/Wysocki (2012), S. 129. Dementsprechend fordern auch Trombetta/Wagenhofer/Wysocki (2012), S. 129, Standardsetzer auf, vorhandene Ressourcen der akademischen Forschung zu nutzen und diese Forschungsarbeiten zu initiieren, zu moderieren und zu bewerten, jedoch nicht selbst durchzuführen, vgl. Trombetta/Wagenhofer/Wysocki (2012), S. 129.

1283 Vgl. hierzu auch Ewert/Wagenhofer (2012).

1284 Vgl. Schipper (1994), S. 63; Beresford/Johnson (1995), S. 115; Fülbier/Hitz/Sellhorn (2009), S. 511.

einem Nutzen für Standardsetzer führt,[1285] sowie eine stärkere Gewichtung der Forschungsfrage beziehungsweise deren Beantwortung im Vergleich zur methodischen Vorgehensweise.[1286] Um diesen Anforderungen gerecht zu werden, erfolgt in der vorliegenden Arbeit nicht zuletzt eine grundlegende und detaillierte Aufarbeitung der theoretischen Grundlagen zur Bilanzierung leistungsorientierter Pensionspläne in Abschnitt 3 sowie eine weitreichende Betrachtung möglicher Bilanzierungsalternativen. Gleichwohl scheint eine umfassende Betrachtung aller standardsetzungsrelevanter Fragen in Bezug auf ein Bilanzierungsgebiet nahezu unmöglich.[1287]

Von entscheidender Bedeutung für Forschungsarbeiten, die für Standardsetzer nützlich sein sollen, ist die Verständlichkeit der Forschungsergebnisse.[1288] Forschungsergebnisse müssen in einer Art und Weise kommuniziert werden, in der sie auch für nicht in der Forschung tätige Personen verständlich sind.[1289] FÜLBIER/HITZ/SELLHORN (2009) sehen zur Überwindung dieser Kommunikationslücke einen Bedarf für Literatur mit dem Ziel des Wissenstransfers. Solche Artikel mit dem Ziel der Aufbereitung von Forschungsergebnissen dienen speziell dazu, Standardsetzer umfassend und verständlich über Erkenntnisse der Forschung zu informieren.[1290]

5.1.2 Simulationsstudien

Die vorgenommene Simulationsstudie ist der positiven Rechnungslegungsforschung zuzuordnen. Die Simulationsstudie basiert auf Konzernabschlussdaten und kann auf Grund dessen der empirischen Archivforschung zugeordnet werden.[1291] Ferner tragen Simulationsstudien Charakteristika experimenteller Studien,[1292] die in der Literatur als besonders geeignet für ex-ante Forschung angesehen werden.[1293] Experimentelle Forschung zeichnet sich durch die Untersuchung von Kausalzusam-

---

1285 Jedoch sind in Bezug auf die Rechnungslegung, welche den Sozialwissenschaften zuzuordnen ist, „richtige" Antworten auf offene Fragen nur sehr selten anzutreffen; vielmehr existiert zumeist keine allumfassende korrekte Antwort, vgl. BROWN (1990), S. 94 f.

1286 Vgl. SCHIPPER (1994), S. 63–65 sowie ebenfalls FÜLBIER/HITZ/SELLHORN (2009).

1287 Vgl. SCHIPPER (1994), S. 64 f.

1288 LEISENRING/JOHNSON (1994) unterscheiden explizit „nützliche" Forschung (useful research) von „relevanter" Forschung (relevant research). Forschung, die als nützlich bezeichnet wird, geht dabei über relevante Forschung hinaus und zeichnet sich durch ihre Verständlichkeit aus, vgl. LEISENRING/JOHNSON (1994), S. 75.

1289 Vgl. LEISENRING/JOHNSON (1994), S. 76.

1290 Vgl. FÜLBIER/HITZ/SELLHORN (2009), S. 409 i. V. m. S. 507.

1291 Vgl. TROMBETTA/WAGENHOFER/WYSOCKI (2012), S. 142, welche Simulationsstudien vollständig der Archivforschung zuordnen.

1292 Die Durchführung von Experimenten geht in der Literatur häufig implizit mit dem Einbezug von Probanden einher, vgl. z. B. CRANO/BREWER (1975), S. 40; ATTESLANDER (2010), S. 177; SMITH (2007), S. 100 f. Dies ist jedoch keine notwendige Eigenschaft von Experimenten.

1293 Vgl. EWERT/WAGENHOFER (2012), S. 285.

menhängen zwischen Variablen aus.[1294] Dabei werden reale Problemstellungen oder Sachverhalte unter kontrollierten und wiederholbaren Bedingungen rekonstruiert. Dies ermöglicht die Beobachtung der Reaktion abhängiger Variablen auf die Variation unabhängiger Variablen.[1295] In der vorliegenden Arbeit wird eine Simulationsstudie zur Untersuchung bilanzieller Zusammenhänge herangezogen. Durch die Variation pensionsbezogener Größen, welche die unabhängigen Variablen dieser Untersuchung darstellen, werden Auswirkungen auf summarische Bilanzgrößen und -relationen als abhängige Variablen untersucht. Für nachfolgende Studie wird ein exploratives Vorgehen gewählt, das nicht auf die Überprüfung von Hypothesen aufbaut. Mitunter aus diesem Grund handelt es sich insgesamt nicht um ein „echtes" experimentelles Design, da nicht alle in der Literatur als erforderlich erachteten Voraussetzungen hierfür erfüllt werden.[1296]

Die Simulationsstudie basiert auf einem mathematischen Modell und zeichnet sich – im Gegensatz zu Experimenten in der Ausgestaltung als Planspiel – durch das Bekanntsein der wichtigsten Variablen und deren Interdependenzen aus. Die Variablen werden dabei einzeln oder in Gruppen manipuliert und anschließend werden die Auswirkungen auf das Modell überprüft.[1297] Besonders geeignet sind derartige Simulationen für Situationen und Gegenstände, deren Wirklichkeit keine Manipulation erlaubt[1298] oder diese zu zeit- beziehungsweise kostenaufwändig oder teuer wäre.[1299] Da es wenig praktikabel erscheint, die Auswirkungen von Rechnungslegungsänderungen durch tatsächliches Eingreifen in eine Vielzahl buchhalterischer Systeme zu erforschen, ist die Simulation für Fragestellungen der vorliegenden Art die geeignetste Forschungsmethode.

Die Simulationsforschung umfasst vielfältige Verfahrensweisen. Entsprechend weitgefasst ist die Definition von Abelson (1968): „Simulation is the exercise of a flexible imitation of processes and outcomes for the purpose of clarifying or

1294 Vgl. Smith (2007), S. 100; Kromrey (2009), S. 87 und S. 499; Crano/Brewer (1975), S. 40.

1295 Vgl. Zimmermann (1972), S. 37; Abdel-khalik/Ajinkya (1979), S. 31. Vgl. für einen Vergleich verschiedener Definitionen des Experiments Roth/Heidenreich/Hollin (1999), S. 231 f.

1296 Vgl. Schnell/Hill/Esser (2011), S. 216; Zimmermann (1972), S. 38; Kromrey (2009), S. 91 i. V. m. S. 93 sowie ähnlich Atteslander (2010), S. 180. Die Eignung zur Theorienprüfung wird auch Simulationsstudien im Speziellen zugeschrieben, vgl. Crano/Brewer (1975), S. 122. Nach Abdel-khalik/Ajinkya (1979) zeichnet sich ein echtes Experiment im Gegensatz zu einem quasi-experimentellen Design durch die Möglichkeit der direkten Manipulation der unabhängigen Variablen durch den Forscher sowie der Möglichkeit der Bestimmung von Kontroll- und Untersuchungsgruppen zur Bestimmung externer Effekte durch Erreichung einer „zufälligen" Verteilung, aus, vgl. Abdel-khalik/Ajinkya (1979), S. 31.

1297 Vgl. Atteslander (2010), S. 182.

1298 Vgl. Atteslander (2010), S. 182.

1299 Vgl. Roth/Heidenreich/Hollin (1999), S. 234.

explaining the underlying mechanisms involved.“[1300] Simulationsstudien lassen sich zwischen Laborexperimenten und der Feldforschung einordnen.[1301] Ein Vorteil von Simulationsstudien gegenüber Experimenten in Laborsituationen stellt nach Crano/Brewer (1975) die Möglichkeit der simultanen Manipulation mehrerer Variablen dar, wodurch die Schaffung quasi-natürlicher Bedingungen möglich wird und welche zu maßgeblichen Vorteilen für die Generalisierbarkeit der Ergebnisse führt.[1302] Dies resultiert in einer Erhöhung der externen Validität,[1303] durch die sich Feldforschung auszeichnet. Demzufolge ist die Simulationstechnik zugleich mit Vorteilen der Feldforschung verbunden.

Diese Art der Untersuchung basiert insbesondere auf Bilanzgrößen, welche per Definition Stichtagswerte darstellen. Infolgedessen wird die Simulationsstudie für verschiedene, separat betrachtete Zeitpunkte durchgeführt. Es ist jedoch nicht möglich, eine Entwicklung über einen definierten Zeitraum zu beobachten. Vorwiegend aus diesem Grund werden die Kriterien, welche beispielsweise in den Naturwissenschaften einer Simulation zu Grunde gelegt werden, nicht erfüllt.[1304] Die vorgenommene Untersuchung ist in diesem Zusammenhang vielmehr als Modellierung zu bezeichnen. Speziell in der Rechnungslegungsforschung wird der Begriff der Simulation für die Untersuchung bilanzieller Zusammenhänge verwendet; bereits Schipper (1994) bezeichnet diese Vorgehensweise als „calculation of (simulated) reported numbers“.[1305] Aus diesem Grund wird in der vorliegenden Studie der Begriff der Simulation verwendet.

1300 Abelson (1968), S. 275. Crano/Brewer (1975) übersetzt diese Definition wie folgt: „Simulation erfordert eine flexible Imitation von Prozessen und Ergebnissen mit dem Ziel der Erklärung oder Verdeutlichung der zugrundeliegenden Mechanismen“, Crano/Brewer (1975), S. 122.

1301 Vgl. Roth/Heidenreich/Hollin (1999), S. 235; Crano/Brewer (1975), S. 122.

1302 Vgl. Crano/Brewer (1975), S. 123.

1303 Die externe Validität umfasst die Übertragbarkeit der Ergebnisse einer Untersuchung auf andere, insbesondere natürliche Situationen, vgl. Roth/Heidenreich/Hollin (1999), S. 237; Kromrey (2009), S. 502.

1304 Nach der anwendungsorientierten Definition des Begriffs „Simulation“ gemäß der VDI-Richtlinie 3633 wird eine Simulation durch das Nachbilden eines Systems mit dessen dynamischen Prozessen, welche über die Zeit entwickelt werden, gekennzeichnet.

1305 Schipper (1994), S. 63. Auch Fülbier/Hitz/Sellhorn (2009), S. 503; Pellens/Fülbier/Sellhorn (2004), S. 145; Fülbier/Silva/Pferdehirt (2008), S. 126; Fasshauer et al. (2011), S. 788; Trombetta/Wagenhofer/Wysocki (2012), S. 142 verwenden den Begriff der Simulation. Teilweise wird unter dem Begriff der Simulation auch lediglich eine „Beispielrechnung“ anhand fiktiver Zahlen verstanden, wie z.B. bei Dewhirst (1971), S. 370.

5.2 Zielsetzung und Forschungsfrage

Die konzeptionellen Überlegungen zur Ausgestaltung der Pensionsbilanzierung zeigen weitreichende Schwächen des gegenwärtigen Modells zur Abbildung für Leistungen an Arbeitnehmer nach deren Beendigung des Arbeitsverhältnisses auf. Die unvollständige Erfassung respektive der unvollständige Ausweis sämtlicher Aufwendungen und Erträge sowie Vermögenswerte und Verpflichtungen aus Pensionsplänen lässt sich großteils mit der Zielsetzung und den Grundsätzen der IASB-Rechnungslegung nicht vereinbaren.[1306] Im Übrigen erweist sich auch die Erfassung von Aufwendungen und Erträgen hinsichtlich der Zuordnung zu einzelnen Abschlussposten als unzureichend normiert und – in Bezug auf die Erfassung von Aufwands- und Ertragsbestandteilen im OCI – ohne konzeptionelle Grundlage.

Diese Schwächen im Bereich der Pensionsbilanzierung werden nicht zuletzt vom IASB erkannt. Der Standardsetzer ist sich jedoch des umfassenden Änderungsbedarfs sowie der voraussichtlich weitreichenden Auswirkung einer im Sinne der IFRS-Grundsätze konsequenten Reformierung bewusst. Nicht zuletzt bestehen auch zu regelnde Fragen, welche unabhängig von der Bilanzierung von Leistungen an Arbeitnehmern als Gegenstand anderer Projekte, zum Beispiel im Rahmen des Financial Statement Presentation Projekts, bearbeitet werden. In der Folge hat sich das IASB entschlossen, Fragen, die über die Überarbeitung des IAS 19 im Jahr 2011[1307] hinausgehen, auf ein langfristiges Überarbeitungsprojekt zu verschieben. Dementsprechend steht das Projekt zur Überarbeitung von post-employment benefits als research project auf der Agenda des IASB. Der Standardsetzer kündigt an, bis zum Jahr 2015 zu diesem Projekt kein DP oder ähnliche Veröffentlichungen zu publizieren, fordert jedoch zur Durchführung von Forschungsarbeiten zu diesem Bilanzierungsbereich auf und stellte bereits ein Projektteam auf, um derartige Forschungsarbeiten aufzugreifen.[1308]

Standardsetzer werden mit der Erwartung konfrontiert, im Rahmen des Regulierungsprozesses neben Rechnungslegungsgrundsätzen, welche hierbei den Hauptreferenzpunkt für Regulierungsentscheidungen darstellen, auch ökonomische Konsequenzen möglicher Neuregelungen in Betracht zu ziehen. Dies gilt insbesondere in Bezug auf Auswirkungen, von denen angenommen wird, dass diese signifikant und weitreichend sind.[1309] Der Begriff der ökonomischen Konsequenzen umfasst nach Zeff (1978) die Beeinflussung des Entscheidungsverhaltens von Akteuren in der Wirtschaft, Regierung und in Verbänden sowie von Investoren und Kreditgebern durch die Finanzberichterstattung.[1310] Diese Abschlussadressaten orientieren sich insbesondere an Kennzahlen sowie deren Entwicklungen. Entsprechend beeinflusst die Veränderung dieser Kenngrößen in Folge einer Neuregelung ökonomische Entscheidungen der Akteure als Reaktion auf die verabschiedete

---

1306 Vgl. hierzu Abschnitt 4.1.
1307 Vgl. zu den Änderungen dieser Überarbeitung des Standards Abschnitt 3.3.8.
1308 Vgl. IASB (2012b).
1309 Vgl. Zeff (1978), S. 63.
1310 Vgl. Zeff (1978), S. 56.

Rechnungslegungsnorm. Auf Grund der möglichen ökonomischen Konsequenzen kommt den Auswirkungen eines reformierten Bilanzierungsmodells auf zentrale Kennzahlen eine hohe Bedeutung zu.

Vor diesem Hintergrund widmet sich nachfolgende Studie folgender Forschungsfrage:

> „Welche Auswirkungen hat eine Überarbeitung des Bilanzierungsmodells für Pensionspläne auf zentrale Bilanzgrößen und Kennzahlen?"

Die Simulationsstudie wird in drei Einzelanalysen unterteilt, die sich im Einzelnen nachfolgend dargestellten Untersuchungsfragen widmen, um einen Vergleich der Auswirkungen durch unterschiedliche Anpassungen zu ermöglichen:

1. Welche Auswirkungen hat die Umsetzung des IAS 19 (rev. 2011)?
2. Welche Auswirkungen hat die Umsetzung einer sofortigen GuV-wirksamen Erfassung sämtlicher Pensionsaufwendungen und -erträge?
3. Welche Auswirkungen hat die Umsetzung eines Bruttoansatzes?

Die erste Untersuchung dient insbesondere als Vergleichsgrundlage für die anderen beiden Simulationsstudien. Die Änderungen aus dem Jahr 2011 sind bereits verabschiedet, finden jedoch erst für Geschäftsjahre, welche am oder nach dem 1. Januar 2013 beginnen, Anwendung.[1311] Im Untersuchungszeitraum der vorliegenden Studie findet diese Version des IAS 19 folglich noch keine Anwendung. Um die Auswirkung weiterer, möglicherweise künftiger Änderungen adäquat abschätzen zu können, wird zuerst die Veränderung zentraler Kenngrößen durch die bereits verabschiedete Modifikation der Bilanzierungsregelungen untersucht. Im Anschluss daran können Kennzahlen, welche sich aus der zweiten und dritten Simulation ergeben, vergleichend zur ersten Untersuchung analysiert werden.

Im nächsten Schritt werden die Auswirkungen einer vollständigen GuV-wirksamen Erfassung sämtlicher Aufwendungen und Erträge untersucht. Eine solche potenzielle Bilanzierungsänderung wirkt sich insbesondere auf Ergebnisgrößen aus und lässt insgesamt weniger gravierende Effekte erwarten, als die zusätzliche Umsetzung des Bruttoansatzes, welche daher erst im dritten Schritt untersucht wird. Die Untersuchung der Auswirkungen des Bruttoansatzes baut auf der zweiten Simulation auf und führt somit letztendlich zur vollständigen Umsetzung der konzeptionell erarbeiteten Reformvorschläge hinsichtlich der Neugestaltung der Pensionsbilanzierung.

Die vorliegende Studie untersucht mögliche Auswirkungen einer potentiellen Änderung der Pensionsbilanzierung auf Abschlussposten und infolgedessen relevante Kennzahlen in diesem Zusammenhang. Diese Forschungsarbeit trägt zum Erkenntnisgewinn in Bezug auf die Reformierung der Pensionsbilanzierung in mehrfacher Hinsicht bei: Die Simulationsstudie untersucht erstmals verschiedene mögliche

1311 Eine freiwillige frühere Anwendung des im Jahr 2011 überarbeiteten IAS 19 ist nach IAS 19.172 erlaubt; die Übernahme des Standards durch die EU erfolgte am 05.06.2012.

Änderungen des IAS 19 und stellt auf diese Weise eine umfassende Untersuchung der Auswirkungen von Reformvorschlägen hinsichtlich leistungsorientierter Pensionspläne dar, welche noch nicht umgesetzt sind, jedoch konzeptionell angebracht erscheinen. Da die Untersuchung in einem frühen Projektstadium durchgeführt wird, gewährt sie dem Standardsetzer und weiteren Institutionen sowie Personen, die sich in das Standardsetzungsverfahren einbringen, eine fundierte Entscheidungsgrundlage und dient dadurch dem Standardsetzungsprozess. Auf Basis der Ergebnisse aus der Simulationsstudie können Standardsetzer zunächst mögliche quantitative Auswirkungen der einzelnen untersuchten Bilanzierungsänderungen auf die Bilanz sowie die Gewinn- und Verlustrechnung abschätzen. Diese Informationen dienen Standardsetzern in der Folge dazu, mögliche ökonomische Auswirkungen, wie Verhaltensänderungen von Abschlussadressaten und -erstellern, einer entsprechenden Bilanzierungsänderung zu antizipieren; somit können Standardsetzer Hinweise auf intendierte sowie nicht intendierte Auswirkungen einer Normenänderung gewinnen.

Weiterhin werden durch die vorliegende Untersuchung diese potenziellen Änderungen für eine Stichprobe aus Unternehmen mehrerer relevanter Börsensegmente untersucht und basiert damit auf den Daten von Unternehmen unterschiedlicher Größe und Charakteristika, wie unterschiedlicher Branchen. Darüber hinaus existiert bislang keine vergleichbare Simulationsstudie, welche einen Untersuchungszeitraum von mehreren Jahren – 2005 bis 2010 – betrachtet. Auf diese Weise wird die Abschätzung der mehrperiodigen Anwendung einer veränderten Bilanzierungsnorm deutlich. Ergänzend ermöglicht diese Studie ein Vergleich der bilanziellen Auswirkungen zwischen Unternehmen, welche bislang verschiedene Bilanzierungsmethoden anwenden. Dies gilt zum einen in Bezug auf die bisherige Methode zur Erfassung versicherungsmathematischer Gewinne und Verluste; gleichwohl wird auch die bislang unterschiedliche Erfassung von Aufwands- und Ertragskomponenten in den Posten der Gewinn- und Verlustrechnung berücksichtigt. Damit stellt diese Studie die erste Untersuchung ihrer Art dar, welche die Erfassung in verschiedene Ergebnisbestandteile unterscheidet und darüber hinaus eine differenzierte Aussage über die möglichen Auswirkungen einer Bilanzierungsänderung auf Unternehmen unterschiedlicher Gruppen über mehrere Perioden erlaubt. Zusammengefasst entspricht die vorliegende Untersuchung standardsetzungsrelevanter ex-ante-Forschung und dient Standardsetzern und weiteren interessierten Parteien als Informationsgrundlage zu einem künftigen Projekt „post-employment benefits".

Um eine Einordnung der Bedeutung der betrieblichen Pensionszusagen zu ermöglichen sowie die Entwicklung zentraler pensionsbezogener Größen seit der verpflichtenden IFRS-Anwendung im Jahr 2005 bis zum Jahr 2010 zu illustrieren, wird im Rahmen der empirischen Untersuchung der vorliegenden Arbeit zunächst eine Bestandsaufnahme der Entwicklung und Bedeutung von Pensionsplänen deutscher Unternehmen durchgeführt. Ziel dieser Erhebung ist es, wesentliche Informationen über die von Unternehmen gewährten Pensionszusagen zu analysieren und deren Bedeutung zu illustrieren, wie auch das Untersuchungssample für die nachfolgende Simulationsstudie zu beschreiben. Insbesondere dienen die Erkenntnisse dieser Auswertung der Interpretation der Simulationsergebnisse.

Entsprechend werden im Rahmen der Erhebung der Entwicklung und Bedeutung von Pensionsplänen deutscher Unternehmen zentrale Größen der betrieblichen Altersversorgung, welche die Ausgangsbasis der Bilanzierung darstellen, analysiert. Des Weiteren werden ebenfalls die von den Unternehmen gewählten Bilanzierungsmethoden beleuchtet. Im Rahmen dieser Bestandsaufnahme liegt der Fokus auf der Entwicklung von leistungsorientierten Pensionsverpflichtungen. Weiterhin wird der Aufwand für beitragsorientierte Verpflichtungen sowie das Planvermögen untersucht. Die Entwicklung und Bedeutung von Pensionszusagen wird unabhängig von der vorgenommenen respektive gewählten Bilanzierungsweise durchleuchtet. Dementsprechend gehen zumeist – soweit Kennzahlen zu dieser Analyse herangezogen werden – jeweils die gesamte leistungsorientierte Verpflichtung (DBO) oder das vollständige Planvermögen in die Kennzahlenermittlung ein. Die tatsächlich bilanzierten Werte werden primär im Rahmen der Auswertung der Simulationsstudie betrachtet. Weiterhin gilt zu beachten, dass die erhobenen Werte des vollständigen Untersuchungssamples in diese Auswertung eingehen. Eine Eliminierung von Extremwerten oder Ausreißern wird für Zwecke der Bestandsaufnahme nicht vorgenommen. Darüber hinaus wird ebenfalls die bisherige Bilanzierungspraxis ausgewertet, insoweit diese die Wahl der Erfassungsmethode für versicherungsmathematische Gewinne oder Verluste betrifft. Versicherungsmathematische Gewinne und Verluste werden außerdem eingehender untersucht, indem deren Umfang sowie der Umfang nicht bilanzierter Beträge ausgewertet werden. Zuletzt wird die Entwicklung des Rechnungszinssatzes, der sich erheblich auf die Höhe leistungsorientierter Pensionsverpflichtungen auswirkt, dargestellt.

5.3 Auswahl der Stichprobe und Datenbasis

5.3.1 Abgrenzung und Umfang der Stichprobe

Als Ausgangspunkt für die Abgrenzung der Stichprobe wird das Prime Segment der Deutschen Börse AG identifiziert. Die Simulationsstudie wird für Unternehmen der folgenden Indizes der Deutschen Börse AG durchgeführt: Deutscher Aktienindex (DAX), Mid-Cap Deutscher Aktienindex (MDAX) und Small-Cap Deutscher Aktienindex (SDAX). Der DAX repräsentiert die 30 größten und umsatzstärksten Werte des Prime Standard an der Frankfurter Wertpapierbörse, gemessen an der Marktkapitalisierung und dem Börsenumsatz. Die Indizes MDAX und SDAX umfassen die im Hinblick auf Größe und Umsatz nachfolgenden, ebenfalls im Prime Standard der Frankfurter Wertpapierbörse notierten Unternehmen.[1312] Die Zusammensetzung der Indizes basiert auf der Auswahl der Unternehmen nach der ordentlichen Anpassung im September 2010. Somit beinhaltet die Stichprobe Unternehmen mit Sitz in Deutschland, die im Fokus der Kapitalanleger stehen sowie sich in Bezug auf die Größe unterscheiden und hinsichtlich der Branchenzuordnung die klassischen

1312 Vgl. Deutsche Börse AG (2012), S. 8 f. i. V. m. S. 23.

Sektoren abbilden. Da es sich um die größten Unternehmen in Deutschland handelt, ist anzunehmen, dass diese auch die umfassendsten Zusagen zur betrieblichen Altersversorgung gewähren.

Die Untersuchung erfolgt für die Geschäftsjahre 2005 bis 2010.[1313] Kapitalmarktorientierte Unternehmen mit Sitz in einem EU-Mitgliedsstaat sind gemäß der EU-Verordnung Nr. 1606/2002 verpflichtet, ihre konsolidierten Abschlüsse für Geschäftsjahre, die am oder nach dem 1. Januar 2005 beginnen, nach IFRS aufzustellen.[1314] Da erst für dieses und die nachfolgenden Geschäftsjahre ein Abschluss nach IFRS für eine Vielzahl kapitalmarktorientierter Unternehmen vorliegt, stellt das Jahr 2005 den frühstmöglichen Betrachtungszeitpunkt für die Untersuchung dar.[1315] Forschungsarbeiten, welche die Auslagerung von Vermögenswerten zur Deckung leistungsorientierter Pensionsverpflichtungen untersuchen, kommen zu dem Ergebnis, dass die externe Finanzierung mit der verpflichtenden Anwendung der IFRS gestiegen ist.[1316] Um die Entwicklung des Finanzierungsstatus ebenso wie die Entwicklung der Höhe leistungsorientierter Verpflichtungen sowie versicherungsmathematischer Gewinne und Verluste in die Betrachtung einzubeziehen, umfasst die nachfolgende Untersuchung den Zeitraum bis zum Jahr 2010.

Das Ausgangssample umfasst 130 Unternehmen, von welchen jeweils die Daten aus sechs Geschäftsjahren erfasst werden. Insgesamt gehen detaillierte Daten aus 780 Unternehmensjahren in die Untersuchung ein.

Diese Stichprobe wird bereinigt um Unternehmen, für welche keine Anhangangaben zu leistungsorientierten Pensionsplänen zur Verfügung stehen. Einzelne Unternehmen verzichten auf detaillierte Angaben zu leistungsorientierten Pensionsplänen, da den vorhandenen Pensionsverpflichtungen lediglich eine untergeordnete Bedeutung zugesprochen wird. Hierbei handelt es sich in den Jahren 2005 bis 2010 um jeweils drei Unternehmen. Da bei diesen Unternehmen die benötigten Anhangangaben über den gesamten Betrachtungszeitraum nicht zur Verfügung stehen, werden diese vollständig aus der Stichprobe entfernt.[1317] Weitere zehn Unternehmen, welche während des gesamten Untersuchungszeitraums über keine

---

1313 Abschlüsse von Unternehmen mit einem vom Kalenderjahr abweichenden Geschäftsjahr werden für die Auswertung dem Geschäftsjahr zugeordnet, in welchem der Abschlussstichtag liegt.

1314 Vgl. EU-Verordnung Nr. 1606/2002, Art. 4. Für Unternehmen, welche bereits vor der verpflichtenden Anwendung der IFRS ihren Abschluss nach international anerkannten Standards aufstellten, besteht eine Übergangsfrist zur verpflichtenden Anwendung der IFRS bis zu Geschäftsjahren, die am oder nach dem 1. Januar 2007 beginnen, vgl. EU-Verordnung Nr. 1606/2002, Art. 9 b).

1315 Unternehmen des Prime Standard der Deutschen Börse AG sind bereits seit der Gründung dieses Börsensegments im Jahr 2003 verpflichtet, internationale Rechnungslegungsstandards anzuwenden, vgl. Deutsche Börse AG (2003), S. 37.

1316 Vgl. hierzu Abschnitt 4.2.2.1.

1317 Hierbei handelt es sich um die Unternehmen Fielmann AG, Gerry Weber International AG und TAG Immobilien AG.

leistungsorientierten Pensionspläne verfügen, werden ebenfalls aus der Stichprobe ausgeschlossen.[1318] Sofern Unternehmen lediglich zu Beginn des Untersuchungszeitraums noch keine leistungsorientierten Pensionszusagen gewährten, werden diese in die Auswertung einbezogen.

Zur Durchführung der Erhebung der Entwicklung und Bedeutung der Pensionspläne deutscher Unternehmen wird ausschließlich auf die in den jeweiligen Konzernabschlüssen der Unternehmen veröffentlichten Daten zurückgegriffen. Auf Grund dessen muss die Stichprobe für diese Erhebung, nicht jedoch für die Simulationsstudie, weiter wie nachfolgend beschrieben reduziert werden: Da nicht für alle genannten Unternehmen über den gesamten Betrachtungszeitraum ein Konzernabschluss, welcher nach internationalen Normen erstellt ist, vorliegt, ist eine weitere Bereinigung der Stichprobe für die Bestandsaufnahme notwendig. Auf Grund der hohen Übereinstimmung der US-GAAP-Regelungen zur Bilanzierung leistungsorientierter Pläne mit den entsprechenden IFRS-Vorgaben im Untersuchungszeitraum werden Anhangangaben aus US-GAAP-Abschlüssen als inhaltlich gleichwertig erachtet.

Für einzelne Unternehmen liegt jedoch für die Jahre 2005–2006 kein entsprechender Abschluss vor, da diese zu diesem Zeitpunkt noch nicht gegründet waren oder noch keine Kapitalmarktorientierung aufwiesen. Sofern die Daten für diese fehlenden Unternehmensjahre nicht durch Vorjahreswerte nachfolgender Abschlüsse ersetzt werden können, werden die entsprechenden Jahre für diese Bestandsaufnahme aus der Stichprobe entfernt. Hierbei handelt es sich im Jahr 2006 um ein Unternehmen sowie im Jahr 2005 um fünf Unternehmen.[1319] Diese Unternehmen werden jedoch nicht vollständig aus der Gesamtstichprobe ausgeschlossen; Unternehmensjahre, in welchen ein IFRS-Abschluss vorliegt, werden berücksichtigt. Auf Grund dessen werden die nachfolgenden Auswertungen, bei welchen die Entwicklung der Höhe absoluter Werte über den Betrachtungszeitraum analysiert wird, durch den Effekt der fehlenden Unternehmensjahre beeinflusst. Da es sich jedoch insgesamt lediglich um 0,8 % der betrachteten Unternehmensjahre handelt und der Anteil der DBO dieser Unternehmen an der Höhe der DBO der Gesamtstichprobe in der ersten Periode, für welche die Daten zur Verfügung stehen, also 2007, lediglich etwa 0,11 % entspricht, kann dieser Effekt vernachlässigt werden. Tabelle 5.1 zeigt die Ermittlung der Samplegröße.

1318 Hierunter fällt auch ein Unternehmen, welches in den Jahren 2005–2006 Pensionszusagen in unwesentlicher Höhe auswies, diese anschließend jedoch abgegolten hat. Hierbei handelt es sich um die Unternehmen Deutsche Euroshop AG, Alstria Office Reit-AG, Amadeus Fire AG, CAT Oil AG, Delticom AG, Tipp24 AG, Balda AG, DIC Asset AG, Patrizia Immobilien AG, Sixt AG.

1319 Hierbei handelt es sich im Jahr 2006 um die Unternehmen Tom Tailor Holding AG sowie im Jahr 2005 zusätzlich um die Unternehmen Brenntag AG, Gerresheimer AG, Tognum AG, SAF-Holland S.A.

Tabelle 5.1: Ermittlung der Stichprobe für die Analyse der Entwicklung und Bedeutung von Pensionsplänen deutscher Unternehmen (Angaben entsprechen der Anzahl der Unternehmen)

Jahr	**2005**	**2006**	**2007**	**2008**	**2009**	**2010**	**Σ**
Unternehmen in DAX, MDAX, SDAX	130	130	130	130	130	130	780
Reduktion des Samples:							
Keine Angabe detaillierter pensionsbezogender Daten wegen untergeordneter Bedeutung	-3	-3	-3	-3	-3	-3	-18
Keine DBO vorhanden	-10	-10	-10	-10	-10	-10	-60
Fehlender Abschluss	-5	-1	-	-	-	-	-6
Σ	112	116	117	117	117	117	**696**

Weiterhin fehlen bei einzelnen Unternehmen in den Jahren 2005 und 2006 die zur Errechnung relativer Kennzahlen herangezogenen Daten aus der Datenbank Datastream (Worldscope).[1320] Diese Daten fehlen neben den genannten Unternehmen, bei welchen kein Abschluss vorliegt, im Jahr 2006 bei zwei weiteren Unternehmen sowie im Jahr 2005 bei einem weiteren Unternehmen. Auf Grund dessen basieren einzelne Kennzahlen in diesen Jahren auf einer verminderten Grundgesamtheit.[1321]

Unternehmen der Finanzdienstleistungsbranche werden für den Zweck der Bestandsaufnahme der Pensionsinformationen nicht aus der Stichprobe entfernt. Finanzdienstleister unterscheiden sich zwar hinsichtlich ihrer Bilanz- und GuV-Relationen erheblich von den entsprechenden Werten von Unternehmen anderer Branchen, jedoch werden im Rahmen der Untersuchung dieses Abschnitts ausschließlich pensionsbezogene Kennzahlen ermittelt, weshalb ein Ausschluss von Unternehmen der Finanzbranche aus diesem Grund unberechtigt erscheint.[1322]

1320 In diesem Abschnitt werden die Daten für Eigen-, Fremd- und Gesamtkapital aus der Datenbank Datastream (Worldscope) verwendet. Für weitere Ausführungen zur Datenerhebung und den herangezogenen Datenquellen vgl. Abschnitt 5.3.2.

1321 Hierbei handelt es sich im Jahr 2006 um die Unternehmen Brenntag AG und SAF Holland S.A. sowie im Jahr 2005 um das Unternehmen Stroer Out-Of-Home Media AG.

1322 In dieser Hinsicht unterscheidet sich die Stichprobe von den im Rahmen der Simulationsstudie betrachteten Unternehmen. Für die Durchführung der Simulationsstudie werden Unternehmen der Finanzdienstleistungsbranche ausgeschlossen, um einen Vergleich der analysierten Kennzahlen zu ermöglichen. Gleichwohl wird durch die Integration von Finanzdienstleistern in die Bestandsaufnahme der Pensionspläne ein umfassenderes Bild der betrieblichen Altersversorgung bei Unternehmen des DAX, MDAX und SDAX gewährt, weshalb diese in nachfolgende Bestandsaufnahme ebenfalls einbezogen werden.

Die Branchenzuordnung der Unternehmen der Stichprobe mit wesentlichen leistungsorientierten Pensionsverpflichtungen zeigt Tabelle 5.2.

Tabelle 5.2: Branchenverteilung der Unternehmen aus der Stichprobe

Branche	**Anzahl**	**prozentualer Anteil**
Anlagenbau/Automobil	34	29,06 %
Chemie/Pharma	19	16,24 %
Dienstleistungen	19	16,24 %
Finanzdienstleistungen	13	11,11 %
Sonstiges produzierendes Gewerbe	13	11,11 %
Handel	8	6,84 %
Verschiedene	7	5,98 %
Versorgung	4	3,42 %
Σ	**117**	**100,00 %**

Zur Durchführung der Simulationsstudie wird die Stichprobe um Unternehmen der Finanzdienstleistungsbranche reduziert. Da die Bilanzstruktur von Finanzdienstleistern wesentlich von Unternehmen anderer Branchen abweicht, ist ein Vergleich dieser Unternehmen mit Unternehmen anderer Branchen regelmäßig nicht anhand derselben Kennzahlen möglich. Um eine einheitliche Anwendung der Kennzahlen zur Auswertung der Simulationsergebnisse zu ermöglichen, werden Finanzdienstleister diesbezüglich nicht betrachtet. Die Identifikation von Finanzdienstleistungsunternehmen erfolgt anhand der Brancheneinteilung, welche in der Datenbank Datastream (Worldscope) unter dem Worldscope-Item WC06011 hinterlegt ist. Unternehmen mit dem Branchencode 4300 „Finanzdienstleister" werden aus der Stichprobe eliminiert. Aus der gesamten Untersuchungsstichprobe sind 19 Unternehmen der Finanzdienstleistungsbranche zuzuordnen. Sechs Finanzdienstleistungsunternehmen wurden bereits aus der Stichprobe eliminiert, da diese über keine wesentlichen leistungsorientierten Pensionszusagen verfügen, weshalb die Stichprobe um lediglich 13 weitere Unternehmen reduziert wird.[1323] Insgesamt verbleiben 104 Unternehmen in der Stichprobe, die im Rahmen der Untersuchung über sechs Perioden betrachtet werden.

1323 Hierbei handelt es sich um die Unternehmen Allianz SE, Commerzbank AG, Deutsche Bank AG, Münchener Rückversicherungs-Gesellschaft AG, Aareal Bank AG, Deutsche Wohnen AG, Gagfah SA, Hannover Rückversicherungs AG, IVG-Immobilien AG, Colonia Real Estate AG, Comdirect Bank AG, Deutsche Beteiligungs AG, Grenkeleasing AG.

Tabelle 5.3: Ermittlung der Stichprobe für die Simulationsstudie

		Anzahl
Unternehmen in DAX, MDAX, SDAX		130
Reduktion des Samples um Unternehmen		
- ohne Angabe detaillierter pensionsbezogender Daten wegen untergeordneter Bedeutung		-3
- ohne DBO		-10
Unternehmen mit wesentlichen leistungsorientierten Pensionzusagen		=117
Reduktion um Unternehmen der Finanzdienstleistungsbranche:	-19	
- Unternehmen des Finanzsektors ohne wesentliche Pensionszusagen (bereits aus Stichprobe eliminiert)	+6	
- Unternehmen des Finanzsektors mit wesentlichen leistungsorientierten Pensionszusagen		-13
Finale Stichprobe		=104

5.3.2 Datenquellen

Für die Simulationsstudie werden detaillierte Daten in Bezug auf Pensionsverpflichtungen und -vermögenswerten benötigt. Gemäß IAS 19.120A (2004) sind bilanzierende Unternehmen verpflichtet, ausführliche Informationen zur Entwicklung von Pensionsverpflichtungen und Planvermögen sowie weitere Parameter, die der Berechnung der Pensionsverpflichtungen zu Grunde liegen oder das Planvermögen betreffen, im Anhang anzugeben.[1324] Durch diese Offenlegungspflicht werden grundsätzlich die im Rahmen der vorliegenden Simulationsstudie benötigten Daten bereitgestellt.

Zahlreiche dieser Anhangangaben werden auch in der Datenbank Datastream (Worldscope) von ThomsonReuters geführt. Jedoch decken die in der Datenbank grundsätzlich angelegten Daten (Worldscope-Items) nicht vollumfänglich die benötigten Daten ab. Darüber hinaus sind für die entsprechenden pensionsbezogenen Worldscope-Items häufig keine Werte erfasst. Dies beruht zum Teil auf der Tatsache, dass – je nach gewählter Bilanzierungsmethode – nicht jedes Unternehmen sämtliche, nach IAS 19.120A geforderte Angaben auch tatsächlich angeben muss oder kann. Zusätzlich fehlen jedoch auch Werte, bei denen es nicht möglich ist, zu überprüfen, ob die entsprechenden Angaben bereits in den Abschlüssen der jeweiligen Unternehmen nicht vorhanden sind, oder ob es sich um eine fehlende Erfassung der Werte in Datastream (Worldscope) handelt. Neben dem Problem der unvollständigen Daten sind die in der Datenbank erfassten Werte zum Teil fehlerhaft. Dies ist das Ergebnis eines exemplarischen Abgleichs der Daten aus Datastream (Worldscope)

1324 Da im Rahmen der Simulationsstudie die Geschäftsjahre 2005 bis 2010 betrachtet werden, basieren die in diesem Zeitraum erhobenen Daten auf den Angabepflichten des IAS 19 (2004).

mit den entsprechenden, händisch erhobenen Geschäftsberichtsdaten durch die Verfasserin.

Da im Rahmen der vorliegenden Studie verschiedene Ansatz- und Ausweismöglichkeiten von leistungsorientierten Pensionsplänen untersucht werden, die zum Teil auch Erfassungsänderungen von Werten beinhalten, deren Höhe im Vergleich zu den übrigen (pensionsbezogenen) Werten relativ gering ist, würden die in Datastream (Worldscope) erfassten fehlerhaften Daten die Ergebnisse dieser Untersuchung stark verfälschen. Um für die Simulationsstudie aussagekräftige Ergebnisse zu erhalten, ist eine detaillierte und möglichst korrekte Datenbasis notwendig. Darüber hinaus können die in Datastream (Worldscope) hinterlegten pensionsbezogenen Daten auch bedingt durch die in vielen Fällen nicht nachvollziehbare Vorgehensweise bei der Erhebung dieser Werte[1325] für die vorliegende Studie nicht verwendet werden.

Begründet durch die geringe Datenqualität der in Datastream (Worldscope) enthaltenen Werte, sind die für die vorliegende Studie benötigten pensionsbezogenen Daten direkt den Konzernabschlüssen der Unternehmen entnommen.[1326] Diese Vorgehensweise wählen aus ähnlichen Gründen auch Stadler (2010b) und Stadler/Lobe (2010) sowie Fasshauer/Glaum (2008) und Fasshauer (2010).

Bilanz- und GuV-Daten sowie weitere nicht pensionsspezifische Angaben, die darüber hinaus benötigt werden, sind aus Gründen der intersubjektiven Nachprüfbarkeit der Datenbank Datastream (Worldscope) entnommen.[1327] Hierzu zählen folgende Posten aus der Konzernbilanz (inklusive der Identifikationsnummer der entsprechenden Worldscope-Items (WC)):

1325 So lässt sich die genaue Abgrenzung des Inhalts mancher pensionsbezogener Worldscope-Items nicht eindeutig klären. Auch zeigt das Ergebnis einer durchgeführten Vorstudie, in deren Rahmen Anhangangaben zu leistungsorientierten Pensionsplänen händisch erfasst wurden, dass versicherungsmathematische Annahmen, insbesondere der Diskontierungszinssatz, teilweise nicht, wie von IAS 19.120A (n) (vi) (2004) gefordert, als absoluter Wert, sondern als Spanne angegeben werden. Ein ähnliches Problem ergibt sich beispielsweise auf Grund der Tatsache, dass vielfach pensionsbezogene Anhangangaben disaggregiert, zumeist nach Ländern, im Anhang angegeben werden. Diesbezüglich kann nicht nachvollzogen werden, wie die in Datastream (Worldscope) erfassten Daten in solchen Fällen ermittelt werden.

1326 Zur Erhebung und Bereinigung der Jahresabschlussangaben vgl. Abschnitt 5.3.3.

1327 Eine ähnliche Vorgehensweise wählen Stadler/Lobe (2010).

- Eigenkapital (WC03995 + WC03426)
- Eigenkapital ohne Minderheiten (WC03995)
- Minderheiten (WC03426)
- Fremdkapital (WC03351)
- Gesamtkapital (WC03999)
- Anlagevermögen (WC02999-WC02201)

Folgende Posten aus der Konzern-GuV basieren auf Daten der Datenbank Datastream (Worldscope):

- Umsatzerlöse (WC01001)
- EBIT (WC18191)
- Jahresüberschuss (WC01651)
- Jahresüberschuss vor Steuern (WC01401)
- Minderheitenanteil am Jahresüberschuss (WC01501)
- Steuerliche Aufwendungen (WC01451)

Darüber hinaus wird auf weitere Werte aus Datastream (Worldscope) zurück gegriffen:

- Marktwert (WC08001)
- Anzahl ausstehender Aktien (WC05192)
- Branche (WC06011)

Die Branchenzuordnung der untersuchten Unternehmen erfolgt anhand der Zuordnung, welche in Datastream (Worldscope) hinterlegt ist (WC06011). Diese Einteilung besteht aus übergeordneten Branchen, welche eine weitere Unterteilung erfahren. Da eine Vielzahl übergeordneter Branchen besteht, werden diese Branchen für die Auswertungen im Rahmen der hier vorgenommenen Untersuchung aggregiert. Folgende aggregierte Branchen werden betrachtet (inklusive der zugeordneten Datastream (Worldscope)-Branchencodes):[1328] Finanzdienstleister (4300), Chemie/Pharma (2500, 3400), Dienstleistungen (6400, 6700, 7900, 8510, 8550, 8580) Handel (7000, 8591), Anlagenbau/Automobil (1300, 1900, 3700, 4000, 4900), sonstiges produzierendes Gewerbe (1600, 2800, 4600, 5200, 5500, 5800, 6100), Versorger (8200) und Verschiedene (3100, 8592).

5.3.3 Erhebung und Aufbereitung der Daten

Die pensionsbezogenen Daten wurden händisch erhoben, um hierdurch eine – im Vergleich zu Werten aus Datenbanken – höhere Datenqualität zu erreichen. Für die händische Erhebung wurden die Geschäftsberichte der einzelnen Unternehmen herangezogen. Die benötigten Daten entstammen hauptsächlich dem Anhang

1328 Die Branchencodes stellen teilweise übergeordnete Branchencodes dar und umfassen in diesen Fällen alle untergeordneten Branchen. Es finden ausschließlich Branchen, welche in der Stichprobe vertreten sind, Berücksichtigung.

des Konzernjahresabschlusses des jeweiligen Geschäftsjahres. Bei abweichenden Geschäftsjahren ist das Jahr, in welchem der Bilanzstichtag liegt, maßgeblich für die Auswertung. Liegt ein Abschluss nicht in Euro vor, so wird eine Währungsumrechnung vorgenommen, indem die Abschlussdaten mit dem Stichtagskurs zum Bilanzstichtag in Euro umgerechnet werden.

Verfügt ein Unternehmen über mehr als einen leistungsorientierten Plan, beispielsweise für pensionsähnliche Versorgungszusagen, wie Zusagen der medizinischen Versorgung, können Unternehmen gemäß IAS 19.122 (2004) Angaben für alle Pläne zusammenfassen oder einzelne Pläne gruppieren. Sofern separate Angaben zu pensionsbezogenen Plänen vorhanden sind, wurden im Rahmen der Datenerfassung nur die pensionsbezogenen Angaben erhoben. War dies nicht möglich, so wird die Annahme getroffen, dass keine pensionsähnlichen leistungsorientierten Pläne existieren oder diese unwesentlich sind. Bei einer weiteren Unterteilung der pensionsbezogenen Angaben, beispielsweise nach der geographischen Zuordnung, wurden die einzelnen Werte zusammengefasst.

Die Erfassung der Anhangangaben zu Pensionszusagen über eine Vielzahl von Unternehmen erweist sich aus mehreren Gründen als schwierig. Diese lassen sich sämtlich auf die Tatsache zurückführen, dass in den IFRS lediglich die Art der geforderten Anhangangabe, nicht jedoch die konkrete Darstellungsweise aufgeführt sind. Auch der Standard IAS 19 bildet dabei keine Ausnahme. Dieser Standard macht zwar die Vorgabe, Angaben, sofern angemessen, im Rahmen einer Überleitungsrechnung darzustellen. Dennoch verbleibt den Unternehmen auch in solchen Fällen vielfältiger Spielraum in der Wahl der konkreten Darstellungsweise, zum Beispiel hinsichtlich der Aggregationsebene, die für die Rechnungen gewählt wird, oder der Wahl der Vorzeichen für Gewinne oder Verluste respektive Aufwendungen oder Erträge. Um mögliche hierdurch bedingte Erfassungsfehler zu reduzieren, wurde folgende Vorgehensweise gewählt:

Zur weiteren Überprüfung des Datensatzes wurde das Vorhandensein zwingend notwendiger pensionsbezogener Werte überprüft. Darüber hinaus wurde die Datenqualität durch Plausibilitätsprüfungen erhöht. Hierfür wurde zum einen – differenziert nach Wahl der Methode zur Erfassung versicherungsmathematischer Gewinne und Verluste – überprüft, ob entsprechend der gewählten Bilanzierungsmethode ein versicherungsmathematischer Gewinn oder Verlust erfasst wurde. Umgekehrt wurde ebenfalls sichergestellt, dass keine versicherungsmathematischen Gewinne oder Verluste entsprechend der nicht gewählten Methode gebucht wurden. Weiterhin wurde das Bestehen von Planvermögen in Zusammenhang mit erwarteten Erträgen aus Planvermögen durch Plausibilitätsprüfungen sichergestellt. Zuletzt wurde die Überleitung der bilanzierten Beträge, also bilanziertem Planvermögen und bilanzierter Pensionsverpflichtung, zur Nettoverpflichtung überprüft; ebenso wie die Überleitungsrechnung des Barwerts der DBO und des Zeitwerts des Planvermögens zur Nettoverpflichtung am Periodenende. Sofern diese Plausibilitätsprüfungen auf fehlerhafte Werte hinweisen, wurden die entsprechenden Daten anhand der Angaben im jeweiligen Geschäftsbericht überprüft und, sofern notwendig, korrigiert. Konnte kein Erhebungsfehler festgestellt werden, wurden die im Anhang des jeweiligen

Geschäftsberichts angegebenen Werte für die weitere Untersuchung verwendet. Eine Aufstellung der durchgeführten Plausibilitätsprüfungen enthält Anhang A.

Die Angabepflichten des IAS 19 (2004) umfassen vielzählige Informationen zur Berechnung und Entwicklung von Pensionszusagen und etwaigem Planvermögen. Da jedoch nicht alle Angaben, welche für die nachfolgende Studie benötigt werden, tatsächlich von allen Unternehmen in deren Konzernabschlüssen in der erforderlichen Weise angegeben werden, müssen bestimmte Werte aus den angegebenen Daten ermittelt oder geschätzt werden. Diese Fälle werden wie folgt behandelt:

Sofern möglich, wurden fehlende Werte durch die entsprechende Größe einer anderen im Anhang angegebenen Überleitungsrechnung oder Aufstellung ersetzt respektive ermittelt. Bei einem Fehlen von Werten respektive Überleitungsrechnungen in lediglich einzelnen Jahren, wurden die entsprechenden Daten, soweit möglich, aus den Vorjahreswerten des nachfolgenden Abschlusses erhoben.[1329] Eine mangelhafte Erfüllung der Angabeanforderungen des IAS 19 ist speziell in den frühen Jahren der verpflichtenden IFRS-Anwendung, 2005 und 2006, bei Unternehmen des MDAX oder SDAX zu beobachten.

IAS 19.119 (2004) stellt es den Bilanzierenden frei, in welchem Aufwands- respektive Ertragsposten der laufende Dienstzeitaufwand und der Zinsaufwand bzw. -ertrag erfasst werden. Die gewählte Art der Erfassung ist gemäß IAS 19.120A (g) in den Anhangangaben zu Pensionsverpflichtungen anzugeben. Diese Anhangangabe wird auf Basis der Geschäftsberichtsdaten des Jahres 2010 erhoben; die gewählte Erfassungsmethode wird – begründet durch das Erfordernis der Bilanzierungsstetigkeit – allen untersuchten Geschäftsjahren des jeweiligen Unternehmens zu Grunde gelegt.[1330] Da in den überwiegenden Fällen keine gesonderte Angabe darüber existiert, in welchem Ergebnisbestandteil die GuV-wirksam erfassten versicherungsmathematischen Gewinne und Verluste bei Korridor-Bilanzierern gebucht werden, wird angenommen, dass dieser in das operative Ergebnis eingeht.[1331]

Weitere Annahmen sind im Hinblick auf den Diskontierungszinssatz notwendig. Grundsätzlich wird nach IAS 19.120A (n) (2004) gefordert, zum Bilanzstichtag verwendete versicherungsmathematische Annahmen in absoluten Werten und nicht als Spanne zwischen verschiedenen Prozentsätzen anzugeben. Dennoch geben einzelne Unternehmen eine Spanne zwischen zwei Werten an und erfüllen insofern die geforderte Anhangangabe nicht vollumfänglich. In diesem Fall wird mangels weiterer Informationen der Mittelpunkt der Spannbreite zur Auswertung verwendet. Weiterhin

1329 Diese Vorjahreswerte wurden allerdings möglicherweise gemäß IAS 8 angepasst und entsprechen daher nicht zwangsläufig den im Vorjahr veröffentlichten Werten.

1330 Zumeist wird diese Angabe getrennt für die Erfassung des Zinsaufwands und -ertrags sowie zusammenfassend für die übrigen Aufwandskomponenten angegeben. Wird lediglich die Erfassungsmethode für den Zinsaufwand angegeben, so wird die Annahme getroffen, dass der Zinsertrag in demselben GuV-Posten erfasst wird.

1331 Nur äußerst wenige Unternehmen geben an, versicherungsmathematische Gewinne und Verluste als Teil des Finanzergebnisses zu erfassen. Diese Erfassungsmöglichkeit wird daher vernachlässigt.

differenzieren Unternehmen häufig zwischen Plänen unterschiedlicher Länder und geben entsprechend verschiedene Diskontierungszinssätze an. In solchen Fällen wird ein einheitlicher Diskontierungszinssatz errechnet, indem die angegebenen Zinssätze im Verhältnis zur Höhe der DBO zu Periodenbeginn der jeweiligen Länder gewichtet werden. Stehen keine getrennten Werte für die DBO zur Verfügung, wird das arithmetische Mittel der angegebenen Werte verwendet.

Für Unternehmen, welche vor Veröffentlichung der EU-Verordnung Nr. 1606/2002 zur verpflichtenden Einführung der IFRS bereits die Regelungen der US-GAAP anwendeten, sieht Artikel 9 der EU-Verordnung die Möglichkeit der Gewährung einer Übergangsfrist für die IFRS-Einführung bis zu Geschäftsjahren, die am oder nach dem 1. Januar 2007 beginnen, vor. Die US-GAAP-Regelungen weisen hohe Übereinstimmungen mit den Regelungen zur Abbildung leistungsorientierter Pensionszusagen nach IFRS auf.[1332] Jedoch unterscheiden sich die Angabeanforderungen, weshalb in den US-GAAP-Abschlüssen nicht alle, im Rahmen der Simulationsstudie benötigten Angaben in derselben Weise, wie in IFRS-Abschlüssen, zur Verfügung stehen. Für Unternehmen, deren Abschlüsse in Übereinstimmung mit dieser Vorgabe für die Geschäftsjahre 2005 und 2006 auf den Regelungen der US-GAAP basieren, werden, sofern möglich, für das letzte Geschäftsjahr vor Einführung der IFRS die Vorjahreswerte aus dem ersten IFRS-Abschluss verwendet. Für Geschäftsjahre, für welche keine Vorjahreswerte aus einem IFRS-Abschluss verfügbar sind, werden die US-GAAP-Angaben herangezogen.[1333]

Das Problem fehlender IFRS-Werte ergibt sich ferner für Unternehmen aus der Stichprobe, welche nicht über den gesamten betrachteten Zeitraum eine Kapitalmarktorientierung aufweisen. Für einzelne Unternehmen stehen daher nicht für den gesamten Zeitraum IFRS-Abschlüsse zur Verfügung. Dies gilt auch für Unternehmen, die während des Betrachtungszeitraums gegründet wurden. Soweit möglich, wurden diese Geschäftsjahre durch Vorjahreswerte des nachfolgenden Geschäftsjahres ersetzt, wobei die Annahme zu Grunde gelegt wird, dass diese Werte nicht gemäß IAS 8

1332 Die Regelungen des US-GAAP-Standards SFAS 87 sehen eine Korridorerfassung für versicherungsmathematische Gewinne und Verluste vor, vgl. SFAS 87.29 i. V. m. SFAS 87.32 sowie ausführlich Planert (2006), S. 133 ff. Durch Einführung des Standards SFAS 158, welcher für Geschäftsjahre, die nach dem 15.12.2006 enden, anzuwenden ist, wurde die Korridormethode zu Gunsten einer vollständigen sofortigen Erfassung versicherungsmathematischer Gewinne und Verluste im OCI, und damit einer bilanziellen Abbildung des Finanzierungsstatus, abgeschafft, vgl. SFAS 158.4 i. V. m. SFAS 158.12.

1333 Regelmäßig wird in diesen Abschlüssen in der Überleitungsrechnung des Planvermögens lediglich der tatsächliche Ertrag aus dem Planvermögen angegeben; eine Unterscheidung zwischen erwarteten Erträgen und diesbezüglichen versicherungsmathematischen Gewinnen und Verlusten erfolgt nicht. Daher wird der erwartete Ertrag aus der Aufstellung der in der Gewinn- und Verlustrechnung erfassten Aufwendungen und Erträge entnommen und die versicherungsmathematischen Gewinne und Verluste als Differenz zu den tatsächlichen Erträgen ermittelt.

nachträglich angepasst wurden. Zusammenfassend fehlen vorwiegend in den Jahren 2005 und 2006 vollständige Datensätze für einzelne Unternehmen aus MDAX und SDAX, da diese Unternehmen in den genannten Jahren auf Grund einer fehlenden Kapitalmarktorientierung noch keinen IFRS-Konzernabschluss aufstellten oder noch nicht gegründet waren. Trotz des Heranziehens von Vorjahreswerten, sofern dies möglich ist, stehen im Jahr 2005 bei fünf Unternehmen und im Jahr 2006 bei einem Unternehmen keine IFRS-Abschlussdaten zur Verfügung.[1334] Für die betroffenen Unternehmen kann für die entsprechenden Perioden keine Simulation durchgeführt werden. Da diese Abschlussdaten weiterhin für die Ermittlung der Vorjahreseffekte nachfolgender Perioden nicht zur Verfügung stehen, wird für die fehlenden sechs Unternehmensjahre ausschließlich für Zwecke der Simulationsstudie die Annahme getroffen, dass noch keine leistungsorientierten Pensionspläne vorliegen.[1335]

Darüber hinaus sind insbesondere für die ersten Jahre der verpflichtenden IFRS-Anwendung bei einzelnen Unternehmen des MDAX und SDAX die geforderten Überleitungsrechnungen zur Entwicklung der DBO oder des Planvermögens nicht verfügbar; vereinzelt fehlt auch in späteren Jahren des Untersuchungszeitraums die Angabe versicherungsmathematischer Gewinne oder Verluste aus der Entwicklung der DBO oder des Planvermögens. Werden die Angabepflichten in einzelnen Jahren nicht erfüllt, so werden diese Angaben nach Möglichkeit durch andere Angaben ermittelt oder durch Vorjahreswerte nachfolgender Abschlüsse ersetzt. Sofern dies nicht möglich ist, wird für Zwecke der Simulation wie folgt verfahren:

Fehlen im Rahmen der erhobenen Anhangangaben lediglich einzelne Zwischenwerte einer Überleitungsrechnung, wobei die Höhe der DBO oder des Planvermögens zu Periodenbeginn und -ende verfügbar sind, so werden die fehlenden Werte – vorwiegend versicherungsmathematische Gewinne oder Verluste – geschätzt, um die Datensätze der Unternehmen im Rahmen der Simulationsstudie verwenden zu können. Diese Vorgehensweise wird als vertretbar erachtet, da eine solche Schätzung regelmäßig nur für einzelne Jahre des Betrachtungszeitraums notwendig ist und die Höhe der DBO beziehungsweise des Planvermögens als Basis zur Datenschätzung zur Verfügung steht. Versicherungsmathematische Gewinne und Verluste in Bezug auf die DBO werden geschätzt, indem für die Unternehmen des entsprechenden Jahres, bei welchen diese Daten vollständig zur Verfügung stehen, der durchschnittliche prozentuale Anteil versicherungsmathematischer Gewinne oder Verluste der Periode an der Höhe der DBO zu Periodenbeginn ermittelt wird. Anhand dieses periodenspezifischen, durchschnittlichen Anteils werden fehlende Werte der übrigen

1334 Hierbei handelt es sich im Jahr 2005 um die Unternehmen Brenntag AG, Gerresheimer AG, Tognum AG, SAF-Holland S.A. und in den Jahren 2005 sowie 2006 um das Unternehmen Tom Tailor Holding AG.

1335 Bei einem Unternehmen liegt die Höhe der DBO und des Planvermögens vor, weshalb diese zur Schätzung der fehlenden Werte, wie nachfolgend erläutert, herangezogen wurden.

Unternehmen berechnet.[1336] In analoger Vorgehensweise werden ebenfalls die fehlenden Daten für versicherungsmathematische Gewinne und Verluste, welche aus einer Abweichung der erwarteten und der tatsächlichen Planvermögenserträge resultieren, sowie die fehlenden Werte für erwartete Erträge geschätzt. Des Weiteren fehlt bei einzelnen Korridor-Bilanzierern für die Perioden 2005 und 2006 die Angabe der in der Gewinn- und Verlustrechnung erfassten versicherungsmathematischen Gewinne oder Verluste. Für diese insgesamt vier fehlenden Werte wird vereinfacht unterstellt, dass keine versicherungsmathematischen Gewinne oder Verluste amortisiert werden.[1337] Entsprechendes gilt für die im Ergebnis erfassten Aufwendungen auf Grund eines möglichen Asset Ceilings. Zuletzt ist eine Schätzung für einen Rechnungszinssatz notwendig; in nur einer Periode wird für ein Unternehmen der Stichprobe der Rechnungszins nicht angegeben. Dieser wird als Mittelwert der übrigen verfügbaren Zinssätze der entsprechenden Periode ermittelt.

5.4 Methodische Vorgehensweise der Simulationsstudie

5.4.1 Simulationsmodelle

5.4.1.1 Überblick

Entsprechend den Forschungsfragen für diese Simulationsstudie[1338] werden nachfolgend die Auswirkungen von drei verschiedenen Bilanzierungsmodellen – der Einführung des IAS 19 (rev. 2011), einer sofortigen GuV-wirksamen Erfassung sämtlicher Pensionsaufwendungen und -erträge sowie eines Bruttoansatzes – untersucht:

Die Simulationen werden für jede Periode zwischen den Jahren 2005 und 2010 durchgeführt. Der Fokus der Auswertungen liegt auf dem Jahr 2010. Vergleichend

1336 Diese periodenbezogene Betrachtung wird einer unternehmensspezifischen Betrachtung, bei welcher die Schätzung ausgehend vom Anteil versicherungsmathematischer Gewinne oder Verluste in nachfolgenden oder vorhergehenden Perioden erfolgt, vorgezogen. Denn die Höhe versicherungsmathematischer Gewinne oder Verluste einer Periode, die stark von der Entwicklung des Rechnungszinssatzes determiniert werden, weist tendenziell einen geringeren Zusammenhang zur Entwicklung dieser bilanziellen Größe in nachfolgenden oder vorhergehenden Perioden auf, als zur Höhe dieser Größe bei anderen Unternehmen der Stichprobe in derselben Periode.

1337 Die Ermittlung des Amortisationsbetrags ist aus mehreren Gründen nicht möglich: Bei den entsprechenden Unternehmen fehlt ebenfalls die Angabe versicherungsmathematischer Gewinne und Verluste aus der Überleitung der DBO oder des Planvermögens aus dem Vorjahr, genauso wie die durchschnittliche Restdienstzeit der von der Pensionszusage erfassten Arbeitnehmer. Auf Grund der untergeordneten Bedeutung dieser möglicherweise amortisierten Beträge, kann die Annahme, dass keine Amortisationsbeträge vorliegen, gerechtfertigt werden.

1338 Vgl. hierzu Abschnitt 5.2.

werden die Auswirkungen auf die Perioden 2006 und 2008 analysiert. Hierdurch wird es möglich, die Auswirkungen der jeweils simulierten Änderungen über mehrere Perioden zu betrachten und Effekte, welche beispielsweise auf Grund einer veränderten Auslagerungspolitik der Unternehmen oder eines unterschiedlichen Zinsniveaus entstehen, zu untersuchen.[1339] Bei der Simulation der Auswirkungen einer Rechnungslegungsänderung für das Geschäftsjahr 2010 ergeben sich die Vorjahreseffekte für die Jahre 2005 bis 2009. Dies entspricht der Annahme, dass die jeweils betrachtete Rechnungslegungsänderung erstmals für das Geschäftsjahr 2005, in welchem die verpflichtende Anwendung der IFRS für kapitalmarktorientierte Mutterunternehmen in der EU beginnt, prospektiv anzuwenden ist. Im Rahmen der Simulation wird folglich eine Korrektur der Bilanz- und GuV-Werte zur Berücksichtigung der Auswirkungen durch die veränderte Bilanzierungsweise für die jeweils betrachtete Rechnungslegungsperiode vorgenommen. Zusätzlich werden Vorjahreseffekte im Eigenkapital berücksichtigt, wobei die Vorgehensweise zur Erfassung im Grundsatz der aus der Konzernrechnungslegung bekannten Korrekturmethode entspricht. Da keine eigenständige Konzernrechnungslegung existiert, werden in jeder Periode sowohl die in der aktuellen Periode zu korrigierenden Beträge erfasst, wie auch die summierten Korrekturen vergangener Perioden GuV-neutral wiederholt.

Weiterhin werden die Auswirkungen der jeweiligen Rechnungslegungsänderung für die Geschäftsjahre 2005 bis 2009 simuliert und vorrangig für die Gesamtstichprobe ausgewertet. Entsprechend der dargestellten Vorgehensweise reduzieren sich die betrachteten Vorperioden, da die benötigten Daten lediglich bis zur Periode 2005 zur Verfügung stehen. Bedingt dadurch resultieren beispielsweise bei der Betrachtung des Jahres 2010 Vorjahreseffekte aus fünf Perioden, wohingegen in die Simulationen des Jahres 2008 lediglich drei Vorjahresperioden einbezogen werden. Diesen Vorjahreseffekten kommt entsprechend der verschiedenen Untersuchungen eine unterschiedliche Bedeutung zu, welche im Rahmen der jeweiligen Auswertung gewürdigt wird. Durch einen Vergleich der Simulationsergebnisse des Jahres 2010 mit denen früherer Perioden wird es möglich, den Einfluss der Vorjahreseffekte auf das Eigenkapital und die untersuchten Kennzahlen abzuschätzen. Da jedoch eine vollständige Thesaurierung des Konzernjahresüberschusses unterstellt wird, resultieren aus Änderungen, welche lediglich zu einer Verschiebung der Erfassung in der Gewinn- und Verlustrechnung oder im OCI führen, keine Vorjahreseffekte und deren Einfluss ist somit begrenzt.

1339 Um einen Überblick über die Auswirkungen im Betrachtungszeitraum zu ermöglichen, werden ausschließlich die Ergebnisse der Perioden 2006, 2008 und 2010 dargestellt und analysiert. Wie die Untersuchung der Entwicklung und Bedeutung von leistungsorientierten Pensionsplänen in Abschnitt 5.5.1 zeigt, ist bei vielen Parametern ein Ansteigen bzw. Absinken bis zum Jahr 2008 zu beobachten, bevor sich die Entwicklung wieder umkehrt. Daher weisen die ausgewählten Zeitpunkte häufig Extrempunkte im Betrachtungszeitraum auf.

5.4.1.2 Methodik zur Simulation der Auswirkungen des IAS 19 (rev. 2011)

Die wesentlichen Neuregelungen durch die Überarbeitung von IAS 19 stellen die Verwendung des Rechnungszinssatzes zur Ermittlung des in der Gewinn- und Verlustrechnung zu erfassenden Zinsertrags, also die Einführung des Nettozinsansatzes, dar, ebenso wie die verpflichtende sofortige Erfassung versicherungsmathematischer Gewinne und Verluste, welche aus Änderungen der DBO resultieren, und der Abweichungen zwischen tatsächlichem Planvermögensertrag und dem anhand des Rechnungszinssatzes ermittelten Ertrags im OCI.[1340] Ferner bildet die verpflichtende sofortige Erfassung des nachzuverrechnenden Dienstzeitaufwands eine im Rahmen der Simulation berücksichtigte Neuregelung.

Die Regelungen des überarbeiteten IAS 19 lassen weiterhin offen, ob Zinsaufwendungen und -erträge im operativen Ergebnis oder im Finanzergebnis erfasst werden. Die Einführung des Nettozinsansatzes zwingt Unternehmen jedoch sowohl den Zinsaufwand wie auch den Zinsertrag aus Pensionsplänen einheitlich in einem Ergebnisbestandteil zu erfassen. Entsprechend wird die bisherige Bilanzierungsweise der einzelnen Unternehmen der Stichprobe beibehalten; dies bedeutet, dass der im Rahmen der Simulation ermittelte Nettozinsaufwand in dem Ergebnisbestandteil erfasst wird, in welchem das Unternehmen bisher bereits Zinsaufwendungen und -erträge erfasste. Erfasst ein Unternehmen bislang Zinsaufwendungen und -erträge aus Pensionsplänen in unterschiedlichen Ergebnisbestandteilen, so wird der simulierte Nettozinsaufwand im Finanzergebnis erfasst; die Eliminierung des nach bisheriger Bilanzierungsweise erfassten Zinsaufwands oder -ertrags erfolgt hingegen entsprechend dem Ergebnisbestandteil, in welchem dieser originär erfasst wurde.

Die Korrekturen zur Simulation der Bilanz- und GuV-Veränderungen durch die Überarbeitung des IAS 19 (rev. 2011) stellen sich für Unternehmen, welche bislang die *OCI-Methode* zur Erfassung versicherungsmathematischer Gewinne und Verluste anwenden, wie folgt dar: Im ersten Schritt werden die Korrekturen der Gewinn- und Verlustrechnung vorgenommen. Das operative Ergebnis wird um den noch nicht erfassten nachzuverrechnenden Dienstzeitaufwand vermindert respektive um den noch nicht erfassten Ertrag erhöht. In der betrachteten Periode wird das operative Ergebnis lediglich um die Veränderung der Höhe des nachzuverrechnenden Dienstzeitaufwands seit der Vorperiode angepasst.[1341] Die Differenz zwischen diesem Betrag und der gesamten Höhe des noch nicht erfassten Dienstzeitaufwands stellt einen Vorjahreseffekt dar, der sich im Eigenkapital niederschlägt. Weiterhin wird die veränderte Ermittlung des Zinsertrags im Rahmen der GuV-Anpassungen berücksichtigt.

1340 Vgl. hierzu auch Abschnitt 3.3.8. Änderungen hinsichtlich der Anhangangaben sind für die Simulationsstudie nicht relevant.

1341 Die Höhe des nicht erfassten nachzuverrechnenden Dienstzeitaufwands ist der Überleitungsrechnung des Barwerts der DBO und des beizulegenden Zeitwerts des Planvermögens zu den in der Bilanz angesetzten Vermögenswerten und Schulden, welche nach IAS 19.120A (f) (2004) aufzustellen ist, entnommen.

Hierzu wird der nach der Altregelung erfasste erwartete Ertrag auf das Planvermögen eliminiert[1342] und der Zinsertrag, welcher anhand des Rechnungszinssatzes ermittelt wird, eingebucht.[1343] Sofern Zinsaufwendungen und -erträge bislang bereits im Finanzergebnis erfasst werden, wird das operative Ergebnis durch diese Änderung nicht berührt. Die Gesamtveränderung des Ergebnisses wird durch die Berücksichtigung der Anpassung latenter Steuern reduziert; latente Steuern werden pauschal mit einem Steuersatz von 30 % berücksichtigt.[1344] Die Gesamtveränderung latenter Steuern resultiert bei OCI-Bilanzierern lediglich aus der Erhöhung respektive Verminderung der Nettopensionsverpflichtung durch die Erfassung des bislang unberücksichtigten nachzuverrechnenden Dienstzeitaufwands oder -ertrags. Dennoch werden bei sämtlichen GuV- und OCI-Anpassungen latente Steuern berücksichtigt, um so der unterschiedlichen Erfassung des Steueraufwands oder -ertrags in der Gewinn- und Verlustrechnung oder im OCI Rechnung zu tragen. Zur Kennzahlenanalyse der Simulationsergebnisse ist ferner die Berechnung des Ergebnisses, welches ausschließlich den Mehrheiten zusteht, notwendig. Hierfür wird der Jahresüberschuss abzüglich dem Minderheitenanteil am Jahresüberschuss um den Mehrheitenanteil der simulierten Ergebnisveränderung korrigiert. Die Aufteilung des Korrekturbetrags erfolgt entsprechend dem Verhältnis der Mehrheiten zu den Minderheiten am bisherigen Ergebnis.[1345]

Im Anschluss an die Simulation der GuV-Änderungen werden die Eigenkapitalwerte angepasst. Bei OCI-Bilanzierern wird der im OCI erfasste Betrag der Periode analog zu den Pensionsbestandteilen der Gewinn- und Verlustrechnung angepasst. Die Höhe der versicherungsmathematischen Gewinne oder Verluste aus Veränderungen der DBO bleibt unverändert ein im OCI zu erfassender Wert. Im Gegensatz dazu werden folgende Anpassungen des OCI vorgenommen: Die bislang im OCI erfassten versicherungsmathematischen Gewinne und Verluste in Bezug auf das Planvermögen werden eliminiert. Stattdessen wird die Differenz zwischen dem tatsächlichen Ertrag des Planvermögens und des anhand des Rechnungszinssatzes kalkulierten Ertrags im

1342 Der Wert des nach IAS 19.105 (2004) zu ermittelnden erwarteten Zinsertrags entstammt der Überleitungsrechnung des Planvermögens gemäß IAS 19.129A (e) (2004).

1343 Der Ermittlung des anhand des Rechnungszinssatzes bestimmten Planvermögensertrags wird das durchschnittliche Planvermögen zu Grunde gelegt. Hierdurch wird der Anforderung des IAS 19.123 vereinfacht entsprochen, nach welcher bei der Ermittlung des Nettozinsaufwands oder -ertrags zu Periodenbeginn Veränderungen der Nettoverpflichtung bzw. des Nettovermögenswerts zu antizipieren sind. Der Nettozinsaufwand respektive -ertrag ergibt sich als Saldo des Zinsaufwands in Bezug auf die DBO und des Zinsertrags in Höhe des Rechnungszinssatzes. Da die Ermittlung des Zinsaufwands entsprechend der Altregelung nach IAS 19 (2004) erfolgt, ist es möglich, lediglich die Höhe des Zinsertrags zu korrigieren.

1344 Vgl. zu dieser Vorgehensweise auch Fasshauer et al. (2011).

1345 Besteht ein negatives Verhältnis zwischen dem Minderheitenanteil am Jahresüberschuss und dem Gesamtjahresüberschuss, wird zur Aufteilung der simulierten Ergebnisveränderung auf Vorjahreswerte ausgewichen.

OCI erfasst. Die Höhe des tatsächlichen Ertrags aus dem Planvermögen ermittelt sich aus der Summe des erwarteten Ertrags und der versicherungsmathematischen Gewinne oder Verluste in Bezug auf das Planvermögen, welche der Überleitungsrechnung des Planvermögens nach IAS 19.120A(e)(i und ii)(2004) entnommen sind. Des Weiteren stellen Effekte aus dem Asset Ceiling einen OCI-Bestandteil dar. Die Vorgaben zur Vermögenswertbegrenzung sind auch im überarbeiteten IAS 19 enthalten,[1346] jedoch wurden die Vorgaben zur Ermittlung auf Grund des Wegfalls der Korridormethode angepasst. Eine exakte Ermittlung der Auswirkungen des Asset Ceiling ist bedingt durch fehlende Daten nicht möglich; dessen ungeachtet ist die wertmäßige Relevanz der nicht erfassten Vermögenswerte nur von untergeordneter Bedeutung.[1347] Für den Zweck der Simulation wird daher der im OCI bereits erfasste Effekt aus dem Asset Ceiling nicht verändert. Der gesamte im OCI zu erfassende Betrag wird analog zur Vorgehensweise bei der Ermittlung der GuV-Veränderung um latente Steuern, welche ebenfalls anhand eines pauschalen Steuersatzes von 30 % ermittelt werden, reduziert.

Neben den in der betrachteten Periode im OCI erfassten Beträgen schlagen sich auch die OCI-Veränderungen, welche aus Simulationsanpassungen der Vorperioden entstehen, im Eigenkapital nieder. Entsprechend werden die nach IAS 19 (rev. 2011) im OCI zu erfassenden Beträge für die Vorperioden, welche bis zum Jahr 2005 reichen, ermittelt und ins Eigenkapital gebucht. In einem weiteren Anpassungsschritt wird das Eigenkapital um die Veränderung des Jahresüberschusses nach Steuern der Periode angepasst. Zuletzt schlagen sich außerdem die simulierten Vorjahresveränderungen des Jahresüberschusses, welcher annahmegemäß thesauriert wird, im Eigenkapital nieder. Zur Kennzahlenanalyse ist die Ermittlung der Höhe des Mehrheitenanteils am veränderten Eigenkapital notwendig. Für diese Berechnung wird die im Rahmen der Simulation erfasste Gesamtveränderung des Eigenkapitals entsprechend dem Anteil der Mehr- und Minderheiten am bisherigen Eigenkapital aufgeteilt.

Die bilanzierte Pensionsverpflichtung verändert sich gegebenenfalls geringfügig durch die Überarbeitung des IAS 19 im Jahr 2011. Ausschließlich der gemäß der Altregelung nicht erfasste nachzuverrechnende Dienstzeitaufwand erhöht die Verpflichtung; ein möglicherweise bislang nicht erfasster nachzuverrechnender Dienstzeitertrag vermindert die Verpflichtung. Da ein solcher Wert nicht notwendigerweise vorhanden ist, wird die Höhe der ausgewiesenen Pensionsverpflichtung bei Unternehmen, welche nach IAS 19(2004) die OCI-Methode anwenden, nicht zwangsläufig verändert.

Durch die Verabschiedung des überarbeiteten IAS 19(2004) wurde Unternehmen die Option eröffnet, versicherungsmathematische Gewinne und Verluste sofort bei

1346 Vgl. IAS 19.64.
1347 Der durchschnittliche Anteil nicht erfasster Vermögenswerte auf Grund der Vorgaben zum Asset Ceiling an der Nettopensionsverpflichtung beträgt im Jahr 2010 bezogen auf die Gesamtstichprobe 0,68 %.

deren Entstehung GuV-neutral im Eigenkapital zu erfassen.[1348] Entscheidet sich ein Unternehmen für einen Wechsel zur Erfassung versicherungsmathematischer Gewinne und Verluste im Eigenkapital, so muss dies retrospektiv erfolgen.[1349] Die retrospektive Erfassung hat zur Folge, dass ein Unternehmen den Eröffnungsbilanzwert eines jeden Bestandteils des Eigenkapitals für die früheste ausgewiesene Periode so anzupassen hat, als ob die neue Bilanzierungs- oder Bewertungsmethode stets angewandt worden wäre.[1350] Entsprechend müssen die bis zum Zeitpunkt der Umstellung angefallenen, kumulierten versicherungsmathematischen Gewinne und Verluste GuV-neutral mit den Gewinnrücklagen verrechnet werden.[1351] Dies führt nach der erstmaligen Anwendung der OCI-Methode zu einem vollständigen Ausweis der Nettopensionsverpflichtung;[1352] ferner sind im Eigenkapital nach Umstellung der Erfassungsmethode alle in Vorperioden bereits angefallenen versicherungsmathematischen Gewinne und Verluste kumuliert berücksichtigt.[1353] Die Pflicht zur retrospektiven Änderung der Bilanzierungsmethode erlaubt folgende Vorgehensweise zur Berücksichtigung eines möglichen Wechsels der Erfassungsmethode für versicherungsmathematische Gewinne und Verluste im Rahmen der Simulation: Wechselt ein Unternehmen während des Zeitraums 2005 bis 2010 die Methode zur Erfassung versicherungsmathematischer Gewinne und Verluste von der Korridor- zur OCI-Methode, so wird in jeder der betrachteten Perioden das Simulationsmodell unverändert angewandt, das der in der jeweiligen Periode gewählten Bilanzierungsweise entspricht. Da die Umstellung von der Korridor- auf die OCI-Methode eine retrospektive Anpassung des Eigenkapitals veranlasst, können in den Perioden nach der Umstellung zur Simulation der Auswirkungen des IAS 19 (rev. 2011) die Vorjahreskorrekturen des Eigenkapitals entsprechend dem dargestellten Simulationsmodell für OCI-Bilanzierer durchgeführt werden – auch für Vorperioden, in welchen ursprünglich die Korridormethode Anwendung fand.[1354]

1348 Die Möglichkeit zur Umstellung der Erfassungsmethode für versicherungsmathematische Gewinne und Verluste auf die OCI-Methode bestand für Unternehmen für Geschäftsjahre, die am oder nach dem 16. Dezember 2004 endeten, vgl. IAS 19.159C (2004).

1349 Vgl. IAS 19.160 (2004) i. V. m. IAS 8.19 (b).

1350 Vgl. IAS 8.22.

1351 Vgl. Pawelzik (2009), Rn. 2445; Pellens/Obermüller/Schmidt (2010), S. 576.

1352 Nach wie vor unberücksichtigt bleibt ein möglicher, noch nicht verrechneter, nachzuerfassender Dienstzeitaufwand.

1353 Auf Grund dessen können durch einen Methodenwechsel hohe Umstellungseffekte entstehen und im Fall von bestehenden versicherungsmathematischen Verlusten, die den Korridor übersteigen, zu einer Reduktion der Eigenkapitalquote führen, vgl. Pawelzik (2009), Rn. 2445 i. V. m. Zimmermann/Schilling (2004), S. 490.

1354 In jeder Periode wird die Simulation originär durchgeführt, d. h. die Vorjahreskorrekturen werden anhand der Konzernabschlussdaten in jeder Periode erneut ermittelt und es wird nicht auf die Simulationsergebnisse der Vorperiode rekurriert.

Die Simulation für Perioden vor dem Methodenwechsel wird entsprechend dem Simulationsmodell für Korridor-Bilanzierer[1355] durchgeführt.[1356]

Unternehmen, welche nach IAS 19 (2004) die *Korridormethode* zur Erfassung versicherungsmathematischer Gewinne und Verluste anwenden, werden durch die Überarbeitung des IAS 19 zu einer vollständigen Erfassung sämtlicher Aufwendungen und Erträge in Zusammenhang mit Pensionsplänen verpflichtet und müssen ebenfalls versicherungsmathematische Gewinne und Verluste, die Abweichung zwischen tatsächlichem Zinsertrag und errechnetem Zinsertrag sowie Auswirkungen des Asset Ceiling im OCI erfassen.

Die vorzunehmenden Korrekturen gestalten sich bei Korridor-Bilanzierern umfangreicher als bei Unternehmen, welche bereits nach IAS 19 (2004) die OCI-Methode anwenden. Dementsprechend ist zur Anpassung des operativen Ergebnisses neben der Erfassung der Veränderung des nicht erfassten nachzuverrechnenden Dienstzeitaufwands seit der Vorperiode, eine Eliminierung der in der Periode amortisierten versicherungsmathematischen Gewinne und Verluste vorzunehmen und das Ergebnis um einen möglicherweise erfassten Aufwand oder Ertrag auf Grund des Asset Ceiling zu erhöhen. Diese Bestandteile des bislang im GuV-Ergebnis erfassten Aufwands[1357] werden nach IAS 19 (rev. 2011) nicht mehr in der Gewinn- und Verlustrechnung erfasst. Bei diesen Anpassungen wird zudem berücksichtigt, dass zwei Korridor-Bilanzierer explizit im Anhang angeben, den Amortisationsbetrag versicherungsmathematischer Gewinne und Verluste im Finanzergebnis zu erfassen. Bei diesen Unternehmen wird entsprechend das Finanzergebnis um amortisierte versicherungsmathematische Verluste erhöht und um Gewinne vermindert. Die Berücksichtigung der veränderten Ermittlung des Zinsertrags sowie die Ermittlung des latenten Steuereffekts erfolgen analog zur Vorgehensweise bei OCI-Bilanzierern.

Die nach IAS 19 (rev. 2011) im OCI zu berücksichtigenden Bestandteile werden vollständig neu erfasst, da gemäß der Korridormethode keine Aufwendungen oder Erträge direkt in das OCI gebucht werden. Entsprechend werden versicherungsmathematische Gewinne oder Verluste aus der DBO,[1358] die Differenz zwischen tatsächlichem Planvermögensertrag und dem anhand des Rechnungszinssatzes ermittelten Ertrag[1359] sowie die Auswirkungen des Asset Ceiling direkt im Eigenkapital erfasst.

1355 In der betrachteten Stichprobe haben alle Unternehmen, welche im Jahr 2005 die GuV-Methode zur Erfassung versicherungsmathematischer Gewinne und Verluste anwenden, diese Methode beibehalten.

1356 Ausgenommen von dieser Vorgehensweise werden aus Vereinfachungsgründen Unternehmen, welche lediglich im Jahr 2005 die Korridormethode anwenden; in diesen Fällen werden für das Jahr 2005 die Vorjahreswerte des Konzernabschlusses aus dem Jahr 2006, in welchem bereits die OCI-Methode Anwendung fand, herangezogen.

1357 Vgl. IAS 19.120A (g) (2004).

1358 Versicherungsmathematische Gewinne und Verluste in Bezug auf die DBO werden der Überleitungsrechnung der DBO nach IAS 19.120A (c) (2004) entnommen.

1359 Die Höhe des tatsächlichen Ertrags aus dem Planvermögen ergibt sich aus der Summe des erwarteten Ertrags und der versicherungsmathematischen Gewinne

In Übereinstimmung mit der Vorgehensweise für OCI-Bilanzierer wird vereinfachend angenommen, dass die Auswirkungen des Asset Ceiling durch die Neuregelung nicht berührt werden. Infolgedessen wird die im Zuge der GuV-Anpassungen vorgenommene Eliminierung der Auswirkungen aus dem Asset Ceiling in derselben Höhe im OCI berücksichtigt. Der gesamte im OCI erfasste Betrag wird um einen latenten Steuereffekt in Höhe von 30 % korrigiert. Ferner ist, wie auch bei OCI-Bilanzierern, das Eigenkapital um OCI-Anpassungen, welche Vorperioden betreffen sowie um die simulierten Veränderungen des Jahresüberschusses nach Steuern der aktuellen Periode und der Vorperioden anzupassen.

Die bilanzierte Pensionsverpflichtung wird bei Korridor-Bilanzierern durch die Neuregelung ebenfalls stärker verändert als bei OCI-Bilanzierern. Neben dem bislang nicht erfassten nachzuverrechnenden Dienstzeitaufwand oder -ertrag wird die Höhe der Verpflichtung zugleich um bislang nicht erfasste versicherungsmathematische Gewinne und Verluste angepasst. Diese Werte sind der Überleitungsrechnung des Barwerts der DBO und des beizulegenden Zeitwerts des Planvermögens zu den in der Bilanz angesetzten Vermögenswerten und Schulden nach IAS 19.120A (f) (2004) entnommen. Auf diese Weise wird sichergestellt, dass der vollständige Barwert der leistungsorientierten Verpflichtung bilanziell abgebildet wird.

Durch die bislang erläuterten Korrekturen der Passiva bei Korridor-Bilanzierern werden die im Eigenkapital erfassten Veränderungen regelmäßig nicht durch die Veränderung der bilanzierten Pensionsverpflichtung und der latenten Steuern ausgeglichen. Diese im Rahmen der Simulation auftretende Differenz entsteht aus folgendem Grund: Die Pensionsverpflichtung wird um die Höhe der noch nicht erfassten versicherungsmathematischen Verluste, welche der Überleitungsrechnung der DBO und des Zeitwerts des Planvermögens zu den bilanzierten Werten entnommen werden, erhöht respektive um nicht erfasste versicherungsmathematische Gewinne vermindert. Die Höhe der noch nicht erfassten versicherungsmathematischen Gewinne und Verluste, um welche die Pensionsrückstellung angepasst wird, entspricht theoretisch den versicherungsmathematischen Gewinnen und Verlusten der aktuellen Periode vermindert um die nach bisheriger Regelung bereits amortisierten versicherungsmathematischen Gewinne und Verluste sowie den versicherungsmathematischen Gewinnen und Verlusten der Vorperioden vermindert um die Amortisationsbeträge der Vorperioden. Sowohl versicherungsmathematische Gewinne und Verluste der aktuellen Periode wie auch der Vorperioden schlagen sich im Rahmen der Simulation im Eigenkapital nieder, zum einen durch die Berücksichtigung der OCI-Veränderung der aktuellen Periode und zum anderen durch die Berücksichtigung der OCI-Veränderung aus Vorperioden. Hierdurch müsste die Veränderung der passivierten Pensionsverpflichtung sowie der latenten Steuern ausgeglichen werden. Die Simulation basiert jedoch auf Daten, welche den einzelnen Perioden des Geschäftsberichts entnommen sind und deren Fortführung über einzelne Perioden

oder Verluste in Bezug auf das Planvermögen, welche in der Überleitungsrechnung des Planvermögens nach IAS 19.120A (e)(i und ii) (2004) angegeben werden.

hinweg nicht vollständig nachvollzogen werden kann.[1360] Entsprechend lässt sich die Höhe der noch nicht erfassten versicherungsmathematischen Gewinne und Verluste nicht aus den versicherungsmathematischen Gewinnen und Verlusten in Bezug auf die DBO und des Planvermögens der jeweiligen Vorperioden abzüglich der Amortisationsbeträge der einzelnen Perioden ableiten. Darüber hinaus trägt ein weiterer Effekt zu Abweichungen bei: Durch die veränderte Ermittlung der versicherungsmathematischen Gewinne und Verluste aus dem Planvermögen verändert sich die absolute Höhe der kumulierten versicherungsmathematischen Gewinne und Verluste.[1361] Nach der Neuregelung ergeben sich versicherungsmathematische Gewinne und Verluste aus dem Planvermögen – welche inzwischen zwar nicht mehr als solche bezeichnet werden – aus der Abweichung des tatsächlichen Planvermögensertrags und des anhand des Rechnungszinssatzes ermittelten Planvermögensertrags. Nach IAS 19 (2004) hingegen erfolgt die Ermittlung als Differenz zwischen tatsächlichem Ertrag und erwartetem Ertrag. Der Unterschiedsbetrag der versicherungsmathematischen Gewinne und Verluste aus dem Planvermögen nach Alt- und Neuregelung führt zu einer weiteren Abweichung.[1362] Um diese Differenzen zu berücksichtigen wird ein entsprechender Ausgleichsposten im Eigenkapital erfasst.

Im Gegensatz dazu entsteht eine solche Differenz auf Grund der Anpassung der Pensionsverpflichtung in Höhe des noch nicht erfassten nachzuverrechnenden Dienstzeitaufwands nicht, denn die im Rahmen der Simulation in der Gewinn- und Verlustrechnung nacherfassten Beträge werden aus der Veränderung des nicht erfassten nachzuverrechnenden Dienstzeitaufwands abgeleitet. Aus diesem Grund entspricht der passivierte Betrag dem ergebniswirksam erfassten Betrag. Aus der veränderten Erfassung des Asset Ceiling entsteht ebenfalls keine Differenz, da die GuV-wirksame Erfassung lediglich durch eine GuV-neutrale Erfassung ersetzt wird.

Weiterhin sind im Rahmen der Simulation Unternehmen zu berücksichtigen, welche im Untersuchungszeitraum einen Methodenwechsel von der GuV- zur Korridormethode vorgenommen haben. Insgesamt betrifft das zwei Unternehmen. Analog zur Berücksichtigung eines Wechsels der Erfassungsmethode auf die OCI-Methode wird – begründet durch die retrospektive Anwendung einer veränderten Rechnungslegungsmethode nach IAS 8.19(b) – in jeder Periode das

1360 Dies begründet sich beispielsweise durch Veränderungen des Konsolidierungskreises.

1361 Der veränderten Höhe versicherungsmathematischer Gewinne und Verluste steht eine veränderte Ermittlung des in der Gewinn- und Verlustrechnung erfassten Planvermögensertrags gegenüber, weshalb eine weitere Anpassung der bilanzierten Verpflichtung nicht notwendig ist.

1362 Alternativ kann diese Abweichung auch aus der Differenz des in der Gewinn- und Verlustrechnung erfassten erwarteten Ertrags nach IAS 19 und des anhand des Rechnungszinssatzes ermittelten Ertrags nach IAS 19 (rev. 2011) berechnet werden.

Simulationsmodell, welches der in der jeweiligen Periode gewählten Erfassungsweise entspricht, angewandt. Da das Eigenkapital durch die retrospektive Umstellung der Erfassungsmethode an die veränderte Bilanzierungsweise angepasst wurde, können im Rahmen der Simulation Vorjahreskorrekturen entsprechend der veränderten Bilanzierungsweise angewandt werden.

Die Anpassungen zur Simulation der Auswirkungen des IAS 19 (rev. 2011) bei Unternehmen, die nach IAS 19 (2004) versicherungsmathematische Gewinne und Verluste sofort GuV-wirksam erfassen, unterscheidet sich nur geringfügig von den erläuterten Korrekturen, welche bei Korridor-Bilanzierern vorzunehmen sind. Im Unterschied zu Korridor-Bilanzierern müssen bei Unternehmen, welche die *GuV-Methode* anwenden, die vollständigen in der Gewinn- und Verlustrechnung erfassten versicherungsmathematischen Gewinne und Verluste eliminiert werden. Um eine korrekte Eliminierung versicherungsmathematischer Gewinne und Verluste in den einzelnen Ergebnisbestandteilen vorzunehmen, wird bei GuV-Bilanzierern zusätzlich die Information aus dem Abschluss abgeleitet, ob versicherungsmathematische Gewinne und Verluste bislang im operativen Ergebnis oder im Finanzergebnis erfasst werden. Bei Unternehmen, welche versicherungsmathematische Gewinne und Verluste im operativen Ergebnis erfassen, wird das operative Ergebnis um amortisierte Verluste erhöht respektive um erfasste Gewinne vermindert. Außerdem werden erfasste Auswirkungen des Asset Ceiling korrigiert. Lediglich ein Unternehmen erfasst versicherungsmathematische Gewinne und Verluste nach IAS 19 (2004) im Finanzergebnis; bei diesem Unternehmen wird entsprechend das Finanzergebnis um amortisierte versicherungsmathematische Verluste erhöht und um Gewinne vermindert. Die hierfür notwendigen Daten werden der nach IAS 19.120A (g) (2004) anzugebenden Aufstellung über die im Ergebnis erfassten Aufwendungen und Erträge entnommen. Alle übrigen GuV-Anpassungen stimmen mit den bei Korridor-Bilanzierern vorgenommenen Anpassungen überein.

Die Vorgehensweise zur Simulation der Eigenkapitalauswirkungen entspricht im Grundsatz ebenfalls dem bei Korridor-Bilanzierern angewandten Modell. Die Auswirkungen auf die bilanzierte Pensionsverpflichtung sind hingegen geringer als bei Korridor-Bilanzierern. Da keine nicht erfassten versicherungsmathematischen Gewinne und Verluste bestehen, verändert sich die Höhe der bilanzierten Verpflichtung – wie bei OCI-Bilanzierern – lediglich um den noch nicht erfassten nachzuverrechnenden Dienstzeitaufwand.

Diese Vorgehensweise zur Simulation der Auswirkungen des IAS 19 (rev. 2011) bei GuV-Bilanzierern führt zu einem Ausgleich der Veränderung des Eigenkapitals durch die Veränderung der bilanzierten Pensionsverpflichtung und der passiven latenten Steuern. Versicherungsmathematische Gewinne und Verluste werden – wie bei OCI-Bilanzierern – nach wie vor vollständig erfasst, obgleich die Erfassung fortan im OCI erfolgt und sich deren Höhe verändert. Die veränderte Berechnung versicherungsmathematischer Gewinne und Verluste hinsichtlich des Planvermögens schlägt sich jedoch lediglich in einer Verschiebung zwischen dem in der Gewinn- und Verlustrechnung erfassten Planvermögensertrag sowie versicherungsmathematischen Gewinnen und Verlusten nieder.

5.4.1.3 Methodik zur Simulation der Auswirkungen einer sofortigen GuV-wirksamen Erfassung

Eine zweite Simulation widmet sich der Abbildung der Auswirkungen einer sofortigen GuV-wirksamen Erfassung aller Aufwendungen und Erträge, welche aus leistungsorientierten Pensionsplänen resultieren. Entsprechend der in den Abschnitten 4.1.4 und 4.1.5.5 konzeptionell erarbeiteten Erfassungsmethode wird folgende Zuordnung der Aufwendungen und Erträge zu den einzelnen Ergebnisbestandteilen als sachgerecht angesehen: Der laufende Dienstzeitaufwand wird dem operativen Ergebnis zugeordnet; der Zinsaufwand aus der Aufzinsung der DBO ebenso wie der tatsächliche Zinsertrag aus dem Planvermögen stellen einen Bestandteil des Finanzergebnisses dar. Ebenfalls Teil des Finanzergebnisses bilden konzeptionell die Auswirkungen der Änderung des Diskontierungszinssatzes zur Abzinsung der DBO. Da eine theoretisch angebrachte Separierung versicherungsmathematischer Gewinne und Verluste, welche aus der DBO resultieren, je nach Ursache zum Finanzergebnis oder zum operativen Ergebnis jedoch nur schwer möglich ist und im Rahmen der Simulation nicht nachgebildet werden kann, werden versicherungsmathematische Gewinne und Verluste, welche aus der DBO resultieren, in einem separaten Posten in der Gewinn- und Verlustrechnung erfasst.[1363]

Im Rahmen der Simulation für Unternehmen, welche bislang die *OCI-Methode* zur Erfassung versicherungsmathematischer Gewinne und Verluste anwenden, wird die erläuterte veränderte Erfassungsweise wie folgt umgesetzt: Der laufende Dienstzeitaufwand soll im operativen Ergebnis erfasst werden; hierbei wird unterstellt, dass Unternehmen diese Zuordnung bereits vornehmen. Der nach IAS 19 (2004) noch nicht erfasste nachzuverrechnende Dienstzeitaufwand[1364] wird ebenfalls dem operativen Ergebnis zugeordnet, genauso wie die Auswirkung des Asset Ceiling. Dies bedeutet, dass das Prinzip des Asset Ceiling grundsätzlich beibehalten wird. Die Regelungen hierzu entsprechen im Grundsatz einer Werthaltigkeitsprüfung, weshalb deren Beibehaltung sachgerecht erscheint. Da OCI-Bilanzierer die Auswirkung des Asset Ceiling zusammen mit versicherungsmathematischen Gewinnen und Verlusten nach IAS 19.93C (2004) im OCI erfassen, wird die Höhe des Asset Ceiling bei diesen Unternehmen nicht separat angegeben. Die Auswirkung auf das Gesamtergebnis einer Periode auf Grund der Vorgaben zum Asset Ceiling wird vereinfacht abgeschätzt, indem die Erhöhung oder Verminderung des nicht erfassten Vermögenswerts, welcher nach IAS 19.120A (f) (iii) (2004) anzugeben ist, herangezogen wird.

Weiterhin wird das Finanzergebnis um versicherungsmathematische Gewinne oder Verluste, welche aus Abweichungen des tatsächlichen Planvermögensertrags

---

1363 Vgl. zu dieser Aufwandstrennung auch Tabelle 4.3.

1364 Die Auswirkung auf das Ergebnis der betrachteten Periode durch die Nacherfassung des bislang noch nicht erfassten nachzuverrechnenden Dienstzeitaufwands wird ermittelt, indem die Veränderung der Höhe des noch nicht erfassten nachzuverrechnenden Dienstzeitaufwands gemäß der Überleitungsrechnung nach IAS 10.120A (f) (ii) (2004) zur Vorperiode berechnet wird.

vom geschätzten Ertrag einer Periode nach IAS 19 (2004) resultieren, erhöht.[1365] Bei Unternehmen, welche bislang Zinsaufwendungen und/oder -erträge im operativen Ergebnis erfassen, ist ein zusätzlicher Anpassungsschritt notwendig: Das operative Ergebnis wird um Zinsaufwendungen aus der Abzinsung der DBO erhöht und/oder um die Höhe der erwarteten Erträge vermindert. Diese Zinsaufwendungen und Erträge werden in das Finanzergebnis umgebucht.[1366] Versicherungsmathematische Gewinne oder Verluste, welche aus der Veränderung der DBO resultieren, werden in einem separaten Posten außerhalb des operativen Ergebnisses und des Finanzergebnisses erfasst.[1367] Analog zur Vorgehensweise der Simulation der Auswirkungen des IAS 19 (rev. 2011) werden für sämtliche GuV- und OCI-Veränderungen latente Steuern in Höhe von 30 % berechnet.

Im nächsten Schritt wird das Eigenkapital angepasst. Zur Eliminierung der bislang im Eigenkapital erfassten versicherungsmathematischen Gewinne und Verluste sowie der Auswirkungen des Asset Ceiling einer Periode werden die Werte, welche wie erläutert in der Gewinn- und Verlustrechnung erfasst werden, eliminiert. Entsprechend werden versicherungsmathematische Gewinne und Verluste, die in den Überleitungsrechnungen der DBO und des Planvermögens im Anhang angegeben sind, aus dem Eigenkapital eliminiert; ebenfalls wird das Eigenkapital um die Auswirkungen des Asset Ceiling in Höhe der Veränderung des nicht erfassten Vermögenswerts korrigiert.

Darüber hinaus wird – analog zur Vorgehensweise der Simulation der Veränderungen durch Einführung von IAS 19 (rev. 2011) – eine Umstellung auf eine vollständige GuV-wirksame Erfassung im Jahr 2005 unterstellt. Dementsprechend werden jeweils im Eigenkapital Vorjahreseffekte aus der Umstellung auf eine vollständige GuV-wirksame Erfassung bis zum Jahr 2005 berücksichtigt. Folglich wird das Eigenkapital ebenfalls um die OCI-Auswirkungen der berücksichtigten Vorjahre angepasst. Weiterhin wird die Veränderung des Jahresüberschusses nach Steuern der Periode im Eigenkapital berücksichtigt, ebenso wie der im Rahmen der Simulation veränderte Jahresüberschuss nach Steuern der Vorperioden, welcher annahmegemäß thesauriert wird.

Zur Anpassung der Höhe der Pensionsverpflichtung wird auf die bisher passivierte Pensionsverpflichtung rekurriert und diese um die Höhe des bislang nicht erfassten nachzuverrechnenden Dienstzeitaufwands angepasst. Pensionsvermögenswerte werden nicht verändert. Die Simulation basiert auf den originär erhobenen Daten, welche den Vorgaben des IAS 19 (2004) entsprechen.

1365 Die Höhe der versicherungsmathematischen Gewinne und Verluste der Periode entstammt der Überleitungsrechnung des Planvermögens nach IAS 19.120A (e) (2004).

1366 Zinsaufwendungen und -erträge, welche für diese Umbuchung benötigt werden, werden der Aufstellung über die in der Gewinn- und Verlustrechnung erfassten Aufwendungen und Erträge, welche nach IAS 19.120A (g) (2004) anzugeben ist, entnommen.

1367 Die Höhe der versicherungsmathematischen Gewinne und Verluste der Periode sind der Überleitungsrechnung der DBO nach IAS 19.120A (c) (2004) entnommen.

Bei Unternehmen, welche nach IAS 19 (2004) die *Korridormethode* zur Erfassung versicherungsmathematischer Gewinne und Verluste anwenden, wird die beschriebene Vorgehensweise zur Simulation einer vollständigen GuV-wirksamen Erfassung sämtlicher Aufwendungen und Erträge abgewandelt, um den Besonderheiten der bisher angewandten Korridorbilanzierung Rechnung zu tragen. Zur Simulation der GuV-Auswirkungen wird ebenfalls zunächst das operative Ergebnis um den in der betrachteten Periode zusätzlichen, noch nicht erfassten nachzuverrechnenden Dienstzeitaufwand angepasst. Darüber hinaus werden nach der Korridormethode amortisierte versicherungsmathematische Gewinne und Verluste aus dem operativen Ergebnis eliminiert. Hierbei wird zusätzlich berücksichtigt, dass zwei Unternehmen der Stichprobe, die die Korridormethode anwenden, ausdrücklich im Anhang angeben, bislang den Amortisationsbetrag versicherungsmathematischer Gewinne und Verluste im Finanzergebnis zu erfassen.[1368] Bei diesen Unternehmen wird daher das Finanzergebnis um amortisierte versicherungsmathematische Verluste erhöht und um Gewinne vermindert. Auf eine Eliminierung der bereits in der Gewinn- und Verlustrechnung erfassten Auswirkungen des Asset Ceiling kann verzichtet werden, da diese weiterhin GuV-wirksam erfasst werden. Entsprechend der übrigen Simulation wird das Asset Ceiling in unveränderter Höhe übernommen, weshalb diesbezüglich keine weitere Anpassung notwendig ist. Darüber hinaus werden das Finanzergebnis sowie der separate Posten innerhalb der Gewinn- und Verlustrechnung analog zur Vorgehensweise bei OCI-Bilanzierern angepasst – das Finanzergebnis wird um versicherungsmathematische Verluste in Bezug auf das Planvermögen verringert respektive um versicherungsmathematische Gewinne erhöht; versicherungsmathematische Gewinne und Verluste in Bezug auf die DBO werden in einem separaten Posten der Gewinn- und Verlustrechnung berücksichtigt. Zusätzlich werden bei Unternehmen, bei welchen bislang Zinsaufwendungen und/oder -erträge aus Pensionsplänen im operativen Ergebnis erfasst werden, die im operativen Ergebnis erfassten Bestandteile in das Finanzergebnis umgebucht.

Die Eigenkapitalanpassungen gestalten sich einfacher als bei OCI-Bilanzierern, da keine Eliminierungen bislang erfasster Beträge notwendig sind. Infolgedessen werden lediglich die Veränderung des GuV-Ergebnisses der betrachteten Periode eingebucht und die GuV-Veränderungen der im Rahmen der Simulation berücksichtigten Vorjahre erfasst, da eine Thesaurierung des Jahresüberschusses unterstellt wird.

Abschließend wird die Höhe der bilanzierten Pensionsverpflichtung angepasst; die Höhe möglicherweise bestehender Pensionsvermögenswerte bleibt annahmegemäß unverändert. Neben dem bislang nicht erfassten nachzuverrechnenden Dienstzeitaufwand wird die Höhe der Verpflichtung um bislang nicht erfasste versicherungsmathematische Gewinne und Verluste angepasst. Die hierfür benötigten Werte entstammen der Überleitungsrechnung des Barwerts der DBO und des beizulegenden Zeitwerts des Planvermögens zu den in der Bilanz angesetzten Vermögenswerten und Schulden nach IAS 19.120A (f) (2004). Durch diese Anpassung wird der

1368 Hierbei handelt es sich um die Unternehmen Daimler AG und Beiersdorf AG.

Barwert der leistungsorientierten Verpflichtung in voller Höhe bilanziert. Auf Grund der vorgenommenen Anpassung der Höhe der bilanzierten Pensionsverpflichtung verändert sich die Bestandsdifferenz zwischen den bilanzierten IFRS-Werten und den in der Steuerbilanz angesetzten Größen. Damit einhergehend wird die Höhe der ausgewiesenen passiven latenten Steuern um 30 % der Veränderung der bilanzierten Verpflichtung vermindert respektive erhöht.

Analog zur Simulation der Auswirkungen des IAS 19 (rev. 2011) für Korridor-Bilanzierer entspricht im Rahmen dieser Simulation die Höhe der vorgenommenen Anpassungen des Eigenkapitals nicht zwingend der veränderten Höhe der bilanzierten Pensionsverpflichtung nach Steuern. Diese Differenz begründet sich bei der vorliegenden Simulation der vollständigen GuV-wirksamen Erfassung durch die Verwendung von Werten unterschiedlicher Herkunft. Die Pensionsverpflichtung wird um den noch nicht erfassten nachzuverrechnenden Dienstzeitaufwand respektive -ertrag sowie um kumulierte, noch nicht erfasste versicherungsmathematische Verluste oder Gewinne erhöht bzw. vermindert. Die Höhe der kumulierten, noch nicht erfassten versicherungsmathematischen Gewinne oder Verluste, welche der Überleitungsrechnung des Barwerts der DBO und des beizulegenden Zeitwerts des Planvermögens zu den in der Bilanz angesetzten Vermögenswerten und Schulden entnommen wird, stimmt jedoch nicht zwangsläufig mit folgendem Wert überein: Dem Saldo aus der Summe der versicherungsmathematischen Gewinne und Verluste aus Planvermögen und DBO abzüglich der bei Anwendung der Korridormethode amortisierten Beträge, welche über die Veränderung der Gewinn- und Verlustrechnung in das Eigenkapital eingehen. Eine mögliche Begründung für diese Abweichung theoretisch identischer Werte stellen Konsolidierungskreisänderungen dar, welche nicht nachvollzogen werden können. Da die für die Simulation verwendeten Werte den Geschäftsberichten der jeweiligen Perioden entnommen sind, stimmen die summierten Beträge versicherungsmathematischer Gewinne und Verluste nicht notwendigerweise mit den kumulierten Beträgen, welche in Geschäftsberichten angegeben sind, überein. Um diese Differenz auszugleichen wird ein entsprechender Ausgleichsposten im Eigenkapital erfasst.

Der GuV-wirksam nacherfasste nachzuverrechnende Dienstzeitaufwand bzw. -ertrag entspricht hingegen dem Betrag, um welchen die Pensionsverpflichtung angepasst wurde, da die GuV-Auswirkungen aus der Höhe des noch nicht erfassten nachzuverrechnenden Dienstzeitaufwands gemäß der Überleitungsrechnung des Barwerts der DBO und des beizulegenden Zeitwerts zu den bilanzierten Vermögenswerten und Schulden abgeleitet wird.

Unternehmen, welche das nach IAS 19.93 (2004) bestehende Wahlrecht zur schnelleren Erfassung versicherungsmathematischer Gewinne und Verluste nutzen und diese sofort *GuV-wirksam* erfassen, bilanzieren versicherungsmathematische Gewinne und Verluste faktisch bereits entsprechend einem bilanzorientierten Ansatz, wodurch ein Widerspruch zur Festlegung des Aufwands zu Periodenbeginn besteht. Aus diesem Grund sind für diese Unternehmen nur geringfügige Anpassungen zur Umsetzung der vorliegenden Simulation vorzunehmen. Es wird unverändert davon ausgegangen, dass der laufende Dienstzeitaufwand im operativen Ergebnis erfasst wird. Zur vollständigen Erfassung sämtlicher Aufwands- und Ertragsbestandteile ist das operative Ergebnis in Höhe des in der betrachteten Periode zusätzlich entstandenen, noch nicht erfassten nachzuverrechnenden Dienstzeitaufwands anzupassen. Aus den Geschäftsberichten kann entnommen werden, ob Zinsaufwendungen und/ oder -erträge aus Pensionsplänen im operativen Ergebnis oder im Finanzergebnis gebucht werden. Bei Unternehmen, welche diese im operativen Ergebnis erfassen, werden die entsprechenden Bestandteile in das Finanzergebnis – analog zur Vorgehensweise bei Unternehmen, welche die OCI- oder die Korridormethode anwenden – umgebucht. Um eine korrekte Erfassung versicherungsmathematischer Gewinne und Verluste in den einzelnen Ergebnisbestandteilen sicherzustellen, wird bei GuV-Bilanzierern zusätzlich die Information aus dem Abschluss abgeleitet, ob versicherungsmathematische Gewinne und Verluste im operativen Ergebnis oder im Finanzergebnis erfasst werden. Bei Unternehmen, die versicherungsmathematische Gewinne und Verluste im operativen Ergebnis erfassen, bedeutet dies für die Simulation, dass die GuV-wirksam erfassten versicherungsmathematischen Gewinne und Verluste vollständig aus dem operativen Ergebnis eliminiert werden.[1369] Anschließend werden versicherungsmathematische Gewinne und Verluste in Bezug auf das Planvermögen im Finanzergebnis erfasst; versicherungsmathematische Gewinne und Verluste aus Veränderungen der DBO werden als separater Posten innerhalb der Gewinn- und Verlustrechnung dargestellt.[1370] Lediglich ein Unternehmen der Stichprobe, das die GuV-Methode zur Erfassung versicherungsmathematischer Gewinne und Verluste anwendet, erfasst diese vollständig im Finanzergebnis.[1371] In diesem Fall werden versicherungsmathematische Gewinne und Verluste aus dem Planvermögen bereits entsprechend der zu simulierenden Bilanzierungsweise erfasst, nur versicherungsmathematische Gewinne und Verluste aus der DBO werden aus dem Finanzergebnis eliminiert und als separater GuV-Posten dargestellt. Insgesamt sind damit im Rahmen der Simulation nur geringfügige Veränderungen zu berücksichtigen, wobei es sich hauptsächlich um Umbuchungen innerhalb des Ergebnisses handelt. Theoretisch möglich wäre eine geringfügige Veränderung des Periodenergebnisses durch die vollständige Erfassung des nachzuverrechnenden Dienstzeitaufwands, welche sich ebenfalls im Eigenkapital und der Höhe der bilanzierten Pensionsverpflichtung sowie latenten Steuern niederschlägt. In der vorliegenden Stichprobe existiert jedoch kein nicht erfasster nachzuverrechnender Dienstzeitaufwand bei GuV-Bilanzierern.

1369 Die aus dem operativen Ergebnis zu eliminierenden versicherungsmathematischen Gewinne und Verluste werden der Aufstellung der gesamten, im Ergebnis erfassten Aufwendungen und Erträge nach IAS 19.120A (g) (2004) entnommen.

1370 Um versicherungsmathematische Gewinne und Verluste in Bezug auf die DBO und das Planvermögen separat erfassen zu können, werden die entsprechenden Größen aus der jeweiligen Überleitungsrechnungen des Barwerts der DBO und des Planvermögens nach IAS 19.120A (c) und (e) (2004) verwendet.

1371 Hierbei handelt es sich um das Unternehmen Hugo Boss AG.

Die Berücksichtigung von Unternehmen, welche während des Betrachtungszeitraums der vorliegenden Untersuchung, den Jahren 2005 bis 2010, die Methode zur Erfassung versicherungsmathematischer Gewinne und Verluste änderten, wird analog zur Vorgehensweise der vorhergehenden Simulation berücksichtigt.[1372]

5.4.1.4 Methodik zur Simulation der Auswirkungen eines Bruttoansatzes

Aufbauend auf die Simulation der vollständigen GuV-wirksamen Erfassung sämtlicher Aufwands- und Ertragsbestandteile – welche grundsätzlich einer Abschaffung der Festlegung des Pensionsaufwands zu Periodenbeginn entspricht und damit in Richtung des bilanzorientierten Ansatzes weist – widmet sich eine dritte Simulation der Umsetzung des Bruttoansatzes. Hierdurch wird die Realisierung eines bilanzorientierten Konzepts zur Abbildung von Pensionsplänen konsequent fortgeführt. Durch die Umsetzung des Bruttoansatzes – aufbauend auf die vollständige Erfassung sämtlicher Aufwands- und Ertragsbestandteile aus Pensionsverpflichtungen und Planvermögenswerten – wird das Planvermögen selbst, ebenso wie der Barwert der Pensionsverpflichtung vollständig bilanziell abgebildet. Dies führt zu einer Bilanzverlängerung.

Die Simulation des Bruttoansatzes wird folgendermaßen umgesetzt: Die Ausgangsdaten der Untersuchung bilden die Ergebnisse der Simulation der GuV-wirksamen Erfassung. Auf Grund dessen basieren die Daten, welche zur Simulation der Bruttodarstellung herangezogen werden, auf einer einheitlichen Bilanzierungsweise für alle Unternehmen der Stichprobe. Eine Unterscheidung des Simulationsmodells entsprechend der von den einzelnen Unternehmen gewählten Methode zur Erfassung versicherungsmathematischer Gewinne und Verluste nach IAS 19 (2004) ist nicht erforderlich.

Die für eine vollständige Bilanzierung von Pensionsplänen notwendigen Anpassungen der Gewinn- und Verlustrechnung werden bereits in der Simulation 2 zur Abbildung der Auswirkungen einer vollständigen Erfassung versicherungsmathematischer Gewinne und Verluste sowie des nachzuverrechnenden Dienstzeitaufwands vorgenommen. Dementsprechend werden zu den in Abschnitt 5.4.1.3 erläuterten Anpassungen der Gewinn- und Verlustrechnung keine weitere Veränderungen vorgenommen.

Die Bilanz erfährt hingegen signifikante Anpassungen. Durch die vollständige Bilanzierung des Planvermögens und des Barwerts der DBO wird sowohl die Aktiv- wie auch die Passivseite der Bilanz berührt. Passiviert wird nun der vollständige Barwert der DBO. Im Rahmen der Simulation wird dies erreicht, indem das Fremdkapital um die bislang bilanzierte Pensionsverpflichtung verringert und stattdessen die Höhe des Barwerts der DBO eingebucht wird. In analoger Vorgehensweise wird die Aktivseite angepasst. Die Vermögenswerte werden in Höhe des bereits erfassten Nettopensionsvermögenswerts reduziert und anschließend um den Zeitwert des Planvermögens erhöht. Da diese Simulation auf der Simulation 2 der vollständigen

1372 Vgl. hierzu S. 245 f. und S. 249 f.

GuV-wirksamen Erfassung aufbaut, werden unter den bislang bilanzierten Vermögenswerten und Schulden die fiktiv, als Ergebnis der Simulation 2 bilanzierten Beträge verstanden. Das Prinzip des Asset Ceiling wird wie bereits in den Simulationen 1 und 2 beibehalten, da diese Werthaltigkeitsprüfung in Einklang mit den übrigen IFRS steht. Entsprechend wird der Pensionsvermögenswert in einem nächsten Schritt um Effekte aus dem Asset Ceiling gekürzt. Die Höhe des Asset Ceiling wird unverändert übernommen, daher wird der Zeitwert des Planvermögens um den nicht bilanzierten Vermögenswert nach IAS 19.120A (f) (iii) (2004) vermindert.

Die Erhöhung der bilanzierten Pensionsverpflichtung und des bilanzierten Planvermögens zieht eine Veränderung der Bestandsdifferenzen zwischen Steuer- und IFRS-Bilanz nach sich, für welche latente Steuern zu berücksichtigen sind. Die Erhöhung der Pensionsverpflichtung führt zu einem Anstieg aktiver latenter Steuern, hingegen werden passive latente Steuern durch die Erhöhung des bilanzierten Pensionsvermögens angehoben.[1373] Die vollständige Bilanzierung der Pensionsverpflichtung und des Planvermögens kehrt die Saldierung um und führt deshalb zu einer Bilanzverlängerung ohne Ergebnisauswirkung. Auf Grund der Ergebnisneutralität der Anpassungsbuchungen werden latente Steuereffekte ebenfalls nur im Eigenkapital berücksichtigt. Zur Berechnung latenter Steuern wird wie in den vorhergehenden Simulationen ein Steuersatz von 30 % herangezogen. Allerdings wird der im OCI erfasste Ertrag aus latenten Steuern, welcher durch die Steigerung der bilanzierten Pensionsverpflichtung begründet wird, durch den ebenfalls im OCI erfassten Aufwand aus latenten Steuern, welcher bedingt durch die Erhöhung des bilanzierten Planvermögens entsteht, kompensiert. Insofern gleichen sich die im Eigenkapital erfassten Auswirkungen der Anpassungen latenter Steuern aus und die Höhe des Eigenkapitals bleibt unverändert. Hingegen bewirkt die Berücksichtigung der auf Grund der Anpassungsbuchungen entstehenden zusätzlichen aktiven und passiven latenten Steuern eine weitere Bilanzverlängerung.

Darüber hinaus erfährt das Eigenkapital durch die Simulation des Bruttoansatzes keine weiteren Anpassungen. Die Höhe des Eigenkapitals, das zur Auswertung der Bilanzveränderungen durch diese Simulation verwendet wird, entspricht damit dem Eigenkapital nach den Anpassungen auf Grund der Veränderungen durch die Simulation der GuV-wirksamen Erfassung versicherungsmathematischer Gewinne und Verluste sowie des nachzuverrechnenden Dienstzeitaufwands.

Die Simulation wird für die Jahre 2005 bis 2010 durchgeführt und unterstellt – in analoger Vorgehensweise zu den Simulationen 1 und 2 – eine Umstellung der Bilanzierungsweise ab der Periode 2005. Eine Berücksichtigung von Vorjahreseffekten im Rahmen der Simulation der Bruttobilanzierung ist allerdings nicht notwendig. Bei der Korrektur der Pensionsverpflichtung und des Planvermögens wird der Barwert der DBO sowie der Zeitwert des Planvermögens zum Periodenende eingebucht. Die

1373 Zur Durchführung der Bruttosimulation werden die Aktiv- und die Passivseite der Bilanz betrachtet, weshalb in dieser Simulation die Höhe aktiver und passiver latenter Steuern angepasst wird.

Anpassung aktiver und passiver latenter Steuern wird auf Basis dieser Anpassungen der Pensionsverpflichtung und des Planvermögens berechnet. Hierdurch werden die Veränderungen der Bestandsdifferenzen zwischen Steuerbilanz und IFRS-Bilanz in voller Höhe berücksichtigt; die Erfassung latenter Steuern erfolgt ohnehin im Eigenkapital. Implizit werden Vorjahreseffekte hingegen berücksichtigt, da der Wert des Eigenkapitals, welcher dem Ergebnis der Bruttosimulation zu Grunde gelegt wird, dem Endwert der Simulation der vollständigen GuV-wirksamen Erfassung entspricht. Im Rahmen dieser Simulation schlagen sich Vorjahreseffekte, welche im Rahmen dieser Studie bis zum Jahr 2005 einbezogen werden, im Eigenkapital nieder.

Die im Rahmen dieser Studie durchgeführten Simulationen basieren auf den bilanzierten Pensionsverpflichtungen und -vermögenswerten nach IAS 19 (2004). So wird bei der Simulation des Bruttoansatzes der Wert des bislang bilanzierten Planvermögens für Pläne, welche einen Vermögensüberschuss aufweisen, angepasst; ebenso wird der Wert der bilanzierten Pensionsverpflichtungen für Pläne mit einem negativen Saldo korrigiert. Durch die Simulation der sofortigen GuV-wirksamen Erfassung aller Pensionsaufwendungen und -erträge wird in einem ersten Schritt die bilanzierte Pensionsverpflichtung in Höhe des noch nicht erfassten nachzuverrechnenden Dienstzeitaufwands angepasst sowie – bei Korridor-Bilanzierern – weiterhin um noch nicht erfasste versicherungsmathematische Gewinne und Verluste erhöht oder vermindert. Darüber hinaus führt die Bruttosimulation zu einer Erhöhung der Verpflichtung um die Differenz zwischen dem nun zu bilanzierenden Barwert der DBO und dem nach der vollständigen GuV-wirksamen Erfassung passivierten Betrag. Die Aktiva werden analog verändert; es kommt zu einem Anstieg des Vermögenswerts in Höhe des Zeitwerts des Planvermögens korrigiert um den auf Grund des Asset Ceiling nicht bilanzierten Vermögenswert abzüglich dem bisher angesetzten Betrag. Insgesamt gleichen sich durch diese Buchungen die Höhe der Veränderung der Passiva durch die Anpassungen der Werte der Aktiva aus. Bei einzelnen Unternehmen führen die vorgenommenen Anpassungsbuchungen nicht zu einem Ausgleich der Bilanzsumme. Diese Abweichung begründet sich bei den betroffenen Unternehmen dadurch, dass die nach IAS 19 (2004) bilanzierte Verpflichtung nicht dem Finanzierungsstatus, korrigiert um die in IAS 19.54 (2004) angegebenen Beträge, berechnen lässt. Ein möglicher Grund für diese Abweichungen stellen Rundungsdifferenzen oder fehlerhafte Angaben im Geschäftsbericht dar. Auf Grund dessen wurden die entsprechenden erhobenen Geschäftsberichtsdaten bei allen Unternehmen, bei welchen derartige Abweichungen bestehen, nochmals kontrolliert. Weitere, von Unternehmen angegebene Gründe für eine zusätzliche Anpassung bei der Ermittlung der bilanzierten Beträge von oben aufgeführtem Schema sind beispielsweise eine durchgeführte Umgliederung nach IFRS 5 oder auch Wechselkursdifferenzen; ferner existieren auch nicht näher erläuterte Anpassungen, welche bei der Überleitung der DBO und des Planvermögens zu den tatsächlich bilanzierten Beträgen vorgenommen werden. Diese vereinzelt entstehenden geringfügigen Abweichungen werden im Rahmen der Simulation nicht weiter berücksichtigt, insbesondere da sich deren Entstehung häufig nicht vollständig nachvollziehen lässt oder auf fehlerhaften Angaben beruht und auf Grund dessen eine sachgerechte Korrektur ausscheidet.

5.4.2 Bestimmung von Bilanzkennzahlen zur Ergebnisanalyse

Zur Auswertung der einzelnen Simulationsstudien werden unterschiedliche Kenngrößen herangezogen. Dabei werden absolute und relative Kennzahlen so ausgewählt, dass verschiedene Aspekte der Bilanz- und Unternehmensanalyse Eingang in die Untersuchung finden. Weiterhin wird berücksichtig, dass die im Rahmen der Simulation veränderten Posten durch die ausgewählten Kennzahlen repräsentiert werden und diese möglichst geringe Redundanzen aufweisen. Die Auswertung der Kennzahlveränderungen dient dazu, Aufschluss über mögliche Verhaltensänderungen, die durch eine Bilanzierungsänderung induziert werden, zu geben. Entsprechend wird die Auswahl der untersuchten Kennzahlen so ausgestaltet, dass verschiedene wirtschaftliche Aussagen, die für unterschiedliche Adressatengruppen relevant sind, abgeleitet werden können. Im Gegensatz zu den Auswertungen, welche in Abschnitt 5.5.1 vorgenommen werden, konzentrieren sich die Kennzahlen zur Auswertung der Simulationsstudie auf absolute und relative Kennzahlen, welche auf tatsächlich bilanzierten Werten nach der jeweiligen Bilanzierungsweise basieren.

Eine erste Gruppe von Kenngrößen verkörpert zentrale GuV- und Bilanzwerte. Im Hinblick auf die Gewinn- und Verlustrechnung steht das operative Ergebnis (EBIT) sowie der Jahresüberschuss nach Steuern (JÜ nach St.) im Fokus. Unterscheidet sich die Veränderung dieser beiden Größen wesentlich, lässt dies Rückschlüsse auf die Veränderung des Finanzergebnisses zu. Des Weiteren werden zentrale Bilanzgrößen untersucht. Neben der Höhe des Eigenkapitals (EK), des Fremdkapitals (FK) sowie des Anlagevermögens (AV) interessieren in vorliegendem Zusammenhang insbesondere die Veränderung der Werte für die bilanzierte Pensionsverpflichtung (PRkst) sowie der bilanzierten Planvermögenswerte (PVW). Die Veränderung dieser Kennzahlen dient nicht zuletzt der Abbildung der wertmäßigen Bedeutung leistungsorientierter Pensionspläne sowie darauf aufbauend der Illustration des Ausmaßes der jeweils betrachteten Bilanzierungsänderung. Ferner zeigen empirische Studien einen Zusammenhang zwischen diesen Größen und der Aktienmarktbewertung oder Ratingurteilen auf,[1374] weshalb deren Veränderung, wie nachfolgend erläutert, als Indikator für mögliche ökonomische Auswirkungen dient.

Eine zweite Gruppe von Kennzahlen enthält allgemeine relative Kennzahlen. Zunächst werden Kennzahlen zur Analyse der Vermögens- und Kapitalstruktur herangezogen: die Anlagenintensität (AV/GK), der Verschuldungsgrad (FK/EK) sowie die Eigenkapitalquote (EK/GK). Anhand dieser Kennzahlen werden die Veränderungen der Bilanzstruktur ersichtlich. Diese Kennzahlen dienen mitunter als Indikator für die finanzielle Risikoposition eines Unternehmens.[1375] Entsprechend

1374 Vgl. in Bezug auf die Aktienmarktbewertung bspw. FASSHAUER/GLAUM (2008) und in Bezug auf den Zusammenhang zu Ratingurteile SENGUPTA/WANG (2011); MAHER (1996) sowie ausführlich die Ausführungen in Abschnitt 4.2.3.

1375 Vgl. KÜTING/WEBER (2012), S. 125 sowie S. 137.

sind sie für Eigen- und Fremdkapitalgeber ebenso wie für Finanzanalysten oder Ratingagenturen zur Beurteilung der Risikoposition eines Unternehmens relevant. Veränderungen der Kennzahlen durch eine Rechnungslegungsänderung können somit verschiedene Auswirkungen nach sich ziehen. Einerseits können die Veränderungen zu „direkten“ Auswirkungen führen, entweder durch Vertragsverletzungen auf Grund einer Veränderung vertraglich niedergelgter Bilanzrelationen – etwa in Kreditverträgen[1376] oder Verträgen zur Managemententlohnung[1377] – oder durch eine hierdurch bedingte veränderte Beurteilung des Kapitalmarkts.[1378] Andererseits können Manager zu Verhaltensänderungen bewogen werden, um erwartete Auswirkungen einer Bilanzierungsänderung, wie negative Kapitalmarktreaktionen oder negative Auswirkungen auf vertraglich niedergelegte Zielgrößen, ebenfalls etwa in Kreditverträgen oder Verträgen zur Managemententlohnung, zu vermeiden.[1379]

Weiterhin werden Kennzahlen zur Rentabilitätsanalyse verwendet, welche hauptsächlich zur Auswertung der ersten beiden Simulationen, die sich primär der Art der Erfassung von Aufwendungen und Erträgen widmen, von Bedeutung sind. Hierzu gehören die Umsatzrentabilität (UR), die Gesamtkapitalrentabilität (GKR) und die Eigenkapitalrentabilität (EKR). Diese Kennzahlen geben Auskunft über die Rentabilität eines Unternehmens und sind in Folge dessen grundsätzlich für Investoren und Finanzanalysten von Bedeutung. Diesbezüglich sind zugleich die absoluten Ergebnisgrößen – EBIT und Jahresüberschuss nach Steuern – relevant.[1380] Darüber hinaus sind diese Ergebnisgrößen auch für Ratingagenturen bedeutend, da die Volatilität des Ergebnisses von Ratingagenturen zur Bemessung des Kreditrisikos herangezogen wird.[1381] Auf Grund dessen gelten die Ausführungen zu möglichen Verhaltensänderungen von Managern zur Vermeidung negativer Auswirkungen einer Bilanzierungsänderung entsprechend.

Zuletzt werden in die Gruppe der allgemeinen Kennzahlen auch zwei Kennzahlen, welchen im Rahmen der kapitalmarktorientierten Analyse eine hohe Bedeutung zukommt, integriert.[1382] Die Kennzahl Gewinn je Aktie (Earnings per Share, EPS)

1376 Vgl. Beneish/Press (1993).

1377 Vgl. Begley/Feltham (1999).

1378 Vgl. Core/Schrand (1999).

1379 Vgl. zu möglichen, durch Änderungen in der Pensionsbilanzierung ausgelösten Verhaltensänderungen beispielsweise Stadler/Lobe (2010); Swinkels (2011); Chuk (2013) sowie die Ausführungen in Abschnitt 4.2.2.1. Vgl. zu Anpassungen des Managementverhaltens auf Grund der offenzulegenden Informationen Prakash/Rappaport (1977), S. 31 f. sowie zum Zusammenhang von Managementverhalten und vertraglichen Vereinbarungen, die auf Bilanzkennzahlen rekurrieren, beispielsweise Begley (1990) oder Sweeney (1994) im Hinblick auf sog. debt covenants in Kreditverträgen und Healy (1985) im Hinblick auf Bonusverträge.

1380 Vgl. Arnold/Moizer (1984); Barker (1999); Imam/Barker/Clubb (2008); Küting/Weber (2012), S. 307 ff.

1381 Vgl. hierzu ausführlich Jung/Soderstrom/Yang (2013).

1382 Vgl. Coenenberg/Haller/Schultze (2012), S. 1148 f.

stellt den Mehrheitenanteil am Konzernjahresüberschuss der durchschnittlichen Anzahl ausstehender Aktien gegenüber. Das Kurs-Gewinn-Verhältnis (KGV) wiederum untersucht das Verhältnis des Marktwerts am Bilanzstichtag zum Jahresüberschuss ohne Minderheiten. Diese Kennzahlen werden von Investoren wie Analysten der Aktienbewertung und Investitionsbeurteilung zu Grunde gelegt und finden im Rahmen von Multiplikatorverfahren Anwendung zur Unternehmens- bzw. Aktienbewertung. Insbesondere das Kurs-Gewinn-Verhältnis ist für die Analyse durch Aktienanalysten von überragender Bedeutung.[1383] Analog den vorstehenden Überlegungen können erwartete Veränderungen dieser Kennzahlen durch eine Bilanzierungsänderung Einfluss auf das bilanzpolitische Verhalten von Managern ausüben. Die Verwendung dieser kapitalmarktorientierten Kennzahlen zur Analyse der Ergebnisse der Simulationsstudie unterstellt jedoch, dass ein verändertes Bilanzierungsmodell für Pensionspläne zunächst keine Kapitalmarktreaktionen nach sich zieht. Die Höhe des Jahresüberschusses verändert sich folglich durch die Simulation, während die Marktkapitalisierung ceteris paribus gleich bleibt, da Kapitalmarktteilnehmer annahmegemäß ihr Verhalten durch die modifizierte Bilanzierungsweise nicht ändern.

Die letzte Gruppe der zur Auswertung verwendeten Kennzahlen repräsentiert die Bedeutung der bilanzierten Pensionsverpflichtung sowie des bilanzierten Planvermögens. Zur Analyse der Bedeutung der bilanzierten Pensionsverpflichtung wird deren Verhältnis zu Eigen- (PRkst/EK) und Gesamtkapital (PRkst/GK) verwendet; die Bedeutung der bilanzierten Planvermögenswerte wird durch deren Verhältnis zum Gesamtkapital (PVW/GK) dargestellt. Speziell bei der Simulation des Bruttoansatzes kommt diesen Kennzahlen ein zentraler Stellenwert zu, da anhand der aufgeführten Werte die relative Bedeutung der Veränderung wesentlicher Bilanzgrößen in Bezug auf Pensionspläne deutlich wird und auf diese Weise die Tragweite einer solchen Bilanzierungsänderung für Unternehmen abgeschätzt werden kann.

Tabelle 5.4 fasst die Kennzahlen, welche zur Auswertung der Simulationsstudien verwendet werden, und deren Definitionen zusammen. Zur Auswertung der Simulationen 1 bis 3 werden jeweils die Kennzahlen, welche die entsprechende Bilanzierungsänderung verdeutlichen, ausgewählt. Infolgedessen kommen nicht sämtliche Kennzahlen bei jeder Auswertung zum Einsatz. So ziehen die Simulationen der Auswirkungen des IAS 19 (rev. 2011) sowie die der vollständigen GuV-wirksamen Erfassung sämtlicher Aufwendungen und Erträge primär Ergebniseffekte nach sich, weshalb der Fokus der Auswertungen auf ergebnisorientierten Kennzahlen liegt. Hingegen führt die Umsetzung des Bruttoansatzes ausschließlich zu Auswirkungen auf die Bilanz, weshalb vorwiegend bilanzorientierte Kennzahlen betrachtet werden.

1383 Vgl. Arnold/Moizer (1984); pari (1989); Gibson (1987); Barker (1999); Demirakos/Strong/Walker (2004); Imam/Barker/Clubb (2008).

Tabelle 5.4: Kennzahlen zur Auswertung der Simulationsstudie

Kennzahlen zur Auswertung der Simulationsstudie			
Kennzahl	**Abkürzung**	**Zähler**	**Nenner**
Zentrale Bilanz- und GuV-Werte			
GuV-Werte			
EBIT	EBIT	EBIT	–
JÜ nach Steuern	JÜ nach St.	JÜ nach Steuern	–
Bilanzwerte			
Bilanzierte Pensionsverpflichtung	PRkst	Bilanzierte Pensionsverpflichtung	–
Eigenkapital	EK	Eigenkapital	–
Fremdkapital	FK	Fremdkapital	–
Bilanzierter Pensionsvermögenswert	PVW	Bilanzierter Pensionsvermögenswert	–
Anlagevermögen	AV	Anlagevermögen	–
Allgemeine Kennzahlen			
Kennzahlen zur Analyse der Vermögens- und Kapitalstruktur			
Anlagenintensität	AV/GK	Anlagevermögen	Gesamtkapital
Verschuldungsgrad	FK/EK	Fremdkapital	Eigenkapital
Eigenkapitalquote	EK/GK	Eigenkapital	Gesamtkapital
Kennzahlen zur Rentabilitätsanalyse			
Umsatzrentabilität	UR	EBIT	Umsatzerlöse
Gesamtkapitalrentabilität	GKR	EBIT	Durchschnittliches Gesamtkapital
Eigenkapitalrentabilität	EKR	Jahresüberschuss	Durchschnittliches Eigenkapital
Kennzahlen zur kapitalmarktorientierten Analyse			
Gewinn je Aktie (EPS)	EPS	Jahresüberschuss ohne Minderheiten	durchschnittliche Anzahl ausstehender Aktien
Kurs-Gewinn-Verhältnis	KGV	Marktwert (Stichtag)	Jahresüberschuss ohne Minderheiten
Pensionsspezifische Kennzahlen zur Analyse der Vermögens- und Kapitalstruktur			
Anteil der bilanzierten Pensionsverpflichtung am Eigenkapital	PRkst/EK	Bilanzierte Pensionsverpflichtung	Eigenkapital
Anteil der bilanzierten Pensionsverpflichtung am Gesamtkapital	PRkst/GK	Bilanzierte Pensionsverpflichtung	Gesamtkapital
Anteil des bilanzierten Planvermögens am Gesamtvermögen	PVW/GK	Bilanzierte Planvermögenswerte	Gesamtkapital

5.4.3 Überblick und Vorgehensweise der Auswertungen

Die Auswertung der drei Simulationsstudien erfolgt mittels Analyse der Veränderung zentraler Kennzahlen. Somit wird zur Auswertung der ersten Simulation, welche die Auswirkungen des IAS 19 (rev. 2011) abbildet, die Abweichung zentraler Bilanz- und GuV-Größen sowie weiterer Kennzahlen zu deren entsprechender Höhe, welche sich nach der ursprünglichen Bilanzierungsweise gemäß IAS 19 (2004) ergibt, untersucht. Im Anschluss daran werden die Kennzahlveränderungen durch die Simulationen 2 und 3 dargestellt. Hierzu werden jeweils die Kennzahlen, welche basierend auf den Simulationsergebnissen ermittelt werden, mit den Kennzahlen nach Durchführung der ersten Simulation – also nach fiktiver Umsetzung des IAS 19 (rev. 2011) – verglichen und die Veränderung der Kennzahlen berechnet. Auf diese Weise lassen sich Veränderungen, die aufbauend auf der bereits beschlossenen Überarbeitung des IAS 19 durch mögliche künftige weitere Änderungen ergeben würden, analysieren.

Die Auswertung wird für jede der drei Simulationen wie folgt unterteilt: Zuerst wird das Simulationsergebnis für die Gesamtstichprobe ausgewertet. In diesem Kontext wird ebenfalls ein Periodenvergleich vorgenommen. Das Ergebnis für die Gesamtstichprobe wird hierzu sowohl für das Jahr 2010 wie auch für die Jahre 2008 und 2006 dargestellt.[1384] Auf diese Weise wird eine Beurteilung der Kennzahlveränderungen im Zeitablauf ermöglicht. Dies ist insbesondere vor dem Hintergrund der Tatsache relevant, dass die Höhe zentraler pensionsbezogener Größen variiert, wie die Auswertungen in Abschnitt 5.5.1 beispielsweise im Hinblick auf den Finanzierungsstatus zeigen.[1385] Darüber hinaus wird die Gesamtstichprobe unterteilt, um eine differenzierte Betrachtung der Auswirkungen einer Bilanzierungsänderung für einzelne Unternehmensgruppen zu ermöglichen. Differenziert wird nach der Anwendung der bisherigen Bilanzierungspraxis, also der bisher gewählten Erfassungsmethode für versicherungsmathematische Gewinne und Verluste nach IAS 19 (2004), nach Börsenindex sowie nach Branchen. Allerdings entfällt bei der Analyse der Ergebnisse der zweiten und dritten Simulation die Unterteilung der Stichprobe nach der bisherigen Bilanzierungsweise für versicherungsmathematische Gewinne und Verluste, da die Ergebnisse dieser Simulationen mit denen der ersten Simulation verglichen werden und somit den Ausgangswerten eine einheitliche Bilanzierungsweise zu Grunde liegt. Bei der zweiten Simulation, welche die Auswirkungen einer vollständigen GuV-wirksamen Erfassung untersucht, wird allerdings eine Auswertung separiert nach der bisherigen Erfassungsweise für Zinsaufwendun-

1384 Auf eine Auswertung der Periode 2005 wird verzichtet, da manche der Kennzahlen auf Durchschnittswerten basieren, für deren Berechnung ein Vorjahreswert benötigt wird, welcher für Kennzahlen der Periode 2006 der entsprechende Wert aus 2005 darstellt. Weiterhin fehlen für die Periode 2005 vergleichsweise viele Datensätze.

1385 Vgl. hierzu Abschnitt 5.5.1.2.2. Die Simulationsergebnisse der übrigen Jahre werden zur Berechnung der Kennzahlen, welchen ein Durchschnittswert zu Grunde liegt, wie z. B. der EKR, verwendet.

gen und -erträge erstellt. Die Untersuchung der Teilstichproben erfolgt jeweils nur für die Periode 2010, um eine nachvollziehbare und übersichtliche Darstellung zu ermöglichen.[1386]

Die im Text dargestellten Tabellen beinhalten ausschließlich die prozentuale Veränderung der Kennzahlen durch die Simulation. Dies gilt sowohl für die Darstellung der Veränderung absoluter wie auch relativer Kennzahlen, die jeweils als prozentuale Erhöhung oder Verminderung abgebildet werden. Die Veränderung der Kennzahlen wird auf Ebene der einzelnen Unternehmen der Stichprobe ermittelt und anschließend ausgewertet. In Folge dessen basieren die Auswertungen der Kennzahlveränderungen auf den einzelnen Veränderungen der Kennzahlen der verschiedenen Unternehmen der Stichprobe. Dies bedeutet beispielsweise, dass die dargestellten Mittelwerte, die Mittelwerte der Kennzahlveränderungen sind und damit die Frage beantworten, mit welcher Veränderung Unternehmen im Mittel durch eine veränderte Bilanzierungsweise rechnen können. In Anhang B befinden sich zu jeder Untersuchung Tabellen, in denen sowohl die absolute Höhe der Kennzahlen vor („Alt") und nach („Neu") der Simulation abgebildet werden, wie auch die Ausprägung von deren relativer Veränderung („Veränd."). Auch hier gilt, dass die Spalte „Veränderung" die Mittelwerte der Veränderungen der Kennzahlen der einzelnen Unternehmen beinhaltet und nicht die Veränderung der Mittelwerte. Dementsprechend zeigen die statistischen Größen die Verteilung der Kennzahlveränderungen der einzelnen Unternehmen auf.

Die statistische Auswertung erfolgt mit Hilfe des Programms SPSS[1387] und wird sowohl für die absolute Höhe der Kennzahlen vor und nach der Simulationsanpassung durchgeführt wie auch für deren Veränderung. Die prozentuale Veränderung der Kennzahlen durch die Anpassung der Bilanzierungsweise im Rahmen der jeweiligen Simulation steht im Zentrum der Studie. Zur Auswertung werden folgende Maßzahlen herangezogen: Der Mittelwert, die Standardabweichung sowie ergänzend der Variationskoeffizient. Der Variationskoeffizient, berechnet als Quotient aus Standardabweichung und arithmetischem Mittel,[1388] stellt die relative Streuung dar, da hier das Streumaß ins Verhältnis zum entsprechenden Lagemaß gesetzt wird und es sich somit um eine dimensionslose Größe handelt. Auf Grund dessen eignet sich diese Größe insbesondere zum Vergleich von Verteilungen mit unterschiedlichen Maßeinheiten respektive unterschiedlicher Größenordnungen,[1389] wie sie in der nachfolgenden Auswertung regelmäßig vorhanden sind.[1390] Außerdem werden Quartile bzw. der Median ermittelt und anschließend analysiert.

1386 Im Übrigen würde eine Darstellung sämtlicher Ergebnisse für alle Perioden nur unwesentliche Zusatzinformationen beinhalten.

1387 IBM PASW Statistics 18.

1388 Vgl. Bamberg/Baur/Krapp (2011), S. 20.

1389 Vgl. zum Varianzkoeffizienten Auer/Rottmann (2012), S. 59; Bohley (2000), S. 165 sowie Bleymüller (2012), S. 22.

1390 Für Kennzahlen oder Kennzahlveränderungen, deren arithmetisches Mittel den Wert Null annimmt, ist es nicht möglich, den Varianzkoeffizienten zu berechnen.

Der zur Auswertung angewandte t-Test liefert eine Entscheidungshilfe dafür, ob es sich bei den gefundenen Unterschieden der Mittelwerte um signifikante Unterschiede handelt.[1391] Entsprechend wird der t-Test herangezogen, um die Mittelwertunterschiede vor und nach Anpassung der Bilanzierungsmethode zu würdigen und unter Einbezug der Varianz zu untersuchen, ob es sich um bedeutsame Unterschiede handelt. Im vorliegenden Fall wird diese Untersuchung an zwei gepaarten Stichproben[1392] durchgeführt oder – bei Betrachtung der Kennzahlveränderungen – bei einer Stichprobe.[1393]

Des Weiteren wird ein Wilcoxon-Vorzeichen-Rang-Test durchgeführt. Dieser Test stellt das nicht-parametrische[1394] Äquivalent zum t-Test für gepaarte Stichproben dar.[1395] Unter Anwendung des Wilcoxon-Vorzeichen-Rang-Tests wird bei zwei gepaarten Stichproben die Verteilung von zwei Variablen anhand der Differenzen zwischen Wertepaaren der beiden Stichproben untersucht.[1396] Das heißt, es wird untersucht, ob der Median dieser Wertepaardifferenzen signifikant von Null verschieden ist.

Zuletzt wird bei der Unterteilung der Stichprobe in mehrere Teilstichproben eine Varianzanalyse durchgeführt. Die Varianzanalyse stellt eine Verallgemeinerung des t-Tests für mehr als zwei Gruppen dar.[1397] Es können somit mehr als zwei arithmetische Mittel auf Homogenität getestet werden.[1398] Hierzu betrachtet die Varianzanalyse die Frage, ob die Differenzen der arithmetischen Mittel signifikant von Null verschieden sind.[1399] Anhand der Varianzanalyse wird untersucht, ob sich die Stichprobenvarianz vorwiegend aus der Variation innerhalb einer Gruppe, im vorliegenden Fall einer Teilstichprobe, oder aus den Unterschieden zwischen den Gruppen ergibt.[1400]

Neben diesem Fällen werden auch Varianzkoeffizienten als nicht berechenbar gekennzeichnet, die sich auf ein arithmetisches Mittel unter 10^{-4} beziehen, da der Varianzkoeffizient in diesen Fällen extremal groß ist.

1391 Vgl. Bühl (2010), S. 331.

1392 Die Merkmalsausprägungen beider Stichproben werden jeweils an demselben Merkmalsträger erhoben, weshalb es sich um eine gepaarte Stichprobe handelt, vgl. Bleymüller (2012), S. 115; Auer/Rottmann (2012), S. 377. Der Begriff der gepaarten Stichprobe wird synonym zu den Begriffen einer abhängigen oder verbundenen Stichprobe verwendet.

1393 Vgl. Bleymüller (2012), S. 108.

1394 Bei nicht-parametrischen Tests handelt es sich um Verteilungstests, bei welchen es nicht um das Testen von Parametern beziehungsweise von Hypothesen, die sich auf Parameterwerte beziehen, geht, vgl. Bohley (2000), S. 625.

1395 Vgl. Bühl (2010), S. 354.

1396 Vgl. zum Wilcoxon-Vorzeichen-Rang-Test Büning/Trenkler (1994), S. 167 f. i. V. m. S. 171. Vgl. ausführlich zur Vorgehensweise des Wilcoxon-Vorzeichen-Rang-Test Hartung/Elpelt/Klösener (2009), S. 243–247.

1397 Vgl. Eckstein (2010), S. 267.

1398 Vgl. Auer/Rottmann (2012), S. 402; Bohley (2000), S. 609; Bamberg/Baur/Krapp (2011), S. 182.

1399 Vgl. Bleymüller (2012), S. 119.

1400 Vgl. Auer/Rottmann (2012), S. 402.

Besteht zwischen mindestens zwei der Mittelwerte der untersuchten Teilgruppen ein signifikanter Unterschied, kommt die Varianzanalyse zu dem Ergebnis, dass die betrachteten Mittelwerte nicht homogen sind. Anhand dieser Untersuchung kann folglich eine Aussage darüber getroffen werden, ob die gewählte Aufgliederung in Teilstichproben sinnvoll ist.[1401] Eine Voraussetzung für die Anwendung dieser einfaktoriellen Varianzanalyse ist die Varianzhomogenität (Homoskedastizität) der Stichprobenvariablen.[1402] Diese wird im Vorfeld mit Hilfe des Levene-Tests überprüft.[1403] Ist diese Modellvoraussetzung nicht gegeben, kann die einfaktorielle Varianzanalyse nicht durchgeführt werden. Eine weitere Voraussetzung zur Anwendung der einfaktoriellen Varianzanalyse ist die Normalverteilung der Stichproben. Diese ist mitunter bei den untersuchten Teilstichproben nicht vollständig gegeben, da bei diversen Kennzahlveränderungen eine Häufung des Werts Null vorliegt. Dies kann durch eine fehlende Relevanz einzelner untersuchter Bilanzierungsänderungen für manche Unternehmen begründet werden. Für die vorliegende Fragestellung, nämlich eine Aufdeckung möglicher Unterschiede im Rahmen der Deskription der Ergebnisse, ist dieser Test dennoch geeignet, da die Anwendung des Tests nicht zur Aufdeckung von Unterschieden, die tatsächlich nicht bestehen, führt. Um bei der Unterteilung der Stichprobe nach Branchen Verzerrungen auf Grund kleiner Teilstichproben zu vermeiden, wird bei dieser Teilstichprobenbetrachtung kein Vergleich der verschiedenen Gruppen durchgeführt.

Sofern keine Varianzhomogenität bei den Teilstichproben vorhanden ist und somit eine Voraussetzung zur Anwendung der einfaktoriellen Varianzanalyse nicht gegeben ist, wird auf den nicht-parametrischen H-Test nach Kruskall-Wallis ausgewichen. Der Test bietet zugleich den Vorteil, dass er an weniger strenge Modellvoraussetzungen geknüpft ist und insbesondere keine Normalverteilung erfordert.[1404] Der H-Test nach Kruskal-Wallis überprüft also, ohne die Voraussetzung der Normalverteilung, ob die Mittelwerte von mehreren Messreihen als signifikant verschieden betrachtet werden können.[1405] Bei diesem nicht-parametrischen Test für unabhängige Stichproben basiert die Ermittlung der Teststatistik auf Rängen und nicht auf tatsächlichen Beobachtungen,[1406] weshalb der Test die konkrete Ausprägung der einzelnen Werte nicht beachtet.

Die dargestellten und angewandten Tests werden im Rahmen der vorliegenden Untersuchung lediglich zur weiteren deskriptiven Analyse der Untersuchungsergebnisse herangezogen. Sie werden somit verwendet, um mögliche signifikante Unterschiede zwischen den Ausgangsdaten und den simulierten Daten oder auch

---

1401 Die Tabellen im Anhang enthalten aus Gründen der Übersichtlichkeit lediglich eine Auswahl dieser Kennzahlen.

1402 Vgl. Auer/Rottmann (2012), S. 402; Bleymüller (2012), S. 119.

1403 Vgl. Bühl (2010), S. 338.

1404 Vgl. ausführlich zum H-Test nach Kruskal-Wallis Büning/Trenkler (1994), S. 184–190.

1405 Vgl. Hartung/Elpelt/Klösener (2009), S. 613.

1406 Vgl. Büning/Trenkler (1994), S. 90 i. V. m. S. 184.

zwischen einzelnen Teilstichproben aufzudecken. Eine Ableitung von Aussagen mit Gültigkeit für andere Stichproben oder eine Überprüfung von Hypothesen findet nicht statt.

Im Vorfeld der Durchführung der aufgeführten statistischen Tests wird eine explorative Datenanalyse durchgeführt. Der Zweck dieser Datenanalyse stellt die Eliminierung von Extremwerten, welche die Auswertung stark verzerren und für die betrachtete Fragestellung nicht repräsentativ sind, dar. Das Hauptziel dieser Studie ist es, Aussagen zu treffen über die möglichen, durchschnittlich zu erwartetenden Auswirkungen einer entsprechenden Bilanzierungsänderung, welche typischerweise für Unternehmen eines bestimmten Indizes, einer bestimmten Branche oder für solche, die bislang eine bestimmte Bilanzierungsweise hinsichtlich des Wahlrechts zur Erfassung versicherungsmathematischer Gewinne oder Verluste anwenden, erwartet werden können. Extreme Effekte, welche einzelne Unternehmen, die sich in einer speziellen ökonomischen Situation befinden und daher beispielsweise ein sehr geringes Eigenkapital oder EBIT ausweisen, durch das fiktiv neue Bilanzierungsmodell erwarten können, sollen nicht im Einzelnen betrachtet werden. Demgegenüber weisen die untersuchten Kennzahlen respektive Kennzahlveränderungen mitunter eine starke Streuung auf, die in der Ergebnisauswertung repräsentiert und nicht vollständig eliminiert werden soll. Dies zumal leistungsorientierte Pensionszusagen, ebenso wie die Möglichkeit zur Auslagerung von Planvermögen durch Unternehmen unterschiedlich genutzt werden und daher das Bestehen von Ausreißern erwartet werden kann. Auf Grund dessen wird folgende Vorgehensweise gewählt:

Die Kennzahlen werden im Vorfeld der weiteren statistischen Auswertung um extreme Werte bereinigt.[1407] Um die Streuung der Werte nicht vollständig zu beseitigen, werden pauschal insgesamt 2 % der Werte je Periode eliminiert, unabhängig von den Verteilungsrändern. Eine exemplarische Auswertung der Daten hat gezeigt, dass häufig bis zu zwei Werte sehr weit außerhalb des oberen oder unteren Quartils liegen und dadurch als nicht repräsentativ für die Stichprobe bezeichnet werden können. Durch diese Eliminierung werden Unternehmen, welche sich in einer speziellen ökonomischen Situation befinden und daher extreme Ausprägungen einzelner Kennzahlen oder Kennzahlveränderungen aufweisen, ausgeschlossen. Darüber hinaus wird somit der Möglichkeit des Bestehens fehlerhafter Werte, welche beispielsweise in der Datenbank Datastream (Worldscope) hinterlegt sind, Rechnung getragen. Maximal werden jedoch Werte, die um den dreifachen Quartilabstand, welcher sich als Abstand zwischen dem ersten und dem dritten Quartil bemisst,[1408] vom ersten oder dritten Quartil abweichen, aus der Stichprobe entfernt.[1409] Zur Bestimmung der maximal eliminierten Werte wird folglich die Verteilung einer

1407 Zur Notwendigkeit dieser Bereinigung vgl. auch Cooper/Schindler (2008), S. 456.
1408 Der Quartilabstand, ermittelt als Differenz zwischen dem 25. und 75. Perzentil, gibt die Spannweite der 50 % mittleren Werte an, vgl. Bleymüller (2012), S. 23.
1409 Zu dieser Vorgehensweise vgl. Cooper/Schindler (2008), S. 455 f.; Bleymüller (2012), S. 23 f.; Bohley (2000), S. 152; Bühl (2010), S. 265 f.

Kennzahl beziehungsweise Kennzahlveränderung einer Periode betrachtet und das Kriterium der absoluten Abweichung einzelner Werte vom oberen respektive unteren Quartil der betrachteten Daten verwendet. Mögliche Auswirkungen, die einzelne Extremwerte auf die Auswertung einer Kennzahl ausüben können, sollen am Beispiel der Veränderung des EBIT im Rahmen der ersten Simulation aufgezeigt werden. Eine Analyse der Veränderung des EBIT durch die Simulation des IAS 19 (rev 2011) ergibt für das Jahr 2009 einen Extremwert im Hinblick auf das Unternehmen Wacker Chemie AG, deren EBIT im Jahr 2009 5,3 Mio. EUR beträgt und sich durch die Abschaffung der Korridormethode um 3.849,06 % auf 209,3 Mio. EUR erhöhen würde. Wird dieses Unternehmen in die Stichprobe einbezogen, beträgt der Mittelwert der Veränderung des EBIT im Jahr 2009 38,44 % bei einer Standardabweichung von 377,53 %. Wird dieser Wert aus der Stichprobe eliminiert, beträgt der Mittelwert hingegen 14,51 % und die Standardabweichung liegt bei 1,34 %. Dabei gilt es zu beachten, dass dieser Effekt durch die Eliminierung eines einzelnen Extremwerts in diesem Beispiel entsteht.[1410] Die Bereinigung der Daten um Extremwerte erfolgt nach der Ermittlung der prozentualen Veränderung der einzelnen Kennzahlen. Folglich werden die Kennzahlen nach bisheriger Bilanzierungsweise, die Kennzahlen nach durchgeführter Simulation sowie die Veränderung dieser Kennzahlen einzeln hinsichtlich dem Bestehen möglicher Extremwerte überprüft. Diese Untersuchung auf Extremwerte wird darüber hinaus periodenspezifisch durchgeführt. In Folge dieser Vorgehensweise wird bei der nachfolgenden Darstellung der Untersuchungsergebnisse auf eine Diskussion von Minimal- und Maximalwerten verzichtet, da diese nur einen beschränkten Aussagegehalt aufweisen.

5.5 Untersuchungsergebnisse

5.5.1 Entwicklung und Bedeutung von Pensionsplänen deutscher Unternehmen

5.5.1.1 Pensionszusagen

5.5.1.1.1 Leistungsorientierte Pensionszusagen

Um die Bedeutung der verschiedenen Zusagearten hinsichtlich der dieser Studie zu Grunde liegenden Stichprobe zu untersuchen, wird zunächst die absolute Höhe der kumulierten DBO der untersuchten Unternehmen sowie deren prozentuale jährliche Veränderung im Untersuchungszeitraum 2005 bis 2010 analysiert. Tabelle 5.5 beinhaltet die Entwicklung der DBO unterteilt nach Index sowie die prozentuale jährliche Veränderung der absoluten Höhe der DBO.

1410 Diese Effekte sind allerdings je nach betrachteter Kennzahl oder Kennzahlveränderung stark unterschiedlich.

Tabelle 5.5: Kumulierte Pensionsverpflichtungen (DBO) getrennt nach Index, gesamt sowie jährliche Veränderungen

DBO (in Mio. EUR)	**2005**	**2006**	**2007**	**2008**	**2009**	**2010**
DAX	239.811	244.725	210.486	192.863	221.884	246.617
Jährliche Veränderung		2,05 %	-13,99 %	-8,37 %	15,05 %	11,15 %
MDAX	25.105	29.210	27.901	26.452	29.559	32.957
Jährliche Veränderung		16,35 %	-4,48 %	-5,20 %	11,75 %	11,49 %
SDAX	1.796	1.901	1.599	1.543	1.691	1.938
Jährliche Veränderung		5,86 %	-15,91 %	-3,52 %	9,63 %	14,57 %
Insgesamt	266.711	275.837	239.986	220.858	253.135	281.512
Jährliche Veränderung		3,42 %	-13,00 %	-7,97 %	14,61 %	11,21 %

Die Höhe des Barwerts leistungsorientierter Pensionszusagen (DBO)[1411] zeigt bezogen auf den DAX einen sehr hohen Ausgangswert im Vergleich zum MDAX und SDAX auf. Nach einer steigenden Entwicklung in den Jahren 2005 und 2006 kann in den folgenden beiden Jahren bis 2008 ein Absinken der DBO festgestellt werden. Anschließend dreht sich diese Entwicklung wieder um und die absolute Höhe der DBO steigt bis zum Ende des Betrachtungszeitraums im Jahr 2010; insgesamt steigt die Höhe der DBO somit über den gesamten Betrachtungszeitraum um ca. 3 % an. Diese Entwicklung wird auch in bereits bestehenden Studien in Bezug auf DAX- und MDAX-Unternehmen ersichtlich. Nachdem die absolute Höhe der Pensionsverpflichtungen in 2007[1412] und 2008[1413] abnimmt, ist in späteren Perioden eine Erhöhung der Verpflichtungen beobachtbar.[1414]

Auf die Entwicklung der DBO übt neben dem laufenden Dienstzeitaufwand auch die Höhe des Diskontierungszinssatzes wesentlichen Einfluss aus. Auf Grund dessen ist zur Interpretation der Entwicklung der absoluten Höhe des Barwerts der DBO zugleich die Entwicklung des Diskontierungszinssatzes im entsprechenden Zeitraum zu betrachten. Die Analyse des von den Unternehmen der Untersuchungsstichprobe verwendeten Diskontierungszinssatzes wird in Abschnitt 5.5.1.4 dargestellt. Ein Vergleich der Entwicklung von DBO und Diskontierungszinssatz zeigt, dass in den Jahren, in welchen der kumulierte absolute Barwert der DBO unter der Höhe der kumulierten DBO zu Beginn des Betrachtungszeitpunkts 2005 liegt, die höchsten Diskontierungszinssätze im Betrachtungszeitraum von über 5 % verwendet wurden. Entsprechend führte der vergleichsweise hohe Diskontierungszinssatz in den Jahren 2007 bis 2009

1411 In diesem Abschnitt wird insbesondere in den Abbildungen unter dem Begriff DBO der Barwert der DBO, welcher dem Anhang der Geschäftsberichte entnommen werden kann, verstanden.

1412 Vgl. in Bezug auf DAX-Unternehmen Deihle/Jasper/Lux (2008), S. 701.

1413 Vgl. in Bezug auf DAX- und MDAX-Unternehmen Dobler/Skopp (2010), S. 858.

1414 Vgl. in Bezug auf DAX-Unternehmen im Jahr 2010 Hagemann/Oecking/Stieglitz (2011), S. 395.

zu einer Erhöhung des Abzinsungseffekts in diesen Perioden im Vergleich zu früheren oder späteren Zeiträumen; der Anstieg des Zinssatzes übt in diesem Zeitraum folglich einen relativ hohen Einfluss auf die Barwertermittlung aus. Im Jahr 2009 ist die Höhe des Diskontierungszinssatzes rückläufig. Diese Tatsache unterstützt den prozentualen Anstieg der DBO im Vergleich zum Vorjahr, wobei bei DAX- und SDAX-Unternehmen auch im Jahr 2009 die Höhe der DBO des Jahres 2005 nicht überschritten wird. Ein Anstieg über das Niveau des Jahres 2005 zeigt sich erst im Jahr 2010, in welchem der durchschnittlich verwendete Zinssatz unter 5 % liegt.

Auf Basis der Gesamtstichprobe, welche in Tabelle 5.6 abgebildet ist, zeigt eine Betrachtung der Mediane der DBO eine ähnliche Entwicklung auf.

Tabelle 5.6: Pensionsverpflichtungen (DBO) und deren Verteilung

DBO (in Mio. EUR)	**2005**	**2006**	**2007**	**2008**	**2009**	**2010**
N	112	116	117	117	117	117
Mittelwert	2.381	2.378	2.051	1.888	2.164	2.406
Standardabweichung	6.051	5.809	4.587	4.180	4.734	5.290
Minimum	0	0	0	0	0	0
Median	136	163	145	124	147	194
Maximum	41.514	37.466	25.052	22.654	25.159	29.659

Die hohe Abweichung zwischen Mittelwerten und Medianen weist auf eine heterogene Höhe der DBO innerhalb der Stichprobe hin, wie bereits Tabelle 5.5 andeutet. In der stark differierenden Höhe der DBOs reflektieren sich ferner unterschiedliche Unternehmensgrößen. Bemerkenswert erscheint zugleich die Tatsache, dass der Median im Jahr 2010 im Vergleich zum Jahr 2005 um ca. 42 % gestiegen ist, während der Mittelwert im selben Zeitraum lediglich eine Steigerung von etwa 1 % aufzeigt. Hieran wird eine Erhöhung der Barwerte der DBO bei der unteren Hälfte der Stichprobe mit geringeren Barwerten deutlich. Im Gegensatz dazu werden die Barwerte der DBO bei den Unternehmen mit vergleichsweise hohen DBOs reduziert. Dies zeigt auch die Betrachtung des Maximalwerts der DBO der Stichprobe an, welcher im Jahr 2010 um etwa 10.000 Mio. EUR (-29 %) niedriger ist als im Ausgangspunkt der Betrachtung 2005. Insgesamt nivelliert sich folglich die Höhe der bestehenden DBOs bei den Unternehmen der Stichprobe. Darüber hinaus zeigt die Standardabweichung, dass die Streuung der Höhe der DBO im Jahr 2005 im Periodenvergleich hoch ist. Diese sinkt zwar in den Perioden 2008 und 2009, steigt im Jahr 2010 jedoch wieder an. Auch diese Entwicklung wird in der Höhe der Maximalwerte der DBO reflektiert.

Um die Bedeutung leistungsorientierter Pensionsverpflichtungen für die Finanzlage des Unternehmens zu verdeutlichen, wird, wie in Tabelle 5.7 dargestellt, der Anteil der Pensionsverpflichtungen gemessen am Eigen-, Fremd- und Gesamtkapital ermittelt. Alle drei Kennzahlen zeigen im Zeitablauf eine sinkende Bedeutung des Barwerts leistungsorientierter Pensionszusagen auf. Allerdings sinkt die Bedeutung des Anteils der DBO am Gesamtkapital (DBO/GK) nur unwesentlich, um ca. zwei Prozentpunkte über den gesamten Zeitraum. Die Verringerung des Anteils der DBO am Eigenkapital scheint somit durch ein sinkendes Niveau des Eigenkapitals bedingt zu sein.

Tabelle 5.7: Pensionsverpflichtungen (DBO) im Verhältnis zu Eigen-, Fremd- und Gesamtkapital

	2005	**2006**	**2007**	**2008**	**2009**	**2010**
DBO/EK						
N*	110	111	114	114	114	115
Mittelwert	45,64 %	40,95 %	29,07 %	29,05 %	34,01 %	33,27 %
Standardabweichung	70,68 %	61,84 %	28,50 %	29,23 %	37,38 %	39,12 %
Minimum	0,00 %	0,00 %	0,00 %	0,06 %	0,02 %	0,02 %
Median	25,20 %	23,06 %	20,44 %	20,57 %	23,56 %	19,94 %
Maximum	603,21 %	542,76 %	127,15 %	125,67 %	215,02 %	245,32 %

* Unternehmen mit negativem Eigenkapital oder einem Eigenkapital nahe Null (< 200 TEUR) werden aus der Betrachtung ausgeschlossen.

	2005	**2006**	**2007**	**2008**	**2009**	**2010**
DBO/FK						
N	111	114	117	117	117	117
Mittelwert	17,45 %	16,78 %	14,32 %	13,10 %	15,29 %	15,83 %
Standardabweichung	19,13 %	17,83 %	15,48 %	14,61 %	16,55 %	16,28 %
Minimum	0,00 %	0,00 %	0,00 %	0,02 %	0,01 %	0,01 %
Median	10,53 %	11,49 %	9,49 %	9,42 %	10,33 %	10,62 %
Maximum	99,90 %	98,33 %	74,15 %	82,76 %	96,16 %	81,28 %
DBO/GK						
N	111	114	117	117	117	117
Mittelwert	11,01 %	10,47 %	8,62 %	7,97 %	9,27 %	9,61 %
Standardabweichung	11,68 %	10,60 %	8,79 %	8,07 %	9,27 %	9,56 %
Minimum	0,00 %	0,00 %	0,00 %	0,01 %	0,01 %	0,00 %
Median	7,67 %	6,98 %	5,69 %	5,51 %	6,37 %	6,99 %
Maximum	56,77 %	49,40 %	39,52 %	39,63 %	41,11 %	39,67 %

Nicht zuletzt verdeutlicht auch diese Betrachtung eine Reduzierung der Streuung der einzelnen Kennzahlen, da sowohl die Standardabweichung wie auch die jeweiligen Maximalwerte über den gesamten Untersuchungszeitraum sinken. Am niedrigsten sind die jeweiligen Werte in den Perioden 2007 und 2008. Zusammenfassend scheint bemerkenswert, dass der Anteil der DBO am Gesamtkapital, sowohl bei der Betrachtung des Mittelwerts und des Medians wie auch hinsichtlich der Standardabweichung, vergleichsweise konstant verläuft. Die relative Bedeutung leistungsorientierter Pensionspläne, gemessen an der Bilanzsumme, hat sich im Betrachtungszeitraum somit kaum verändert.

5.5.1.1.2 Beitragsorientierte Pensionszusagen

Leistungsorientierte Pensionszusagen stehen im Mittelpunkt der vorliegenden Untersuchung. Um einen Vergleich der Bedeutung leistungs- und beitragsorientierter Pensionszusagen zu ermöglichen, wird in Tabelle 5.8 der Aufwand je Periode für beitragsorientierte Zusagen der Unternehmen des Untersuchungssamples dem laufenden Dienstzeitaufwand sowie dem gesamten, in der Gewinn- und Verlustrechnung erfassten Aufwand aus leistungsorientierten Zusagen gegenüber gestellt.

Tabelle 5.8: Aufwand für beitrags- und leistungsorientierte Pläne bei Unternehmen des DAX und MDAX

(in Mio. EUR)	2005	2006	2007	2008	2009	2010
Aufwand für DCP	3.880	4.490	5.438	5.960	6.079	6.535
Jährliche Veränderung		15,73 %	21,10 %	9,60 %	1,99 %	7,50 %
Lfd. DZA	5.330	6.405	5.835	4.845	4.396	4.976
Jährliche Veränderung		20,16 %	-8,90 %	-16,95 %	-9,27 %	13,18 %
Aufwand für DBP	9.742	9.194	7.590	7.778	8.833	9.314
Jährliche Veränderung		-5,62 %	-17,45 %	2,47 %	13,56 %	5,45 %

Der erhobene Aufwand für beitragsorientierte Pläne berücksichtigt lediglich den Aufwand für beitragsorientierte Pensionspläne, welche im Rahmen der betrieblichen Altersversorgung, aufgelegt wurden. Beiträge für die staatliche Rentenversicherung werden nicht in die Betrachtung einbezogen, sofern in den jeweiligen Geschäftsberichten eine getrennte Angabe verfügbar ist. Da Unternehmen, welche im SDAX gelistet sind, sehr häufig den Aufwand für beitragsorientierte Pläne inklusive den Beiträgen zur staatlichen Rentenversicherung angeben, und daher eine Trennung des Aufwands für betriebliche Altersversorgung nicht möglich ist, wird diese Auswertung auf Unternehmen des DAX und MDAX beschränkt. Überdies veröffentlichen insbesondere Unternehmen aus dem MDAX vielfach in frühen Jahren des Betrachtungszeitraums keine Information zu Aufwendungen für beitragsorientierte Pläne. Hierbei kann nicht eindeutig nachvollzogen werden, ob diese Angabe unterbleibt, da die entsprechenden Unternehmen über keine beitragsorientierten Pläne verfügen, oder ob diese Angabepflicht nicht erfüllt wird.

Die Höhe des Aufwands für beitragsorientierte Pläne ist im Betrachtungszeitraum kontinuierlich gestiegen. Über den gesamten Betrachtungszeitraum hinweg liegt der Aufwand für beitragsorientierte Pläne im Jahr 2010 um ca. 68 % höher als im Jahr 2005. Ein Vergleich dieser Entwicklung bei beitragsorientierten Plänen mit dem entsprechenden laufenden Dienstzeitaufwand für leistungsorientierte Pläne zeigt eine grundsätzlich gegenläufige Entwicklung. Die Höhe des laufenden Dienstzeitaufwands ist über den Betrachtungszeitraum gesunken – allerdings lediglich um knapp 7 %. Darüber hinaus verlief diese Entwicklung bei leistungsorientierten Plänen nicht kontinuierlich; so sind in den Jahren 2006 und 2010 beträchtliche Steigerungen im Vergleich zum Vorjahr zu beobachten (20,16 %; 13,19 %). Insgesamt ist zwar auf Basis dieser Betrachtung die Bedeutung von beitragsorientierten Zusagen gestiegen, jedoch verläuft diese Entwicklung absolut betrachtet nicht zu Lasten der Relevanz leistungsorientierter Verpflichtungen.

Wird die Analyse auf Seiten leistungsorientierter Verpflichtungen erweitert und der vollständige GuV-wirksam erfasste Aufwand betrachtet, gehen neben dem laufenden Dienstzeitaufwand weitere Komponenten, von denen insbesondere dem Zinsaufwand und dem erwarteten Planvermögensertrag eine wertmäßig hohe Bedeutung zukommen, in die Betrachtung ein.[1415] Hierbei zeigt sich, dass die in der Gewinn- und Verlustrechnung erfassten Beträge deutlich über der Höhe des Aufwands für beitragsorientierte Pläne liegen. Im Jahr 2005 beträgt der Aufwand für leistungsorientierte Pläne etwa das 2,5-fache, im Jahr 2010 das 1,4-fache des Aufwands für beitragsorientierte Pläne. Die Entwicklung dieser Größe wird beträchtlich durch das Zinsniveau sowie den Ausfinanzierungsgrad beeinflusst. Entscheidet sich das Unternehmen keine Planvermögenswerte auszulagern, sondern finanzielle Mittel im Unternehmen zu behalten, entsteht auf Grund des Innenfinanzierungspotenzials ein zusätzlicher Nutzen, zugleich fällt Zinsaufwand an. Im Ergebnis ist ein direkter Vergleich dieser Größe mit der Höhe des beitragsorientierten Aufwands nicht möglich; ebenso erscheint auch ein Vergleich zwischen Unternehmen auf Grund der unterschiedlichen Ausfinanzierungsgrade und damit einhergehend dem unterschiedlichen Entstehen von Zinsertrag nur eingeschränkt aussagekräftig.

Auf Basis einer relativen Betrachtung des Aufwands für beitragsorientierte Pläne mit dem laufenden Dienstzeitaufwand, wie in den Abbildungen 5.1 und 5.2 dargestellt, zeichnet sich eine zunehmende Bedeutung beitragsorientierter Pensionszusagen ab. Seit dem Jahr 2008 übersteigt der Aufwand für beitragsorientierte Pläne den laufenden Dienstzeitaufwand. Hingegen ist im Jahr 2010 ein rückläufiger Anteil des Aufwands für beitragsorientierte Pläne zu beobachten.

1415 Diese Betrachtung wird durch die verschiedenen Möglichkeiten zur Erfassung versicherungsmathematischer Gewinne und Verluste verzerrt. Bei Unternehmen, welche versicherungsmathematische Gewinne und Verluste sofort GuV-wirksam erfassen sowie bei Korridor-Bilanzierern, deren versicherungsmathematische Gewinne oder Verluste den Korridor überschreiten, wird der in der Gewinn- und Verlustrechnung erfasste Aufwand durch die vollständigen oder anteiligen versicherungsmathematischen Gewinne oder Verluste beeinflusst. Demgegenüber beinhaltet der in der Gewinn- und Verlustrechnung erfasste Aufwand bei OCI-Bilanzierern diese Größe nicht.

Abbildung 5.1: Vergleich des Aufwands für beitragsorientierte Pensionspläne mit dem laufenden Dienstzeitaufwand für leistungsorientierte Pläne bei Unternehmen des DAX und MDAX

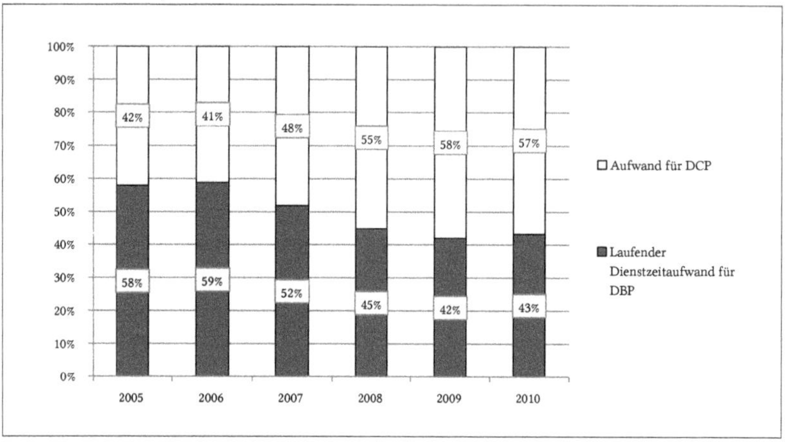

Wird diesem Vergleich der in der Gewinn- und Verlustrechnung erfasste Gesamtaufwand für leistungsorientierte Pensionspläne zu Grunde gelegt, bleibt dieser Trend ähnlich. Insgesamt übersteigt allerdings die Ergebnisbelastung durch leistungsorientierte Pensionspläne die Ergebnisbelastung auf Grund der Gewährung beitragsorientierter Zusagen, wie Abbildung 5.2 illustriert.

Abbildung 5.2: Vergleich des Aufwands für beitragsorientierte Pensionspläne mit dem Gesamtaufwand für leistungsorientierte Pensionspläne bei Unternehmen des DAX und MDAX

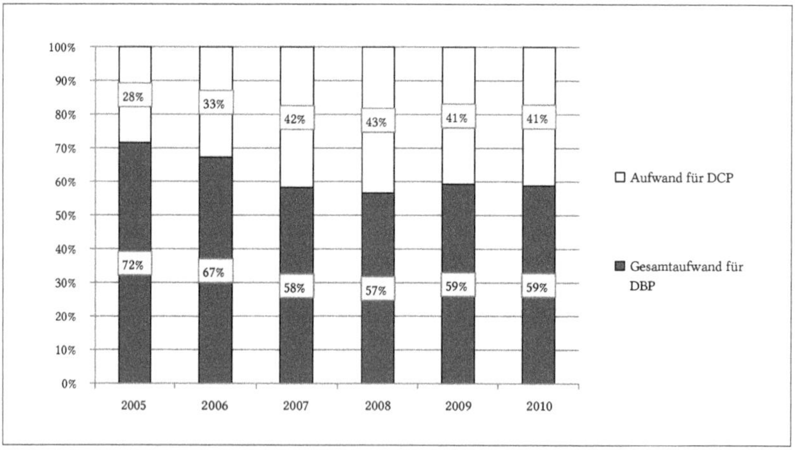

5.5.1.2 *Externe Finanzierung*

5.5.1.2.1 *Planvermögen*

Die Entwicklung der absoluten Höhe des Planvermögens sowie die prozentuale jährliche Veränderung zeigt Tabelle 5.9.

Tabelle 5.9: Kumuliertes Planvermögen getrennt nach Index, insgesamt sowie jährliche Veränderungen

PV (in Mio. EUR)	**2005**	**2006**	**2007**	**2008**	**2009**	**2010**
DAX	137.400	158.646	150.525	124.106	147.710	164.388
Jährliche Veränderung		15,46 %	-5,12 %	-17,55 %	19,02 %	11,29 %
MDAX	8.707	13.603	14.850	13.030	13.522	15.897
Jährliche Veränderung		56,23 %	9,17 %	-12,25 %	3,77 %	17,57 %
SDAX	335	461	443	413	508	638
Jährliche Veränderung		37,74 %	-3,85 %	-6,81 %	22,99 %	25,52 %
Insgesamt	146.441	172.710	165.818	137.549	161.740	180.923
Jährliche Veränderung		17,94 %	-3,99 %	-17,05 %	17,59 %	11,86 %

Die Höhe des Planvermögens steigt über den gesamten Betrachtungszeitraum um 23,5 %. Im Jahr 2005 besteht insbesondere bei Unternehmen des DAX ein vergleichsweise hoher Bestand an Planvermögen in Höhe von 137,4 Mrd. EUR. Diese Untersuchung zeigt, wie bereits die Ergebnisse bestehender Studien, für DAX-Unternehmen einen Anstieg des Planvermögens von etwa 140 Mrd. EUR im Jahr 2005[1416] auf knapp 160 Mrd. EUR im Jahr 2006[1417]. Anschließend ist ein Rückgang auf 150 Mrd. EUR im Jahr 2007[1418] und etwa 125 Mrd. EUR im Jahr 2008 beobachtbar, bevor ein erneuter Anstieg auf 150 Mrd. EUR im Jahr 2009 sowie auf 165 Mio. EUR im Jahr 2010[1419] festgestellt werden kann. Das bei Unternehmen des MDAX und SDAX bestehende Planvermögen zeigt einen deutlich geringeren Umfang. In dieser Tatsache können sich mitunter Größenunterschiede der Unternehmen widerspiegeln; weiterhin trägt eine geringere Höhe des Barwerts der DBO zu diesem Unterschied bei. Allerdings verdeutlicht ein Vergleich des Planvermögens mit der Höhe der DBO, welcher in Tabelle 5.10 dargestellt ist, dass auch dieser Anteil bei Unternehmen des MDAX und SDAX deutlich geringer ist. Der im Jahr 2005 noch hohe Unterschied zwischen 57,3 % bei DAX-Unternehmen und 18,63 % bei SDAX-Unternehmen, nimmt zwar ab, dennoch ist der Anteil des Planvermögens an der DBO im Jahr 2010 bei DAX-Unternehmen (66,66 %) mehr als doppelt so hoch wie bei SDAX-Unternehmen (32,91 %).[1420]

1416 Vgl. ebenfalls Jasper/Lux (2007), S. 80.
1417 Vgl. ebenfalls Deihle/Jasper/Lux (2008), S. 702.
1418 Vgl. ebenfalls Deihle/Jasper/Lux (2008), S. 702.
1419 Vgl. ebenfalls Hagemann/Oecking/Stieglitz (2011), S. 396.
1420 Vgl. zur Analyse des Finanzierungsstatus Abschnitt 5.5.1.2.2.

Tabelle 5.10: Planvermögen im Verhältnis zur Pensionsverpflichtung (DBO) getrennt nach Index, insgesamt sowie jährliche Veränderungen

PV/DBO	**2005**	**2006**	**2007**	**2008**	**2009**	**2010**
DAX	57,30 %	64,83 %	71,51 %	64,35 %	66,57 %	66,66 %
Jährliche Veränderung		13,14 %	10,32 %	-10,02 %	3,45 %	0,13 %
MDAX	34,68 %	46,57 %	53,22 %	49,26 %	45,74 %	48,24 %
Jährliche Veränderung		34,27 %	14,29 %	-7,44 %	-7,14 %	5,45 %
SDAX	18,63 %	24,25 %	27,72 %	26,78 %	30,04 %	32,91 %
Jährliche Veränderung		30,11 %	14,34 %	-3,42 %	12,18 %	9,56 %
Insgesamt	54,91 %	62,61 %	69,09 %	62,28 %	63,89 %	64,27 %
Jährliche Veränderung		14,04 %	10,35 %	-9,86 %	2,59 %	0,58 %

Die Unternehmen des MDAX und SDAX scheinen den Trend der Generierung von Planvermögen der DAX-Unternehmen nachzuholen, denn bei diesen Unternehmen sind bei Betrachtung der Entwicklung der Höhe des Planvermögens teilweise hohe Steigerungsraten zu beobachten. Insbesondere im Jahr 2006 steigt der Anteil des Planvermögens an der DBO bei diesen Unternehmen stark an (34,27 %; 30,11 %). Möglicherweise liegt die Begründung hierfür in der verpflichtenden Anwendung der IFRS im Jahr zuvor, wodurch die Möglichkeit zur Saldierung geschaffen wurde und damit ein Anreiz zur Generierung von Planvermögen entstand. Bei Unternehmen des DAX scheint diese Entwicklung bereits in vorhergegangen Perioden stattgefunden zu haben; vermutlich bedingt durch eine frühere Internationalisierung der Rechnungslegung, nämlich eine Anwendung der US-GAAP. Der Trend zur Entwicklung von Planvermögen wird in den Jahren 2007 und 2008 teilweise gebrochen. Auch hierzu kann als Begründung das sinkende Zinsniveau in diesem Zeitraum angeführt werden.

Des Weiteren ist eine Betrachtung der Streuung des Planvermögens, die in Tabelle 5.11 dargestellt ist, interessant.

Tabelle 5.11: Planvermögen und dessen Verteilung

PV (in Mio. EUR)	**2005**	**2006**	**2007**	**2008**	**2009**	**2010**
N	112	116	117	117	117	117
Mittelwert	1.308	1.489	1.417	1.176	1.382	1.546
Standardabweichung	4.286	4.563	3.634	2.985	3.440	3.784
Minimum	0	0	0	0	0	0
Median	17	20	22	21	26	31
Maximum	34.348	35.176	24.013	20.194	21.144	23.302

Insgesamt ist eine Reduktion der Streuung zu beobachten. Dennoch existieren über den gesamten Untersuchungszeitraum hinweg Unternehmen, welche keine Auslagerung vornehmen. Ein Vergleich des Median mit dem Mittelwert führt ferner zu der Feststellung, dass die Höhe des Medians sehr gering ist. Zusammenfassend bestehen dieser Auswertung zufolge zahlreiche Unternehmen mit keinem oder einem sehr geringen Planvermögen, die sich dem Trend der externen Vermögensanlage entziehen.

Um die Gesamtbedeutung des Planvermögens für die Unternehmen zu illustrieren, zeigt Tabelle 5.12 den Anteil der Planvermögenswerte am Gesamtvermögen.

Tabelle 5.12: Planvermögen im Verhältnis zum Gesamtvermögen

PV/GK	**2005**	**2006**	**2007**	**2008**	**2009**	**2010**
N	111	114	117	117	117	117
Mittelwert	4,18 %	4,56 %	4,51 %	3,94 %	4,54 %	4,77 %
Standardabweichung	7,41 %	7,49 %	7,17 %	6,09 %	6,74 %	7,00 %
Minimum	0,00 %	0,00 %	0,00 %	0,00 %	0,00 %	0,00 %
Median	0,97 %	0,92 %	1,05 %	1,04 %	1,26 %	1,37 %
Maximum	42,18 %	39,35 %	33,09 %	26,15 %	28,51 %	29,56 %

Diese Analyse stützt die Aussage, nach welcher Planvermögenswerte bei einem Großteil der betrachteten Unternehmen nur in unwesentlicher Höhe existieren. Sowohl der Mittelwert als auch der Median liegen auf einem konstant niedrigen Niveau.

5.5.1.2.2 Finanzierungsstatus

Der Finanzierungsstatus stellt die Differenz zwischen dem Zeitwert des Planvermögens und dem Barwert der DBO zum Periodenende dar. Im Hinblick auf die Untersuchung der Auswirkung einer Bruttobilanzierung, welche in nachfolgender Simulationsstudie durchgeführt wird, stellt die Entwicklung des Finanzierungsstatus eine zentrale Größe zur Begründung möglicher Effekte dar.

Die Entwicklung des Finanzierungsstatus unter Berücksichtigung der Indizes, in welchen die Unternehmen gelistet sind, enthält Tabelle 5.13.

Tabelle 5.13: Kumulierter Finanzierungsstatus getrennt nach Index, insgesamt sowie jährliche Veränderungen

FS (in Mio. EUR)	**2005**	**2006**	**2007**	**2008**	**2009**	**2010**
DAX	-102.411	-86.079	-59.961	-68.757	-74.174	-82.230
Jährliche Veränderung		-15,95 %	-30,34 %	14,67 %	7,88 %	10,86 %
MDAX	-16.398	-15.608	-13.052	-13.421	-16.038	-17.060
Jährliche Veränderung		-4,82 %	-16,38 %	2,83 %	19,49 %	6,37 %
SDAX	-1.461	-1.440	-1.156	-1.130	-1.183	-1.300
Jährliche Veränderung		-1,44 %	-19,77 %	-2,25 %	4,75 %	9,87 %
Insgesamt	-120.270	-103.127	-74.168	-83.308	-91.395	-100.590
Jährliche Veränderung		-14,25 %	-28,08 %	12,32 %	9,71 %	10,06 %

Der Finanzierungsstatus ist über die gesamte Stichprobe negativ und steigt insgesamt über den abgebildeten Betrachtungszeitraum um etwa 20 %. Im Jahr 2006 beträgt der Finanzierungsstatus etwa -100.000 Mio. EUR. Zu diesem Ergebnis kommt auch eine Studie von MÜLLER/REINKE/WELLER (2008b).[1421] Damit ist das absolute Niveau des Finanzierungsstatus im Jahr 2006 in etwa gleich wie im Jahr 2010.

Auf Basis dieser Betrachtung der absoluten Höhe des Finanzierungsstatus zeigen sich hohe Unterschiede zwischen den Unternehmen der einzelnen Indizes, welche ebenfalls durch das Niveau der Höhe von DBOs und Planvermögenswerten begründet wird. So beträgt im Jahr 2010 der kumulierte Finanzierungsstatus aller DAX-Unternehmen -82.230 Mio. EUR, wohingegen der Finanzierungsstatus der MDAX-Unternehmen bei -17.060 Mio. EUR und bei SDAX-Unternehmen bei -1.300 Mio. EUR liegt.

Die Bedeutung des Planvermögens für Unternehmen der gesamten Stichprobe zeigt Tabelle 5.14.

Tabelle 5.14: Finanzierungsstatus und dessen Verteilung

FS (in Mio. EUR)	**2005**	**2006**	**2007**	**2008**	**2009**	**2010**
N	112	116	117	117	117	117
Mittelwert	-1.074	-889	-634	-712	-781	-860
Standardabweichung	2.610	2.234	1.690	1.825	1.891	2.089
Minimum	-13.887	-13.728	-12.440	-12.830	-13.820	-15.317
Median	-79	-70	-52	-55	-70	-81
Maximum	1.233	318	813	566	23	2

Der Barwert der DBO übersteigt regelmäßig das Planvermögen.[1422] Der Median des Finanzierungsstatus liegt bei Betrachtung der Gesamtstichprobe bei ca. 50 bis 80 Mio. EUR. Der Mittelwert hingegen ist deutlich höher und beläuft sich auf ca. 850 bis 1.100 Mio. EUR. Hierbei zeigt sich, dass die Stichprobe durch Unternehmen mit wertmäßig sehr heterogenen Pensionsplänen geprägt ist und der Mittelwert durch die wertmäßig deutlich höheren Finanzierungsstatus der DAX-Unternehmen beeinflusst wird. Gleichfalls bemerkenswert ist die Höhe des Maximalwerts des Finanzierungsstatus. Dieser liegt im Jahr 2005 in einem deutlich positiven Bereich; mindestens ein Unternehmen hat folglich eine deutliche Überfinanzierung der Pensionszusagen vorgenommen. Im Jahr 2010 liegt das Planvermögen höchstens noch

1421 Vgl. MÜLLER/REINKE/WELLER (2008b), S. 354.

1422 Zu diesem Ergebnis kommen hinsichtlich verschiedener Betrachtungsjahre und Samples deutscher Unternehmen auch die Studien von ZÜLCH/SALEWSKI (2012), S. 13; MÜLLER/REINKE/WELLER (2008b), S. 354; DOBLER/SKOPP (2010), S. 858; DEIHLE/JASPER/LUX (2008), S. 703; SEVERINSON (2008), S. 8; FASSHAUER/GLAUM/STREET (2008), S. 118.

knapp über dem Barwert der DBO. Die Höhe der Ausfinanzierung im Zeitverlauf scheint genauer geplant zu werden.

Tabelle 5.15 zeigt den relativen Anteil des Finanzierungsstatus an der DBO und dem Eigenkapital auf. Bei der Berechnung des Anteils des Finanzierungsstatus am Eigenkapital werden Unternehmensjahre, in welchen Unternehmen ein negatives Eigenkapital ausweisen, ausgeschlossen.

Tabelle 5.15: Finanzierungsstatus im Verhältnis zu Pensionsverpflichtung (DBO) und Eigenkapital

	2005	**2006**	**2007**	**2008**	**2009**	**2010**
FS/DBO						
N	112	116	117	117	117	117
Mittelwert	-66,78 %	-63,50 %	-57,15 %	-58,67 %	-59,40 %	-58,82 %
Standardabweichung	35,64 %	33,55 %	37,27 %	36,01 %	34,18 %	32,91 %
Minimum	-100,00 %	-100,00 %	-100,00 %	-100,00 %	-100,00 %	-100,00 %
Median	-77,35 %	-68,62 %	-64,91 %	-64,42 %	-60,81 %	-57,03 %
Maximum	116,21 %	3,48 %	12,04 %	23,75 %	18,24 %	15,39 %
FS/EK						
N*	110	111	114	114	114	115
Mittelwert	-30,01 %	-25,11 %	-13,38 %	-13,87 %	-16,24 %	-15,72 %
Standardabweichung	58,75 %	56,26 %	15,59 %	15,00 %	17,47 %	17,14 %
Minimum	-536,65 %	-542,71 %	-70,12 %	-66,26 %	-68,13 %	-73,19 %
Median	-14,23 %	-9,91 %	-6,58 %	-8,41 %	-8,99 %	-8,94 %
Maximum	22,84 %	0,97 %	2,96 %	1,77 %	0,70 %	0,46 %

* Unternehmen mit negativem Eigenkapital oder einem Eigenkapital nahe Null (< 200 TEUR) werden aus der Betrachtung ausgeschlossen.

Der Anteil des Finanzierungsstatus an der DBO steigt im arithmetischen Mittel von ca. -66,78 % auf -58,82 %. Im Jahr 2005 sind zwei Drittel der DBO nicht durch Planvermögenswerte abgedeckt. Dieser Anteil nimmt bis zum Jahr 2010 um gut zehn Prozent ab. Es offenbart sich demzufolge, dass auf Basis dieser Auswertung die These gestützt werden kann, dass Unternehmen mehr Planvermögen generieren, wofür nicht zuletzt die Einführung der IFRS verantwortlich gemacht wird. Ferner kann auch ein Anstieg der Marktwerte des Planvermögens zu dieser Entwicklung beitragen.

Um die wirtschaftliche Bedeutung der nicht durch extern angesammelte Planvermögenswerte gedeckten Verpflichtung für Unternehmen zu untersuchen, wird der Anteil des Finanzierungsstatus am Eigenkapital ermittelt. Auch diese Kennzahl weist eine Steigerung auf, allerdings steigt diese von -30,01 % auf -15,72 % um etwa 50 %. Dieses Ergebnis ist vergleichbar mit dem der Studie von Fasshauer/Glaum/Street (2008), die für das Jahr 2005 ausschließlich für DAX-Unternehmen einen

Anteil des Finanzierungsstatus am Eigenkapital von 37 % ermitteln.[1423] Im Vergleich zur Veränderung des Finanzierungsstatus, welcher in demselben Zeitraum um lediglich 20 % steigt, wird deutlich, dass diese Entwicklung teilweise auf eine Reduktion des Eigenkapitals zurückzuführen ist.

Darüber hinaus wird zur weiteren Untersuchung des Finanzierungsstatus die Verteilung des Ausfinanzierungsgrads ermittelt. Der Ausfinanzierungsgrad misst den Anteil des Planvermögens an der DBO.[1424] Eine Auswertung über diesen Ausfinanzierungsgrad, welcher auf Unternehmensebene ermittelt wurde, ergibt folgendes in Tabelle 5.16 dargestelltes Bild.

Tabelle 5.16: Ausfinanzierungsgrad und dessen Verteilung

Ausfinanzierungsgrad	**2005**	**2006**	**2007**	**2008**	**2009**	**2010**
N	112	116	117	117	117	117
Mittelwert	30,54 %	34,78 %	41,99 %	41,33 %	40,60 %	41,18 %
Standardabweichung	34,24 %	32,79 %	37,10 %	36,01 %	34,18 %	32,91 %
Minimum	0,00 %	0,00 %	0,00 %	0,00 %	0,00 %	0,00 %
Median	20,52 %	26,47 %	32,41 %	35,58 %	39,19 %	42,97 %
Maximum	216,21 %	103,48 %	112,04 %	123,75 %	118,24 %	115,39 %

Korrespondierend zur Entwicklung der Kennzahl FS/DBO steigt der Ausfinanzierungsgrad über die betrachteten sechs Perioden im Mittel von 30,54 % auf 41,18 % um ca. 35 % an. Unternehmen der Stichprobe hinterlegen einen steigenden Anteil der bestehenden leistungsorientierten Pensionsverpflichtungen mit unternehmensextern angelegtem Kapital. Vor diesem Hintergrund nimmt auch die Frage der Bilanzierung des extern angelegten Vermögens eine steigende Relevanz ein. Nach wie vor bestehen jedoch Unternehmen, welche Pensionsverpflichtungen als Innenfinanzierungsmittel ansehen und die entsprechenden finanziellen Mittel vollständig im Unternehmen behalten.

Die Entwicklung der Ausfinanzierung stellt Abbildung 5.3 grafisch dar. Dieses Säulendiagramm zeigt neben der Entwicklung der DBO und des Planvermögens der gesamten Stichprobe den Trend des Ausfinanzierungsgrads. Im Unterschied zu Tabelle 5.16 basiert die Grafik auf den kumulierten Werten für die gesamte Stichprobe. Somit spiegelt diese Betrachtung die unternehmensunabhängige Entwicklung der Ausgestaltung leistungsorientierter Pensionspläne bei den betrachteten börsennotierten Unternehmen wider. Auf Basis dieser aggregierten Betrachtung ergibt sich ein höherer Ausfinanzierungsgrad als bei Betrachtung des arithmetischen Mittels. Auch durch diese Tatsache offenbart sich die Heterogenität der Stichprobe; es lässt sich auf das Bestehen zahlreicher Unternehmen mit nur geringem oder keinem Planvermögen schließen. Im Zeitverlauf zeigt sich im Jahr 2007 ein Anstieg des

1423 Vgl. Fasshauer/Glaum/Street (2008), S. 118.
1424 Vgl. hierzu auch Tabelle 5.10.

Ausfinanzierungsgrads, der jedoch von einem Rückgang im Jahr 2008 gefolgt wird. Zu diesen Ergebnissen kommen auch ZÜLCH/SALEWSKI (2012).[1425] Die Ergebnisse von DEIHLE/JASPER/LUX (2008) zeigen ferner ebenfalls die Heterogenität des Ausfinanzierungsgrads bei Unternehmen unterschiedlicher Größe auf. So zeigen deren Ergebnisse in Übereinstimmung mit der Auswertung in Tabelle 5.10, dass der Anstieg des Ausfinanzierungsgrads im Jahr 2007 bei MDAX-Unternehmen deutlicher war als bei DAX-Unternehmen, wenngleich MDAX-Unternehmen eine geringere Ausfinanzierung aufweisen als DAX-Unternehmen.[1426] In den folgenden Jahren 2009 und 2010 bleibt der Ausfinanzierungsgrad auf einem stabilen Niveau.

Abbildung 5.3: Entwicklung der DBO und des Planvermögens (in Mio. EUR) sowie des Ausfinanzierungsgrads

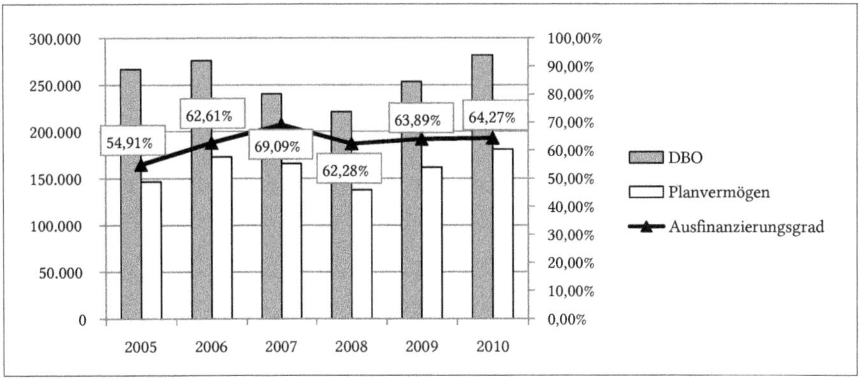

5.5.1.3 Versicherungsmathematische Gewinne und Verluste nach IAS 19 (amd. 2004)

5.5.1.3.1 Erfassungsmethode für versicherungsmathematische Gewinne und Verluste

Nach IAS 19 (2004) besteht ein Wahlrecht zur Erfassung versicherungsmathematischer Gewinne und Verluste. Die Ausübung dieses Wahlrechts hat sich bei den Stichprobenunternehmen speziell durch die Einführung der OCI-Methode im Jahr 2004 im Zeitverlauf verändert, wie Abbildung 5.4 verdeutlicht.

1425 Vgl. ZÜLCH/SALEWSKI (2012), S. 13 f. Diese Untersuchung bezieht Unternehmen des DAX, MDAX, SDAX sowie TecDAX ein.

1426 Vgl. DEIHLE/JASPER/LUX (2008), S. 704.

Abbildung 5.4: Wahl der Erfassungsmethode für versicherungsmathematische Gewinne und Verluste

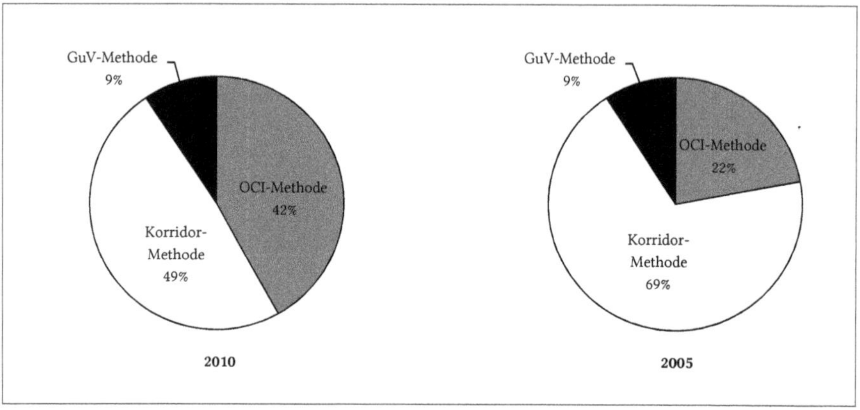

Kurz nach Einführung der OCI-Methode wechselten etwa ein Fünftel (22 %) auf diese Möglichkeit versicherungsmathematischer Gewinne und Verluste im Eigenkapital zu erfassen.[1427] Bis zum Jahr 2010 verdoppelte sich dieser Anteil (42 %) zu Lasten des Anteils der Korridor-Bilanzierer.

Dieses Ergebnis ist vergleichbar mit den Erkenntnissen bestehender Studien. Auch Müller/Reinke/Weller (2008b) finden für das Jahr 2006, dass die überwiegende Mehrheit – 52 % – der DAX-, MDAX- und SDAX-Unternehmen die Korridormethode anwenden und etwa 24 % die OCI-Methode.[1428] Die überwiegende Anwendung der Korridormethode bei der verpflichtenden Einführung der IFRS beobachten Morais (2008) sowie Fasshauer/Glaum/Street (2008) ebenfalls bei Unternehmen anderer europäischer Länder.[1429] Im Jahr 2008 liegt der Anteil der OCI-Bilanzierern bei DAX- und MDAX-Unternehmen gemäß Dobler/Skopp (2010) bereits bei 40 %.[1430]

Eine weitere Analyse der von Unternehmen angewandten Erfassungsmethode getrennt nach Index zeigt deutliche Unterschiede in der Wahrnehmung dieses Erfassungswahlrechts zwischen DAX-, MDAX- und SDAX-Unternehmen auf. Auf Basis der Daten aus Tabelle 5.17 kann beobachtet werden, dass insbesondere die

---

1427 Dieses Ergebnis wird auch durch bestehende Auswertungen der Bilanzierungspraxis deutscher Unternehmen gestützt, vgl. hierzu Abschnitt 4.2.2.1.

1428 Vgl. Müller/Reinke/Weller (2008b), S. 35. Ausschließlich in Bezug auf DAX-Unternehmen finden Rhiel/Stieglitz (2006), S. 1387 für das Jahr 2005 etwa ein Drittel OCI-Bilanzierer.

1429 Vgl. Morais (2010), S. 134; Fasshauer/Glaum/Street (2008), S. 118.

1430 Vgl. Müller/Reinke/Weller (2008b), S. 860.

Anwendung der GuV-Methode mit geringerer Unternehmensgröße steigt. Bei Unternehmen des DAX wird diese Methode überhaupt nicht angewandt, während 10,42 % der Unternehmen aus dem MDAX und 15,38 % der Unternehmen dem SDAX diese Erfassungsmethode wählen. Ein Grund hierfür kann in der bei diesen Unternehmen häufig untergeordneten Bedeutung von Pensionsverpflichtungen liegen. Durch die in Folge dessen wertmäßig geringe Relevanz versicherungsmathematischer Gewinne und Verluste werden keine maßgeblichen Auswirkungen auf die Gewinn- und Verlustrechnug erwartet. Da darüber hinaus die GuV-Methode im Hinblick auf die Anwendung vergleichsweise einfach umgesetzt werden kann, besteht gegebenenfalls für diese Unternehmen ein Anreiz zur Wahl der GuV-Methode.

Tabelle 5.17: Wahl der Erfassungsmethode für versicherungsmathematische Gewinne und Verluste getrennt nach Index

2010	OCI-Methode	Korridormethode	GuV-Methode
DAX	63,33 %	36,67 %	0,00 %
MDAX	39,58 %	50,00 %	10,42 %
SDAX	28,21 %	56,41 %	15,38 %
Gesamt	41,88 %	48,72 %	9,40 %

Ein Vergleich der von DAX- und MDAX-Unternehmen gewählten Erfassungsmethode zeigt eine stärkere Anwendung der OCI-Methode bei Unternehmen im DAX (63,33 %), während Unternehmen des MDAX die Korridormethode (50,00 %) gegenüber der OCI-Methode bevorzugen. Eine mögliche Erklärung für diese Ausübung des Wahlrechts könnte eine geringere Umstellungsbereitschaft der Bilanzierungsmethode bei kleineren Unternehmen sein, welche zu einer Beibehaltung der bereits vor dem Jahr 2004 zulässigen Korridormethode führt. Weiterhin könnte auch hier die geringere Bedeutung leistungsorientierter Pensionspläne bei kleineren Unternehmen diese Bilanzierungsweise erklären, weshalb Beträge, die den Korridor überschreiten und in der Gewinn- und Verlustrechnung erfasst werden müssen, bei diesen Unternehmen möglicherweise nicht gewichtig erscheinen. Um eine Einschätzung der Bedeutung versicherungsmathematischer Gewinne und Verluste zu ermöglichen, werden diese nachfolgend analysiert.

5.5.1.3.2 Umfang versicherungsmathematischer Gewinne und Verluste

Die Entwicklung und Ausmaße versicherungsmathematischer Gewinne und Verluste können – je nach deren Verlauf und Bedeutung – die Ergebnisse der nachfolgenden Simulationsstudie erheblich beeinflussen. Die dargestellten Analysen beziehen sich auf die versicherungsmathematischen Gewinne und Verluste aus der händischen Datenerhebung, dementsprechend handelt es sich um versicherungsmathematische Gewinne und Verluste im Sinne des IAS 19 (2004). Hinsichtlich der versicherungsmathematischen Gewinne und Verluste, welche aus Veränderungen der Höhe der DBO resultieren, ergeben sich jedoch keine Unterschiede im Vergleich zu deren Berechnung nach IAS 19 (rev. 2011). Lediglich versicherungsmathematische Gewinne und Verluste aus Abweichungen zwischen dem erwarteten und dem tatsächlichen Ertrag existieren nach IAS 19 fortan nicht mehr. In Bezug auf das Planvermögen wird nunmehr die Differenz zwischen dem anhand des Rechnungszinssatzes ermittelten Ertrags und dem tatsächlichen Ertrag als Teil der Remeasurement-Komponente betrachtet, in die ebenfalls versicherungsmathematische Gewinne und Verluste aus Veränderungen der DBO eingehen.

Tabelle 5.18 zeigt die Entwicklung der Summe der versicherungsmathematischen Gewinne und Verluste der Stichprobenunternehmen. Dabei werden versicherungsmathematische Gewinne und Verluste, die aus der Entwicklung der DBO resultieren, von solchen aus der Entwicklung des Planvermögens unterschieden. Beide Größen zusammen ergeben die gesamten versicherungsmathematischen Gewinne und Verluste im Sinne des IAS 19 (2004).

Tabelle 5.18: Kumulierte versicherungsmathematische Gewinne und Verluste getrennt nach Index, insgesamt sowie jährliche Veränderungen

(in Mio. EUR)	**2005**	**2006**	**2007**	**2008**	**2009**	**2010**
Versicherungsmathematische Gewinne und Verluste aus DBO						
DAX	-21.820	6.806	17.513	12.238	-17.292	-13.207
Jährliche Veränderung		-131,19 %	157,32 %	-30,12 %	-241,30 %	-23,62 %
MDAX	-2.341	666	2.267	428	-1.962	-1.767
Jährliche Veränderung		-128,46 %	240,22 %	-81,11 %	-557,83 %	-9,94 %
SDAX	-103	-20	143	78	-73	-96
Jährliche Veränderung		-80,97 %	-826,30 %	-45,19 %	-193,61 %	30,68 %
Insgesamt	-24.265	7.453	19.924	12.745	-19.327	-15.069
Jährliche Veränderung		-130,71 %	167,34 %	-36,03 %	-251,65 %	-22,03 %

Versicherungsmathematische Gewinne und Verluste aus PV						
DAX	9.533	1.917	-1.772	-21.487	4.764	4.239
Jährliche Veränderung		-79,89 %	-192,44 %	1112,29 %	-122,17 %	-11,02 %
MDAX	298	193	-252	-1.362	308	524
Jährliche Veränderung		-35,43 %	-230,71 %	441,23 %	-122,62 %	70,12 %
SDAX	18	7	-10	-75	2	3
Jährliche Veränderung		-62,51 %	-242,32 %	677,72 %	-102,06 %	65,39 %
Insgesamt	9.849	2.117	-2.034	-22.923	5.073	4.765
Jährliche Veränderung		-78,51 %	-196,08 %	1027,19 %	-122,13 %	-6,07 %

Diese Darstellung dient der Beurteilung der Entwicklung versicherungsmathematischer Größen. Dies wird durch Abbildung 5.5 zur Verdeutlichung grafisch veranschaulicht.

Abbildung 5.5: Entwicklung der kumulierten versicherungsmathematischen Gewinne und Verluste (in Mio. EUR)

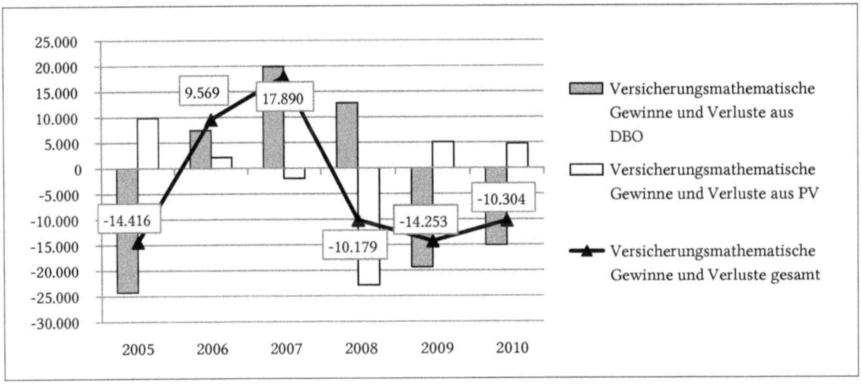

Hierbei wird zweierlei deutlich: Einerseits schwanken versicherungsmathematische Gewinne und Verluste tatsächlich stark im Zeitablauf. Während beispielsweise im Jahr 2007 insgesamt Gewinne in Höhe von 17.890 Mio. EUR entstanden, betrugen die Verluste im Jahr 2008 -10.179 Mio. EUR. In dieser Entwicklung spiegeln sich die Auswirkungen der Finanzmarktkrise wider. Andererseits scheinen sich Gewinne und Verluste aus der DBO und aus dem Planvermögen in den betrachteten Perioden, mit Ausnahme der Periode 2006, gegenläufig zu entwickeln und sich damit zu einem kleinen Anteil zu kompensieren. Das Ausmaß der aus der DBO resultierenden versicherungsmathematischen Größen ist dabei regelmäßig deutlich umfangreicher als die entsprechenden Gewinne oder Verluste aus dem Planvermögen. Dies lässt sich nicht zuletzt durch die deutlich geringere Höhe des Planvermögens und damit durch den Ausfinanzierungsgrad von deutlich unter 50 % begründen.[1431] Des Weiteren zeigt die Darstellung in Tabelle 5.18 erhebliche Unterschiede zwischen der kumulierten Höhe versicherungsmathematischer Gewinne und Verluste von Unternehmen unterschiedlicher Börsenindizes. Trotz der unterschiedlichen Größe der Unternehmen in dem jeweiligen Index scheint leistungsorientierten Pensionsplänen, und dabei insbesondere der Generierung von Planvermögen, bei Unternehmen des MDAX und des SDAX eine deutlich geringere Bedeutung zuzukommen. Die relative Bedeutung versicherungsmathematischer Größen wird nachfolgend weiter analysiert.

Die Darstellung des arithmetischen Mittels, die Tabelle 5.19 zu entnehmen ist, zeigt die gleiche Entwicklung, wie die kumulierte Betrachtung. Allerdings

1431 Vgl. zum Ausfinanzierungsgrad Abschnitt 5.5.1.2.2, Tabelle 5.16 und Abbildung 5.3.

wird anhand des Minimums sowie des Maximums eine beträchtliche Streuung innerhalb der Stichprobe deutlich. Dies zeigt auch ein Vergleich mit der Studie von FASSHAUER/GLAUM/STREET (2008), nach deren Ergebnis der Mittelwert der gesamten versicherungsmathematischen Gewinne und Verluste der DAX-Unternehmen in der Periode 2005 -922,8 Mio. EUR[1432] beträgt und damit deutlich über den in der vorliegenden Studie ermittelten Werten für die gesamte Stichprobe von DAX-, MDAX- sowie SDAX-Unternehmen liegt. Hierbei wird ebenfalls deutlich, dass in keinem Betrachtungszeitpunkt alle Unternehmen in einer bestimmten Periode Verluste oder Gewinne ausweisen, sondern dass in einer Periode sowohl Unternehmen mit versicherungsmathematischen Gewinnen wie auch mit Verlusten vorhanden sind. Dies gilt sowohl in Bezug auf die Werte, welche aus Veränderungen der DBO resultieren, wie auch aus dem Planvermögen. Im Hinblick auf das Planvermögen verdeutlicht der Median in Höhe von Null oder nahe Null, dass die Stichprobe aus einer beträchtlichen Anzahl an Unternehmen besteht, die über kein externes Planvermögen verfügen. Diese Unternehmen, welche mit einem Planvermögen in Höhe von Null in der statistischen Auswertung berücksichtigt werden, tragen auch zu einem vergleichsweise geringen Mittelwert der versicherungsmathematischen Gewinne und Verluste aus dem Planvermögen bei.

Tabelle 5.19: Versicherungsmathematische Gewinne und Verluste und deren Verteilung

(in Mio. EUR)	**2005**	**2006**	**2007**	**2008**	**2009**	**2010**
Versicherungsmathematische Gewinne und Verluste aus DBO						
N	112	116	117	117	117	117
Mittelwert	-217	64	170	109	-165	-129
Standardabweichung	538	209	403	290	406	400
Minimum	-2.923	-100	-60	-390	-2.268	-3.527
Median	-9	1	10	4	-5	-9
Maximum	228	1.704	2.354	1.748	255	151
Versicherungsmathematische Gewinne und Verluste aus PV						
N	112	116	117	117	117	117
Mittelwert	88	18	-17	-196	43	41
Standardabweichung	407	163	67	598	168	123
Minimum	-18	-371	-494	-3.970	-108	-11
Median	0	0	0	-2	0	0
Maximum	3.951	1.685	69	179	1.162	936

1432 Vgl. FASSHAUER/GLAUM/STREET (2008), S. 119.

Um die relative Bedeutung versicherungsmathematischer Gewinne und Verluste für die einzelnen Unternehmen zu veranschaulichen, zeigt Tabelle 5.20 deren Anteil am Eigenkapital.

Tabelle 5.20: Versicherungsmathematische Gewinne und Verluste im Verhältnis zum Eigenkapital

	2005	2006	2007	2008	2009	2010
Versicherungsmathematische Gewinne und Verluste aus DBO/EK						
N*	110	111	114	114	114	115
Mittelwert	-3,54 %	1,02 %	2,35 %	1,50 %	-2,21 %	-1,97 %
Standardabweichung	6,84 %	5,28 %	2,73 %	2,42 %	3,50 %	3,45 %
Minimum	-61,89 %	-8,79 %	-2,21 %	-3,51 %	-20,44 %	-21,61 %
Median	-1,74 %	0,17 %	1,68 %	0,57 %	-0,98 %	-0,86 %
Maximum	6,96 %	52,36 %	13,29 %	11,78 %	2,92 %	1,64 %
Versicherungsmathematische Gewinne und Verluste aus PV/EK						
N*	110	111	114	114	114	115
Mittelwert	0,65 %	0,24 %	-0,18 %	-2,44 %	0,49 %	0,52 %
Standardabweichung	1,54 %	0,74 %	0,57 %	4,15 %	2,47 %	1,76 %
Minimum	-0,80 %	-1,13 %	-3,31 %	-16,37 %	-13,58 %	-0,21 %
Median	0,00 %	0,00 %	-0,02 %	-0,45 %	0,01 %	0,02 %
Maximum	10,65 %	4,84 %	2,35 %	1,61 %	18,53 %	15,36 %
Versicherungsmathematische Gewinne und Verluste gesamt/EK						
N*	110	111	114	114	114	115
Mittelwert	-2,89 %	1,27 %	2,17 %	-0,94 %	-1,72 %	-1,44 %
Standardabweichung	6,57 %	5,31 %	2,65 %	3,01 %	2,72 %	2,32 %
Minimum	-61,52 %	-6,34 %	-2,33 %	-13,54 %	-16,00 %	-11,82 %
Median	-1,41 %	0,25 %	1,53 %	0,00 %	-0,86 %	-0,74 %
Maximum	7,96 %	52,36 %	12,17 %	7,00 %	3,23 %	2,46 %

* Unternehmen mit negativem Eigenkapital oder einem Eigenkapital nahe Null (< 200 TEUR) werden aus der Betrachtung ausgeschlossen.

Insbesondere im Jahr 2005 ist die relative Bedeutung versicherungsmathematischer Gewinne und Verluste mit -2,89 % am Eigenkapital nicht zu vernachlässigen. Über die gesamte Betrachtungszeit hinweg liegt die relative Höhe der gesamten versicherungsmathematischen Größen im Mittel in einem Korridor zwischen ein und zwei Prozent. Auch der Median liegt in dieser Spannbreite und deutet damit nicht auf eine vollständige Verschiebung der Stichprobe hin. Allerdings ist die Spannbreite der Stichprobe sehr hoch, wie die Maximal- und Minimalwerte anzeigen. Insbesondere in den Perioden 2005 und 2006 weisen einzelne Unternehmen in Bezug auf die versicherungsmathematischen Gewinne und Verluste aus der DBO einen sehr hohen Anteil von über 50 % am Eigenkapital aus. Dies verringert sich zwar über den Betrachtungszeitraum, jedoch liegen die negativen Extremwerte, welche aus der Entwicklung der DBO resultieren, auch in den Perioden 2009 und 2010 bei etwa einem Fünftel des Eigenkapitals (-20,44 %; -21,61 %). Die zumeist gegenläufige Bewegung versicherungsmathematischer Gewinne und Verluste aus der DBO und dem Planvermögen führt in der Gesamtbetrachtung zu einer teilweisen Kompensation dieser Werte.

Um die im vorherigen Abschnitt aufgestellte Vermutung, nach der die Höhe versicherungsmathematischer Größen bei kleineren Unternehmen eine nur untergeordnete Bedeutung einnimmt, weiter zu untersuchen, stellt Tabelle 5.21 den Anteil der versicherungsmathematischen Gewinne und Verluste aus Planvermögen und DBO am Eigenkapital differenziert für die verschiedenen Indizes dar. Dabei zeigt sich zumindest in Bezug auf Unternehmen des SDAX eine im Vergleich deutlich geringere Bedeutung versicherungsmathematischer Gewinne und Verluste. Die wertmäßig geringere Relevanz dieser Beträge könnte somit zur Wahl der vergleichsweise einfacher umsetzbaren GuV-Methode beitragen.

Tabelle 5.21: Versicherungsmathematische Gewinne und Verluste im Verhältnis zum Eigenkapital getrennt nach Index

Versmath. G/V / EK	2005	2006	2007	2008	2009	2010
DAX N*	30	30	30	30	30	30
Mittelwert	-2,61 %	1,51 %	2,93 %	-2,01 %	-2,45 %	-1,58 %
MDAX N*	44	45	47	47	47	47
Mittelwert	-4,61 %	2,17 %	2,52 %	-0,74 %	-2,14 %	-1,78 %
SDAX N*	36	36	37	37	37	38
Mittelwert	-1,02 %	-0,07 %	1,11 %	-0,31 %	-0,59 %	-0,93 %
Insgesamt N*	110	111	114	114	114	115
Mittelwert	-2,89 %	1,27 %	2,17 %	-0,94 %	-1,72 %	-1,44 %

* Unternehmen mit negativem Eigenkapital oder einem Eigenkapital nahe Null (< 200 TEUR) werden aus der Betrachtung ausgeschlossen.

5.5.1.3.3 Umfang nicht bilanzierter Beträge

In Folge der Anwendung des Korridoransatzes werden versicherungsmathematische Gewinne und Verluste nicht vollständig bilanziell erfasst. Die Auswirkung der Korridorbilanzierung veranschaulicht Abbildung 5.6, indem diese den Mittelwert des Anteils nicht bilanzierter versicherungsmathematischer Gewinne und Verluste an der DBO darstellt.

Abbildung 5.6: Mittelwert des Anteils nicht erfasster versicherungsmathematischer Verluste an der DBO bei Korridor-Bilanzierern

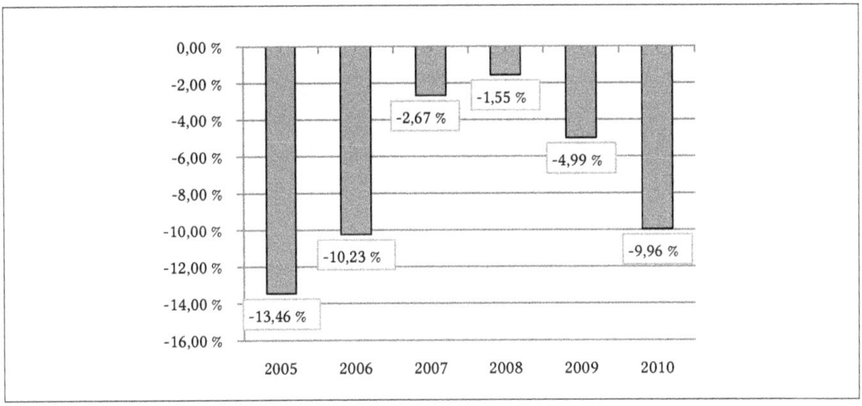

Diese Analyse zeigt eine hohe wertmäßige Relevanz nicht erfasster Beträge. Weiterhin offenbart sich, dass der durchschnittliche Anteil nicht erfasster versicherungsmathematischer Verluste am Barwert der DBO zum Periodenende im Betrachtungszeitraum hohen Schwankungen unterliegt. Während dieser Anteil in den Perioden 2005, 2006 und 2010 etwa zehn Prozent beträgt (-13,46 %; -10,23 %; -9,96 %), nimmt er in den Perioden 2007 bis 2009 stark ab (-2,67 %; -1,55 %). Diese Entwicklung zeigt Parallelen zur Entwicklung des Diskontierungszinssatzes auf.[1433] Wird zu Periodenbeginn der Anstieg des Zinsniveaus nicht antizipiert und infolgedessen der zu bestimmende Diskontierungszinssatz zu niedrig festgelegt, führt dies zu einer vergleichsweise zu hoch berechneten DBO. Das gestiegene Zinsniveau führt zu einem stärkeren Abzinsungseffekt, weshalb der Barwert der DBO am Periodenende möglicherweise unter dem antizipierten Wert liegt. Hierin kann ein Grund für die Reduktion versicherungsmathematischer Verluste bei der vorliegenden Stichprobe gesehen werden.

Tabelle 5.22 stellt für Korridor-Bilanzierer neben dem Anteil nicht erfasster versicherungsmathematischer Gewinne und Verluste an der DBO auch den Anteil dieser nicht bilanzierten Größen am Eigenkapital dar, um eine Einordnung der wirtschaftlichen Bedeutung dieser Größen zu ermöglichen.

1433 Vgl. zur Entwicklung des Diskontierungszinssatzes Abschnitt 5.5.1.4.

Tabelle 5.22: Anteil nicht erfasster versicherungsmathematischer Verluste an DBO und Eigenkapital bei Korridor-Bilanzierern

	2005	2006	2007	2008	2009	2010
Nicht erfasste versicherungsmathematische Gewinne und Verluste/DBO						
N	70	71	65	63	60	57
Mittelwert	-13,46 %	-10,23 %	-2,67 %	-1,55 %	-4,99 %	-9,96 %
Standardabweichung	12,81 %	9,58 %	7,79 %	16,44 %	10,58 %	9,64 %
Minimum	-46,04 %	-33,27 %	-22,09 %	-26,30 %	-23,51 %	-27,23 %
Median	-13,91 %	-9,95 %	-2,09 %	-3,58 %	-7,21 %	-11,52 %
Maximum	41,67 %	13,94 %	26,59 %	93,20 %	25,77 %	13,62 %

Nicht erfasste versicherungsmathematische Gewinne und Verluste/EK						
N*	69	67	64	62	59	55
Mittelwert	-6,78 %	-2,20 %	-0,55 %	-1,16 %	-2,45 %	-3,24 %
Standardabweichung	16,79 %	7,90 %	2,88 %	3,27 %	5,79 %	7,33 %
Minimum	-131,26 %	-18,50 %	-13,21 %	-11,96 %	-35,50 %	-46,84 %
Median	-2,72 %	-1,52 %	-0,17 %	-0,27 %	-0,90 %	-1,86 %
Maximum	7,90 %	52,41 %	10,72 %	7,45 %	10,65 %	11,84 %

* Unternehmen mit negativem Eigenkapital oder einem Eigenkapital nahe Null (< 200 TEUR) werden aus der Betrachtung ausgeschlossen.

Der Anteil nicht erfasster versicherungsmathematischer Gewinne und Verluste am Eigenkapital zeigt eine grundsätzlich ähnliche Entwicklung wie der Anteil nicht bilanzierter Größen an der DBO auf. Allerdings ist der Anteil am Eigenkapital geringer, wodurch die Effekte der Schwankungen ebenfalls niedriger ausfallen. Ungeachtet dessen kann die wirtschaftliche Bedeutung der nicht erfassten Beträge bei einer isolierten Betrachtung der Korridor-Bilanzierer als bedeutend eingestuft werden; deren Erfassung würde im Jahr 2005 zu einer Absenkung des Eigenkapitals von durchschnittlich -6,78 % führen. Auch in den Perioden 2006 (-2,20 %) und 2009 (-2,45 %) sowie 2010 (-3,24 %) wäre die Verminderung des Eigenkapitals bemerkenswert. Lediglich in den Perioden 2007 und 2008 liegt dieser Wert unter zwei Prozent (-0,55 %; -1,16 %). In Extremfällen nehmen die nicht erfassten versicherungsmathematischen Verluste einen hohen Anteil von deutlich über 10 % des Eigenkapitals ein; bei einzelnen Unternehmen führt eine vollständige Erfassung dieser Verluste zu einer Reduktion des Eigenkapitals um bis zu 50 % oder, wie in der Periode 2005, zur Überschuldung.

5.5.1.4 Versicherungsmathematische Schätzung des Zinssatzes

Eine wesentliche Einflussgröße der Pensionsbilanzierung, und somit auch der nachfolgenden Simulationsstudie, stellt der Diskontierungszinssatz dar. Die Entwicklung des arithmetischen Mittels des Rechnungszinssatzes über den Betrachtungszeitraum veranschaulicht Abbildung 5.7

Abbildung 5.7: Entwicklung des Rechnungszinssatzes (Mittelwert der Gesamtstichprobe)

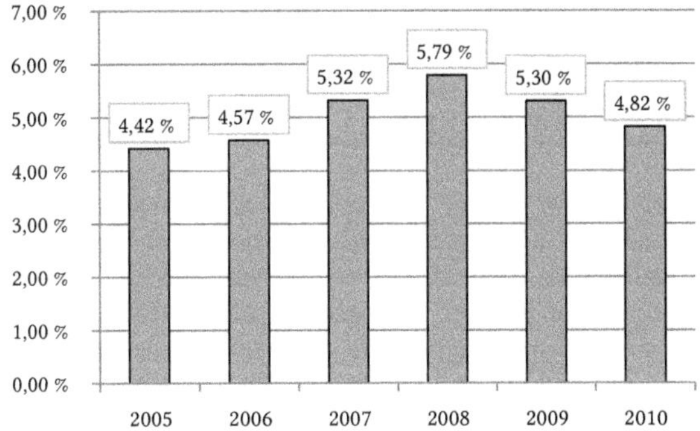

Im Zeitablauf der betrachteten Perioden ist in den Perioden 2005 bis 2008 ein deutlicher Anstieg des Diskontierungszinssatzes von durchschnittlich 4,42 % auf 5,79 % beobachtbar, bevor der Rechnungszinssatz wieder auf 4,82 % im Jahr 2010 absinkt.[1434] Auch vergleichbare Studien zeigen von 2005 bis 2008 einen Anstieg des Rechnungszinssatzes,[1435] gefolgt von einem anschließenden Abfallen bis zum Jahr 2010.[1436] Um die Verteilung der gewählten Zinssätze über die Gesamtstichprobe zu veranschaulichen, enthält Tabelle 5.23 weiterhin den Median und die Standardabweichung sowie Minimum und Maximum. Auf Basis der Betrachtung zeigt sich eine geringe Streuung. Diese kann neben der Verwendung von Zinssätzen für leistungsorientierte Pläne aus verschiedenen Ländern auf unterschiedliche Laufzeiten dieser Pläne zurückgeführt werden. Hierin können ebenfalls die Gründe für die stark abweichenden Minimal- und Maximalwerte gesehen werden.

1434 Vgl. zu Ähnlichen Ergebnissen Thurnes/Vavra/Geilenkothen (2011).

1435 Vgl. Jasper/Lux (2007), S. 83 i. V. m. Deihle/Jasper/Lux (2008), S. 706 sowie Thurnes/Vavra/Geilenkothen (2011), S. 2785; Dobler/Skopp (2010), S. 860 und Zülch/Salewski (2012), S. 14.

1436 Vgl. Thurnes/Vavra/Geilenkothen (2011), S. 2785 sowie ebenfalls Thurnes/Vavra (2009), S. 2673, Thurnes/Vavra/Geilenkothen (2010), S. 2739, Deihle/Jasper/Lux (2008), S. 706 und Höfer/Früh/Neumeier (2009), S. 2390 i. V. m. Höfer/Früh/Neumeier (2010), S. 2519.

Tabelle 5.23: Rechnungszinssatz und dessen Verteilung

Rechnungszinssatz	**2005**	**2006**	**2007**	**2008**	**2009**	**2010**
N	109	114	116	117	117	117
Mittelwert	4,42 %	4,57 %	5,32 %	5,79 %	5,30 %	4,82 %
Standardabweichung	0,53 %	0,52 %	0,54 %	0,66 %	0,59 %	0,61 %
Minimum	3,25 %	2,70 %	2,80 %	3,25 %	3,00 %	2,75 %
Median	4,30 %	4,50 %	5,50 %	5,90 %	5,36 %	4,87 %
Maximum	8,01 %	7,70 %	6,85 %	8,00 %	7,30 %	6,70 %

Bei der Interpretation dieses Zinssatzes muss bedacht werden, dass der Diskontierungszinssatz gemäß IAS 19.120A (n) (vi) (2004) als absoluter Wert und nicht als Spanne anzugeben ist und damit eindeutig dem Anhang entnommen werden können sollte. Allerdings kommen nicht alle Unternehmen dieser Anforderung nach. Darüber hinaus geben zahlreiche Unternehmen der Stichprobe unterschiedliche Zinssätze für verschiedene Länder oder Regionen an. Um diese Zinssätze – insbesondere im Hinblick auf nachfolgende Simulationsstudie – verwenden zu können, werden bei der Datenerhebung vereinfachte Annahmen getroffen.[1437] Möglicherweise wird daher Zinssätzen für Pläne einzelner Länder ein höheres Gewicht eingeräumt, als diesen tatsächlich einzuräumen wäre. Vergleichbare Studien kommen ungeachtet dessen zu einem übereinstimmenden Ergebnis mit vorliegender Studie. Nach einer Analyse der von DAX-Unternehmen verwendeten Zinssätze von Jasper/Lux (2007) beträgt der Median des Diskontierungszinssatzes ebenfalls 4,3 % im Jahr 2005; für das Jahr 2007 zeigt eine weitere Studie von Deihle/Jasper/Lux (2008) gleichermaßen übereinstimmend mit vorliegenden Ergebnissen einen Median in Höhe von 5,5 %. Auch die Mittelwerte sind mit Ergebnissen bestehender Studien vergleichbar.[1438]

1437 Vgl. zu diesen Annahmen ausführlich Abschnitt 5.3.3, S. 238.

1438 Thurnes/Vavra/Geilenkothen (2011), S. 2786 beobachten für die 50 größten deutschen Unternehmen folgende Mittelwerte des Rechnungszinssatzes: 2007: 5,42 %; 2008: 5,92,%; 2009: 5,31 %; 2010: 4,89 %. Gemäß den Erkenntnissen von Dobler/Skopp (2010), S. 860 beträgt der Mittelwert im Jahr 2007 5,42 % und im Jahr 2008 5,94 %. Eine Studie von Müller/Reinke/Weller (2008b), S. 353 kommt zu dem Ergebnis, dass der Mittelwert des Rechnungszinssatzes bei einer Untersuchung von Unternehmen des DAX, MDAX sowie SDAX im Jahr 2006 4,4 % beträgt.

5.5.2 Simulation alternativer Bilanzierungskonzepte leistungsorientierter Pensionszusagen

5.5.2.1 Auswirkungen des IAS 19 (rev. 2011)

5.5.2.1.1 Untersuchungsergebnisse der Gesamtstichprobe

Die erste Simulation bildet die Auswirkungen des IAS 19 (rev. 2011) – aus Vereinfachungsgründen im Rahmen der Simulationsstudie auch als „IAS 19R" bezeichnet – nach. Zwei der Neuregelungen lassen signifikante Veränderungen erwarten: Die vollständige Erfassung versicherungsmathematischer Gewinne und Verluste im Eigenkapital lässt zumindest für Unternehmen, welche bislang die GuV-Methode anwenden, Auswirkungen auf die Gewinn- und Verlustrechnung erwarten. Auch bei Korridor-Bilanzierern sind versicherungsmathematische Gewinne und Verluste nunmehr vollständig zu erfassen, was mit einer entsprechenden Auswirkung auf das Eigenkapital sowie Veränderung der Höhe der passivierten Verpflichtung verbunden ist. Wie die Auswertungen in Abschnitt 5.5.1.3.3 aufzeigen, handelt es sich bei den nicht erfassten Beträgen der Korridor-Bilanzierer im arithmetischen Mittel sowie kumuliert über die gesamte Stichprobe um versicherungsmathematische Verluste. Für diese Unternehmen ist daher eine Reduktion des Eigenkapitals durch Umsetzung des IAS 19R zu erwarten. Bei Korridor-Bilanzierern, deren versicherungsmathematische Verluste bislang den Korridor übersteigen, führt die Neuregelung zu einer entsprechenden Erhöhung des GuV-Ergebnisses. Im Gegensatz dazu lässt die Dritte, im Rahmen dieser Simulation umgesetzte Änderung, nämlich die sofortige Erfassung des nachzuverrechnenden Dienstzeitaufwands, auf Grund der untergeordneten Bedeutung dieser Größe keine hohe Auswirkung auf die Gewinn- und Verlustrechnung sowie das Fremdkapital erwarten.

Tabelle 5.24 enthält die prozentualen Veränderungen der einzelnen Kennzahlen durch die Umsetzung des IAS 19R für das Jahr 2010. Einen Überblick über die entsprechenden Ausgangswerte, deren Veränderung und die neu simulierten Bilanz- und GuV-Werte sowie Kennzahlen für die Jahre 2006, 2008 und 2010 zeigt die Tabelle B.1 in Anhang B auf.

Tabelle 5.24: Prozentuale Kennzahlveränderungen (2010)

	Mittelwert	SD	VC	25 %	Median	75 %	t-Test	Wilcoxon
2010								
EBIT	0,11 %	0,75 %	664,89 %	-0,03 %	0,00 %	0,17 %	0,132	0,040
JÜ nach St.	-0,20 %	1,89 %	-939,95 %	-0,57 %	0,02 %	0,35 %	0,285	0,709
PRkst.	14,90 %	32,85 %	220,49 %	0,00 %	0,08 %	18,00 %	0,000	0,000
EK	-1,01 %	2,19 %	-217,65 %	-1,43 %	-0,01 %	0,00 %	0,000	0,000
FK	0,43 %	0,86 %	201,35 %	0,00 %	0,01 %	0,81 %	0,000	0,000
UR	0,11 %	0,75 %	664,89 %	-0,03 %	0,00 %	0,17 %	0,132	0,005
GKR	0,19 %	1,06 %	556,10 %	-0,01 %	0,00 %	0,32 %	0,072	0,001
EKR	0,47 %	3,61 %	762,28 %	-0,52 %	0,17 %	1,40 %	0,188	0,021
EPS	-0,37 %	1,74 %	-470,87 %	-0,58 %	0,02 %	0,32 %	0,035	0,959
KGV	0,40 %	1,80 %	451,81 %	-0,30 %	-0,01 %	0,58 %	0,028	0,959
PRkst/EK	17,20 %	39,49 %	229,63 %	0,00 %	0,10 %	21,76 %	0,000	0,000
PRkst/GK	15,55 %	37,19 %	239,18 %	0,00 %	0,11 %	18,61 %	0,000	0,000

Bei Betrachtung der prozentualen Veränderung der GuV-Größen der gesamten Stichprobe zeigen sich überraschend geringe Änderungen. Die Auswirkungen auf das EBIT (Mittelwert: 0,11 %; Median: 0,00 %) sowie den Jahresüberschuss nach Steuern (Mittelwert: -0,2 %; Median: 0,02 %) sind marginal. Ein Teil der Änderungen des EBIT könnte auf die nach IAS 19 R geforderte sofortige Erfassung des bislang nicht vollständig erfassten nachzuverrechnenden Dienstzeitaufwands zurückgeführt werden. Die im Mittel geringfügige Erhöhung spricht für einen ebenfalls möglichen positiven nachzuverrechnenden Dienstzeitertrag. Ein weiterer Effekt führt zur Erhöhung des EBIT: Versicherungsmathematische Gewinne und Verluste, welche bei Korridor-Bilanzierern nach bisheriger Bilanzierungsweise den Korridor überschreiten, werden aus dem operativen Ergebnis eliminiert. Da es sich hierbei überwiegend um versicherungsmathematische Verluste handelt, wird das operative Ergebnis erhöht, wodurch dieser positive Effekt begründet ist. Allerdings betrifft diese Anpassung nur einzelne Unternehmen. Diese Tatsache kann zur Erklärung dieses marginalen Effekts über die gesamte Stichprobe hinweg beitragen. Weiterhin sind die den Korridor überschreitenden Beträge verhältnismäßig gering. Auch der Jahresüberschuss zeigt nur eine sehr geringe Veränderung auf, die jedoch negativ ist. Aus einem Vergleich des EBIT und des Jahresüberschusses kann auf eine negative Änderung des Finanzergebnisses geschlossen werden, durch welche die positive Veränderung des EBIT überkompensiert wird. Der erwartete Zinsertrag, welcher im Rahmen der Simulation aus dem EBIT eliminiert wird, scheint somit leicht über dem anhand des Rechnungszinssatzes ermittelten Ertrag zu liegen. Insgesamt sind die zu beobachtenden Effekte der Gewinn- und Verlustrechnung bei Betrachtung der Gesamtstichprobe verschwindend gering; zu diesem Ergebnis tragen nicht zuletzt auch kompensierende Simulationsanpassungen bei.[1439] Des Weiteren werden die Effekte auf den Jahresüberschuss sowie sämtliche OCI-Effekte durch die pauschale Berücksichtigung latenter Steuern in Höhe von 30 % geschmälert.

Bei Betrachtung der Veränderung der bilanzierten Größen sticht insbesondere die Veränderung der bilanzierten Pensionsverpflichtung (PRkst) hervor. Das arithmetische Mittel der Veränderungen erhöht sich um 14,90 %. Ein Vergleich des Mittelwerts mit dem Median in Höhe von 0,08 % zeigt allerdings deutlich heterogene Änderungen auf. Bei nahezu der Hälfte der Stichprobe verändert sich die Höhe der bilanzierten Pensionsverpflichtung nicht. Diese Erkenntnis wird weiterhin durch die Betrachtung der Quartile (1. Quartil: 0,00 %; 3. Quartil: 18,00 %) bestätigt. Eine signifikante Änderung der Höhe der bilanzierten Pensionsverpflichtung ist lediglich für Unternehmen, welche bisher die Korridormethode anwenden, zu erwarten. Diese Unternehmen sind nun verpflichtet Beträge, welche bislang den Korridor nicht überschritten haben, zu erfassen. Da es sich hierbei überwiegend um versicherungsmathematische Verluste handelt,[1440] wird die bilanzierte Pensionsverpflichtung durch die Simulationsanpassung bei diesen Unternehmen erhöht.

Auf die Höhe des Eigenkapitals wirken sich die beschriebenen Effekte im arithmetischen Mittel der Gesamtstichprobe stärker aus. Die ungeachtet dessen nur geringe Veränderung des Eigenkapitals (Mittelwert: -1,01 %; Median: -0,01 %) ist durch die Thesaurierung des GuV-Ergebnisses begründet, wodurch Bilanzierungsänderungen, die lediglich zu einer Verschiebung der Erfassung zwischen Gewinn- und Verlustrechnung sowie dem sonstigen Eigenkapital (OCI) führen, kompensiert werden. Die Veränderung des Eigenkapitals ist bei Betrachtung des Simulationsmodells vorwiegend durch die Erfassung der vollständigen versicherungsmathematischen Gewinne und Verluste bei Korridor-Bilanzierern verursacht.[1441] Die Veränderung der bilanzierten Pensionsverpflichtung durch die vollständige Erfassung des positiven oder negativen nachzuverrechnenden Dienstzeitaufwands sowie nicht erfasster versicherungsmathematischer Gewinne und Verlusten bei Korridor-Bilanzierern wirkt sich bei Betrachtung der Veränderung des vollständigen Fremdkapitals (Mittelwert FK: 0,43 %; Median: 0,01 %) über die Gesamtstichprobe hinweg kaum aus.

In Folge der geringen Veränderungen des EBIT sowie des Jahresüberschusses weist das arithmetische Mittel der prozentualen Veränderungen der Rentabilitätskennzahlen (UR, GKR, EKR) sowie der kapitalmarktorientierten Kennzahlen (EPS, KGV) von jeweils unter einem Prozent ebenfalls nur auf unwesentlich veränderte Werte hin. Auch die korrespondierenden Mediane zeigen bei einem Wert um null

1439 Die hohen Variationskoeffizienten werden insbesondere durch die nur geringen Mittelwerte bedingt und tragen daher nicht wesentlich zur weiteren Erläuterung bei.

1440 Vgl. hierzu Abschnitt 5.5.1.3., Abbildung 5.6 sowie Tabelle 5.22.

1441 Bei der Deutschen Lufthansa AG ergibt sich eine Eigenkapitalveränderung i. H. v. -11,25 %. Diese Eigenkapitalveränderung stellt den Minimalwert der Stichprobe dar. Von dieser hohen prozentualen Veränderung kann somit nicht auf die Eigenkapitalveränderung anderer Unternehmen der Stichprobe geschlossen werden.

Prozent keine Heterogenität der Kennzahlveränderungen innerhalb der Stichprobe auf. Unternehmen können folglich mit keiner wesentlichen Veränderung dieser Kennzahlen auf Grund der Umstellung auf IAS 19R rechnen. In Folge dessen erscheint es unwahrscheinlich, dass Analysten oder Investoren eine Reaktion auf diese Änderungen zeigen. Bei der Interpretation dieses Ergebnisses muss jedoch beachtet werden, dass ein Grund für die nur geringfügige Veränderung, die Kompensation verschiedener Ergebniseffekte sein könnte. Weiterhin könnten sich mögliche positive Veränderungen einzelner Unternehmen mit negativen Veränderungen anderer Unternehmen der Stichprobe aufheben. Ein Indiz hierfür könnte beispielsweise folgende Abweichung sein: Die Veränderung der Gesamtkapitalrendite beträgt im arithmetischen Mittel lediglich 0,19 %. Wird hingegen die Veränderung des arithmetischen Mittels dieser Kennzahl für das Jahr 2010 betrachtet, zeigt sich, dass diese um 9,84 % vom Ausgangswert 7,32 % auf 8,04 % steigt.[1442]

Der Anteil der bilanzierten Pensionsverpflichtung an Eigen- und Gesamtkapital steigt hingegen im Jahr 2010 deutlich um 17,20 % bzw. 15,55 % an. Nach Anpassung beträgt der Anteil der Pensionsverpflichtung am Eigenkapital (PRkst/EK) 16,84 % und am Gesamtkapital (PRkst/GK) 5,51 %.[1443] Korrespondierend mit den Ergebnissen der Veränderung der absoluten Pensionsverpflichtung offenbart ein Vergleich von Mittelwert und Median der Kennzahlveränderung PRkst/EK signifikante Unterschiede (Mittelwert: 17,20 %; Median: 0,10 %). Gleiches gilt für die Veränderung der Kennzahl PRkst/GK (Mittelwert: 15,55 %; Median: 0,11 %). Die betrachteten Unternehmen der Stichprobe sind demzufolge unterschiedlich von der Bilanzanpassung betroffen. Dies zeigt auch ein Vergleich des ersten und dritten Quartils. Während sich bei einem Viertel der Unternehmen keine Änderungseffekte ergeben, verändert sich bei einem weiteren Viertel der Unternehmen die Relation PRKst/EK um mehr als 21,76 % und das Verhältnis PRkst/GK um mehr als 18,61 % (vgl. Tabelle 5.24). Die unterschiedlichen Ergebnisse könnte vermutlich, wie in nachfolgendem Abschnitt 5.5.2.1.2 zu überprüfen sein wird, insbesondere durch die bisher von Unternehmen gewählte Erfassungsmethode für versicherungsmathematische Gewinne und Verluste erklärt werden.

Werden anschließend die Ergebnisse des t-Tests betrachtet, welcher die Frage beantwortet, ob es sich bei den gefundenen Mittelwertunterschieden um statistisch bedeutsame Unterschiede handelt, erscheint wenig überraschend, dass die gefundenen Mittelwertunterschiede in Bezug auf die bilanzierte Pensionsverpflichtung sowie die Kennzahlen PRkst/EK sowie PRkst/GK auf einem 1 %-Signifikanzniveau auf einen signifikanten Unterschied der Mittelwerte vor und nach Bilanzanpassung hindeuten. Zugleich zeigen die Ergebnisse des Wilcoxon-Vorzeichen-Rang-Tests signifikante Unterschiede der entsprechenden Mediane an. Auch für die Unterschiede des Eigen- und Fremdkapitals sind die gefundenen Mittelwertunterschiede sowie Änderungen der Mediane auf einem 1 %-Signifikanzniveau höchst signifikant. Trotz

1442 Vgl. Anhang B, Tabelle B.1.
1443 Vgl. Anhang B, Tabelle B.1.

der nur geringfügigen Veränderung dieser Werte sind die Veränderungen statistisch signifikant und können daher als bedeutsam eingestuft werden.

Diese Ergebnisse sind vergleichbar mit bestehenden Erkenntnissen. Gegenstand der Untersuchung von PELLENS/OBERMÜLLER/RIEMENSCHNEIDER (2010) sind die Auswirkungen des IAS 19R in Bezug auf DAX-Unternehmen für das Geschäftsjahr 2009. In Bezug auf dieses Untersuchungssample verändert sich der Jahresüberschuss durch die fiktive Umsetzung der Bilanzierungsänderung übereinstimmend mit den Ergebnissen der vorliegenden Untersuchung um -0,2 %. PELLENS/OBERMÜLLER/RIEMENSCHNEIDER (2010) stellen eine Verminderung des Eigenkapitals von 1,09 % fest, welche ebenfalls vergleichbar mit der in der vorliegenden Studie festgestellten Verminderung von 1,01 % ist. Die Veränderung der Eigenkapitalrendite ermitteln PELLENS/OBERMÜLLER/RIEMENSCHNEIDER (2010) mit 1,33 %; im Gegensatz hierzu wird vorliegend lediglich eine Erhöhung um 0,47 % festgestellt. Diese Differenz kann durch die vereinfachende Vorgehensweise von PELLENS/OBERMÜLLER/RIEMENSCHNEIDER (2010) begründet sein, welche zur Ermittlung der Eigenkapitalrendite auf das Eigenkapital des Bilanzstichtags zurückgreifen und nicht, wie in vorliegender Studie, das durchschnittliche Eigenkapital zu Grunde legen.[1444] Die in der Vergleichsstudie ermittelte Erhöhung der bilanzierten Pensionsverpflichtung für DAX-Unternehmen liegt mit 8,40 % unter dem hier ermittelten Wert von 14,9 % für Unternehmen des DAX, MDAX sowie SDAX in Bezug auf das Jahr 2010. Dies kann, neben der unterschiedlichen Betrachtungsperiode, durch eine höhere Anzahl an Korridor-Bilanzierern in der vorliegenden Stichprobe begründet sein, die höhere Auswirkungen auf die bilanzierte Verpflichtung erfahren.[1445]

Zur weiteren Untersuchung der Unterschiede auf Grund der Bilanzanpassung durch IAS 19R werden nachfolgend die Jahre 2008 (Tabelle 5.25) und 2006 (Tabelle 5.26) untersucht. Den Mehrjahresvergleichen liegt prinzipiell die Frage zu Grunde, ob die in diesen Betrachtungszeiträumen beobachtete unterschiedliche Höhe verschiedener zentraler Bilanzgrößen, wie des Aufwands für leistungsorientierte Pensionsverpflichtungen, des Planvermögens oder des Zinsniveaus zugleich zu einem bedeutenden Unterschied des Simulationsergebnisses führt. Einen weiteren wesentlichen Erkenntnisgewinn aus dem Mehrjahresvergleich stellt darauf aufbauend die Beantwortung der Frage dar, ob die Neuregelung der Bilanzierung leistungsorientierter Pensionsverpflichtungen zu einer Erhöhung der Volatilität der Bilanz- und oder GuV-Werte führt.

1444 Vgl. PELLENS/OBERMÜLLER/RIEMENSCHNEIDER (2010), S. 2063 ff.

1445 Vgl. hierzu ebenfalls Abschnitt 5.5.2.1.3.

Tabelle 5.25: Prozentuale Kennzahlveränderungen (2008)

	Mittelwert	SD	VC	25 %	Median	75 %	t-Test	Wilcoxon
2008								
EBIT	0,17 %	1,12 %	644,09 %	-0,05 %	0,00 %	0,11 %	0,120	0,478
JÜ nach St.	0,19 %	3,13 %	1689,92 %	-0,40 %	0,00 %	0,16 %	0,551	0,463
PRkst.	6,21 %	28,59 %	460,02 %	-0,10 %	0,00 %	4,79 %	0,030	0,015
EK	-0,45 %	1,51 %	-334,25 %	-0,36 %	0,00 %	0,00 %	0,003	0,030
FK	0,16 %	0,52 %	316,91 %	0,00 %	0,00 %	0,13 %	0,002	0,035
UR	0,14 %	0,97 %	670,26 %	-0,05 %	0,00 %	0,11 %	0,135	0,794
GKR	0,19 %	1,00 %	528,97 %	-0,03 %	0,00 %	0,16 %	0,059	0,201
EKR	0,25 %	3,00 %	1223,58 %	-0,45 %	0,00 %	0,75 %	0,411	0,655
EPS	0,19 %	3,14 %	1656,69 %	-0,41 %	0,00 %	0,17 %	0,545	0,415
KGV	-0,05 %	2,34 %	-4831,20 %	-0,19 %	0,00 %	0,40 %	0,838	0,080
PRkst/EK	6,80 %	30,07 %	442,20 %	-0,11 %	0,00 %	5,75 %	0,024	0,018
PRkst/GK	6,25 %	28,58 %	457,10 %	-0,08 %	0,00 %	4,83 %	0,029	0,019

Tabelle 5.26: Prozentuale Kennzahlveränderungen (2006)

	Mittelwert	SD	VC	25 %	Median	75 %	t-Test	Wilcoxon
2006								
EBIT	0,53 %	2,12 %	400,69 %	0,00 %	0,00 %	0,32 %	0,015	0,063
JÜ nach St.	-0,07 %	3,40 %	-4679,64 %	-0,40 %	0,00 %	0,28 %	0,832	0,764
PRkst.	14,32 %	28,85 %	201,49 %	0,00 %	2,68 %	21,58 %	0,000	0,000
EK	-1,34 %	2,54 %	-189,91 %	-2,10 %	-0,14 %	0,00 %	0,000	0,000
FK	0,64 %	1,10 %	172,43 %	0,00 %	0,04 %	0,83 %	0,000	0,000
UR	0,53 %	2,12 %	400,69 %	0,00 %	0,00 %	0,32 %	0,015	0,011
GKR	0,46 %	1,71 %	372,95 %	-0,01 %	0,01 %	0,38 %	0,010	0,002
EKR	2,16 %	5,91 %	273,98 %	-0,01 %	0,38 %	3,77 %	0,001	0,001
EPS	-0,13 %	3,42 %	-2590,86 %	-0,69 %	0,00 %	0,28 %	0,708	0,745
KGV	-0,30 %	3,91 %	-1300,61 %	-0,31 %	0,00 %	0,69 %	0,465	0,845
PRkst/EK	16,05 %	31,53 %	196,39 %	0,00 %	2,82 %	22,75 %	0,000	0,000
PRkst/GK	14,63 %	29,07 %	198,72 %	0,00 %	4,23 %	21,71 %	0,000	0,000

Der Mittelwert der prozentualen Veränderungen der GuV-Ergebnisse schwankt kaum (2010: -0,20 %; 2008: 0,19 %; 2006: -0,07 %). Zu diesem Ergebnis dürfte maßgeblich das insgesamt geringe Niveau der Veränderung beitragen. Zudem sind offensichtlich Unterschiede in der Höhe der amortisierten versicherungsmathematischen Gewinne und Verluste bei Korridor- und GuV-Bilanzierern, zumindest für die Gesamtstichprobe, kaum von Bedeutung.

Bemerkenswerten Schwankungen unterliegt im Gegensatz dazu die Veränderung der bilanzierten Pensionsverpflichtung (PRkst) und damit verbunden auch die Kennzahlen PRkst/EK sowie PRkst/GK. Bei allen drei Werten ist eine Verringerung der prozentualen Veränderung durch die neue Bilanzierungsweise in der Periode 2008 zu beobachten (Mittelwert 2006: 14,32 %; 2008: 6,21 %; 2010: 14,90 %). Zu diesem Effekt kann ein schwankendes Niveau der Höhe der Pensionsverpflichtung beitragen sowie eine Veränderung der absoluten Höhe der Simulationsanpassungen in den betrachteten Perioden. Ferner ist bemerkenswert, dass die Differenz zwischen dem ersten und dritten Quartil der Veränderungseffekte der bilanzierten Pensionsverpflichtung in der Periode 2008 lediglich bei knapp 5 Prozentpunkten liegt, während dieser Wert in den Perioden 2006 und 2010 etwa 20 Prozentpunkte beträgt. Da die Höhe der Pensionsverpflichtung im Rahmen dieser Simulation insbesondere durch die Erfassung bislang nicht erfasster versicherungsmathematischer Verluste bei Korridor-Bilanzierern bedingt ist, liegt ein Zusammenhang mit dieser Größe nahe. Bei Betrachtung der Entwicklung der Höhe der nicht erfassten versicherungsmathematischen Verluste in Abschnitt 5.5.1.3.3, Abbildung 5.6, wird diese Vermutung bestätigt. Der im arithmetischen Mittel geringe Anteil nicht erfasster versicherungsmathematischer Verluste an der DBO in der Periode 2008 (-1,55 %) führt nur zu geringen Anpassungen im Rahmen der Simulation. Die Anpassungseffekte von Korridor-Bilanzierern werden in dieser Periode an die Simulationsauswirkungen der anderen Unternehmen angepasst, weshalb sich dadurch zugleich das erste und dritte Quartil annähern. Auf die Höhe der Veränderung des Fremdkapitals haben diese Effekte keine bedeutende Auswirkung, da dieses insgesamt nur in geringem Maße von den Anpassungseffekten betroffen ist. Der geringe Einfluss auf das Fremdkapital wird dabei auch durch die entsprechend dem Simulationsmodell pauschale Berücksichtigung latenter Steuern, die eine kompensierende Wirkung entfaltet, begründet.

Insgesamt kann festgehalten werden, dass Auswirkungen der Bilanzierungsänderung ebenso wie Schwankungen dieser Auswirkung vorwiegend auf pensionsbezogene Kennzahlen feststellbar sind. Kennzahlen, die für den Kapitalmarkt als relevant erachtet werden oder die als Bezugsgröße etwa in Kredit- oder Managementverträgen erwartet werden, erfahren keine bemerkenswerten Veränderungen. Ökonomische Auswirkungen durch diese Bilanzierungsänderung sind entsprechend nicht zu erwarten.

5.5.2.1.2 Untersuchungsergebnisse getrennt nach bisheriger Bilanzierungspraxis

Die Ergebnisse der Gesamtstichprobe für die Simulation der Auswirkungen des IAS 19R deuten auf unterschiedlich starke Auswirkungen der Bilanzierungsänderungen auf die verschiedenen Unternehmen hin. Bei Betrachtung des Simulationsmodells liegt zur Begründung dieser heterogenen Effekte die Annahme nahe, dass die bislang unterschiedliche Erfassungsweise für versicherungsmathematische Gewinne und Verluste zu unterschiedlich hohen Auswirkungen der untersuchten Bilanzierungsänderung führt. Dies zumal durch das überarbeitete Bilanzierungsmodell des IAS 19R die unterschiedlichen Bilanzierungsmethoden abgeschafft werden. Um die Hypothese, nach welcher Unternehmen je nach bislang gewählter Erfassungsmethode für versicherungsmathematische Gewinne und Verluste unterschiedlich starke Auswirkungen durch die Bilanzierungsänderung erfahren, zu überprüfen, werden die Kennzahlveränderungen in Tabelle 5.27 für das Jahr 2010 getrennt nach der bisherigen Erfassungsmethode für versicherungsmathematische Gewinne und Verluste untersucht.

Tabelle 5.27: Prozentuale Kennzahlveränderungen getrennt nach bisheriger Erfassungsmethode für versicherungsmathematische Gewinne und Verluste (2010)

	Mittelwert	SD	VC	25 %	Median	75 %	t-Test	Wilcoxon
OCI-Bilanzierer 2010								
EBIT	-0,15 %	0,74 %	-481,64 %	-0,02 %	0,00 %	0,00 %	0,181	0,163
JÜ nach St.	-0,80 %	1,60 %	-201,77 %	-1,53 %	-0,13 %	0,09 %	0,003	0,007
PRkst.	-0,07 %	0,61 %	-870,20 %	0,00 %	0,00 %	0,00 %	0,455	0,609
EK	0,00 %	0,07 %	na	0,00 %	0,00 %	0,00 %	0,880	0,691
FK	0,00 %	0,02 %	na	0,00 %	0,00 %	0,00 %	0,568	0,501
UR	-0,15 %	0,74 %	-481,64 %	-0,02 %	0,00 %	0,00 %	0,181	0,093
GKR	-0,08 %	0,82 %	-1020,72 %	-0,04 %	0,00 %	0,00 %	0,524	0,693
EKR	-1,25 %	2,74 %	-218,97 %	-1,67 %	-0,25 %	0,12 %	0,005	0,005
EPS	-0,94 %	1,85 %	-196,22 %	-1,61 %	-0,16 %	0,07 %	0,002	0,018
KGV	0,99 %	1,95 %	198,13 %	-0,07 %	0,16 %	1,63 %	0,002	0,008
PRkst/EK	-0,07 %	0,66 %	-970,71 %	0,00 %	0,00 %	0,00 %	0,503	0,795
PRkst/GK	0,01 %	0,75 %	5859,70 %	0,00 %	0,00 %	0,03 %	0,911	0,658
Korridor-Bilanzierer 2010								
EBIT	0,32 %	0,76 %	238,33 %	-0,04 %	0,10 %	0,58 %	0,005	0,001
JÜ nach St.	0,15 %	2,05 %	1329,58 %	-0,20 %	0,11 %	0,67 %	0,594	0,129
PRkst.	31,08 %	41,91 %	134,86 %	6,91 %	18,40 %	43,09 %	0,000	0,000
EK	-2,09 %	2,78 %	-133,15 %	-3,16 %	-1,56 %	-0,38 %	0,000	0,000
FK	0,89 %	1,06 %	119,53 %	0,19 %	0,83 %	1,71 %	0,000	0,000
UR	0,32 %	0,76 %	238,33 %	-0,04 %	0,10 %	0,58 %	0,005	0,001
GKR	0,52 %	1,00 %	191,46 %	0,00 %	0,15 %	0,77 %	0,001	0,001
EKR	2,00 %	3,92 %	195,93 %	0,22 %	1,33 %	3,38 %	0,001	0,000
EPS	-0,04 %	1,54 %	-3802,75 %	-0,26 %	0,11 %	0,65 %	0,855	0,144
KGV	0,06 %	1,58 %	2477,02 %	-0,64 %	-0,08 %	0,23 %	0,776	0,122
PRkst/EK	35,86 %	50,96 %	142,11 %	8,52 %	21,87 %	45,97 %	0,000	0,000
PRkst/GK	32,35 %	48,53 %	150,01 %	6,93 %	19,26 %	43,09 %	0,000	0,000
GuV-Bilanzierer 2010								
EBIT	0,24 %	0,35 %	145,83 %	0,02 %	0,09 %	0,39 %	0,074	0,114
JÜ nach St.	0,42 %	1,64 %	392,41 %	0,02 %	0,14 %	0,87 %	0,441	0,028
PRkst.	0,00 %	0,00 %	na	0,00 %	0,00 %	0,00 %	na	1,000
EK	0,00 %	0,00 %	na	0,00 %	0,00 %	0,00 %	0,343	0,317
FK	0,00 %	0,00 %	na	0,00 %	0,00 %	0,00 %	na	1,000
UR	0,24 %	0,35 %	145,83 %	0,02 %	0,09 %	0,39 %	0,074	0,028
GKR	-0,27 %	1,72 %	-638,09 %	0,00 %	0,08 %	0,41 %	0,632	0,050
EKR	0,42 %	1,64 %	392,40 %	0,02 %	0,14 %	0,87 %	0,441	0,008
EPS	0,42 %	1,64 %	392,41 %	0,02 %	0,14 %	0,87 %	0,441	0,007
KGV	-0,39 %	1,62 %	-413,31 %	-0,86 %	-0,14 %	-0,02 %	0,464	0,007
PRkst/EK	0,00 %	0,00 %	316,23 %	0,00 %	0,00 %	0,00 %	0,343	0,317
PRkst/GK	0,02 %	0,07 %	316,21 %	0,00 %	0,00 %	0,00 %	0,343	0,180

Ein Vergleich der Ausgangsdaten der Teilstichproben in Tabelle B.2 zeigt deutliche Größenunterschiede zwischen Unternehmen der einzelnen Gruppen auf. Beispielsweise ist der Mittelwert des EBIT nach bisheriger Bilanzierungsweise bei OCI-Bilanzierern (Mittelwert EBIT: 1.278 Mio. EUR) mehr als doppelt so hoch wie bei Korridor-Bilanzierern (Mittelwert EBIT: 525 Mio. EUR); bei GuV-Bilanzieren entspricht der Mittelwert des EBIT gar nur ungefähr einem Fünftel des entsprechenden Werts bei Korridor-Bilanzierern (Mittelwert EBIT: 108 Mio. EUR). Neben der heterogenen Unternehmensgröße zeichnen sich die Teilstichproben auch durch eine unterschiedliche Anzahl der Unternehmen, die in den einzelnen Gruppen in der Periode 2010 vertreten sind, aus (Anzahl OCI-Bilanzierer: 43; Korridor-Bilanzierer: 51; GuV-Bilanzierer: 10 Unternehmen). So ist die Anzahl der OCI-Bilanzierer ca. 20 % geringer als die Anzahl der Korridor-Bilanzierer; zugleich ist der absolute Betrag zentraler, für diese Studie relevanter Bilanz- und GuV-Größen im Durchschnitt mindestens doppelt so hoch. Die Anzahl der GuV-Bilanzierer ist hingegen gering; ebenso handelt es sich hierbei offensichtlich um sehr kleine Unternehmen. Entsprechend führt die Aufteilung der Gesamtstichprobe in Einzelgruppen je nach bisher gewählter Erfassungsmethode für versicherungsmathematische Gewinne und Verluste zu heterogenen Teilstichproben. Weiterhin ist zu berücksichtigen, dass die Anzahl der GuV-Bilanzierer sehr niedrig ist, weshalb die Auswirkungen der Bilanzierungsänderung bei einzelnen Unternehmen das Ergebnis dieser Teilstichprobe beeinflussen kann. Auch bei Betrachtung der relativen Kennzahlen zeigen sich teils erhebliche Unterschiede zwischen den Teilstichproben. Während bei OCI- und Korridor-Bilanzierern sowohl die Mittelwerte, beispielsweise hinsichtlich der Umsatz- (Mittelwert UR Alt OCI-Bilanzierer: 8,51 %; Korridor-Bilanzierer: 7,50 %) oder Gesamtkapitalrendite (Mittelwert GKR Alt OCI-Bilanzierer: 7,54 %; Korridor-Bilanzierer: 7,77 %) wie auch die Variationskoeffizienten (VC UR Alt OCI-Bilanzierer: 61,88 %; Korridor-Bilanzierer: 61,69 %/VC GKR Alt OCI-Bilanzierer: 73,65 %; Korridor-Bilanzierer: 52,54 %) durchaus vergleichbar sind, weichen die Ausgangskennzahlen von GuV-Bilanzierern teils erheblich nach oben (Mittelwert UR Alt GuV-Bilanzierer: 12,02 %) oder nach unten (Mittelwert GKR Alt GuV-Bilanzierer: 3,75 %) ab und weisen eine bedeutend höhere Streuung auf (VC UR Alt GuV-Bilanzierer: 88,32 %/VC GKR Alt GuV-Bilanzierer: 439,15 %).[1446] Durch ein entsprechend unterschiedliches Niveau der Ausgangskennzahlen wird die Höhe der prozentualen Veränderung einer Kennzahl im Rahmen der Simulation ebenfalls beeinflusst.

Bei GuV-Bilanzierern führt die Umsetzung des IAS 19 R zu einer Verschiebung der Erfassung versicherungsmathematischer Gewinne und Verluste von der Gewinn- und Verlustrechnung in das Eigenkapital. Dies gilt analog für Korridor-Bilanzierer in Bezug auf die bislang außerhalb des Korridors liegenden Beträge, welche fortan nicht mehr in der Gewinn- und Verlustrechnung, sondern im Eigenkapital erfasst werden. Bei Korridor-Bilanzierern handelt es sich hinsichtlich der nicht erfassten

1446 Vgl. Tabelle B.2.

Beträge durchschnittlich um nicht erfasste versicherungsmathematische Verluste.[1447] Auf Grund dessen kann darauf geschlossen werden, dass es sich auch bei den Beträgen, die den Korridor übersteigen und in der Gewinn- und Verlustrechnung erfasst werden, um versicherungsmathematische Verluste handelt. Infolgedessen ist durch die Bilanzierungsänderung eine Erhöhung des GuV-Ergebnisses ebenso wie der bilanzierten Pensionsverpflichtung zu erwarten.

Die Untersuchungsergebnisse bestätigen diese Vermutung. Sowohl bei Korridorbilanzierern wie auch bei GuV-Bilanzierern steigt die Höhe des EBIT durch die simulierte Bilanzierungsänderung, wenn auch auf einem niedrigen Niveau, an (Mittelwert Korridor-Bilanzierer: 0,32 %; Mittelwert GuV-Bilanzierer: 0,24 %). Mögliche Gründe für die niedrigen Auswirkungen können in Bezug auf Korridor-Bilanzierer darin gesucht werden, dass lediglich die bislang den Korridor übersteigende Beträge in der Gewinn- und Verlustrechnung erfasst wurden und somit im Rahmen der Simulation ergebniserhöhend wirken. Hinsichtlich der GuV-Bilanzierer scheint die Tatsache, dass es sich bei GuV-Bilanzierern um vergleichsweise kleine Unternehmen des MDAX und SDAX handelt, bei welchen leistungsorientierten Pensionsplänen keine hohe wertmäßige Relevanz zukommt, das Simulationsergebnis zu beeinflussen. Darüber hinaus führt die Nacherfassung des nachzuverrechnenden Dienstzeitaufwands sowie die veränderte Ermittlung des Zinsertrags zu kompensierenden Effekten.

Deutlich höhere Auswirkungen sind bei Korridor-Bilanzierern hinsichtlich der Veränderung der bilanzierten Pensionsverpflichtung (Mittelwert: 31,08 %; Median: 18,40 %) zu beobachten. Dies gilt auch für die Kennzahlen PRkst/EK (Mittelwert: 35,86 %; Median: 21,87 %) und PRkst/GK (Mittelwert: 32,35 %; Median: 19,26 %). Diese Veränderung wird – im Gegensatz zur Veränderung des EBIT – auch durch die Amortisierung bislang nicht erfasster versicherungsmathematischer Verluste getrieben. Bereits das 1. Quartil zeigt eine deutliche Veränderung der Höhe der Pensionsverpflichtung (6,91 %) sowie des Anteils der Pensionsverpflichtung am Eigenkapital und Gesamtkapital an (PRkst/EK: 8,52 %; PRkst/GK: 6,93 %). Entsprechend sind auch bei dem Viertel der Korridor-Bilanzierer mit der geringsten Änderung der Pensionsverpflichtung und den korrespondierenden Kennzahlen signifikante Auswirkungen zu beobachten. Das 3. Quartil weist hohe Veränderungen der bilanzierten Pensionsverpflichtung (43,09 %) und der Kennzahlen PRkst/EK (45,97 %) und PRkst/GK (43,09 %) auf. Im Gegensatz hierzu ist die Erhöhung der bilanzierten Pensionsverpflichtung auf die Gesamthöhe des Fremdkapitals zwar bemerkbar (Mittelwert: 0,89 %; Median: 0,83 %), jedoch auch bei Korridor-Bilanzierern gering. Ein möglicher Grund für diesen Effekt könnte darin gesucht werden, dass Unternehmen, bei welchen die betrachtete Bilanzierungsänderung zu einer hohen Veränderung der passivierten Pensionsverpflichtung führt, zugleich ein hohes Fremdkapital ausweisen, weshalb die prozentuale Veränderung des Anteils der Pensionsverpflichtung am Fremdkapital auf einem niedrigen Niveau verbleibt. Signifikanter ist die Eigenkapitalveränderung der Teilstichprobe der Korridor-Bilanzierer (Mittelwert: -2,09 %; Median: -1,56 %). Diese

1447 Vgl. hierzu Abschnitt 5.5.1.3.3, Abbildung 5.6.

im Vergleich zu den anderen beiden Teilstichproben hohe Eigenkapitalreduzierung ist auf die Erfassung bislang nicht erfasster versicherungsmathematischer Gewinne und Verluste zurückzuführen. Hierdurch wird bei einem Viertel der Stichprobe das Eigenkapital um mehr als -3,16 % reduziert. Die (bereinigte)[1448] höchste Reduzierung, in diesem Fall das Minimum der Eigenkapitalveränderung bei Korridor-Bilanzierern, liegt bei -11,26 %. Folglich führt bei einzelnen Korridor-Bilanzierern die vollständige Erfassung versicherungsmathematischer Gewinne und Verluste zu einer starken Verringerung des Eigenkapitals. Auf die Eigenkapitalrendite wirkt sich dieser Effekt mit umgekehrtem Vorzeichen aus (Mittelwert: 2,00 %; Median: 1,33 %). Auch in diesem Fall liegt der (bereinigte) Maximalwert deutlich höher, nämlich bei 13,69 %. Hinsichtlich der GuV-Bilanzierer verändert sich zwar die Erfassungsmethode für versicherungsmathematische Gewinne und Verluste. Da diese allerdings nach bisheriger Bilanzierungsweise bereits erfasst wurden, verändert sich die Höhe der bilanzierten Pensionsverpflichtung durch diese Änderung nicht.

Die Auswirkungen einer Umsetzung des IAS 19 R auf Korridor-Bilanzierer werden auch durch vergleichbare Studien bestätigt. Für Korridor-Bilanzierer des DAX ermitteln Pellens/Obermüller/Riemenschneider (2010) eine mittlere Erhöhung der bilanzierten Pensionsverpflichtung von 37,1 % im Jahr 2009.[1449] Darüber hinaus beträgt gemäß einer analogen Untersuchung von Pellens/Obermüller/Riemenschneider (2011), bei welcher Korridor-Bilanzierern des HDAX[1450] betrachtet werden, die Erhöhung der bilanzierten Pensionsverpflichtungen im arithmetischen Mittel 45,6 % für das Jahr 2010; das Eigenkapital der Korridor-Bilanzierer würde durchschnittlich um 3,7 % sinken.[1451] Diese Auswirkungen sind in der Größenordnung vergleichbar mit den Ergebnissen der vorliegenden Studie, wenngleich die Werte der Vergleichsstudien, wohl bedingt durch die unterschiedliche Zusammensetzung der Stichprobe, etwas höher liegen.

Im Ergebnis sind Korridor-Bilanzierer durch die Bilanzierungsänderungen erwartungsgemäß am stärksten betroffen. Auch die in der vorliegenden Stichprobe untersuchten GuV-Bilanzierer weisen nur geringe Änderungen zentraler Kennzahlen auf – der Grund hierfür dürfte insbesondere in der wertmäßig geringen Bedeutung leistungsorientierter Pensionszusagen bei diesen Unternehmen liegen. Dieses Resultat wird durch die Ergebnisse des t-Tests und des Wilcoxon-Vorzeichen-Rang-Tests bestätigt. Die in der Gesamtstichprobe gefundenen höchst signifikanten Unterschiede der Mittelwerte vor und nach Bilanzanpassung sowie der Mediane zeigen sich bei dieser Teilstichprobenaufteilung lediglich bei Korridor-Bilanzierern.[1452] Gleichwohl ist die Größenordnung der Veränderungen selbst bei dieser Teilgruppe

---

1448 Bei der Aufbereitung der Stichprobe wurden 2 % der möglichen vorhandenen Extremwerte oder Ausreißer je Periode eliminiert, vgl. hierzu Abschnitt 5.4.3, S. 267

1449 Vgl. Pellens/Obermüller/Riemenschneider (2010), S. 2063.

1450 Der HDAX fasst die Werte aller Unternehmen aus den Indizes DAX, MDAX und TecDAX zusammen.

1451 Vgl. Pellens/Obermüller/Riemenschneider (2011), S. 564 f.

1452 Dies gilt für die Kennzahlen PRkst, EK, FK, PRkst/EK sowie PRkst/GK.

nicht so ausgeprägt, dass hierdurch bei diesen Unternehmen Reaktionen auf die Bilanzierungsänderung von Abschlussadressaten oder des Managements auf die Bilanzierungsänderung zu erwarten sind. Signifikante Unterschiede ergeben sich darüber hinaus auch für die Veränderung des Jahresüberschusses sowie der auf diesem basierenden Kennzahlen – EKR, EPS und KGV – bei OCI-Bilanzierern. Trotz der wertmäßig nur geringen Änderung ist die Mittelwertänderung durch die Erfassung des zuvor noch nicht erfassten nachzuverrechnenden Dienstzeitaufwands sowie die veränderte Ermittlung des GuV-wirksam zu erfassenden Zinsertrags auf Grund der geringen Streuung als signifikant anzusehen.

Ein Vergleich der Unterschiede der drei Teilstichproben, welcher Tabelle 5.28 enthält, zeigt für alle untersuchten Kennzahlen signifikante Unterschiede zwischen mindestens zwei Teilstichproben auf. Für sämtliche Kennzahlen kann auf einem 1 %-Signifikanzniveau davon ausgegangen werden, dass sich die Teilstichproben signifikant unterscheiden. Lediglich für den Jahresüberschuss nach Steuern sind diese Unterschiede erst auf einem 5 %-Signifikanzniveau erkennbar.

Tabelle 5.28: Unterschiede der Teilstichproben getrennt nach bisheriger Erfassungsmethode für versicherungsmathematische Gewinne und Verluste (2010)

	Teilstichproben signifikant verschieden
2010	
EBIT	0,008*
Jü nach St.	0,030*
PRkst.	0,000**
EK	0,000**
FK	0,000**
UR	0,008*
GKR	0,001**
EKR	0,000**
EPS	0,014*
KGV	0,016*
PRkst/EK	0,000**
PRkst/GK	0,000**

* Ermittlung durch einfaktorielle Varianzanalyse
** Ermittlung durch H-Test nach Kruskal-Wallis

Die Unterteilung der Stichprobe nach bisheriger Erfassungsweise für versicherungsmathematische Gewinne und Verluste beleuchtet somit bei der vorliegenden Untersuchungsfrage signifikante Unterschiede zwischen den Unternehmensgruppen. So führen wohl die augenscheinlich stärkeren Auswirkungen bei Korridor-Bilanzierern zu tatsächlich signifikanten Unterschieden zwischen den Veränderungen der betrachteten Kennzahlen.

5.5.2.1.3 Untersuchungsergebnisse getrennt nach Börsenindex

Die Veränderung zentraler Bilanz- und GuV-Kennzahlen durch die Umsetzung des IAS 19R im Rahmen der Simulation wirkt sich gegebenenfalls unterschiedlich stark auf Unternehmen der verschiedenen, in der Stichprobe vertretenen Börsenindizes aus. Mögliche Gründe, die differierende Auswirkungen der Umsetzung des IAS 19R auf Unternehmen unterschiedlicher Indizes annehmen lassen, können darin gesehen werden, dass der Umfang leistungsorientierter Pensionspläne bei kleineren Unternehmen überproportional geringer ist. Weiterhin zeigt die Untersuchung in Abschnitt 5.5.1.3.1, dass Unternehmen des DAX verstärkt die OCI-Methode zur Erfassung versicherungsmathematischer Gewinne und Verluste anwenden, während bei MDAX- und SDAX-Unternehmen vermehrt die Korridormethode und die sofortige GuV-wirksame Erfassung Anwendung finden. Letzteres spricht für ausgeprägtere Auswirkungen der Bilanzierungsänderung bei MDAX- und SDAX-Unternehmen.

Ein Vergleich der Ausgangswerte der einzelnen Teilstichproben, welche in Anhang B, Tabelle B.3, enthalten ist, zeigt deutliche Größenunterschiede der einzelnen Unternehmen, welche beispielsweise am Ergebnis (Mittelwert JÜ nach St. DAX: 1.551 Mio. EUR; MDAX: 140 Mio. EUR; SDAX: 4 Mio. EUR) illustriert werden können, auf. Daneben bestätigt ein Vergleich des Anteils der bilanzierten Pensionsverpflichtungen am Eigen- oder Gesamtkapital die Vermutung, dass diesen Verpflichtungen bei Unternehmen des SDAX eine geringere Bedeutung zukommt (Mittelwert PRkst/EK DAX: 14,74 %; MDAX: 19,40 %: SDAX: 10,84 %).

Die Untersuchungsergebnisse, welche in Tabelle 5.29 getrennt für Unternehmen der verschiedenen Börsenindizes aufbereitet sind, zeigen folgende Auswirkungen der veränderten Bilanzierungsweise für die Periode 2010 auf: Tatsächlich sind Unternehmen in Indizes kleinerer Unternehmen überproportional stark von der Änderung der Bilanzierungsweise betroffen. Hinsichtlich der Veränderung des EBIT gilt dies jedoch nur für Unternehmen des SDAX. Die Begründung für die vergleichsweise höhere Verbesserung des EBIT (Mittelwert: 0,21 %) liegt möglicherweise nicht zuletzt in der verstärkten Anwendung der GuV-Methode zur Erfassung versicherungsmathematischer Gewinne und Verluste begründet. Entstehen bei GuV-Bilanzierern bislang überwiegend versicherungsmathematische Verluste und werden diese im operativen Ergebnis erfasst, so wirkt sich die Erfassung dieser Größe im Eigenkapital ergebniserhöhend aus. Analoges gilt für Korridor-Bilanzierer hinsichtlich der amortisierten Beträge.

Tabelle 5.29: Prozentuale Kennzahlveränderungen getrennt nach Börsenindex (2010)

	Mittelwert	SD	VC	25 %	Median	75 %	t-Test	Wilcoxon
DAX 2010								
EBIT	0,17 %	0,52 %	299,78 %	-0,07 %	0,00 %	0,06 %	0,101	0,343
JÜ nach St.	-0,41 %	1,48 %	-362,76 %	-0,80 %	-0,17 %	0,17 %	0,181	0,072
PRkst.	10,15 %	24,81 %	244,43 %	-0,12 %	0,00 %	20,11 %	0,052	0,064
EK	-1,10 %	2,85 %	-259,12 %	-0,71 %	0,00 %	0,01 %	0,060	0,078
FK	0,21 %	0,95 %	447,48 %	0,00 %	0,00 %	0,19 %	0,275	0,085
UR	0,17 %	0,52 %	299,78 %	-0,07 %	0,00 %	0,06 %	0,101	0,748
GKR	0,27 %	0,64 %	238,20 %	-0,07 %	0,00 %	0,29 %	0,042	0,433
EKR	0,46 %	4,13 %	903,99 %	-1,55 %	-0,09 %	0,40 %	0,578	0,469
EPS	-0,66 %	1,93 %	-293,61 %	-1,06 %	-0,18 %	0,16 %	0,095	0,109
KGV	0,70 %	2,02 %	287,95 %	-0,16 %	0,18 %	1,07 %	0,089	0,093
PRkst/EK	12,02 %	28,52 %	237,33 %	-0,15 %	0,00 %	20,99 %	0,046	0,067
PRkst/GK	10,24 %	24,78 %	241,96 %	-0,11 %	0,03 %	20,11 %	0,050	0,050
MDAX 2010								
EBIT	0,00 %	0,97 %	na	0,00 %	0,00 %	0,19 %	0,975	0,170
JÜ nach St.	0,00 %	2,22 %	na	-0,58 %	0,05 %	0,65 %	0,996	0,791
PRkst.	14,97 %	31,57 %	210,93 %	0,00 %	0,12 %	16,62 %	0,003	0,000
EK	-1,11 %	2,28 %	-205,53 %	-1,72 %	-0,02 %	0,00 %	0,003	0,000
FK	0,46 %	0,87 %	189,33 %	0,00 %	0,01 %	0,91 %	0,001	0,000
UR	0,00 %	0,97 %	na	0,00 %	0,00 %	0,19 %	0,975	0,171
GKR	0,10 %	0,96 %	938,59 %	-0,02 %	0,02 %	0,42 %	0,494	0,161
EKR	0,64 %	4,22 %	654,91 %	-0,40 %	0,22 %	1,77 %	0,322	0,021
EPS	-0,25 %	1,62 %	-653,47 %	-0,61 %	0,05 %	0,62 %	0,339	0,600
KGV	0,27 %	1,67 %	619,69 %	-0,60 %	-0,05 %	0,60 %	0,308	1,000
PRkst/EK	16,87 %	35,25 %	208,91 %	0,00 %	0,16 %	18,48 %	0,003	0,000
PRkst/GK	14,64 %	32,04 %	218,88 %	0,00 %	0,21 %	16,62 %	0,005	0,000
SDAX 2010								
EBIT	0,21 %	0,57 %	276,11 %	0,00 %	0,00 %	0,19 %	0,046	0,002
JÜ nach St.	-0,29 %	1,75 %	-594,73 %	-0,06 %	0,02 %	0,35 %	0,327	0,066
PRkst.	18,30 %	39,47 %	215,62 %	0,00 %	3,26 %	20,30 %	0,011	0,000
EK	-0,79 %	1,36 %	-171,81 %	-1,47 %	-0,05 %	0,00 %	0,002	0,000
FK	0,54 %	0,76 %	142,11 %	0,00 %	0,04 %	1,02 %	0,000	0,000
UR	0,21 %	0,57 %	276,11 %	0,00 %	0,00 %	0,19 %	0,046	0,004
GKR	0,24 %	1,41 %	580,51 %	0,00 %	0,03 %	0,32 %	0,322	0,001
EKR	0,27 %	2,11 %	792,96 %	-0,02 %	0,18 %	1,31 %	0,474	0,038
EPS	-0,29 %	1,75 %	-594,73 %	-0,06 %	0,02 %	0,35 %	0,327	0,201
KGV	0,33 %	1,81 %	555,06 %	-0,34 %	-0,02 %	0,06 %	0,294	0,102
PRkst/EK	21,42 %	50,61 %	236,31 %	0,00 %	3,33 %	22,10 %	0,019	0,006
PRkst/GK	20,61 %	49,31 %	239,31 %	0,00 %	3,26 %	20,30 %	0,020	0,000

Weitaus ausgeprägtere Unterschiede sind hinsichtlich der Auswirkungen auf die bilanzierte Pensionsverpflichtung feststellbar. Die deutlichste Erhöhung der Pensionsverpflichtung erfahren SDAX-Unternehmen (Mittelwert PRkst DAX: 10,15 %; MDAX: 14,97 %; SDAX: 18,30 %). Dies gilt auch für die Veränderung des Anteils der bilanzierten Pensionsverpflichtung am Eigenkapital (Mittelwert PRkst/EK DAX: 12,02 %; MDAX: 16,87 %; SDAX: 21,42 %) sowie des Anteils der bilanzierten Pensionsverpflichtung am Gesamtkapital (Mittelwert PRkst/GK DAX: 10,24 %; MDAX: 14,64 %; SDAX: 20,61 %).

Die verstärkten Auswirkungen durch die Umsetzung des IAS 19R bei kleineren Unternehmen spiegelt die Zunahme der Anwendung der Korridormethode von DAX- zu MDAX-Unternehmen sowie von MDAX- zu SDAX-Unternehmen wider.[1453] Da bei kleineren Unternehmen vermehrt versicherungsmathematische Verluste bislang – im Zuge der Anwendung der Korridormethode – unerfasst geblieben sind, führt die nun vollständige Erfassung der DBO im Vergleich zu den übrigen Indizes zu den prozentual höchsten Änderungen. Hinsichtlich der Unternehmen des SDAX werden die vergleichsweise hohen prozentualen Veränderungen partiell ebenfalls durch das niedrigere Niveau der Ausgangswerte begünstigt. Die im Vergleich der Teilstichproben ausgeprägteren Auswirkungen bei kleineren Unternehmen auf die bilanzierte Pensionsverpflichtungen führen jedoch – wie auch in der Gesamtstichprobe – nicht zu wahrzunehmenden Änderungen der Rentabilitätskennzahlen oder der Kennzahlen zur kapitalmarktorientierten Analyse.

Durch die unterschiedlichen Auswirkungen der Bilanzierungsänderung auf Unternehmen unterschiedlicher Indizes kann auch das Ergebnis einer vergleichbaren Studie von Pellens/Obermüller/Riemenschneider (2010) erklärt werden. Die Autoren dieser Studie, welche ausschließlich die Umsetzung des IAS 19R auf DAX-Unternehmen im Jahr 2009 analysieren, ermitteln eine Erhöhung der bilanzierten Pensionsverpflichtung von 8,4 % durch die fiktive Bilanzierungsänderung.[1454] Diese liegt unterhalb der in der vorliegenden Studie ermittelten Erhöhung der bilanzierten Pensionsverpflichtung für das gesamte Untersuchungssample im Jahr 2010 in Höhe von 14,9 %, ist jedoch vergleichbar mit dem Ergebnis für DAX-Unternehmen, welche eine Erhöhung von 10,15 % erfahren.

Die Ergebnisse des t-Tests sowie des Wilcoxon-Vorzeichen-Rang-Tests zeigen, dass die Mittelwertunterschiede beziehungsweise die Unterschiede der Mediane der bilanzierten Pensionsverpflichtung und der Anteile PRkst/EK sowie PRkst/GK durch die Bilanzierungsänderung auf einem 5 %-Signifikanzniveau signifikant verschieden sind; in Bezug auf die Unternehmen des MDAX und SDAX gilt dies sogar auf dem 1 %-Signifikanzniveau. Hinsichtlich des Eigen- und Fremdkapitals können entsprechende höchst signifikante Unterschiede – entgegen der Ergebnisse für die Gesamtstichprobe – jedoch nur für Unternehmen des MDAX sowie des SDAX festgestellt werden. Lediglich in diesen Fällen können die Mittelwertunterschiede vor

1453 Vgl. hierzu Abschnitt 5.5.1.3.1.
1454 Vgl. Pellens/Obermüller/Riemenschneider (2010), S. 2063.

dem Hintergrund ihres Ausmaßes und ihrer Streuung als bedeutsam eingestuft werden. Bedeutsame Unterschiede ergeben sich in Bezug auf Ergebnisgrößen – wohl bedingt durch die überproportional hohe Zahl an GuV-Bilanzierern – lediglich hinsichtlich der Veränderung des EBIT bei SDAX-Unternehmen.

Die Analyse der Unterschiede zwischen den Teilstichproben führt jedoch, wie Tabelle 5.30 zeigt, zu keinen statistisch signifikanten Unterschieden der prozentualen Kennzahlveränderungen zwischen Unternehmen einzelner Indizes. Entsprechend dient die Unterteilung der Stichprobe nach Unternehmen verschiedener Indizes nicht der Aufdeckung statistisch messbarer systematischer Differenzen der Auswirkungen des IAS 19R zwischen diesen Teilstichproben. Obgleich Unterschiede hinsichtlich der Mittelwerte oder Mediane einzelner Kennzahlen, wie insbesondere der bilanzierten Pensionsverpflichtung, feststellbar sind, handelt es sich hierbei nicht um statistisch nachweisbare systematische Unterschiede. Dies bedeutet, die Varianz der Kennzahlveränderungen zwischen den einzelnen Teilstichproben ist nicht höher, als die Varianz der Kennzahlveränderungen innerhalb der Unternehmen eines Börsenindizes.

Tabelle 5.30: Unterschiede der Teilstichproben getrennt nach Börsenindex (2010)

	Teilstichproben signifikant verschieden
2010	
EBIT	0,460*
Jü nach St.	0,660*
PRkst.	0,646*
EK	0,798*
FK	0,336*
UR	0,460*
GKR	0,780*
EKR	0,904*
EPS	0,619*
KGV	0,612*
PRkst/EK	0,668*
PRkst/GK	0,564*

* Ermittlung durch einfaktorielle Varianzanalyse

5.5.2.1.4 Untersuchungsergebnisse getrennt nach Branche

Zuletzt werden die Untersuchungsergebnisse der Simulation des überarbeiteten Standards IAS 19R nach Branchen aufgeteilt, um mögliche Unterschiede der Auswirkungen auf Unternehmen in einem unterschiedlichen Umfeld zu untersuchen. Allgemein bestehen keine Hinweise, die eine stark unterschiedliche Beeinflussung von Unternehmen einzelner Branchen durch die Umsetzung von IAS 19R annehmen lassen. Dennoch könnte die Gewährung leistungsorientierter Pensionszusagen zwischen verschiedenen Branchen schwanken. Infolge einer unterschiedlichen relativen Bedeutung leistungsorientierter Pensionspläne zwischen Unternehmen verschiedener Branchen, sind möglicherweise auch branchenspezifische Unterschiede im Hinblick auf die Auswirkungen der Umsetzung des IAS 19 R beobachtbar.

Zur Unterteilung der Gesamtstichprobe in Branchen wurde die in Datastream (Worldscope) hinterlegte Brancheneinteilung verwendet. Da diese relativ feingliedrig ist, ist es notwendig diese Einteilung für Zwecke der vorliegenden Simulationsstudie zu aggregieren. Hierzu werden inhaltlich vergleichbare Branchen zusammengefasst.[1455] Infolgedessen beinhalten die einzelnen Branchengruppen eine unterschiedliche Anzahl an Unternehmen. Zur weiteren Illustration möglicher Branchenunterschiede der betrachteten Stichprobe werden in Tabelle 5.31 zentrale Kennzahlen der einzelnen Branchengruppen vor Durchführung der Simulation jeweils im arithmetischen Mittel dargestellt. Hierzu zählt zur Quantifizierung der durchschnittlichen Größe der in den einzelnen Teilstichproben vertretenen Unternehmen der Jahresüberschuss sowie das Eigen- und Fremdkapital und zur Verdeutlichung der bilanziellen Bedeutung leistungsorientierter Pensionspläne die bilanzierte Pensionsverpflichtung sowie der Anteil der Pensionsverpflichtung am Gesamtkapital.

Tabelle 5.31: Ausgewählte Originalkennzahlen getrennt nach Branche (2010)

	Automobil/ Anlagenbau	Chemie/ Pharma	Dienst-leistungen	Handel	Sonstiges prod. Gewerbe	Versorger	Verschiedene
Mittelwerte 2010 in Mio. EUR/Prozent							
JÜ nach St.	501	613	253	165	152	1.714	277
EK	4.091	5.003	1.643	1.610	2.661	19.958	3.199
FK	11.257	7.677	4.121	4.868	3.989	64.772	8.826
PRkst	628	465	408	194	305	3.245	1.249
PRkst/Gk	6,23 %	5,18 %	2,60 %	2,95 %	5,35 %	3,01 %	8,58 %

Hierbei wird deutlich, dass die Mittelwerte des Jahresüberschusses nach Steuern sowie des Eigen- und Fremdkapitals zwischen den Branchengruppen schwanken. Dies deutet im Mittel auf Unterschiede hinsichtlich der Unternehmensgröße der einzelnen Branchengruppen hin. Insbesondere Unternehmen der Branche Versorger sind als groß einzuordnen, wobei dieses Ergebnis durch eine geringe Anzahl an Versorgungsunternehmen dominiert wird. Dagegen umfassen die Branchen Dienstleistungen und Handel, wie auch das sonstige produzierende Gewerbe die kleineren Unternehmen der Stichprobe; hinsichtlich des Jahresüberschusses können auch Unternehmen der Gruppe Verschiedene zu den kleinen Unternehmen gezählt werden. In Bezug auf die Pensionswerte sind ebenfalls hohe Unterschiede beobachtbar. Entsprechend der Unternehmensgröße weisen Versorgungsunternehmen hohe Pensionsverpflichtungen aus; dies relativiert sich jedoch bei Betrachtung des Anteils

1455 Vgl. hierzu Abschnitt 5.3.2.

der bilanzierten Pensionsverpflichtungen am Gesamtkapital (Mittelwert PRkst/GK Versorger: 3,01 %). Im Vergleich zur Unternehmensgröße erscheint überraschend, dass Unternehmen der Restgruppe Verschiedene relativ hohe Pensionsverpflichtungen ausweisen; dies gilt auch für die Höhe der bilanzierten Pensionsverpflichtung im Vergleich zum Gesamtkapital (PRkst/GK Verschiedene: 8,58 %). Ebenfalls auf einem hohen Niveau liegt diese Kennzahl bei Unternehmen der Branchen Automobil und Anlagenbau (PRkst/GK: 6,23 %), Chemie und Pharma (PRkst/GK: 5,18 %) und dem sonstigen produzierenden Gewerbe (PRkst/GK: 5,35 %). Andererseits fällt der Wert bei Unternehmen der Dienstleistungsbranche (PRkst/GK: 2,60 %) und dem Handel (PRkst/GK: 2,95 %) vergleichsweise niedrig aus. Dieser Vergleich zeigt, dass Unterschiede in der Bedeutung leistungsorientierter Pensionszusagen zwischen den einzelnen betrachteten Branchengruppen existieren.

Tabelle 5.32: Prozentuale Kennzahlveränderungen getrennt nach Branche (2010)

	Mittelwert	SD	VC	25 %	Median	75 %	t-Test	Wilcoxon
Anlagenbau/Automobil 2010								
EBIT	0,05 %	1,15 %	2177,79 %	0,00 %	0,00 %	0,19 %	0,791	0,211
JÜ nach St.	-0,35 %	2,71 %	-784,97 %	-1,62 %	0,03 %	0,29 %	0,470	0,741
PRkst.	18,62 %	40,37 %	216,82 %	0,00 %	0,00 %	18,22 %	0,011	0,021
EK	-0,94 %	2,18 %	-232,20 %	-1,58 %	0,00 %	0,00 %	0,019	0,021
FK	0,52 %	0,96 %	184,16 %	0,00 %	0,00 %	1,05 %	0,003	0,021
UR	0,05 %	1,15 %	2177,79 %	0,00 %	0,00 %	0,19 %	0,791	0,171
GKR	0,16 %	1,14 %	691,07 %	0,00 %	0,01 %	0,30 %	0,412	0,123
EKR	0,30 %	4,29 %	1428,63 %	-1,72 %	0,15 %	1,41 %	0,690	0,966
EPS	-0,86 %	2,28 %	-266,38 %	-1,65 %	0,02 %	0,21 %	0,039	0,823
KGV	0,92 %	2,41 %	262,84 %	-0,21 %	-0,02 %	1,68 %	0,036	0,313
PRkst/EK	16,02 %	36,08 %	225,18 %	0,00 %	0,00 %	21,29 %	0,016	0,007
PRkst/GK	18,17 %	40,90 %	225,07 %	0,00 %	0,04 %	19,29 %	0,014	0,009
Chemie/Pharma 2010								
EBIT	0,09 %	0,36 %	417,28 %	-0,08 %	0,00 %	0,11 %	0,310	0,530
JÜ nach St.	-0,34 %	1,69 %	-495,27 %	-0,92 %	-0,17 %	0,15 %	0,390	0,064
PRkst.	11,28 %	22,21 %	196,88 %	-0,02 %	0,97 %	21,62 %	0,040	0,088
EK	-0,96 %	2,28 %	-236,98 %	-0,90 %	-0,04 %	0,00 %	0,082	0,068
FK	0,24 %	0,95 %	388,96 %	-0,01 %	0,02 %	0,62 %	0,291	0,068
UR	0,09 %	0,36 %	417,28 %	-0,08 %	0,00 %	0,11 %	0,310	0,925
GKR	0,15 %	0,39 %	256,69 %	-0,08 %	0,00 %	0,50 %	0,107	0,307
EKR	0,45 %	2,83 %	635,76 %	-1,01 %	-0,05 %	1,49 %	0,502	0,717
EPS	-0,34 %	1,69 %	-495,26 %	-0,92 %	-0,17 %	0,15 %	0,390	0,099
KGV	0,37 %	1,70 %	459,70 %	-0,15 %	0,17 %	0,93 %	0,356	0,372
PRkst/EK	12,81 %	24,99 %	195,11 %	-0,02 %	1,00 %	22,06 %	0,038	0,049
PRkst/GK	11,38 %	22,17 %	194,74 %	-0,02 %	1,67 %	21,62 %	0,038	0,049

	Mittelwert	SD	VC	25 %	Median	75 %	t-Test	Wilcoxon
Dienstleistungen 2010								
EBIT	0,31 %	0,54 %	170,99 %	0,00 %	0,09 %	0,42 %	0,028	0,006
JÜ nach St.	-0,09 %	1,29 %	-1384,04 %	0,00 %	0,11 %	0,41 %	0,756	0,011
PRkst.	11,59 %	19,93 %	171,91 %	0,00 %	0,00 %	20,43 %	0,029	0,008
EK	-1,58 %	3,25 %	-205,94 %	-0,91 %	0,00 %	0,00 %	0,048	0,008
FK	0,30 %	0,77 %	261,30 %	0,00 %	0,00 %	0,17 %	0,123	0,012
UR	0,31 %	0,54 %	170,99 %	0,00 %	0,09 %	0,42 %	0,028	0,003
GKR	0,31 %	1,82 %	586,08 %	0,00 %	0,09 %	0,70 %	0,467	0,002
EKR	1,37 %	3,79 %	276,59 %	0,02 %	0,19 %	0,58 %	0,132	0,000
EPS	-0,10 %	1,33 %	-1358,20 %	0,00 %	0,13 %	0,41 %	0,759	0,004
KGV	0,11 %	1,33 %	1210,52 %	-0,40 %	-0,11 %	0,00 %	0,723	0,001
PRkst/EK	27,43 %	62,66 %	228,41 %	0,00 %	0,00 %	37,51 %	0,081	0,011
PRkst/GK	11,60 %	19,92 %	171,66 %	0,00 %	0,00 %	20,43 %	0,029	0,005
Handel 2010								
EBIT	0,25 %	0,44 %	174,24 %	0,01 %	0,07 %	0,46 %	0,149	0,043
JÜ nach St.	0,42 %	1,01 %	238,61 %	0,01 %	0,09 %	0,59 %	0,275	0,310
PRkst.	15,17 %	33,98 %	224,05 %	-1,43 %	2,91 %	25,12 %	0,247	0,116
EK	-1,11 %	1,40 %	-125,33 %	-2,46 %	-0,53 %	0,01 %	0,059	0,116
FK	0,49 %	0,61 %	123,42 %	-0,01 %	0,32 %	0,91 %	0,056	0,116
UR	0,25 %	0,44 %	174,24 %	0,01 %	0,07 %	0,46 %	0,149	0,028
GKR	0,26 %	0,43 %	168,13 %	0,03 %	0,07 %	0,46 %	0,136	0,017
EKR	1,46 %	2,00 %	136,64 %	0,06 %	0,69 %	2,63 %	0,077	0,017
EPS	0,42 %	1,01 %	238,61 %	0,01 %	0,09 %	0,59 %	0,275	0,176
KGV	-0,41 %	0,98 %	-238,73 %	-0,59 %	-0,09 %	-0,01 %	0,275	0,237
PRkst/EK	16,86 %	36,33 %	215,51 %	-1,47 %	3,84 %	28,09 %	0,231	0,116
PRkst/GK	15,17 %	33,98 %	223,96 %	-1,43 %	2,93 %	25,12 %	0,247	0,116
Sonstiges produzierendes Gewerbe 2010								
EBIT	-0,04 %	0,22 %	-624,29 %	-0,15 %	0,00 %	0,09 %	0,574	0,441
JÜ nach St.	-0,17 %	1,08 %	-633,19 %	-0,50 %	-0,06 %	0,42 %	0,580	0,701
PRkst.	23,02 %	48,53 %	210,86 %	0,00 %	0,00 %	18,91 %	0,113	0,028
EK	-0,82 %	1,32 %	-161,08 %	-1,60 %	0,00 %	0,00 %	0,055	0,018
FK	0,71 %	0,99 %	139,14 %	0,00 %	0,00 %	1,78 %	0,024	0,028
UR	-0,04 %	0,22 %	-624,29 %	-0,15 %	0,00 %	0,09 %	0,574	1,000
GKR	-0,03 %	0,23 %	-791,90 %	-0,17 %	0,00 %	0,14 %	0,670	0,889
EKR	0,44 %	1,51 %	346,45 %	-0,41 %	0,49 %	1,71 %	0,339	0,158
EPS	-0,17 %	1,08 %	-633,19 %	-0,50 %	-0,06 %	0,42 %	0,580	0,814
KGV	0,18 %	1,09 %	601,68 %	-0,42 %	0,06 %	0,50 %	0,560	0,701
PRkst/EK	22,54 %	44,25 %	196,26 %	0,00 %	0,00 %	22,05 %	0,091	0,237
PRkst/GK	28,96 %	68,37 %	236,12 %	0,00 %	0,00 %	18,91 %	0,153	0,018

	Mittelwert	SD	VC	25 %	Median	75 %	t-Test	Wilcoxon
Versorger 2010								
EBIT	0,02 %	0,07 %	363,93 %	-0,03 %	0,00 %	0,09 %	0,621	0,655
JÜ nach St.	0,06 %	0,38 %	612,29 %	-0,30 %	0,05 %	0,44 %	0,765	0,593
PRkst.	0,79 %	0,94 %	119,24 %	0,08 %	0,51 %	1,76 %	0,192	0,109
EK	-0,03 %	0,03 %	-93,02 %	-0,06 %	-0,03 %	0,00 %	0,121	0,180
FK	0,02 %	0,02 %	98,40 %	0,00 %	0,02 %	0,03 %	0,135	0,109
UR	0,02 %	0,07 %	363,93 %	-0,03 %	0,00 %	0,09 %	0,621	1,000
GKR	0,54 %	1,02 %	189,47 %	-0,03 %	0,06 %	1,58 %	0,369	0,285
EKR	0,09 %	0,41 %	448,78 %	-0,29 %	0,07 %	0,50 %	0,686	1,000
EPS	0,06 %	0,38 %	612,27 %	-0,30 %	0,05 %	0,44 %	0,765	1,000
KGV	-0,06 %	0,38 %	-622,61 %	-0,44 %	-0,05 %	0,30 %	0,769	0,715
PRkst/EK	0,82 %	0,95 %	116,49 %	0,09 %	0,55 %	1,82 %	0,185	0,109
PRkst/GK	1,27 %	1,11 %	87,68 %	0,17 %	1,40 %	2,24 %	0,107	0,109
Verschiedene 2010								
EBIT	0,17 %	0,74 %	440,51 %	-0,30 %	0,00 %	0,37 %	0,570	0,893
JÜ nach St.	-0,38 %	1,94 %	-506,33 %	-1,67 %	0,01 %	0,88 %	0,649	0,463
PRkst.	7,37 %	10,63 %	144,18 %	0,00 %	0,12 %	16,62 %	0,116	0,043
EK	-0,64 %	0,78 %	-122,42 %	-1,56 %	-0,04 %	0,00 %	0,074	0,043
FK	0,42 %	0,53 %	125,99 %	0,00 %	0,01 %	0,95 %	0,080	0,043
UR	0,17 %	0,74 %	440,51 %	-0,30 %	0,00 %	0,37 %	0,570	0,500
GKR	0,19 %	0,75 %	390,19 %	-0,30 %	0,00 %	0,55 %	0,523	0,500
EKR	-1,92 %	5,86 %	-305,05 %	-3,84 %	0,03 %	1,86 %	0,419	0,917
EPS	-0,38 %	1,94 %	-506,33 %	-1,67 %	0,01 %	0,88 %	0,649	0,463
KGV	0,42 %	1,99 %	476,57 %	-0,87 %	-0,01 %	1,72 %	0,629	0,463
PRkst/EK	8,13 %	11,52 %	141,69 %	0,00 %	0,16 %	18,48 %	0,111	0,043
PRkst/GK	7,40 %	10,69 %	144,43 %	0,00 %	0,12 %	16,62 %	0,117	0,043

Eine getrennte Analyse der Auswirkungen des IAS 19R, wie in der Tabelle 5.32 dargestellt, zeigt, dass es in keiner Branche zu bemerkenswerteren Veränderungen der Ergebnisgrößen für das Jahr 2010 kommt. Dies lässt bereits die Betrachtung der Gesamtstichprobe vermuten, da insgesamt nur sehr geringe Veränderungen dieser Größe zu verzeichnen sind. Ein Blick auf die Veränderung der Höhe der Pensionsverpflichtung sowie der Kennzahlen PRkst/EK und PRkst/GK zeigt die höchsten Veränderungen in der Branchengruppe sonstiges produzierendes Gewerbe (Mittelwert PRkst: 23,02 %), gefolgt von der Branche Anlagenbau/Automobil (Mittelwert PRkst: 18,62 %) und Handel (Mittelwert PRkst: 15,17 %). Die Veränderung der bilanzierten Pensionsverpflichtung geht bei diesen Branchen mit einer prozentualen Veränderung des jeweiligen Anteils der Pensionsverpflichtung am Eigen- oder Gesamtkapital in vergleichbarer Höhe einher. Die Gruppe Handel weist zugleich die höchste prozentuale Veränderung des Medians (Median PRkst: 2,91 %) sowie des 3. Quartils (75 %-Quartil PRkst: 25,12 %) aus. Dies deutet auf eine verstärkte Anwendung der Korridormethode bei Unternehmen der Branchengruppe Handel hin, da die Erfassung bislang nicht erfasster versicherungsmathematischer Verluste zu den stärksten Veränderung der Pensionsverpflichtung führt. Die hohen prozentualen Veränderungen in der Branchengruppe Handel mögen darüber hinaus mitunter durch das vergleichsweise niedrige Niveau der Ausgangswerte beeinflusst sein. Im Gegensatz dazu weisen insbesondere Unternehmen der Branchengruppe Versorger nur geringe prozentuale Veränderungen der bilanzierten Pensionsverpflichtung auf (Mittelwert PRkst: 0,79 %). Das bedeutet, ausgehend von einem hohen Niveau erhöht sich der Wert der Pensionsverpflichtungen durch die Umsetzung des IAS 19 R kaum. Die nur geringe Erhöhung weist darauf hin, dass von diesen Unternehmen bislang insbesondere die OCI-Methode zur Erfassung versicherungsmathematischer Gewinne und Verluste angewandt wurde. Dies erscheint in Verbindung mit der Tatsache, dass sich in dieser Branchengruppe große Unternehmen befinden, plausibel, da bei DAX-Unternehmen der höchste Anteil an OCI-Bilanzierern besteht.[1456] Somit scheint dieser Effekt nicht primär durch die Branche bedingt zu sein. Weiterhin kann jedoch auch das relativ niedrige Niveau des Anteils der Pensionsverpflichtungen am Gesamtkapital[1457] und damit die geringe Bedeutung leistungsorientierter Pensionspläne die nur geringen Auswirkungen bedingen.

5.5.2.2 *Auswirkungen einer sofortigen GuV-wirksamen Erfassung sämtlicher Aufwands- und Ertragsbestandteile*

5.5.2.2.1 *Untersuchungsergebnisse der Gesamtstichprobe*

Im Rahmen der zweiten Simulation werden die Auswirkungen einer sofortigen GuV-wirksamen Erfassung sämtlicher, aus leistungsorientierten Pensionsplänen resultierenden Aufwands- und Ertragskomponenten untersucht. Da die Änderungen des IAS 19 R bereits verabschiedet wurden, wird bei dieser Analyse eine künftige Änderung der Bilanzierung von Pensionsverpflichtungen hin zu einer vollständigen GuV-wirksamen Erfassung im Vergleich zur Ausgestaltung des IAS 19 in der Version von 2011 beurteilt. Auf Grund dessen werden bei der folgenden Analyse sämtliche Kennzahlveränderungen im Vergleich zu den Kennzahlen nach Anpassung der Bilanz- und GuV-Werte durch IAS 19 R im Rahmen der ersten Simulation untersucht.[1458] Eine Folge dieser Vorgehensweise ist die Tatsache, dass bei den dargestellten Kennzahlveränderungen keine Veränderungen hinsichtlich

1456 Vgl. Abschnitt 5.5.1.3.1.

1457 Vgl. Tabelle 5.31.

1458 Die dargestellten Kennzahlveränderungen verkörpern die Unterschiede der Kennzahlen nach vollständiger GuV-wirksame Erfassung zu den Kennzahlen, welche sich als Ergebnis der ersten Simulation, also nach der Umsetzung des IAS 19 R, ergeben. Die Durchführung der Simulation und damit das Simulationsmodell,

der bilanzierten Pensionsverpflichtungen zu verzeichnen sind. Da bereits die Umsetzung des IAS 19R zu einer vollständigen Erfassung sämtlicher Aufwands- und Ertragsbestandteile führt, werden durch die nun zu untersuchende Bilanzierungsänderung die Werte der bilanzierten Verpflichtungen nicht berührt. Auf Grund dessen liegt der Fokus der Auswertungen dieser Simulation auf den Werten der Gewinn- und Verlustrechnung sowie entsprechender Rentabilitätskennzahlen und kapitalmarktorientierter Kennzahlen. Kennzahlen, welche im Rahmen der ersten Simulation analysiert und nachfolgend nicht dargestellt werden, haben sich im Vergleich zu deren Höhe nach der Umsetzung des IAS 19R nicht verändert. Als weitere Konsequenz aus dem Vergleich der neu errechneten Werte mit den Ergebnissen der ersten Simulation ist bei der Interpretation der Ergebnisse zu bedenken, dass die Änderungen nun alle Unternehmen in grundsätzlich gleicher Art und Weise betreffen, da nach Anpassung der Bilanzierungsmethode auf die Vorgaben des überarbeiteten IAS 19 kein explizites Wahlrecht hinsichtich der Erfassungsmethode für versicherungsmathematische Gewinne und Verluste mehr besteht.

Die vorliegende Simulation bildet eine vollständige GuV-wirksame Erfassung sämtlicher Aufwendungen und Erträge, welche aus leistungsorientierten Pensionsplänen resultieren, nach. Bei der Umsetzung einer solchen Bilanzierungsweise ergeben sich vor dem Hintergrund der Bilanzierungsnormen des IAS 19R die bedeutendsten Änderungen in Bezug auf die Erfassung versicherungsmathematischer Gewinne und Verluste, welche aus Abweichungen der DBO resultieren, sowie hinsichtlich der Erfassung der Abweichung zwischen tatsächlichem Ertrag aus dem Planvermögen und dem anhand des Rechnungszinssatzes ermittelten Betrag. Diese wesentlichen Bestandteile der sogenannten „Remeasurements" nach IAS 19R werden im Rahmen der Simulation vollständig in der Gewinn- und Verlustrechnung erfasst; das OCI hingegen bleibt gänzlich unberührt. Im Ergebnis wird durch die an dieser Stelle untersuchte Bilanzierungsänderung ein bilanzorientiertes Konzept umgesetzt, welches zu einer GuV-wirksamen Erfassung aller Aufwendungen und Erträge im Zeitpunkt ihres Entstehens führt.

Darüber hinaus wird auch die Zuordnung sämtlicher, in der Gewinn- und Verlustrechnung erfasster Aufwendungen und Erträge aus leistungsorientierten Plänen zu einzelnen Ergebnisbestandteilen berücksichtigt. Das operative Ergebnis wird durch die Erfassung des laufenden Dienstzeitaufwands belastet. Da von dieser Ergebniszuordnung bisher bereits auszugehen ist, sind hierdurch keine Auswirkungen zu erwarten. Die tatsächlichen Zinsaufwendungen und -erträge stellen nunmehr Bestandteile des Finanzergebnisses dar; dieses enthält somit auch sämtliche Abweichungen zwischen dem errechneten und dem tatsächlichen Planvermögensertrag im Sinne des IAS 19(2004), also alle versicherungsmathematischen Gewinne und Verluste aus dem Planvermögen. Entsprechend wird bei Unternehmen, welche Zinsaufwendungen und kalkulierte respektive erwartete Planvermögenserträge bislang im operativen

welches in Abschnitt 5.4.1.3 beschrieben ist, basiert hingegen auf den tatsächlich bilanzierten Werten im Betrachtungszeitraum, d. h. auf dem Stand des IAS 19(2004).

Ergebnis erfassen, eine Umbuchung dieser Bestandteile in das Finanzergebnis vorgenommen. Da die Zinsaufwendungen bei Betrachtung der Gesamtstichprobe die Planvermögenserträge in Folge der nicht vollständigen Ausfinanzierung regelmäßig überschreiten dürften, ist aus diesem Effekt eine Erhöhung des operativen Ergebnisses und eine Reduzierung des Finanzergebnisses zu erwarten; gleich wenn dieser auf Grund der geringen Anzahl betroffener Unternehmen nur marginale Auswirkungen nach sich ziehen dürfte. Weiterhin wird im operativen Ergebnis der Aufwand aus dem Asset Ceiling berücksichtigt, der nach IAS 19R ein Bestandteil des OCI-Ergebnisses darstellt. Zuletzt werden versicherungsmathematische Gewinne und Verluste aus der DBO vollständig GuV-wirksam erfasst. Da eine theoretisch adäquate Ergebniszuordnung dieses Bestandteils nicht durchführbar ist, wird dieser als separater Posten außerhalb des operativen Ergebnisses und des Finanzergebnisses erfasst. Im Rahmen der vorliegenden Simulation spiegelt sich sowohl die Veränderung des Finanzergebnisses wie auch die Veränderung dieses separaten Postens in der Veränderung des Jahresüberschusses wider. Erwartungsgemäß wird der Jahresüberschuss durch die vollständige GuV-wirksame Berücksichtigung der als volatil erachteten versicherungsmathematischen Gewinne und Verluste schwanken.

Die Simulationsergebnisse im Sinne der prozentualen Veränderung der einzelnen GuV-Werte und Kennzahlen für die Gesamtstichprobe enthält Tabelle 5.33. Weiterhin enthält Tabelle B.4 in Anhang B einen Vergleich der Ausgangswerte mit den veränderten Werten sowie die jeweils prozentualen Veränderung der GuV-Werte und Kennzahlen.

Tabelle 5.33: Prozentuale Kennzahlveränderungen (2010)

	Mittelwert	SD	VC	25 %	Median	75 %	t-Test	Wilcoxon
2010								
EBIT	0,41 %	1,78 %	429,45 %	0,00 %	0,00 %	0,08 %	0,021	0,000
JÜ nach St.	-8,16 %	15,14 %	-185,41 %	-13,22 %	-4,25 %	-0,54 %	0,000	0,000
UR	0,41 %	1,78 %	429,45 %	0,00 %	0,00 %	0,08 %	0,021	0,000
GKR	0,41 %	1,78 %	429,45 %	0,00 %	0,00 %	0,08 %	0,021	0,000
EKR	-6,78 %	15,84 %	-233,68 %	-11,87 %	-4,07 %	-0,47 %	0,000	0,000
EPS	-6,90 %	15,87 %	-229,81 %	-12,32 %	-4,20 %	-0,52 %	0,000	0,000
KGV	11,29 %	26,31 %	233,01 %	0,47 %	4,24 %	13,48 %	0,000	0,000

Die Untersuchungsergebnisse zeigen eine nur äußerst geringe Veränderung des EBIT (Mittelwert: 0,41 %; Median: 0,00 %), wobei die Hälfte der Stichprobe überhaupt nicht von dieser Veränderung betroffen ist. Hierbei könnte sich die bei einem Teil der Unternehmen vorgenommene Umbuchung von Zinsaufwendungen und -erträgen in das Finanzergebnis bemerkbar machen. Mögliche positive Ergebnisänderungen können jedoch bei einzelnen Unternehmen durch die nun vorgenommene Erfassung der Auswirkungen des Asset Ceiling im operativen Ergebnis kompensiert werden. Die heterogenen Effekte auf Unternehmen der Stichprobe zeigt weiterhin, dass nur einzelne Unternehmen Auswirkungen erfahren. Bei Unternehmen, welche nach

IAS 19(2004) die Korridormethode oder die GuV-Methode zur Erfassung anwenden, wird das operative Ergebnis um mögliche, bislang darin enthaltene versicherungsmathematische Verluste erhöht oder um mögliche versicherungsmathematische Gewinne vermindert. Diese Änderung wird jedoch bereits bei Simulation des IAS 19R berücksichtigt, weshalb dies bei der hier betrachteten Veränderung keine Rolle spielt. Ebenfalls bereits nach IAS 19R berücksichtigt, ist die Nacherfassung des nach IAS 19(2004) nicht erfassten nachzuverrechnenden Dienstzeitaufwands. Insgesamt erfährt somit das operative Ergebnis durch die simulierte Bilanzierungsweise im Vergleich zu IAS 19R keine wesentliche Veränderung; was auch durch das Simulationsergebnis zum Ausdruck kommt.

Deutlich stärker sind hingegen die Auswirkungen auf den Jahresüberschuss (Mittelwert: -8,16%; Median: -4,25%). Diese Veränderung, welche mitunter von der Veränderung des Finanzergebnisses getrieben wird, ist sowohl durch die Erfassung des tatsächlichen Planvermögensertrags bedingt, wie auch durch die Erfassung der versicherungsmathematischen Gewinne und Verluste aus der DBO. Im arithmetischen Mittel handelt es sich dabei in der Periode 2010 um versicherungsmathematische Verluste. Die Unternehmen der Stichprobe sind in unterschiedlichem Umfang von dieser Bilanzierungsänderung betroffen, wobei die relative Streuung, welche der Variationskoeffizient verdeutlicht, im Vergleich zu den übrigen untersuchten Kennzahlveränderungen gering ist. Während ein Viertel der Stichprobe eine Reduzierung des Jahresüberschusses von -13,22% und noch stärker negativen Werten (1. Quartil) aufweist, liegt die Ergebnisbeeinflussung bei Unternehmen ab dem dritten Quartil bei -0,54% und höheren Werten. Bei diesen Unternehmen ist die Remeasurement-Komponente folglich vergleichsweise gering. Ein möglicher Grund hierfür könnte ein per se geringer Bestand an leistungsorientierten Plänen oder Planvermögen sein, wodurch keine Abweichungen zwischen tatsächlichem und erwartetem Ertrag besteht. Bemerkenswert sind darüber hinaus die Extrema. Das Minimum der Jahresüberschussveränderung beträgt -70,39%; das Maximum liegt bei 20,22%. In Einzelfällen kann folglich die Erfassung versicherungsmathematischer Verluste und negativer Abweichungen des tatsächlichen Planvermögensertrags von den erwarteten Werten über die Hälfte des Jahresüberschusses kompensieren, wenngleich diesen Werten durch die pauschale Bereinigung von Extremwerten nur geringe Aussagekraft zukommt. Auch der t-Test zeigt höchst signifikante Ergebnisse; entsprechend werden durch diesen Test signifikante Veränderungen der Mittelwerte sämtlicher betrachteter Kennzahlen durch die GuV-Anpassung gefunden. Die Mittelwertunterschiede können unter Berücksichtigung ihrer Größenordnung sowie ihrer Streuung für die untersuchten Unternehmen als bedeutsam eingestuft werden. Auch der Wilcoxon-Vorzeichen-Rang-Test führt zu analogen Erkenntnissen.

Nach Feststellung dieser, im Vergleich zu den beobachteten Auswirkungen der ersten Simulation, hohen prozentualen Veränderung stellt sich die Aufgabe, die Wesentlichkeit der Höhe dieser Veränderung im bilanziellen Sinn einzuordnen. Die Frage, ob Bilanzierungssachverhalte als wesentlich einzustufen sind, beantwortet sich nach dem Rahmenkonzept, welches den IFRS zu Grunde liegt, anhand der Frage, ob ein Sachverhalt zu einer Beeinflussung der wirtschaftlichen Entscheidungen der

Abschlussadressaten führt. Informationen, deren Weglassen oder fehlerhafte Darstellung die auf Basis des Abschlusses getroffenen Entscheidungen der Adressaten beeinflussen könnten, sind als wesentlich einzustufen. Wesentlichkeit hängt sowohl von der Höhe wie auch von der Art eines Sachverhalts ab und lässt sich somit nur im Gesamtkontext eines Abschlusses beantworten. Folglich ist eine unternehmensspezifische Beurteilung notwendig.[1459] Eine Beurteilung der quantitativen Wesentlichkeit sollte auf Basis relativer Größen erfolgen und als Anteil jeweils geeigneter Jahresabschlussgrößen ermittelt werden.[1460] Verbreitet wird in der Literatur ein Wesentlichkeitsgrenzwert zwischen 5 % und 10 % des Jahresüberschusses vorgeschlagen.[1461] Weitere, alternativ vorgeschlagene Wesentlichkeitsgrenzen liegen bei 0,25 %–3 % der Umsatzerlöse, 1 % des Eigenkapitals oder 0,5 % der Bilanzsumme.[1462] Vor diesem Hintergrund ist eine Veränderung des Jahresüberschusses in Höhe von -8,16 % im arithmetischen Mittel durchaus als wesentlich einzustufen.

Die weitere Analyse der Rentabilitätskennzahlen zeigt analog zu den Auswirkungen auf das EBIT und den Jahresüberschuss nach Steuern ein heterogenes Bild. Rentabilitätskennzahlen, die auf dem EBIT basieren – wie die Umsatz- und Gesamtkapitalrentabilität – werden im Mittel um ein halbes Prozent verändert; der Median zeigt keine Veränderung auf. Im Gegensatz dazu erfährt die Eigenkapitalrendite eine hohe Veränderung auf (Mittelwert: -6,78 %; Median: -4,07 %). Wie auch bei der Veränderung des Jahresüberschusses nach Steuern erfährt ein Teil der Stichprobe hinsichtlich der Veränderung der Eigenkapitalrendite hohe Auswirkungen. Bei einem Viertel der Unternehmen wird die Eigenkapitalrentabilität um mindestens -11,87 % oder stärker reduziert (1. Quartil: -11,87 %). Die Vermutung, dass die untersuchte Änderung der Bilanzierungsweise zu signifikanten Änderungen dieser Kennzahl führt, wird durch die Ergebnisse des t-Tests sowie des Wilcoxon Vorzeichen-Rang-Tests untermauert, die beide auf einem 1 %-Signifikanzniveau signifikante Unterschiede zwischen den Mittelwerten respektive Medianen beider Gruppen feststellen.

Zuletzt zeigen auch die prozentualen Veränderungen der kapitalmarktorientierten Kennzahlen auf, dass über die Hälfte der Unternehmen der Stichprobe mit Auswirkungen auf diese Kennzahlen um etwa fünf Prozent rechnen müssen. Der Gewinn je Aktie (EPS) reduzieren sich im arithmetischen Mittel um -6,90 %; der Median um -4,20 %. Die Auswirkungen auf das Kurs-Gewinn-Verhältnis (KGV) sind entsprechend der Kennzahlenberechnung gegenläufig. Allerdings sind in Bezug auf das Ausmaß der Veränderungen höhere Auswirkungen bei den Mittelwerten der prozentualen Veränderungen des KGV zu beobachten (Mittelwert: 11,29 %; Median: 4,24 %). Dabei ist der Abstand zwischen erstem und drittem Quartil vergleichbar

1459 Vgl. F.QC11.

1460 Vgl. IDW PS 250, Tz. 9; Marten/Quick/Ruhnke (2007), S. 226.

1461 Vgl. mit weiteren Ausführungen zur Vorgehensweise der quantitativen Festlegung einer Wesentlichkeitsgrenze Marten/Quick/Ruhnke (2007), S. 227 sowie ähnlich Graumann (2012), S. 212.

1462 Vgl. Marten/Quick/Ruhnke (2007), S. 229.

hoch wie bei Veränderung der EPS. Entsprechend sind einige wenige Unternehmen übermäßig von der negativen Veränderung des KGV betroffen. Gleichwohl lassen bereits die mittleren Veränderungen der für Abschlussadressaten relevanten Kennzahlen erwarten, dass die Veränderungen wahrgenommen werden und die Verminderung der Eigenkapitalrendite und der EPS sowie die Erhöhung des KGV möglicherweise negativ von Finanzanalysten und Investoren aufgenommen werden. Somit kann die Bilanzierungsänderung zu Kapitalmarktreaktionen führen. Rekurrieren in Kreditverträgen niedergelegte Bilanzrelationen auf die Eigenkapitalrentabilität oder nehmen beispielsweise Verträge zur Managementvergütung Bezug auf den Jahresüberschuss sowie auf diesem basierende Kennzahlen, so ist speziell bei Unternehmen, die stärkere Auswirkungen erfahren, mit Reaktionen des Managements mit dem Ziel der Abmilderung der Veränderungen zu rechnen.

Eine zentrale Forschungsfrage im Rahmen dieser Simulationsstudie zielt auf die Auswirkungen einer vollständigen GuV-wirksamen Erfassung im Mehrjahresvergleich ab. Als wesentliches Argument gegen eine vollständige GuV-wirksame Erfassung versicherungsmathematischer Gewinne und Verluste wird häufig die Volatilität angeführt, welche mit Umsetzung einer solchen Bilanzierungsweise Eingang in die Gewinn- und Verlustrechnung fände. Weiterhin wird auch das Argument, dass sich versicherungsmathematische Gewinne und Verluste im Zeitablauf ausgleichen, gegen eine GuV-wirksame Erfassung herangezogen.[1463] Zur Untersuchung dieser Thesen werden nachfolgend die Auswirkungen der vorliegenden Simulation im Mehrjahresvergleich betrachtet. Dabei stehen die Kennzahlen, welche auf dem Jahresüberschuss nach Steuern basieren und welche wesentliche Veränderungen aufzeigten im Mittelpunkt.

Tabelle 5.34 enthält die Kennzahlenveränderungen für die Periode 2008, welche mithin deutliche Unterschiede zu den Kennzahlenveränderungen der Periode 2010 aufweisen. Bei Betrachtung des Jahresüberschusses nach Steuern sowie den auf dieser Größe basierenden Kennzahlen EKR, EPS sowie KGV sind in der Periode 2008 im Mittel deutlich geringere Auswirkungen zu beobachten. So wird die prozentuale Veränderung der Jahresüberschüsse nach Steuern in diesem Zeitraum im arithmetischen Mittel um lediglich -2,80 % vermindert; der Median zeigt mit 0,17 % kaum eine Veränderung auf. Eine Analyse der Ausprägungen der Quartile (1. Quartil: -3,26 %; 3. Quartil: 3,44 %) verdeutlicht jedoch, dass durchaus sämtliche Unternehmen der Stichprobe auch in dieser Periode von einer GuV-wirksamen Erfassung betroffen sind. Allerdings wirken sich diese Veränderungen bei etwa der Hälfte der Unternehmen der Stichprobe positiv aus. Entsprechend verändern sich auch die auf dem Jahresüberschuss basierenden Kennzahlen in dieser Periode etwa zur Hälfte positiv und zur Hälfte negativ. Hohe Standardabweichungen (SD JÜ nach St.: 28,00 %; EKR: 28,00 %; EPS: 28,13 %, KGV: 41,56 %) und Variationskoeffizienten (VC JÜ nach St.: -1.000,76 %; EKR: -1.000,76 %; EPS: -1.032,15 %, KGV: 1.789,63 %) weisen zugleich auf stark unterschiedliche Effekte durch die Bilanzierungsänderung hin. Bemerkenswert ist weiterhin,

1463 Vgl. hierzu auch die Ausführungen in Abschnitt 3.3.3.3 sowie Abschnitt 3.3.8.

dass nun anhand des t-Tests selbst auf einem 5 %-Signifikanzniveau keine bedeutsamen Mittelwertunterschiede durch die Bilanzierungsänderung gefunden werden. Möglicherweise auf Grund der gegenläufigen Auswirkungen oder einer relativ hohen Streuung können insgesamt keine im Sinne des t-Tests signifikanten Unterschiede festgestellt werden. Gleiches gilt für die Unterschiede der Mediane, welche anhand des Wilcoxon-Vorzeichen-Rang-Tests untersucht werden.

Tabelle 5.34: Prozentuale Kennzahlveränderungen (2008)

	Mittelwert	SD	VC	25 %	Median	75 %	t-Test	Wilcoxon
2008								
EBIT	0,71 %	3,93 %	550,56 %	0,00 %	0,00 %	0,14 %	0,070	0,033
JÜ nach St.	-2,80 %	28,00 %	-1000,76 %	-3,26 %	0,17 %	3,44 %	0,315	0,077
UR	0,71 %	3,93 %	550,56 %	0,00 %	0,00 %	0,14 %	0,070	0,014
GKR	0,71 %	3,93 %	550,56 %	0,00 %	0,00 %	0,14 %	0,070	0,021
EKR	-2,80 %	28,00 %	-1000,76 %	-3,26 %	0,17 %	3,44 %	0,315	0,027
EPS	-2,73 %	28,13 %	-1032,15 %	-2,97 %	0,25 %	3,48 %	0,333	0,081
KGV	-2,32 %	41,56 %	-1789,63 %	-4,53 %	-0,42 %	2,35 %	0,581	0,915

Eine Betrachtung der erhobenen Daten für 2008 zeigt, dass in der Summe der Gesamtstichprobe tatsächlich versicherungsmathematische Gewinne in Bezug auf die DBO entstanden sind, hingegen hohe versicherungsmathematische Verluste aus der Entwicklung des Planvermögens resultieren.[1464] Insofern scheint es wenig verwunderlich, dass ein Teil der Stichprobe positive Ergebniseffekte durch die Bilanzierungsänderung aufweist; nämlich die Unternehmen, welche nicht über Planvermögen verfügen und daher keine Verluste aus dem Planvermögen tragen müssen. Bei den Unternehmen, welche hingegen Planvermögen ausweisen, werden die versicherungsmathematischen Gewinne aus der Entwicklung der DBO durch die Verluste aus der Entwicklung des Planvermögens überkompensiert. Bei dieser Interpretation ist ferner anzumerken, dass bei der Bilanzierung nach IAS 19 R, welche die Vergleichsbasis dieser Simulation darstellt, hinsichtlich des Planvermögens Abweichungen zwischen dem anhand des Rechnungszinssatzes ermittelten Ertrag und dem tatsächlichen Ertrag relevant sind. Die erhobenen und in Abschnitt 5.5.1.3.2 dargestellten versicherungsmathematischen Gewinne und Verluste aus dem Planvermögen werden jedoch als Differenz zwischen dem erwarteten und dem tatsächlichen Ertrag ermittelt. Nichtsdestotrotz ist ein Zusammenhang beider Werte nicht unbegründet, weshalb die nach IAS 19 (2004) entstandenen versicherungsmathematischen Gewinne und Verluste einen Erklärungsbeitrag für diese Effekte leisten.

Weiterführend zum Mehrjahresvergleich enthält Tabelle 5.35 die entsprechenden Untersuchungsergebnisse für die Periode 2006. In dieser Periode führt die Umsetzung einer GuV-wirksamen Erfassung sämtlicher Aufwendungen und Erträge im

1464 Vgl. hierzu Abschnitt 5.5.1.3.2, Tabelle 5.18 sowie Abbildung 5.5.

Gegensatz zu den bisher betrachteten Perioden zu einer Erhöhung des Jahresüberschusses (Mittelwert: 3,44 %; Median: 1,03 %). Mehr als die Hälfte der Unternehmen erfassen folglich in 2006 versicherungsmathematische Gewinne auf die DBO[1465] und/oder positive Abweichungen zwischen dem tatsächlichen Planvermögensertrag und dem anhand des Rechnungszinssatzes ermittelten Ertrag.[1466] Weiterhin zeigen die Quartile höhere positive als negative Veränderungen an (1. Quartil: -0,27 %; 3. Quartil: 6,09 %). Diese Änderungen wirken sich weitaus stärker auf die Eigenkapitalrentabilität als auf den Gewinn je Aktie (EPS) aus (Mittelwert EKR: 4,08 %; Mittelwert EPS: 2,79 %), wobei sowohl hinsichtlich des Jahresüberschusses wie auch in Bezug auf EKR und EPS ein Viertel der Unternehmen eine Erhöhung dieser Kennzahlen um über 6 % aufweisen. Gegenläufig wirkt sich diese Erhöhung des Ergebnisses wiederum auf das Kurs-Gewinn-Verhältnis aus (Mittelwert: -3,74 %: Median: -1,46 %). Insgesamt führt die GuV-wirksame Erfassung in der Periode 2006 ebenfalls zu bemerkbaren Effekten. Bedeutsame Unterschiede durch die Bilanzierungsänderung bei den betrachteten Unternehmen zeigen sich ferner sowohl durch die Ergebnisse des t-Tests wie auch durch den Wilcoxon-Vorzeichen-Rang-Test, allerdings im Gegensatz zu den Ergebnissen der Periode 2010 zumeist lediglich auf einem 5 %-Signifikanzniveau.

Die für Investoren und Finanzanalysten relevanten Kennzahlen erfahren in der Periode 2006 eine positive Veränderung. Allerdings ist das Ausmaß der positiven Veränderungen in der Periode 2006 geringer als die gegenläufigen Veränderungen in der Periode 2010 und werden nicht zuletzt aus diesem Grund möglicherweise nicht in gleichem Maße wahrgenommen.

Tabelle 5.35: Prozentuale Kennzahlveränderungen (2006)

	Mittelwert	SD	VC	25 %	Median	75 %	t-Test	Wilcoxon
2006								
EBIT	0,45 %	2,23 %	496,60 %	0,00 %	0,00 %	0,00 %	0,048	0,137
JÜ nach St.	3,44 %	14,04 %	408,17 %	-0,27 %	1,03 %	6,09 %	0,017	0,000
UR	0,45 %	2,23 %	496,60 %	0,00 %	0,00 %	0,00 %	0,048	0,029
GKR	0,46 %	2,27 %	488,73 %	0,00 %	0,00 %	0,00 %	0,048	0,027
EKR	4,08 %	13,26 %	324,97 %	-0,18 %	1,03 %	6,82 %	0,003	0,000
EPS	2,79 %	11,83 %	423,48 %	-0,21 %	1,03 %	6,09 %	0,024	0,000
KGV	-3,74 %	12,57 %	-336,15 %	-6,81 %	-1,46 %	0,04 %	0,006	0,000

1465 Die Bestandsaufnahme versicherungsmathematischer Größen in Abschnitt 5.5.1.3.2 zeigt, dass in der Periode 2006 überwiegend versicherungsmathematische Gewinne aus Veränderungen der DBO bestehen, vgl. Tabelle 5.18 sowie Abbildung 5.5.

1466 In Bezug auf versicherungsmathematische Gewinne und Verluste aus dem Planvermögen können die Ergebnisse der Bestandsaufnahme, welche auf der Bilanzierungsweise nach IAS 19 (2004) basiert, nicht übertragen werden, da diese Größe nach IAS 19R nicht mehr besteht und dieser Standard die Vergleichsbasis der vorliegenden Simulation darstellt.

Zur weiteren Beleuchtung der These, nach welcher die Volatilität des Jahresüberschusses durch eine vollständige GuV-wirksame Erfassung erhöht wird, zeigt Abbildung 5.8 die Auswirkungen der vorliegend untersuchten Bilanzierungsänderung auf sämtliche Perioden des Betrachtungszeitraums auf. Diese Auswertung bestätigt die Vermutung, eine vollständige GuV-wirksame Erfassung würde zu einer verstärkten Ergebnisvolatilität führen. Während der Jahresüberschuss in einzelnen Perioden (2006 und 2007) erhöht wird, erfährt dieser in anderen Perioden (2005 und 2008 bis 2010) eine teils wesentliche Verminderung. Insgesamt schwankt die Veränderung des Jahresüberschusses durch die GuV-wirksame Erfassung versicherungsmathematischer Gewinne und Verluste auf die DBO sowie der Abweichungen zwischen dem tatsächlichen Planvermögensertrag und dem anhand des Rechnungszinssatzes ermittelten Planvermögensertrags im arithmetischen Mittel um etwa 25 Prozentpunkte (Mittelwert 2007: 11,97 %; Mittelwert 2009: -14,50 %). Da die Ergebnisvolatilität mitunter in die Einschätzung des Ratings eingeht, kann die beobachtete Zunahme der Volatilität durch die Bilanzierungsänderung beispielsweise zu negativen Auswirkungen auf die Einschätzung des Kreditrisikos der Unternehmen führen.

Abbildung 5.8: Jahresüberschuss vor und nach Simulationsanpassung (in Mio. EUR) sowie prozentuale Veränderung des Jahresüberschusses

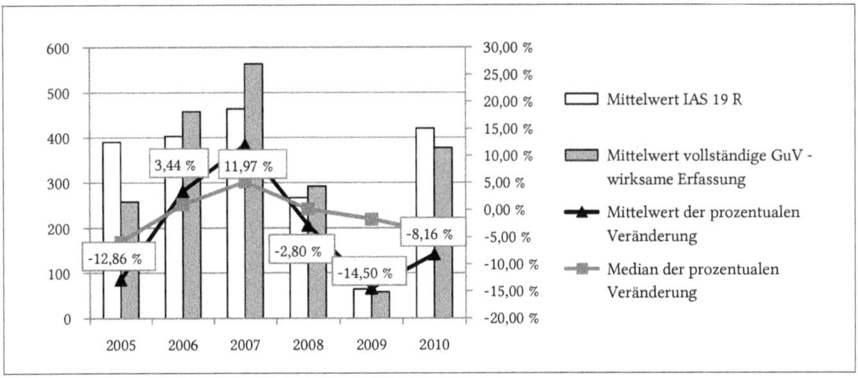

Zusammenfassend sind die Auswirkungen einer sofortigen GuV-wirksamen Erfassung in den meisten Betrachtungsperioden mit einer Ergebnisveränderung von deutlich über 5 % als wesentlich einzustufen. Bemerkenswerte Veränderungen erfahren die Eigenkapitalrendite sowie die Kennzahlen zur kapitalmarktorientierten Analyse – EPS und KGV –, die auf dem Jahresüberschuss basieren. Da diese beispielsweise im Rahmen von Multiplikatorverfahren Anwendung für Unternehmensbewertungen finden und für Entscheidungen von Investoren und Analysten relevant sind, sind diesbezügliche Verhaltensänderungen bedingt durch die betrachtete Bilanzierungsänderung möglich. Überwiegend wird der Jahresüberschuss im vorliegenden Betrachtungszeitraum zwar negativ beeinflusst, jedoch ist in zwei

Perioden eine positive Veränderung zu beobachten, wodurch eine zusätzliche Ergebnisvolatilität herbeigeführt wird.

5.5.2.2.2 Untersuchungsergebnisse getrennt nach bisheriger Erfassungsweise für Zinsaufwendungen

IAS 19 (2004) lässt es den Bilanzierenden explizit frei, in welchem Ergebnisbestandteil welche Aufwendungen und Erträge erfasst werden.[1467] Auch nach der Überarbeitung des Standards im Jahr 2011 wird keine entsprechende Regelung getroffen; allerdings führt die Einführung des Nettozinsansatzes zwangsläufig zur Erfassung von Zinsaufwendungen und den kalkulierten Planvermögenserträgen in demselben Ergebnisbestandteil. Zur Durchführung der Simulation des IAS 19R, deren Ergebnisse die Vergleichsbasis für die an dieser Stelle analysierten Auswirkungen einer vollständigen GuV-wirksamen Erfassung sämtlicher Aufwendungen und Erträge aus Pensionsplänen ist, wird daher der Nettozinsaufwand unverändert in dem Ergebnisbestandteil erfasst, in welchem Zinsaufwendungen und -erträge nach IAS 19 (2004) bereits erfasst wurden. Lediglich bei Unternehmen, welche Zinsaufwendungen und -erträge bislang in unterschiedlichen Ergebnisbestandteilen erfassen, wird im Zuge der Simulation der Auswirkungen des IAS 19R der Nettozinsaufwand im Finanzergebnis erfasst.[1468]

Da im Rahmen der zweiten Simulation entsprechend der konzeptionell erarbeiteten Bilanzierungsweise Zinsaufwendungen und Erträge für alle Unternehmen grundsätzlich im Finanzergebnis erfasst werden, ist für Unternehmen, welche diese bislang im operativen Ergebnis erfassen, eine Umbuchung dieser GuV-Bestandteile in das Finanzergebnis notwendig. Entsprechend kann vermutet werden, dass bei Unternehmen, bei welchen die Nettozinskomponente zuvor im operativen Ergebnis erfasst wird, vergleichsweise höhere Auswirkungen auf das operative Ergebnis zu beobachten sind. Um dies zu überprüfen, wird das Simulationsergebnis der Gesamtstichprobe entsprechend der bisherigen Erfassungsweise der Zinsaufwendungen durch die betrachteten Unternehmen unterteilt.

Tabelle 5.36 beinhaltet eine Aufteilung der Simulationsergebnisse für das Jahr 2010. Die Ergebnisse sind für Unternehmen, die bisher Zinsaufwendungen im operativen Ergebnis erfassen und solchen, die Zinsaufwendungen bereits gemäß IAS 19 (2004) im Finanzergebnis erfassen, getrennt dargestellt. Diese Aufteilung bestätigt die Vermutung, dass Unternehmen, bei welchen die vorliegende Simulation zu einer Änderung der Erfassungsweise des Nettozinsaufwands respektive -ertrags im Finanzergebnis statt im operativen Ergebnis führt, höhere Auswirkungen auf das operative Ergebnis erfahren. Das EBIT erhöht sich bei diesen Unternehmen im arithmetischen Mittel um 1,37 %, während das EBIT bei Unternehmen, die Zinsaufwendungen und -erträge bisher bereits im Finanzergebnis erfassen, lediglich um

1467 Vgl. IAS 19.119 (2004).
1468 Vgl. zu dieser Vorgehensweise die Ausführungen in Abschnitt 5.4.1.2 auf S. 243.

0,14 % erhöht wird. Auf Basis des Ergebnisses des t-Tests kann auf einem 5 %-Signifikanzniveau angenommen werden, dass ein bedeutsamer Unterschied zwischen den Mittelwerten vor und nach Anpassung der Bilanzierungsweise für Unternehmen, die bisher Zinsaufwendungen im operativen Ergebnis erfassen, besteht. Dies gilt auch für die Unterschiede der Mediane; hier zeigt der Wilcoxon-Vorzeichen-Rang-Test sogar höchst signifikante Unterschiede der Mediane vor und nach Änderung der Bilanzierungsmethode an. Auf Grund der im Durchschnitt beobachtbaren unvollständigen Ausfinanzierung ist davon auszugehen, dass bei den betrachteten Unternehmen regelmäßig ein Nettozinsaufwand besteht. Die Eliminierung dieses Nettozinsaufwands aus dem EBIT führt zu dem beobachtbaren positiven Effekt.

Tabelle 5.36: Prozentuale Kennzahlveränderungen getrennt nach bisheriger Erfassungsmethode für Zinsaufwendungen (2010)

	Mittelwert	SD	VC	25 %	Median	75 %	t-Test	Wilcoxon
Erfassung Zinsaufwand im EBIT 2010								
EBIT	1,37 %	2,67 %	195,78 %	0,04 %	0,46 %	1,28 %	0,023	0,000
JÜ nach St.	-3,38 %	7,22 %	-213,93 %	-6,12 %	-1,35 %	-0,10 %	0,028	0,000
UR	1,37 %	2,67 %	195,78 %	0,04 %	0,46 %	1,28 %	0,023	0,000
GKR	1,37 %	2,67 %	195,78 %	0,04 %	0,46 %	1,28 %	0,023	0,001
EKR	-3,38 %	7,22 %	-213,93 %	-6,12 %	-1,35 %	-0,10 %	0,028	0,000
EPS	-3,38 %	7,22 %	-213,93 %	-6,12 %	-1,35 %	-0,10 %	0,028	0,000
KGV	4,13 %	8,96 %	216,95 %	0,10 %	1,37 %	6,52 %	0,030	0,000
Erfassung Zinsaufwand im Finanzergebnis 2010								
EBIT	0,14 %	1,32 %	959,34 %	0,00 %	0,00 %	0,00 %	0,357	0,156
JÜ nach St.	-9,72 %	16,67 %	-171,57 %	-14,13 %	-4,99 %	-1,26 %	0,000	0,000
UR	0,14 %	1,32 %	959,34 %	0,00 %	0,00 %	0,00 %	0,357	0,215
GKR	0,14 %	1,32 %	959,34 %	0,00 %	0,00 %	0,00 %	0,357	0,133
EKR	-7,88 %	17,66 %	-224,04 %	-14,10 %	-4,94 %	-1,15 %	0,000	0,000
EPS	-8,06 %	17,70 %	-219,53 %	-14,10 %	-4,96 %	-1,22 %	0,000	0,000
KGV	13,61 %	29,53 %	216,90 %	1,17 %	5,19 %	16,42 %	0,000	0,000

Dieser Effekt wird bei Betrachtung des Jahresüberschusses offensichtlich von anderen Effekten überlagert. Allerdings ist die Verminderung des Jahresüberschusses bei diesen Unternehmen vergleichsweise gering. Der Mittelwert vermindert sich lediglich um -3,38 %, wohingegen der Mittelwert des Jahresüberschusses bei Unternehmen, welche den Nettozinsaufwand bereits vor Durchführung der zweiten Simulation im Finanzergebnis erfassen bei -9,72 % liegt. Da in die Veränderung des Jahresüberschusses weiterhin insbesondere versicherungsmathematische Gewinne und Verluste aus der Veränderung der DBO eingehen wie auch Abweichungen des tatsächlichen Planvermögensertrags von dem anhand des Rechnungszinssatzes ermittelten Planvermögensertrag, wirken sich Unterschiede bei diesen Größen zwischen den betrachteten Unternehmensgruppen stärker auf die Veränderung des Finanzergebnisses und damit des Jahresüberschusses aus. Darüber hinaus kann es auf Grund des geringen Umfangs der Teilstichprobe der Unternehmen, die den Nettozinsaufwand bisher im operativen Ergebnis erfassen, zu zufälligen Ergebnissen kommen.

Nichtsdestotrotz schlägt sich die beobachtete Differenz des EBIT auch in den auf dem EBIT aufbauenden Kennzahlen nieder. Die Umsatz- und Gesamtkapitalrentabilität steigt bei Unternehmen, die bisher Zinsaufwendungen im operativen Ergebnis erfassen, analog zur Veränderung des EBIT im Mittel um 1,37 % an, wohingegen diese Kennzahlen bei der übrigen Stichprobe mit 0,14 % nahezu unverändert verbleiben.

Darüber hinaus wird die Frage, ob Unterschiede zwischen den beiden Teilstichproben bestehen, statistisch betrachtet. Tabelle 5.37 veranschaulicht die Ergebnisse des Vergleichs anhand des H-Tests nach Kruskal-Wallis.

Tabelle 5.37: Unterschiede der Teilstichproben getrennt nach bisheriger Erfassungsweise für Zinsaufwendungen (2010)

	Teilstichproben signifikant verschieden
2010	
EBIT	0,000*
JÜ nach St.	0,027*
UR	0,000*
GKR	0,000*
EKR	0,044*
EPS	0,034*
KGV	0,044*

* Ermittlung durch H-Test nach Kruskal-Wallis

Hinsichtlich sämtlicher betrachteter Kennzahlveränderungen können statistisch signifikante Unterschiede zwischen den Teilstichproben festgestellt werden. Im Hinblick auf die Veränderung des EBIT und der Kennzahlen, die auf dem EBIT basieren – UR und GKR –, können die Teilstichproben auf einem 1 %-Signifikanzniveau als verschieden angesehen werden. Die Kennzahlveränderungen durch die Umsetzung einer vollständigen GuV-wirksamen Erfassung differieren demzufolge statistisch messbar zwischen Unternehmen, bei welchen sich die Erfassungsweise des Zinsaufwands geändert hat, und Unternehmen, bei denen sich keine Änderung des Bilanzpostens, in welchem der Zinsaufwand respektive der Nettozinsaufwand/"ertrag erfasst wird, ergibt.

5.5.2.2.3 Untersuchungsergebnisse getrennt nach Börsenindex

Die beobachtbaren Unterschiede der Simulationsergebnisse sind möglicherweise je nach betrachtetem Börsenindex verschieden. Ein Anhaltspunkt, der solche Unterschiede vermuten lässt, ist die wohl überproportional geringere Bedeutung leistungsorientierter Pensionspläne bei kleineren Unternehmen, insbesondere bei

Unternehmen des SDAX.[1469] Für die an dieser Stelle untersuchten GuV-Ergebnisse und darauf aufbauenden Kennzahlen besteht daher die Vermutung, dass diese durch die Umstellungseffekte weniger stark beeinflusst werden.[1470]

Zur Analyse möglicher Unterschiede des Simulationsergebnisses hinsichtlich der in der Stichprobe vertretenen Börsenindizes enthält Tabelle 5.38 eine entsprechend unterteilte Darstellung der Untersuchungsergebnisse.

Tabelle 5.38: Prozentuale Kennzahlveränderungen getrennt nach Börsenindex (2010)

	Mittelwert	SD	VC	25 %	Median	75 %	t-Test	Wilcoxon
DAX 2010								
EBIT	0,08 %	0,93 %	1151,76 %	0,00 %	0,00 %	0,33 %	0,662	0,074
Jü nach St.	-11,29 %	19,35 %	-171,29 %	-13,66 %	-4,94 %	-1,66 %	0,008	0,009
UR	0,08 %	0,93 %	1151,76 %	0,00 %	0,00 %	0,33 %	0,662	0,070
GKR	0,08 %	0,93 %	1151,76 %	0,00 %	0,00 %	0,33 %	0,662	0,070
EKR	-5,64 %	21,85 %	-387,47 %	-11,34 %	-4,88 %	-1,46 %	0,209	0,002
EPS	-5,64 %	21,85 %	-387,47 %	-11,34 %	-4,88 %	-1,46 %	0,209	0,007
KGV	11,85 %	29,87 %	252,02 %	1,48 %	5,13 %	12,85 %	0,059	0,005
MDAX 2010								
EBIT	0,67 %	2,04 %	302,96 %	0,00 %	0,00 %	0,04 %	0,038	0,002
Jü nach St.	-10,11 %	14,68 %	-145,18 %	-16,92 %	-5,94 %	-0,44 %	0,000	0,000
UR	0,67 %	2,04 %	302,96 %	0,00 %	0,00 %	0,04 %	0,038	0,002
GKR	0,67 %	2,04 %	302,96 %	0,00 %	0,00 %	0,04 %	0,038	0,003
EKR	-10,11 %	14,68 %	-145,18 %	-16,92 %	-5,94 %	-0,44 %	0,000	0,000
EPS	-10,51 %	14,64 %	-139,36 %	-17,19 %	-5,96 %	-0,54 %	0,000	0,000
KGV	15,54 %	28,65 %	184,39 %	0,44 %	6,31 %	20,37 %	0,001	0,000
SDAX 2010								
EBIT	0,35 %	1,92 %	550,12 %	0,00 %	0,00 %	0,00 %	0,297	0,158
Jü nach St.	-3,59 %	11,09 %	-309,15 %	-6,42 %	-1,78 %	-0,33 %	0,064	0,000
UR	0,35 %	1,92 %	550,12 %	0,00 %	0,00 %	0,00 %	0,297	0,173
GKR	0,35 %	1,92 %	550,12 %	0,00 %	0,00 %	0,00 %	0,297	0,173
EKR	-3,59 %	11,09 %	-309,15 %	-6,42 %	-1,78 %	-0,33 %	0,064	0,000
EPS	-3,59 %	11,09 %	-309,15 %	-6,42 %	-1,78 %	-0,33 %	0,064	0,000
KGV	5,79 %	19,56 %	337,75 %	0,33 %	1,81 %	6,86 %	0,089	0,000

1469 Vgl. zu dieser Argumentation auch Abschnitt 5.5.2.1.3.

1470 Effekte aus der unterschiedlichen Wahl der Erfassungsmethode für versicherungsmathematische Gewinne und Verluste nach IAS 19 (2004) je nach Index, wie diese im Rahmen der ersten Simulation beobachtet werden kann, können vorliegend nicht auftreten, da als Vergleichsbasis zur Berechnung der Kennzahlveränderungen die Ergebnisse der ersten Simulation herangezogen werden und hierbei keine expliziten Bilanzierungswahlrechte mehr bestehen.

In Bezug auf die Gesamtstichprobe können die ausgeprägtesten Veränderungen hinsichtlich des Jahresüberschusses nach Steuern beobachtet werden. Bei einem Vergleich dieser Größe bei Unternehmen der verschiedenen Indizes kann die Vermutung bestätigt werden. Die Mittelwerte der Veränderungen des Jahresüberschusses sind bei Unternehmen des DAX wie auch des MDAX deutlich höher als bei Unternehmen des SDAX (Mittelwert JÜ nach St. DAX: -11,29 %; MDAX: -10,11 %; SDAX: -3,59 %). Der ebenfalls geringe Median und die Quartile der Veränderung des Jahresüberschusses bei SDAX-Unternehmen zeigen an, dass sämtliche Unternehmen dieses Index eine im Vergleich geringere Veränderung des Jahresüberschusses durch die sofortige GuV-wirksame Erfassung erfahren (Median JÜ nach St. DAX: -4,94 %; MDAX: -5,94 %; SDAX: -1,78 %). Im Bezug auf die Unternehmen des SDAX können anhand des t-Tests im Gegensatz zu den anderen betrachteten Teilstichproben keine statistisch signifikanten Mittelwertunterschiede vor und nach der Bilanzierungsänderung festgestellt werden. Dieses Ergebnis verdeutlicht gleichermaßen die geringere Auswirkung einer sofortigen GuV-wirksamen Erfassung sämtlicher Aufwendungen und Erträge in Zusammenhang mit leistungsorientierten Pensionsplänen auf kleinere Unternehmen. Insgesamt ist die Veränderung des Jahresüberschusses durch die GuV-wirksame Erfassung bei Unternehmen des DAX und MDAX somit als wesentlich einzustufen, wohingegen die Jahresüberschussänderung bei SDAX-Unternehmen mit unter 5 % als unwesentlich bezeichnet werden kann.

Weniger deutlich sind diese Effekte bei Betrachtung der Veränderung des EBIT (Mittelwert EBIT DAX: 0,08 %; MDAX: 0,67 %; SDAX: 0,35 %). Zwar beträgt die Veränderung bei DAX-Unternehmen im Mittel nahezu null Prozent, allerdings liegt der Mittelwert der prozentualen Veränderung des EBIT bei MDAX-Unternehmen über dem der SDAX-Unternehmen. Bei diesen insgesamt nur geringen Effekten könnten neben der Unternehmensgröße respektive der Bedeutung leistungsorientierter Pläne andere Unterschiede einen gewichtigeren Einfluss ausüben. Abschnitt 5.5.2.2.2 zeigt, dass bei Unternehmen, die vor der simulierten Bilanzierungsänderung den Nettozinsaufwand im operativen Ergebnis erfassen, durch die Umbuchung dieses Betrags in das Finanzergebnis eine stärkere Erhöhung des EBIT beobachtet werden kann. Sind diese Unternehmen vorwiegend im MDAX vertreten, könnte hierdurch die vergleichsweise stärkere Erhöhung des EBIT bei MDAX-Unternehmen erklärt werden. Die nur geringe Änderung des EBIT schlägt sich entsprechend auf die EBIT-basierenden Kennzahlen nieder.

Die prozentualen Veränderungen des Kurs-Gewinn-Verhältnisses (KGV) bei MDAX- und SDAX-Unternehmen ist im Vergleich zur jeweiligen Veränderung des Jahresüberschusses höher, während der Mittelwert der Veränderungen des KGV bei Unternehmen des DAX wie bei der Veränderung des Jahresüberschusses ca. 11 Prozentpunkte beträgt (Mittelwert KGV DAX: 11,85 %; MDAX: 15,54 %; SDAX: 5,79 %). Der Grund hierfür kann in dem im Verhältnis zu DAX-Unternehmen geringeren Marktwert bei Unternehmen des MDAX und des SDAX liegen. Ist der Jahresüberschuss nicht ebenso proportional geringer, wirken sich hier die Veränderung des Jahresüberschusses stärker auf das Kurs-Gewinn-Verhältnis aus. Daraus kann die Schlussfolgerung gezogen werden, dass kleinere Unternehmen im Hinblick auf

Kennzahlen, die auf dem Jahresüberschuss basieren regemäßig mit höheren Auswirkungen auf diese Kennzahlen rechnen müssen. Analysten würden somit bei kleineren Unternehmen eine relativ betrachtet stärkere Verschlechterung relevanter Kennzahlen verzeichnen als bei größeren Unternehmen. Diese Auswirkung zeigt auch analog bei der Veränderung der Eigenkapitalrendite und des Gewinns je Aktie (EPS), bei welchen die Größenordnung der Veränderung bei MDAX- und SDAX-Unternehmen proportional zur Veränderung des Jahresüberschusses verläuft; bei Unternehmen des DAX hingegen deutlich unterproportional (Mittelwert JÜ nach St. DAX: -11,29 %; Mittelwert EKR sowie EPS DAX: -5,64 %).

Der Vergleich zeigt, dass vorwiegend größere Unternehmen, die im DAX oder MDAX notiert sind, Auswirkungen durch die betrachtete Bilanzierungsänderung erfahren und entsprechend daran interessiert sein können, mögliche negative Reaktionen durch Abschlussadressaten zu vermeiden. Dies kann dazu beitragen, dass größere Unternehmen zu verstärkten lobbyistischen Aktivitäten im Vorfeld einer Bilanzierungsänderung neigen.

Die Unterschiede zwischen den Kennzahlveränderungen der Unternehmen verschiedener Indizes können jedoch nicht statistisch nachgewiesen werden, wie Tabelle 5.39 verdeutlicht.

Tabelle 5.39: Unterschiede der Teilstichproben getrennt nach Branche (2010)

	Teilstichproben signifikant verschieden
2010	
EBIT	0,399*
Jü nach St.	0,065**
UR	0,399*
GKR	0,399*
EKR	0,182*
EPS	0,150*
KGV	0,270*

* Ermittlung durch einfaktorielle Varianzanalyse
** Ermittlung durch H-Test nach Kruskal-Wallis

Die Stichprobenvarianz ergibt sich folglich nicht primär aus Variationen der Auswirkung der GuV-wirksamen Erfassung zwischen Unternehmen verschiedener Indizes, sondern durch Variationen innerhalb dieser Gruppen. Obgleich für sämtliche der betrachteten Kennzahlveränderungen keine signifikanten Unterschiede zwischen den einzelnen Teilstichproben festgestellt werden können, führt ein Vergleich der p-Werte der jeweiligen einfaktoriellen Varianzanalyse bzw. des H-Tests nach Kruskal-Wallis zu weiteren Erkenntnissen: So ist der p-Wert, der sich beim Vergleich der Veränderung des Jahresüberschusses nach Steuern zwischen den Teilstichproben ergibt, geringer als die übrigen p-Werte. Entsprechend sind in Bezug auf den Jahresüberschuss stärkere Differenzen zwischen den einzelnen Teilstichproben statistisch ermittelbar. Dies deckt sich mit den bereits analysierten Unterschieden dieser Kennzahlveränderung zwischen den Unternehmen einzelner Indizes, welche vergleichsweise ausgeprägt sind.

5.5.2.2.4 Untersuchungsergebnisse getrennt nach Branche

Die unterschiedliche Bedeutung leistungsorientierter Pensionspläne[1471] führt unter Umständen auch bei der Umsetzung einer sofortigen GuV-wirksamen Erfassung sämtlicher Aufwendungen und Erträge aus leistungsorientierten Pensionsplänen zu Branchenunterschieden, welche anhand der relevanten GuV-Größen und weiteren Kennzahlen beobachtbar sind. Die Tabelle 5.40 zeigen die Veränderung der bereits betrachteten Kennzahlen differenziert nach Branchen auf.

Tabelle 5.40: Prozentuale Kennzahlveränderungen getrennt nach Branche (2010)

	Mittelwert	SD	VC	25 %	Median	75 %	t-Test	Wilcoxon
Anlagenbau/Automobil 2010								
EBIT	0,64 %	2,03 %	320,13 %	0,00 %	0,00 %	0,03 %	0,087	0,019
JÜ nach St.	-10,04 %	17,87 %	-177,98 %	-16,97 %	-5,94 %	-0,49 %	0,002	0,000
UR	0,64 %	2,03 %	320,13 %	0,00 %	0,00 %	0,03 %	0,087	0,023
GKR	0,64 %	2,03 %	320,13 %	0,00 %	0,00 %	0,03 %	0,087	0,028
EKR	-10,04 %	17,87 %	-177,98 %	-16,97 %	-5,94 %	-0,49 %	0,002	0,000
EPS	-10,04 %	17,87 %	-177,98 %	-16,97 %	-5,94 %	-0,49 %	0,002	0,000
KGV	17,51 %	35,02 %	199,99 %	0,50 %	6,31 %	20,44 %	0,006	0,000
Chemie/Pharma 2010								
EBIT	1,27 %	2,72 %	214,28 %	0,00 %	0,00 %	0,77 %	0,057	0,011
JÜ nach St.	-10,12 %	12,64 %	-124,95 %	-14,10 %	-5,82 %	-3,37 %	0,003	0,001
UR	1,27 %	2,72 %	214,28 %	0,00 %	0,00 %	0,77 %	0,057	0,011
GKR	1,27 %	2,72 %	214,28 %	0,00 %	0,00 %	0,77 %	0,057	0,011
EKR	-10,12 %	12,64 %	-124,95 %	-14,10 %	-5,82 %	-3,37 %	0,003	0,001
EPS	-10,12 %	12,64 %	-124,95 %	-14,10 %	-5,82 %	-3,37 %	0,003	0,001
KGV	14,64 %	26,22 %	179,12 %	3,49 %	6,17 %	16,42 %	0,026	0,001
Dienstleistungen 2010								
EBIT	-0,03 %	0,98 %	-3493,80 %	0,00 %	0,00 %	0,29 %	0,902	0,308
JÜ nach St.	-2,86 %	8,58 %	-300,13 %	-6,32 %	-1,37 %	-0,11 %	0,164	0,000
UR	-0,03 %	0,98 %	-3493,80 %	0,00 %	0,00 %	0,29 %	0,902	0,182
GKR	-0,03 %	0,98 %	-3493,80 %	0,00 %	0,00 %	0,29 %	0,902	0,308
EKR	-2,86 %	8,58 %	-300,13 %	-6,32 %	-1,37 %	-0,11 %	0,164	0,001
EPS	-3,35 %	8,55 %	-255,35 %	-6,36 %	-1,58 %	-0,16 %	0,115	0,000
KGV	3,94 %	12,02 %	305,36 %	0,11 %	1,39 %	6,75 %	0,171	0,000

1471 Vgl. hierzu Abschnitt 5.5.2.1.4, Tabelle 5.31 auf S. 309.

	Mittelwert	SD	VC	25 %	Median	75 %	t-Test	Wilcoxon
Handel 2010								
EBIT	0,01 %	0,05 %	500,86 %	0,00 %	0,00 %	0,00 %	0,590	0,655
JÜ nach St.	-4,87 %	12,00 %	-246,58 %	-2,41 %	-1,23 %	0,07 %	0,289	0,093
UR	0,01 %	0,05 %	500,86 %	0,00 %	0,00 %	0,00 %	0,590	0,655
GKR	0,01 %	0,05 %	500,86 %	0,00 %	0,00 %	0,00 %	0,590	0,655
EKR	-4,87 %	12,00 %	-246,58 %	-2,41 %	-1,23 %	0,07 %	0,289	0,093
EPS	-4,87 %	12,00 %	-246,58 %	-2,41 %	-1,23 %	0,07 %	0,289	0,069
KGV	7,14 %	18,33 %	256,81 %	-0,07 %	1,25 %	2,47 %	0,307	0,050

Sonstiges produzierendes Gewerbe 2010								
EBIT	0,09 %	0,33 %	364,22 %	0,00 %	0,00 %	0,04 %	0,342	0,068
Jü nach St.	-6,47 %	6,89 %	-106,44 %	-14,15 %	-3,45 %	-1,35 %	0,011	0,023
UR	0,09 %	0,33 %	364,22 %	0,00 %	0,00 %	0,04 %	0,342	0,109
GKR	0,09 %	0,33 %	364,23 %	0,00 %	0,00 %	0,04 %	0,342	0,109
EKR	-0,02 %	23,30 %	-133275 %	-14,14 %	-2,59 %	-0,53 %	0,998	0,028
EPS	-0,02 %	23,30 %	-133310 %	-14,14 %	-2,59 %	-0,53 %	0,998	0,033
KGV	3,39 %	16,15 %	476,98 %	0,54 %	2,67 %	16,47 %	0,483	0,133

Versorger 2010								
EBIT	0,00 %	0,00 %	na	0,00 %	0,00 %	0,00 %	na	1,000
JÜ nach St.	-1,97 %	3,57 %	-180,99 %	-5,70 %	-0,95 %	0,73 %	0,350	1,000
UR	0,00 %	0,00 %	na	0,00 %	0,00 %	0,00 %	na	1,000
GKR	0,00 %	0,00 %	na	0,00 %	0,00 %	0,00 %	na	1,000
EKR	-1,97 %	3,57 %	-180,99 %	-5,70 %	-0,95 %	0,73 %	0,350	0,465
EPS	-1,97 %	3,57 %	-180,99 %	-5,70 %	-0,95 %	0,73 %	0,350	0,465
KGV	2,12 %	3,82 %	180,63 %	-0,72 %	0,96 %	6,11 %	0,349	0,273

Verschiedene 2010								
EBIT	-0,41 %	1,46 %	-353,99 %	0,00 %	0,00 %	0,00 %	0,483	0,655
JÜ nach St.	-18,11 %	29,41 %	-162,38 %	-44,15 %	-5,90 %	-4,94 %	0,154	0,091
UR	-0,41 %	1,46 %	-353,99 %	0,00 %	0,00 %	0,00 %	0,483	0,655
GKR	-0,41 %	1,46 %	-353,99 %	0,00 %	0,00 %	0,00 %	0,483	0,655
EKR	-9,40 %	20,01 %	-212,87 %	-20,97 %	-5,89 %	0,73 %	0,302	0,128
EPS	-9,40 %	20,01 %	-212,87 %	-20,97 %	-5,89 %	0,73 %	0,302	0,063
KGV	16,16 %	32,39 %	200,40 %	0,13 %	6,26 %	31,21 %	0,276	0,128

Angesichts der nur geringen Veränderung des EBIT werden nachfolgend mögliche Branchenunterschiede auf Basis des Jahresüberschusses, welcher sich in Bezug auf die Gesamtstichprobe 2010 im Mittel um -8,16 %[1472] vermindert, sowie auf Basis der auf diesem aufbauenden Kennzahlen EKR, EPS und KGV analysiert.

Hohe Veränderungen des Jahresüberschusses durch die simulierte vollständige GuV-wirksame Erfassung sind bei der Branchengruppe Verschiedene (Mittelwert: -18,11 %; Median: -5,90 %) sowie bei den Branchen Chemie/Pharma (Mittelwert: -10,12 %; Median: -5,82 %) und Anlagenbau/Automobil (Mittelwert: -10,04 %; Median: -5,94 %) gefolgt von den Unternehmen des sonstigen produzierenden Gewerbes (Mittelwert: -6,47 %; Median: -3,45 %) beobachtbar. Hinsichtlich der Teilstichprobe Verschiedene fällt speziell die Verteilung der Werte innerhalb der Teilstichprobe auf. Der im Vergleich zum Mittelwert (Mittelwert JÜ nach St.: -18,11 %; EKR: -9,40 %) geringe Median (Median JÜ nach St.: -44,15 %; EKR: -20,97 %) deutet eine ungleiche Verteilung der Kennzahlveränderungen innerhalb der Stichprobe an; ein geringer Anteil der Stichprobenunternehmen erfährt demzufolge eine stark negative Veränderung des Jahresüberschusses. Dies wird zugleich durch die Höhe der Quartile bestätigt (1. Quartil JÜ nach St.: -44,15 %; 3. Quartil: -4,94 %). Vermutlich kann diese Ungleichheit durch die Zusammensetzung der Stichprobe im Sinne eines Auffangpostens begründet werden. Die Unternehmen der Branchengruppe Verschiedene, die im Vergleich der Teilstichproben eine hohe Veränderung des Jahresüberschusses erfahren, zeichnen sich durch einen im Branchenvergleich hohen Anteil der Pensionsverpflichtungen am Gesamtkapital aus (Mittelwert PRkst/GK: 8,58 %).[1473] Der relativ hohe Anteil an Pensionsverpflichtungen zieht offensichtlich einen ebenso vergleichsweise hohen Anteil versicherungsmathematischer Gewinne und Verluste nach sich.

Die hohe Veränderung des Jahresüberschusses führt bei den Branchen Verschiedene, Chemie/Pharma und Anlagenbau/Automobil zu einer Verminderung der Eigenkapitalrentabilität sowie des Gewinns je Aktie (EPS) von rund zehn Prozent sowie zu einer Erhöhung des Kurs-Gewinn-Verhältnisses zwischen 14 % und 18 %. Speziell bei Unternehmen dieser Branchen sind die Verhaltensänderungen durch Abschlussadressaten und damit einhergehenden ökonomischen Auswirkungen durch diese Bilanzierungsänderung wahrscheinlich.

Im Gegensatz zu diesen Teilstichproben weisen die übrigen Teilstichproben nur geringe Veränderungen des Jahresüberschusses auf Grund der vollständigen GuV-wirksamen Erfassung versicherungsmathematischer Größen und der Abweichung zwischen dem tatsächlichen und dem kalkulierten Planvermögensertrag auf. Die Auswirkungen auf die Gruppe der Versorger (Mittelwert: -1,97 %; Median: -0,95 %) und der Dienstleistungsunternehmen (Mittelwert: -2,86 %; Median: -1,37 %) ist deutlich geringer im Vergleich zu den anderen betrachteten Unternehmen. Auch die Unternehmen der Branche Handel zählen mit einem Mittelwert der Veränderung des Jahresüberschusses in Höhe von -4,87 % (Median: -1,23 %) zu den Unternehmen

1472 Vgl. Tabelle 5.33 auf S. 315.
1473 Vgl. hierzu Abschnitt 5.5.2.1.4, Tabelle 5.31 auf S. 309.

deren Veränderung des Jahresüberschusses als unwesentlich bezeichnet werden kann. Erstaunlich ist bei dieser Gruppe der geringe Quartilabstand (1. Quartil JÜ nach St.: -2,41 %; 3. Quartil: 0,07,%). Ein kleiner Teil der Gruppe erfährt somit im Vergleich zu anderen Handelsunternehmen bemerkenswert hohe Veränderungen. Hierdurch fällt der Mittelwert im Vergleich zur Gruppe Dienstleistungen höher aus, obwohl bei der Gruppe der Dienstleister eine höhere Anzahl an Unternehmen stärkere Veränderungen erfahren als Handelsunternehmen. Des Weiteren weisen die Ergebnisse des t-Tests und des Wilcoxon-Vorzeichen-Rang-Tests beim Vergleich des Jahresüberschusses dieser Teilstichproben vor und nach Bilanzierungsänderung auf keine systematischen Mittelwertunterschiede und Unterschiede der Mediane hin. In Abweichung zu den Teilstichproben mit einer wesentlichen Veränderung des Jahresüberschusses liegt der Anteil der Pensionsverpflichtungen am Gesamtkapital bei diesen Unternehmen unter 5 %.[1474] Infolgedessen ist auf Grund der weniger hohen Bedeutung leistungsorientierter Pläne bei Unternehmen dieser Branchen die mit diesen verbundene Bilanzierungsänderung insgesamt weniger relevant.

5.5.2.3 Auswirkungen des Bruttoansatzes

5.5.2.3.1 Untersuchungsergebnisse der Gesamtstichprobe

Die dritte Simulation widmet sich den Auswirkungen eines Bruttoansatzes von Pensionsverpflichtungen und Planvermögenswerten. Um eine vollständige Umsetzung der in Abschnitt 4.1 erarbeiteten Reformvorschläge zu untersuchen, baut diese Simulation auf den Ergebnissen der zweiten Simulation – der Umsetzung einer vollständigen GuV-wirksamen Erfassung – auf. Die Vergleichsbasis zur Ermittlung der Kennzahlveränderungen stellt das Ergebnis der ersten Simulation dar, bei welcher die Auswirkungen der Umsetzung des bereits beschlossenen IAS 19R abgebildet werden. Demnach kann mit Hilfe der nachfolgend analysierten Kennzahlveränderungen die Frage beantwortet werden, welche zusätzlichen Auswirkungen eine weitergehende Reformierung der Bilanzierung leistungsorientierter Pensionspläne nach sich zöge. Da eine isolierte Betrachtung der Umsetzung eines Bruttoansatzes keine Ergebniswirkungen nach sich zieht, sondern lediglich die Bilanz hierdurch berührt wird, werden zur Auswertung dieser Simulation vorwiegend bilanzorientierte Kennzahlen herangezogen. Sämtliche Ergebniswirkungen einer Reformierung der Pensionsbilanzierung im Sinne der in Abschnitt 4.1 dargestellten konzeptionellen Analyse werden bereits bei der Auswertung der zweiten Simulationsstudie gewürdigt. Ausschließlich die Veränderung des Jahresüberschusses nach Steuern wird in die Betrachtung einbezogen, um eine Gesamtwürdigung sämtlicher Auswirkungen durch eine Reformierung sowohl der Erfassung der Aufwendungen und Erträge wie auch des Ausweises von Vermögenswerten und Schulden zu ermöglichen. Eine weitergehende Analyse der Ergebnisauswirkungen erlaubt entsprechend die im vorhergehenden Abschnitt 5.5.2.2 dargestellten Kennzahlveränderungen.

1474 Vgl. hierzu Abschnitt 5.5.2.1.4, Tabelle 5.31 auf S. 309.

Die Simulation wird für leistungsorientierte Pensionspläne durchgeführt. Hierzu wird die Prämisse zu Grunde gelegt, dass für sämtliche leistungsorientierte Pensionspläne eine Bilanzierung von Pensionsverpflichtungen und -vermögenswerten im Sinne der konzeptionellen Analyse gerechtfertigt ist.[1475]

Die Auswertung der Simulation erfolgt, analog zu den Auswertungen der Simulationen 1 und 2, anhand der Analyse der prozentualen Veränderung relevanter Kennzahlen. Die statistische Auswertung der hierzu auf Unternehmensebene ermittelten prozentualen Veränderungen der einzelnen Kennzahlen für die Periode 2010 enthält Tabelle 5.41. Entsprechend dieser Vorgehensweise stellt beispielsweise der abgebildete Mittelwert der prozentualen Veränderung des Fremdkapitals den Mittelwert der Veränderungen des Fremdkapitals der einzelnen Unternehmen dar. Eine solche Auswertung ist bei der Betrachtung des Planvermögens (PVW) und der dazugehörigen Kennzahl PVW/GK nicht möglich. Da die Höhe des bilanzierten PVW im Rahmen einer Nettobilanzierung häufig den Wert Null annimmt, kann für diese Unternehmen eine prozentuale Veränderung der Größen PVW und PVW/GK durch die Umsetzung des Bruttoansatzes nicht berechnet werden. Allerdings wäre es bei der vorliegenden Fragestellung ebenfalls nicht sachgerecht, Unternehmen, die bisher keinen Pensionsvermögenswert bilanzieren, aus der Betrachtung auszuschließen. Dies zumal in Folge des gültigen Nettoansatzes und der Tatsache, dass in Bezug auf die gesamte Untersuchungsstichprobe die Höhe der DBO die Planvermögenswerte überschreitet,[1476] regelmäßig keine bilanzierten Pensionsvermögenswerte vorliegen. Um die Untersuchungsergebnisse nicht durch einen Ausschluss sämtlicher Unternehmen, die bislang über keine Pläne mit Planvermögensüberhang verfügen, zu verzerren, wird auf eine Ermittlung der prozentualen Veränderung dieser Kennzahl verzichtet. Gleichwohl wird diese Kennzahl in den Auswertungen, welche in Anhang B dargestellt sind, berücksichtigt. Einen weitergehenden Überblick über die Ausgangswerte der relevanten Kennzahlen – basierend auf den Ergebnissen der Simulation des IAS 19R –, die Kennzahlen nach Simulationsanpassung sowie deren prozentuale Veränderung enthält die Tabelle B.7 im Anhang B.

1475 Eine darüber hinausgehende Bruttodarstellung, welche beispielsweise in Bezug auf beitragsorientierte Pläne die Folge einer ggf. gerechtfertigten Konsolidierung des Pensionsträgers darstellt, kann im Rahmen dieser Simulation nicht abgebildet werden.

1476 Vgl. zum Finanzierungsstatus in Bezug auf die vorliegende Untersuchungsstichprobe Abschnitt 5.5.1.2.

Tabelle 5.41: Prozentuale Kennzahlveränderungen (2010)

	Mittelwert	SD	VC	25 %	Median	75 %	t-Test	Wilcoxon
2010								
JÜ nach St.	-8,16 %	15,14 %	-185,41 %	-13,22 %	-4,25 %	-0,54 %	0,000	0,000
PRkst.	148,43 %	210,28 %	141,67 %	9,26 %	65,03 %	181,88 %	0,000	0,000
EK	0,00 %	0,00 %	na	0,00 %	0,00 %	0,00 %	0,682	0,153
FK	9,47 %	13,14 %	138,73 %	0,52 %	3,95 %	12,28 %	0,000	0,000
PVW	na	na	na	na	na	na	na	na
AV	12,29 %	17,28 %	140,57 %	0,72 %	5,01 %	18,40 %	0,000	0,000
AV/GK	5,11 %	7,35 %	143,77 %	0,31 %	1,92 %	7,36 %	0,000	0,000
FK/EK	9,48 %	13,14 %	138,61 %	0,52 %	3,96 %	12,48 %	0,000	0,000
EK/GK	-5,65 %	7,18 %	-127,19 %	-8,14 %	-2,19 %	-0,37 %	0,000	0,000
PRkst/EK	132,48 %	178,40 %	134,67 %	9,03 %	63,83 %	175,96 %	0,000	0,000
PRkst/GK	111,50 %	150,70 %	135,16 %	8,00 %	57,24 %	140,92 %	0,000	0,000
PVW/GK	na	na	na	na	na	na	na	na

Die Untersuchungsergebnisse zeigen bezogen auf die Veränderung der Gewinn- und Verlustrechnung bei Betrachtung der Gesamtstichprobe eine Veränderung des Jahresüberschusses im arithmetischen Mittel in Höhe von -8,16 % auf, wie bereits in Abschnitt 5.5.2.2 analysiert. Das Ergebnis erfährt durch die Umsetzung der konzeptionell als sachgerecht erachteten Bilanzierungsweise eine Verminderung um einen als wesentlich einzustufenden Betrag.[1477] Diese Änderung, die sowohl auf die Erfassung des tatsächlichen Zinsertrags aus dem Planvermögen wie auch auf die GuV-wirksame Erfassung versicherungsmathematischer Gewinne und Verluste zurückzuführen ist, wirkt sich für über 75 % der Stichprobe ergebnismindernd aus (1. Quartil: -13,22 %; 3. Quartil: -0,54 %).

Im Gegensatz zu Simulation 2, bei welcher die Auswirkungen einer veränderten Erfassungsweise für Aufwendungen und Erträge aus leistungsorientierten Pensionsplänen abgebildet werden, stehen im vorliegenden Abschnitt die Veränderungen von Bilanzwerten im Fokus. Eine isolierte Betrachtung der im Rahmen dieser Simulation angepassten Bilanzgrößen – bilanzierter Planvermögenswert und bilanzierte Pensionsverpflichtung – zeigen extreme Auswirkungen auf diese Bilanzposten auf. Die Erhöhung der bilanziell erfassten Pensionsverpflichtung (Mittelwert: 148,43 %; Median: 65,03 %) ist beachtlich. Während im arithmetischen Mittel der Betrag der bilanzierten Verpflichtung zwar um das 1,5-fache erhöht wird, weicht der Median deutlich von diesem Wert ab und zeigt auf, dass die Veränderung der Höhe der Pensionsverpflichtung bei der Hälfte der Unternehmen über 65 % liegt, bei der anderen Hälfte jedoch darunter. Diese Abweichung deutet auf unterschiedliche Auswirkungen durch die Umsetzung eines Bruttoansatzes für die Unternehmen der Stichprobe hin. Diese Feststellung wird auch durch den Quartilabstand (1. Quartil: 9,26 %; 3. Quartil:

1477 Zum Begriff der Wesentlichkeit vgl. die Ausführungen auf S. 316 f.

181,88 %) untermauert. Bei einem Viertel der Stichprobe wird der passive Bilanzposten der bilanzierten Pensionsverpflichtung somit um weniger als 10 % erhöht. Diese im Vergleich zur übrigen Stichprobe geringe Veränderung kann auf einen niedrigen Stand des Planvermögens oder aber vollständig fehlendes Planvermögen zurückgeführt werden. Die hohe Streuung der prozentualen Kennzahlveränderung scheint auch durch die im Vergleich der anderen Kennzahlveränderungen hohe Standardabweichung in Höhe von 210,28 % verdeutlicht zu werden. Die normierte Betrachtung der Streuung anhand des Variationskoeffizienten in Höhe von 141,57 % liegt jedoch im Bereich der Größe der übrigen betrachteten Kennzahlveränderungen. Entsprechend begründet sich die wahrgenommene hohe Streuung der Kennzahlveränderung auch durch den hohen Mittelwert der prozentualen Veränderungen.

Im Anschluss an die festgestellten hohen Auswirkungen eines Bruttoausweises auf die bilanzierten Pensionsverpflichtungen werden die Auswirkungen dieser Bilanzierungsänderung auf die Gesamtsumme des Fremdkapitals betrachtet. Das Fremdkapital wird im arithmetischen Mittel ebenfalls stark erhöht (Mittelwert: 9,47 %). Analog zur Veränderung der bilanzierten Pensionsverpflichtung ist der Median der Veränderung des Fremdkapitals niedriger (Median: 3,95 %). Während bei einem Viertel der Stichprobe eine nur marginale Veränderung der Fremdkapitals beobachtet werden kann (1. Quartil: 0,52 %), beträgt die Veränderung bei einem Viertel der Stichprobe mit den höchsten Veränderungen über 10 % (3. Quartil: 12,28 %). Aus dieser Verteilung kann geschlossen werden, dass die Veränderung bei einem geringen Teil der Unternehmen deutlich über 12 % liegt. Dies wird auch durch das Maximum der Fremdkapitalveränderung deutlich, welche 53,76 % beträgt. Auf Grund der pauschalen Bereinigung der Stichprobe um 2 % der Extremwerte kommt diesem Wert jedoch nur bedingte Aussagekraft zu. Nichtsdestotrotz wird deutlich, dass die Auswirkungen auf das Fremdkapital durch die Umsetzung eines Bruttoansatzes unterschiedlich sind und die Unternehmen der betrachteten Stichprobe in unterschiedlichem Maße von einer solchen Bilanzierungsänderung betroffen wären. Unternehmen, welche einen hohen Ausfinanzierungsgrad aufweisen und/oder insgesamt nur über einen geringen Anteil an Fremdkapital verfügen, erfahren auf Grund dessen – in Abhängigkeit der relativen Bedeutung leistungsorientierter Pensionspläne – durch eine Passivierung der vollständigen DBO wesentliche Auswirkungen auf das gesamte Fremdkapital. Da Unternehmen jedoch mitunter keine externe Finanzierung leistungsorientierter Verpflichtungen vornehmen und damit über kein saldierungspflichtiges Planvermögen verfügen,[1478] existieren zugleich Unternehmen, bei welchen die Umsetzung eines Bruttoansatzes keine weiteren Auswirkungen nach sich zieht. Insgesamt führt die Umsetzung eines Bruttoansatzes mit einer durchschnittlich zu erwartenden Erhöhung des Fremdkapitals von 10 % zu einer deutlichen Veränderung dieser Größe und zugleich zu einer ebenfalls bedeutenden Erhöhung des Gesamtkapitals.

1478 Vgl. Abschnitt 5.5.1.2, Tabelle 5.11 sowie Abschnitt 5.5.1.2.2, Tabelle 5.16.

Neben der Passivierung der vollen Höhe der DBO führt der Bruttoausweis zugleich zu einer Aktivierung von Vermögenswerten. Tabelle B.7 im Anhang enthält den Mittelwert des PVW vor und nach der Simulationsanpassung. Hierbei zeigt sich, dass die Höhe der Planvermögenswerte stark zunimmt – von ursprünglich 13 Mio. EUR (2010 alt) auf 1.123 Mio. EUR (2010 neu). Durch den Nettoansatz blieben folglich 98,8 % der Planvermögenswerte unberücksichtigt. Entsprechend handelt es sich bei lediglich 1,2 % der Planvermögenswerte um Vermögenswerte, welche die Verbindlichkeiten aus einem Plan übersteigen und daher in Form eines PVW bilanziert werden.

Eine differenzierte Auswertung der Auswirkungen eines Bruttoansatzes auf die Aktivseite der Bilanz ermöglicht die Betrachtung der Auswirkungen auf das Anlagevermögen. In Folge der vollständigen Aktivierung des Planvermögens wird das Anlagevermögen deutlich erhöht (Mittelwert: 12,29 %; Median: 5,01 %). Der Bruttoansatz schlägt sich somit etwas stärker auf das Anlagevermögen als auf das Fremdkapital durch, die Größenordnung der durchschnittlichen Veränderung ist allerdings ähnlich. Konsequenterweise ist die beobachtbare Streuung ebenfalls vergleichbar (1. Quartil: 0,72 %; 3. Quartil: 18,40 %). Dementsprechend wirkt sich die Veränderung des Anlagevermögens unterschiedlich auf die einzelnen Unternehmen aus. Die hohe Abweichung des Mittelwerts vom Median sowie die Höhe des 3. Quartils zeigen ferner, dass zahlreiche Unternehmen der Stichprobe eine Erhöhung des Anlagevermögens von über einem Viertel erfahren und die Struktur der Aktivseite beträchtlich beeinflusst wird. Die Auswirkungen auf die Struktur der Aktivseite werden anhand der Anlagenintensität (AV/GK) konkretisiert. Der Anteil des Anlagevermögens an der Bilanzsumme steigt im arithmetischen Mittel in der Periode 2010 um 5,11 % und zeigt damit eine höhere Vermögensbindung an. Der Median in Höhe von 1,92 % liegt deutlich niedriger und zeigt in Verbindung mit dem 1. Quartil von 0,31 % an, dass ein Teil der Stichprobe keine oder nahezu keine Veränderung der Aktivseite erfährt.

Eine Analyse der Veränderung der Kapitalstruktur wird durch die Berechnung des Verschuldungsgrads (FK/EK) sowie der Eigenkapitalquote (EK/GK) ermöglicht. Der Verschuldungsgrad verändert sich durchschnittlich um knapp 10 % (Mittelwert: 9,48 %; Median: 3,96 %). Auch an der Veränderung dieser Kennzahl wird zweierlei deutlich: Zum einen kann die – in Bezug auf die Gesamtstichprobe – zu erwartende Auswirkung einer Aufhebung der Saldierungspflicht von Pensionverbindlichkeiten und Planvermögenswerten zu bemerkbaren Auswirkungen auf die Bilanzstruktur führen; zum anderen betreffen diese Auswirkungen die einzelnen Unternehmen in höchst unterschiedlichem Maße (1. Quartil: 0,52 %; 3. Quartil: 12,48 %).

Die Eigenkapitalquote verändert sich entgegengesetzt und wird im arithmetischen Mittel um -5,65 % reduziert (Median: -2,19 %). Folglich sind die Auswirkungen auf diese zentrale Kennzahl im Vergleich zu den zuvor betrachteten Kennzahlen geringer, auch die Streuung ist weniger ausgeprägt (SD: 7,18 %; VC: -127,19 %). Da die Höhe des Eigenkapitals im Zuge der Simulation unverändert bleibt, wirkt sich ausschließlich die Erhöhung des Fremdkapitals auf die Veränderung der Eigenkapitalquote aus, wodurch insgesamt geringere Effekte als auf den Verschuldungsgrad verursacht werden. Im arithmetischen Mittel führt die Verminderung der Eigenkapitalquote im Jahr 2010 von einem Ausgangswert von 35,42 %

zu einem Stichprobenmittel von 33,56 %.[1479] Während die Änderung der Eigenkapitalquote bei einem Viertel der Stichprobe kaum bemerkbar ist (3. Quartil: -0,37 %); erfährt andererseits ein Viertel der in der Stichprobe vertretenen Unternehmen eine Verminderung der Eigenkapitalquote von über -8,14 %. Da diese Kennzahlen zur Analyse der Kapitalstruktur sowohl von Eigen- und Fremdkapitalgebern ebenso wie Finanzanalysten und Ratingagenturen herangezogen werden, kann die Bilanzierungsänderung zu einer veränderten Einschätzung der finanziellen Risikoposition der stärker betroffenen Unternehmen führen. Diese Unternehmen können somit mit negativen Folgen etwa für das Ratingurteil oder allgemein einem erschwerten Kapitalmarktzugang rechnen. Darüber hinaus finden sich diese Kennzahlen auch beispielsweise in Kreditverträgen wieder, bei welchen eine Verletzung vertraglich vereinbarter Bilanzkennzahlen drohen kann. Somit sind bei einem Teil der Unternehmen der Stichprobe ökonomische Auswirkungen in Folge der Bilanzierungsänderung wahrscheinlich. Neben einer veränderten Beurteilung durch den Kapitalmarkt können daher auch Manager dazu bewogen werden Gegenmaßnahmen zu ergreifen, um eine negative Kennzahlentwicklung und damit verbundene, zu erwartende negative Auswirkungen abzumildern.

Zuletzt wird das Ausmaß der Erhöhung der bilanzierten Pensionsverpflichtung sowie des bilanzierten Planvermögens in Relation zum Eigen- und Gesamtkapital analysiert. Diese isolierte Betrachtung zeigt den bedeutenden Anteil der bilanzierten Pensionsverpflichtungen am Eigen- und Gesamtkapital bereits vor der Simulationsanpassung auf (Mittelwert PRkst/EK: 16,84 %; PRkst/GK: 5,51 %).[1480] Weiterhin führt die Veränderung der Bilanzierungsweise hin zu einer vollständigen bilanziellen Abbildung der DBO zu mehr als einer Verdoppelung dieser Anteile (Veränderung Mittelwert PRkst/EK: 132,48 %; PRkst/GK: 111,50 %). Die entsprechenden Kennzahlen nach der Simulationsanpassung reflektieren die tatsächliche Bedeutung der DBO (Mittelwert PRkst/EK: 32,17 %; PRkst/GK: 9,46 %). Hierbei zeigt sich die hohe Relevanz dieser Verpflichtung für Unternehmen. Mit einem Anteil von etwa einem Drittel am Eigenkapital kommt diesen langfristigen Verpflichtungen zugleich ein hoher Stellenwert im Rahmen der Finanzierung zu. Auch im Hinblick auf das Planvermögen wird dessen Bedeutung erst durch die Simulationsanpassung deutlich. Während der Anteil dieser Vermögenswerte am Gesamtvermögen bei Zugrundelegung des Nettoansatzes bilanziell nicht reflektiert wird (Mittelwert PVW/GK: 0,08 %), kann der Bilanzleser der Aktivseite bei Umsetzung eines Bruttoansatzes entnehmen, wie bedeutend der Teil der Vermögenswerte, die der Erfüllung von Pensionsverpflichtungen dienen, ist (Mittelwert PVW/GK: 4,43 %).

Zusammenfassend verdeutlichen die analysierten Veränderungen zentraler Kennzahlen die signifikanten Auswirkungen, die eine vollständige Bilanzierung von Vermögenswerten und Schulden mit sich brächte. Zugleich wird mit Hilfe dieser Analyse aufgezeigt, in welchem Ausmaß die auf Basis des konzeptionell nicht

1479 Vgl. Tabelle B.7.
1480 Vgl. Tabelle B.7.

begründbaren Nettoansatzes bereitgestellten Rechnungslegungsinformationen die Vermögens-, Finanz- und Ertragslage „verzerren". Wenngleich sich die erheblichen Veränderungen, die pensionsbezogene Werte und Kennzahlen durch die Umsetzung des Bruttoansatzes erfahren, nur in abgemildertem Ausmaß auf die für Abschlussadressaten relevanteren Kennzahlen – Anlagenintensität, Verschuldungsgrad sowie die Eigenkapitalquote – auswirken, so erfahren die letztgenannten Kennzahlen dennoch bei einem Teil der Stichprobe Veränderungen in einem Ausmaß, welches ökonomische Auswirkungen erwarten lässt.

Weiterhin werden die Mittelwertunterschiede sowie die Unterschiede der Mediane der Kennzahlen vor und nach Umsetzung einer vollständigen GuV-wirksamen Erfassung pensionsbezogener Aufwendungen und Erträge sowie einer vollständigen Erfassung der DBO und des Planvermögens untersucht. Der t-Test zeigt hinsichtlich der Unterschiede der Mittelwerte beider Gruppen auf einem 1 %-Signifikanzniveau, dass die Mittelwerte der Gesamtstichprobe durch die Bilanzierungsänderung bedeutsame Unterschiede erfahren. Dasselbe gilt auch für die Untersuchung der Unterschiede der Mediane anhand des Wilcoxon-Vorzeichen-Rang-Tests.

Die vorgenommene Betrachtung basiert auf den Auswirkungen des Bruttoansatzes für die Periode 2010. Um mögliche Effekte, die aus einer unterschiedlichen Höhe des Planvermögens oder der DBO resultieren – beispielsweise auf Grund eines unterschiedlichen Zinsumfelds oder unterschiedlichen Ausfinanzierungsgraden – quantifizieren zu können, werden die Auswirkungen eines Bruttoansatzes ebenfalls auf Basis der Daten aus den Jahren 2008 und 2006 ermittelt.

Die in Tabelle 5.42 dargestellten prozentualen Veränderungen zentraler Kennzahlen in Bezug auf die Periode 2008 verdeutlichen zunächst die geringere Veränderung des Jahresüberschusses (Mittelwert: -2,80 %; Median: 0,17 %) auf Grund der vollständigen Erfassung sämtlicher Aufwendungen und Erträge im Vergleich zur Periode 2010.

Tabelle 5.42: Prozentuale Kennzahlveränderungen (2008)

	Mittelwert	**SD**	**VC**	**25 %**	**Median**	**75 %**	**t-Test**	**Wilcoxon**
2008								
JÜ nach St.	-2,80 %	28,00 %	-1000,76 %	-3,26 %	0,17 %	3,44 %	0,315	0,089
PRkst.	159,77 %	264,56 %	165,59 %	6,45 %	41,79 %	170,38 %	0,000	0,000
EK	0,00 %	0,00 %	na	0,00 %	0,00 %	0,00 %	0,618	0,498
FK	7,25 %	10,70 %	147,59 %	0,29 %	3,04 %	9,31 %	0,000	0,000
PVW	na	na	na	na	na	na	na	na
AV	10,15 %	14,65 %	144,31 %	0,47 %	3,74 %	13,09 %	0,000	0,000
AV/GK	4,51 %	6,82 %	151,17 %	0,17 %	1,46 %	5,91 %	0,000	0,000
FK/EK	7,25 %	10,69 %	147,52 %	0,29 %	3,04 %	9,31 %	0,000	0,000
EK/GK	-4,60 %	6,27 %	-136,23 %	-6,60 %	-1,93 %	-0,24 %	0,000	0,000
PRktot/EK	159,77 %	264,56 %	165,59 %	6,59 %	41,79 %	170,38 %	0,000	0,000
PRkst/GK	137,88 %	226,54 %	164,30 %	5,41 %	41,36 %	153,44 %	0,000	0,000
PVW/GK	na	na	na	na	na	na	na	na

In Bezug auf die bilanzierte Pensionsverpflichtung zeigt die Simulationsauswertung für die Periode 2008 eine stärkere durchschnittliche prozentuale Erhöhung (Mittelwert: 159,77 %; Median: 41,79 %) im Vergleich zu den Jahren 2010 (Mittelwert: 148,43 %) und 2006 (Mittelwert: 118,13 %) auf. Andererseits ist die Auswirkung der Bruttobilanzierung auf das Fremdkapital (Mittelwert: 7,25 %; Median: 3,04 %) ebenso wie auf das Anlagevermögen (Mittelwert: 10,15 %; Median: 3,74 %) um jeweils etwa zwei Prozentpunkte geringer als in der Periode 2010 (Mittelwert FK: 9,47 %; Median FK: 3,95 %/Mittelwert AV: 12,29 %; Median AV: 5,01 %). Eine Betrachtung der Entwicklung der DBO, wie in Abschnitt 5.5.1.1.1 dargestellt,[1481] zeigt, dass sowohl der Mittelwert der DBO wie auch die Gesamtsumme der in der Stichprobe vorliegenden DBO im Jahr 2008 den niedrigsten Stand im gesamten Betrachtungszeitraum hat. Auf Grund des niedrigen Ausgangsniveaus der DBO und damit einer vergleichsweise geringeren Höhe bilanzierter Pensionsverpflichtungen vor der Simulationsanpassung, fällt die prozentuale Erhöhung der DBO durch die Bruttobilanzierung höher aus als im Jahr 2010. Im Ergebnis ist trotz der höheren prozentualen Erhöhung der DBO die bei Umsetzung des Bruttoansatzes bilanzierte Pensionsverpflichtung um etwa 400 Mio. EUR geringer als im Jahr 2010. Im Gegensatz dazu nimmt der Mittelwert des Fremdkapitals in der Periode 2008 den höchsten Stand innerhalb des Betrachtungszeitraums an.[1482] Die prozentuale Erhöhung des Fremdkapitals ist infolgedessen weniger ausgeprägt.

Ferner kann ein geringeres Niveau des Planvermögens im Jahr 2008 für die geringere Veränderung des Anlagevermögens durch die vollständige Aktivierung von Planvermögenswerten verantwortlich sein. Die Auswertungen in Abschnitt 5.5.1.2 bestätigen diese Vermutung und zeigen tatsächlich einen relativ geringen Mittelwert und eine niedrige Gesamthöhe des Planvermögens im Jahr 2008.[1483] Die Höhe der bilanzierten Planvermögenswerte vor Umsetzung der Bilanzierungsänderung ist hingegen in den Jahren 2008 und 2010 mit einem Mittelwert von 13 Mio. EUR nahezu identisch, wie Tabelle B.7 zeigt. Allerdings führt die geringere Höhe des gesamten vorliegenden Planvermögens im Jahr 2008 zu einer geringeren Erhöhung des Anlagevermögens durch die vollständige Aktivierung der Planvermögenswerte und damit zu geringeren Effekten als in der Periode 2010.

Entsprechend dem niedrigen Niveau von DBO und Planvermögenswerten führt die Umsetzung des Bruttoansatzes zu weniger starken Auswirkungen auf die Kennzahlen zur Analyse der Vermögens- und Kapitalstruktur in der Periode 2008. So liegt die prozentuale Veränderung der Anlagenintensität (Mittelwert: 4,51 %; Median: 1,46 %), des Verschuldungsgrads (Mittelwert: 7,25 %; Median: 3,04 %) und der Eigenkapitalquote (Mittelwert: -4,60 %; Median: -1,93 %) zwar jeweils um etwa zwei Prozentpunkte unter den Werten der Periode 2010. Ungeachtet dessen führt der Bruttoansatz auch bei einer in Relation zu den anderen Betrachtungsperioden geringeren

---

1481 Vgl. Tabelle 5.5 sowie Tabelle 5.6.
1482 Vgl. Tabelle B.7.
1483 Vgl. Abschnitt 3.3.2, Tabelle 5.9 sowie Tabelle 5.11.

Höhe von DBO und Planvermögenswerten zu bemerkbaren Auswirkungen auf die Bilanzstruktur. In Folge dessen würde eine Umsetzung des Bruttoansatzes auch auf Basis der Wertverhältnisse in 2008 zumindest bei einem Viertel der Unternehmen zu Veränderungen der Bilanzstruktur führen, die Verhaltensänderungen von Abschlussadressaten und Managern erwarten lassen.

Wird der Betrachtungszeitraum um die Periode 2006 erweitert (Tabelle 5.43), wechselt das Bild in Bezug auf die prozentuale Änderung des Jahresüberschusses. Während dieser in den zuvor analysierten Perioden durch eine vollständige GuV-wirksame Erfassung sämtlicher Aufwendungen und Erträge in Zusammenhang mit Pensionsverpflichtungen gesunken ist, steigt der Jahresüberschuss nun an (Mittelwert: 3,44 %; Median: 1,03 %).[1484] Die Veränderungen des GuV-Ergebnisses durch die Bilanzierungsänderung haben jedoch keine Auswirkungen auf die Höhe der bilanzierten Pensionsverpflichtung, da bereits die Bilanzierung nach IAS 19R, welche die Vergleichsbasis für die ermittelten Kennzahlveränderungen bildet, eine vollständige Erfassung der DBO abzüglich der Planvermögenswerte fordert. Die Simulation führt lediglich zu einer Veränderung der Erfassungsweise der Aufwendungen und Erträge, die nun anstatt im OCI in der Gewinn- und Verlustrechnung erfasst werden. Für die beobachtbare geringere Veränderung des Mittelwerts der bilanzierten Pensionsverpflichtung (Mittelwert: 118,13 %; Median: 34,75 %) im Vergleich zu den Perioden 2008 und 2010 kann vielmehr der im arithmetischen Mittel niedrigere Ausfinanzierungsgrad verantwortlich gemacht werden. Der Ausfinanzierungsgrad beträgt im Mittel in der Periode 2006 34,78 %, für die Perioden 2008 und 2010 liegt dieser jedoch über 40 % (2008: 41,33 %; 2010: 41,18 %).[1485] Da bereits vor der Simulationsanpassung ein im Vergleich zu den nachfolgenden Perioden im Mittel geringerer Anteil der Pensionsverpflichtungen durch Planvermögen gedeckt ist (34,78 %), kann nur dieser geringere Teil saldiert werden. Durchschnittlich etwa 65 % der Pensionsverpflichtungen werden bereits vor der Simulationsanpassung bilanziert. Infolgedessen führt die Aufhebung der Saldierung im Rahmen der Simulation zu einer im Vergleich zu den übrigen Perioden geringeren Erhöhung der bilanzierten Pensionsverpflichtung. Dies zeigt auch die Veränderung des Anteils der bilanzierten Pensionsverpflichtung am Eigen- und Gesamtkapital an (Mittelwert PRkst/EK: 114,82 %; PRkst/GK: 94,32 %). Während die prozentuale Veränderung dieser Kennzahlen im Periodenvergleich niedrig ist, liegt der Mittelwert des Anteils der bilanzierten DBO am Eigen- und Gesamtkapital bei Anwendung des Bruttoansatzes (Mittelwert PRkst/EK: 39,61 %; PRkst/GK: 10,50 %) sogar über den Werten der Jahre 2008 (Mittelwert PRkst/EK: 30,28 %; PRkst/GK: 8,02 %) und 2010 (Mittelwert PRkst/EK: 32,17 %; PRkst/GK: 9,46 %).[1486]

1484 Vgl. für eine ausführliche Würdigung der Ergebniseffekte die Ausführungen in Abschnitt 5.5.2.2.1.

1485 Vgl. Abschnitt 5.5.1.2.2, Tabelle 5.16.

1486 Vgl. Tabelle B.7.

Tabelle 5.43: Prozentuale Kennzahlveränderungen (2006)

	Mittelwert	SD	VC	25 %	Median	75 %	t-Test	Wilcoxon
2006								
JÜ nach St.	3,44 %	14,04 %	408,17 %	-0,27 %	1,03 %	6,09 %	0,017	0,000
PRkst.	118,13 %	199,79 %	169,14 %	0,30 %	34,75 %	148,42 %	0,000	0,000
EK	0,01 %	0,08 %	962,83 %	0,00 %	0,00 %	0,00 %	0,304	0,575
FK	8,62 %	13,19 %	152,96 %	0,10 %	2,52 %	10,87 %	0,000	0,000
PVW	na	na	na	na	na	na	na	na
AV	12,38 %	19,66 %	158,75 %	0,09 %	3,19 %	16,49 %	0,000	0,000
AV/GK	5,41 %	9,24 %	170,62 %	0,00 %	1,43 %	6,81 %	0,000	0,000
FK/EK	8,61 %	13,19 %	153,25 %	0,10 %	2,46 %	10,87 %	0,000	0,000
EK/GK	-5,31 %	7,49 %	-141,05 %	-8,45 %	-1,57 %	-0,06 %	0,000	0,000
PRkst/EK	114,82 %	200,38 %	174,52 %	0,28 %	31,16 %	128,60 %	0,000	0,000
PRkst/GK	94,32 %	161,50 %	171,23 %	0,25 %	28,86 %	100,20 %	0,000	0,000
PVW/GK	na	na	na	na	na	na	na	na

Ähnliches gilt auch für die Kennzahlen zur Analyse der Aktivseite. Die prozentuale Veränderung des Anlagevermögens (Mittelwert: 12,38 %, Median: 3,19 %) sowie der Anlagenintensität (Mittelwert: 5,41 %; Median: 1,43 %) liegt im Durchschnitt auf vergleichbarem Niveau wie die entsprechenden Kennzahlveränderungen in der Periode 2010 (Mittelwert AV: 12,29 %/Mittelwert AV/GK: 5,11 %). Diese Werte ergeben sich, obwohl der Mittelwert des Ausfinanzierungsgrads in der Periode 2006 deutlich niedriger ist als in den übrigen analysierten Perioden.[1487] Eine Einbeziehung der Entwicklung des Mittelwerts der DBO[1488] sowie des Planvermögens[1489] in die Analyse verdeutlicht, dass beide Werte in den Perioden 2006 und 2010 auf einem vergleichsweise hohem Niveau liegen, in der Periode 2008 jedoch den niedrigsten Wert des Betrachtungszeitraums aufweisen. Durch das absolut hohe Niveau des Planvermögens bzw. der DBO wirken sich die Veränderungen einer vollständigen Bilanzierung stärker auf Vermögens- bzw. Kapitalstruktur aus.

Insgesamt zeigt sich, dass die Umsetzung des Bruttoansatzes erhebliche Auswirkungen auf die Bilanz nach sich zieht. Während das Fremdkapital im Durchschnitt über den Betrachtungszeitraum um knapp zehn Prozent erhöht wird, steigt das Anlagevermögen um über zehn Prozent. Diese Erhöhung ist in sämtlichen Perioden mit bedeutenden Auswirkungen auf die Bilanzstruktur verbunden; so verringert

1487 Mittelwert Ausfinanzierungsgrad 2006: 34,78 %; 2008; 41,33 %; 2010: 41,18 %, vgl. Abschnitt 5.5.1.2.2, Tabelle 5.16.

1488 DBO 2006: 2.378 Mio. EUR; 2008: 1.888 Mio. EUR; 2010: 2.406 Mio. EUR, vgl. Abschnitt 5.5.1.1.1, Tabelle 5.6.

1489 Planvermögen 2006: 1.489 Mio. EUR; 2008: 1.176 Mio. EUR; 2010: 1.546 Mio. EUR, vgl. Abschnitt 5.5.1.2.1, Tabelle 5.11.

sich beispielsweise die Eigenkapitalquote durchschnittlich um etwa fünf Prozent. Im Zeitablauf weisen die Veränderungen von Bilanzposten und Kennzahlen Unterschiede auf, die nicht zuletzt auf einen unterschiedlichen Ausfinanzierungsgrad zurückgeführt werden können. Darüber hinaus beeinflusst die Höhe der DBO sowie des Planvermögens das Simulationsergebnis. Allerdings sind diese Schwankungen über den Betrachtungszeitraum – in Relation zum Ausmaß der prozentualen Veränderung der Kennzahlen – gering. Insbesondere die für Abschlussadressaten sowie vertragliche Vereinbarungen relevanten Kennzahlen zur Analyse der Vermögens- und Kapitalstruktur werden in sämtlichen betrachteten Perioden in ähnlichem Maße verändert.

5.5.2.3.2 Untersuchungsergebnisse getrennt nach Börsenindex

Die Auswirkungen der vollständigen Bilanzierung von DBO und Planvermögenswerten im Rahmen des Bruttoansatzes könnten bei Unternehmen verschiedener Indizes ein anderes Ausmaß annehmen. Ein möglicher Grund hierfür stellt neben der geringeren Bedeutung leistungsorientierter Pläne bei kleineren Unternehmen der überproportional geringe Bestand an Planvermögenswerten bei diesen Unternehmen dar.[1490]

Tabelle 5.44 zeigt die Untersuchungsergebnisse der Simulation des Bruttoansatzes für die Periode 2010 differenziert nach Börsenindex auf.

Tabelle 5.44: Prozentuale Kennzahlveränderungen getrennt nach Börsenindex (2010)

	Mittelwert	SD	VC	25 %	Median	75 %	t-Test	Wilcoxon
DAX 2010								
JÜ nach St.	-11,29 %	19,35 %	-171,29 %	-13,66 %	-4,94 %	-1,66 %	0,008	0,009
PRkst.	308,05 %	273,12 %	88,66 %	68,75 %	183,03 %	548,52 %	0,000	0,000
EK	0,00 %	0,00 %	na	0,00 %	0,00 %	0,00 %	0,275	0,180
FK	19,89 %	16,73 %	84,12 %	3,95 %	16,14 %	34,11 %	0,000	0,000
PVW	na	na	na	na	na	na	na	na
AV	21,69 %	18,41 %	84,87 %	5,71 %	18,95 %	37,78 %	0,000	0,000
AV/GK	7,52 %	7,33 %	97,42 %	2,50 %	4,79 %	10,74 %	0,000	0,000
FK/EK	19,89 %	16,73 %	84,12 %	3,96 %	16,14 %	34,11 %	0,000	0,000
EK/GK	-10,80 %	8,17 %	-75,66 %	-17,86 %	-10,12 %	-3,06 %	0,000	0,000
PRkst/EK	279,25 %	235,01 %	84,16 %	66,82 %	180,73 %	509,69 %	0,000	0,000
PRkst/GK	227,24 %	193,74 %	85,26 %	63,04 %	142,86 %	381,69 %	0,000	0,000
PVW/GK	na	na	na	na	na	na	na	na

1490 Vgl. Abschnitt 3.3.2, Tabelle 5.9.

	Mittelwert	SD	VC	25 %	Median	75 %	t-Test	Wilcoxon
MDAX 2010								
JÜ nach St.	-10,11 %	14,68 %	-145,18 %	-16,92 %	-5,94 %	-0,44 %	0,000	0,000
PRkst.	115,78 %	174,47 %	150,69 %	12,69 %	64,72 %	157,52 %	0,000	0,000
EK	0,00 %	0,00 %	na	0,00 %	0,00 %	0,00 %	0,698	0,416
FK	8,66 %	12,05 %	139,05 %	0,37 %	4,21 %	11,31 %	0,000	0,000
PVW	na	na	na	na	na	na	na	na
AV	13,18 %	19,74 %	149,78 %	0,53 %	5,01 %	16,90 %	0,000	0,000
AV/GK	6,06 %	8,76 %	144,40 %	0,30 %	2,45 %	9,11 %	0,000	0,000
FK/EK	8,66 %	12,05 %	139,05 %	0,37 %	4,21 %	11,31 %	0,000	0,000
EK/GK	-5,49 %	7,24 %	-132,02 %	-7,13 %	-2,06 %	-0,27 %	0,000	0,000
PRkst/EK	97,90 %	130,77 %	133,57 %	10,76 %	63,36 %	157,25 %	0,000	0,000
PRkst/GK	82,70 %	114,29 %	138,20 %	8,28 %	57,73 %	116,35 %	0,000	0,000
PVW/GK	na	na	na	na	na	na	na	na

SDAX 2010								
JÜ nach St.	-3,59 %	11,09 %	-309,15 %	-6,42 %	-1,78 %	-0,33 %	0,064	0,000
PRkst.	65,21 %	109,79 %	168,36 %	0,80 %	14,19 %	83,84 %	0,002	0,000
EK	0,00 %	0,00 %	578,13 %	0,00 %	0,00 %	0,00 %	0,321	1,000
FK	2,99 %	4,03 %	134,66 %	0,08 %	0,91 %	4,94 %	0,000	0,000
PVW	na	na	na	na	na	na	na	na
AV	4,51 %	7,03 %	155,93 %	0,07 %	1,04 %	6,07 %	0,001	0,000
AV/GK	2,24 %	4,01 %	178,91 %	0,03 %	0,54 %	1,70 %	0,002	0,000
FK/EK	3,02 %	4,10 %	135,79 %	0,08 %	0,91 %	4,94 %	0,000	0,000
EK/GK	-2,02 %	2,94 %	-145,52 %	-3,00 %	-0,58 %	-0,06 %	0,000	0,000
PRkst/EK	65,30 %	109,92 %	168,34 %	0,80 %	14,19 %	83,84 %	0,002	0,000
PRkst/GK	60,45 %	105,48 %	174,48 %	0,76 %	13,82 %	75,16 %	0,002	0,000
PVW/GK	na	na	na	na	na	na	na	na

Die prozentuale Veränderung der bilanzierten Pensionsverpflichtung durch eine vollständige Passivierung der DBO fällt je nach betrachtetem Börsenindex unterschiedlich aus (Mittelwert PRkst DAX: 308,50 %; MDAX: 115,78 %; SDAX: 65,21 %). Während sich die Höhe der bilanzierten Verpflichtung bei Unternehmen des DAX im arithmetischen Mittel verdreifacht, erhöht sich diese bei Unternehmen des SDAX lediglich um zwei Drittel. Im Durchschnitt sind folglich kleinere Unternehmen weniger stark durch die Umsetzung des Bruttoansatzes betroffen. Unternehmen des MDAX und SDAX haben im Vergleich zu Unternehmen des DAX einen geringeren Anteil der DBO mit Planvermögenswerten gedeckt. Entsprechend führt die Umsetzung des Bruttoansatzes bei diesen Unternehmen zu weniger starken Änderungen, da bereits bei Anwendung des Nettoansatzes ein höherer Anteil der DBO bilanziert wurde. Weiterhin beachtenswert ist die Verteilung der Werte innerhalb der Teilstichproben. Bei allen drei Indizes weicht der Median stark vom Mittelwert ab; der Median liegt unterhalb des Mittelwerts. Dementsprechend erfährt ein Teil der Stichprobe außerordentlich hohe Effekte, wobei die überwiegende Anzahl der Unternehmen einer Teilstichprobe lediglich eine Erhöhung unterhalb des Mittelwerts erfährt. Die

Quartile weisen ebenfalls eine hohe Differenz auf und bestätigen die hohe Streuung innerhalb der Teilstichproben. Diesbezüglich kann das Ergebnis bei Auswertung der Gesamtstichprobe auf alle drei Teilstichproben übertragen werden.

Während jedoch bei Unternehmen des DAX drei Viertel der Stichprobe eine Steigerung um über ca. 70 % erfahren (1. Quartil: 68,75 %; 3. Quartil: 584,52 %) und bei nahezu einem Viertel der Stichprobe etwa versechsfacht wird, ist dieser Wert bei MDAX-Unternehmen mit knapp über 10 % (1. Quartil: 12,69 %; 3. Quartil: 157,52 %) und einer Erhöhung um mehr als das 1,5-fache bei einem Viertel der Stichprobe deutlich geringer. Besonders bemerkenswert ist im Vergleich dazu die Verteilung der Veränderung innerhalb der Teilstichprobe des SDAX (1. Quartil: 0,80 %; 3. Quartil: 83,84 %). Ausschließlich in dieser Teilstichprobe besteht ein bedeutender Anteil von Unternehmen, welche durch die Umsetzung des Bruttoansatzes nicht betroffen wären. Diese Unternehmen weisen demzufolge keine Planvermögenswerte, möglicherweise auch keine Pensionspläne, auf. Insgesamt sind somit Unternehmen des DAX in einem deutlich höheren Ausmaß von der vorliegend untersuchten Bilanzierungsänderung betroffen; darüber hinaus betrifft diese Änderung sämtliche Unternehmen des Index. Auch Unternehmen des MDAX erfahren größtenteils eine bedeutende Änderung der bilanzierten Pensionsverpflichtung, wobei diese betragsmäßig nur etwa halb so hoch sind im Vergleich zu den Änderungen bei Unternehmen des DAX. Die geringsten Auswirkungen auf die bilanzierten Verpflichtungen sind bei Unternehmen des SDAX zu verzeichnen, die zu einem Viertel kein Planvermögen generiert haben und daher von dieser Bilanzierungsänderung nicht betroffen wären.

Diese Erkenntnisse, nach denen einerseits die Veränderung der Kennzahlen für Unternehmen des DAX deutlich über den Werten der Gesamtstichprobe liegen und andererseits Unternehmen des SDAX erheblich geringere Auswirkungen im Vergleich zu den Werten der Gesamtstichprobe erfahren, lassen sich auf die weiteren analysierten Kennzahlen übertragen. Die Änderung des Fremdkapitals und des Anlagevermögens beträgt bei DAX Unternehmen im Durchschnitt etwa 20 % (Mittelwert FK: 19,89 %; AV: 21,69 %). Bei Unternehmen des MDAX ist die prozentuale Veränderung durchschnittlich nur halb so hoch (Mittelwert FK: 8,66 %; AV: 13,18 %) und liegt zuletzt bei Unternehmen des SDAX unter fünf Prozent (Mittelwert FK: 2,99 %; AV 4,51 %). Dabei zeigt die Streuung in Bezug auf Unternehmen des MDAX und SDAX, dass bei diesen Teilstichproben mindestens ein Viertel der Unternehmen mit nur geringen oder keinen Auswirkungen auf das Fremdkapital bei Umsetzung eines Bruttoansatzes rechnen müssen (1. Quartil FK MDAX: 0,37 %; SDAX: 0,08 %). Ähnliches gilt auch in Bezug auf das Anlagevermögen (1. Quartil AV MDAX: 0,53 %; SDAX: 0,07 %). Bei den Teilstichproben des MDAX und SDAX sind Unternehmen ohne bedeutendes Planvermögen vertreten, weshalb die Umsetzung des Bruttoansatzes keine wesentlichen Auswirkungen für diese Unternehmen nach sich zieht. Im Gegensatz dazu erfahren sämtliche Unternehmen des DAX Auswirkungen durch die Umsetzung des Bruttoansatzes.

Entsprechend den vorstehend analysierten Unterschieden zeigen auch die Kennzahlen zur Analyse der Kapitalstruktur bei Unternehmen des DAX im Vergleich zu den übrigen Indizes stärkere Veränderungen auf. Während die Größenordnung der

Ausgangskennzahlen durchaus vergleichbar ist,[1491] wird bei Unternehmen des DAX der Verschuldungsgrad durch die Bruttobilanzierung durchschnittlich um etwa 20 % erhöht und die Eigenkapitalquote um etwa 10 % vermindert (Mittelwert DAX FK/EK: 19,89 %; EK/GK: -10,80 %). Derartig ausgeprägte Veränderungen lassen erwarten, das Eigen- und Fremdkapitalgeber ebenso wie Finanzanalysten und Ratingagenturen auf die Kennzahlveränderungen reagieren. Entsprechend können speziell Unternehmen des DAX mit einer verstärkt negativen Einschätzung der finanziellen Risikoposition des Unternehmens rechnen, welche zu den aufgeführten ökonomischen Auswirkungen führen können. Sind Bilanzstrukturkennzahlen in Kreditverträgen oder Verträgen zur Managemententlohnung niedergelegt und enthalten diese keine Anpassungsklauseln für signifikante Bilanzierungsänderungen, so ist ein Überschreiten vertraglich fixierter Größen durch diese Bilanzierungsänderung wahrscheinlich. Dies gilt umso mehr für das Viertel der DAX-Unternehmen, das am stärksten von der Bilanzierungsänderung betroffen ist (3. Quartil DAX FK/EK: 34,11 %; 1. Quartil DAX EK/GK: -17,86 %). Auf Grund des Ausmaßes der Kennzahlveränderung sind längerfristige Anpassungsreaktionen von Managern und möglicherweise auch Abschlussadressaten zu erwarten. Bezogen auf die prozentuale Veränderung dieser Kennzahlen sind Unternehmen des MDAX durchschnittlich nur halb so stark betroffen (Mittelwert MDAX FK/EK: 8,66 %; EK/GK: -5,49 %). Dennoch handelt es sich auch bei diesen Kennzahlveränderungen durch eine vollständige Bilanzierung der DBO und der Planvermögenswerte um Auswirkungen, welche negative Reaktionen der Abschlussadressaten beziehungsweise Kapitalmarktteilnehmer erwarten lassen. Lediglich bei Unternehmen des SDAX sind die Kennzahländerungen deutlich niedriger (Mittelwert FK/EK SDAX: 3,02 %; EK/GK: -2,02 %), weshalb derartige Reaktionen weniger wahrscheinlich sind.

Weniger hohe Unterschiede werden bei Betrachtung der Anlagenintensität deutlich. Da die Anlagenintensität nach bisheriger Bilanzierungsweise unter Anwendung des Nettoansatzes bei DAX-Unternehmen etwa 60 % beträgt und damit um ca. zehn Prozentpunkte höher ist als bei Unternehmen des MDAX oder SDAX,[1492] wird die prozentuale Veränderung durch das höhere Ausgangsniveau abgemildert. So fällt die prozentuale Erhöhung dieser Kennzahl durch die Umsetzung des Bruttoansatzes bei DAX-Unternehmen nur unwesentlich höher aus als bei Unternehmen des MDAX (Mittelwert AV/GK DAX: 7,52 %; MDAX: 6,06 %; SDAX: 2,24 %).

Die Umsetzung des Bruttoansatzes führt zu unterschiedlichen Auswirkungen für Unternehmen einzelner Indizes. Trotz dieser Unterschiede erfahren jedoch Unternehmen aller Indizes Kennzahlveränderungen, bei denen mit Hilfe des t-Tests und des Wilcoxon-Vorzeichen-Rang-Tests höchst signifikante Unterschiede von Mittelwerten und Medianen festgestellt werden können, wie Tabelle 5.45 zeigt.

1491 Mittelwert FK/EK DAX: 204,72 %; MDAX: 209,42 %; SDAX: 194,68 %/Mittelwert EK/GK DAX: 35,45 %; MDAX: 35,85 %, SDAX: 34,86 %, vgl. Tabelle B.8.

1492 Vgl. Tabelle B.8.

Tabelle 5.45: Unterschiede der Teilstichproben getrennt nach Branche (2010)

	Teilstichproben signifikant verschieden
2010	
JÜ nach St.	0,065**
PRkst.	0,000**
EK	0,246*
FK	0,000**
PVW	na
AV	0,000**
AV/GK	0,000**
FK/EK	0,000**
EK/GK	0,000**
PRkst/EK	0,000**
PRkst/GK	0,000**
PVW/GK	na

* Ermittlung durch einfaktorielle Varianzanalyse
** Ermittlung durch H-Test nach Kruskal-Wallis

Die festgestellten Unterschiede der Auswirkungen einer Umsetzung des Bruttoansatzes zwischen Unternehmen verschiedener Indizes zeigen sich auch anhand statistischer Methoden. Durch die einfaktorielle Varianzanalyse respektive den H-Test nach Kruskal-Wallis lassen sich signifikante Resultate auf einem 1 %-Signifikanzniveau feststellen. Es bestehen folglich Unterschiede zwischen den Teilstichproben. Je nach Index, in welchem ein Unternehmen gelistet ist, würde eine Umsetzung des Bruttoansatzes voraussichtlich zu unterschiedlich starken Kennzahlveränderungen führen und ließe damit einhergehend ausgeprägte – etwa bei Unternehmen des DAX – oder weniger ausgeprägte Auswirkungen – etwa bei Unternehmen des MDAX und bei einem Teil der Unternehmen des SDAX – auf diese Bilanzierungsänderung erwarten.

5.5.2.3.3 Untersuchungsergebnisse getrennt nach Branche

Die Bedeutung leistungsorientierter Pensionsverpflichtungen unterscheidet sich je nach betrachteter Branche, ebenso wie die durchschnittliche Unternehmensgröße.[1493] Auf Grund dessen wird angenommen, dass eine mögliche Einführung eines Bruttoansatzes für den Ausweis leistungsorientierter Pensionsverpflichtungen branchenspezifisch verschiedene Auswirkungen auf zentrale Bilanzposten und damit einhergehend die Bilanzstruktur nach sich zieht. Die Tabelle 5.46 stellen die bereits analysierten Kennzahländerungen differenziert nach Branchen dar.

1493 Vgl. hierzu Abschnitt 5.5.2.1.4, Tabelle 5.31 auf S. 309.

Tabelle 5.46: Prozentuale Kennzahlveränderungen getrennt nach Branche (2010)

	Mittelwert	SD	VC	25 %	Median	75 %	t-Test	Wilcoxon
Anlagenbau/Automobil 2010								
JÜ nach St.	-10,04 %	17,87 %	-177,98 %	-16,97 %	-5,94 %	-0,49 %	0,002	0,000
PRkst.	157,98 %	252,73 %	159,98 %	12,35 %	50,30 %	185,45 %	0,001	0,000
EK	0,00 %	0,00 %	na	0,00 %	0,00 %	0,00 %	0,414	0,655
FK	11,13 %	13,77 %	123,72 %	1,11 %	4,23 %	14,78 %	0,000	0,000
PVW	na	na	na	na	na	na	na	na
AV	14,26 %	17,99 %	126,14 %	1,43 %	7,36 %	20,51 %	0,000	0,000
AV/GK	7,63 %	10,22 %	133,98 %	0,76 %	3,52 %	8,62 %	0,000	0,000
FK/EK	11,16 %	13,78 %	123,41 %	1,11 %	4,23 %	14,78 %	0,000	0,000
EK/GK	-6,39 %	7,53 %	-117,86 %	-9,63 %	-2,95 %	-0,63 %	0,000	0,000
PRkst/EK	108,73 %	157,71 %	145,04 %	11,07 %	44,59 %	166,19 %	0,000	0,000
PRkst/GK	87,60 %	127,81 %	145,91 %	8,33 %	39,37 %	131,03 %	0,001	0,000
PVW/GK	na	na	na	na	na	na	na	na
Chemie/Pharma 2010								
JÜ nach St.	-10,12 %	12,64 %	-124,95 %	-14,10 %	-5,82 %	-3,37 %	0,003	0,001
PRkst.	185,47 %	207,59 %	111,93 %	18,96 %	106,90 %	225,22 %	0,001	0,000
EK	0,00 %	0,00 %	na	0,00 %	0,00 %	0,00 %	na	0,317
FK	13,44 %	18,25 %	135,82 %	1,55 %	3,33 %	22,81 %	0,008	0,000
PVW	na	na	na	na	na	na	na	na
AV	16,05 %	20,53 %	127,88 %	1,68 %	4,68 %	39,36 %	0,004	0,000
AV/GK	5,31 %	6,74 %	127,06 %	0,48 %	1,41 %	10,96 %	0,004	0,000
FK/EK	13,44 %	18,25 %	135,82 %	1,55 %	3,33 %	22,81 %	0,008	0,000
EK/GK	-8,25 %	9,28 %	-112,53 %	-18,34 %	-3,99 %	-1,29 %	0,001	0,000
PRkst/EK	185,47 %	207,59 %	111,92 %	18,96 %	106,90 %	225,22 %	0,001	0,000
PRkst/GK	151,01 %	168,72 %	111,73 %	17,43 %	96,09 %	212,24 %	0,001	0,000
PVW/GK	na	na	na	na	na	na	na	na
Dienstleistungen 2010								
JÜ nach St.	-2,86 %	8,58 %	-300,13 %	-6,32 %	-1,37 %	-0,11 %	0,164	0,000
PRkst.	85,90 %	106,27 %	123,71 %	0,00 %	37,90 %	169,44 %	0,003	0,001
EK	0,00 %	0,00 %	na	0,00 %	0,00 %	0,00 %	0,327	0,593
FK	5,46 %	11,71 %	214,33 %	0,00 %	0,28 %	5,53 %	0,057	0,002
PVW	na	na	na	na	na	na	na	na
AV	6,94 %	13,59 %	195,94 %	0,00 %	1,27 %	5,87 %	0,039	0,001
AV/GK	2,51 %	4,07 %	162,34 %	0,00 %	0,47 %	4,28 %	0,015	0,001
FK/EK	5,46 %	11,71 %	214,35 %	0,00 %	0,28 %	5,53 %	0,057	0,002
EK/GK	-3,33 %	6,75 %	-202,30 %	-4,17 %	-0,20 %	0,00 %	0,045	0,001
PRkst/EK	85,90 %	106,27 %	123,71 %	0,00 %	37,90 %	169,44 %	0,003	0,001
PRkst/GK	76,79 %	99,48 %	129,54 %	0,00 %	36,57 %	126,93 %	0,004	0,001
PVW/GK	na	na	na	na	na	na	na	na

	Mittelwert	SD	VC	25 %	Median	75 %	t-Test	Wilcoxon
Handel 2010								
JÜ nach St.	-4,87 %	12,00 %	-246,58 %	-2,41 %	-1,23 %	0,07 %	0,289	0,093
PRkst.	59,70 %	58,25 %	97,57 %	0,00 %	70,68 %	105,00 %	0,035	0,028
EK	0,00 %	0,00 %	na	0,00 %	0,00 %	0,00 %	na	0,317
FK	2,48 %	3,12 %	125,74 %	0,01 %	1,51 %	3,89 %	0,059	0,028
PVW	na	na	na	na	na	na	na	na
AV	3,64 %	5,36 %	147,50 %	0,02 %	1,45 %	5,66 %	0,097	0,028
AV/GK	1,89 %	3,00 %	158,78 %	0,01 %	0,60 %	2,67 %	0,118	0,028
FK/EK	2,48 %	3,12 %	125,71 %	0,01 %	1,51 %	3,89 %	0,059	0,028
EK/GK	-1,59 %	2,08 %	-130,51 %	-2,83 %	-0,84 %	-0,01 %	0,067	0,028
PRkst/EK	59,71 %	58,25 %	97,57 %	0,00 %	70,70 %	105,00 %	0,035	0,028
PRkst/GK	56,23 %	54,26 %	96,51 %	0,00 %	65,39 %	104,94 %	0,034	0,028
PVW/GK	na	na	na	na	na	na	na	na

Sonstiges produzierendes Gewerbe 2010								
JÜ nach St.	-6,47 %	6,89 %	-106,44 %	-14,15 %	-3,45 %	-1,35 %	0,011	0,023
PRkst.	172,90 %	224,58 %	129,89 %	20,15 %	72,58 %	236,26 %	0,017	0,001
EK	0,00 %	0,00 %	na	0,00 %	0,00 %	0,00 %	0,204	0,285
FK	8,70 %	8,86 %	101,86 %	3,53 %	5,81 %	11,44 %	0,004	0,001
PVW	na	na	na	na	na	na	na	na
AV	10,55 %	8,13 %	77,09 %	3,94 %	6,91 %	18,49 %	0,001	0,001
AV/GK	5,08 %	4,96 %	97,74 %	1,30 %	2,99 %	10,30 %	0,003	0,001
FK/EK	8,70 %	8,87 %	101,87 %	3,53 %	5,81 %	11,44 %	0,004	0,019
EK/GK	-4,73 %	3,99 %	-84,29 %	-7,07 %	-3,67 %	-1,64 %	0,001	0,013
PRkst/EK	172,90 %	224,59 %	129,89 %	20,15 %	72,58 %	236,26 %	0,017	0,019
PRkst/GK	154,19 %	199,74 %	129,54 %	17,04 %	66,25 %	216,75 %	0,017	0,001
PVW/GK	na	na	na	na	na	na	na	na

Versorger 2010								
JÜ nach St.	-1,97 %	3,57 %	-180,99 %	-5,70 %	-0,95 %	0,73 %	0,350	1,000
PRkst.	207,75 %	234,54 %	112,90 %	2,34 %	207,89 %	413,02 %	0,175	0,109
EK	0,00 %	0,00 %	na	0,00 %	0,00 %	0,00 %	na	1,000
FK	10,44 %	11,84 %	113,44 %	0,25 %	8,94 %	22,13 %	0,176	0,109
PVW*	na	na	na	na	na	na	na	na
AV	12,03 %	14,68 %	122,08 %	0,18 %	8,63 %	27,26 %	0,200	0,317
AV/GK	3,43 %	4,39 %	128,10 %	0,02 %	2,22 %	8,03 %	0,216	0,109
FK/EK	10,44 %	11,84 %	113,44 %	0,25 %	8,94 %	22,13 %	0,176	0,109
EK/GK	-6,90 %	7,99 %	-115,88 %	-14,98 %	-5,54 %	-0,16 %	0,183	0,109
PRkst/EK	207,75 %	234,54 %	112,90 %	2,34 %	207,89 %	413,02 %	0,175	0,109
PRkst/GK	173,10 %	195,13 %	112,73 %	2,17 %	169,46 %	347,66 %	0,174	0,109
PVW/GK	na	na	na	na	na	na	na	na

	Mittelwert	SD	VC	25 %	Median	75 %	t-Test	Wilcoxon
Verschiedene 2010								
JÜ nach St.	-18,11 %	29,41 %	-162,38 %	-44,15 %	-5,90 %	-4,94 %	0,154	0,091
PRkst.	171,65 %	264,41 %	154,05 %	1,69 %	29,82 %	261,60 %	0,137	0,028
EK	0,00 %	0,00 %	na	0,00 %	0,00 %	0,00 %	na	1,000
FK	11,49 %	11,86 %	103,23 %	0,17 %	7,90 %	20,82 %	0,043	0,028
PVW	na	na	na	na	na	na	na	na
AV	21,15 %	30,42 %	143,80 %	0,24 %	11,30 %	24,00 %	0,115	0,028
AV/GK	3,99 %	3,78 %	94,72 %	0,11 %	3,82 %	7,32 %	0,049	0,028
FK/EK	11,49 %	11,86 %	103,23 %	0,17 %	7,90 %	20,82 %	0,043	0,028
EK/GK	-6,89 %	6,50 %	-94,40 %	-11,63 %	-5,66 %	-0,10 %	0,031	0,028
PRkst/EK	171,65 %	264,41 %	154,05 %	1,69 %	29,82 %	261,60 %	0,137	0,028
PRkst/GK	143,50 %	228,57 %	159,28 %	1,59 %	22,47 %	200,94 %	0,148	0,028
PVW/GK	na	na	na	na	na	na	na	na

Zunächst wird eine Unterscheidung der Auswirkungen auf Basis der Veränderung des Bilanzpostens Pensionsverpflichtung (PRkst) durchgeführt. Auf diese Weise identifizierte Unterschiede können durch eine unterschiedliche Bedeutung leistungsorientierter Pläne zwischen den Branchen oder durch branchenspezifische Abweichungen in der Auslagerungspolitik von Vermögenswerten zur späteren Finanzierung von Pensionsverpflichtungen begründet werden. Die stärkste prozentuale Erhöhung der bilanzierten Pensionsverpflichtung kann bei Unternehmen der Branche Versorger beobachtet werden (Mittelwert PRkst: 207,75 %; Median: 207,89 %). Auf Grund der geringen Anzahl der in dieser Stichprobe vertretenen Unternehmen, ist dieses Ergebnis jedoch durch die Hälfte der Unternehmen dieser Branche mit den höchsten Veränderungen beeinflusst. Weiterhin erfahren Unternehmen der Branchen Chemie/Pharma (Mittelwert: 185,47 %; Median: 106,90 %), des sonstigen produzierenden Gewerbes (Mittelwert: 172,90 %; Median: 72,58 %) und der Gruppe Verschiedene (Mittelwert: 171,65 %; Median: 29,82 %) die höchsten Veränderungen des Bilanzpostens PRkst. In der letztgenannten Teilstichprobe ist im Gegensatz zu den übrigen beiden Branchengruppen auf Basis der Abweichungen zwischen Mittelwert und Median eine deutlich höhere Streuung feststellbar. Diese Heterogenität der Auswirkungen einer Änderung der Bilanzierung leistungsorientierter Pläne der Branchengruppe Verschiedene, welche bereits bei Umsetzung der vollständigen GuV-wirksamen Erfassung deutlich wird,[1494] wird durch den hohen Quartilabstand bestätigt (1. Quartil: 1,69 %; 3. Quartil: 261,60 %). Entsprechend variiert möglicherweise die Bedeutung leistungsorientierter Pensionspläne und insbesondere das Vorliegen von Planvermögen bei diesen Unternehmen. Bei einem Viertel der Unternehmen besteht keines oder lediglich sehr geringes Planvermögen, weshalb die bilanzierte Pensionsverpflichtung durch die Umsetzung des Bruttoansatzes kaum – nämlich um

1494 Vgl. Abschnitt 5.5.2.2.4.

lediglich 1,69 % (1. Quartil) – erhöht wird. Allerdings führt der Bruttoausweis von Pensionsvermögenswerten und -verbindlichkeiten zu einer Erhöhung um mindestens das zweieinhalbfache bei dem Viertel dieser Branchengruppe mit den höchsten Veränderungen (3. Quartil: 261,60 %). Gleichwohl ist auch in den anderen Branchen eine hohe Streuung beobachtbar.

Im Vergleich zu den Ergebnissen der branchenspezifischen Analyse der Auswirkungen einer vollständigen GuV-wirksamen Erfassung ist eine Verschiebung der Branchen, welche die höchsten Auswirkungen erfahren, beobachtbar. So sind Unternehmen der Branche Anlagenbau/Automobil nicht in den Branchengruppen mit den höchsten Auswirkungen vertreten (Mittelwert PRkst: 157,98 %; Median: 50,30 %). Wird zugleich der bei diesen Branchengruppen durchschnittlich hohe Anteil der bilanzierten Pensionsverpflichtung am Gesamtkapital in die Betrachtung mit einbezogen,[1495] liegt der Schluss nahe, dass leistungsorientierten Pensionsplänen in diesen Branchen zwar eine relativ hohe Bedeutung zukommt, jedoch eine im Vergleich zu anderen Branchengruppen geringe Auslagerung von Planvermögenswerten vorgenommen wird. Auf Grund der relativ niedrigen Auslagerung führt die Umsetzung des Bruttoansatzes zu – im Branchenvergleich – geringeren Auswirkungen.

Die Branchen Dienstleistungen (Mittelwert PRkst: 85,90 %; Median: 37,90 %) und Handel (Mittelwert PRkst: 59,70 %; Median: 70,68 %) verzeichnen die im Branchenvergleich geringsten Auswirkungen durch eine vollständige Bilanzierung von Vermögenswerten und Schulden aus leistungsorientierten Pensionsplänen. Dementsprechend liegt bei Unternehmen dieser Branchengruppen nur eine geringere Abdeckung der DBOs mit Planvermögenswerten vor. Auffällig ist die Abweichung zwischen Mittelwert und Median bei der Gruppe Handel. Im Gegensatz zu den anderen Branchengruppen liegt hier der Median deutlich über dem Mittelwert. Demzufolge kann bei mehr als der Hälfte der Unternehmen dieser Stichprobe eine Erhöhung der bilanzierten Pensionsverpflichtung beobachtet werden, die den Mittelwert überschreitet. Der im Vergleich zum Median geringe Mittelwert ergibt sich durch Unternehmen der Branchengruppe, bei welchen die Umsetzung des Bruttoansatzes zu keinen Auswirkungen führt. Sowohl bei Unternehmen aus dem Dienstleistungsgewerbe wie auch aus dem Handel führt die Bilanzierungsänderung bei einem Viertel der Unternehmen (1. Quartil: 0,00 %) zu keiner Erhöhung der bilanzierten Pensionsverpflichtung. Hierdurch liegt ein wesentlicher Unterschied zu anderen Branchen vor, bei welchen das 1. Quartil regelmäßig über 10 % liegt.[1496]

Um die relative Bedeutung der vollständigen Bilanzierung der DBO zwischen den einzelnen Teilstichproben vergleichen zu können, werden im Folgenden Unterschiede der Veränderung des Fremdkapitals sowie der Kennzahl PRkst/GK zwischen einzelnen Branchengruppen betrachtet. Die Veränderung des Fremdkapitals führt im Branchenvergleich grundsätzlich zu ähnlichen Ergebnissen, wie bereits der Vergleich der

1495 Vgl. hierzu Abschnitt 5.5.2.1.4, Tabelle 5.31 auf S. 309.
1496 Dies gilt mit Ausnahme der Branche Versorger, deren Ergebnisse durch die geringe Anzahl großer Unternehmen beeinflusst wird.

Veränderungen der bilanzierten Pensionsverpflichtungen gezeigt hat. Entsprechend ist bei Unternehmen, bei welchen ein hoher Anteil der DBO mit Planvermögen gedeckt ist und sich auf Grund dessen die Höhe der bilanzierten Pensionsverpflichtung durch die Umsetzung des Nettoansatzes vergleichsweise stark erhöht, auch mit hohen Auswirkungen auf die Veränderung des Fremdkapitals zu rechnen. Dies bedeutet, dass es sich bei Unternehmen mit einer vergleichsweise hohen Auslagerung auch um die Unternehmen handelt, bei denen der Anteil der DBO am Fremdkapital im Branchenvergleich hoch ist. Die höchsten Veränderungen des Fremdkapitals ist bei Unternehmen der Branche Chemie/Pharma zu beobachten (Mittelwert FK: 13,44 %; Median: 3,33 %), gefolgt von Unternehmen der Branche Verschiedene (Mittelwert FK: 11,49 %; Median: 7,90 %). Unternehmen der Gruppe Anlagenbau/Automobil (Mittelwert FK: 11,13 %; Median: 4,23 %) und Versorger (Mittelwert FK: 10,44 %; Median: 8,94 %) verzeichnen ebenfalls eine hohe Veränderung des Fremdkapitals. Damit einher geht die Veränderung des Verschuldungsgrads und der Eigenkapitalquote, die beide bei diesen Branchengruppen gleichfalls die ausgeprägtesten Veränderungen erfahren. Auf Grund der Relevanz dieser Kennzahlen für Abschlussadressaten müssen Unternehmen dieser Branchengruppen in verstärktem Maße mit einer veränderten Einschätzung der Unternehmenssituation durch diese rechnen.

In Bezug auf die Teilstichprobe Verschiedene ist die deutlich geringere Streuung der prozentualen Veränderung des Fremdkapitals (FK SD: 11,86 %: VC: 103,23 %) im Vergleich zur Streuung der Veränderung der bilanzierten Pensionsverpflichtung (PRkst SD: 264,41 %; VC: 154,05 %) auffallend. Da die Streuung der Veränderung des gesamten Fremdkapitals deutlich geringer ist, deutet dies darauf hin, dass Unternehmen, welche hohe Auswirkungen auf die bilanzierte Pensionsverpflichtung verzeichnen, mithin Unternehmen sind, bei welchen zugleich ein hohes Fremdkapital vorliegt. Damit relativiert sich die vergleichsweise starke Erhöhung der DBO durch das bei diesen Unternehmen ebenfalls hohe Fremdkapital. Ein umgekehrter Effekt ist bei Branchen mit geringen Auswirkungen des Bruttoansatzes auf die betrachteten Kennzahlen zu beobachten, wozu die Branche Dienstleistungen und Handel zählen. Insbesondere bei Unternehmen der Branche Dienstleistungen liegt die relative Streuung, gemessen am Variationskoeffizienten, bei der Veränderung des Fremdkapitals über der Streuung der Veränderung der bilanzierten Pensionsverpflichtung (VC PRkst: 123,71 %; FK: 214,33 %). Eine Betrachtung der Ausgangskennzahlen bei Dienstleistungsunternehmen zeigt, dass der durchschnittliche Anteil der bilanzierten Pensionsverpflichtung im Vergleich zum durchschnittlichen Fremdkapital im Branchenvergleich hoch ist.[1497] Zugleich verfügt mindestens ein Viertel der Unternehmen dieser Teilstichprobe über keine leistungsorientierten Pläne oder kein Planvermögen und erfährt durch die Umsetzung des Bruttoansatzes keine Änderung der bilanzierten Pensionsverpflichtung (1. Quartil PRkst: 0,00 %). Entsprechend führt eine vollständige Bilanzierung der DBO lediglich bei einem Teil der Unternehmen

1497 Vgl. hierzu Abschnitt 5.5.2.1.4, Tabelle 5.31 auf S. 309.

zu einem vergleichsweise starken Anstieg des Fremdkapitals, woraus eine hohe Streuung resultiert.

Eine anteilige Betrachtung der Kennzahl PRkst/GK führt zu analogen Ergebnissen wie der Branchenvergleich der Veränderung der bilanzierten Pensionsverpflichtungen. Einerseits existieren Branchengruppen, deren Unternehmen im Vergleich zu Unternehmen anderer Branchen eine hohe Veränderung erfahren. Hierbei handelt es sich um die Branchen Versorger (Mittelwert PRkst/GK: 173,10 %), sonstiges produzierendes Gewerbe (Mittelwert PRkst/GK: 154,19 %) und Chemie/Pharma (Mittelwert PRkst/GK: 151,01 %), bei welchen die Kennzahl PRkst/GK im arithmetischen Mittel um das 1,5-fache erhöht wird. Andererseits ergeben sich bei Unternehmen der Branchen Dienstleistungen und Handel deutlich geringere Veränderungen der Kennzahl PRkst/GK von durchschnittlich 76,79 % respektive 56,23 %. Bei den letztgenannten Branchen können Faktoren, wie ein bereits nach IAS 19 (2004) bilanzierter geringer Anteil der passivierten Pensionsverpflichtungen am Gesamtkapital von unter 3 %[1498] sowie eine – möglicherweise durch die geringere Bedeutung leistungsorientierter Pensionspläne am Gesamtkapital bedingte – geringere Auslagerungspolitik zu niedrigeren Auswirkungen bei diesen Branchen führen.

Im Anschluss an die Analyse der Auswirkungen auf die Passivseite werden die Veränderungen der Aktivseite bei den nach Branchen unterschiedenen Teilstichproben verglichen. Da eine isolierte Betrachtung der Veränderung des bilanzierten Planvermögens bedingt durch die Tatsache, dass diese Größe bei Vorliegen eines Nettoansatzes nicht vorhanden oder sehr niedrig ist, nur schwer möglich ist, werden die Auswirkungen der Aktivseite anhand der Veränderung des Anlagevermögens einem Branchenvergleich unterzogen. Die heterogenen Auswirkungen, welche bei Betrachtung der Passivseite festgestellt werden, sind analog bei den Veränderungen des Anlagevermögens beobachtbar. Die Branchen, welche die höchsten Veränderungen erfahren, bleiben unverändert. Hierzu zählen Unternehmen der Branche Verschiedene (Mittelwert AV: 21,15 %; Median: 11,30 %), Chemie/Pharma (Mittelwert AV: 16,05 %; Median: 4,68 %) und sonstiges produzierendes Gewerbe (Mittelwert AV: 10,55 %; Median: 6,91 %). Allerdings ist der Abstand der arithmetischen Mittel zwischen diesen Gruppen hoch. Speziell die Gruppe Verschiedene erfährt deutlich höhere Auswirkungen bei einer zugleich hohen Streuung (SD: 30,42 %; VC: 143,80 %). Möglicherweise weist ein Teil der Unternehmen der Stichprobe Verschiedene ein relativ geringes Anlagevermögen auf, weshalb sich die Aktivierung des Planvermögens stark auf Unternehmen dieser Branche auswirkt. Bei sämtlichen Branchen, welche im arithmetischen Mittel hohe Auswirkungen erfahren, bestehen Unternehmen, die nahezu keine Veränderung des Anlagevermögens aufweisen, sowie andererseits Unternehmen deren Anlagevermögen um über ein Fünftel steigt. Besonders hoch ist dieser Quartilabstand bei Unternehmen der Gruppe Chemie/Pharma (1. Quartil AV: 1,68 %; 3. Quartil: 39,36 %) und Versorger (1. Quartil AV: 0,18 %;

1498 Vgl. hierzu Abschnitt 5.5.2.1.4, Tabelle 5.31 auf S. 309.

3. Quartil: 27,26 %). Folglich sind auch innerhalb der Teilstichproben beträchtlich unterschiedliche Auswirkungen beobachtbar.

Zusammenfassend ist festzuhalten, dass starke Unterschiede hinsichtlich der Auswirkungen des Bruttoansatzes zwischen den Branchen bestehen. Dabei kann nur bedingt von den Auswirkungen der Passivseite der Bilanz auf die Auswirkungen der Aktivseite geschlossen werden, da die relative Bedeutung der bilanzierten Pensionsverpflichtung am Eigen- oder Fremdkapital einerseits und die Bedeutung des Planvermögens am Anlagevermögen andererseits je nach Branche unterschiedlich ist. Darauf aufbauend werden hinsichtlich der prozentualen Veränderungen der Kennzahlen unterschiedlich starke Streuungen innerhalb einer Branche sowie zwischen den Branchen beobachtet.

Auf Grund des bei einzelnen Teilstichproben, wie der Gruppe Versorger, geringen Stichprobenumfangs kommen die verwendeten statistischen Tests nur zu bedingt aussagekräftigen Erkenntnissen. Bemerkenswert erscheint das Ergebnis des t-Tests. Obgleich hohe prozentuale Veränderungen der bilanzierten Pensionsverpflichtung bei Unternehmen der Branchen Versorger sowie Verschiedene feststellbar sind, erscheint die Streuung in der Stichprobe so hoch zu sein, dass anhand des t-Tests auch auf einem 5 %-Signifikanzniveau keine statistisch signifikanten Mittelwertunterschiede aufgedeckt werden können. Auch der Wilcoxon-Vorzeichen-Rang-Test zeigt bei der Branche Versorger keine und bei der Branche Verschiedene lediglich auf einem 5 %-Niveau signifikante Unterschiede der Mediane der Teilstichproben vor und nach Bilanzanpassung an. Dieses Ergebnis kann teilweise, bei Betrachtung der Gruppe Versorger, auf Grund des geringen Stichprobenumfangs verzerrt sein. Im Hinblick auf die Teilstichprobe Verschiedene scheinen hingegen die Auswirkungen so heterogen zu sein beziehungsweise die Streuung so hoch, dass auf Basis dieser Tests keine bedeutsamen Unterschiede der Mittelwerte und Mediane bei Netto- und Bruttobilanzierung festgestellt werden können. Bei den Teilstichproben Anlagenbau/Automobil, Chemie/Pharma und sonstiges produzierendes Gewerbe zeigen die Ergebnisse des t-Tests und des Wilcoxon-Vorzeichen-Rang-Tests bei sämtlichen Kennzahlen höchst signifikante Unterschiede zwischen Mittelwerten und Medianen der entsprechenden Kennzahlen bei Bilanzierung nach dem Netto- und Bruttoansatz auf. Hingegen sind bei den beiden Teilstichproben, bei welchen die Kennzahlveränderungen am geringsten sind – Dienstleistungen und Handel –, nur teilweise signifikante Unterschiede anhand des t-Tests und des Wilcoxon-Vorzeichen-Rang-Tests erkennbar. Im Vergleich zu den übrigen Teilstichproben erfahren diese beiden Gruppen folglich keine bedeutsamen respektive weniger ausgeprägte Veränderungen der Mittelwerte und Mediane.

5.5.3 Limitationen

Die vorliegende Simulationsstudie und die damit einhergehenden Untersuchungsergebnisse unterliegen Limitationen. Da die vorliegende Arbeit der ex-ante Forschung zuzurechnen ist, unterliegt diese auch den allgemeinen Limitationen dieser Forschungsrichtung. Ex-ante Forschung vermag auf der Basis eines grundlegenden

Rechnungslegungskonzepts, wie dem Framework des IASB, Fragen hinsichtlich der Anwendung dieses Konzepts auf konkrete Rechnungslegungssachverhalte zu beleuchten und hierdurch Kriterien als Entscheidungsbasis für die Verabschiedung eines endgültigen Standards bereit zu stellen. Jedoch werden hierdurch keine Erkenntnisse hinsichtlich der normativen Entscheidung für ein Rechnungslegungskonzept oder der endgültigen Verabschiedung eines Standards gewonnen.[1499] Letztlich trägt akademische Rechnungslegungsforschung, und damit auch diese Simulationsstudie, dazu bei, die Auswirkungen ausgewählter Konsequenzen verschiedener Rechnungslegungsnormen auf ausgewählte Unternehmen abzuschätzen. Diese Auswirkungen geben jedoch keine Auskunft über eine vorziehenswerte Ausgestaltung der Rechnungslegungsnormen.

In der vorliegenden Simulationsstudie werden Bilanzdaten vergangener Perioden herangezogen. Da diese Daten lediglich in Bezug auf genau festgelegte pensionsbezogene Größen verändert werden und die dadurch ausgelösten Veränderungen isoliert für jedes Jahr betrachtet werden, kann die Verzerrung der Untersuchungsergebnisse durch andere einmalige Effekte ausgeschlossen werden.[1500]

In Bezug auf die im Rahmen dieser Arbeit durchgeführte erste Simulation, welche die Auswirkungen der Einführung des IAS 19 (rev. 2011) abbildet, ist ferner anzumerken, dass nur die wesentlichen Veränderungen durch die Überarbeitung des Standards im Rahmen der Simulation abgebildet werden können. Weitere Bilanzierungsänderungen, die der überarbeitete Standard fordert oder die im Zuge der Umsetzung des neuen Standards durchgeführt wurden, finden keine Berücksichtigung im Simulationsmodell. Die Auswirkungen der Anwendung des überarbeiteten Standards kann somit bei Unternehmen auch durch Effekte, die keine Berücksichtigung im vorliegend angewandten Simulationsmodell finden, bedingt werden. Auch auf Grund dessen können die in der vorliegenden Studie dargestellten Auswirkungen von den in der Realität beobachtbaren Auswirkungen abweichen. Ein Beispiel für eine Bilanzierungsänderung, die durch die Überarbeitung des IAS 19 im Jahr 2011 impliziert wird, jedoch im Rahmen einer Simulation auf Basis extern veröffentlichter Daten nicht berücksichtigt werden kann, stellt die veränderte Berücksichtigung von Arbeitnehmerbeiträgen bei der Ermittlung des laufenden Dienstzeitaufwands dar. Diese könnte theoretisch allerdings bei bestimmten Planausgestaltungen zu bedeutenden Umstellungseffekten führen. Der überarbeitete Standard fordert Arbeitnehmerbeiträge und Beiträge von Dritten nach IAS 19.93 i. V. m. IAS 19.70 bei der Ermittlung der DBO sowie der anschließenden Ermittlung des laufenden Dienstzeitaufwands wie Arbeitgeberbeiträge zu berücksichtigen und dementsprechend auf den Erdienungszeitraum zu verteilen. Nach IAS 19(2004) wurden Arbeitnehmerbeiträge hingegen in der Praxis

1499 Vgl. SCHIPPER (1994), S. 67.

1500 Die Problematik der Überlappung der zu untersuchenden Effekte durch andere institutionelle Ereignisse, welche sich im Untersuchungszeitraum ereignen, wie die Einführung neuer Standards (vgl. hierzu z. B. EWERT/WAGENHOFER (2012), S. 287) ergibt sich daher in der vorliegenden Untersuchung nicht.

als Reduktion des laufenden Dienstzeitaufwands berücksichtigt, weshalb eine Umstellung der Bilanzierungsweise diesbezüglich mit Einführung des überarbeiteten IAS 19 durchgeführt wurde.[1501]

Bei den weiteren Simulationsstudien, der Umsetzung einer vollständigen GuV-wirksamen Erfassung (2. Simulation) sowie der Umsetzung eines Bruttoansatzes (3. Simulation), handelt es sich um die Untersuchung der Auswirkungen eines bislang lediglich theoretisch existierenden Konzepts. Eine konkrete Umsetzung derartiger Bilanzierungsmodelle durch das IASB wird höchstwahrscheinlich nicht in derselben Form ausgestaltet sein. Es ist folglich zu erwarten, dass ein möglicher Vorschlag für eine Bilanzierungsänderung weitere oder andere Neuerungen mit sich bringt, die im Rahmen einer solchen Studie nicht untersucht werden können. Weiterhin werden in der Simulation 3 lediglich die Auswirkungen einer veränderten Bilanzierung von Pensionszusagen, die gemäß den derzeitigen Regelungen als leistungsorientierte Zusagen klassifiziert werden, untersucht. Entsprechend der Ausgestaltung ist jedoch möglicherweise eine Änderung der Bilanzierungsweise für Zusagen, welche bisher den beitragsorientierten Zusagen zugeordnet werden, ebenfalls sachgerecht, wie die Ausführungen in Abschnitt 4.1 zeigen. So könnte eine Konsolidierung von Pensionsträgern, auf welche beitragsorientierte Pläne ausgelagert werden, ebenfalls zu einer Bruttodarstellung führen. Dies kann jedoch anhand der Simulationsstudie nicht untersucht werden.

Die vorgenommene empirische Untersuchung basiert auf einem mathematischen Modell. Die ausschließliche Verwendung mathematischer Modelle hat allgemein zur Folge, dass Nuancen, welche lediglich verbal ausgedrückt werden können, nicht aufgedeckt werden.[1502] Dies führt zu der Beschränkung der Untersuchung auf quantitative Fragestellungen. In Bezug auf den vorliegenden Sachverhalt bedeutet dies, dass ausschließlich Wertänderungen von Kennzahlen untersucht werden. Eine künftige Bilanzierungsänderung wird möglicherweise jedoch zugleich Änderungen von verbalen Angaben und ebenso der Darstellung einzelner Werte und Überleitungsrechnungen beinhalten. Darüber hinaus kann eine Bilanzierungsänderung zugleich Verhaltensänderungen hervorrufen. Diese sind sowohl in Bezug auf die Gewährung leistungsorientierter Pensionszusagen durch Unternehmen, deren Ausgestaltung speziell im Hinblick auf die Ausfinanzierung, als auch im Hinblick auf die Darstellungsformate denkbar. Führt eine Bilanzierungsänderung zu derartigen

1501 Vgl. hierzu ausführlich ZANELLA/WELSER (2012), S. 434. Allerdings erfordert die Berücksichtigung von Arbeitnehmerbeiträgen im Rahmen der Zuordnung der DBO auf die einzelnen Perioden des Erdienungszeitraums komplexe Berechnungen, weshalb der im März 2013 veröffentlichte ED/2013/4 „Defined Benefit Plans: Employee Contributions. Proposed amendments to IAS 19" eine Änderung dieser kurz zuvor eingeführten Bilanzierungsweise vorschlägt, vgl. ED/2013/4.93. Wird dieser Vorschlag des ED umgesetzt, so werden die entsprechenden Umstellungseffekte wieder umgekehrt.

1502 Vgl. ATTESLANDER (2010), S. 182.

Änderungen – wie beispielsweise einer Reduzierung leistungsorientierter Pensionszusagen oder der Planvermögenswerte –, werden hierdurch die Auswirkungen einer veränderten Bilanzierungsmethode beeinflusst. Derartige Auswirkungen bleiben im Rahmen der vorliegenden Arbeit unberücksichtigt.

In dieser Studie wurde ein exploratives Vorgehen gewählt; die dargestellten Ergebnisse der statistischen Auswertungen dienen ausdrücklich der Deskription der vorliegenden Stichprobe. Eine Ableitung allgemeingültiger Aussagen oder eine Falsifikation von Hypothesen erfolgt nicht. Derartige Aussagen oder eine derartige Vorgehensweise könnten anhand der vorliegenden Untersuchung nicht getroffen werden. Ein Grund hierfür stellt die Vielzahl der durchgeführten Untersuchungen dar. Hierdurch erhöht sich die akzeptierte Irrtumswahrscheinlichkeit über die Gesamtheit der durchgeführten Untersuchungen; das Risiko fehlerhafter Ergebnisse einzelner statistischer Tests steigt somit insgesamt an. Weiterhin lässt der gewählte Untersuchungsaufbau keine Überprüfung der Ergebnisse anhand einer Kontrollgruppe zu.

Ferner handelt es sich bei der vorliegenden Stichprobe nicht um eine zufällig ausgewählte Stichprobe. Vielmehr wurde die Stichprobe anhand von Börsenindizes ausgewählt und repräsentiert somit lediglich die – gemessen am Börsenumsatz und der Marktkapitalisierung – größten Unternehmen. Gleichwohl erlaubt die Auswahl dieser Indizes die Annahme, dass die Zusammensetzung der gewählten Indizes grob der Branchenstruktur der in Deutschland gelisteten Unternehmen entspricht.

Zuletzt steht im Mittelpunkt dieser Forschungsarbeit die Untersuchung von Kennzahlveränderungen. Diese nehmen bei einzelnen Kennzahlen den Wert Null an, da einzelne untersuchte Bilanzierungsänderungen für manche Unternehmen keine Auswirkungen nach sich ziehen. Auf Grund dessen weisen die betroffenen Kennzahlveränderungen häufig den Wert Null auf, weshalb hinsichtlich der Kennzahlveränderungen teilweise keine Normalverteilung der Stichprobe vorliegt. Entsprechend sind beispielsweise die Voraussetzungen für eine einfaktorielle Varianzanalyse mitunter nicht gegeben. Alternativ können nicht-parametrische Tests angewandt werden. Diese erfordern eine Gleichverteilung der Teilstichproben. Zudem ist zu berücksichtigen, dass die Güte nicht-parametrischer Tests weniger hoch ist als bei parametrischen Tests. Die dargestellten Faktoren führen im Ergebnis möglicherweise dazu, dass gegebenenfalls vorhandene Stichprobenunterschiede durch die Tests nicht gefunden werden, obwohl diese tatsächlich bestehen. Da die Tests in den vorliegenden Untersuchungen ausschließlich zur deskriptiven Analyse einer Stichprobe und zur Aufdeckung respektive dem Vergleich von Unterschieden einzelner Teilgruppen herangezogen werden, ist die Anwendung der Tests dennoch möglich.

Weitere Limitationen der empirischen Untersuchung ergeben sich auf Grund der Ausgestaltung des Simulationsmodells, welches Annahmen erfordert. Hierzu zählt die pauschale Annahme eines Steuersatzes in Höhe von 30 %. Auswirkungen auf latente Steuern werden grundsätzlich bei sämtlichen GuV- und OCI-Änderungen berücksichtigt, um der unterschiedlichen Ergebniswirkung latenter Steuern je nach Erfassungsweise des zugrunde liegenden Bilanzierungssachverhalts Rechnung zu tragen. Durch die Berücksichtigung latenter Steuern werden die Auswirkungen der untersuchten Bilanzierungsänderungen geschmälert.

Darüber hinaus wird beim Aufbau des Simulationsmodells die Annahme getroffen, dass die betrachteten Bilanzierungsänderungen jeweils ab dem Jahr 2005 prospektiv anzuwenden sind. GuV- und OCI-Veränderungen der Vorjahre werden in nachfolgenden Jahren gesamtergebnisneutral über das Eigenkapital berücksichtigt.[1503] Hierdurch kann die Höhe des Eigenkapitals durch die Berücksichtigung der Ergebnisveränderungen ab 2005 beeinflusst werden. Um die Auswirkungen dieser Vorjahreseffekte zu veranschaulichen, werden für die Simulation 1 den bereits analysierten Veränderungen des Eigenkapitals und der auf das Eigenkapital rekurrierenden Kennzahlen, die entsprechenden Kennzahlveränderungen, die sich ohne Berücksichtigung von Vorjahreseffekten ergeben, gegenüber gestellt.

Dieser Vergleich wird für die Gesamtstichprobe der Periode 2010 durchgeführt. Tabelle 5.47 enthält einen Vergleich zwischen den relevanten, in Abschnitt 5.5.2.1.1, Tabelle 5.24, dargestellten und analysierten Kennzahlen und den entsprechenden Kennzahlveränderungen, die sich im Unterschied zu dem in der vorliegenden Untersuchung angewandten Simulationsmodell bei einer lediglich einperiodischen Betrachtung ergeben würden.

Tabelle 5.47: Simulation 1 – Vergleich der prozentualen Kennzahlveränderungen (2010) bei prospektiver und retrospektiver Anwendung

	Mittelwert	SD	VC	25 %	Median	75 %	t-Test	Wilcoxon
Prozentuale Kennzahlveränderungen mit Vorjahreseffekten								
2010								
EK	-1,01 %	2,19 %	-217,65 %	-1,43 %	-0,01 %	0,00 %	0,000	0,000
GKR	0,19 %	1,06 %	556,10 %	-0,01 %	0,00 %	0,32 %	0,072	0,001
EKR	0,47 %	3,61 %	762,28 %	-0,52 %	0,17 %	1,40 %	0,188	0,021
Prozentuale Kennzahlveränderungen ohne Vorjahreseffekte								
2010								
EK	-1,00 %	2,19 %	-217,76 %	-1,43 %	0,00 %	0,00 %	0,000	0,000
GKR	0,19 %	1,06 %	555,57 %	0,00 %	0,01 %	0,32 %	0,072	0,001
EKR	0,47 %	3,62 %	764,50 %	-0,52 %	0,16 %	1,40 %	0,189	0,020

Die Gegenüberstellung zeigt, dass durch eine Simulation der einperiodischen Auswirkungen der Umsetzung des IAS 19 (rev. 2011) äußerst geringe Unterschiede auf aggregierte Bilanzwerte und relative Kennzahlen im Vergleich zu dem im Rahmen dieser Untersuchung angewandten Simulationsmodells feststellbar sind. Die nur geringen Eigenkapitalveränderungen durch die Bilanzierungsänderung ergeben sich

1503 Vgl. zum Simulationsmodell ausführlich Abschnitt 5.4.1.

insgesamt durch die Tatsache, dass die Bilanzierungsänderung hauptsächlich zu einer Verschiebung zwischen Aufwendungen und Erträgen, die im Eigenkapital erfasst werden, und solchen, deren Erfassung im OCI erfolgt, führt. Durch die Thesaurierung des Jahresüberschusses nach Steuern werden die Eigenkapitaleffekte überwiegend kompensiert. Dies gilt auch für die betrachteten Vorperioden, da das Simulationsmodell auf der Annahme der Thesaurierung des GuV-Ergebnisses aufbaut. Nicht kompensiert wird die GuV-wirksame Berücksichtigung des bislang nicht erfassten nachzuverrechnenden Dienstzeitaufwands sowie nicht erfasster versicherungsmathematischer Gewinne und Verluste bei Korridor-Bilanzierern. Somit sind lediglich bei Korridor-Bilanzierern Eigenkapitalveränderungen feststellbar.[1504] Da sich die Höhe der Werte, die zu Eigenkapitalveränderungen führen, im Zeitablauf – zumindest teilweise – kompensieren und lediglich ein Teil der Stichprobe von diesen Eigenkapitalveränderungen überhaupt betroffen ist, würde eine prospektive Anwendung der Neuregelungen zu kaum feststellbaren Unterschieden in den Kennzahlveränderungen für die Gesamtstichprobe führen.

Für die zweite Simulation zur Untersuchung einer vollständigen GuV-wirksame Erfassung sämtlicher Aufwendungen und Erträge ergeben sich durch die Annahme der Thesaurierung keine weiteren Eigenkapitaleffekte im Vergleich zu Simulation 1. Die Ergebnisse der Simulation 2 werden mit den Ergebnissen der Simulation 1 verglichen. Dementsprechend sind bereits in den Ausgangswerten sämtliche Aufwendungen und Erträge aus leistungsorientierten Pensionsplänen erfasst. Die Simulation 2 führt darauf aufbauend lediglich zu einer Verschiebung von im OCI erfassten Beträgen in die Gewinn- und Verlustrechnung. Durch die Thesaurierung des Ergebnisses ergeben sich hierdurch keine Eigenkapitalveränderungen. Für Simulation 3, welche die Auswirkungen einer Bruttobilanzierung untersucht, wird die Betrachtung ohne Vorjahreseffekte nicht vorgenommen. Im Rahmen dieser Simulation wird das Eigenkapital lediglich durch im OCI erfasste latente Steuereffekte berührt, die sich theoretisch ausgleichen.

5.5.4 Zusammenfassung der Untersuchungsergebnisse

In der vorliegenden Studie werden die Auswirkungen alternativer Bilanzierungskonzepte für die Pensionsbilanzierung in der Rechnungslegung nach IFRS simuliert. Unter Zuhilfenahme der Anhangangaben leistungsorientierter Pensionsverpflichtungen werden die Konzernbilanzen und Konzerngewinn- und Verlustrechnungen von Unternehmen des DAX, MDAX und SDAX so angepasst, als wären die betrachteten Bilanzierungsänderungen bereits umgesetzt. Hierbei wird in einer ersten Simulation (Simulation 1) untersucht, welche Auswirkungen durch eine isolierte Betrachtung der Umsetzung des IAS 19 (rev. 2011) veranlasst werden. Die Ergebnisse dieser Simulation dienen zugleich als Ausgangsbasis für die weiteren beiden Simulationen (Simulation 2 und 3). Diese untersuchen die Umsetzung einer konzeptionell,

1504 Vgl. Abschnitt 5.5.2.1.2, Tabelle 5.27.

auf Basis der Zielsetzung der IFRS-Rechnungslegung, als sachgerecht erachteten Änderung der Bilanzierungsweise leistungsorientierter Pensionspläne. Hierzu werden in der Simulation 2 die Auswirkungen einer vollständigen GuV-wirksamen Erfassung sämtlicher Aufwendungen und Erträge aus leistungsorientierten Pensionsplänen analysiert. Darauf aufbauend betrachtet die Simulation 3 die bilanziellen Veränderungen durch eine vollständige Bilanzierung der gesamten DBO und des Planvermögens. Die Ergebnisse dieser Simulationen ermöglichen eine Aussage darüber, in welchem Ausmaß mit Veränderungen von Bilanz- und GuV-Kennzahlen bei Umsetzung einer entsprechenden Standardänderung gerechnet werden muss. Diese wiederum lassen Rückschlüsse auf ökonomische Konsequenzen – worunter Verhaltensänderungen von Rechnungslegenden und Rechnungslegungsadressaten zu verstehen sind – zu. Umgekehrt erlauben diese Resultate auch eine Abschätzung der „Verzerrung" aktueller Abschlussgrößen und -relationen auf Grund der derzeit vorgenommenen GuV-neutralen Erfassung sowie der Saldierung.

Bei der Interpretation der Ergebnisse ist zu berücksichtigen, dass trotz der umfassenden Angaben zu leistungsorientieren Pensionsplänen einzelne Annahmen zur Durchführung der Simulation getroffen werden müssen. Hierdurch möglicherweise ausgelöste Verzerrungen des Ergebnisses werden jedoch nicht als wesentlich eingestuft. Weiterhin basiert die untersuchte Neuregelung auf einer konzeptionellen Betrachtung; eine tatsächliche Neugestaltung der Bilanzierung leistungsorientierter Pensionspläne kann in Detailregelungen hiervon abweichen. Zuletzt unterstellt die gewählte Vorgehensweise ceteris paribus die isolierte Änderung der untersuchten Bilanzierungsnorm. Von Verhaltensänderungen der Bilanzierenden vor dem Hintergrund einer Neuregelung, welche die ökonomische Ausgestaltung der Pensionspläne betrifft, wird abstrahiert. Nichtsdestotrotz gewähren die Ergebnisse der Simulationsstudie Erkenntnisse darüber ob, inwiefern und für welche Unternehmensgruppen eine Verhaltensänderung auf Grund der hohen Auswirkungen durch eine Bilanzierungsänderung erwartet werden könnte.

Die Auswirkungen der simulierten Bilanzierungsänderungen werden anhand absoluter und relativer Bilanz- und GuV-Kennzahlen analysiert. Dabei werden die Kennzahlen zur Auswertung der Ergebnisse der jeweiligen Simulation entsprechend der durch die Simulation betroffenen Größen ausgewählt. Für diese werden jeweils deren Ausgangswerte, die Höhe nach der Simulationsanpassung sowie die prozentuale Veränderung der Kennzahlen ausgewertet. Im Mittelpunkt steht dabei die Auswertung der prozentualen Kennzahlveränderungen, die anhand der Größen Mittelwert der Veränderungen, Standardabweichung und Variationskoeffizient sowie der Quartile bzw. des Medians der Veränderungen analysiert werden. Zusätzlich werden die Unterschiede zwischen Kennzahlen vor und nach Simulationsanpassung anhand des t-Tests und des Wilcoxon-Vorzeichen-Rang-Tests analysiert. Weiterhin wir die Signifikanz der Unterschiede zwischen den Kennzahlveränderungen einzelner Teilstichproben anhand der einfaktoriellen Varianzanalyse bzw. des H-Tests nach Kruskal-Wallis untersucht. Die betrachteten Teilstichproben werden nach Börsenindex und Branchen untergliedert. Bei der ersten Simulation der Auswirkungen des IAS 19 (rev. 2011) erfolgt zusätzlich eine Gruppierung der Teilstichproben nach bisheriger Erfassungsweise von versicherungsmathematischen Gewinnen und Verlusten respektive bei Simulation 2 nach bisheriger Erfassungsweise für Zinsaufwendungen.

Die Auswertungen der Kennzahlveränderungen der Simulation 1 zeigen keine hohen prozentualen Veränderungen von Bilanz- und GuV-Werten auf. Die überwiegende Anzahl der Bilanz- und Ergebniswerte verändern sich im arithmetischen Mittel um unter einem Prozentpunkt. Daher verbleibt sowohl die Höhe der Veränderung von Rentabilitätskennzahlen wie auch von kapitalmarktorientierten Kennzahlen unter einem Prozentpunkt. Die Ergebnisveränderung durch die Eliminierung der GuV-wirksam erfassten versicherungsmathematischen Gewinne und Verluste sowie die veränderte Berechnung des Zinsaufwands führt weder zu hohen noch zu statistisch signifikanten Auswirkungen. Die Höhe der versicherungsmathematischen Gewinne und Verluste, die bei Korridor-Bilanzierern den Korridor überschreiten und die Höhe der versicherungsmathematischen Gewinne und Verluste bei GuV-Bilanzierern, welche vor Durchführung der Simulation GuV-wirksam erfasst werden, sind bei Betrachtung der Gesamtstichprobe nicht bedeutend. Entsprechend sind auf Grund dieser Kennzahlveränderungen keine ökonomischen Auswirkungen wie etwa Veränderungen von Analystenempfehlungen oder Ratingurteilen zu erwarten; ebenfallls erscheinen Reaktionen zur Abmilderung der Auswirkungen dieser Bilanzierungsänderung durch Bilanzierende insgesamt eher unwahrscheinlich.

Im Gegensatz dazu zeigt die isolierte Betrachtung der bilanzierten Pensionsverpflichtung über die gesamte Stichprobe eine deutliche Veränderung auf. Diese wird für die Betrachtungsperioden 2010 und 2006 im arithmetischen Mittel um knapp 15 % (Mittelwert PRkst 2010: 14,90 %; 2006: 14,32 %) erhöht und zieht ähnliche Auswirkungen auf den Anteil der bilanzierten Pensionsverpflichtung am Eigen- oder Gesamtkapital nach sich. Auf die Höhe des Fremdkapitals wirkt sich dies allerdings nur in geringem Maße aus (Mittelwert FK 2006: 0,64 %; 2010: 0,43 %) wobei die Veränderung trotzdem zu statistisch signifikanten Unterschieden führt. Bemerkenswerte Unterschiede im Zeitablauf lassen sich ausschließlich für die bilanzierte Pensionsverpflichtung und der mit dieser Größe in Zusammenhang stehenden Kennzahlen (PRkst/EK und PRkst/GK) feststellen. In der Betrachtungsperiode 2006 beträgt die Erhöhung der bilanzierten Pensionsverpflichtung im arithmetischen Mittel lediglich 6,21 %. Da die Erhöhung dieser Werte im Rahmen der Simulation hauptsächlich auf bislang nicht erfasste versicherungsmathematische Größen zurückzuführen ist, kann insbesondere deren Schwankung für die unterschiedlichen Simulationsauswirkungen verantwortlich gemacht werden.

Die untersuchten Unternehmen sind jedoch in unterschiedlichem Maße von den Änderungen des IAS 19 (rev. 2011) betroffen; entsprechend erfährt ein Teil der Unternehmen keine Auswirkungen auf die bilanzierte Pensionsverpflichtung. Eine Unterteilung der Gesamtstichprobe in verschiedene Teilstichproben gewährt diesbezüglich weitere Aufschlüsse. Die Abgrenzung von Teilgruppen entsprechend der gewählten Erfassungsweise für versicherungsmathematische Gewinne und Verluste bei Anwendung des IAS 19(2004) zeigt erwartungsgemäß statistisch signifikante Unterschiede zwischen diesen Gruppen auf. Die Veränderung der Ergebnisgrößen ist bei Korridor-Bilanzierern sowie GuV-Bilanzierern durch die Eliminierung der zuvor im Ergebnis erfassten Aufwendungen positiv. Bei OCI-Bilanzierern ist hingegen eine negative Veränderung zu beobachten, da sich bei diesen Unternehmen lediglich die Erfassung des bislang noch nicht erfassten nachzuverrechnenden Dienstzeitaufwands sowie die veränderte Ermittlung des Nettozinsaufwands-/ertrags ergebnismindernd niederschlägt. Gleichwohl verbleiben die Ergebnisunterschiede bei jeder Gruppe wegen der geringen Bedeutung der aus der Gewinn- und Verlustrechnung eliminierten Beträge sowie nicht zuletzt auf Grund der kompensierenden Effekte der GuV-Veränderungen auf einem relativ niedrigen Niveau. Die deutlichsten Unterschiede werden auf Basis der bilanzierten Pensionsverpflichtung ersichtlich. Bei Korridor-Bilanzierern wird diese Größe durch die Bilanzierung bislang nicht erfasster versicherungsmathematischer Verluste deutlich – im arithmetischen Mittel um etwa ein Drittel – erhöht. Dabei zeigt der Quartilabstand (1. Quartil: 6,91 %; 3. Quartil: 43,09 %) höchst unterschiedliche Veränderungen der bilanzierten Pensionsverpflichtungen auf. Damit einhergehend erfahren nur Korridor-Bilanzierer eine Verminderung des Eigenkapitals, im Mittel um -2,09 %, da dieses ausschließlich bei jenen durch die Erfassung bislang unberücksichtigter versicherungsmathematischer Verluste vermindert wird. Da die isolierte Veränderung der bilanzierten Pensionsverpflichtung sowie mit dieser in Zusammenhang stehender Kennzahlen erwartungsgemäß keine eigenständige Kapitalmarktrelevanz aufweisen, ist anzunehmen, dass diese Kennzahlveränderung trotz der zum Teil bemerkenswerten Höhe keine Verhaltensänderungen induziert. Auch die Erhöhung der Eigenkapitalrendite bei Korridor-Bilanzierern von im Mittel 2,00 % ist nicht so bedeutend, dass diese wesentliche ökonomische Auswirkungen erwarten lässt. Da die Streuung, die hinsichtlich der Veränderung der bilanzierten Pensionsrückstellung zu beobachten ist, nicht auf die Eigenkapitalrendite durchschlägt, gilt dies wohl für sämtliche Korridor-Bilanzierer.

Der Vergleich von Unternehmen unterschiedlicher Börsenindizes führt zu nicht eindeutigen Ergebnissen. Es können zwar einzelne Unterschiede zwischen den Teilstichproben festgestellt werden; diese sind jedoch statistisch nicht messbar. Die Erhöhung der bilanzierten Pensionsverpflichtung steigt bei kleineren Unternehmen im Mittel deutlich stärker an, wobei der Quartilabstand zwischen Unternehmen des DAX und SDAX vergleichbar ist. Trotz den nicht signifikanten Unterschieden zwischen den Teilstichproben ist die Wahrscheinlichkeit, im SDAX ein Unternehmen mit einer deutlichen Steigerung der Pensionsverpflichtung anzutreffen, vergleichsweise hoch. Diese Wahrscheinlichkeit ist auch bei MDAX-Unternehmen höher als bei DAX-Unternehmen. Eine Erklärung dieser Effekte liegt möglicherweise in der verstärkten Anwendung der Korridor- und GuV-Methode bei diesen Unternehmen. Überdies kann eine weitere mögliche Erklärung in der geringeren Bedeutung leistungsorientierter Pensionspläne bei kleineren Unternehmen gesucht werden, weshalb eine Bilanzierungsänderung zu stärkeren prozentualen Erhöhungen der passivierten Verpflichtung führt.

Zwischen Unternehmen verschiedener Branchen können Unterschiede festgestellt werden, deren Erklärung jedoch nicht offensichtlich ist. Unternehmen der Gruppe Sonstiges produzierendes Gewerbe sowie Anlagenbau/Automobil und Handel sind durch starke Erhöhungen der bilanzierten Pensionsverpflichtung im Branchenvergleich betroffen. Unternehmen der Gruppe Handel sind im Branchenvergleich klein und erfahren daher stärkere Auswirkungen. Bereits bei Unterteilung der Stichprobe nach Indizes sind stärkere Auswirkungen bei kleineren Unternehmen auf Grund der vermehrten Anwendung der Korridor- und GuV-Methode feststellbar. Im Gegensatz dazu wenden Unternehmen der Gruppen Anlagenbau/Automobil sowie des Sonstigen produzierenden Gewerbes diese Bilanzierungsweisen offensichtlich ungeachtet der Unternehmensgröße an und verzeichnen daher stärkere Auswirkungen.

Simulation 2, in deren Rahmen eine vollständige GuV-wirksame Erfassung sämtlicher Aufwendungen und Erträge aus leistungsorientierten Pensionsplänen nachgebildet wird, führt zu deutlich stärkeren und insgesamt wesentlichen Auswirkungen auf den Jahresüberschuss nach Steuern. Durch die Erfassung des tatsächlichen Zinsertrags aus dem Planvermögen im Finanzergebnis sowie der versicherungsmathematischen Gewinne und Verluste aus der DBO in einem separaten Posten der Gewinn- und Verlustrechnung vermindert sich der Jahresüberschuss nach Steuern in der Periode 2010 im arithmetischen Mittel um -8,16 % im Vergleich zu dessen Höhe nach Umsetzung des IAS 19 (rev. 2011). Die Unternehmen der Gesamtstichprobe erfahren durch diese Bilanzierungsänderung unterschiedliche Auswirkungen auf das Ergebnis. Hierfür könnte ein geringer Bestand an leistungsorientierten Plänen oder an Planvermögenswerten und damit einhergehend geringere Abweichungen zwischen tatsächlichen und kalkulierten Beträgen verantwortlich sein. Nichtsdestotrotz vermindert sich der Jahresüberschuss nach Steuern bei einem Viertel der Stichprobe um über -13,22 %; die Bilanzierungsänderung zieht damit für eine Vielzahl an Unternehmen bedeutende Auswirkungen nach sich. Damit einher geht eine Verminderung der Eigenkapitalrendite sowie des Gewinns je Aktie (EPS) um über sechs Prozent. Nicht zuletzt wird das Kurs-Gewinn-Verhältnis (KGV) um über zehn Prozent erhöht und lässt damit negative Kapitalmarktreaktionen erwarten. Der Jahresüberschuss nach Steuern und die auf dieser Größe aufbauenden Kennzahlen erfahren – bei nahezu der Hälfte der Stichprobenunternehmen – starke Veränderungen, die zugleich statistisch signifikant sind. Insbesondere bei diesen Unternehmen sind negative Reaktionen von Finanzanalysten oder Investoren in Folge einer entsprechenden Bilanzierungsänderung möglich; ebenso ist bei diesen Unternehmen mit Reaktionen des Managements zur Abmilderung möglicher negativer Auswirkungen der Bilanzierungsänderung – auch etwa auf die eigene Entlohnung – zu rechnen. Veränderungen der bilanzierten Pensionsverpflichtung werden durch diese Bilanzierungsänderung hingegen nicht verursacht, da bereits mit Umsetzung der IAS 19 (rev. 2011) die vollständige Nettoverpflichtung passiviert werden muss.

Der Mehrjahresvergleich der Ergebnisveränderung durch eine sofortige GuV-wirksame Erfassung zeigt deutlich unterschiedliche Simulationsergebnisse. Auf Grund der Volatilität der versicherungsmathematischen Gewinne und Verluste verändern sich die Auswirkungen einer GuV-wirksamen Erfassung über den Betrachtungszeitraum hinweg stark. In den Jahren 2005 und 2008 bis 2010 ist der Mittelwert der Jahresüberschussveränderungen nach Steuern durch die vollständige GuV-wirksame-Erfassung negativ, wobei die prozentualen Auswirkungen im Jahr 2008 im arithmetischen Mittel (JÜ nach St.: -2,80 %) deutlich geringer sind als in der Periode 2010 (JÜ nach St.: -8,16 %). Demgegenüber führt die Bilanzierungsänderung zu positiven Kennzahlveränderungen im Zeitraum 2006 bis 2007. Die höchste positive Veränderung des Jahresüberschusses nach Steuern ergibt sich für die Periode 2007 bei einem Mittelwert von 11,97 %. Neben den unterschiedlichen Auswirkungen im Zeitablauf zeigt eine hohe Streuung ebenfalls deutlich unterschiedliche Auswirkungen innerhalb der Stichprobe auf. Die unterschiedlichen Kennzahlveränderungen schlagen sich auch bei der Veränderung der Umsatz- und Gesamtkapitalrentabilität nieder (Mittelwert UR 2006: 0,45 %; 2008: 0,71 %; 2010: 0,41 %) wenngleich diese nicht so ausgeprägt sind wie etwa bei der Eigenkapitalrentabilität (Mittelwert EKR 2006: 4,08 %; 2008: -2,80 %; 2010: -6,78 %). Damit kann insbesondere die Volatilität der Eigenkapitalrentabilität den Abschlussadressaten ein erhöhtes Risiko signalisieren und etwa zu negativen Auswirkungen auf das Rating führen.

Im Rahmen der Simulation der vollständigen GuV-wirksamen Erfassung wird zugleich eine einheitliche Erfassung von Zinsaufwendungen und -erträgen im Finanzergebnis simuliert. Ein Vergleich von Unternehmen, welche diese Bestandteile zuvor im operativen Ergebnis erfassen, mit Unternehmen für die sich diesbezüglich keine Änderung ergibt, zeigt – erwartungsgemäß – unterschiedlich hohe Kennzahlveränderungen zwischen Unternehmen dieser beiden Gruppen. Unternehmen, bei welchen die Nettozinskomponente aus dem EBIT in das Finanzergebnis umgebucht wird, erfahren eine bemerkbare Erhöhung des EBIT (Mittelwert: 1,37 %). Anders als vermutet, ist jedoch die Verminderung des Jahresüberschusses nach Steuern bei diesen Unternehmen im Vergleich der Teilstichproben geringer. Der Effekt aus der Umbuchung des Nettozinsaufwands wird folglich durch unterschiedlich stark ausgeprägte versicherungsmathematische Größen überlagert.

Eine Unterteilung der Gesamtstichprobe nach Unternehmensgröße, welche auf Basis des Börsenindex approximiert wird, führt zu keinen signifikanten Ergebnissen. Ungeachtet dessen weichen die Auswirkungen der Simulationsanpassung bei SDAX-Unternehmen von den Kennzahlveränderungen der anderen Unternehmen ab. Dies wird vorwiegend an der Veränderung des Jahresüberschusses nach Steuern deutlich, welche bei SDAX-Unternehmen im Mittel -3,59 % beträgt, bei den übrigen beiden Gruppen hingegen etwa -10,00 % (Mittelwert DAX: -11,29 %; Mittelwert MDAX: -10,11 %). Damit verbunden ist eine deutlich geringere Streuung der Kennzahlveränderungen bei kleinen Unternehmen sowie ein geringerer Quartilabstand. Eine weniger hohe Bedeutung leistungsorientierter Pläne sowie ein niedriger Ausfinanzierungsgrad, in dessen Folge die Abweichungen zwischen tatsächlichem und kalkuliertem Planvermögensertrag weniger relevant sind, könnte dies erklären. Ähnliche Gründe könnten zur Erklärung der ermittelten Branchenunterschiede herangezogen werden. Korrespondierend zum Anteil der bilanzierten Pensionsverpflichtung am Gesamtkapital sind bei Unternehmen der Branchen Verschiedene, Chemie/Pharma, Anlagenbau/Automobil und Sonstiges produzierendes Gewerbe relativ hohe Verminderungen des Jahresüberschusses nach Steuern feststellbar. Deutlich weniger ausgeprägte und darüber hinaus nicht signifikante Unterschiede zeigen sich bei Unternehmen der Branche Dienstleistungen und Versorger. Auch die überwiegende Anzahl der Handelsunternehmen sind weniger stark durch eine sofortige GuV-wirksame Erfassung betroffen.

Im Gegensatz zur ersten Simulation der Auswirkungen des IAS 19 (rev. 2011), welche nur marginale Veränderungen zentraler Kennzahlen durch die untersuchte Bilanzierungsänderung zeigt, führt die Simulation einer vollständigen GuV-wirksamen Erfassung zu teils wesentlichen Veränderungen des Jahresüberschusses nach Steuern mit entsprechend hohen Verminderungen der Eigenkapitalrendite und des Gewinns je Aktie sowie einer Erhöhung des Kurs-Gewinn-Verhältnisses (KGV). Die auf einer vollständigen GuV-wirksamen Erfassung aufbauende Simulation eines Bruttoansatzes führt hingegen zu einer Niveauverschiebung pensionsbezogener Bilanzwerte sowie zu einer teils bemerkenswerten Veränderung zentraler Bilanzkennzahlen.

Die isolierte Betrachtung pensionsbezogener Bilanzwerte zeigt extreme Veränderungen dieser Werte durch die Umsetzung des Bruttoansatzes in Simulation 3 auf. Im arithmetischen Mittel steigt die bilanzierte Pensionsverpflichtung um das 1,5-fache an. Zugleich führt die Erhöhung der bilanzierten Pensionsverpflichtung zu einer starken Erhöhung des Fremdkapitals, welche im Mittel knapp zehn Prozent beträgt, wodurch zugleich die hohe Bedeutung der DBO am Fremdkapital illustriert wird. In Folge des Nettoansatzes und zumeist vorliegender Planunterdeckungen werden vor der Bilanzanpassung regelmäßig keine oder nur ein sehr geringer Teil des bestehenden Planvermögens aktiviert. Durch die vollständige Bilanzierung sämtlicher Planvermögenswerte steigt der Mittelwert des Planvermögens von 13 Mio. EUR auf 1.123 Mio. EUR an, was zu einer Steigerung des Anlagevermögens von über zehn Prozent führt. In der Gesamtstichprobe sind die Auswirkungen durch die Bilanzierungsänderung auf Grund der unterschiedlichen Auslagerungspolitik der Unternehmen heterogen. Die Hälfte der Unternehmen erfährt eine deutliche Veränderung der bilanzierten Pensionsverpflichtung um mehr als zwei Drittel, die mit einer Erhöhung des Fremdkapitals und des Anlagevermögens bei dieser Hälfte der Unternehmen um mehr als 4 % beziehungsweise 5 % einher geht. Andererseits wirkt sich die Bilanzierungsänderung bei einem Viertel der Unternehmen nur geringfügig auf die Summe der Verbindlichkeiten oder das Anlagevermögen aus. Aus der Verteilung der Werte wird insgesamt ersichtlich, dass eine Minderheit der Unternehmen durch eine starke Erhöhung der genannten Werte betroffen ist. Infolgedessen liegen die Mittelwerte der Kennzahlveränderungen deutlich über dem entsprechenden Median.

Es ist zu erwarten, dass nicht die isolierten pensionsbezogenen Werte und Kennzahlen, sondern vielmehr Kennzahlen zur Analyse der Vermögens- und Kapitalstruktur im Fokus von Rechnungslegungsadressaten stehen. Diese Kennzahlen zeigen für die Periode 2010 im arithmetischen Mittel ebenfalls bemerkenswerte Veränderungen auf (AV/GK: 5,11 %; FK/EK: 9,48 %; EK/GK: -5,65 %). Die jeweilige Verteilung der Veränderung dieser relativen Kennzahlen belegt zugleich die nur geringen Auswirkungen der Bilanzierungsänderungen bei einem Viertel der Unternehmen; diese erfahren nahezu keine Veränderung der Vermögens- und Kapitalstruktur. Die Mittelwerte der Veränderungen werden, analog zu den übrigen Kennzahlen, durch eine geringe Anzahl an Unternehmen, die stark durch die Bilanzierungsänderung betroffen sind, bestimmt. Vor allem bei diesen verstärkt betroffenen Unternehmensgruppen ist mit negativen Auswirkungen auf die Beurteilung von Kapitalgebern, ebenso wie Finanzanalysten und Ratingagenturen zu rechnen. Ebenso ist zu erwarten, dass vorwiegend bei dem Teil der betrachteten Unternehmen, die verstärkte Auswirkungen erfahren, mit Vertragsverletzungen auf Grund einer Durchbrechung vertraglich niedergelegter Bilanzrelationen möglich sind.

Hingegen wird der Anteil der bilanzierten Pensionsverpflichtung am Eigen- und Gesamtkapital bereits bei den Unternehmen mit den geringsten Auswirkungen um knapp zehn Prozent erhöht; im Mittel werden diese Kennzahlen mehr als verdoppelt. Diese Kennzahlveränderungen illustrieren die Verzerrung der Bilanzinformationen durch die Saldierung im Rahmen des Nettoansatzes und zugleich die Bedeutung leistungsorientierter Pensionsverpflichtungen gemessen am Eigen- und Fremdkapital. Gleichwohl sind durch diese Kennzahlveränderungen weniger unmittelbare Kapitalmarktreaktionen zu erwarten.

Die beschriebenen bilanziellen Auswirkungen sind im Periodenvergleich unterschiedlich. Offensichtlich bedingt durch ein geringeres Niveau der DBO in der Periode 2008 ist die positive Veränderung der bilanzierten Pensionsverpflichtung (Mittelwert 2008: 159,77 %) sowie der Kennzahlen PRkst/EK (Mittelwert 2008: 159,77 %) und PRkst/GK (Mittelwert 2008: 137,88 %) höher als in der Periode 2010 (Mittelwert DBO 2010: 148,43 %; PRkst/EK 2010: 132,48 %; PRkst/GK: 111,50 %). Alle übrigen Kennzahlveränderungen fallen hingegen im Mittel auf Grund der geringeren DBO sowie des geringeren Planvermögens vergleichsweise niedrig aus. In der Periode 2006 ist die Situation hingegen umgekehrt. Im Unterschied zu den Perioden 2008 und 2010 ist der Ausfinanzierungsgrad 2006 niedriger. Dies führt zu einer geringeren prozentualen Erhöhung der bilanzierten Pensionsverpflichtung; diese wird nunmehr im Mittel durch die vollständige Bilanzierung verdoppelt (Mittelwert 2006: 118,13 %). Die prozentualen Veränderungen der für Rechnungslegungsadressaten wohl bedeutenderen Kennzahlen zur Analyse der Vermögens- und Kapitalstruktur – AV/GK, FK/GK sowie EK/GK – weisen jedoch über den gesamten Untersuchungszeitraum eine vergleichbare Größenordnung auf. Darüber hinaus sind ungeachtet der Unterschiede im Zeitablauf sämtliche Veränderungen im Mittel wesentlich und führen zu signifikanten Kennzahlveränderungen.

Die Umsetzung einer vollständigen Bilanzierung von DBO und Planvermögen betreffen Unternehmen verschiedener Größe in deutlich unterschiedlichem Ausmaß. Dies zeigen die signifikant verschiedenen Kennzahlveränderungen von Unternehmen der verschiedenen Indizes. Die Erhöhung der bilanzierten Pensionsverpflichtung ist bei Unternehmen des DAX (Mittelwert: 308,05 %) deutlich höher als bei Unternehmen des MDAX (Mittelwert: 115,78 %), welche zugleich noch über der Erhöhung bei Unternehmen des SDAX (Mittelwert: 65,21 %) liegt. Auf Grund der geringeren Vermögensauslagerung bei kleineren Unternehmen erfahren diese durch eine vollständige Bilanzierung weniger starke Auswirkungen. Lediglich bei Unternehmen des SDAX weist ein Viertel der Unternehmen nahezu keine Veränderung der bilanzierten Pensionsverpflichtung durch einen Bruttoansatz auf. Dies ist nicht zuletzt auch durch eine geringere relative Bedeutung leistungsorientierter Pläne bedingt. Bemerkenswert ist die neben den starken Unterschieden zwischen den Teilstichproben nach wie vor bestehende hohe Streuung innerhalb der einzelnen Gruppen. Der Median (Median DAX: 183,03 %; MDAX: 64,72 %; SDAX: 14,19 %) liegt jeweils deutlich unter dem Mittelwert (Mittelwert DAX: 308,05 %; MDAX: 115,78 %; SDAX: 65,21 %). In jeder Teilstichprobe sind somit bei einer Minderheit außerordentlich hohe Effekte beobachtbar, während der Großteil der Unternehmen lediglich unterdurchschnittliche Veränderungen erfährt. Die Unterschiede zwischen den Teilstichproben schlagen sich gleichermaßen bei den für Rechnungslegungsadressaten bedeutenden Kennzahlen Verschuldungsgrad (Mittelwert DAX: 19,89 %, MDAX: 8,66 %; SDAX: 3,02 %) sowie Eigenkapitalquote (Mittelwert DAX: -10,80 %, MDAX: -5,49 %; SDAX: -2,02 %) nieder.

Im Branchenvergleich zeigen sich ebenso deutliche Unterschiede zwischen den einzelnen Gruppen. Die vollständige Bilanzierung von DBO und Planvermögen betrifft hauptsächlich Unternehmen der Branchen Versorger, Chemie/Pharma, Sonstiges produzierendes Gewerbe und Verschiedene, die im Mittel Erhöhungen der bilanzierten Verpflichtung um mehr als 170,00 % erfahren. Gleichfalls starke, jedoch weniger drastische Veränderungen zeigt die Branchengruppe Anlagenbau/Automobil. Die übrigen Branchen – Dienstleistungen sowie Handel – sind vergleichsweise moderat von der Bilanzierungsänderung betroffen. Nichtsdestotrotz erhöht sich auch bei diesen Unternehmen die bilanzierte Verpflichtung im Mittel um ca. 85,90 % bzw. 59,70 %. Ausschließlich bei der Branchengruppe Handel ist der Mittelwert geringer als der Median und wird durch Unternehmen aus der Hälfte der Stichprobe mit den niedrigeren Auswirkungen determiniert. Die Branchenzugehörigkeit ist jedoch offensichtlich nicht ausschließlich für diese Unterschiede verantwortlich. Vielmehr spiegeln sich Erkenntnisse, nach welchen kleinere Unternehmen weniger starke Auswirkungen erfahren, auch in der Branchenaufteilung wider. Die festgestellten Unterschiede zeigen sich grundsätzlich auch bei den weiteren untersuchten Kennzahlen. Bei der Veränderung des Anlagevermögens ist allerdings ein relativ betrachtet größerer Abstand zwischen der mittleren Veränderung der jeweiligen Gruppen feststellbar. Unterschiedliche Strukturen der Aktivseite im Vergleich zur Passivseite führen teilweise zu unterschiedlichen stark ausgeprägten Veränderungen zwischen Kennzahlen der Aktiv- und der Passivseite. Des Weiteren lässt sich auch bei den nach Branchen getrennten Teilgruppen anhand der Quartile nachweisen, dass in jeder Gruppe mit Ausnahme des sonstigen produzierenden Gewerbes ein Viertel der Unternehmen keine oder sehr geringe Kennzahlveränderungen erfährt. Insgesamt zeigen sich folglich auch bei Unterteilung der Gesamtstichprobe in unterschiedliche Teilgruppen deutliche differierende Auswirkungen der Bilanzierungsänderung zwischen einzelnen betrachteten Unternehmen.

Die Simulationsstudie vermittelt einen Eindruck über die Auswirkungen alternativer Bilanzierungsmöglichkeiten für Pensionsverpflichtungen. Trotz der Notwendigkeit von Annahmen können Erkenntnisse über die bilanziellen Folgen einer Veränderung der Bilanzierungsnormen für leistungsorientierte Pensionsverpflichtungen in den IFRS gewonnen werden. Auf diese Weise ist es möglich, Auswirkungen von Anpassungen der Bilanzierungsnormen, die notwendig sind um die

Bilanzierung von Pensionsverpflichtungen entsprechend der Zielsetzung der IFRS auszugestalten, abschätzen zu können.

Eine künftige Reform der Pensionsbilanzierung in der Internationalen Rechnungslegung – im Sinne einer vollständigen GuV-wirksamen Erfassung sämtlicher Aufwendungen und Erträge oder der Umsetzung eines Bruttoansatzes – würde zu heterogenen Auswirkungen führen, die auf Basis der Ergebnisse der Simulationsstudie differenzierter beurteilt werden können. Setzt das IASB eine vollständige GuV-wirksame Erfassung sämtlicher Pensionsgrößen um, so würde dies zu teils erheblichen Rückgängen des Jahresüberschusses und der Eigenkapitalrentabilität führen, wohingegen das EBIT und darauf aufbauend die Umsatz- und Gesamtkapitalrentabilität nur geringe Auswirkungen erfahren würden. Auch die Kennzahlen zur kapitalmarktorientierten Analyse – EPS und KGV – erfahren durch eine entsprechende Bilanzierungsänderung eine negative Entwicklung. Von einer entsprechenden Reform sind tendenziell große Unternehmen sowie Unternehmen der Branchengruppen Verschiedene, Chemie/Pharma, Anlagenbau/Automobil und des sonstigen produzierenden Gewerbes in stärkerem Maße betroffen. In Folge der Umsetzung einer vollständigen GuV-wirksamen Pensionsbilanzierung ist insbesondere bei diesen Unternehmen mit negativen Auswirkungen auf Analystenurteile sowie negativen Investoren- repektive Kapitalmarktreaktionen zu rechnen. Sofern die Managementvergütung einen Bezug zum Jahresüberschuss aufweist, sind auch hier entsprechende negative Auswirkungen auf die Höhe der Vergütung wahrscheinlich. Auf Grund dessen kann in solchen Fällen erwartet werden, dass das Management geeignete Gegenmaßnahmen ergreift. Weiterhin sind verstärkte lobbyistische Aktivitäten im Vorfeld einer solchen Bilanzierungsänderung wahrscheinlich. Hierfür dürften sich insbesondere die genannten besonders betroffenen Unternehmensgruppen zusammenschließen. Die Verstärkung der Ergebnisvolatilität durch eine vollständige GuV-wirksame Erfassung führt möglicherweise auch zu einer Verschlechterung des Ratings, da diese Größe von Ratingagenturen bei der Bemessung des Kreditrisikos herangezogen wird. Entsprechend kann – insbesondere für große Unternehmen – ein erschwerter Fremdkapitalzugang die Folge einer solchen Bilanzierungsänderung sein.

Im Gegensatz zu den Änderungen durch eine vollständigen GuV-wirksame Erfassung würde die Bruttobilanzierung zu Auswirkungen auf die Vermögens- und Kapitalstruktur führen. In Folge der Erhöhung des Fremdkapitals, und damit einhergehend des Verschuldungsgrads sowie der Verminderung der Eigenkapitalquote, ist eine negativere Beurteilung der finanziellen Risikoposition der Unternehmen sowohl durch Eigen- wie auch durch Fremdkapitalgeber beziehungsweise Analysten und Ratingagenturen wahrscheinlich. Dies gilt ebenfalls für die Erhöhung der Anlagenintensität, die auf Grund der Bruttobilanzierung eine höhere Vermögensbindung anzeigt. Dabei sind im Fall einer Bilanzierungsreform, durch die ein Bruttoansatz umgesetzt wird, ebenfalls heterogene Auswirkungen absehbar; nicht alle Unternehmen müssten ökonomische Auswirkungen durch die Bilanzierungsänderung erwarten. Würde das IASB eine Bruttobilanzierung umsetzen, wären große Unternehmen stärker betroffen als mittelgroße Unternehmen, die wiederum stärker Kennzahlveränderungen erwarten können als kleine Unternehmen. Ebenso erfahren Unternehmen der Branchen

Versorger, Chemie/Pharma und sonstiges produzierendes Gewerbe stärkere Veränderungen der Vermögens- und Kapitalstruktur und müssen damit einhergehend mit stärkeren Reaktionen durch Rechnungslegungsadressaten rechnen. Die Reform der Pensionsbilanzierung kann somit auf Grund einer veränderten Beurteilung der Risikoposition zu einem erschwerten Kapitalzugang führen, wobei zu erwarten ist, dass insbesondere die genannten Unternehmen betroffen wären. Darüber hinaus ist speziell bei diesen Unternehmen eine Verletzungen von Vertragsklauseln, wie debt covenants, in Folge der Bruttobilanzierung möglich, sofern die geschlossenen Verträge keine Anpassungen an Bilanzierungsänderungen vorsehen. Ähnliches gilt, sofern Managementvergütungsverträge auf Bilanzstrukturkennzahlen rekurrieren ohne Bilanzierungsänderungen zu berücksichtigen. Gleichwohl zeigen die Kennzahlen zur Analyse der Vermögens- und Kapitalstruktur keine so extremen Auswirkungen auf, wie eine isolierte Betrachtung pensionsbezogener Kennzahlen möglicherweise erwarten ließe.

Eine konzeptionell als adäquat erachtete Bilanzierungsänderung würde zugleich eine Umsetzung der vollständigen GuV-wirksamen Erfassung wie auch des Bruttoansatzes erfordern. Somit würde eine entsprechende Bilanzierungsreform sämtliche der dargestellten Änderungen nach sich ziehen. Insgesamt wären daher vor allem bei Unternehmensgruppen, die hohe Auswirkungen erwarten können, bemerkenswerte Änderungen sämtlicher Kennzahlen – sowohl zur Analyse der Vermögens- und Kapitalstruktur, wie auch zur Rentabilitätsanalyse und zur kapitalmarktorientierten Analyse – die Folge. Insgesamt können daher mit einer solchen Bilanzierungsänderung sämtliche der genannten ökonomischen Konsequenzen zugleich einhergehen.

Die skizzierten Auswirkungen können jedoch durch Verhaltensänderungen der bilanzierenden Unternehmen abgemildert werden. Eine so weitreichende Änderung der Bilanzierungskonzeption lässt Verhaltensänderungen überdurchschnittlich betroffener Unternehmen erwarten. Diese könnten zu einer Verminderung leistungsorientierter Pläne zu Gunsten einer verstärkten Nutzung beitragsorientierter Pläne führen sowie in Folge der Umsetzung einer Bruttobilanzierung zu einer Reduktion des Planvermögens beziehungsweise des Ausfinanzierungsgrads. Darauf deuten zumindest die Reaktionen der Unternehmen auf Bilanzierungsänderungen in der Vergangenheit hin. Erst die Möglichkeit der Saldierung in der Internationalen Rechnungslegung in Verbindung mit dem Internationalisierungsprozess der Rechnungslegung bewegte Unternehmen zu einer verstärkten Generierung von Planvermögenswerten.[1505] Diese beobachtbare Veränderung der realwirtschaftlichen Ausgestaltung ist somit höchstwahrscheinlich nicht durch ökonomische Gründe motiviert, sondern durch die Folgen der bilanziellen Abbildung. Entsprechend kann bei einem Wegfall der bilanziellen Beweggründe eine Abwendung von der Auslagerungspolitik erwartet werden; dies zumal ein niedriges Zinsniveau eine Generierung von Planvermögenswerten weniger attraktiv gestaltet. Die tatsächlichen Auswirkungen einer Bilanzierungsänderung sind in solchen Fällen geringer als die

1505 Vgl. Abschnitt 4.2.2.1.

anhand der Simulationsstudie ermittelten Auswirkungen. Ferner ist bei besonders betroffenen Unternehmen mit verstärkten lobbyistischen Aktivitäten im Vorfeld einer solchen Bilanzierungsänderung zu rechnen. Sollte dies nicht zur Abwendung einer Bilanzierungsänderung führen, könnten zumindest Ausnahmen von einer Neuregelung gewährt werden, die ebenfalls zu geringeren tatsächlichen Kennzahlveränderungen und damit weniger ausgeprägten Verhaltensänderungen durch Rechnungslegungsadressaten führen, als dies die Ergebnisse der Simulationsstudie erwarten lassen.

Wie die tatsächlichen Auswirkungen einer Bilanzierungsreform für Pensionsverpflichtungen aussehen werden, lässt sich somit anhand einer Simulationsstudie nicht untersuchen. Die exakten numerischen Auswirkungen führen insofern nicht zu einem Erkenntnisgewinn. Die tatsächlichen Veränderungen zentraler Bilanz- und GuV-Kennzahlen bei einer veränderten Bilanzierungsweise von Pensionsverpflichtungen sind, neben der konkreten Ausgestaltung einer solchen Änderung der entsprechenden Bilanzierungsstandards, von möglichen Verhaltensänderungen der bilanzierenden Unternehmen abhängig. Ferner können im Vorfeld erwartete Verhaltensänderungen von Rechnungslegungsadressaten durch mögliche Anpassungsreaktionen von diesen auf die Bilanzierungsänderung abgemildert werden. Die Ergebnisse der Simulationsstudie sind vielmehr ein Indikator dafür, in welchem Ausmaß Unternehmen von bilanziellen Auswirkungen durch eine veränderte Abbildung ihrer leistungsorientierten Pensionspläne betroffen sind und welche Unternehmensgruppen mit überdurchschnittlichen Veränderungen rechnen können. Darüber hinaus kann hierdurch eine Aussage abgeleitet werden, ob und welche möglichen Verhaltensänderungen von Rechnungslegungsadressaten und Bilanzierenden erwartet werden können.

6 Schlussbetrachtung und Ausblick

Die Rechnungslegung für leistungsorientierte Pensionsverpflichtungen unterlag in den vergangenen Jahren verschiedenen Veränderungen. Nach wie vor ist sie Gegenstand der Diskussionen im Hinblick auf eine künftige Überarbeitung. So plant das IASB eine umfassende Neugestaltung und führt die Bilanzierung von Pensionsverpflichtungen auf der research agenda zur Untersuchung des Überarbeitungsbedarfs des für dieses Bilanzierungsfeld einschlägigen Rechnungslegungsstandards IAS 19. Vor diesem Hintergrund untersucht die vorliegende Arbeit die Bilanzierung leistungsorientierter Pensionszusagen theoretisch, durch eine Normenanalyse, und empirisch im Rahmen einer Simulationsstudie, in welcher Auswirkungen unterschiedlicher Bilanzierungsalternativen, die zuvor auf konzeptioneller Basis erörtert wurden, analysiert werden.

Die Ausgestaltung von betrieblichen Pensionszusagen wird in Deutschland insbesondere durch die Vorgaben des Betriebsrentengesetzes (BetrAVG) geregelt. Entsprechend wird hierdurch determiniert, ob und welche Leistungsverpflichtungen beim arbeitgebenden Unternehmen verbleiben. Das BetrAVG legt den rechtlichen Rahmen für die Gewährung von Pensionszusagen fest. Dabei sieht das BetrAVG die Gewährung reiner Beitragszusagen, bei denen das zusagenden Unternehmen, mit Ausnahme der Verpflichtung zur Leistung von Beiträgen an einen externen Versorgungsträger, keine weitere Verpflichtung hat, nicht vor. Demgegenüber grenzt der einschlägige Rechnungslegungsstandard IAS 19 jedoch entsprechend diesem Kriterium beitragsorientierte von leistungsorientierten Zusagen ab. Während in der Literatur überwiegend die Ansicht vertreten wird, dass eine Einordnung als beitragsorientierte Zusage ungeachtet der Vorgaben des deutschen Gesetzgebers auf Grund einer wirtschaftlichen Betrachtungsweise mit Rückgriff auf die Wahrscheinlichkeit der Inanspruchnahme möglich ist, ist dies auf Grund der Verpflichtungen, die je nach Zusageart beim Unternehmen verbleiben, nicht unkritisch, da IAS 19 eine solche wirtschaftliche Betrachtungsweise nicht vorsieht. Darüber hinaus ist die arbeitsrechtliche Ausgestaltung für eine weitere Frage relevant. Für die Beurteilung, ob Planvermögenswerte nach den Regelungen des derzeit gültigen IAS 19 vorliegen, ist die Art der Durchführung respektive die Nutzung eines mittelbaren Durchführungswegs ausschlaggebend. Zuletzt ist die arbeitsrechtliche Ausgestaltung auch für die Beurteilung, ob bei Zugrundelegung einer konzeptionellen Betrachtungsweise externe Versorgungsträger vom arbeitgebenden Unternehmen beherrscht werden können, von Bedeutung. Im Ergebnis wird bei Unterstützungskassen, Pensionskassen sowie Pensionsfonds eine konzerninterne Gründung und eine Beherrschung grundsätzlich als möglich erachtet.

Für die Entscheidung zur externen Finanzierung von Pensionsverpflichtungen können vielfältige ökonomische Gründe angeführt werden. Herausragende Bedeutung kommt allerdings der externen Finanzierung, und speziell CTA-Konstruktionen, durch die Einführung internationaler Rechnungslegungsnormen zu. CTAs ermöglichen, bei Beibehaltung von leistungsorientierten Zusagen, die Auslagerung von Vermögenswerten auf eine externe Einheit. Vermögenswerte, die auf eine rechtlich selbstständige Einheit ausgelagert werden, ausschließlich der Erfüllung von Versorgungszusagen dienen und Gläubigern im Insolvenzfall nicht zur Verfügung stehen, qualifizieren als Planvermögenswerte und sind mit den entsprechenden DBOs eines Pensionsplans zu saldieren. Die Auslagerung von Vermögenswerten auf CTAs ermöglicht somit ohne arbeitsrechtliche Umgestaltung der Zusagen eine Generierung von Planvermögenswerten und damit eine Saldierung und Bilanzverkürzung.

Eine konzeptionelle Betrachtung der derzeit gültigen Bilanzierungsnormen zur Abbildung leistungsorientierter Pensionsverpflichtungen vor dem Hintergrund der Zielsetzung der kapitalmarktorientierten Rechnungslegung nach IFRS zeigt, dass die aktuelle Pensionsbilanzierung nur bedingt begründbar ist. Zunächst wurde die Regelung, wonach lediglich die Erfassung eines Planüberschusses beziehungsweise eines -defizits gefordert wird, betrachtet. Die DBO erfüllt die Kriterien einer zu passivierenden Verpflichtung entsprechend dem Framework und ist demnach grundsätzlich in vollem Umfang anzusetzen; auch Planvermögenswerte sind vor dieser Beurteilungsgrundlage vollständig zu aktivieren. Darüber hinaus besteht in der IFRS-Rechnungslegung keine konzeptionelle Grundlage für eine Saldierung von DBO und Planvermögenswerten; vielmehr besteht kein rechtlicher Anspruch, diese Posten aufzurechnen. Ferner stützt auch das Argument, dass ein Unternehmen sowohl den Risiken aus der DBO wie auch aus der Anlage des Planvermögens ausgesetzt ist, die Bruttodarstellung. In Folge dessen erscheint eine Saldierung weder sachgerecht noch ist eine Grundlage für deren Rechtfertigung vorhanden. Vielmehr ist der Bruttoansatz die konzeptionell adäquate Bilanzierungsweise im Sinne des Frameworks. Dieser wird auch durch eine im Fall von konzerninternen gegründeten Versorgungsträgern als adäquat erachtete Konsolidierung gestützt.

Weitere bedeutende Erfassungs- und Ausweisfragen betreffen die Behandlung von Aufwendungen und Erträgen sowie die Ergebnisdarstellung. Das derzeit gültige Framework des IASB kennt keine Konzeption zur Abgrenzung von GuV- und OCI-Bestandteilen. Ungeachtet dessen werden Schätzänderungen in anderen Bilanzierungsfällen GuV-wirksam behandelt. Auf dieser Basis wird eine sofortige Erfassung versicherungsmathematischer Gewinne und Verluste in der Gewinn- und Verlustrechnung konzeptionell als sachgerecht erachtet. Dies gilt auch für die Erfassung des tatsächlich entstandenen Zinsaufwands respektive -ertrags im Finanzergebnis.

Auch die PAAinE-Initiative erkennt die Reformbedürftigkeit der gängigen Pensionsbilanzierung und macht in einem Diskussionspapier Vorschläge zur Neugestaltung der bilanziellen Abbildung von Pensionsplänen. Dieser, von der PAAinE-Initiative zur Diskussion gestellte Entwurf, basiert ebenfalls auf der Grundlage des Frameworks. Im Ergebnis beinhalten die unterbreiteten Vorschläge zur Neugestaltung der Bilanzierung von Pensionsverpflichtungen einen Entwurf zur fundamentalen Neuausrichtung der Pensionsbilanzierung, welche im Wesentlichen mit den in der vorliegenden Arbeit erarbeiteten Reformvorschlägen übereinstimmen. Dies zeigt, dass die Forderung nach einer grundlegenden Neuausrichtung der Pensionsbilanzierung auch von Rechnungslegungsexperten, wie nationalen Standardsetzern, Erstellern oder Prüfern, geteilt wird.

Eine derart weitgehende Überarbeitung der Bilanzierungsnormen zur Abbildung von nicht zuletzt quantitativ bedeutenden Bilanzposten lässt vielfältige Auswirkungen erwarten. Um Folgen einer Neugestaltung der Bilanzierung leistungsorientierter Pensionspläne abschätzen zu können, sind vorwiegend die quantitativen Auswirkungen einer geplanten Neuregelung von Interesse. Die Veränderung der Bilanz- und GuV-Struktur, und damit einhergehend zentraler Kennzahlen, determiniert vielfältige weitere Auswirkungen. Hierzu zählen beispielsweise – wie bestehende Forschungsarbeiten zeigen – die Veränderung der Ausgestaltung von Pensionsplänen ebenso wie die Verwendung der Rechnungslegungsinformationen von Kapitalmarktteilnehmern, die sich mitunter je nachdem ob, wo und wie diese erfasst beziehungsweise ausgewiesen werden, unterscheidet. Auch die zu erwartenden lobbyistischen Aktivitäten im Rahmen des Due Process oder mögliche Reaktionen des Managements zur Abmildung von Kennzahlveränderungen lassen sich auf Basis der quantitativ erwarteten Auswirkungen approximieren.

Die Untersuchung der Bedeutung und Entwicklung wichtiger Pensionsgrößen auf Basis der bisherigen Bilanzierungsweise über den Untersuchungszeitraum der Jahre 2005 bis 2010 bringt folgende Erkenntnisse: Die Bedeutung leistungsorientierter Pensionszusagen ist, gemessen an der absoluten Höhe der DBO, über den Untersuchungszeitraum hinweg gestiegen. Zugleich ist die Bedeutung beitragsorientierter Pläne in stärkerem Maße angestiegen; so hat sich etwa der Aufwand für diese Zusagen über den Untersuchungszeitraum hinweg verdoppelt. Auch der relative Anteil der DBO an den Passiva der Unternehmen ist nach wie vor mit etwa zehn Prozent beachtlich. Dies gilt ebenfalls für das bei den untersuchten Unternehmen vorhandene Planvermögen. Dessen absolute Höhe ist um etwa ein Viertel angestiegen; bei Unternehmen des MDAX und SDAX sogar um etwa die Hälfte, wofür die später einsetzende Internationalisierung der Rechnungslegung verantwortlich gemacht werden könnte. Diese Entwicklungen wirken sich zugleich auf den Finanzierungsstatus respektive den steigenden Ausfinanzierungsgrad aus. Im Fokus der bisherigen Bilanzierung leistungsorientierter Pläne stehen häufig versicherungsmathematische Gewinne und Verluste, die sich durch spezifische, aus anderen Rechnungslegungssachverhalten und -standards nicht bekannte Regelungen für deren Abbildung auszeichnen. Die im Untersuchungszeitraum nicht erfassten Verluste entsprechen im Mittel bis über zehn Prozent der zugesagten Verpflichtung. Daneben wird versicherungsmathematischen Gewinnen und Verlusten eine hohe Volatilität zugesprochen, was durch die Ergebnisse dieser Arbeit bestätigt wird. Ähnliches gilt für die Entwicklung des Rechnungszinssatzes, der viele der anderen Größen und damit auch deren Volatilität determiniert. Bereits diese Bestandsaufnahme zeigt die hohe Bedeutung von Pensionsverpflichtungen. Diese Erkenntnisse, ebenso wie die Entwicklung einzelner Werte, erlauben bereits eine grobe Einordnung der Auswirkungen der vorgeschlagenen Bilanzierungsänderungen und dienen zugleich der Interpretation unterschiedlicher Ergebnisse im Zeitablauf.

Die Simulationsstudie untersucht (1) die Auswirkungen einer vollständigen Erfassung versicherungsmathematischer Gewinne und Verluste im Rahmen der Umsetzung des IAS 19 (rev. 2011), (2) eine vollständige Erfassung sämtlicher Aufwendungen und Erträge aus Pensionsplänen in der Gewinn- und Verlustrechnung ebenso wie (3) die Folgen eines Bruttoansatzes von DBO und Planvermögenswerten auf zentrale Bilanz- und GuV-Kennzahlen. Die Untersuchung gibt ebenfalls Auskunft über unterschiedliche Auswirkungen dieser Kennzahlen in verschiedenen Betrachtungsperioden. Auf Grund der vielen Basisgrößen inhärenten Volatilität werden differierende Auswirkungen festgestellt. Weiterhin legt die Studie offen, welche Unternehmensgruppen – unterschieden nach Branche, Index sowie angewandter Bilanzierungsweise – in besonderem Maße von den Änderungen betroffen sind.

Die Untersuchung der Auswirkung des IAS 19 (rev. 2011), der im Untersuchungszeitraum nicht anzuwenden war, zeigt im Durchschnitt der Gesamtstichprobe keine bemerkenswerten Veränderung der Bilanz- und GuV-Werte auf. Entsprechendes gilt für die untersuchten Rentabilitätskennzahlen – Umsatz-, Gesamtkapital- und Eigenkapitalrentabilität – sowie kapitalmarktorientierten Kennzahlen – Gewinn je Aktie und Kurs-Gewinn-Verhältnis. Lediglich eine gesonderte Betrachtung der bilanzierten Pensionsverpflichtungen zeigt im Mittel eine deutliche Erhöhung auf, die entsprechend der Schwankung versicherungsmathematischer Größen im Zeitablauf variiert. Gleichwohl sind verschiedene Unternehmensgruppen unterschiedlich von dieser Bilanzierungsänderung betroffen. Insgesamt stärkere Änderungen erfahren Unternehmen, bei welchen zuvor die Korridormethode zur Anwendung kam. Bei dieser Unternehmensgruppe ist die stärkste Erhöhung der bilanzierten Pensionsverpflichtung und zugleich die höchste Absenkung des Eigenkapitals zu beobachten. Die nur geringen Unterschiede zwischen den Unternehmen einzelner Börsenindizes lassen sich vermutlich ebenfalls auf eine häufigere Anwendung der Korridormethode und der GuV-Methode bei Unternehmen des MDAX und des SDAX zurückführen. Demgegenüber sind die Auswirkungen bezogen auf die Erhöhung der Pensionsverpflichtung in einzelnen Branchen, wie dem sonstigen produzierenden Gewerbe, Anlagenbau/Automobil und Handel im Branchenvergleich besonders hoch. Gleichwohl lassen die insgesamt geringen Veränderungen keine ökonomischen Auswirkungen erwarten.

Die zweite Simulation, in deren Rahmen eine vollständige GuV-wirksame Erfassung aller Aufwendungen und Erträge aus Pensionsplänen abgebildet wird, führt zu stärken Auswirkungen, die insgesamt als wesentlich bezeichnet werden können. Dies gilt insbesondere für die negative Veränderung des Jahresüberschusses und der auf diese Größe rekurrierenden Kennzahlen. So sinkt die Eigenkapitalrendite ebenso wie der Gewinn je Aktie; das Kurs-Gewinn-Verhältnis hingegen steigt deutlich. Dabei werden heterogene Auswirkungen auf die Unternehmen der Gesamtstichprobe festgestellt. Demzufolge führt die Bilanzierungsänderung für einen Teil der Unternehmen zu außerordentlichen Ergebnisauswirkungen. Ebenfalls ausgeprägte Unterschiede werden im Vergleich der Auswirkungen in den verschiedenen betrachteten Perioden deutlich. Während die Jahresüberschussveränderungen überwiegend negativ sind, ist in einzelnen Perioden, in denen versicherungsmathematische Gewinne festgestellt werden können, die mitunter von einem vergleichsweise hohen Zinssatz begleitet werden, eine Erhöhung des Jahresüberschusses zu beobachten. Eine gesonderte Auswertung der Unternehmen, die Zinsaufwendungen und -erträge bisher im operativen Ergebnis erfassten, zeigt eine, wenn auch nur sehr niedrige Veränderung des EBIT bei dieser Gruppe auf. Keine signifikanten Unterschiede ergeben sich hingegen bei Unternehmen verschiedener Indizes, obgleich die Veränderungen bei kleineren Unternehmen, den Unternehmen des SDAX, geringer sind. Dies könnte auf eine geringere Bedeutung leistungsorientierter Pläne sowie einer weniger hohe Bedeutung des Planvermögens bei dieser Unternehmensgruppe zurückzuführen sein. Möglicherweise aus dem gegenteiligen Grund sind bei Unternehmen der Branchen Verschiedene, Anlagenbau/Automobil und sonstiges produzierendes Gewerbe im Vergleich zu den übrigen Branchen hohe Unterschiede feststellbar.

Die dritte in dieser Studie durchgeführte Simulation stellt die Auswirkungen einer Bruttobilanzierung dar und fokussiert damit auf Veränderungen der Bilanz. Die Auswirkungen, die Unternehmen durch eine derartige Bilanzierungsänderung erfahren, sind zumeist höher, als die zuvor betrachteten Änderungen. Die bilanzierte Pensionsverpflichtung erhöht sich stark. Entsprechende Veränderungen zeigen sich auch bei einer relativen Betrachtung des Anteils der bilanzierten Pensionsverpflichtung am Eigen- und Gesamtkapital. Die beachtliche Erhöhung der Pensionsverpflichtung führt auf Grund von deren hohen Bedeutung als Teil des Fremdkapitals zu einer entsprechenden Steigerung des Fremdkapitals. Auch der Anstieg des langfristigen Vermögens ist insgesamt bemerkenswert. Zwar ist die Größenordnung der Veränderung der relativen Kennzahlen zur Analyse der Vermögens- und Kapitalstruktur, die von Abschlussadressaten verstärkt wahrgenommen werden, weniger ausgeprägt, dennoch sind deren Veränderungen bemerkenswert und lassen eine veränderte Einschätzung der Adressaten erwarten. Analog zu den vorhergehenden Simulationen sind die Simulationsergebnisse im Zeitablauf verschieden. Am stärksten unterscheiden sich die Veränderungen im Jahr 2006 von den anderen betrachteten Perioden. Wohl auf Grund des zu diesem Zeitpunkt noch vergleichsweise niedrigen Ausfinanzierungsgrads ist der Anteil der bereits unter Anwendung des Nettoansatzes erfassten Pensionsverpflichtung relativ hoch, mit entsprechend geringeren Auswirkungen einer Bilanzierungsänderung.

Die Umsetzung des Bruttoansatzes führt zu weitaus stärkeren Auswirkungen je größer die Unternehmen sind. Gemessen am Börsenindex erfahren Unternehmen des DAX die stärkste Veränderung, gefolgt von Unternehmen des MDAX. Das Niveau der Veränderungen von Unternehmen des SDAX ist wiederum deutlich geringer. Dieselben Unterschiede sind bei der Bedeutung leistungsorientierter Pläne sowie der Vermögensauslagerung feststellbar. Die heterogenen Auswirkungen des Bruttoansatzes werden auch bei der differenzierten Betrachtung einzelner Branchen offenbar. Die Gruppen mit den stärksten Veränderungen sind die Branchen Versorger, Chemie/Pharma, sonstiges produzierendes Gewerbe und Verschiedene. Weniger ausgeprägt sind die Veränderungen bei den Branchen Dienstleistungen sowie Handel. Erklärungen für die festgestellten Branchenunterschiede sind jedoch vermutlich nicht primär in branchenspezifischen Unterschieden in Bezug auf die Gewährung leistungsorientierter Zusagen oder der Generierung von Planvermögen zu finden, sondern ebenfalls durch Größenunterschiede bedingt. Ungeachtet der festgestellten Unterschiede führt die Umsetzung eines Bruttoansatzes bei der überwiegenden Anzahl der Unternehmen zu deutlichen bilanziellen Veränderungen.

Die Simulationsstudie liefert Erkenntnisse darüber, in welchem Ausmaß Unternehmen durch die entsprechenden Bilanzierungsänderungen betroffen sein könnten. Dabei werden zugleich Unternehmensgruppen identifiziert, die in besonderem Maße durch eine veränderte Bilanzierungsweise betroffen wären. Die Simulationsergebnisse ermöglichen aus verschieden Gründen lediglich eine Schätzung der tatsächlichen Auswirkungen einer Bilanzierungsänderung. Neben der konkreten Ausgestaltung einer Bilanzierungsänderung, die von den vorliegenden Reformideen erwartungsgemäß abweicht, müssen für Forschungszwecke Vereinfachungen vorgenommen werden; so wird etwa auf Grund fehlender Daten angenommen, dass eine Bruttobilanzierung für sämtliche Planausgestaltungen die konzeptionell adäquate Bilanzierungsweise darstellt. Die tatsächlichen Änderungen würden ferner wahrscheinlich von Verhaltensänderungen, also Änderungen in der Ausgestaltung von Pensionsplänen, abgemildert werden.

Mit der Aufnahme der Pensionsbilanzierung auf die research agenda des IASB steht eine mögliche Überarbeitung oder Neugestaltung des einschlägigen Rechnungslegungsstandards IAS 19 am Anfang der Bemühungen. Ob, inwieweit und wann die Bilanzierung von Pensionsverpflichtungen in Zukunft vom IASB überarbeitet wird, ist unklar. Die zwei wesentlichen, in der vorliegenden Arbeit diskutierten Änderungen – die sofortige Erfassung sämtlicher Aufwendungen und Erträge in der Gewinn- und Verlustrechnung sowie die Bruttodarstellung von DBO und Planvermögenswerten – würden zu weitreichenden Auswirkungen führen und ökonomische Konsequenzen für Unternehmen erwarten lassen. Beeinflusst werden könnten diese Auswirkungen durch eine künftig veränderte Ausgestaltung von Pensionsplänen durch Unternehmen in Deutschland. Einerseits könnte die Bedeutung beitragsorientierter Pläne weiter steigen, weshalb leistungsorientierten Plänen insgesamt eine geringere Relevanz zukommt. Andererseits könnten Faktoren wie die Deckung des Finanzierungsbedarfs zur verstärkten Nutzung leistungsorientierter Pläne ohne unternehmensexterne Vermögensanlage führen. Speziell für kleinere Unternehmen könnten derartigen Argumenten besonderes Gewicht zukommen, zumal die Auslagerung von Vermögenswerten, insbesondere bei Gründung eines CTAs, Kosten verursacht.

Im Rahmen der Überarbeitung des Conceptual Frameworks zeigt das im Jahr 2013 veröffentlichte DP, dass die Art der Abgrenzung von Aufwendungen und Erträgen, die im OCI erfasst werden, in der IASB-Rechnungslegung nach wie vor unklar ist. Auch im Hinblick auf die Frage, ob grundsätzlich ein Recycling vorgenommen werden soll, existieren unterschiedliche Vorschläge und Meinungen. Die weitreichendsten Änderungen würde zweifelsohne die Umsetzung eines Bruttoansatzes nach sich ziehen. Auch wenn Unternehmen inzwischen klar sein dürfte, dass trotz der Generierung von Planvermögenswerten, die von externen Trägern gehalten werden, Verpflichtungen und damit Risiken beim Unternehmen verbleiben, würde eine der ökonomischen Ausgestaltung entsprechende bilanzielle Abbildung zu starken Veränderungen der Bilanzstruktur und damit einhergehenden Kennzahlen führen. Entsprechend ist zu erwarten, dass eine derartige Diskussion von verschiedenen Interessengruppen weniger auf konzeptioneller Ebene diskutiert wird, sondern vielmehr versucht wird, eine „negative" Bilanzdarstellung zu vermeiden. Auf Grund der vielfältigen Möglichkeiten für interessierte Parteien, ihre Meinung im Due Process des IASB einzubringen, ist eine derartige Bilanzierungsänderung in naher Zukunft jedoch nicht zu erwarten.

Anhang

A Plausibilitätsprüfungen der erhobenen Daten

Plausibilitätsprüfungen der erhobenen Daten

1. Bei OCI-Bilanzierern wird ein pensionsbezogener Wert im OCI gemäß der Gesamtergebnisrechnung lt. IAS 19.93B (2004) i. V. m. IAS 1.82 erfasst bzw. ein Nach-Steuer-Wert für die in der Periode im OCI erfassten pensionsbezogenen Größen ist vorhanden.
2. Bei Korridor-Bilanzierern wird ein Wert für kumulierte nicht erfasste versicherungsmathematische Gewinne und Verluste lt. IAS 19.120A (f) (i) (2004) ausgewiesen.
3. Bei GuV-Bilanzierern werden versicherungsmathematische Gewinne oder Verluste in der GuV erfasst und lt. IAS 19.120A (g) (v) (2004) ausgewiesen.
4. Bei OCI-Bilanzierern existieren keine nicht erfassten versicherungsmathematischen Gewinne und Verluste lt. IAS 19.120A (f) (i) (2004) sowie keine in der GuV erfassten Gewinne und Verluste lt. IAS 19.120A (g) (v) (2004).
5. Bei Korridor-Bilanzierern werden keine versicherungsmathematischen Gewinne und Verluste im OCI lt. IAS 19.93B (2004) i. V. m. IAS 1.82 erfasst.
6. Bei GuV-Bilanzierern werden keine versicherungsmathematischen Gewinne und Verluste im OCI lt. IAS 19.93B (2004) i. V. m. IAS 1.82 erfasst.
7. Sofern das Planvermögen in der Überleitungsrechnung des Planvermögens lt. IAS 19.120A (g) (iii) (2004) zum Periodenende den Wert Null annimmt, ist dieser zum Periodenbeginn ebenfalls Null (dieser Zusammenhang gilt nicht zwingend, ist jedoch wahrscheinlich).
8. Sofern am Jahresanfang kein Planvermögen lt. IAS 19.120A (e) (2004) besteht, wird ebenfalls kein Wert für die erwarteten Erträge aus Planvermögen erfasst (dieser Zusammenhang gilt nicht zwingend, da bei der Schätzung des erwarteten Ertrags aus Planvermögen zu Periodenbeginn Änderungen des beizulegenden Zeitwerts des während der Periode vorhandenen Planvermögens gemäß IAS 19.106 (2004) zu berücksichtigen sind).
9. Sofern am Jahresanfang Planvermögen lt. IAS 19.120A (e) (2004) ausgewiesen wird, werden in der entsprechenden Überleitungsrechnung erwartete Erträge aus dem Planvermögen erfasst.
10. Der Saldo aus tatsächlich bilanzierter Pensionsverpflichtung und bilanziertem Planvermögen entspricht der Nettoverpflichtung.
11. Der Saldo aus Barwert der DBO und Zeitwert des Planvermögens am Periodenende, korrigiert um die Höhe nicht erfasster versicherungsmathematischer Gewinne und Verluste bei Korridor-Bilanzierern, sowie um den Wert des nicht erfassten nachzuverrechnenden Dienstzeitaufwands und Effekte aus dem Asset Ceiling entspricht der Nettopensionsverpflichtung respektive dem Nettopensionsvermögenswert.

B Simulationsergebnisse

Auswirkungen des IAS 19 R

Tabelle B.1: Veränderung zentraler Kennzahlen durch die Auswirkungen des IAS 19R

	2006			2008			2010		
	Alt	**Neu**	**Veränd.**	**Alt**	**Neu**	**Veränd.**	**Alt**	**Neu**	**Veränd.**
EBIT (Mio. EUR)									
Mittelwert	729	732	0,53 %	655	657	0,17 %	787	787	0,11 %
SD	1.337	1.315	2,12 %	1.218	1.226	1,12 %	1.574	1.576	0,75 %
VC	183,51 %	179,73 %	400,69 %	185,99 %	186,58 %	644,09 %	200,16 %	200,17 %	664,89 %
Median	149	153	0,00 %	170	169	0,00 %	163	161	0,00 %
t-Test			0,015			0,132			0,132
Wilcoxon			0,063			0,478			0,040
JÜ nach St. (Mio. EUR)									
Mittelwert	415	403	-0,07 %	269	267	0,19 %	425	421	-0,20 %
SD	823	805	3,40 %	729	725	3,13 %	913	901	0,75 %
VC	198,07 %	199,53 %	-4679,64 %	270,58 %	271,72 %	1689,92 %	214,72 %	214,03 %	-374,08 %
Median	78	78	0,00 %	81	81	0,00 %	79	78	0,00 %
t-Test			0,832			0,285			0,285
Wilcoxon			0,764			0,463			0,709
PRkst. (Mio. EUR)									
Mittelwert	669	699	14,32 %	536	563	6,21 %	628	701	14,90 %
SD	1.520	1.576	28,85 %	1.187	1.245	28,59 %	1.395	1.545	32,85 %
VC	227,21 %	225,50 %	201,49 %	221,27 %	220,98 %	460,02 %	222,03 %	220,32 %	220,49 %
Median	56	84	2,68 %	64	60	0,00 %	74	79	0,08 %
t-Test			0,000			0,000			0,000
Wilcoxon			0,000			0,015			0,000
EK (Mio. EUR)									
Mittelwert	3.120	3.131	-0,14 %	3.317	3.296	-0,45 %	3.833	3.782	-1,01 %
SD	6.235	6.292	2,54 %	6.525	6.470	1,51 %	7.461	7.353	2,19 %
VC	199,86 %	200,99 %	-1868,12 %	196,70 %	196,33 %	-334,25 %	194,63 %	194,40 %	-217,7 %
Median	608	612	-0,14 %	730	747	0,00 %	836	824	-0,01 %
t-Test			0,000			0,000			0,000
Wilcoxon			0,000			0,030			0,000
FK (Mio. EUR)									
Mittelwert	8.751	8.859	0,64 %	10.564	10.583	0,16 %	9.836	9.886	0,43 %
SD	19.776	0	1,10 %	24.149	24.192	0,52 %	21.279	21.379	0,86 %
VC	225,98 %	0,00 %	172,43 %	228,58 %	228,59 %	316,91 %	216,35 %	216,24 %	201,35 %
Median	1.202	1.216	0,04 %	1.443	1.452	0,00 %	1.585	1.586	0,01 %
t-Test			0,000			0,000			0,000
Wilcoxon			0,000			0,035			0,000

	2006			2008			2010		
	Alt	Neu	Veränd.	Alt	Neu	Veränd.	Alt	Neu	Veränd.
UR									
Mittelwert	9,02 %	9,12 %	0,53 %	8,14 %	8,16 %	0,14 %	8,33 %	7,91 %	0,11 %
SD	6,31 %	6,29 %	2,12 %	6,67 %	6,68 %	0,97 %	5,69 %	7,27 %	0,75 %
VC	69,92 %	68,98 %	400,69 %	81,88 %	81,82 %	670,26 %	68,39 %	91,86 %	664,89 %
Median	8,27 %	8,43 %	0,00 %	7,89 %	7,95 %	0,00 %	7,93 %	7,94 %	0,00 %
t-Test			0,015			0,135			0,132
Wilcoxon			0,011			0,794			0,005
GKR									
Mittelwert	10,17 %	10,24 %	0,46 %	8,27 %	8,30 %	0,19 %	7,32 %	8,04 %	0,19 %
SD	7,05 %	7,10 %	1,71 %	7,19 %	7,20 %	1,00 %	6,61 %	5,88 %	1,06 %
VC	69,36 %	69,35 %	372,95 %	86,89 %	86,84 %	528,97 %	90,27 %	73,13 %	556,10 %
Median	8,47 %	8,52 %	0,01 %	7,20 %	7,20 %	0,00 %	6,84 %	6,90 %	0,00 %
t-Test			0,010			0,059			0,072
Wilcoxon			0,002			0,201			0,001
EKR									
Mittelwert	14,78 %	15,73 %	2,16 %	12,85 %	14,50 %	0,25 %	12,32 %	12,31 %	0,47 %
SD	15,59 %	15,13 %	5,91 %	18,49 %	17,88 %	3,00 %	13,05 %	13,72 %	3,61 %
VC	105,47 %	96,17 %	273,98 %	143,86 %	123,28 %	1223,6 %	105,94 %	111,45 %	762,28 %
Median	14,65 %	15,52 %	0,38 %	13,54 %	13,63 %	0,00 %	11,72 %	12,05 %	0,17 %
t-Test			0,001			0,411			0,188
Wilcoxon			0,001			0,655			0,021
EPS									
Mittelwert	2,07	1,91	-0,13 %	2,11	2,24	0,19 %	2,15	2,14	-0,37 %
SD	2,39	2,15	3,42 %	3,18	3,42	3,14 %	2,32	2,31	1,74 %
VC	1,15	1,13	-2590,86 %	1,51	1,53	1656,69 %	1,08	1,08	-470,87 %
Median	1,60	1,59	0,00 %	1,56	1,57	0,00 %	1,57	1,53	0,02 %
t-Test			0,708			0,545			0,035
Wilcoxon			0,745			0,415			0,959
KGV									
Mittelwert	14,57	18,33	-0,30 %	9,53	9,89	-0,05 %	22,92	20,60	0,40 %
SD	21,40	20,91	3,91 %	24,90	24,45	2,34 %	30,23	26,73	1,80 %
VC	1,47	1,14	-1300,61 %	2,61	2,47	-4831,20 %	1,32	1,30	451,81 %
Median	17,02	16,89	0,00 %	8,98	8,98	0,00 %	18,12	18,12	-0,01 %
t-Test			0,465			0,838			0,028
Wilcoxon			0,845			0,080			0,959

	2006			2008			2010		
	Alt	**Neu**	**Veränd.**	**Alt**	**Neu**	**Veränd.**	**Alt**	**Neu**	**Veränd.**
PRkst/EK									
Mittelwert	20,05 %	22,85 %	16,05 %	14,46 %	14,99 %	-0,05 %	15,35 %	16,84 %	17,20 %
SD	27,28 %	29,98 %	31,53 %	16,95 %	17,10 %	2,34 %	16,38 %	17,59 %	39,49 %
VC	136,06 %	131,22 %	196,39 %	117,22 %	114,07 %	-4831,20 %	106,68 %	104,46 %	229,63 %
Median	11,33 %	12,42 %	2,82 %	9,49 %	10,11 %	0,00 %	8,26 %	12,17 %	0,10 %
t-Test			0,000			0,024			0,000
Wilcoxon			0,000			0,018			0,000
PRkst/GK									
Mittelwert	6,18 %	6,82 %	14,63 %	4,64 %	4,74 %	6,25 %	5,05 %	5,51 %	15,55 %
SD	6,54 %	1,23 %	29,07 %	4,76 %	4,76 %	28,58 %	5,07 %	5,17 %	37,19 %
VC	105,92 %	18,03 %	198,72 %	102,50 %	100,44 %	457,10 %	100,45 %	93,79 %	239,18 %
Median	3,60 %	4,54 %	4,23 %	2,77 %	3,05 %	0,00 %	3,47 %	4,00 %	0,11 %
t-Test			0,000			0,029			0,000
Wilcoxon			0,000			0,019			0,000

Tabelle B.2: Veränderung zentraler Kennzahlen durch die Auswirkungen des IAS 19R getrennt nach bisheriger Bilanzierungspraxis

2010	OCI-Bilanzierer			Korridor-Bilanzierer			GuV-Bilanzierer		
	Alt	**Neu**	**Veränd.**	**Alt**	**Neu**	**Veränd.**	**Alt**	**Neu**	**Veränd.**
EBIT (Mio. EUR)									
Mittelwert	1.278	1.277	-0,15 %	525	527	0,32 %	108	108	0,24 %
SD	2.023	2.025	0,74 %	1.166	1.169	0,76 %	263	263	0,35 %
VC	158,34 %	158,61 %	-481,64 %	222,24 %	221,80 %	238,33 %	243,95 %	242,66 %	145,83 %
Median	328	328	0,00 %	127	129	0,10 %	50	50	0,09 %
t-Test			0,181			0,005			0,074
Wilcoxon			0,163			0,001			0,114
JÜ nach St. (Mio. EUR)									
Mittelwert	695	683	-0,80 %	284	285	0,15 %	42	43	0,42 %
SD	1.128	1.105	1,60 %	741	743	2,05 %	202	203	0,35 %
VC	162,30 %	161,86 %	-201,77 %	261,42 %	260,90 %	1329,58 %	482,33 %	474,20 %	83,30 %
Median	202	202	-0,13 %	63	62	0,11 %	31	31	0,09 %
t-Test			0,003			0,594			0,441
Wilcoxon			0,007			0,129			0,028
PRkst. (Mio. EUR)									
Mittelwert	1.124	1.124	-0,07 %	352	498	31,08 %	6	6	0,00 %
SD	1.886	1.885	0,61 %	853	1.302	41,91 %	8	8	0,00 %
VC	167,84 %	167,79 %	-870,20 %	242,45 %	261,30 %	134,86 %	120,75 %	120,75 %	na
Median	226	226	0,00 %	59	69	18,40 %	3	3	0,00 %
t-Test			0,455			0,000			na
Wilcoxon			0,609			0,000			1,000

2010	OCI-Bilanzierer			Korridor-Bilanzierer			GuV-Bilanzierer		
	Alt	Neu	Veränd.	Alt	Neu	Veränd.	Alt	Neu	Veränd.
EK (Mio. EUR)									
Mittelwert	6.429	6.429	0,00 %	2.383	2.280	-2,09 %	590	590	0,00 %
SD	9.387	9.389	0,07 %	5.662	5.338	2,78 %	802	802	0,00 %
VC	146,01 %	146,03 %	na	237,64 %	234,11 %	-133,15 %	135,78 %	135,78 %	-316,23 %
Median	1.773	1.773	0,00 %	759	765	-1,56 %	348	348	0,00 %
t-Test			0,880			0,000			0,343
Wilcoxon			0,691			0,000			0,317
FK (Mio. EUR)									
Mittelwert	17.053	17.053	0,00 %	5.415	5.519	0,89 %	1.623	1.623	0,00 %
SD	27.774	0	0,02 %	14.440	14.772	1,06 %	2.272	2.272	0,00 %
VC	162,87 %	0,00 %	na	266,66 %	267,66 %	119,53 %	139,94 %	139,94 %	na
Median	3.345	3.345	0,00 %	1.279	1.301	0,83 %	599	599	0,00 %
t-Test			0,568			0,000			na
Wilcoxon			0,501			0,000			1,000
UR									
Mittelwert	8,51 %	8,51 %	-0,15 %	7,50 %	7,55 %	0,32 %	12,02 %	7,12 %	0,24 %
SD	5,27 %	5,27 %	0,74 %	4,63 %	4,68 %	0,76 %	10,61 %	18,52 %	0,35 %
VC	61,88 %	61,96 %	-481,64 %	61,69 %	62,02 %	238,33 %	88,32 %	260,21 %	145,83 %
Median	8,23 %	8,25 %	0,00 %	7,35 %	7,45 %	0,10 %	13,77 %	10,58 %	0,09 %
t-Test			0,181			0,005			0,074
Wilcoxon			0,093			0,001			0,028
GKR									
Mittelwert	7,54 %	7,54 %	-0,08 %	7,77 %	7,78 %	0,52 %	3,75 %	11,87 %	-0,27 %
SD	5,56 %	5,55 %	0,82 %	4,08 %	4,09 %	1,00 %	16,46 %	12,42 %	1,72 %
VC	73,65 %	73,63 %	-1020,72 %	52,54 %	52,49 %	191,46 %	439,15 %	104,65 %	-638,09 %
Median	6,66 %	6,64 %	0,00 %	7,09 %	7,11 %	0,15 %	5,20 %	8,87 %	0,08 %
t-Test			0,524			0,001			0,632
Wilcoxon			0,693			0,001			0,050
EKR									
Mittelwert	11,85 %	11,74 %	-1,25 %	10,89 %	10,92 %	2,00 %	22,47 %	22,74 %	0,42 %
SD	11,67 %	11,58 %	2,74 %	10,86 %	12,43 %	3,92 %	24,15 %	24,28 %	1,64 %
VC	98,43 %	98,64 %	-218,97 %	99,71 %	113,82 %	195,93 %	107,46 %	106,79 %	392,40 %
Median	12,66 %	12,66 %	-0,25 %	10,96 %	11,02 %	1,33 %	22,42 %	22,42 %	0,14 %
t-Test			0,005			0,001			0,441
Wilcoxon			0,005			0,000			0,008

2010	OCI-Bilanzierer			Korridor-Bilanzierer			GuV-Bilanzierer		
	Alt	Neu	Veränd.	Alt	Neu	Veränd.	Alt	Neu	Veränd.
EPS									
Mittelwert	2,48	2,46	-0,94 %	2,00	2,00	-0,04 %	1,55	1,56	0,42 %
SD	2,60	2,59	1,85 %	2,05	2,04	1,54 %	2,36	2,36	1,64 %
VC	104,79 %	105,44 %	-196,22 %	102,77 %	102,07 %	-3802,75 %	152,16 %	151,03 %	392,41 %
Median	1,56	1,52	-0,16 %	1,67	1,69	0,11 %	1,20	1,20	0,14 %
t-Test			0,002			0,855			0,441
Wilcoxon			0,018			0,144			0,007
KGV									
Mittelwert	27,91	26,21	0,99 %	17,60	14,17	0,06 %	28,55	27,96	-0,39 %
SD	28,44	31,46	1,95 %	29,08	16,35	1,58 %	40,70	39,18	1,62 %
VC	101,90 %	120,06 %	198,13 %	165,25 %	115,34 %	2477,02 %	142,58 %	140,11 %	-413,31 %
Median	18,53	18,75	0,16 %	16,84	16,70	-0,08 %	17,82	17,61	-0,14 %
t-Test			0,002			0,776			0,464
Wilcoxon			0,008			0,122			0,007
PRkst/EK									
Mittelwert	20,26 %	20,27 %	-0,07 %	13,97 %	17,00 %	0,06 %	1,28 %	1,28 %	0,00 %
SD	18,20 %	18,25 %	0,66 %	14,55 %	17,27 %	1,58 %	1,39 %	1,39 %	0,00 %
VC	89,85 %	90,03 %	-970,71 %	104,09 %	101,62 %	2477,02 %	108,69 %	108,69 %	316,23 %
Median	14,81 %	14,92 %	0,00 %	8,30 %	13,06 %	-0,08 %	0,75 %	0,75 %	0,00 %
t-Test			0,503			0,000			0,343
Wilcoxon			0,795			0,000			0,317
PRkst/GK									
Mittelwert	6,36 %	6,36 %	0,01 %	4,85 %	5,79 %	32,35 %	0,39 %	0,39 %	0,02 %
SD	5,47 %	0,13 %	0,75 %	4,68 %	4,88 %	48,53 %	0,36 %	0,36 %	0,07 %
VC	86,03 %	2,07 %	5859,70 %	96,45 %	84,32 %	150,01 %	92,56 %	92,54 %	316,21 %
Median	4,73 %	4,69 %	0,00 %	3,35 %	4,08 %	19,26 %	0,28 %	0,29 %	0,00 %
t-Test			0,911			0,000			0,343
Wilcoxon			0,658			0,000			0,180

Tabelle B.3: Veränderung zentraler Kennzahlen durch die Auswirkungen des IAS 19R getrennt nach Börsenindex

2010	DAX			MDAX			SDAX		
	Alt	Neu	Veränd.	Alt	Neu	Veränd.	Alt	Neu	Veränd.
EBIT (Mio. EUR)									
Mittelwert	2.734	2.739	0,17 %	309	308	0,00 %	38	38	0,21 %
SD	2.314	2.315	0,52 %	383	382	0,97 %	124	124	0,57 %
VC	84,62 %	84,54 %	299,78 %	124,04 %	123,89 %	na	330,75 %	328,09 %	276,11 %
Median	1.764	1.764	0,00 %	205	205	0,00 %	35	35	0,00 %
t-Test			0,101			0,975			0,046
Wilcoxon			0,343			0,170			0,002

2010	DAX			MDAX			SDAX		
	Alt	**Neu**	**Veränd.**	**Alt**	**Neu**	**Veränd.**	**Alt**	**Neu**	**Veränd.**
JÜ nach St. (Mio. EUR)									
Mittelwert	1.551	1.534	-0,41 %	140	139	0,00 %	4	4	-0,29 %
SD	1.355	1.333	1,48 %	177	175	2,22 %	130	130	0,57 %
VC	87,37 %	86,87 %	-362,76 %	126,73 %	126,21 %	na	3102,40 %	3003,87 %	-194,07 %
Median	928	931	-0,17 %	106	104	0,05 %	20	20	0,00 %
t-Test			0,181			0,996			0,327
Wilcoxon			0,072			0,791			0,066
PRkst. (Mio. EUR)									
Mittelwert	1.964	2.213	10,15 %	368	399	14,97 %	33	37	18,30 %
SD	2.201	2.455	24,81 %	802	822	31,57 %	40	44	39,47 %
VC	112,08 %	110,93 %	244,43 %	218,00 %	206,08 %	210,93 %	123,07 %	119,54 %	215,62 %
Median	899	1.024	0,00 %	142	148	0,12 %	19	21	3,26 %
t-Test			0,052			0,003			0,011
Wilcoxon			0,064			0,000			0,000
EK (Mio. EUR)									
Mittelwert	13.160	12.986	0,00 %	1.498	1.476	-1,11 %	308	305	-0,79 %
SD	10.909	10.737	2,85 %	1.728	1.702	2,28 %	279	280	1,36 %
VC	82,90 %	82,69 %	na	115,41 %	115,33 %	-205,53 %	90,61 %	91,66 %	-171,81 %
Median	10.098	9.840	0,00 %	904	904	-0,02 %	252	249	-0,05 %
t-Test			0,060			0,003			0,002
Wilcoxon			0,078			0,000			0,000
FK (Mio. EUR)									
Mittelwert	32.716	32.889	0,21 %	4.553	4.575	0,46 %	636	639	0,54 %
SD	32.384	0	0,95 %	10.772	10.784	0,87 %	547	549	0,76 %
VC	98,99 %	0,00 %	447,48 %	236,59 %	235,74 %	189,33 %	86,05 %	85,89 %	142,11 %
Median	18.059	18.528	0,00 %	1.800	1.800	0,01 %	451	455	0,04 %
t-Test			0,275			0,001			0,000
Wilcoxon			0,085			0,000			0,000
UR									
Mittelwert	10,64 %	10,66 %	0,17 %	8,25 %	7,20 %	0,00 %	6,65 %	6,68 %	0,21 %
SD	4,70 %	4,72 %	0,52 %	6,74 %	9,62 %	0,97 %	4,35 %	4,41 %	0,57 %
VC	44,19 %	44,28 %	299,78 %	81,68 %	133,71 %	na	65,44 %	66,00 %	276,11 %
Median	10,12 %	10,11 %	0,00 %	7,39 %	7,14 %	0,00 %	6,75 %	7,34 %	0,00 %
t-Test			0,101			0,975			0,046
Wilcoxon			0,748			0,171			0,004
GKR									
Mittelwert	7,81 %	7,83 %	0,27 %	7,10 %	8,83 %	0,10 %	7,21 %	7,23 %	0,24 %
SD	3,54 %	3,54 %	0,64 %	9,00 %	7,60 %	0,96 %	4,82 %	4,81 %	1,41 %
VC	45,33 %	45,19 %	238,20 %	126,68 %	86,06 %	938,59 %	66,86 %	66,53 %	580,51 %
Median	6,97 %	6,97 %	0,00 %	6,83 %	6,96 %	0,02 %	6,55 %	6,55 %	0,03 %
t-Test			0,042			0,494			0,322
Wilcoxon			0,433			0,161			0,001

2010	DAX			MDAX			SDAX		
	Alt	Neu	Veränd.	Alt	Neu	Veränd.	Alt	Neu	Veränd.
EKR									
Mittelwert	13,90 %	14,03 %	0,46 %	13,68 %	13,82 %	0,64 %	9,42 %	9,14 %	0,27 %
SD	6,22 %	6,46 %	4,13 %	14,67 %	14,75 %	4,22 %	14,54 %	16,08 %	2,11 %
VC	44,79 %	46,03 %	903,99 %	107,22 %	106,76 %	654,91 %	154,31 %	176,02 %	792,96 %
Median	13,58 %	13,61 %	-0,09 %	10,85 %	11,17 %	0,22 %	9,17 %	9,32 %	0,18 %
t-Test			0,578			0,322			0,474
Wilcoxon			0,469			0,021			0,038
EPS									
Mittelwert	2,69	2,67	-0,66 %	2,49	2,48	-0,25 %	1,34	1,34	-0,29 %
SD	1,57	1,55	1,93 %	2,97	2,96	1,62 %	1,58	1,57	1,75 %
VC	58,43 %	58,22 %	-293,61 %	119,53 %	119,34 %	-653,47 %	117,29 %	117,19 %	-594,73 %
Median	2,44	2,48	-0,18 %	1,37	1,37	0,05 %	1,02	1,01	0,02 %
t-Test			0,095			0,339			0,327
Wilcoxon			0,109			0,600			0,201
KGV									
Mittelwert	18,78	18,96	0,70 %	27,38	23,81	0,27 %	20,32	17,91	0,33 %
SD	10,10	10,36	2,02 %	38,00	29,50	1,67 %	28,97	31,22	1,81 %
VC	53,77 %	54,63 %	287,95 %	138,80 %	123,87 %	619,69 %	142,54 %	174,31 %	555,06 %
Median	18,47	18,75	0,18 %	18,61	18,33	-0,05 %	16,02	15,65	-0,02 %
t-Test			0,089			0,308			0,294
Wilcoxon			0,093			1,000			0,102
PRkst/EK									
Mittelwert	14,74 %	16,78 %	12,02 %	19,40 %	21,29 %	0,27 %	10,84 %	11,25 %	21,42 %
SD	15,19 %	17,79 %	28,52 %	19,36 %	19,70 %	1,67 %	11,75 %	12,81 %	50,61 %
VC	103,01 %	106,04 %	237,33 %	99,83 %	92,56 %	619,69 %	108,37 %	113,84 %	236,31 %
Median	7,52 %	7,95 %	0,00 %	13,50 %	16,02 %	-0,05 %	7,94 %	8,72 %	3,33 %
t-Test			0,046			0,003			0,019
Wilcoxon			0,067			0,000			0,006
PRkst/GK									
Mittelwert	4,63 %	5,05 %	10,24 %	6,38 %	6,84 %	14,64 %	3,72 %	4,21 %	20,61 %
SD	4,06 %	0,88 %	24,78 %	6,16 %	6,06 %	32,04 %	3,82 %	4,01 %	49,31 %
VC	87,61 %	17,51 %	241,96 %	96,59 %	88,64 %	218,88 %	102,89 %	95,26 %	239,31 %
Median	3,41 %	3,57 %	0,03 %	5,04 %	6,15 %	0,21 %	2,45 %	3,64 %	3,26 %
t-Test			0,050			0,005			0,020
Wilcoxon			0,050			0,000			0,000

Auswirkungen einer vollständigen GuV-wirksamen Erfassung

Tabelle B.4: Veränderung zentraler Kennzahlen durch die Auswirkungen einer vollständigen GuV-wirksamen Erfassung

	2006			2008			2010		
	Alt	**Neu**	**Veränd.**	**Alt**	**Neu**	**Veränd.**	**Alt**	**Neu**	**Veränd.**
EBIT (Mio. EUR)									
Mittelwert	732	733	0,45 %	657	659	0,71 %	787	794	0,41 %
SD	1.315	1.315	2,23 %	1.226	1.221	3,93 %	1.576	1.587	1,78 %
VC	179,73 %	179,37 %	496,60 %	186,58 %	185,28 %	550,56 %	200,17 %	199,93 %	429,45 %
Median	153	154	0,00 %	169	172	0,00 %	161	162	0,00 %
t-Test			0,048			0,070			0,021
Wilcoxon			0,137			0,033			0,000
JÜ nach St. (Mio. EUR)									
Mittelwert	403	458	3,44 %	267	292	-2,80 %	421	377	-8,16 %
SD	805	910	14,04 %	725	731	28,00 %	901	831	1,78 %
VC	199,53 %	198,37 %	408,17 %	271,72 %	250,34 %	-1000,76 %	214,03 %	220,37 %	-21,81 %
Median	78	80	1,03 %	81	85	0,17 %	78	74	-4,25 %
t-Test			0,017			0,315			0,000
Wilcoxon			0,000			0,077			0,000
UR									
Mittelwert	9,12 %	9,13 %	0,45 %	8,16 %	8,23 %	0,71 %	7,91 %	8,39 %	0,41 %
SD	6,29 %	6,27 %	2,23 %	6,68 %	6,73 %	3,93 %	7,27 %	5,70 %	1,78 %
VC	68,98 %	68,62 %	496,60 %	81,82 %	81,76 %	550,56 %	91,86 %	67,99 %	429,45 %
Median	8,43 %	8,58 %	0,00 %	7,95 %	8,12 %	0,00 %	7,94 %	8,00 %	0,00 %
t-Test			0,048			0,070			0,021
Wilcoxon			0,029			0,014			0,000
GKR									
Mittelwert	10,24 %	10,25 %	0,46 %	8,30 %	8,96 %	0,71 %	8,04 %	7,38 %	0,41 %
SD	7,10 %	7,08 %	2,27 %	7,20 %	7,30 %	3,93 %	5,88 %	6,62 %	1,78 %
VC	69,35 %	69,11 %	488,73 %	86,84 %	81,54 %	550,56 %	73,13 %	89,71 %	429,45 %
Median	8,52 %	8,57 %	0,00 %	7,20 %	7,28 %	0,00 %	6,90 %	6,85 %	0,00 %
t-Test			0,048			0,070			0,021
Wilcoxon			0,027			0,021			0,000
EKR									
Mittelwert	15,73 %	17,18 %	4,08 %	14,50 %	13,91 %	-2,80 %	12,31 %	11,89 %	-6,78 %
SD	15,13 %	13,69 %	13,26 %	17,88 %	18,14 %	28,00 %	13,72 %	12,45 %	15,84 %
VC	96,17 %	79,70 %	324,97 %	123,28 %	130,46 %	-1000,76 %	111,45 %	104,77 %	-233,68 %
Median	15,52 %	17,06 %	1,03 %	13,63 %	13,87 %	0,17 %	12,05 %	11,01 %	-4,07 %
t-Test			0,003			0,315			0,000
Wilcoxon			0,000			0,027			0,000

	2006			2008			2010		
	Alt	Neu	Veränd.	Alt	Neu	Veränd.	Alt	Neu	Veränd.
EPS									
Mittelwert	1,91	2,18	2,79 %	2,24	2,00	-2,73 %	2,14	1,96	-6,90 %
SD	2,15	2,48	11,83 %	3,42	3,24	28,13 %	2,31	2,23	15,87 %
VC	112,84 %	113,57 %	423,48 %	152,50 %	161,70 %	-1032,15 %	107,66 %	113,52 %	-229,81 %
Median	1,59	1,62	1,03 %	1,57	1,53	0,25 %	1,53	1,52	-4,20 %
t-Test			0,024			0,333			0,000
Wilcoxon			0,000			0,081			0,000
KGV									
Mittelwert	18,33	15,67	-3,74 %	9,89	8,14	-2,32 %	20,60	22,52	11,29 %
SD	20,91	19,67	12,57 %	24,45	22,80	41,56 %	26,73	30,27	26,31 %
VC	114,05 %	125,52 %	-336,15 %	247,27 %	280,30 %	-1789,63 %	129,75 %	134,41 %	233,01 %
Median	16,89	16,00	-1,46 %	8,98	8,80	-0,42 %	18,12	18,60	4,24 %
t-Test			0,006			0,581			0,000
Wilcoxon			0,000			0,915			0,000

Tabelle B.5: Veränderung zentraler Kennzahlen durch die Auswirkungen einer vollständigen GuV-wirksamen Erfassung getrennt nach bisheriger Erfassungsweise für Zinsaufwendungen

2010	**EBIT**			**Finanzergebnis**		
	Alt	Neu	Veränd.	Alt	Neu	Veränd.
EBIT (Mio. EUR)						
Mittelwert	482	499	1,37 %	886	889	0,14 %
SD	794	813	2,67 %	1.750	1.761	1,32 %
VC	164,53 %	162,77 %	195,78 %	197,41 %	197,99 %	959,34 %
Median	140	148	0,46 %	176	176	0,00 %
t-Test			0,023			0,357
Wilcoxon			0,000			0,156
JÜ nach St. (Mio. EUR)						
Mittelwert	220	210	-3,38 %	486	431	-9,72 %
SD	445	438	7,22 %	999	919	1,32 %
VC	202,16 %	208,19 %	-213,93 %	205,57 %	213,16 %	-13,59 %
Median	80	78	-1,35 %	77	72	0,00 %
t-Test			0,028			0,000
Wilcoxon			0,000			0,000
UR						
Mittelwert	10,07 %	10,23 %	1,37 %	7,25 %	7,82 %	0,14 %
SD	7,97 %	7,92 %	2,67 %	6,96 %	4,74 %	1,32 %
VC	79,13 %	77,50 %	195,78 %	96,02 %	60,65 %	959,34 %
Median	7,70 %	8,03 %	0,46 %	7,99 %	7,99 %	0,00 %
t-Test			0,023			0,357
Wilcoxon			0,000			0,215

2010	EBIT			Finanzergebnis		
	Alt	**Neu**	**Veränd.**	**Alt**	**Neu**	**Veränd.**
GKR						
Mittelwert	9,06 %	7,96 %	1,37 %	7,73 %	7,21 %	0,14 %
SD	8,20 %	5,54 %	2,67 %	4,99 %	6,92 %	1,32 %
VC	90,49 %	69,61 %	195,78 %	64,52 %	96,05 %	959,34 %
Median	8,21 %	7,71 %	0,46 %	6,84 %	6,84 %	0,00 %
t-Test			0,023			0,357
Wilcoxon			0,001			0,133
EKR						
Mittelwert	12,85 %	12,29 %	-3,38 %	12,15 %	11,76 %	-7,88 %
SD	13,99 %	14,00 %	7,22 %	13,73 %	12,03 %	17,66 %
VC	108,81 %	113,90 %	-213,93 %	113,02 %	102,28 %	-224,04 %
Median	12,34 %	11,54 %	-1,35 %	11,83 %	11,01 %	-4,94 %
t-Test			0,028			0,000
Wilcoxon			0,000			0,000
EPS						
Mittelwert	1,76	1,69	-3,38 %	2,26	2,05	-8,06 %
SD	1,73	1,72	7,22 %	2,46	2,37	17,70 %
VC	98,30 %	101,76 %	-213,93 %	108,62 %	115,65 %	-219,53 %
Median	1,60	1,37	-1,35 %	1,53	1,53	-4,96 %
t-Test			0,028			0,000
Wilcoxon			0,000			0,000
KGV						
Mittelwert	16,30	17,91	4,13 %	21,92	23,94	13,61 %
SD	20,61	22,67	8,96 %	28,33	32,25	29,53 %
VC	126,47 %	126,56 %	216,95 %	129,22 %	134,69 %	216,90 %
Median	17,51	17,69	1,37 %	18,33	18,93	5,19 %
t-Test			0,030			0,000
Wilcoxon			0,000			0,000

Tabelle B.6: Veränderung zentraler Kennzahlen durch die Auswirkungen einer vollständigen GuV-wirksamen Erfassung getrennt nach Börsenindex

2010	DAX			MDAX			SDAX		
	Alt	**Neu**	**Veränd.**	**Alt**	**Neu**	**Veränd.**	**Alt**	**Neu**	**Veränd.**
EBIT (Mio. EUR)									
Mittelwert	2.739	2.747	0,08 %	308	318	0,67 %	38	38	0,35 %
SD	2.315	2.337	0,93 %	382	407	2,04 %	124	124	1,92 %
VC	84,54 %	85,08 %	1151,76 %	123,89 %	127,84 %	302,96 %	328,09 %	322,29 %	550,12 %
Median	1.764	1.764	0,00 %	205	206	0,00 %	35	38	0,00 %
t-Test			0,662			0,030			0,297
Wilcoxon			0,074			0,002			0,158

2010	DAX			MDAX			SDAX		
	Alt	Neu	Veränd.	Alt	Neu	Veränd.	Alt	Neu	Veränd.
JÜ nach St. (Mio. EUR)									
Mittelwert	1.534	1.380	-11,29 %	139	122	-10,11 %	4	3	-3,59 %
SD	1.333	1.253	19,35 %	175	166	14,68 %	130	131	11,09 %
VC	86,87 %	90,81 %	-171,29 %	126,21 %	136,45 %	-145,18 %	3003,87 %	5171,76 %	-309,15 %
Median	931	744	-4,94 %	104	98	-5,94 %	20	20	-1,78 %
t-Test			0,008			0,000			0,064
Wilcoxon			0,009			0,000			0,000
UR									
Mittelwert	10,66 %	10,68 %	0,08 %	7,20 %	8,32 %	0,67 %	6,68 %	6,71 %	0,35 %
SD	4,72 %	4,75 %	0,93 %	9,62 %	6,75 %	2,04 %	4,41 %	4,33 %	1,92 %
VC	44,28 %	44,50 %	1151,76 %	133,71 %	81,07 %	302,96 %	66,00 %	64,57 %	550,12 %
Median	10,11 %	10,14 %	0,00 %	7,14 %	7,39 %	0,00 %	7,34 %	6,77 %	0,00 %
t-Test			0,662			0,038			0,297
Wilcoxon			0,070			0,002			0,173
GKR									
Mittelwert	7,83 %	7,85 %	0,08 %	8,83 %	7,17 %	0,67 %	7,23 %	7,28 %	0,35 %
SD	3,54 %	3,58 %	0,93 %	7,60 %	9,02 %	2,04 %	4,81 %	4,79 %	1,92 %
VC	45,19 %	45,65 %	1151,76 %	86,06 %	125,88 %	302,96 %	66,53 %	65,88 %	550,12 %
Median	6,97 %	6,96 %	0,00 %	6,96 %	6,91 %	0,00 %	6,55 %	6,73 %	0,00 %
t-Test			0,662			0,038			0,297
Wilcoxon			0,070			0,003			0,173
EKR									
Mittelwert	14,03 %	12,84 %	-5,64 %	13,82 %	12,49 %	-10,11 %	9,14 %	10,36 %	-3,59 %
SD	6,46 %	6,54 %	21,85 %	14,75 %	14,99 %	14,68 %	16,08 %	12,63 %	11,09 %
VC	46,03 %	50,97 %	-387,47 %	106,76 %	120,01 %	-145,18 %	176,02 %	121,86 %	-309,15 %
Median	13,61 %	12,63 %	-4,88 %	11,17 %	10,04 %	-5,94 %	9,32 %	9,22 %	-1,78 %
t-Test			0,209			0,000			0,064
Wilcoxon			0,002			0,000			0,000
EPS									
Mittelwert	2,67	2,89	-5,64 %	2,48	1,96	-10,51 %	1,34	1,26	-3,59 %
SD	1,55	2,65	21,85 %	2,96	2,30	14,64 %	1,57	1,46	11,09 %
VC	58,22 %	91,63 %	-387,47 %	119,34 %	117,49 %	-139,36 %	117,19 %	115,85 %	-309,15 %
Median	2,48	2,32	-4,88 %	1,37	1,08	-5,96 %	1,01	0,99	-1,78 %
t-Test			0,209			0,000			0,064
Wilcoxon			0,007			0,000			0,000
KGV									
Mittelwert	18,96	22,65	11,85 %	23,81	24,21	15,54 %	17,91	20,41	5,79 %
SD	10,36	16,14	29,87 %	29,50	34,77	28,65 %	31,22	32,75	19,56 %
VC	54,63 %	71,27 %	252,02 %	123,87 %	143,61 %	184,39 %	174,31 %	160,45 %	337,75 %
Median	18,75	19,55	5,13 %	18,33	19,76	6,31 %	15,65	15,74	1,81 %
t-Test			0,059			0,001			0,089
Wilcoxon			0,005			0,000			0,000

Auswirkungen des Bruttoausweises

Tabelle B.7: Veränderung zentraler Kennzahlen durch die Auswirkungen einer Bruttobilanzierung

	2006			2008			2010		
	Alt	**Neu**	**Veränd.**	**Alt**	**Neu**	**Veränd.**	**Alt**	**Neu**	**Veränd.**
JÜ nach St. (Mio. EUR)									
Mittelwert	403	458	3,44 %	267	218	-2,80 %	421	377	-8,16 %
SD	805	910	14,04 %	725	690	28,00 %	901	831	15,14 %
VC	199,53 %	198,37 %	408,17 %	271,72 %	316,46 %	-1000,76 %	214,03 %	220,37 %	-185,41 %
Median	78	80	1,03 %	81	81	0,17 %	78	74	-4,25 %
t-Test			0,017			0,315			0,000
Wilcoxon			0,000			0,089			0,000
PRkst. (Mio. EUR)									
Mittelwert	699	1.784	118,13 %	563	1.537	159,77 %	701	1.912	148,43 %
SD	1.576	4.130	199,79 %	1.245	3.456	264,56 %	1.545	4.279	210,28 %
VC	225,50 %	231,55 %	169,14 %	220,98 %	224,85 %	165,59 %	220,32 %	223,75 %	141,67 %
Median	84	171	34,75 %	60	154	41,79 %	79	208	65,03 %
t-Test			0,000			0,000			0,000
Wilcoxon			0,000			0,000			0,000
EK (Mio. EUR)									
Mittelwert	3.131	3.130	0,00 %	3.296	3.296	0,00 %	3.782	3.782	0,00 %
SD	6.292	6.292	0,08 %	6.470	6.470	0,00 %	7.353	7.353	0,00 %
VC	200,99 %	201,00 %	na	196,33 %	196,32 %	na	194,40 %	194,40 %	na
Median	612	612	0,00 %	747	747	0,00 %	824	824	0,00 %
t-Test			0,304			0,618			0,682
Wilcoxon			0,575			0,498			0,153
FK (Mio. EUR)									
Mittelwert	8.859	10.234	8,62 %	10.583	12.019	7,25 %	9.886	11.750	9,47 %
SD	19.874	22.657	13,19 %	24.192	27.112	10,70 %	21.379	25.431	13,14 %
VC	224,34 %	221,39 %	152,96 %	228,59 %	225,58 %	147,59 %	216,24 %	216,43 %	138,73 %
Median	1.216	1.240	2,52 %	1.452	1.570	3,04 %	1.586	1.697	3,95 %
t-Test			0,000			0,000			0,000
Wilcoxon			0,000			0,000			0,000
PVW (Mio. EUR)									
Mittelwert	9	895	na	13	879	na	13	1.123	na
SD	33	2.357	na	39	2.191	na	4	2.795	na
VC	370,06 %	263,26 %	na	295,63 %	249,09 %	na	29,90 %	248,89 %	na
Median	0	20	na	0	23	na	0	34	na
t-Test			na			na			na
Wilcoxon			na			na			na

	2006			2008			2010		
	Alt	Neu	Veränd.	Alt	Neu	Veränd.	Alt	Neu	Veränd.
AV (Mio. EUR)									
Mittelwert	7.148	8.524	12,38 %	6.850	8.217	10,15 %	7.708	9.437	12,29 %
SD	17.838	20.560	19,66 %	14.962	17.888	14,65 %	16.767	20.398	17,28 %
VC	249,53 %	241,20 %	158,75 %	218,43 %	217,70 %	144,31 %	217,52 %	216,14 %	140,57 %
Median	964	1.074	3,19 %	1.142	1.228	3,74 %	1.100	1.296	5,01 %
t-Test			0,000			0,000			0,000
Wilcoxon			0,000			0,000			0,000
AV/GK									
Mittelwert	49,72 %	52,31 %	5,41 %	50,94 %	53,12 %	4,51 %	52,20 %	54,82 %	5,11 %
SD	18,96 %	18,78 %	9,24 %	18,53 %	18,37 %	6,82 %	17,64 %	17,42 %	7,35 %
VC	38,13 %	35,90 %	170,62 %	36,38 %	34,59 %	151,17 %	33,80 %	31,77 %	143,77 %
Median	0,05 %	0,05 %	1,43 %	0,05 %	0,05 %	1,46 %	52,83 %	55,51 %	1,92 %
t-Test			0,000			0,000			0,000
Wilcoxon			0,000			0,000			0,000
FK/EK									
Mittelwert	181,03 %	254,61 %	8,61 %	222,69 %	241,84 %	7,25 %	203,35 %	225,26 %	9,48 %
SD	440,30 %	382,94 %	13,19 %	385,64 %	7300,00 %	10,69 %	161,09 %	177,62 %	13,14 %
VC	243,22 %	150,40 %	153,25 %	173,18 %	3018,56 %	147,52 %	79,22 %	78,85 %	138,61 %
Median	185,09 %	211,03 %	2,46 %	188,63 %	201,99 %	3,04 %	175,27 %	198,97 %	3,96 %
t-Test			0,000			0,000			0,000
Wilcoxon			0,000			0,000			0,000
EK/GK									
Mittelwert	34,92 %	33,12 %	-5,31 %	33,18 %	31,67 %	-4,60 %	35,42 %	33,56 %	-5,65 %
SD	15,52 %	15,49 %	7,49 %	15,38 %	15,23 %	6,27 %	14,99 %	14,83 %	7,18 %
VC	44,43 %	46,76 %	-141,05 %	46,35 %	48,07 %	-136,23 %	42,34 %	44,19 %	-127,19 %
Median	33,64 %	31,19 %	-1,57 %	34,03 %	31,20 %	-1,93 %	35,05 %	32,65 %	-2,19 %
t-Test			0,000			0,000			0,000
Wilcoxon			0,000			0,000			0,000
PRkst/EK									
Mittelwert	22,85 %	39,61 %	114,82 %	14,99 %	30,28 %	159,77 %	16,84 %	32,17 %	132,48 %
SD	29,98 %	42,70 %	200,38 %	17,10 %	31,38 %	264,56 %	17,59 %	33,62 %	178,40 %
VC	131,22 %	107,79 %	174,52 %	114,07 %	103,61 %	165,59 %	104,46 %	104,51 %	134,67 %
Median	12,42 %	24,43 %	31,16 %	10,11 %	22,41 %	41,79 %	12,17 %	21,88 %	63,83 %
t-Test			0,000			0,000			0,000
Wilcoxon			0,000			0,000			0,000

	2006			2008			2010		
	Alt	**Neu**	**Veränd.**	**Alt**	**Neu**	**Veränd.**	**Alt**	**Neu**	**Veränd.**
PRkst/GK									
Mittelwert	6,82 %	10,50 %	94,32 %	4,74 %	8,02 %	137,88 %	5,51 %	9,46 %	111,50 %
SD	6,93 %	8,81 %	161,50 %	4,76 %	6,73 %	226,54 %	5,17 %	7,69 %	150,70 %
VC	101,70 %	83,93 %	171,23 %	100,44 %	83,94 %	164,30 %	93,79 %	81,29 %	135,16 %
Median	4,54 %	8,16 %	28,86 %	3,05 %	6,40 %	41,36 %	4,00 %	7,86 %	57,24 %
t-Test			0,000			0,000			0,000
Wilcoxon			0,000			0,000			0,000
PVW/GK									
Mittelwert	0,08 %	4,17 %	na	0,08 %	3,65 %	na	0,08 %	4,43 %	na
SD	0,21 %	5,85 %	na	0,19 %	4,97 %	na	0,20 %	5,63 %	na
VC	256,15 %	140,17 %	na	247,58 %	136,13 %	na	241,36 %	126,93 %	na
Median	0,00 %	1,21 %	na	0,00 %	1,49 %	na	0,00 %	2,00 %	na
t-Test			na			na			na
Wilcoxon			na			na			na

Tabelle B.8: Veränderung zentraler Kennzahlen durch die Auswirkungen einer Bruttobilanzierung getrennt nach Börsenindex

2010	DAX			MDAX			SDAX		
	Alt	**Neu**	**Veränd.**	**Alt**	**Neu**	**Veränd.**	**Alt**	**Neu**	**Veränd.**
JÜ nach St. (Mio. EUR)									
Mittelwert	1.534	1.380	-11,29 %	139	122	-10,11 %	4	3	-3,59 %
SD	1.333	1.253	19,35 %	175	166	14,68 %	130	131	11,09 %
VC	86,87 %	90,81 %	-171,29 %	126,21 %	136,45 %	-145,18 %	3003,87 %	5171,76 %	-309,15 %
Median	931	744	-4,94 %	104	98	-5,94 %	20	20	-1,78 %
t-Test			0,008			0,000			0,064
Wilcoxon			0,009			0,000			0,000
PRkst. (Mio. EUR)									
Mittelwert	2.213	6.695	308,05 %	399	756	115,78 %	37	54	65,21 %
SD	2.455	6.653	273,12 %	822	1.572	174,47 %	44	68	109,79 %
VC	110,93 %	99,38 %	88,66 %	206,08 %	207,97 %	150,69 %	119,54 %	127,02 %	168,36 %
Median	1.024	4.080	183,03 %	148	274	64,72 %	21	32	14,19 %
t-Test			0,000			0,000			0,002
Wilcoxon			0,000			0,000			0,000
EK (Mio. EUR)									
Mittelwert	12.986	12.986	0,00 %	1.476	1.476	0,00 %	305	305	0,00 %
SD	10.737	10.737	0,00 %	1.702	1.702	0,00 %	280	280	0,00 %
VC	82,69 %	82,69 %	na	115,33 %	115,33 %	na	91,66 %	91,67 %	na
Median	9.840	9.840	0,00 %	904	904	0,00 %	249	249	0,00 %
t-Test			0,275			0,698			0,321
Wilcoxon			0,180			0,416			1,000

2010	DAX			MDAX			SDAX		
	Alt	Neu	Veränd.	Alt	Neu	Veränd.	Alt	Neu	Veränd.
FK (Mio. EUR)									
Mittelwert	32.889	39.946	19,89 %	4.575	5.039	8,66 %	639	661	2,99 %
SD	32.545	38.557	16,73 %	10.784	11.748	12,05 %	549	568	4,03 %
VC	98,95 %	96,52 %	84,12 %	235,74 %	233,12 %	139,05 %	85,89 %	85,93 %	134,66 %
Median	18.528	24.719	16,14 %	1.800	1.875	4,21 %	455	503	0,91 %
t-Test			0,000			0,000			0,000
Wilcoxon			0,000			0,000			0,000
PVW (Mio. EUR)									
Mittelwert	40	4.092	na	8	366	na	0	17	na
SD	70	4.580	na	20	807	na	0	33	na
VC	174,36 %	111,93 %	na	240,99 %	220,80 %	na	41,14 %	190,87 %	na
Median	10	1.819	na	0	37	na	0	4	na
t-Test			na			na			na
Wilcoxon			na			na			na
AV (Mio. EUR)									
Mittelwert	26.452	32.936	21,69 %	3.100	3.565	13,18 %	516	538	4,51 %
SD	26.179	31.292	18,41 %	5.911	6.875	19,74 %	530	541	7,03 %
VC	98,97 %	95,01 %	84,87 %	190,66 %	192,84 %	149,78 %	102,63 %	100,45 %	155,93 %
Median	18.397	22.241	18,95 %	1.289	1.390	5,01 %	319	356	1,04 %
t-Test			0,000			0,000			0,001
Wilcoxon			0,000			0,000			0,000
AV/GK									
Mittelwert	58,03 %	62,41 %	7,52 %	50,45 %	53,38 %	6,06 %	50,01 %	50,96 %	2,24 %
SD	19,16 %	18,51 %	7,33 %	16,05 %	15,32 %	8,76 %	17,89 %	17,75 %	4,01 %
VC	33,02 %	29,67 %	97,42 %	31,82 %	28,71 %	144,40 %	35,77 %	34,82 %	na
Median	61,80 %	66,89 %	4,79 %	47,03 %	53,68 %	2,45 %	0,05 %	49,03 %	0,54 %
t-Test			0,000			0,000			0,002
Wilcoxon			0,000			0,000			0,000
FK/EK									
Mittelwert	204,72 %	246,66 %	19,89 %	209,42 %	232,76 %	8,66 %	194,68 %	200,06 %	3,02 %
SD	112,48 %	132,79 %	16,73 %	156,52 %	7300,00 %	12,05 %	197,27 %	208,33 %	4,10 %
VC	54,95 %	53,84 %	84,12 %	74,74 %	3136,31 %	139,05 %	101,33 %	104,14 %	135,79 %
Median	165,44 %	207,40 %	16,14 %	196,71 %	215,56 %	4,21 %	164,08 %	178,43 %	0,91 %
t-Test			0,000			0,000			0,000
Wilcoxon			0,000			0,000			0,000

2010	DAX			MDAX			SDAX		
	Alt	**Neu**	**Veränd.**	**Alt**	**Neu**	**Veränd.**	**Alt**	**Neu**	**Veränd.**
EK/GK									
Mittelwert	35,45 %	31,55 %	-10,80 %	35,85 %	34,08 %	-5,49 %	34,86 %	34,43 %	-2,02 %
SD	13,39 %	12,43 %	8,17 %	12,83 %	13,17 %	7,24 %	18,53 %	18,25 %	2,94 %
VC	37,77 %	39,40 %	-75,66 %	35,79 %	38,64 %	-132,02 %	53,15 %	52,99 %	-145,52 %
Median	37,24 %	31,22 %	-10,12 %	33,35 %	31,48 %	-2,06 %	34,57 %	34,37 %	-0,58 %
t-Test			0,000			0,000			0,000
Wilcoxon			0,000			0,000			0,000
PRkst/EK									
Mittelwert	16,78 %	47,99 %	279,25 %	21,29 %	35,97 %	97,90 %	11,25 %	15,39 %	65,30 %
SD	17,79 %	40,05 %	235,01 %	19,70 %	33,18 %	130,77 %	12,81 %	19,27 %	109,92 %
VC	106,04 %	83,46 %	84,16 %	92,56 %	92,25 %	133,57 %	113,84 %	125,19 %	168,34 %
Median	7,95 %	34,44 %	180,73 %	100,00 %	27,00 %	63,36 %	8,72 %	10,36 %	14,19 %
t-Test			0,000			0,000			0,002
Wilcoxon			0,000			0,000			0,000
PRkst/GK									
Mittelwert	5,05 %	12,68 %	227,24 %	6,84 %	10,62 %	82,70 %	4,21 %	5,64 %	60,45 %
SD	4,55 %	8,16 %	193,74 %	6,06 %	8,17 %	114,29 %	4,01 %	4,80 %	105,48 %
VC	90,08 %	64,40 %	85,26 %	88,64 %	76,94 %	138,20 %	95,26 %	85,07 %	174,48 %
Median	3,57 %	10,42 %	142,86 %	6,15 %	11,06 %	57,73 %	3,64 %	4,55 %	13,82 %
t-Test			0,000			0,000			0,002
Wilcoxon			0,000			0,000			0,000
PVW/GK									
Mittelwert	0,14 %	8,46 %	na	0,10 %	4,34 %	na	0,02 %	1,56 %	na
SD	0,26 %	6,41 %	na	0,22 %	4,34 %	na	0,09 %	2,24 %	na
VC	na	75,80 %	na	na	100,00 %	na	na	na	na
Median	0,03 %	7,81 %	na	0,00 %	2,04 %	na	0,00 %	0,44 %	na
t-Test			na			na			na
Wilcoxon			na			na			na

Literaturverzeichnis

ABDEL-KHALIK, RASHAD A./AJINKYA, BIPIN B. (1979): Empirical Research in Accounting: A Methodological Viewpoint. Sarasota.

ABELSON, ROBERT T. (1968): Simulation of Social Behaviour. In: LINDZEY, GARDNER/ARONSON, ELLIOT (HRSG.): The Handbook of Social Psychology. Research Methods. Band 2, Reading et al., S. 274–356.

ADLER, HANS/DÜRING, WALTHER/SCHMALTZ, KURT (2001): § 246 Vollständigkeit. Verrechnungsverbot. In: ADLER, HANS/DÜRING, WALTHER/SCHMALTZ, KURT (HRSG.): Rechnungslegung und Prüfung der Unternehmen. Stuttgart.

AHREND, PETER/DOROW, SYBILLE (1976): Betriebliche Altersversorgung in der Bundesrepublik Deutschland. In: Der Betrieb, 29. Jg., Nr. 43, S. 1–12.

ALLEN, EVERETT T./MELONE, JOSEPH J./ROSENBLOOM, JERRY S./DERHEI, JACK L. VAN (1992): Pension planning. Pensions, profit-sharing, and other deferred compensation plans. 7. Auflage. Homewood.

ALVAREZ, MANUEL/BÜTTNER, MANUEL (2008): Das Diskussionspapier des IASB zur Bilanzierung von Leistungen an Arbeitnehmer. Erste Ansichten zu möglichen Änderungen des IAS 19. In: IRZ - Zeitschrift für internationale Rechnungslegung, 3. Jg., Nr. 10, S. 463–469.

AMEN, MATTHIAS (2007): Simulation-Based Comparison of Existent IAS 19 Accounting Options. In: European Accounting Review, 16. Jg., Nr. 2, S. 243–276.

AMEN, MATTHIAS (2009): Informationsverzerrungen und Glättungseffekte bei der Rechnungslegung über leistungsorientierte Pensionsverpflichtungen nach IAS 19 - dargestellt für das Modell einer regenerierenden Belegschaft. In: Zeitschrift für Betriebswirtschaft, 79. Jg., Nr. 3 (Special Issue), S. 41–68.

ANDRESEN, BOY-JÜRGEN (2001): Betriebliche Altersversorgung im 21. Jahrhundert. In: ANDRESEN, BOY-JÜRGEN/RÖSSLER, NORBERT/RÜHMANN, JOCHEN (HRSG.): Betriebliche Altersversorgung im 21. Jahrhundert. Rechtliche, personalpolitische und finanztechnische Herausforderungen. Festschrift für Wolfgang Förster zum 60. Geburtstag. Köln, S. 45–61.

ARBEITSKREIS „FINANZIERUNG“ DER SCHMALENBACH-GESELLSCHAFT FÜR BETRIEBSWIRTSCHAFT E.V. (1996): Wertorientierte Unternehmenssteuerung mit differenzierten Kapitalkosten. In: Schmalenbachs Zeitschrift für betriebswirtschaftliche Forschung, 48. Jg., Nr. 6, S. 543–578.

ARBEITSKREIS „FINANZIERUNG“ DER SCHMALENBACH-GESELLSCHAFT FÜR BETRIEBSWIRTSCHAFT E.V. (1998): Betriebliche Altersversorgung mit Pensionsrückstellungen oder Pensionsfonds - Analyse unter finanzwirtschaftlichen Gesichtspunkten. In: Der Betrieb, 51. Jg., Nr. 7, S. 321–331.

Arnold, John/Moizer, Peter (1984): A Survey of the Methods Used by UK Investment Analysts to Appraise Inveestments in Ordinary Shares. In: Accounting and Business Research, 14. Jg., Nr. 55, S. 195–208.

Atteslander, Peter (2010): Methoden der empirischen Sozialforschung. 13. Auflage. Berlin.

Auer, Benjamin/Rottmann, Horst (2012): Statistik und Ökonometrie für Wirtschaftswissenschaftler. 2. Auflage. Wiesbaden.

Bader, Lawrence N. (2003): Treatment of Pension Plans in a Corporate Valuation. In: Financial Analysts Journal, 59. Jg., Nr. 3, S. 19–24.

Bader, Thomas/Ebert, Markus (2006): Risiken bei der Ausgliederung/Abspaltung von Pensionsverpflichtungen nach dem Umwandlungsgesetz. Zugleich Besprechung der Entscheidungen des Amtsgerichts Hamburg vom 1.7.2005 - HRA 100711, DB 2005 S. 1562 und des Landgerichts Hamburg vom 8.12.2005 - 412 T 16/05, DB 2006 S. 941. In: Der Betrieb, 59. Jg., Nr. 17, S. 938–941.

Baetge, Jörg/Haenelt, Timo (2006): Pensionsrückstellungen im IFRS-Abschluss. Kritische Würdigung der Regelungen zur Vereinnahmung versicherungsmathematischer Gewinne und Verluste im IFRS-Abschluss unter Berücksichtigung der Neuregelung des FASB. In: Der Betrieb, 59. Jg., Nr. 45, S. 2413–2419.

Baetge, Jörg/Hayn, Sven/Ströher, Thomas (2012): IAS 27 Konzern- und separate Einzelabschlüsse (Consolidated and Separated Financial Statements). In: Baetge, Jörg/Wollmert, Peter/Kirsch, Hans Jürgen/Oser, Peter/Bischof, Stefan (Hrsg.): Rechnungslegung nach IFRS. Kommentar auf der Grundlage des deutschen Bilanzrechts. Stuttgart.

Baetge, Jörg/Kirsch, Hans-Jürgen/Thiele, Stefan (2011): Bilanzen. 11. Auflage. Düsseldorf.

Bagehot, Walter (1972): Risk and Reward in Corporate Pension Funds. In: Financial Analysts Journal, 28. Jg., Nr. 1, S. 80–84.

Ball, Ray/Brown, Philip (1968): An Empirical Evaluation of Accounting Income Numbers. In: Journal of Accounting Research, 6. Jg., Nr. 2, S. 159–178.

Bamberg, Günter/Baur, Franz/Krapp, Michael (2011): Statistik. 16. Auflage. München.

Barker, Richard (1999): The role of dividends in valuation models used by analysts and fund managers. In: European Accounting Review, 8. Jg., Nr. 2, S. 195–2518.

Barker, Richard (2004): Reporting Financial Performance. In: Accounting Horizons, 18. Jg., Nr. 2, S. 157–172.

Barth, Mary E. (1991): Relative Measurement Errors Among Alternative Pension Asset and Liability Measures. In: The Accounting Review, 66. Jg., Nr. 3, S. 433–463.

Barth, Mary E. (2000): Valuation-based accounting research: Implications for financial reporting and opportunities for future research. In: Accounting and Finance, 40. Jg., Nr. 1, S. 7–31.

BARTH, MARY E./BEAVER, WILLIAM H./LANDSMAN, WAYNE R. (1992): The market valuation implications of net periodic pension cost components. In: Journal of Accounting and Economics, 15. Jg., Nr. 1, S. 27–62.

BARTH, MARY E./BEAVER, WILLIAM H./LANDSMAN, WAYNE R. (1993): A Structural Analysis of Pension Disclosures under SFAS 87 and their Relation to Share Prices. In: Financial Analysts Journal, 49. Jg., Nr. 1, S. 18–26.

BARTH, MARY E./BEAVER, WILLIAM H./LANDSMAN, WAYNE R. (2001): The relevance of the value relevance literature for financial accounting standard setting: another view. In: Journal of Accounting and Economics, 31. Jg., Nr. 1–3, S. 77–104.

BASU, SUDIPTA (1997): The conservatism principle and the asymmetric timeliness of earnings. In: Journal of Accounting and Economics, 24. Jg., Nr. 1, S. 3–37.

BÄTZEL, MARTINA (2008): Die überbetriebliche Treuhand als flexible Lösung für den Mittelstand. In: Der Betrieb, 61. Jg., Nr. 33, S. 1761–1764.

BAUER, UDO (2005a): IAS 19: Zur Bilanzierung beitragsorientierter Leistungszusagen bei versicherungsförmiger Finanzierung. In: Betriebliche Altersversorgung, 60. Jg., Nr. 8, S. 742–744.

BAUER, UDO (2005b): IAS 19: Zur Bilanzierung beitragsorientierter Leistungszusagen bei versicherungsförmiger Finanzierung. In: Der Aktuar, 11. Jg., Nr. 3, S. 120–123.

BAUER, UDO/GOHDES, ALFRED E./LUCIUS, FRIEDEMANN/RHIEL, RAIMUND (2007): Festlegung des Rechnungszinses von Pensionsverpflichtungen. Ein Verfahrensüberblick. In: Der Aktuar, 13. Jg., Nr. 2, S. 86–88.

BAUMEISTER, FRANK (2005): Umsetzung der Pensionsfonds-Richtlinie der EU durch die 7. Novelle des Versicherungsaufsichtsgesetzes. In: Der Betrieb, 58. Jg., Nr. 38, S. 2076–2081.

BEAVER, WILLIAM H. (1968): The Information Content of Annual Earnings Announcements. In: Journal of Accounting Research, 6. Jg., Nr. 3, S. 67–92.

BEAVER, WILLIAM H. (2002): Perspectives on recent capital market research. In: The Accounting Review, 77. Jg., Nr. 2, S. 453–474.

BEAVER, WILLIAM H./DEMSKI, JOEL S. (1974): The Nature of Financial Accounting Objectives: A Summary and Synthesis. In: Journal of Accounting Research, 12. Jg., Nr. 3, S. 170–187.

BECK, HANS-JOACHIM (2005): Pensionszusage. In: DROLS, WOLFGANG (HRSG.): Handbuch betriebliche Altersversorgung. Wiesbaden, S. 519–581.

BECKSTETTE, ANDREAS/REUSS, ANDREAS (2006): Asset-Liability-Management bei einem CTA. In: Betriebliche Altersversorgung, 61. Jg., Nr. 2, S. 138–142.

BECKSTETTE, FRAUKE/SCHMIDT, ANDREAS (2002): Pensionsfonds. Der fünfte Durchführungsweg der betrieblichen Altersversorgung. Ulm.

BEECHY, THOMAS H. (2009): The Many Challenges of Pension Accounting. In: Accounting Perspectives, 8. Jg., Nr. 2, S. 91–111.

BEGLEY, JOY (1990): Debt Covenants and Accounting Choice. In: Journal of Accounting and Economics, 12. Jg., Nr. 1–3, S. 125–139.

BEGLEY, JOY/FELTHAM, GERALD A. (1999): An empirical examination of the relation between debt contracts and management incentives. In: Journal of Accounting and Economics, 27. Jg., Nr. 2, S. 229–259.

BENEISH, MESSOD D./PRESS, ERIC (1993): Costs of Technical Violation of Accounting-Based Debt Covenants. In: The Accounting Review, 68. Jg., Nr. 2, S. 233–257.

BENKEL, GERT ANDREAS (2002): Der Versicherungsverein auf Gegenseitigkeit. Das Gesellschaftsrecht der großen konzernfreien VVaG. 2. Auflage. München.

BERENZ, CLAUS (2006): Contractual Trust Arrangements (CTA) und die gesetzliche Insolvenzsicherung der betrieblichen Altersversorgung durch den PSVaG. In: Der Betrieb, 59. Jg., Nr. 39, S. 2125–2127.

BERENZ, CLAUS (2010a): § 10 Beitragspflicht und Beitragsbemessung. In: KEMPER, KURT/KISTERS-KÖLKES, MAGRET/BERENZ, CLAUS/HUBER, BRIGITTE (HRSG.): BetrAVG. Kommentar zum Betriebsrentengesetz mit Insolvenzsicherung und Versorgungsausgleich. Köln, S. 513–551.

BERENZ, CLAUS (2010b): § 7 Umfang des Versicherungsschutzes. In: KEMPER, KURT/KISTERS-KÖLKES, MAGRET/BERENZ, CLAUS/HUBER, BRIGITTE (HRSG.): BetrAVG. Kommentar zum Betriebsrentengesetz mit Insolvenzsicherung und Versorgungsausgleich. Köln, S. 431–486.

BERESFORD, BENNIS R./JOHNSON, TODD L. (1995): Interactions between the FASB and the academic community. In: Accounting Horizons, 9. Jg., Nr. 4, S. 108–117.

BERGER, JENS/WALTER, ROBERT (2008): Das Diskussionspapier des IASB zur Bilanzierung von Altersversorgungsleistungen - Darstellung der vorgeschlagenen Regelungen und kritische Würdigung der praktischen Implikationen. In: Der Betrieb, 61. Jg., Nr. 24, S. 1277–1282.

BERGER, JENS/WALTER, ROBERT (2009): Die Vorschläge des IASB zur Bilanzierung von Pensionsverpflichtungen - Überblick über den Stand des internationalen Meinungsbildungsprozesses. In: Die Wirtschaftsprüfung, 62. Jg., Nr. 18, S. 906–913.

BERGSTRESSER, DANIEL/DESAI, MIHIR/RAUH, JOSHUA (2006): Earnings Manipulation, Pension Assumptions, and Managerial Investment Decisions. In: Quarterly Journal of Economics, 121. Jg., Nr. 1, S. 157–195.

BERNDT, THOMAS (2007): Beitrags- oder leistungsorientierte Versorgungspläne? Zur zweckadäquaten Behandlung der Personalvorsorge in der Jahresrechnung des Unternehmens gemäß IAS 19. In: Der Schweizer Treuhänder, 81. Jg., Nr. 1–2, S. 77–80.

BEYER, OLIVER (2006): Die Kapitalanlagevorschriften des VAG und des englischen Rechts aus europarechtlicher Sicht. Band 110, Veröffentlichungen des Seminars für Versicherungswissenschaft der Universität Hamburg und des Vereins zur Förderung der Versicherungswissenschaft in Hamburg e. V. Reihe A, Rechtswissenschaft. Karlsruhe.

BEYHS, OLIVER/BUSCHHÜTER, MICHAEL/SCHURBOHM, ANNE (2011): IFRS 10 und IFRS 12: Die neuen IFRS zum Konsolidierungskreis. In: Die Wirtschaftsprüfung, 64. Jg., Nr. 14, S. 662–671.

BIONDI, YURI (2013): Accounting, Economics, and Law of the Enterprise Entity. A. C. Littelton and the German-American Connection. In: ZAMBON, STEFANO/BIONDI, YURI (HRSG.): Accounting and Business Economics. Insights from National Traditions. New York, S. 363–386.

BLAKE, DAVID (2006): Pension economics. Chichester.

BLAKE, DAVID/KHORASANEE, ZAKI/PICKLES, JOHN/TYRRALL, DAVID (2008): An unreal number. How company pension accounting fosters an illusion of certainty. A Pensions Institute report for accounting standard setters, policymakers, employers and trustees. London.

BLANKLEY, ALAN I./SWANSON, EDWARD P. (1995): A Longitudinal Study of SFAS 87 Pension Rate Assumptions. In: Accounting Horizons, 9. Jg., Nr. 4, S. 1–21.

BLECHER, CHRISTIAN (2012): Die systematische Entstehung von versicherungsmathematischen Gewinnen und Verlusten bei der Bewertung von Pensionsverpflichtungen. 82. Jg., Nr. 6, S. 661–684.

BLECHER, CHRISTIAN/RECKE, THORBEN/WIELENBERG, STEFAN (2009): Das Diskussionspapier zu IAS 19 - Eine systematische Auswertung der eingegangenen Kommentare. In: KoR - Zeitschrift für internationale und kapitalmarktorientierte Rechnungslegung, 9. Jg., Nr. 10, S. 565–575.

BLEYMÜLLER, JOSEF (2012): Statistik für Wirtschaftswissenschaftler. 16. Auflage. München.

BLOME, SANDRA/ZWIESLER, HANS-JOACHIM (2003): Asset Funding in der betrieblichen Altersversorgung. In: Zeitschrift für die gesamte Versicherungswirtschaft, 92. Jg., Nr. 1, S. 95–127.

BLOME, SANDRA/ZWIESLER, HANS-JOACHIM (2005): Asset-Liability-Management wird bei Direktzusagen zunehmend wichtiger. Ein ALM-Modell für das Asset Funding in der betrieblichen Altersversorgung. In: Betriebliche Altersversorgung, 60. Jg., Nr. 7, S. 644–648.

BLOMEYER, WOLFGANG (1980): Betriebliche Altersversorgung und Unterstützungskassen. In: Betriebs-Berater, 35. Jg., Nr. 16, S. 789–796.

BLOMEYER, WOLFGANG (1996): Arbeitsrechtliche Grundlinien der beitragsorientierten Versorgungszusage zwischen Beitrags- und Leistungszusage. In: Betriebliche Altersversorgung, 51. Jg., Nr. 8, S. 308–315.

BLOMEYER, WOLFGANG (1997): Flexibilisierung des Betriebsrentenrechts durch Beitragszusagen. In: Der Betrieb, 50. Jg., Nr. 38, S. 1921–1926.

BLOMEYER, WOLFGANG (2001): Neue arbeitsrechtliche Rahmenbedingungen für die Betriebsrente. In: Betriebliche Altersversorgung, 56. Jg., Nr. 5, S. 430–441.

BLUMENSTEIN, MEIKE (2005): Vergleichende Darstellung der beitragsorientierten Leistungszusage und der Beitragszusage mit Mindestleistung. In: KISTERS-KÖLKES,

MARGRET (HRSG.): Festschrift für Kurt Kemper zum 65. Geburtstag. Neuwied, S. 25–39.

BÖCKEM, HANNE/SCHURBOHM-EBNETH, ANNE (2003): E-DRS 19 Bilanzierung und Bewertung von Pensionsverpflichtungen. In: Betriebs-Berater, 58. Jg., Nr. 19, S. 1001–1006.

BÖCKEM, HANNE/STIBI, BERND/ZOEGER, OLIVER (2011): IFRS 10 „Consolidated Financial Statements": Droht eine grundlegende Revision des Konsolidierungskreises? In: KoR - Zeitschrift für internationale und kapitalmarktorientierte Rechnungslegung, 11. Jg., Nr. 9, S. 399–409.

BÖCKEM, HANNE/TONNE, KNUT (2011): Änderungen bei der Pensionsbilanzierung - ED/2010/3 zu IAS 19. In: Die Wirtschaftsprüfung, 64. Jg., Nr. 3, S. 120–125.

BODE, CHRISTOPH/BERGT, VOLKER H./OBENBERGER, THOMAS (2000): Doppelseitige Treuhand als Instrument der privatrechtlichen Insolvenzsicherung im Bereich der betrieblichen Altersversorgung. In: Der Betrieb, 53. Jg., Nr. 37, S. 1864–1867.

BODE, CHRISTOPH/GRABNER, EDWIN R./SAUNDERS, BRIGITTE/STEIN, MARKUS (2002): Pensionsfonds und Entgeltumwandlung in der betrieblichen Altersversorgung. Wie das Altersvermögensgesetz in der Unternehmenspraxis umgesetzt wird. München.

BOGAJEWSKAJA, JANINA (2007): Reporting Financial Performance. Konzeption und Darstellung der Erfolgsrechnung nach Vorschriften des ASB, FASB und IASB. 1. Auflage. Wiesbaden.

BOHLEY, PETER (2000): Statistik. 7. Auflage. München et al.

BÖNSCH, RUDOLF (2005): Leistungen der betrieblichen Altersversorgung. In: DROLS, WOLFGANG (HRSG.): Handbuch betriebliche Altersversorgung. Wiesbaden, S. 275–308.

BREIDENBACH, KARIN/HOFFMANN-STALLDECKER, TATJANA (2007): Praxis der Berichterstattung über Pensionsverpflichtungen am Beispiel der nach IFRS bilanzierenden DAX 30 Unternehmen. In: Praxis der Internationalen Rechnungslegung, 3. Jg., Nr. 12, S. 350–357.

BRIXNER, MARTIN (2009): Die Ausfinanzierung von Pensionsverpflichtungen aus finanzwirtschaftlicher Sicht. Wiesbaden.

BROWN, VICTOR H. (1990): Accounting standards: their economic and social consequences. In: Accounting Horizons, 4. Jg., Nr. 3, S. 89–97.

BÜCHEL, ALEXANDER (2008): IASB-Diskussionspapier zur Bilanzierung von Leistungen an Arbeitnehmer: Erprobte Bilanzierungsgrundsätze vor der Abschaffung. In: Betriebs-Berater, 63. Jg., Nr. 20, S. 1050–1054.

BÜHL, ACHIM (2010): PASW 18. Einführung in die moderne Datenanalyse (ehemals SPSS). 12. Auflage. München et al.

BÜNING, HERBERT/TRENKLER, GÖTZ (1994): Nichtparametrische statistische Methoden. 2. Auflage. Berlin et al.

Burger, Anton/Schellberg, Bernhard (1995): Vergleichende internationale Jahresabschlußanalyse. In: Der Betrieb, 48. Jg., Nr. 49, S. 2433–2437.

Bushman, Robert/Engel, Ellen/Smith, Abbie (2006): An Analysis of the Relation between the Stewardship and Valuation Roles of Earnings. In: Journal of Accounting Research, 44. Jg., Nr. 1, S. 53–85.

Buttler, Andreas (2008): Einführung in die betriebliche Altersversorgung. Mit allen Änderungen durch das BMF-Schreiben vom 5.2.2008. 5. Auflage. Karlsruhe.

Camfferman, Kees/Zeff, Stephen A. (2007): Financial reporting and global capital markets. A history of the International Accounting Standards Committee, 1973–2000. Oxford.

Carroll, Thomas J./Niehaus, Greg (1998): Pension plan funding and corporate debt ratings. In: Journal of Risk & Insurance, 65. Jg., Nr. 3, S. 427–443.

CESR (2007): CESR's review of the implementation and enforcement of IFRS in the EU. Paris.

Chambers, Raymond John (1979): The Hard Core of Accounting. In: Paton, William A./Zeff, Stephen A./Demski, Joel S./Dopuch, Nicholas (Hrsg.): Essays in Honor of William A. Paton. Pioneer Accounting Theorist. Ann Arbor, S. 73–89.

Christensen, John A./Demski, Joel S. (2003): Accounting Theory. An Information Content Perspective. New York et al.

Chuk, Elizabeth C. (2013): Economic Consequences of Mandated Accounting Disclosures: Evidence from Pension Accounting Standards. In: The Accounting Review, 88. Jg., Nr. 2, S. 395–427.

Clark, Gordon L. (2003): European pensions and global finance. Oxford.

Coenenberg, Adolf Gerhard/Haller, Axel (1993): Empirische Forschung. In: Chmielewicz, Klaus/Scheitzer, Marcell (Hrsg.): Handwörterbuch des Rechnungswesens. Band 3, Stuttgart, S. 506–518.

Coenenberg, Adolf Gerhard/Haller, Axel/Blab, Daniel (2011): Bilanztheorien. In: Colbe, Walther Busse von/Crasselt, Niels/Pellens, Bernhard (Hrsg.): Lexikon des Rechnungswesens. Handbuch der Bilanzierung und Prüfung, der Erlös-, Finanz-, Investitions- und Kostenrechnung. München, S. 115–124.

Coenenberg, Adolf Gerhard/Haller, Axel/Schultze, Wolfgang (2012): Jahresabschluss und Jahresabschlussanalyse. Betriebswirtschaftliche, handelsrechtliche, steuerrechtliche und internationale Grundlagen - HGB, IAS/IFRS, US-GAAP, DRS. 22. Auflage. Stuttgart.

Colbe, Walther Busse von (1992): Gefährdung des Kongruenzprinzips durch erfolgsneutrale Verrechnung von Aufwendungen im Konzernabschluss. In: Moxter, Adolf/Forster, Karl-Heinz (Hrsg.): Rechnungslegung. Entwicklungen bei der Bilanzierung und Prüfung von Kapitalgesellschaften. Festschrift zum 65. Geburtstag von Professor Dr. Dr. h. c. Karl-Heinz Forster. Düsseldorf, S. 125–138.

COMPRIX, JOSEPH/MULLER, KARL A. (2011): Pension plan accounting estimates and the freezing of defined benefit pension plans. In: Journal of Accounting and Economics, 51. Jg., Nr. 1–2, S. 115–133.

COOPER, DONALD R./SCHINDLER, PAMELA S. (2008): Business research methods. 10. Auflage. Boston.

CORE, JOHN E./SCHRAND, CATHERINE M. (1999): The effect of accounting-based debt covenants on equity valuation. In: Journal of Accounting and Economics, 27. Jg., Nr. 1, S. 1–34.

CORONADO, JULIA L./MITCHELL, OLIVIA S./SHARPE, STEVEN A./NESBITT, S. BLAKE (2008): Footnotes Aren't Enough: The Impact of Pension Accounting on Stock Values. NBER Working Paper No. 13726. URL: http://www.nber.org/papers/w13726 - Stand: 10.09.2010.

CORONADO, JULIA LYNN/SHARPE, STEVEN A. (2003): Did Pension Plan Accounting Contribute to a Stock Market Bubble? In: Brookings Papers on Economic Activity, 34. Jg., Nr. 1, S. 323–359.

CRAMER, JÖRG-ENGELBRECHT (2001): Einsatz von Spezialfonds. In: ANDRESEN, BOY-JÜRGEN/RÖSSLER, NORBERT/RÜHMANN, JOCHEN (HRSG.): Betriebliche Altersversorgung im 21. Jahrhundert. Rechtliche, personalpolitische und finanztechnische Herausforderungen. Festschrift für Wolfgang Förster zum 60. Geburtstag. Köln, S. 509–520.

CRANO, WILLIAM D./BREWER, MARILYNN B. (1975): Einführung in die sozialpsychologische Forschung. Methoden und Prinzipien. Köln.

CRAVENS, KAREN S./OLIVER, ELIZABETH GOAD (2000): The Influence of Culture on Pension Plans. In: The International Journal of Accounting, 35. Jg., Nr. 4, S. 521–537.

DAIMLER AG (2012): Geschäftsbericht 2012. Stuttgart. URL: http://www.daimler.com/Projects/c2c/channel/documents/2287151_Daimler_Geschaeftsbericht_2012.pdf - Stand: 06.07.2013.

DALEY, LANE ALAN (1984): The Valuation of Reported Pension Measures for Firms Sponsoring Defined Benefit Plans. In: The Accounting Review, 59. Jg., Nr. 2, S. 177–198.

DAV (HRSG.) (2003): International Accounting Standard IAS 19 (revised 2002) über Employee Benefits. Anmerkungen zur Richtlinie der DAV - beantragt vom FAV - zur Anmerkung des Standards auf deutsche Verhältnisse. In: Der Aktuar, 9. Jg., Nr. 1, S. 13–20.

DEEGAN, CRAIG/UNERMAN, JEFFERY (2011): Financial Accounting Theory. 2. Auflage. Maidenhead.

DEIHLE, SIEGLINDE/JASPER, THOMAS/LUX, CORINNA (2008): Analyse zu den Pensionsverpflichtungen und -vermögen von DAX- und MDAX-Unternehmen. In: Finanz Betrieb, 10. Jg., Nr. 11, S. 701–710.

DEITER, NATALIE/SELLHORN, THORSTEN (2008): Bilanzierung überdotierter Pensionsverpflichtungen: Die Asset Ceiling-Regel nach IAS 19 und IFRIC 14. In: Praxis der Internationalen Rechnungslegung, 4. Jg., Nr. 11, S. 356–364.

DEMIRAKOS, EFTHIMIOS G./STRONG, NORMAN C./WALKER, MARTIN (2004): What Valuation Models Do Analysts Use? In: Accounting Horizons, 18. Jg., Nr. 4, S. 221–240.

DERR, PHILIPP/UNREIN, DANIEL (2010): Der Exposure Draft des IASB zur Änderung von IAS 19. In: IRZ - Zeitschrift für internationale Rechnungslegung, 5. Jg., Nr. 7/8, S. 311–317.

DEUTSCHE BÖRSE AG (2003): Geschäftsbericht 2003. URL: http://deutsche-boerse.com/dbg/dispatch/de/binary/gdb_navigation/investor_relations/30_Reports_and_Figures/30_Annual_Reports/20_Archive/Content_Files/Archive/GB_2003_Komplett.pdf - Stand: 06.11.2012.

DEUTSCHE BÖRSE AG (2012): Leitfaden zu den Aktienindizes der Deutschen Börse. URL: http://www.dax-indices.com/DE/MediaLibrary/Document/Equity_L_6_17_d.pdf - Stand: 27.10.2012.

DEWHIRST, JOHN F. (1971): A Conceptual Approach to Pension Accounting. In: The Accounting Review, 46. Jg., Nr. 2, S. 365–373.

DHALIWAL, DAN S. (1986): Measurement of Financial Leverage in the Presence of Unfunded Pension Obligations. In: The Accounting Review, 61. Jg., Nr. 4, S. 651–661.

DICHEV, ILIA D. (2008): On the Balance Sheet-Based Model of Financial Reporting. In: Accounting Horizons, 22. Jg., Nr. 4, S. 453–470.

DITZ, XAVER/TCHERVENIACHKI, VASSIL (2010): Steuerliche Konsequenzen eines Contractual Trust Arrangement ("CTA"). In: Der Betrieb, 63. Jg., Nr. 12, S. 632–637.

DOBLER, MICHAEL/SKOPP, TONI (2010): Pensionsbilanzierung deutscher Konzerne in der Finanzkrise - Eine empirische Analyse und Implikationen. In: Die Wirtschaftsprüfung, 63. Jg., Nr. 17, S. 855–861.

DOSKELAND, TROND/KINSERDAL, FINN (2010): How do analysts process pensions information? SSRN-Paper No. 1463226. URL: http://papers.ssrn.com/sol3/papers.cfm?abstract_id=1463226 - Stand: 26.08.2010.

DRUKARCZYK, JOCHEN (1993): Finanzierung über Pensionsrückstellungen. In: GEBHARDT, GÜNTHER/GERKE, WOLFGANG/STEINER, MANFRED (HRSG.): Handbuch des Finanzmanagements. Instrumente und Märkte der Unternehmensfinanzierung. München, S. 229–260.

EBINGER, GERHARD (2001): Neue Modelle der betrieblichen Altersversorgung. Band 30, Regensburger Beiträge zur betriebswirtschaftlichen Forschung. Frankfurt am Main.

ECKSTEIN, PETER P. (2010): Statistik für Wirtschaftswissenschaftler. Eine realdatenbasierte Einführung mit SPSS. 2. Auflage. Wiesbaden.

EFRAG (2012): Supplementary study – Consolidation of Special Purpose Entities (SPEs) under IFRS 10. Brüssel. URL: http://www.efrag.org/files/EFRAG%20

Output/SPE_Supplementary_study_-_EFRAG_secretariat_report.pdf - Stand: 17.07.2012.

EICHNER, MARK (2007): Die Rechtsstellung von Treugebern und Begünstigten aus Trust und Treuhand. Unter besonderer Berücksichtigung des Haager Trust-Übereinkommens und des Aussonderungsanspruchs. Band 107, Schriftenreihe für Internationales Recht. Basel.

ELING, MARTIN/PARNITZKE, THOMAS (2005): Asset Liability Management in Finanzdienstleistungsunternehmen. In: Die Betriebswirtschaft, 65. Jg., Nr. 3, S. 323–326.

ELLROTT, HELMUT/RHIEL, RAIMUND (2010): § 249 Rückstellungen. In: ELLROTT, HELMUT/FÖRSCHLE, GERHART/KOZIKOWSKI, MICHAEL/WINKELJOHANN, NORBERT (HRSG.): Beck'scher Bilanz-Kommentar. Handels- und Steuerbilanz. München, S. 240–355.

ERNST, EDGAR (2003): Pensionen und Pensionsfonds aus Sicht der Deutschen Post World Net. In: Zeitschrift für das gesamte Kreditwesen, 56. Jg., Nr. 22, S. 1292–1296.

ERNST & YOUNG LLP (2012): International GAAP 2012. Generally Accepted Accounting Practice under International Financial Reporting Standards. Chichester.

EWERT, RALF/WAGENHOFER, ALFRED (2012): Using Academic Research for the Post-Implementation Review of Accounting Standards: A Note. In: Abacus, 48. Jg., Nr. 2, S. 278–291.

FAMA, EUGENE (1970): Efficient Capital Markets: A Review of Theory and Empirical Work. In: Journal of Finance, 25. Jg., Nr. 2, S. 383–417.

FASB (2012): Facts about FASB. Norwalk. URL: http://www.fasb.org/facts/index.shtml#decision-making - Stand: 03.09.2012.

FASSHAUER, JAN (2010): Rechnungslegung nach IFRS über betriebliche Pensionssysteme. Konzeptionelle Fragen, Berichterstattungspraxis europäischer Unternehmen und empirische Untersuchung der Wertrelevanz bei deutschen Unternehmen. Düsseldorf.

FASSHAUER, JAN/BÖCKEM, HANNE (2011): IAS 19R (rev. 2011) Employee Benefits - Konzeptioneller Befreiungsschlag und neue Herausforderungen. In: Die Wirtschaftsprüfung, 64. Jg., Nr. 21, S. 1003–1012.

FASSHAUER, JAN/GLAUM, MARTIN (2008): Bewertungsrelevanz von Rechnungslegungsinformationen über betriebliche Altersversorgungssysteme deutscher Unternehmen. In: Schmalenbachs Zeitschrift für betriebswirtschaftliche Forschung, 60. Jg., Nr. 59 (Sonderheft), S. 72–113.

FASSHAUER, JAN/GLAUM, MARTIN (2009): The Value Relevance of Pension Fair Values and Pension Disclosures. SSRN-Paper No. 1491237. URL: http://papers.ssrn.com/sol3/papers.cfm?abstract_id=1491237 - Stand: 10.09.2010.

FASSHAUER, JAN/GLAUM, MARTIN/KELLER, TOBIAS/STREET, DONNA L. (2011): Erfassungsmethoden für versicherungsmathematische Gewinne und Verluste nach IAS 19: Motive der Wahlrechtsentscheidung europäischer Unternehmen. In:

Schmalenbachs Zeitschrift für betriebswirtschaftliche Forschung, 63. Jg., Nr. 12, S. 775–809.

FASSHAUER, JAN/GLAUM, MARTIN/STREET, DONNA L. (2008): Adoption of IAS 19R by Europe's premier listed companies: Corridor apporach versus full recognition. Summary of an ACCA research monograph. In: Journal of International Accounting, Auditing and Taxation, 17. Jg., Nr. 2, S. 113–122.

FELBINGER, RALPH (2003): Betriebliche Altersvorsorge. Rechtlicher Rahmen, optimale Gestaltung und rechtliche Umsetzung. 2. Auflage. Wien.

FELD, KLAUS-PETER (2003): Die Bilanzierung von Pensionsrückstellungen nach HGB und IAS. Überblick über die wesentlichen Regelungen und Unterschiede unter der Berücksichtigung von Abweichungen zwischen IAS und US-GAAP (Teil 1). In: Die Wirtschaftsprüfung, 56. Jg., Nr. 11, S. 573–586.

FELDSTEIN, MARTIN/SELIGMAN, STEPHANIE (1981): Pension Funding, Share Prices, and National Savings. In: Journal of Finance, 36. Jg., Nr. 4, S. 801–824.

FELTHAM, GERALD A./OHLSON, JAMES A. (1995): Valuation and Clean Surplus Accounting for Operating and Financial Activities. In: Contemporary Accounting Research, 11. Jg., Nr. 2, S. 689–731.

FIELDS, THOMAS D./LYS, THOMAS Z./VINCENT, LINDA (2001): Empirical research on accounting choice. In: Journal of Accounting and Economics, 31. Jg., Nr. 1–3, S. 255–307.

FINANCIAL REPORTING REVIEW PANEL (2006): Report by the Financial Reporting Review Panel on the results of its review into defined benefit disclosures by companies under both IFRS and UK GAAP. London.

FINANCIAL REPORTING REVIEW PANEL (2007): Financial Reporting Review Panel follow-up review of pensions disclosures under IFRS. London.

FISCHER, GERHARD (2001): Insolvenzsicherung für Altersteilzeit, Arbeitszeitkonten und Altersversorgung - Vermögensdeckung mit doppelseitiger Treuhand in der Praxis. In: Der Betrieb, 54. Jg., Nr. 5 (Beilage), S. 21–23.

FLADT, GUIDO/BUTOLLO, BEATE (2004): Änderung des Anwendungsbereichs von SIC-12: Anpassung der Ausnahmeregelung zur Befreiung von der Konsolidierungspflicht (IFRIC D7). In: Die Wirtschaftsprüfung, 57. Jg., Nr. 23, S. 1374–1377.

FLINTROP, BERNHARD (2009): § 39. Banken. In: BOHL, WERNER/SCHLÜTER, JÖRG/RIESE, JOACHIM (HRSG.): Beck'sches IFRS-Handbuch. München.

FOLGNER, ANDREAS (2006): Finanzierung von Contractual Trust Arrangements (CTA). In: Betriebliche Altersversorgung, 61. Jg., Nr. 5, S. 434–437.

FÖRSCHLE, GERHART/KRONER, MATTHIAS (2012): § 246 Vollständigkeit, Verrechnungsverbot. In: ELLROTT, HELMUT/FÖRSCHLE, GERHART/GROTTEL, BERND/KOZIKOWSKI, MICHAEL/SCHMID, STEFAN/WINKELJOHANN, NORBERT (HRSG.): Beck'scher Bilanz-Kommentar. Handels- und Steuerbilanz. München, S. 87–121.

FÖRSTER, WOLFGANG (1998): Die betriebliche Versorgung. In: CRAMER, JÖRG-ENGELBRECHT/FÖRSTER, WOLFGANG/RULAND, FRANZ (HRSG.): Handbuch zur

Altersversorgung. Gesetzliche, betriebliche und private Vorsorge in Deutschland. Frankfurt am Main, S. 201–214.

Förster, Wolfgang (2001): Ausgliederung von Pensionsverpflichtungen auf eine Pensionsgesellschaft. In: Betriebliche Altersversorgung, 56. Jg., Nr. 2, S. 133–137.

Förster, Wolfgang/Meier, Karin (2005): Betriebswirtschaftlicher Vergleich der Durchführungswege für die betriebliche Altersversorgung. In: Kisters-Kölkes, Margret (Hrsg.): Festschrift für Kurt Kemper zum 65. Geburtstag. Neuwied, S. 153–163.

Förster, Wolfgang/Rühmann, Jochen/Cisch, Theodor B./Schumann, Hans-Heinrich/Ahrend, Peter (2009): Betriebsrentengesetz. Gesetz zur Verbesserung der betrieblichen Altersversorgung mit zivilrechtlichen, arbeitsrechtlichen und steuerrechtlichen Vorschriften. 12. Auflage. München.

Franzoni, Francesco/Martin, Jose M. (2006): Pension Plan Funding and Stock Market Efficiency. In: Journal of Finance, 61. Jg., Nr. 2, S. 921–956.

Freiberg, Jens (2010): Zweifel an der Saldierungsfähigkeit von Planvermögen nach IFRS. In: Praxis der Internationalen Rechnungslegung, 6. Jg., Nr. 6, S. 178–182.

Fried, Abraham N. (2010): The economic consequences of SFAS No. 158. SSRN-Paper No. 1579539. URL: http://papers.ssrn.com/sol3/papers.cfm?abstract_id=1579539&CFID=15131113&CFTOKEN=41882561 - Stand: 30.08.2010.

Friedrich, Klaus/Kovac, Branko/Werner, Thomas (2007): Beitragsorientierte Leistungszusage und Beitragszusage mit Mindestleistung - strikt getrennt oder doch eng miteinander verwandt? In: Betriebs-Berater, 62. Jg., Nr. 28/29, S. 1557–1564.

Führer, Christian/Grimmer, Arnd (2009): Versicherungsbetriebslehre. 1. Auflage. Ludwigshafen (Rhein).

Fülbier, Rolf Uwe/Gassen, Joachim (2008): Bilanzrechtsregulierung: Auf der ewigen Suche nach der eierlegenden Wollmilchsau. In: Wagner, Franz W./Schildbach, Thomas/Schneider, Dieter (Hrsg.): Private und öffentliche Rechnungslegung. Festschrift für Hannes Streim zum 65. Geburtstag. Wiesbaden, S. 135–155.

Fülbier, Rolf Uwe/Gassen, Joachim/Ott, Eckhard (2010): IFRS for SMEs für den europäischen Mittelstand? Einige theoretische und empirische Überlegungen. In: Der Betrieb, 63. Jg., Nr. 25, S. 1357–1360.

Fülbier, Rolf Uwe/Gassen, Joachim/Sellhorn, Thorsten (2008): Vorsichtige Rechnungslegung - Theoretische Erklärung und empirische Evidenz. In: Zeitschrift für Betriebswirtschaft, 78. Jg., Nr. 12, S. 1317–1342.

Fülbier, Rolf Uwe/Hitz, Jörg-Markus/Sellhorn, Thorsten (2009): Relevance of Academic Research and Researchers' Role in the IASB's Financial Reporting Standard Setting. In: Abacus, 45. Jg., Nr. 4, S. 455–492.

Fülbier, Rolf Uwe/Klein, Malte (2012): Financial Accounting and Reporting in Germany: A Case Study on German Accounting Tradition and Experiences with the IFRS Adoption. SSRN-Paper No. 2200805. URL: http://papers.ssrn.com/sol3/papers.cfm?abstract_id=2200805 - Stand: 09.08.2013.

Fülbier, Rolf Uwe/Maier, Friederike/Sellhorn, Thorsten (2009): Internationale Abschlüsse in neuem Gewand - Das Discussion Paper zu „Financial Statement Presentation“ (Phase B). In: Die Wirtschaftsprüfung, 62. Jg., Nr. 7, S. 405–410.

Fülbier, Rolf Uwe/Sellhorn, Thorsten (2004): Pensionsverpflichtungen nach IAS 19. Eine beispielorientierte Darstellung. In: Steuer- und Bilanzpraxis, 6. Jg., Nr. 9, S. 385–394.

Fülbier, Rolf Uwe/Silva, Jorge Lirio/Pferdehirt, Marc Henrik (2008): Impact of Lease Capitalization on Financial Ratios of Listed German Companies. In: Schmalenbach Business Review, 60. Jg., Nr. 2, S. 122–144.

Fülbier, Rolf Uwe/Weller, Manuel (2008): Normative Rechnungslegungsforschung im Abseits? Einige wissenschaftstheoretische Anmerkungen. In: Journal for General Philosophy of Science, 39. Jg., Nr. 2, S. 351–382.

Gassen, Joachim/Günther, Jens (2014): Evidenzbasierte Rechnungslegungsregulierung. Zur Gestaltung von Forschung im Rahmen des IASB Due Process. In: Dobler, Michael/Hachmeister, Dirk/Kuhner, Christoph/Rammert, Stefan (Hrsg.): Rechnungslegung, Prüfung und Unternehmensbewertung. Festschrift zum 65. Geburtstag von Professor Dr. Dr. h.c. Wolfgang Ballwieser. Stuttgart, S. 183–199.

Gassen, Joachim/Sellhorn, Thorsten (2011): Empirische Jahresabschlussforschung. In: Colbe, Walther Busse von/Crasselt, Niels/Pellens, Bernhard (Hrsg.): Lexikon des Rechnungswesens. Handbuch der Bilanzierung und Prüfung, der Erlös-, Finanz-, Investitions- und Kostenrechnung. München, S. 415–421.

Geisler, Christine (2008): Die selbständige Stiftung im Internationalen Privatrecht. 1. Auflage. Köln.

Gelhausen, Hans Friedrich/Klein, Klaus-Günter/Kraft, Ernst-Thomas/Pfitzer, Norbert/Russ, Wolfgang/Schmidt, Stefan/Schüppen, Matthias/Thömmes, Otmar/Wagner, Wolfgang (2007): Abschnitt H: Besondere Aufgabengebiete aus der Treuhand- und Beratungspraxis. In: IDW (Hrsg.): WP-Handbuch 2008. Wirtschaftsprüfung, Rechnungslegung, Beratung. Band II. Düsseldorf, S. 597–722.

Gelhausen, Hans Friedrich/Pape, Jochen/Schruff, Wienand (2011): Abschnitt 1: Konzeptionelle Grundlagen. In: Gelhausen, Hans Friedrich/Pape, Jochen/Schruff, Wienand (Hrsg.): Rechnungslegung nach Internationalen Standards. Stuttgart.

Gerke, Wolfgang/Bank, Matthias (2000): Spezialfonds als Instrument im Rahmen der betrieblichen Altersversorgung. In: Kleeberg, Jochen M./Schlenger, Christian (Hrsg.): Handbuch Spezialfonds. Ein praktischer Leitfaden für institutionelle Anleger und Kapitalanlagegesellschaften. Bad Soden, S. 213–230.

Gerke, Wolfgang/Mager, Ferdinand (2005): Die Macht der Ratingagenturen? Der Fall der ThyssenKrupp AG. In: Betriebswirtschaftliche Forschung und Praxis, 57. Jg., Nr. 3, S. 203–214.

GERKE, WOLFGANG/MAGER, FERDINAND/REINSCHMIDT, TIMO/SCHMIEDER CHRISTIAN (2006): Empirical risk analysis of pension insurance - the case of Germany. Discussion Paper Series 2: Banking and Financial Studies. Frankfurt am Main.

GERKE, WOLFGANG/MAGER, FERDINAND/RÖHRS, ALEXANDER (2005): Pension Funding, Insolvency Risk and the Rating of Corporations. In: Schmalenbach Business Review, 57. Jg., Nr. 5, S. 35–64.

GERKE, WOLFGANG/PELLENS, BERNHARD (2003): Pensionsrückstellungen, Pensionsfonds und das Rating von Unternehmen - eine kritische Analyse. Forschungsgutachten im Auftrag von ThyssenKrupp AG, Deutsche Post AG und Linde AG. Erlangen et al.

GERKE, WOLFGANG/PELLENS, BERNHARD (2004): Pension provisions, pension funds and the rating of companies – a critical analysis. Research Report. Bochum et al. URL: www.bfz-ev.de/fileadmin/upload/Gutachten_english_final.pdf - Stand: 25.09.2010.

GIBSON, CHARLES (1987): How Chartered Financial Analysts View Financial Ratios. In: Financial Analysts Journal, 43. Jg., Nr. 3, S. 74–76.

GJESDAL, FROYSTEIN (1981): Accounting for Stewardship. In: Journal of Accounting Research, 19. Jg., Nr. 1, S. 208–231.

GLAUM, MARTIN (2009): Pensions Accounting and Research: A review. In: Accounting and Business Research, 39. Jg., Nr. 3, S. 273–311.

GODFREY, JAYNE M./HODGSON, ALLAN/TARCA, ANN/HAMILTON, JANE/HOLMES, SCOTT (2010): Accounting Theory. 7. Auflage. Milton.

GODWIN, NORMAN H. (1999): An Examination of Pension Actuarial Assumptions over the Decade Following the Issuance of FAS 87. In: Journal of Pension Planning and Compliance, 25. Jg., Nr. 1, S. 62–75.

GOHDES, ALFRED E. (2006): Bilanzierung versicherungsmathematischer Gewinne und Verluste: neue Ära in der Internationalen Rechnungslegung für Pensionen. In: Betriebs-Berater, 61. Jg., Nr. 18, S. 990–996.

GOHDES, ALFRED E. (2008): Entwicklungen in der Internationalen Rechnungslegung. In: Betriebliche Altersversorgung, 63. Jg., Nr. 8, S. 749–753.

GOHDES, ALFRED E./KAETHER, FRITZ (2002): Auswirkungen der Rentenreform in der Rechnungslegung nach internationalen Standards. In: Betriebs-Berater, 57. Jg., Nr. 15, S. 772–774.

GOHDES, ALFRED E./KNUSSMANN, ANNETTE (2009): Rechnungszins und Inflationsrate für betriebliche Versorgungsleistungen im nationalen und internationalen Jahresabschluss zum 31.12.2009. In: Betriebs-Berater, 64. Jg., Nr. 49, S. 2638–2642.

GOHDES, ALFRED E./MEIER, KARIN (2003): Pensionsverpflichtungen im Unternehmensrating: Fremdkapital besonderer Art. In: Betriebs-Berater, 58. Jg., Nr. 26, S. 1375–1380.

GOHDES, ALFRED E./STÖCKLER, MANFRED (2012): IAS 19: Paradigmenwechsel im Pensions-Risikomanagement. In: Betriebs-Berater, 67. Jg., Nr. 6, S. 371–376.

GOLDBACH, RAINER/OBENBERGER, THOMAS (2007): Die betriebliche Altersversorgung nach dem Betriebsrentengesetz. Ein Leitfaden für die Praxis. Band 32, Arbeitsrecht in der betrieblichen Praxis. 2. Auflage. Berlin.

GOPALAKRISHNAN, V./SUGRUE, TIMOTHY F. (1993): An empirical investigation of stock market valuation of corporate projected pension liabilities. In: Journal of Business Finance & Accounting, 20. Jg., Nr. 5, S. 711–724.

GRABNER, EDWIN R. (1997): Beitragsprimat und Pensionsfonds. In: Betriebliche Altersversorgung, 52. Jg., Nr. 7, S. 254–262.

GRABNER, EDWIN R. (1999): Der betriebsinterne Pensionsfonds. Eine beitragsdefinierte betriebliche Versorgungseinrichtung auf bestehender Gesetzesgrundlage. In: Der Betrieb, 54. Jg., Nr. 17, S. 903–908.

GRABNER, EDWIN R. (2003): Entgeltumwandlung in der betrieblichen Altersversorgung. Klarstellungen und Zweifelsfragen im Rahmen der neuen Gesetzesregeln. In: Betriebliche Altersversorgung, 58. Jg., Nr. 1, S. 17–25.

GRABNER, EDWIN R./BODE, CHRISTOPH (2001): Betriebliche Altersversorgung aus Entgeltumwandlung. Erhebliche Rechtsunsicherheiten durch neue Gesetzesregeln. In: Der Betrieb, 54. Jg., Nr. 9, S. 481–485.

GRABNER, EDWIN R./BODE, CHRISTOPH/STEIN, MARKUS (2001): Brutto-Entgeltumwandlung vs. „Riester-Förderung". Betriebsinterner Pensionsfonds vs. Pensionsfonds nach AVmG - Ein Günstigkeitsvergleich. In: Der Betrieb, 54. Jg., Nr. 36, S. 1893–1899.

GRAUMANN, MATHIAS (2012): Wirtschaftliches Prüfungswesen. 3. Auflage. Herne.

GRIEBELING, GERT/GRIEBELING, STEFAN (2003): Betriebliche Altersversorgung. 2. Auflage. München.

GROH, MANFRED (1988): Abzinsung von Verbindlichkeitsrückstellungen? In: Betriebs-Berater, 43. Jg., Nr. 28, S. 1919–1921.

GROSSMANN, JÖRG M. (1992): Die flexible Finanzierung der betrieblichen Altersversorgung mit Hilfe von Spezialfonds. Frankfurt am Main et al.

GROTE, ANDREAS/HOLD, CHRISTIANE/PILHOFER, JOCHEN (2012): Führt der Re-Exposure Draft ED/2011/6 zu gravierenden Änderungen der Umsatzrealisierung oder wird der Berg eine Maus gebären? Eine branchenspezifische Analyse bevorstehenden Anpassungsbedarfs auf Basis des gegenwärtigen Diskussionsstands (Teil 1). In: KoR - Zeitschrift für internationale und kapitalmarktorientierte Rechnungslegung, 12. Jg., Nr. 3, S. 105–113.

GÜTH, SANDRA (2009): Management von Pensionsrisiken. In: KOLVENBACH, PAUL-GERD/SARTORIS, JOACHIM (HRSG.): Bilanzielle Auslagerung von Pensionsverpflichtungen. Praxishandbuch unter Berücksichtigung arbeits- und steuerrechtlicher sowie bilanzieller und betriebswirtschaftlicher Aspekte. Stuttgart, S. 381–403.

HAGEMANN, THOMAS/NEUMEIER, GÜNTER/VERHUVEN, THOMAS (2009): Begrenzung des Vermögenswerts für eine Leistungszusage (asset ceiling) in der Rechnungslegung von Versorgungsverpflichtungen nach IFRS und die Klarstellungen von

IFRIC 14. In: KoR - Zeitschrift für internationale und kapitalmarktorientierte Rechnungslegung, 9. Jg., Nr. 11, S. 631–639.

HAGEMANN, THOMAS/OECKING, STEFAN/SCHORER, CHRISTIAN (2012): Pensionsverpflichtungen im DAX30 - Konzernabschlüsse 2011. In: KoR - Zeitschrift für internationale und kapitalmarktorientierte Rechnungslegung, 12. Jg., Nr. 7, S. 317–321.

HAGEMANN, THOMAS/OECKING, STEFAN/STIEGLITZ, RALPH (2011): Pensionsverpflichtungen in der Rechnungslegung der Konzerne im DAX30. In: KoR - Zeitschrift für internationale und kapitalmarktorientierte Rechnungslegung, 11. Jg., Nr. 9, S. 395–398.

HALLER, AXEL (1988): Positive Accounting Theory. In: Die Betriebswirtschaft, 48. Jg., Nr. 3, S. 398–399.

HALLER, AXEL (1991): Die Grundlagen der externen Rechnungslegung in den USA unter besonderer Berücksichtigung der rechtlichen, institutionellen und theoretischen Rahmenbedingungen. Band 77, Betriebswirtschaftliche Abhandlungen. 2. Auflage. Stuttgart.

HALLER, AXEL (1993): Die Grundlagen der externen Rechnungslegung in den USA. Unter besonderer Berücksichtigung der rechtlichen, institutionellen und theoretischen Rahmenbedingungen. 3. Auflage. Stuttgart.

HALLER, AXEL (1994): Positive Accounting Theory. Die Erforschung der Beweggründe bilanzpolitischen Verhaltens. In: Die Betriebswirtschaft, 54. Jg., Nr. 5, S. 597–612.

HANAU, PETER/ARTEAGA, MARCO S. (1999): Sofortprogramm zur Förderung der betrieblichen Altersversorgung. In: Der Betrieb, 52. Jg., Nr. 17, S. 898–903.

HANAU, PETER/ARTEAGA, MARCO S./RIEBLE, VOLKER/VEIT, ANNEKATRIN (2006): Entgeltumwandlung. Direktversicherung, Direktzusage, Unterstützungskasse, Pensionskasse, Pensionsfonds. 2. Auflage. Köln.

HANAU, PETER/REITZE, SERGE (2000): Insolvenzsicherung durch betriebliche Pensionsfonds. In: PRÜTTING, HANNS/VALLENDER, HEINZ (HRSG.): Insolvenzrecht in Wissenschaft und Praxis. Köln, S. 783–797.

HANN, REBECCA N./HEFLIN, FRANK/SUBRAMANYAM, K. R. (2007): Fair-value pension accounting. In: Journal of Accounting and Economics, 44. Jg., Nr. 3, S. 328–358.

HARLE, GEORG/WEINGARTEN, MAX (2001a): Die pauschaldotierte Unterstützungskasse. Profitcenter der Zukunft? In: Der Betrieb, 54. Jg., Nr. 45, S. 2357–2361.

HARLE, GEORG/WEINGARTEN, MAX (2001b): Die Unterstützungskasse. Steuerliche und betriebswirtschaftliche Aspekte. In: Betriebs-Berater, 56. Jg., Nr. 49, S. 2502–2509.

HARTUNG, JOACHIM/ELPELT, BÄRBEL/KLÖSENER, KARL-HEINZ (2009): Statistik. Lehr- und Handbuch der angewandten Statistik. 15. Auflage. München.

HAUNER, PETER/MENSSEN, JOCHEN (2000): Asset Funding und Bilanzgestaltung mit Spezialfonds. In: KLEEBERG, JOCHEN M./SCHLENGER, CHRISTIAN (HRSG.): Handbuch Spezialfonds. Ein praktischer Leitfaden für institutionelle Anleger und Kapitalanlagegesellschaften. Bad Soden, S. 231–262.

Häuselmann, Holger (1992): Zur Bilanzierung von Investmentanteilen, insbesondere von Anteilen an Spezialfonds. In: Betriebs-Berater, 47. Jg., Nr. 5, S. 312–321.

Hax, Karl (1970): Bilanztheorien, allgemein. In: Kosiol, Erich (Hrsg.): Handwörterbuch des Rechnungswesens. Stuttgart, S. 238–248.

Hayn, Sven (1994): Die International Accounting Standards (Teil I). Ihre grundlegende Bedeutung für die internationale Harmonisierung der Rechnungslegung sowie eine Darstellung wesentlicher Unterschiede zu den einzelgesellschaftlichen Normen des HGB. In: Die Wirtschaftsprüfung, 47. Jg., Nr. 21, S. 713–721.

Healy, Paul M. (1985): The Effect of Bonus Schemes on Accounting Decisions. In: Journal of Accounting and Economics, 7. Jg., Nr. 1–3, S. 85–107.

Healy, Paul M./Wahlen, James M. (1999): A Review of the Earnings Management Literature and its Implications for Standard Setting. In: Accounting Horizons, 13. Jg., Nr. 4, S. 365–383.

Heger, Heinz-Josef/Weppler, Thomas (2007): Abt. III/7: Die Pensionsverpflichtungen. In: Wysocki, Klaus von/Schulze-Osterloh, Joachim/Kuhner, Christoph (Hrsg.): HDJ Handbuch des Jahresabschlusses. Rechnungslegung nach HGB und internationalen Standards. Köln.

Heinen, Edmund (1986): Handelsbilanzen. 12. Auflage. Wiesbaden.

Heinke, Volker G. (2001): Asset-/Liability-Management. In: Gerke, Wolfgang/Steiner, Manfred (Hrsg.): Enzyklopädie der Betriebswirtschaftslehre. Handwörterbuch des Bank- und Finanzwesens. Stuttgart, S. 1–4.

Heitmüller, Hans-Michael/Hellen, Heinz-Hermann (2012): Kapitel 6: Ausgewählte Bilanzierungsprobleme. In: Küting, Karlheinz/Pfitzer, Norbert/Weber, Claus-Peter (Hrsg.): Handbuch der Rechnungslegung Einzelabschluss. Kommentar zur Bilanzierung und Prüfung. Stuttgart.

Hessling, Michael (2006): Reine Beitragszusage in der Direktversicherung - Fiktion oder schon Realität? In: Betriebliche Altersversorgung, 61. Jg., Nr. 7, S. 605–609.

Heubeck, Klaus (2007): Die Altersversorgungssysteme im demographischen und wirtschaftlichen Wandel. Zugleich ein Plädoyer für mehr Betriebswirtschaft in der Behandlung der betrieblichen Altersversorgung. In: Ballwieser, Wolfgang/Börsig, Clemens (Hrsg.): Demographischer Wandel als unternehmerische Herausforderung. Kongress-Dokumentation 60. Deutscher Betriebswirtschafter-Tag 2006. Stuttgart, S. 185–202.

Heubeck, Klaus (2008): Chancen und Risiken von CTA-Modellen. In: Markt und Mittelstand, 2008. Jg., Nr. 9, S. 84–85.

Heubeck, Klaus/Seeger, Norbert (2004): „Ungedeckte" Pensionsverpflichtungen im Rating von Unternehmen. Wird die Rückstellungsfinanzierung deutscher Unternehmen im S&P-Rating systematisch benachteiligt? In: Der Betrieb, 57. Jg., Nr. 19, S. 993–998.

HEUBECK AG (2005): Nutzungsbedingungen der Richttafeln 2005 G. Köln. URL: http://www.heubeck-ag.de/media/RT2005G_nutzungsbedingung.pdf - Stand: 21.05.2012.

HÖFER, REINHOLD (2001): Die Neuregelung des Betriebsrentenrechts durch das Altersvermögensgesetz (AVmG). In: Der Betrieb, 54. Jg., Nr. 21, S. 1145–1150.

HÖFER, REINHOLD (HRSG.) (2011): Gesetz zur Verbesserung der betrieblichen Altersversorgung. Kommentar. Band I: Arbeitsrecht. München.

HÖFER, REINHOLD/FRÜH, HANS-GEORG/NEUMEIER, GÜNTER (2009): Bewertungsparameter für Versorgungszusagen im internationalen und deutschen Jahresabschluss 2009/2010. In: Der Betrieb, 62. Jg., Nr. 45, S. 2389–2392.

HÖFER, REINHOLD/FRÜH, HANS-GEORG/NEUMEIER, GÜNTER (2010): Bewertungsparameter für Versorgungszusagen im internationalen und deutschen Jahresabschluss 2010/2011. In: Der Betrieb, 63. Jg., Nr. 46, S. 2518–2520.

HÖFER, REINHOLD/LÜSCHPER, RALF/VERHUVEN, THOMAS (2006): Erfolgswirksame und erfolgsneutrale Erfassung versicherungstechnischer Gewinne/Verluste bei Bilanzierung von Versorgungsverpflichtungen (IFRS/US-GAAP). In: Der Betrieb, 59. Jg., Nr. 6, S. 289–293.

HÖFER, REINHOLD/VEIT, ANNEKATRIN/VERHUVEN, THOMAS (HRSG.) (2011): Betriebsrentenrecht (BetrAVG). Kommentar. Band II: Steuerrecht/Sozialabgaben/HGB/IFRS. München.

HÖFER, REINHOLD/VERVERS, DIETER (2007): Betriebliche Altersversorgung: Ausgliederung durch Contractual Trust Arrangement oder Pensionsfonds? In: Der Betrieb, 60. Jg., Nr. 25, S. 1365–1368.

HOLTHAUSEN, ROBERT W./WATTS, ROSS L. (2001): The relevance of the value-relevance literature for financial accounting standard setting. In: Journal of Accounting and Economics, 31. Jg., Nr. 1–3, S. 3–75.

HUBER, BRIGITTE (2010): § 1a Anspruch auf betriebliche Altersversorgung durch Entgeltumwandlung. In: KEMPER, KURT/KISTERS-KÖLKES, MAGRET/BERENZ, CLAUS/HUBER, BRIGITTE (HRSG.): BetrAVG. Kommentar zum Betriebsrentengesetz mit Insolvenzsicherung und Versorgungsausgleich. Köln, S. 186–207.

IASB (2004): IASB Publishes Proposals on Pension Cost Accounting. International Accounting Standards Board Press Release. London. URL: http://www.iasplus.com/pressrel/2004pr11.pdf - Stand: 15.09.2010.

IASB (2006a): IASB Update July 2006. London. URL: http://www.ifrs.org/NR/rdonlyres/380AFB66-0EC3-42BD-9CAC-6145B95165F2/0/jul06.pdf - Stand: 11.10.2010.

IASB (2006b): IASB Update May 2006. London. URL: http://www.ifrs.org/NR/rdonlyres/F637B0FC-CBC4-4BB0-BB36-BA099349B7E3/0/may06.pdf - Stand: 11.09.2010.

IASB (2006c): IASB Update November 2006. London. URL: http://www.ifrs.org/NR/rdonlyres/D4D474D4-FD13-46B8-935A-41FB0980FF6B/0/Upd0611.pdf - Stand: 11.10.2010.

IASB (2011a): Conceptual Framework. Project Page. London. URL: http://www.ifrs.org/Current+Projects/IASB+Projects/Conceptual+Framework/Conceptual+Framework.htm - Stand: 03.04.2012.

IASB (2011b): IASB Update February 2011. London. URL: http://www.ifrs.org/NR/rdonlyres/4BC2CC3D-3007-4FC0-8535-69529DEA73EA/0/February2011IASBUpdate.pdf - Stand: 03.07.2012.

IASB (2012a): How we develop IFRSs. London. URL: http://www.ifrs.org/How-we-develop-standards/Pages/How-we-develop-standards.aspx - Stand: 03.09.2012.

IASB (2012b): Research projects: Post employment benefits (including pensions). London. URL: http://www.ifrs.org/Current-Projects/IASB-Projects/Post-employment-Benefits-%28including-Pensions%29/Pages/Post-employment-Benefits-%28including-pensions%29.aspx - Stand: 16.07.2012.

IASB (2013): Work plan for IFRSs. Post-employment benefits (including pensions). London. URL: http://www.ifrs.org/Current-Projects/IASB-Projects/Post-employment-Benefits-%28including-Pensions%29/Pages/Post-employment-Benefits-%28including-pensions%29.aspx - Stand: 11.12.2013.

ICAEW (2007): EU implementation of IFRS and the fair value directive. London.

IDW (2003): IDW Stellungnahme: E-DRS 19 „Pensionsverpflichtungen und gleichartige Verpflichtungen im Konzernabschluss“. In: Die Wirtschaftsprüfung, 56. Jg., Nr. 13, S. 719–721.

IDW (2008): IDW Stellungnahme zur Rechnungslegung: Einzelfragen zur Anwendung von IFRS (IDW RS HFA 2), Stand: 02.09.2008. Düsseldorf.

IDW (2011): Entwurf einer Neufassung der IDW Stellungnahme zur Rechnungslegung: Einzelfragen zur Anwendung von IFRS (IDW ERS HFA 2 n.F.), Stand: 07.09.2011. Düsseldorf.

IFRS Foundation (2010): Constitution. London. URL: http://www.ifrs.org/NR/rdonlyres/0B820728-7F10-4877-8068-7B65D2A3058B/0/ConstitutionDec2010.pdf - Stand: 03.04.2012.

Imam, Shahed/Barker, Richard/Clubb, Colin (2008): The Use of Valuation Models by UK Investment Analysts. In: European Accounting Review, 17. Jg., Nr. 3, S. 503–535.

IOSCO (2000): IASC-Standards Assessment Report. Madrid. URL: http://www.iosco.org/library/pubdocs/pdf/IOSCOPD109.pdf - Stand: 19.04.2012.

Jäckle, Joachim/Ackermann, Ulrich (2007): Ratingverfahren aus Emittentensicht. In: Büschgen, Hans E./Everling, Oliver (Hrsg.): Handbuch Rating. Wiesbaden, S. 385–404.

Jacobi, Arne (2003): Analyse bilanztheoretischer Grundlagen der International Accounting Standards als Basis für deren Interpretation und Weiterentwicklung. Aachen.

Jasper, Thomas/Delvai, Karen (2003): Kapitalmarktorientierte Bewertung - Einfluss des „Pension Accounting“. In: Finanz Betrieb, 5. Jg., Nr. 6, S. 387–397.

JASPER, THOMAS/LUX, CORINNA (2007): Betriebliche Altersversorgung im Fokus des Kapitalmarkts. In: Finanz Betrieb, 9. Jg., Nr. 2, S. 79–85.

JIANG, XIAOWEN (2011): The smoothing of Pension Expenses: A Panel Analysis. In: Review of Quantitative Finance and Accounting, 37. Jg., Nr. 4, S. 451–476.

JIN, LI/MERTON, ROBERT C./BODIE, ZVI (2006): Do a firm's equity returns reflect the risk of its pension plan? In: Journal of Financial Economics, 81. Jg., Nr. 1, S. 1–26.

JUNG, BOOCHUN/SODERSTROM, NAOMI/YANG, YANUHA SUNNY (2013): Earnings Smoothing Activities of Firms to Manage Credit Ratings. In: Contemporary Accounting Research, 30. Jg., Nr. 2, S. 645–676.

JUNGBLUT, SUSANNE/BURG, FLORIAN (2011): Der neue IAS 19: Veränderte Anhangangaben und deren Auswirkungen auf interne Governance-Prozesse. In: Betriebs-Berater, 66. Jg., Nr. 48, S. 2991–2993.

JURK, ANDREAS (2009): Externe Ausfinanzierung durch Wechsel von Direktzusage auf Direktversicherung bzw. Pensionskasse. In: KOLVENBACH, PAULGERD/SARTORIS, JOACHIM (HRSG.): Bilanzielle Auslagerung von Pensionsverpflichtungen. Praxishandbuch unter Berücksichtigung arbeits- und steuerrechtlicher sowie bilanzieller und betriebswirtschaftlicher Aspekte. Stuttgart, S. 232–249.

KAMPMANN, HELGA/SCHWEDLER, KRISTINA (2006): Zum Entwurf eines gemeinsamen Rahmenkonzepts von FASB und IASB. Rechnungslegungsziele und qualitative Anforderungen. In: KoR - Zeitschrift für internationale und kapitalmarktorientierte Rechnungslegung, 6. Jg., Nr. 9, S. 521–530.

KAULBACH, DETLEF (2007): 53c. In: FAHR, ULRICH/KAULBACH, DETLEF/BÄHR, GUNNE W. (HRSG.): Versicherungsaufsichtsgesetz - VAG. Mit Finanzdienstleistungsaufsichtsgesetz (FinDAG). Kommentar. München, S. 473–485.

KEMPER, KURT/HUBER, BRIGITTE (2010): § 1 Zusage des Arbeitgebers auf betriebliche Altersversorgung. In: KEMPER, KURT/KISTERS-KÖLKES, MAGRET/BERENZ, CLAUS/HUBER, BRIGITTE (HRSG.): BetrAVG. Kommentar zum Betriebsrentengesetz mit Insolvenzsicherung und Versorgungsausgleich. Köln, S. 37–185.

KEMPER, KURT/KISTERS-KÖLKES, MAGRET/BERENZ, CLAUS/HUBER, BRIGITTE (HRSG.) (2010): BetrAVG. Kommentar zum Betriebsrentengesetz mit Insolvenzsicherung und Versorgungsausgleich. 4. Auflage. Köln.

KEMPER, KURT/KISTERS-KÖLKES, MARGRET (2008): Arbeitsrechtliche Grundzüge der betrieblichen Altersversorgung. 5. Auflage. Köln.

KERKHOFF, GUIDO/DIEHM, SVEN (2005): Performance Reporting: Konzepte und Tendenzen im kommenden FASB-/IASB-Standard. In: KoR - Zeitschrift für internationale und kapitalmarktorientierte Rechnungslegung, 5. Jg., Nr. 9, S. 342–350.

KESSLER, MARCO (2010): Pensionsverpflichtungen nach neuem HGB und IFRS. Berlin.

KIOSSE, PARASKEVI VICKY/LUBBERINK, MARTIEN/PEASNELL, KEN (2007): How does the market price pension accruals? URL: http://www.sheffield.ac.uk/content/1/c6/07/57/03/Kiosse-paper-071120-071205.pdf - Stand: 10.09.2010.

KIOSSE, PARASKEVI VICKY/PEASNELL, KEN (2009): Have changes in pension accounting changed pension provision? A review of the evidence. In: Accounting and Business Research, 39. Jg., Nr. 3, S. 255–267.

KIRSCH, HANS JÜRGEN/KURZ, LÜDER (2008): Pensionsrückstellungen nach IFRS. Eine kritische Analyse der Bilanzierung versicherungsmathematischer Gewinne und Verluste. In: FREIDANK, CARL-CHRISTIAN/MÜLLER, STEFAN/WULF, INGE (HRSG.): Controlling und Rechnungslegung. Aktuelle Entwicklungen in Wissenschaft und Praxis. Wiesbaden, S. 439–451.

KISTERS-KÖLKES, MAGRET (2005): Arbeitsrecht und betriebliche Altersversorgung durch Entgeltumwandlung. In: DROLS, WOLFGANG (HRSG.): Handbuch betriebliche Altersversorgung. Wiesbaden, S. 59–98.

KLEFFMANN, ANNE/REICH, TORSTEN (2009): Aktuelle Entwicklungen in der betrieblichen Altersversorgung beim Unternehmenskauf. In: Betriebs-Berater, 64. Jg., Nr. 5, S. 214–217.

KLEMM, BERND (2005): Contractual trust arrangements. Neue bilanzielle und lohnsteuerrechtliche Entwicklungen. In: Deutsches Steuerrecht, 43. Jg., Nr. 30, S. 1291–1294.

KLEMM, BERND (2006): Sicherung von Ansprüchen und Anwartschaften auf Leistungen der betrieblichen Altersversorgung durch Contractual Trust Agreements („CTA"). What's new? In: Betriebliche Altersversorgung, 61. Jg., Nr. 2, S. 132–138.

KNAPP, LOTTE (1971): Was darf der Kaufmann als seine Vermögensgegenstände bilanzieren? In: Der Betrieb, 24. Jg., Nr. 24, S. 1121–1129.

KNORTZ, GÜNTHER (2003): Auslagerung von Pensionsverpflichtungen aus der Bilanz. In: Der Betrieb, 56. Jg., Nr. 45, S. 2399–2401.

KOCH, PETRA (2009): Umstellung einer Direktzusage auf eine rückgedeckte Unterstützungskasse. In: KOLVENBACH, PAULGERD/SARTORIS, JOACHIM (HRSG.): Bilanzielle Auslagerung von Pensionsverpflichtungen. Praxishandbuch unter Berücksichtigung arbeits- und steuerrechtlicher sowie bilanzieller und betriebswirtschaftlicher Aspekte. Stuttgart, S. 276–290.

KOLVENBACH, PAULGERD (1997): Für eine Pensionsfonds-Unterstützungskasse. In: Der Betrieb, 50. Jg., Nr. 6, S. 290–292.

KOLVENBACH, PAULGERD/NOWAK, HERBERT (2009): Zielvorstellungen und Lösungsansätze zur Auslagerung von Pensionsverpflichtungen. In: KOLVENBACH, PAULGERD/SARTORIS, JOACHIM (HRSG.): Bilanzielle Auslagerung von Pensionsverpflichtungen. Praxishandbuch unter Berücksichtigung arbeits- und steuerrechtlicher sowie bilanzieller und betriebswirtschaftlicher Aspekte. Stuttgart, S. 2–41.

KORN, MICHAEL/PEEK, JORDY/SCHEUENSTUHL, GERHARD (2008): Risikoorientierte Steuerung des CTA als Baustein einer optimalen Bilanzpolitik. In: Zeitschrift für das gesamte Kreditwesen, 61. Jg., Nr. 16, S. 800–803.

KRESSEL, ECKHARD (2003): Die Beitragszusage im Recht der betrieblichen Altersversorgung. In: RICHARDI, REINHARD/REICHOLD, HERMANN (HRSG.): Altersgrenzen und Alterssicherung im Arbeitsrecht. Wolfgang Blomeyer zum Gedenken. München, S. 219–228.

Kreutz, Johannes (2005): Die Unterstützungskasse in der betrieblichen Altersversorgung. In: Drols, Wolfgang (Hrsg.): Handbuch betriebliche Altersversorgung. Wiesbaden, S. 583–608.

Krishnan, Gopal V./Sengupta, Partha (2011): How do Auditors Perceive Recognized vs. Disclosed Lease and Pension Obligations? Evidence from Fees and Going-Concern Opinions. In: International Journal of Auditing, 15. Jg., Nr. 2, S. 127–149.

Kromrey, Helmut (2009): Empirische Sozialforschung. 12. Auflage. Stuttgart.

Krotter, Simon (2007): Zur Relevanz von Kongruenzdurchbrechungen für die Bewertung und Performance-Messung mit Residualgewinnen. In: Die Betriebswirtschaft, 67. Jg., Nr. 6, S. 692–718.

Kümpel, Thomas/Panhuis, Johannes (2008a): Pensionsverpflichtungen nach IAS 19. In: Bilanz und Buchhaltung, 54. Jg., Nr. 3, S. 110–119.

Kümpel, Thomas/Panhuis, Johannes (2008b): Pensionsverpflichtungen nach IAS 19. Teil 2. In: Bilanz und Buchhaltung, 54. Jg., Nr. 4, S. 150–157.

Küppers, Christoph/Louven, Christoph (2004): Outsourcing und Insolvenzsicherung von Pensionsverpflichtungen durch Contractual „Trust“ Arrangements (CTA's). In: Betriebs-Berater, 59. Jg., Nr. 7, S. 337–345.

Küppers, Christoph/Louven, Christoph/Schröder, Jan (2005): Contractual Trust Arrangements - Insolvenzsicherung und Bilanzverkürzung. In: Betriebs-Berater, 60. Jg., Nr. 14, S. 763–769.

Kussmaul, Heinz (2012): § 246 Vollständigkeit, Verrechnungsverbot. In: Küting, Karlheinz/Pfitzer, Norbert/Weber, Claus-Peter (Hrsg.): Handbuch der Rechnungslegung Einzelabschluss. Kommentar zur Bilanzierung und Prüfung. Stuttgart.

Küting, Karlheinz/Kessler, Marco (2006): Pensionsrückstellungen nach HGB und IFRS: Die Bilanzierung versicherungsmathematischer Gewinne und Verluste. Versuch einer bilanztheoretischen Erklärung der Neuregelungen des IAS 19 (rev. 2004). In: KoR - Zeitschrift für internationale und kapitalmarktorientierte Rechnungslegung, 6. Jg., Nr. 3, S. 192–206.

Küting, Karlheinz/Kessler, Marco (2009): Bilanzielle Auslagerung von Pensionsverpflichtungen nach HGB und den IFRS durch ein Contractual Trust Arrangement. Gründe und Formen der Auslagerung. In: Der Betrieb, 62. Jg., Nr. 33, S. 1717–1723.

Küting, Karlheinz/Mojadadr, Mana (2011): Das neue Control-Konzept nach IFRS 10. In: KoR - Zeitschrift für internationale und kapitalmarktorientierte Rechnungslegung, 11. Jg., Nr. 6, S. 273–285.

Küting, Karlheinz/Scheren, Michael/Kessler, Marco (2010): Planvermögen nach HGB und IFRS. Unterschiedliche Behandlung von ausgelagertem Anlagevermögen? In: KoR - Zeitschrift für internationale und kapitalmarktorientierte Rechnungslegung, 10. Jg., Nr. 5, S. 264–271.

KÜTING, KARLHEINZ/WEBER, CLAUS-PETER (2009): Die Bilanzanalyse. Beurteilung von Abschlüssen nach HGB und IFRS. 9. Auflage. Stuttgart.

KÜTING, KARLHEINZ/WEBER, CLAUS-PETER (2010): Der Konzernabschluss. Praxis der Konzernrechnungslegung nach HGB und IFRS. 12. Auflage. Stuttgart.

KÜTING, KARLHEINZ/WEBER, CLAUS-PETER (2012): Die Bilanzanalyse. Beurteilung von Abschlüssen nach HGB und IFRS. 10. Auflage. Stuttgart.

LACHNIT, LAURENZ/MÜLLER, STEFAN (2005): Other comprehensive income nach HGB, IFRS und US-GAAP. Konzeption und Nutzung im Rahmen der Jahresabschlussanalyse. In: Der Betrieb, 58. Jg., Nr. 31, S. 1637–1645.

LANDSMAN, WAYNE (1986): An Empirical Investigation of Pension Fund Property Rights. In: The Accounting Review, 61. Jg., Nr. 4, S. 662–691.

LANGOHR-PLATO, UWE (2010): Betriebliche Altersversorgung. 5. Auflage. Münster.

LANGOHR-PLATO, UWE/TESLAU, JOHANNES (2003): Die Beitragszusage mit Mindestleistung. Die neue große Unbekannte in der betrieblichen Altersversorgung. In: Der Betrieb, 55. Jg., Nr. 12, S. 661–667.

LEIBFRIED, PETER/MÜLLER, LUKAS (2011): Der neu veröffentlichte IAS 19 zur Bilanzierung von Pensionsverpflichtungen. In: IRZ - Zeitschrift für internationale Rechnungslegung, 6. Jg., Nr. 7/8, S. 329–333.

LEISENRING, JAMES J./JOHNSON, TODD L. (1994): Accounting research: on the relevance of research to practice. In: Accounting Horizons, 8. Jg., Nr. 4, S. 74–79.

LI, YONG/KLUMPES, PAUL (2007): Determinants of Expected Rate of Return on Pension Assets: Evidence from the UK. SSRN-Paper No. 989559. URL: http://papers.ssrn.com/sol3/papers.cfm?abstract_id=989559&CFID=15584019&CFTOKEN=60295660 - Stand: 14.09.2010.

LINDEMANN, JENS (2004): Rechnungslegung und Kapitalmarkt. Eine theoretische und empirische Analyse. 1. Auflage. Lohmar.

LINDEMANN, JENS (2006): Kapitalmarktrelevanz der Rechnungslegung - Konzepte, Methodik und Ergebnisse empirischer Forschung. In: Zeitschrift für Betriebswirtschaft, 76. Jg., Nr. 10, S. 967–1003.

LOBE, SEBASTIAN/STADLER, CHRISTIAN (2008): The effect of internationally accepted accounting principles and other determinants on pension funding in Germany. SSRN-Paper No. 1075222. URL: http://papers.ssrn.com/sol3/papers.cfm?abstract_id=1075222&CFID=15294811&CFTOKEN=53533573 - Stand: 01.09.2010.

LÖHNIG, MARTIN (2006): Treuhand. Interessenwahrnehmung und Interessenkonflikte. Tübingen.

LÜDENBACH, NORBERT (2012): § 2 Darstellung des Abschlusses. In: LÜDENBACH, NORBERT/HOFFMANN, WOLF-DIETER (HRSG.): Haufe IFRS Kommentar. Freiburg et al., S. 83–135.

LÜTHJE, PATRICK/MORJAN, LUTZ (2008): Gruppen-CTA: Flexible Pensionslösungen für den Mittelstand. In: Zeitschrift für das gesamte Kreditwesen, 61. Jg., Nr. 16, S. 804–805.

MACKENZIE, BRUCE/COETSEE, DANIE/COLYVAS, BLAISE/NJIKIZANA, TAPIWA/CHAMBOKO, RAYMOND/HANEKOM, BRANDON (2012): Interpretation and Application of International Financial Reporting Standards 2012. Hoboken.

MAHER, JOHN J. (1987): Pension Obligations and the Bond Credit Market: An Empirical Analysis of Accounting Numbers. In: The Accounting Review, 62. Jg., Nr. 4, S. 785.

MAHER, JOHN J. (1996): Perceptions of Postretirement Benefit Obligations by Bond Rating Analysts. In: Review of Quantitative Finance and Accounting, 6. Jg., Nr. 1, S. 79–94.

MAIER, FRIEDERIKE (2009): Rückstellungen nach IFRS. Kritische Analyse und aktuelle Entwicklungen unter besonderer Beachtung von Entsorgungs- und Wiederherstellungsverpflichtungen. Sternenfels.

MARTEN, KAI-UWE/QUICK, REINER/RUHNKE, KLAUS (2007): Wirtschaftsprüfung. Grundlagen des betriebswirtschaftlichen Prüfungswesens nach nationalen und internationalen Normen. 3. Auflage. Stuttgart.

MARTIN, LINDA J./HENDERSON, GLENN V. (1983): On Bond Ratings and Pension Obligations: A Note. In: Journal of Financial & Quantitative Analysis, 18. Jg., Nr. 4, S. 463–470.

MATTESSICH, RICHARD (1995): Critique of accounting. Examination of the foundations and normative structure of an applied discipline. Westport.

MCGILLIVRAY, WARREN (2006): Structure and performance of defined benefit schemes. In: CLARK, GORDON L./MUNNELL, ALICIA HAYDOCK/ORSZAG, J. MICHAEL (HRSG.): Oxford handbook of pensions and retirement income. Oxford, S. 223–240.

MEHLINGER, CHRISTIAN/SEEGER, NORBERT (2010): ED IAS 19: Auswirkungen auf die Praxis der Bilanzierung von Pensionsverpflichtungen. In: Betriebs-Berater, 65. Jg., Nr. 25, S. 1523–1528.

MEHLINGER, CHRISTIAN/SEEGER, NORBERT (2011): Der neue IAS 19: Auswirkungen auf die Praxis der Bilanzierung von Pensionsverpflichtungen - Update zu BB 2010, 1523 ff. In: Betriebs-Berater, 66. Jg., Nr. 29, S. 1771–1774.

MEIER, KARIN/BÄTZEL, MARTINA (2004): Auslagerung von Pensionsrückstellungen auf einen Pensionsfonds. Motive und Gestaltungsoptionen unter Beachtung der Änderungen durch das Alterseinkünftegesetz. In: Der Betrieb, 57. Jg., Nr. 27/28, S. 1437–1441.

MEIER, KARIN/RECKTENWALD, STEFAN (2006): Betriebswirtschaft der betrieblichen Altersversorgung. Ein Handbuch für die Praxis. München.

MELCHIORS, HANS H. (2005): Der Pensionsfonds als fünfter Durchführungsweg in der betrieblichen Altersversorgung. In: DROLS, WOLFGANG (HRSG.): Handbuch betriebliche Altersversorgung. Wiesbaden, S. 691–720.

MEYER-SCHELL, TIM/ZIMMERMANN, JOCHEN (2008): Konzeptioneller Stillstand in der Pensionsbilanzierung: Die Diskussionspapiere von EFRAG und IASB. In: KoR -

Zeitschrift für internationale und kapitalmarktorientierte Rechnungslegung, 8. Jg., Nr. 7/8, S. 433–443.

MILLER, PAUL B. W. (1987): The New Pension Accounting (part 1). If pensions weren't broke, how come the FASB fixed'em? In: Journal of Accountancy, 163. Jg., Nr. 1, S. 98–108.

MITTERMAIER, CHRISTOPH/BÖHME, TIMO (2006): Auslagerung von Pensionsverpflichtungen im Rahmen eines CTA: Bilanzverkürzung unter Verwendung alternativer Vermögenswerte. In: Betriebs-Berater, 61. Jg., Nr. 4, S. 203–207.

MÖLLS, SASCHA H./STRAUSS, MICHAEL (2007): Bewertungsrelevanz der Rechnungslegung. Stand der Implikationen der empirischen Forschung für Aktionäre und Regulierer. In: Zeitschrift für Betriebswirtschaft, 77. Jg., Nr. 9, S. 955–995.

MORAIS, ANA ISABEL (2008): Actuarial Gains and Losses: the Choice of the Accounting Method. In: Accounting in Europe, 5. Jg., Nr. 2, S. 127–139.

MORAIS, ANA ISABEL (2010): Actuarial gains and losses: the determinants of the accounting method. In: Pacific Accounting Review, 22. Jg., Nr. 1, S. 42–56.

MORRILL, CAMERON/MORRILL, JANET/SHAND, KEVIN (2009): Smoothing Mechanisms in Defined Benefit Pension Accounting Standards: A Simulation Study. In: Accounting Perspectives, 8. Jg., Nr. 2, S. 113–145.

MOXTER, ADOLF (1984): Band I: Einführung in die Bilanztheorie. 3. Auflage. Wiesbaden.

MOXTER, ADOLF (1985): Der Stand der Bilanztheorie. Karl-Lechner-Gedächtnis-Vorlesung. Graz.

MOXTER, ADOLF (1999): Bilanzrechtsprechung. 5. Auflage. Tübingen.

MÜHLBERGER, MELANIE/SCHWINGER, REINER (2011): Betriebliche Altersversorgung nach IFRS. Bilanzierung und Bewertung von Employee Benefits. 2. Auflage. München.

MÜHLBERGER, MELANIE/SCHWINGER, REINER/WILDNER, STEPHAN (2008): IAS 19 Leistungen an Arbeitnehmer. In: THIELE, STEFAN/KEITZ, ISABEL VON/BRÜCKS, MICHAEL (HRSG.): Internationales Bilanzrecht. Rechnungslegung nach IFRS. Kommentar. Bonn.

MÜLLER, STEFAN (2003): Probleme bei der Abbildung der betrieblichen Altersversorgung in Rechnungslegungssystemen. Unter besonderer Berücksichtigung der Änderungen zu IAS 19. In: Die Wirtschaftsprüfung, 56. Jg., Nr. 4, S. 163–174.

MÜLLER, STEFAN/REINKE, JENS/WELLER, NIELS (2008a): Abbildung von Pensionsverpflichtungen in deutschen Jahresabschlüssen und aktuelle Änderungsvorschläge. In: Praxis der Internationalen Rechnungslegung, 4. Jg., Nr. 9, S. 287–292.

MÜLLER, STEFAN/REINKE, JENS/WELLER, NIELS (2008b): Empirische Analyse der Bilanzierung von Pensionsverpflichtungen bei IFRS-Anwendern im DAX30, MDAX und SDAX. In: Praxis der Internationalen Rechnungslegung, 4. Jg., Nr. 11, S. 351–355.

MYSICKOVA, ALENA/GANSEL, ANNA (2007): Die pauschal dotierte Unterstützungskasse - Pro und Contra. In: Betriebliche Altersversorgung, 62. Jg., Nr. 3, S. 229–230.

NAPIER, CHRISTOPHER J. (1983): Accounting for the Cost of Pensions. London.

NAPIER, CHRISTOPHER J. (1984): Pension costs. In: TONKIN, D. J./SKERRATT, L. C. L. (HRSG.): Financial reporting 1984–85. A Survey of UK Published Accounts. London, S. 201–216.

NAPIER, CHRISTOPHER J. (2007): Pension accounting and fair value. In: WALTON, PETER (HRSG.): The Routledge Companion to Fair Value. London, S. 340–349.

NAPIER, CHRISTOPHER J. (2009): The logic of pension accounting. In: Accounting and Business Research, 39. Jg., Nr. 3, S. 231–249.

NEUHAUS, STEFAN (2007): Contractual Trust Arrangement (CTA). In: Die Betriebswirtschaft, 67. Jg., Nr. 1, S. 123–127.

NEUHAUS, STEFAN (2009a): Auslagerung betrieblicher Pensionszusagen bei den DAX-Unternehmen. Eine Analyse der Auslagerungswege und -motive sowie der Finanzierungsformen. In: Betriebliche Altersversorgung, 64. Jg., Nr. 7, S. 600–605.

NEUHAUS, STEFAN (2009b): Auslagerung betrieblicher Pensionszusagen. Eine ökonomische Analyse der Motive und Durchführungsformen. Frankfurt am Main et al.

NEUROTH, FRANK (2009): Der Kommentar: Mehr Mut zur Kapitaldeckung. In: Betriebliche Altersversorgung, 64. Jg., Nr. 6, S. 481–482.

NGUYEN, TRISTAN (2011): Bilanzielle Auslagerung der betrieblichen Altersversorgung nach HGB und IFRS. In: Wirtschaftswissenschaftliches Studium, 40. Jg., Nr. 3, S. 123–129.

NOODT, ANDREAS (2012): § 246 Vollständigkeit. Verrechnungsverbot. In: BERTRAM, KLAUS/BRINKMANN, RALPH/KESSLER, HARALD/MÜLLER, STEFAN (HRSG.): Haufe HGB Bilanz-Kommentar. Freiburg im Breisgau.

NÜRK, BETTINA/SCHRADER, ALEXANDER (1995): Von der Pensionsrückstellung zum Pensionsfonds: Eine Chance für den deutschen Finanzmarkt. URL: http://www.dbresearch.de/PROD/DBR_INTERNET_DE-PROD/PROD0000000000017120.pdf - Stand: 21.06.2011.

OBERBRINKMANN, FRANK (1990): Statische und dynamische Interpretation der Handelsbilanz. Eine Untersuchung der historischen Entwicklung, insbesondere der Bilanzrechtsaufgabe und der Bilanzrechtskonzeption. Düsseldorf.

OHLSON, JAMES A. (1995): Earnings, Book Values, and Dividends in Equity Valuation. In: Contemporary Accounting Research, 11. Jg., Nr. 2, S. 661–687.

OHLSON, JAMES A. (1999): On Transitory Earnings. In: Review of Accounting Studies, 4. Jg., Nr. 3–4, S. 145–162.

OLDEWURTEL, CHRISTOPH/KÜMPEL, KATHARINA/WOLZ, MATTHIAS (2011): Die aktuellen Änderungen der Abbildung von Pensionsverpflichtungen nach IAS 19. Mehr Informationen durch Reduktion? In: KoR - Zeitschrift für internationale und kapitalmarktorientierte Rechnungslegung, 11. Jg., Nr. 10, S. 449–457.

OLDFIELD, GEORGE S. (1977): Financial Aspects of the Private Pension System. In: Journal of Money, Credit and Banking, 9. Jg., Nr. 1, S. 48–54.

OSER, PETER (2011): Konsolidierung von Unterstützungskassen nach BilMoG - ein Sturm im Wasserglas. In: Der Betrieb, 64. Jg., Nr. 42, S. 1.

PAAINE (2012): Proactive Activities. Brüssel. URL: http://www.efrag.org/Front/c1-305/Proactive-Activities.aspx - Stand: 31.07.2012.

PARI, ROBERT (1989): Analyst Forecasts and Price/Earnings Ratios. In: Financial Analysts Journal, 45. Jg., Nr. 2, S. 60–62.

PASCHEK, WINFRIED (1991): Chancen und Forderungen für die rückgedeckte Gruppen-Unterstützungskasse. In: Der Betrieb, 44. Jg., Nr. 17, S. 873–878.

PASCHEK, WINFRIED (1994): Die Unverfallbarkeit in der Unterstützungskasse - neuere Entwicklungstendenzen. In: Der Betrieb, 47. Jg., Nr. 41, S. 2082–2086.

PASSARGE, MALTE (2005): Aktuelle Fragen zur Auslagerung von Pensionsverpflichtungen mittels Contractual Trust Agreements. In: Der Betrieb, 58. Jg., Nr. 50, S. 2746–2750.

PATON, W. A./LITTLETON, A. C. (1956): An Introduction to Corporate Accounting Standards. Nachdruck der Erstauflage aus dem Jahr 1940. Ann Arbor.

PAWELZIK, KAI UDO (2005): Pensionsspiegel für Pensionsrückstellungen nach IAS 19. In: Der Betrieb, 58. Jg., Nr. 14, S. 733–740.

PAWELZIK, KAI UDO (2009): Pensionsverpflichtungen und andere Leistungen an Arbeitnehmer (IAS 19). In: HEUSER, PAUL J./THEILE, CARSTEN (HRSG.): IFRS-Handbuch. Einzel- und Konzernabschluss. Köln, S. 461–496.

PAWELZIK, KAI UDO (2011): Der neue IAS 19 (2011). Bilanzierung von Verpflichtungen gegenüber Arbeitnehmern. In: Praxis der Internationalen Rechnungslegung, 7. Jg., Nr. 8, S. 213–218.

PAWELZIK, KAI UDO (2012): Pensionsverpflichtungen und andere Leistungen an Arbeitnehmer (IAS 19). In: HEUSER, PAUL J./THEILE, CARSTEN (HRSG.): IFRS Handbuch. Einzel- und Konzernabschluss. Köln, S. 666–701.

PEEMÖLLER, VOLKER H./GEIGER, THOMAS/FIEDLER, H. (1999): Pensionsfonds als Chance für die betriebliche Altersversorgung - eine empirische Untersuchung. In: Der Betrieb, 52. Jg., Nr. 16, S. 809–814.

PELLENS, BERNHARD/CRASSELT, NILS (2005): Funding Strategies for Defined Benefit Pension Plans and the Measurement of Leverage Risk. In: Schmalenbach Business Review, 57. Jg., Nr. 5, S. 3–33.

PELLENS, BERNHARD/FÜLBIER, ROLF UWE/GASSEN, JOACHIM/SELLHORN, THORSTEN (2011): Internationale Rechnungslegung. IFRS 1 bis 9, IAS 1 bis 41, IFRIC-Interpretationen, Standardentwürfe. 8. Auflage. Stuttgart.

PELLENS, BERNHARD/FÜLBIER, ROLF UWE/SELLHORN, THORSTEN (2004): Bilanzierung leistungsorientierter Pensionspläne bei deutschen und US-amerikanischen Unternehmen. In: Die Betriebswirtschaft, 64. Jg., Nr. 2, S. 133–153.

Pellens, Bernhard/Obermüller, Philipp/Riemenschneider, Sebastian (2010): Darstellung und Simulation der Konsequenzen des Exposure Drafts zu IAS 19. In: Der Betrieb, 64. Jg., Nr. 38, S. 2061–2066.

Pellens, Bernhard/Obermüller, Philipp/Riemenschneider, Sebastian (2011): Reform der Bilanzierung von leistungsorientierten Pensionsverpflichtungen nach IFRS: Der IAS 10 revised im Überblick. In: KoR - Zeitschrift für internationale und kapitalmarktorientierte Rechnungslegung, 11. Jg., Nr. 12, S. 561–566.

Pellens, Bernhard/Obermüller, Philipp/Schmidt, André (2010): Bilanzielle Konsequenzen der Inanspruchnahme der dritten Option zur Pensionsbilanzierung - eine Analyse der DAX- und MDAX-Unternehmen. In: Die Wirtschaftsprüfung, 63. Jg., Nr. 11, S. 574–581.

Pensions-Sicherungs-Verein (2011a): Chronik. Insolvenzsicherung der betrieblichen Altersversorgung. Köln. URL: http://www.psvag.de/framesets/chr.html - Stand: 31.08.2011.

Pensions-Sicherungs-Verein (2011b): Wir über uns. Pensions-Sicherungs-Verein. Köln. URL: http://www.psvag.de/framesets/wir1.html - Stand: 31.08.2011.

Perridon, Louis/Steiner, Manfred/Rathgeber, Andreas W. (2009): Finanzwirtschaft der Unternehmung. 15. Auflage. München, Vahlens Handbücher der Wirtschafts- und Sozialwissenschaften.

Pesando, James E./Clarke, Carol K. (1983): Economic Models of Labor Market and Pension Accounting; An Exploratory Analysis. In: The Accounting Review, 58. Jg., Nr. 4, S. 733–748.

Petersen, Jochen (2002): Rechnungslegung für Pensionsverpflichtungen nach HGB, US-GAAP und IAS. Düsseldorf.

Picconi, Marc (2006): The Perils of Pensions: Does Pension Accounting Lead Investors and Analysts Astray? In: The Accounting Review, 81. Jg., Nr. 4, S. 925–955.

Planert, Susanne (2006): Bilanzierung von Pensionsverpflichtungen. Wiesbaden.

Prakash, Prem/Rappaport, Alfred (1977): Information Inductance and its Significance for Accounting. In: Accounting, Organizations and Society, 2. Jg., Nr. 1, S. 29–38.

Rauser Towers Perrin (2008): Pensionsverpflichtungen im DAX. Unternehmen im Spannungsfeld von Kapitalmarkt und Finanzierungsstrategien. Reutlingen. URL: http://www.dgfp.de/wissen/personalwissen-direkt/dokument/81895/herunterladen - Stand: 01.06.2011.

Regan, Patrick J. (1983): Pension Fund Perspektive. In: Financial Analysts Journal, 39. Jg., Nr. 1, S. 10–11.

Rehbach, Christoph/Schmitt-Biegel, Daniel (2009): Finanzierungsalternativen für die Auslagerung von Pensionsverpflichtungen. In: Kolvenbach, Paulgerd/Sartoris, Joachim (Hrsg.): Bilanzielle Auslagerung von Pensionsverpflichtungen. Praxishandbuch unter Berücksichtigung arbeits- und steuerrechtlicher sowie bilanzieller und betriebswirtschaftlicher Aspekte. Stuttgart, S. 96–111.

REICHERTER, MATTHIAS (2003): Pensionsverpflichtungen im Rahmen von Unternehmensübernahmen. In: Betriebswirtschaftliche Forschung und Praxis, 55. Jg., Nr. 3, S. 358–375.

REIMANN, MATHIAS/ACKMANN, HANS-PETER (1997): Einführung in das US-amerikanische Privatrecht. München.

RHIEL, RAIMUND (2000a): Externe Finanzierung von Pensionsverpflichtungen. Pensionsfonds, Pension Trusts, Rentnergesellschaften und Pensionsgesellschaften. In: Finanz Betrieb, 2. Jg., Nr. 5, S. 296–300.

RHIEL, RAIMUND (2000b): Pensionsfonds, Pension Trusts, Rentner- und Pensionsgesellschaften zur externen Finanzierung von Pensionsverpflichtungen. In: Betriebliche Altersversorgung, 55. Jg., Nr. 6, S. 436–439.

RHIEL, RAIMUND (2002): Pensionszusagen und Treuhandmodelle - Alternativen zu Pensionsfonds. In: Betriebliche Altersversorgung, 57. Jg., Nr. 6, S. 533–536.

RHIEL, RAIMUND (2008): Das Diskussionspapier des IASB zur Bilanzierung von Pensionen. Die Kunst, sich im Walde zu verlaufen. In: Praxis der Internationalen Rechnungslegung, 4. Jg., Nr. 5, S. 156–161.

RHIEL, RAIMUND (2010): Der Entwurf des IASB zur vereinfachenden Darstellung der Pensionsrückstellungen im Jahresabschluss nach IFRS. In: Praxis der Internationalen Rechnungslegung, 6. Jg., Nr. 5, S. 134–137.

RHIEL, RAIMUND (2012): § 22 Leistungen an Arbeitnehmer, Altersversorgung. In: LÜDENBACH, NORBERT (HRSG.): Haufe IFRS-Kommentar. Freiburg et al., S. 1114–1167.

RHIEL, RAIMUND/STIEGLITZ, RALPH (2006): Praxis der Rechnungslegung für Pensionen nach IAS 19 und FAS 87. In: Der Betrieb, 59. Jg., Nr. 26, S. 1385–1389.

RICKEN, OLIVER (2006): Betriebliche Übung und Vertragskontrolle im Arbeitsrecht. In: Der Betrieb, 59. Jg., Nr. 25, S. 1372–1376.

RIEDER, JOSEF/RIEDER, STEFAN (1999): Einführung in das Recht der Sicherungsübereignung. Stuttgart.

ROLFS, CHRISTIAN (2010a): § 1 b Unverfallbarkeit und Durchführung der betrieblichen Altersversorgung. In: BLOMEYER, WOLFGANG/OTTO, KLAUS/ROLFS, CHRISTIAN/BLOMEYER-ROLFS-OTTO (HRSG.): Betriebsrentengesetz. Gesetz zur Verbesserung der betrieblichen Altersversorgung. Beck'sche Kommentare zum Arbeitsrecht. München, S. 430–507.

ROLFS, CHRISTIAN (2010b): § 1 Zusage des Arbeitgebers auf betriebliche Altersversorgung. In: BLOMEYER, WOLFGANG/OTTO, KLAUS/ROLFS, CHRISTIAN/BLOMEYER-ROLFS-OTTO (HRSG.): Betriebsrentengesetz. Gesetz zur Verbesserung der betrieblichen Altersversorgung. Beck'sche Kommentare zum Arbeitsrecht. München, S. 71–137.

ROLFS, CHRISTIAN (2010c): § 7 Umfang des Versicherungsschutzes. In: BLOMEYER, WOLFGANG/OTTO, KLAUS/ROLFS, CHRISTIAN/BLOMEYER-ROLFS-OTTO (HRSG.):

Betriebsrentengesetz. Gesetz zur Verbesserung der betrieblichen Altersversorgung. Beck'sche Kommentare zum Arbeitsrecht. München, S. 796–867.

ROLFS, CHRISTIAN (2010d): § 9 Mitteilungspflicht; Forderungs- und Vermögensübergang. In: BLOMEYER, WOLFGANG/OTTO, KLAUS/ROLFS, CHRISTIAN/BLOMEYER-ROLFS-OTTO (HRSG.): Betriebsrentengesetz. Gesetz zur Verbesserung der betrieblichen Altersversorgung. Beck'sche Kommentare zum Arbeitsrecht. München, S. 877–900.

ROLFS, CHRISTIAN (2010e): Anh. § 1 Die Durchführungsformen im allgemeinen Arbeitsrecht. In: BLOMEYER, WOLFGANG/OTTO, KLAUS/ROLFS, CHRISTIAN/BLOMEYER-ROLFS-OTTO (HRSG.): Betriebsrentengesetz. Gesetz zur Verbesserung der betrieblichen Altersversorgung. Beck'sche Kommentare zum Arbeitsrecht. München, S. 137–410.

RONEN, JOSHUA/YAARI, VARDA (2008): Earnings management. Emerging insights in theory, practice, and research. New York.

RÖSNER, FABIAN (2011): Die Konzernierung der Stiftung und ihr Einfluss auf die Pflichten des Stiftungsvorstands. Baden-Baden.

RÖSSLER, NORBERT (1998): Internationaler Einfluss auf die betriebliche Altersversorgung in Deutschland - Leistungsplangestaltung und Finanzierung. In: CRAMER, JÖRG-ENGELBRECHT/FÖRSTER, WOLFGANG/RULAND, FRANZ (HRSG.): Handbuch zur Altersversorgung. Gesetzliche, betriebliche und private Vorsorge in Deutschland. Frankfurt am Main, S. 449–459.

RÖSSLER, NORBERT/DOETSCH, PETER (1998): Bevorzugte Verfahren zur Finanzierung betrieblicher Pensionsverpflichtungen in Deutschland. Ergebnisse einer Umfrage unter deutschen Großunternehmen. In: Der Betrieb, 51. Jg., Nr. 36, S. 1773–1776.

RÖSSLER, NORBERT/DOETSCH, PETER/HEGER, HEINZ-JOSEF (1999): Auslagerung von Pensionsverpflichtungen im Rahmen einer Bilanzierung nach SFAS bzw. IAS. In: Betriebs-Berater, 54. Jg., Nr. 48, S. 2498–2504.

ROTH, ERWIN/HEIDENREICH, KLAUS/HOLLIN, HEINZ (1999): Sozialwissenschaftliche Methoden. Lehr- und Handbuch für Forschung und Praxis. 5. Auflage. München.

RUPPRECHT, GERHARD (2006): Ausfinanzierung von Pensionsverpflichtungen. In: FÖRSTER, WOLFGANG/GOHDES, ALFRED E./RECKTENWALD, STEFAN/SCHMIDT, RAINER (HRSG.): Altersversorgung und Vergütung. Risiken und Chancen im Wettbewerb der Unternehmen. Festschrift für Boy-Jürgen Andresen zum 60. Geburtstag. Köln, S. 201–219.

RYAN, RONALD J./FABOZZI, FRANK J. (2002): Rethinking Pension Liabilities and Asset Allocation. A pension crisis looms. In: The Journal of Portfolio Management, 28. Jg., Nr. 4, S. 7–15.

SAEMANN, GEORGIA R. (1995): The Accounting Standard-Setting Due Process, Corporate Consensus, and FASB Responsiveness: Employers' Accounting for Pensions. In: Journal of Accounting, Auditing & Finance, 10. Jg., Nr. 3, S. 555–564.

SARTORIS, JOACHIM (2004): Umstellung einer Direktzusage auf eine pauschaldotierte Unterstützungskasse. In: KOLVENBACH, PAULGERD/SARTORIS, JOACHIM (HRSG.): Bilanzielle Auslagerung von Pensionsverpflichtungen. Praxishandbuch unter Berücksichtigung arbeits- und steuerrechtlicher sowie bilanzieller und betriebswirtschaftlicher Aspekte. Stuttgart, S. 172–183.

SARTORIS, JOACHIM (2009): Umstellung einer Direktzusage auf eine pauschaldotierte Unterstützungskasse. In: KOLVENBACH, PAULGERD/SARTORIS, JOACHIM (HRSG.): Bilanzielle Auslagerung von Pensionsverpflichtungen. Praxishandbuch unter Berücksichtigung arbeits- und steuerrechtlicher sowie bilanzieller und betriebswirtschaftlicher Aspekte. Stuttgart, S. 291–305.

SAUTER, EUGEN/SCHWEYER, GERHARD/WALDNER, WOLFRAM (2010): Der eingetragene Verein. Gemeinverständliche Erläuterung des Vereinsrechts unter Berücksichtigung neuester Rechtsprechung mit Formularteil. 19. Auflage. München.

SCHABER, MATHIAS (1994): Spezialfonds: Maßgeschneidertes Investmentprodukt oder ein Fall für das Gesetz zur Bekämpfung des Mißbrauchs und zur Bereinigung des Steuerrechts? In: Der Betrieb, 47. Jg., Nr. 20, S. 993–998.

SCHÄFER, MARCUS/WOJTYSIAK, CHRISTIAN (2002): Pensionsfonds als Instrument zur innovativen Ausgestaltung von Versorgungswerken im Rahmen der betrieblichen Altersversorgung. In: Finanz Betrieb, 4. Jg., Nr. 6, S. 349–359.

SCHANZ, THOMAS (1993): Die kongruent rückgedeckte Untersützungskasse und alternative Durchführungswege der betrieblichen Altersversorgung im betriebswirtschaftlichen Vergleich. In: Der Betrieb, 46. Jg., Nr. 23, S. 1149–1155.

SCHARENBERG, SIGRUN (2009): Die Bilanzierung von wirtschaftlichem Eigentum in der IFRS-Rechnungslegung. Eine vergleichende Analyse von Abbildungsregeln für ausgewählte Rechtsinstitute. Wiesbaden.

SCHARR, CHRISTOPH/FEIGE, PETER/BAIER, CHRISTIANE (2012): Die Auswirkungen des geänderten IAS 19 auf die Bilanzierung von defined benefit plans und termination benefits in der Praxis. In: KoR - Zeitschrift für internationale und kapitalmarktorientierte Rechnungslegung, 12. Jg., Nr. 1, S. 9–16.

SCHEITHAUER, CLAUDIA/SARTORIS, JOACHIM (2009): Contractual Trust Arrangement. In: KOLVENBACH, PAULGERD/SARTORIS, JOACHIM (HRSG.): Bilanzielle Auslagerung von Pensionsverpflichtungen. Praxishandbuch unter Berücksichtigung arbeits- und steuerrechtlicher sowie bilanzieller und betriebswirtschaftlicher Aspekte. Stuttgart, S. 318–351.

SCHILDBACH, THOMAS (1999): Pensionsverpflichtungen nach US-GAAP/IAS versus HGB/GoB und die Informationsfunktion des Jahresabschlusses. In: Zeitschrift für Betriebswirtschaft, 69. Jg., Nr. 9, S. 957–977.

SCHIPPER, KATHERINE (1994): Academic Accounting Research and the Standard Setting Process. In: Accounting Horizons, 8. Jg., Nr. 4, S. 61–73.

SCHIPPER, KATHERINE/BERNARD, VICTOR (1994): Recognition and Disclosure in Financial Reporting. Working Paper, University of Michigan, University of Chicago. Ann Arbor et al.

SCHMALENBACH, EUGEN (1988): Dynamische Bilanz. Unveränderter reprografischer Nachdruck der Auflage, die 1962 beim Westdeutschen Verlag (Köln und Opladen) erschien. Darmstadt.

SCHMEISSER, WILHELM/BISCHOFF, BIRGIT (2003): Neustrukturierung der drei Säulen des Alterssicherungssystems in Deutschland. Im Spiegel einer länderübergreifenden Betrachtung. München et al.

SCHMITZ, JÖNS-PETER/LAURICH, MARTIN (2005): Die Pensionskasse - ein weiterhin sehr attraktiver Durchführungsweg der betrieblichen Altersversorgung. In: DROLS, WOLFGANG (HRSG.): Handbuch betriebliche Altersversorgung. Wiesbaden, S. 653–689.

SCHNEIDER, DIETER (1989): Steuerfreie Kapitalbildung in dreistelliger Milliardenhöhe durch Pensionsrückstellungen? In: Der Betrieb, 42. Jg., Nr. 18, S. 889–895.

SCHNELL, RAINER/HILL, PAUL B./ESSER, ELKE (2011): Methoden der empirischen Sozialforschung. 9. Auflage. München.

SCHRADIN, HEINRICH R. (2003): Entwicklung der Versicherungsaufsicht. Mitteilungen 3/2003. URL: http://typo3-8442.rrz.uni-koeln.de/fileadmin/wiso_fak/versicherung/documents/m3_2003.pdf - Stand: 17.06.2011.

SCHRUFF, LOTHAR/ZEIMES, MARKUS (2009): Abschnitt 16: Leistungen an Arbeitnehmer. In: BALLWIESER, WOLFGANG/BEINE, FRANK/HAYN, SVEN/PEEMÖLLER, VOLKER H./SCHRUFF, LOTHAR/WEBER, CLAUS-PETER (HRSG.): Wiley Kommentar zur Internationalen Rechnungslegung nach IFRS 2009. Weinheim.

SCHWARK, PETER/RAULF, MARKUS (2003): Beitragszusage mit Mindestleistung bei Direktzusagen in der Betrieblichen Altersversorgung? In: Der Betrieb, 55. Jg., Nr. 17, S. 940–942.

SCHWETZLER, BERNHARD (2003): Innenfinanzierung durch Pensionsrückstellungen und Unternehmenswert. In: RICHTER, FRANK/SCHÜLER, ANDREAS/SCHWETZLER, BERNHARD (HRSG.): Kapitalgeberansprüche, Marktwertorientierung und Unternehmenswert. Festschrift für Prof. Dr. Dr. h.c. Jochen Drukarczyk zum 65. Geburtstag. München, S. 409–440.

SCHWIND, JOACHIM (2002): Die Deckungsmittel der betrieblichen Altersversorgung im Jahre 2000. In: Betriebliche Altersversorgung 57. Jg., Nr. 295–296.

SCHWIND, JOACHIM (2006): Ausgewählte Aspekte zur externen Ausfinanzierung von unmittelbaren Versorgungszusagen durch CTA-/Trust-Modelle. In: FÖRSTER, WOLFGANG/GOHDES, ALFRED E./RECKTENWALD, STEFAN/SCHMIDT, RAINER (HRSG.): Altersversorgung und Vergütung. Risiken und Chancen im Wettbewerb der Unternehmen. Festschrift für Boy-Jürgen Andresen zum 60. Geburtstag. Köln, S. 585–618.

Schwind, Joachim (2011): Die Deckungsmittel der betrieblichen Altersversorgung in 2009. In: Betriebliche Altersversorgung, 66. Jg., Nr. 5, S. 476–477.

Schwinger, Reiner (1997): Betriebliche Altersversorgung und Kapitalmarkt - eine Anmerkung zur aktuellen Diskussion über Pensionsfonds. In: Wagner, Franz W. (Hrsg.): Steuerberatung im Spannungsfeld von Betriebswirtschaft und Recht. Festschrift zum 75. Geburtstag von Professor Dr. Heinz Stehle. Stuttgart, S. 163–185.

Schwinger, Reiner (2007): Pensionslasten im M&A-Prozess. In: Ballwieser, Wolfgang/Börsig, Clemens (Hrsg.): Demographischer Wandel als unternehmerische Herausforderung. Kongress-Dokumentation 60. Deutscher Betriebswirtschafter-Tag 2006. Stuttgart, S. 241–255.

Schwinger, Reiner/Jasper, Thomas (2004): Kapitaldeckung betrieblicher Altersversorgung und Jahresabschluss. In: Finanz Betrieb, 6. Jg., Nr. 1, S. 26–33.

Schwitters, Jürgen/Peters, Hubert (2002): Pensionsverpflichtungen. In: Ballwieser, Wolfgang/Coenenberg, Adolf Gerhard/Wysocki, Klaus von (Hrsg.): Handwörterbuch der Rechnungslegung und Prüfung. Stuttgart, S. 1622–1638.

Scott, William R. (2009): Financial Accounting Theory. 5. Auflage. Toronto.

SEC (2005): Report and Recommendations Pursuant to Section 401(c) of the Sarbanes-Oxley Act of 2002 on Arrangements with Off-Balance Sheet Implications, Special Purpose Entities, and Transparency of Filings by Issuers. Washington DC. URL: http://www.sec.gov/news/studies/soxoffbalancerpt.pdf - Stand: 10.08.2012.

Seeger, Norbert (2003): Pensionsverpflichtungen und Rating. In: Betriebliche Altersversorgung, 58. Jg., Nr. 6, S. 500–505.

Seeger, Norbert (2007): Contractual Trust Arrangements auf dem Prüfstand. In: Der Betrieb, 60. Jg., Nr. 13, S. 697–703.

Seemann, Torsten (2009): § 26. Altersversorgungspläne/Leistungen an Arbeinehmer. In: Bohl, Werner/Schlüter, Jörg/Riese, Joachim (Hrsg.): Beck'sches IFRS-Handbuch. München, S. 947–991.

Sengupta, Partha/Wang, Zheng (2011): Pricing of off-balance sheet debt: how do bond market participants use the footnote disclosures on operating leases and postretirement benefit plans? In: Accounting and Finance, 51. Jg., Nr. 3, S. 787–808.

Severinson, Clara (2008): Accounting for Defined Benefit Plans. In: OECD Working Papers on Insurance and Private Pension, 2008. Jg., Nr. 23, S. 1–15.

Simon, Hermann Veit (1899): Die Bilanzen der Aktiengesellschaften und der Kommanditgesellschaften auf Aktien. Berlin.

Simon, Stefan/Leuering, Dieter (2005): Deckung von Pensionsverpflichtungen: Contractual Trust Arrangement. In: NJW-Spezial, 2. Jg., Nr. 11, S. 507–508.

Smith, Malcolm (2007): Research Methods in Accounting. London.

Spengel, Christoph (1997): Der Wechsel von Pensionsrückstellungen zu Pensionsfonds als Durchführungsform der betrieblichen Altersversorgung. Eine Analyse der Konsequenzen unter Einbeziehung der Ergebnisse einer Befragung von Großunternehmen. In: Betriebs-Berater, 52. Jg., Nr. 41, S. 2097–2104.

Sprick, Anja (2009): Arbeitsrechtliche Rahmenbedingungen der Auslagerung von Pensionsverpflichtungen. In: Kolvenbach, Paulgerd/Sartoris, Joachim (Hrsg.): Bilanzielle Auslagerung von Pensionsverpflichtungen. Praxishandbuch unter Berücksichtigung arbeits- und steuerrechtlicher sowie bilanzieller und betriebswirtschaftlicher Aspekte. Stuttgart, S. 42–53.

Sprouse, Robert T./Moonitz, Maurice (1962): A Tentative Set of Broad Accounting Principles for Business Enterprises. New York.

Stadler, Christian (2010a): Conservatism and Pensions. SSRN-Paper No. 1722785. Working Paper., Nr. 1722785 URL: http://papers.ssrn.com/sol3/papers.cfm?abstract_id=1722785 - Stand: 12.01.2011.

Stadler, Christian (2010b): Pension accounting choice in Germany. Pension discount rate and actuarial gains and losses. SSRN-Paper No. 1586117. URL: http://papers.ssrn.com/sol3/papers.cfm?abstract_id=1586117 - Stand: 01.09.2010.

Stadler, Christian/Lobe, Sebastian (2008): Auswirkungen der Internationalen Rechnungslegung auf das Funding der betrieblichen Altersversorgung in Deutschland seit 1998. In: Betriebliche Altersversorgung, 63. Jg., Nr. 8, S. 756–759.

Stadler, Christian/Lobe, Sebastian (2010): Voluntary Pension Funding in Germany and the Effect of International Accounting. SSRN-Paper No. 1075222. URL: http://papers.ssrn.com/sol3/papers.cfm?abstract_id=1075222&CFID=15130736&CFTOKEN=64937944 - Stand: 02.09.2010.

Steinebach, Lothar/Jäckle, Joachim (2007): Neuere Entwicklungen im Finanzmanagement von Pensionsverpflichtungen. In: Seethaler, Peter/Steitz, Markus (Hrsg.): Praxishandbuch Treasury Management. Leitfaden für die Praxis des Finanzmanagements. Wiesbaden, S. 3007–3322.

Stöhr, Jens-Peter (2008): Betrieblicher Pensionsfonds in Form einer Treuhand findet Anerkennung als „funded pension plan" nach US-GAAP. In: Der Betrieb, 51. Jg., Nr. 45, S. 2233–2234.

Stuhrmann, Gerd (2005): Rückstellungsbildung des Trägerunternehmens bei betrieblicher Altersversorgung durch Unterstützungskassen. In: Der Betrieb, 58. Jg., Nr. 6, S. 298–299.

Sweeney, Amy Patricia (1994): Debt-covenant violations and managers' accounting responses. In: Journal of Accounting and Economics, 17. Jg., Nr. 3, S. 281–308.

Swinkels, Laurens (2011): Have pension plans changed after the introduction of IFRS? In: Pensions, 16. Jg., Nr. 4, S. 244–255.

Teller, Sven/Stäglich, Jörg (2004): Bilanzverkürzung aus Sicht der Bilanzanalyse. In: Kolvenbach, Paulgerd/Sartoris, Joachim (Hrsg.): Bilanzielle Auslagerung von Pensionsverpflichtungen. Praxishandbuch unter Berücksichtigung arbeits- und steuerrechtlicher sowie bilanzieller und betriebswirtschaftlicher Aspekte. Stuttgart, S. 299–313.

THEILE, CARSTEN (2006): Pensionsverpflichtungen: Erfolgsneutrale Verrechnung versicherungsmathematischer Gewinne und Verluste. Vor- und Nachteile eines neuen Wahlrechts. In: Praxis der Internationalen Rechnungslegung, 2. Jg., Nr. 2, S. 17–21.

THOMS-MEYER, DIRK (1996): Grundsätze ordnungsmäßiger Bilanzierung für Pensionsrückstellungen. Unter Berücksichtigung von SFAS 87 und SFAS 106. Düsseldorf.

THURMAYR, GEORG (1992): Vorsichtsprinzip und Pensionsrückstellungen. Band 8, Schriftenreihe Versicherung und Risikoforschung. Wiesbaden.

THURNES, GEORG/VAVRA, RAINER (2009): Betriebliche Altersversorgung im internationalen Jahresabschluss. Bewertungsannahmen zum 31.12.2009. In: Der Betrieb, 62. Jg., Nr. 50, S. 2671–2675.

THURNES, GEORG/VAVRA, RAINER/GEILENKOTHEN, ANDRÉ (2010): Betriebliche Altersversorgung im Jahresabschluss nach nationalen und internationalen Bilanzierungsgrundsätzen. Bewertungsannahmen zum 31.12.2010. In: Der Betrieb, 63. Jg., Nr. 50/51, S. 2737–2741.

THURNES, GEORG/VAVRA, RAINER/GEILENKOTHEN, ANDRÉ (2011): Betriebliche Altersversorgung im Jahresabschluss nach nationalen und internationalen Bilanzierungsgrundsätzen. Bewertungsannahmen zum 31.12.2011. In: Der Betrieb, 64. Jg., Nr. 50, S. 2785–2789.

THURNES, GEORG/VAVRA, RAINER/GEILENKOTHEN, ANDRÉ (2012): Betriebliche Altersversorgung im Jahresabschluss - Aktualisierung. Bewertungsannahmen zum 31.12.2011. In: Der Betrieb, 65. Jg., Nr. 2, S. 68–69.

THYSSENKRUPP AG (2003): Geschäftsbericht 2002/2003. Düsseldorf. URL: http://www.thyssenkrupp.com/documents/investor/Finanzberichte/ger/ThyssenKrupp_2002_2003_GB.pdf - Stand: 09.11.2011.

TNS INFRATEST SOZIALFORSCHUNG (2008): Situation und Entwicklung der betrieblichen Altersversorgung in Privatwirtschaft und öffentlichem Dienst 2001 – 2007. Endbericht. Untersuchung im Auftrag des Bundesministeriums für Arbeit und Soziales. URL: http://www.tns-infratest.com/SoFo/_pdf/BAV_2007_F384_EB_mit_LZ_2008_12_17.pdf - Stand: 17.08.2011.

TONNE, KNUT (2008): Diskussionspapier des IASB zur Pensionsbilanzierung - Großer Wurf oder Stückwerk? In: Die Wirtschaftsprüfung, 61. Jg., Nr. 15, S. 705–708.

TROMBETTA, MARCO/WAGENHOFER, ALFRED/WYSOCKI, PETER (2012): The Usefulness of Academic Research in Understanding the Effects of Accounting Standards. In: Accounting in Europe, 9. Jg., Nr. 2, S. 127–146.

UEBELHACK, BIRGIT (2003): Beitragszusagen mit Mindestleistung - eine neue Zusageform für Betriebsrenten. In: RICHARDI, REINHARD/REICHOLD, HERMANN (HRSG.): Altersgrenzen und Alterssicherung im Arbeitsrecht. Wolfgang Blomeyer zum Gedenken. München, S. 467–494.

URBANCZIK, PATRICK (2012): „Presentation of Items of Other Comprehensive Income - Amendments to IAS 1" – Überblick und Auswirkungen. In: KoR - Zeitschrift für internationale und kapitalmarktorientierte Rechnungslegung, 12. Jg., Nr. 6, S. 269–274.

VÖLKER, ANSGAR (2009): Bilanzielle Rahmenbedingungen der Auslagerung von Pensionsverpflichtungen. In: KOLVENBACH, PAULGERD/SARTORIS, JOACHIM (HRSG.): Bilanzielle Auslagerung von Pensionsverpflichtungen. Praxishandbuch unter Berücksichtigung arbeits- und steuerrechtlicher sowie bilanzieller und betriebswirtschaftlicher Aspekte. Stuttgart, S. 54–73.

WAGENHOFER, ALFRED (2008): Kommentar zum Beitrag von Jan Faßhauer und Martin Glaum. In: Schmalenbachs Zeitschrift für betriebswirtschaftliche Forschung, 60. Jg., Nr. 8, S. 114–119.

WAGENHOFER, ALFRED (2009): Internationale Rechnungslegungsstandards - IAS/IFRS. Grundlagen und Grundsätze, Bilanzierung, Bewertung und Angaben, Umstellung und Analyse. 6. Auflage. München.

WAGENHOFER, ALFRED/EWERT, RALF (2007): Externe Unternehmensrechnung. 2. Auflage. Berlin et al.

WAGNER, FRED (2011): Gabler Versicherungslexikon. 1. Auflage. Wiesbaden.

WALTER, ROBERT (2011a): IAS 19 - Employee Benefits. In: BUSCHHÜTER, MICHAEL/STRIEGEL, ANDREAS (HRSG.): Kommentar Internationale Rechnungslegung IFRS. Wiesbaden, S. 568–621.

WALTER, ROBERT (2011b): Eine verpasste Chance: Die neuen Vorschläge des IASB zur Bilanzierung leistungsorientierter Pensionspläne. In: Der Betrieb, 64. Jg., Nr. 5, S. 249–255.

WATTS, ROSS L./ZIMMERMAN, JEROLD L. (1978): Towards a Positive Theory of the Determination of Accounting Standards. In: The Accounting Review, 53. Jg., Nr. 1, S. 112–134.

WATTS, ROSS L./ZIMMERMAN, JEROLD L. (1986): Positive Accounting Theory. Englewood Cliffs.

WAWRZINEK, WOLFGANG (2009): § 2. Ansatz, Bewertung und Ausweis sowie zugrunde ligende Prinzipien. In: BOHL, WERNER/SCHLÜTER, JÖRG/RIESE, JOACHIM (HRSG.): Beck'sches IFRS-Handbuch. München, S. 33–91.

WERNDL, JOSEF (1983): Wirtschaftliches Eigentum. Grundsätzliche Betrachtungen über die Zurechnung von Wirtschaftsgütern im Steuerrecht. Köln.

WESTERMANN, HARM PETER (2006): § 158 Aufschiebende und auflösende Bedingung. In: SÄCKER, FRANZ JÜRGEN (HRSG.): Münchener Kommentar zum Bürgerlichen Gesetzbuch. Allgemeiner Teil. München, S. 1915–1947.

WIEDEMANN, GERD (1990): Die historische Entwicklung der betrieblichen Altersversorgung unter besonderer Berücksichtigung des Arbeitsrechts. Erlangen et al.

WIEDMAN, CHRISTINE I./WIER, HEATHER A. (2004): The Market Value Implications of Post-Retirement Benefit Plans and Plan Surpluses – Canadian Evidence. In: Canadian Journal of Administrative Sciences, 21. Jg., Nr. 3, S. 229–241.

WIESNER, BERNHARD (2007): Direktzusage und Pensionsfonds - Kristallisationspunkte zukünftiger betrieblicher Altersversorgung. In: Betriebliche Altersversorgung, 62. Jg., Nr. 1, S. 26–30.

WINTER, GERRIT (2007): Versicherungsaufsichtsrecht. Kritische Betrachtungen. Karlsruhe.

WÖHE, GÜNTER (2000): 3. Kapitel: Steuernahe Betriebswirtschaft, Teil F: Treuhandverhältnisse aus rechtlicher und wirtschaftlicher Sicht. In: KÜTING, KARLHEINZ (HRSG.): Saarbrücker Handbuch der Betriebswirtschaftlichen Beratung. Herne et al., S. 1183–1209.

WOLLMERT, PETER/RHIEL, RAIMUND/HOFMANN, JÜRGEN/SCHWITTERS, JÜRGEN (2012): IAS 19 Leistungen an Arbeitnehmer (Employee Benefits). In: BAETGE, JÖRG/WOLLMERT, PETER/KIRSCH, HANS JÜRGEN/OSER, PETER/BISCHOF, STEFAN (HRSG.): Rechnungslegung nach IFRS. Kommentar auf der Grundlage des deutschen Bilanzrechts. Stuttgart.

WÜSTEMANN, JENS/BISCHOF, JANNIS/KIERZEK, SONJA (2007): Abt. I/3: International Financial Reporting Standards: Bedeutung und Systembildung der Internationalen Rechnungslegungsregeln. In: WYSOCKI, KLAUS VON/SCHULZE-OSTERLOH, JOACHIM/KUHNER, CHRISTOPH (HRSG.): HDJ Handbuch des Jahresabschlusses. Rechnungslegung nach HGB und internationalen Standards. Köln.

WÜSTEMANN, JENS/WÜSTEMANN, SONJA (2010): Umsatzerlöse aus Kundenverträgen nach IFRS - Neuausrichtung an der Erfüllung von Verpflichtungen in ED/2010/6. In: Betriebs-Berater, 65. Jg., Nr. 34, S. 2035–2040.

ZANELLA, PETER/WELSER, MARTIN (2012): IAS 19-Änderungen. Auswirkungen auf die Bilanzierung von Verbindlichkeiten aus Schweizer Vorsorgeplänen. In: Der Schweizer Treuhänder, 86. Jg., Nr. 6–7, S. 432–436.

ZEFF, STEPHEN A. (1978): The rise of economic conseqeuences. In: The Journal of Accountancy, 146. Jg., Nr. 6, S. 56–63.

ZIMMERMANN, EKKART (1972): Das Experiment in den Sozialwissenschaften. Stuttgart.

ZIMMERMANN, JOCHEN/HUUK, ALEXANDER (2010): Pragmatik statt Dogma: die neuen Vorschläge des IASB zur Bilanzierung von Post Employment Benefits. In: KoR - Zeitschrift für internationale und kapitalmarktorientierte Rechnungslegung, 10. Jg., Nr. 10, S. 483–487.

ZIMMERMANN, JOCHEN/SCHILLING, SEBASTIAN (2003): Ergebnisrisiko betriebliche Altersversorgung? Eine Analyse der US-GAAP-Pensionsverpflichtungen deutscher Großkonzerne. In: KoR - Zeitschrift für internationale und kapitalmarktorientierte Rechnungslegung, 3. Jg., Nr. 1, S. 14–21.

ZIMMERMANN, JOCHEN/SCHILLING, SEBASTIAN (2004). Änderungen der Bilanzierung von Pensionsverpflichtungen nach IAS 19 und deren Wirkung auf die Jahresabschlüsse deutscher Unternehmen. In: KoR - Zeitschrift für internationale und kapitalmarktorientierte Rechnungslegung, 4. Jg., Nr. 12, S. 485–490.

ZÜLCH, HENNING/ERDMANN, MARK-KEN/POPP, MARCO (2011): Kritische Würdigung der Neuregelungen des IFRS 10 im Vergleich zu den bisherigen Vorschriften des IAS 27 und SIC 12. In: KoR - Zeitschrift für internationale und kapitalmarktorientierte Rechnungslegung, 11. Jg., Nr. 12, S. 585–593.

ZÜLCH, HENNING/FISCHER, DANIEL/WILLMS, JESCO (2006): Die Neugestaltung der Ertragsrealisation nach IFRS im Lichte der „Asset-Liability-Theory". In: KoR - Zeitschrift für internationale und kapitalmarktorientierte Rechnungslegung, 6. Jg., Nr. 10, S. 2–23.

ZÜLCH, HENNING/SALEWSKI, MARCUS (2010): Managerial Discretion in Accounting for Defined Benefit Obligations. An empirical analysis of German IFRS statements. SSRN-Paper No. 1708809. URL: http://papers.ssrn.com/sol3/Delivery.cfm/SSRN_ID1708809_code1531920.pdf?abstractid=1708809&mirid=3 - Stand: 19.01.2011.

ZÜLCH, HENNING/SALEWSKI, MARCUS (2012): Bilanzierung von Pensionsverpflichtungen deutscher Unternehmen nach IFRS - Empirische Erkenntnisse für die Jahre 2000 bis 2008. In: Die Wirtschaftsprüfung, 64. Jg., Nr. 1, S. 9–17.

Rechtsquellenverzeichnis

AltEinkG: Gesetz zur Neuordnung der einkommensteuerlichen Behandlung von Altersvorsorgeaufwendungen und Altersbezügen (Alterseinkünftegesetz) vom 05.07.2004, BGBl. I, S. 1427.

AnLV: Verordnung über die Anlage des gebundenen Vermögens von Versicherungsunternehmen (Anlageverordnung) vom 20.12.2001, BGBl. I, S. 3913, zuletzt geändert durch Art. 1 der Verordnung vom 11.02.2011, BGBl. I, S. 250.

AVmG: Gesetz zur Reform der gesetzlichen Rentenversicherung und zur Förderung eines kapitalgedeckten Altersvorsorgevermögens (Altersvermögensgesetz) vom 26.06.2001, BGBl. I, S. 1310, zuletzt geändert durch das Gesetz vom 20.12.2011, BGBl. I, S. 3858, 3877.

BetrAVG: Gesetz zur Verbesserung der betrieblichen Altersversorgung (Betriebsrentengesetz) vom 19.12.1974, BGBl. I, S. 3610, zuletzt geändert durch Art. 4e des Gesetzes vom 21.12.2008, BGBl. I, S. 2940.

BGB: Bürgerliches Gesetzbuch vom 02.01.2002, BGBl. I, S. 42, ber. S. 2909 und BGBl. 2003 I S. 738, zuletzt geändert durch Art. 1 des Gesetzes vom 10.05.2012, BGBl. I, S. 1084.

BilMoG: Gesetz zur Modernisierung des Bilanzrechts (Bilanzrechtsmodernisierungsgesetz) vom 26.05.2009, BGBl. I, S. 1102.

DeckRV: Verordnung über Rechtsgundlagen für die Deckungsrückstellungen (Deckungsrückstellungsverordnung) vom 06.05.1996, BGBl. I, S. 670, zuletzt geändert durch Art. 1 der Verordnung vom 01.03.2011, BGBl. I, S. 345.

EGHGB: Einführungsgesetz zum Handelsgesetzbuch vom 10.05.1897, RGBl, S. 437, zuletzt geändert durch Art. 2 Abs. 40G sowie der ZPO, des EGZPO und der AO des Gesetzes vom 22.12.2011, BGBl. I, S. 3044.

EStG: Einkommensteuergesetz vom 08.10.2009, BGBl. I, S. 3366, ber. I 2009 S. 3862, zuletzt geändert durch Art. 20 des Gesetzes vom 20.12.2011, BGBl. I, S. 2854.

EU-Verordnung Nr. 1606/2002: Verordnung (EG) Nr. 1606/2002 des Europäischen Parlaments und des Rates vom 19. Juli 2002 betreffend die Anwendung internationaler Rechnungslegungsstandards, ABl. Nr. L 243, S. 1, zuletzt geändert durch Art. 1 der Verordnung (EG) vom 11.3.2008, ABl. NR. L 97, S. 62.

HGB: Handelsgesetzbuch vom 10.05.1897, RGBl, S. 219, zuletzt geändert durch Art. 2 Abs. 39G sowie der ZPO, des EGZPO und der AO des Gesetzes vom 22.12.2011, BGBl. I, S. 3044.

KAGG: Gesetz über Kapitalanlagegesellschaften vom 09.09.1998, BGBl. I, S. 2726, zuletzt geändert durch Art. 17 Abs. 1 Satz 2 des Gesetzes vom 15.02.2003, BGBl. I, S. 2676.

KapAustV: Verordnung über die Kapitalausstattung von Versicherungsunternehmen (Kapitalausstattungs-Verordnung) vom 13.12.1983, BGBl. I, S. 1451, zuletzt geändert durch Art. 4 des Gesetzes vom 27.07.2009, BGBl. 1, S. 2305.

PFKapAV: Verordnung über die Anlage des gebundenen Vermögens von Pensionsfonds (Pensionsfonds-Kapitalanlageverordnung) vom 21.12.2001, BGBl. I, S. 4185, zuletzt geändert durch Art. 1 der Verordnung vom 09.05.2011, BGBl. I. S. 764.

RechKredV: Verordnung über die Rechnungslegung der Kreditinstitute und Finanzdienstleistungsinstitute (Kreditinstituts-Rechnungslegungsverordnung) vom 11.12.1998, BGBl. I, S. 3658, zuletzt geändert durch Art. 3 des Gesetzes vom 09.06.2011, BGBl. I, S. 1041.

RRG: Gesetz zur Reform der gesetzlichen Rentenversicherung (Rentenreformgesetz) vom 16.12.1997, BGBl. I, S. 2998, zuletzt geändert durch Art. 22 des Gesetzes vom 20.12.2000, BGBl. I, S. 1827.

VAG: Gesetz über die Beaufsichtigung der Versicherungsunternehmen (Versicherungsaufsichtsgesetz) vom 17.12.1992, BGBl. 1993 I, S. 2, zuletzt geändert durch Art. 3 des Gesetzes vom 22.12.2011, BGBl. I, S. 2959.

Rechnungslegungsstandards und ähnliche Verlautbarungen

DP IAS 19: Discussion Paper: Preliminary Views on Amendments to IAS 19 Employee Benefits, 2008.

DP Pensions (PAAinE): Discussion Paper: The Financial Reporting of Pensions, 2008.

DP Pensions (Redeliberations) (PAAinE): Discussion Paper: The Financial Reporting of Pensions, Feedback and Redeliberations, 2009.

DRS 19: Deutscher Rechnungslegungs Standard Nr. 19 (DRS 19): Pflicht zur Konzernrechnungslegung und Abgrenzung des Konsolidierungskreises, 2011.

Due Process Handbook (2013): IASB and IFRS Interpretations Committee Due Process Handbook, 2013.

DP/2013/1: Discussion Paper DP/2013/1: A Review of the Conceptual Framework for Financial Reporting, 2013.

ED/2009/10: Exposure Draft ED/2009/10: Discount Rate for Employee Benefits, Proposed amendments to IAS 19, 2009.

ED/2010/3: Exposure Draft ED/2010/3: Defined Benefit Plans, Proposed amendments to IAS 19, 2010.

ED/2011/4: Exposure Draft ED/2011/4: Investment Entities, 2011.

ED/2011/6: Exposure Draft ED/2011/6: Revenue from Contracts with Customers. A revised version of ED/2010/6: Revenue from Contracts with Customers, 2011.

ED/2013/4: Exposure Draft ED/2013/4: Defined Benefit Plans: Employee Contributions Proposed amendments to IAS 19, 2013.

Framework: Conceptual Framework for Financial Reporting (Rahmenkonzept für die Finanzberichterstattung), 2010.

Framework (1989): Framework for the Preparation and Presentation of Financial Statements (Rahmenkonzept für die Aufstellung und Darstellung von Abschlüssen), 1989.

IAS 1: Presentation of Financial Statements (Darstellung des Abschlusses), 2003, amd. 2011.

IAS 8: Accounting Policies, Changes in Accounting Estimates and Errors (Rechnungslegungsmethoden, Änderungen von rechnungslegungsbezogenen Schätzungen und Fehler), 1993, rev. 2003, amd. 2010.

IAS 11: Construction Contracts (Fertigungsaufträge), 1993, amd. 2007.

IAS 12: Income Taxes (Ertragsteuern), 1996, amd. 2010.

IAS 19: Employee Benefits (Leistungen an Arbeitnehmer), 2011, amd. 2013.

IAS 19 (2004): Employee Benefits (Leistungen an Arbeitnehmer), 1998, amd. 2004.

IAS 20: Accounting for Government Grants and Disclosure of Government Assistance (Bilanzierung und Darstellung von Zuwendungen der öffentlichen Hand), 1983, amd. 2010.

IAS 27: Separate Financial Statements (Einzelabschlüsse), 1989, rev. 2011.

IAS 27 (2003): Consolidated and Separate Financial Statements (Konzern- und Einzelabschlüsse), 1989, rev. 2003, amd. 2008 (zum 01.01.2013 ersetzt durch IAS 27 (2011) und IFRS 10).

IAS 32: Financial Instruments: Presentation (Finanzinstrumente: Darstellung), 1995, rev. 2003, amd. 2011.

IAS 37: Provisions, Contingent Liabilities and Contingent Assets (Rückstellungen, Eventualverbindlichkeiten und Eventualforderungen), 1998.

IAS 39: Financial Instruments: Recognition and Measurement (Finanzinstrumente: Ansatz und Bewertung), 1998, rev. 2003, amd. 2011.

IDW ERS HFA 2 N. F.: Entwurf einer Neufassung der IDW Stellungnahme zur Rechnungslegung: Einzelfragen zur Anwendung von IFRS, 2011.

IFRIC 14: IAS 19 – The Limit on a Defined Benefit Asset, Minimum Funding Requirements and their Interaction (IAS 19 – Die Begrenzung eines leistungsorientierten Vermögenswertes, Mindestdotierungsverpflichtungen und ihre Wechselwirkung), 2007, amd. 2009.

IFRS 3: Business Combinations (Unternehmenszusammenschlüsse), 2004, rev. 2008, amd. 2010.

IFRS 10: Consolidated Financial Statements (Konzernabschlüsse), 2011, amd. 2012.

IFRS 12: Discolsure of Interests in Other Entities (Angaben zu Anteilen an anderen Unternehmen), 2011, amd. 2012.

SFAS 87: Employers' Accounting for Pensions, 1985.

SFAS 158: Employers' Accounting for Defined Benefit Pension and Other Postretirement Plans, 2006.

SIC 12: Consolidation – Special Purpose Entities (Konsolidierung – Zweckgesellschaften), 1998, amd. 2004 (zum 01.01.2013 ersetzt durch IFRS 10).

Betriebswirtschaftliche Forschung im Rechnungswesen

Herausgegeben von Nils Crasselt, Rolf Uwe Fülbier,
Joachim Gassen, Bernhard Pellens und Thorsten Sellhorn

Band 1 Verena Hill: Rechnungslegungspolitik im Rahmen der Kaufpreisallokation. Eine theoretische und empirische Analyse deutscher kapitalmarktorientierter Unternehmen. 2011.

Band 2 Ulrich Küting: Rückstellungsbilanzierung nach HGB und IFRS. Normendeskription und empirische Analysen zur deutschen und internationalen Bilanzierungspraxis. 2011.

Band 3 Felix Fischer: Der Zusammenhang zwischen Rechnungslegung und Ausschüttungsbemessung. Eine empirische Analyse deutscher börsennotierter Aktiengesellschaften. 2011.

Band 4 Torben Auste: Einfluss von Lobbying auf den IFRS-Standardsetzungsprozess. 2012.

Band 5 Michael Fischkin: Determinanten der Prüferwahl und des Prüferwechsels auf dem deutschen Prüfungsmarkt für börsennotierte Unternehmen. Eine theoretische und empirische Untersuchung. 2012.

Band 6 Maximilian Lauerbach: Investitionssteuerung mit Risk Adjusted Performance Measures im Nicht-Finanzbereich. 2012.

Band 7 Marco Kreutzer: Wertorientierte Planung und Steuerung anhand des Residualgewinnkonzepts. Eine Analyse in Abhängigkeit vom zu Grunde liegenden Rechnungslegungssystem. 2012.

Band 8 Tim-Frederik Oehr: Sozio-ökonomische Aspekte der Regulierung der Rechnungslegung. 2012.

Band 9 Adam Strzyz: Determinanten der Dividendenpräferenz deutscher Privatanleger. 2013.

Band 10 Jane Fehr: Die künftige Leasingbilanzierung nach IFRS. Auswirkungen auf das Entscheidungsverhalten der Akteure. 2013.

Band 11 Thomas Kemper-Scharpegge: Einfluss der IFRS auf die Rechnungslegungspraxis. Eine theoretische und empirische Analyse in ausgewählten Ländern der EU. 2013.

Band 12 Nico Kavvadias: Forschungs- und Entwicklungskosten. Abschlusspolitische Gestaltungsspielräume und Determinanten für deren Ausübung. 2014.

Band 13 Theresa Weiß: Steueraggressivität börsennotierter und nichtbörsennotierter Unternehmen in Deutschland. Eine theoretische und empirische Analyse. 2014.

Band 14 Kai Lehmann: Managementprognosen und Analystenschätzungen. Empirische Untersuchung zum Prognoseverhalten von Unternehmen und Finanzanalysten. 2014.

Band 15 Patrick Kuschel: Komplexitätszunahme in der Finanzberichterstattung nach IFRS? Eine theoretische und empirische Analyse. 2015.

Band 16 Henric P. Fründ: Variable Managementvergütung mit Bonusbanken und Obergrenzen. Experimentelle Analyse der Anreizwirkungen. 2015.

Band 17 Friederike Hablizel: Pensionsverpflichtungen in der Rechnungslegung nach IFRS. Theoretische und empirische Analyse alternativer Bilanzierungskonzepte. 2016.

www.peterlang.com

www.ingramcontent.com/pod-product-compliance
Ingram Content Group UK Ltd.
Pitfield, Milton Keynes, MK11 3LW, UK
UKHW021919290926
8980IPUK00015B/1358

9 783631 666319